Paolo Bontempi

DIRITTO BANCARIO E FINANZIARIO

Settima edizione

GIUFFRÈ
GIUFFRÈ FRANCIS LEFEBVRE

PRIMA
CHE IL LIBRO SCIENTIFICO MUOIA

Il libro scientifico è un organismo che si basa su un equilibrio delicato. Gli elevati costi iniziali (le ore di lavoro necessarie all'autore, ai redattori, ai compositori, agli illustratori) sono recuperati se le vendite raggiungono un certo volume.

La fotocopia in un primo tempo riduce le vendite e perciò contribuisce alla crescita del prezzo. In un secondo tempo elimina alla radice la possibilità economica di produrre nuovi libri, soprattutto scientifici.

Per la legge italiana la fotocopia di un libro (o parte di esso) coperto da diritto d'autore (Copyright) è illecita. Quindi ogni fotocopia che eviti l'acquisto di un libro è reato.

Fotocopie per uso personale del lettore possono essere effettuate nei limiti del 15% di ciascun volume dietro pagamento alla SIAE del compenso previsto dall'art. 68, comma 4, della legge 22 aprile 1941 n. 633 ovvero dall'accordo stipulato tra SIAE, AIE, SNS e CNA, CONFARTIGIANATO, CASA, CLAAI, CONFCOMMERCIO, CONFESERCENTI il 18 dicembre 2000.

Le riproduzioni ad uso differente da quello personale potranno avvenire, per un numero di pagine non superiore al 15% del presente volume, solo a seguito di specifica autorizzazione rilasciata da AIDRO, Corso di Porta Romana 108, 20122 Milano, fax 02 89280864, e-mail: autorizzazioni@aidro.org.

ISBN 9788828833543

Stampato da L.E.G.O. S.p.A. - Lavis (TN)

A Monica, Federica, Francesca e Caterina

"Studia. — Studia con impegno. —
Se devi essere sale e luce, hai bisogno di scienza, di idoneità"
(San Josemaria Escrivà, *Cammino*, punto 340)

INTRODUZIONE

Il diritto bancario e finanziario presenta due complessità: da un lato le norme, di natura prevalentemente pubblicistica, che regolano l'ordinamento finanziario in senso lato, ossia la costituzione, l'attività degli intermediari ed i loro rapporti con l'Autorità di vigilanza; dall'altro le norme privatistiche che regolano i rapporti tra intermediari e clientela. Ponte di collegamento tra i due sistemi normativi (1) potrebbe considerarsi la disciplina sulla trasparenza che tutela direttamente la clientela, ma impone anche obblighi verso gli organi di vigilanza.

In particolare l'ordinamento bancario ha subito, negli ultimi anni, enormi cambiamenti, derivati soprattutto dall'entrata a regime dell'unione bancaria europea che ha comportato la creazione di un *corpus* normativo unico a livello comunitario e l'accentramento in capo ad un'unica autorità europea dei compiti di controllo degli enti creditizi, di intervento in caso di crisi e di tutela dei depositi, aspetti questi sempre più di attualità a causa della comparsa di preoccupanti insolvenze bancarie, di regola non più rimediabili mediante il ricorso ad aiuti di Stato.

Anche la disciplina dei rapporti con la clientela deve fare i conti con ricorrenti e recenti interventi normativi (si pensi, ad esempio, all'anatocismo bancario, alla tipizzazione del leasing o all'introduzione di nuove forme di garanzia a favore delle banche, realizzabili senza ricorso all'Autorità giudiziaria), ma anche con sempre mutevoli orientamenti giurisprudenziali.

Siamo in presenza di un sistema organico di norme che risente fortemente dei mutamenti economici e sociali: ne sono prova i numerosissimi interventi normativi e giurisprudenziale seguiti alla storica

(1) Un sistema normativo è, secondo una felice espressione, un "*insieme strutturato di norme*" (BOBBIO, *Teoria generale del diritto*, Torino, 1993, p. 8).

pandemia da COVID 19, la quale ha indotto Governo e Parlamento ad intervenire con una serie di misure d'emergenza che hanno inciso profondamente sul sistema bancario, sulla disciplina dei contratti bancari e delle obbligazioni in generale.

Da qui la difficoltà di coordinare questi continui mutamenti degli scenari normativi e giurisprudenziali.

La presente opera si propone un esame organico della materia: l'aspirazione è quella di fornire una visione il più possibile aggiornata e completa della disciplina del settore creditizio, estendendo l'indagine (sia pure per sommi capi) anche al mercato mobiliare, che ormai costituisce un importante campo di operatività per le banche.

Il nostro studio partirà dalle fonti del diritto bancario e quindi l'esame della materia si snoderà attraverso la disciplina dell'ordinamento bancario (per lo più contenuta nel Testo Unico bancario approvato con D.Lgs. 1° settembre 1993, n. 385 e nelle successive numerose modifiche), per poi arrivare ad esaminare i più importanti contratti bancari, tipici ed atipici.

Ci si soffermerà, infine, sulla complessa materia dei titoli di credito, ovviamente senza alcuna pretesa di completezza, considerata l'ampiezza delle problematiche connesse all'argomento (basti pensare che un illustre maestro come il Molle ha dedicato solo a questo argomento un'opera di vaste dimensioni tutt'ora attualissima (2).

Lo svolgimento di questo studio ci condurrà a prendere coscienza dei profondi cambiamenti subiti dal settore del credito rispetto all'originaria legge bancaria del 1936-38 e delle profonde trasformazioni subite dalle banche e dagli intermediari finanziari, sia sotto il profilo della struttura giuridica che dell'operatività.

La frequentissima casistica giurisprudenziale ci indurrà poi a soffermarci, nell'esaminare i singoli contratti tipici ed atipici, sulle ripercussioni prodotte dall'apertura di una procedura concorsuale sui singoli rapporti bancari ed in particolare sulla sorte dei singoli negozi e degli atti compiuti nel periodo immediatamente precedente la dichiarazione di fallimento (*in primis* con riferimento alle problematiche connesse alla revocatoria fallimentare come modificata dalle ripetute riforme del diritto fallimentare).

(2) MOLLE, *I titoli di credito bancari*, Milano, 1972.

Il risultato che si è cercato di raggiungere (soprattutto nel tentativo di coordinare tra loro disposizioni legislative, regolamentari, leggi di interpretazione autentica ed interventi giurisprudenziali) è stato quello di una semplificazione che mira ad armonizzare le esigenze didattiche con le esigenze di approfondimento scientifico che sono più proprie delle varie categorie professionali degli operatori del diritto.

Così il frequente ricorso alle note in calce al testo costituisce uno stimolo per un maggior approfondimento dei singoli argomenti, tramite il rinvio a recenti orientamenti giurisprudenziali o dottrinali o tramite riflessioni personali. Le note sono quindi destinate ad un uso prevalentemente professionale del testo e potranno essere evitate dagli studenti.

INDICE

Capitolo III

GLI ORGANI DI VIGILANZA

Capitolo IV

LE VARIE TIPOLOGIE DI BANCHE

Capitolo V

LE ATTIVITÀ FINANZIARIE

Capitolo VI

LE ATTIVITÀ DI SMOBILIZZO DEI CREDITI

Capitolo VII

IL LEASING

Capitolo VIII

LA TUTELA DEL CLIENTE

Capitolo IX

LA CRISI DELLA BANCA

Capitolo X

I CONTRATTI BANCARI PER LA RACCOLTA DEL RISPARMIO

Capitolo XI

L'ATTIVITÀ BANCARIA DI EROGAZIONE DEL CREDITO

Capitolo XII

L'APERTURA DI CREDITO BANCARIA

Capitolo XIII

L'ANTICIPAZIONE BANCARIA

Capitolo XIV

LO SCONTO

Capitolo XV

IL CONTO CORRENTE BANCARIO

Capitolo XVI

IL SERVIZIO DELLE CASSETTE DI SICUREZZA

Capitolo XVII

LE GARANZIE BANCARIE

Capitolo XVIII

IL MERCATO MOBILIARE

Capitolo XIX

I TITOLI DI CREDITO

CAPITOLO I

LE FONTI DEL DIRITTO BANCARIO E FINANZIARIO

1. Nozione di diritto bancario. — 2. Le fonti. — 3. La Costituzione. — 4. Il diritto comunitario. — 5. Le leggi ordinarie. — 6. Le leggi regionali e la ripartizione di competenze tra Stato e Regioni. — 7. I regolamenti. — 8. Gli usi. — 9. Le norme uniformi bancarie o condizioni generali di contratto. — 10. Gli statuti.

1. Nozione di diritto bancario.

In via di prima approssimazione, potremmo premettere che il sistema finanziario italiano può oggi suddividersi in tre grandi mercati o comparti: il mercato bancario (o del credito), il mercato mobiliare (o borsistico) ed il mercato assicurativo.

Nel mercato bancario operano quelle imprese che svolgono attività di intermediazione nella circolazione del denaro (la cui principale disciplina è contenuta nel decreto legislativo 1° settembre 1993, n. 385 di approvazione del cosiddetto Testo Unico Bancario); nel mercato mobiliare operano le imprese che svolgono attività di intermediazione nella circolazione di prodotti finanziari (la cui disciplina di riferimento è costituita dal decreto legislativo 24 febbraio 1998, n. 58, di approvazione del cosiddetto Testo Unico sulla finanza); nel mercato assicurativo operano invece quelle imprese che svolgono attività di copertura di rischi (di cui si occupa il decreto legislativo 7 settembre 2005, n. 209, di approvazione del Codice delle assicurazioni private).

Si tratta di tre mercati caratterizzati da continue influenze reciproche, sia perché le imprese che operano in uno dei predetti comparti svolgono spesso anche attività tipiche di un altro [si pensi alle banche che prestano servizi di investimento o all'operatività in prodotti di investimento assicurativi disciplinata all'interno del T.U. sulla finanza ([1])], sia perché i servizi prestati da imprese operanti in un determinato mercato hanno spesso ad oggetto prodotti con caratteristiche proprie di un altro mercato [si pensi alle polizze *unit-linked* o *index-linked* ([2]) che sono prodotti finanziari emessi da imprese di

([1]) Il D.Lgs. 21 maggio 2018, n. 68, di attuazione della Direttiva (UE) 2016/97 del Parlamento europeo e del Consiglio del 20 gennaio 2016, relativa alla distribuzione assicurativa (IDD), ha modificato in più parti il T.U. sulla finanza, estendendo ai prodotti di investimento assicurativi (sulla cui nozione si veda la nota che segue) l'applicazione delle regole di condotta nella prestazione dei servizi di investimento e le competenze della CONSOB. La disciplina comunitaria è completata dai Regolamenti delegati (UE) 2017/2358 e 2017/2359 del 21 settembre 2017, il primo su governo e controllo dei prodotti assicurativi, il secondo su obblighi di informazione e regole di condotta nella distribuzione dei prodotti di investimento assicurativi.

([2]) Le polizze *linked* sono contratti di natura mista, finanziaria ed assicurativa, il cui valore è collegato (*linked*) a determinate attività finanziarie di riferimento. Esiste in giurisprudenza un ampio dibattito in ordine alla prevalenza della funzione di investimento o assicurativa delle polizze *linked* emesse da imprese di assicurazione, a seconda che l'assicurato assuma o meno il rischio di mancata o parziale restituzione dei premi versati (rischio di *performance*). Si rileva così un orientamento che propende per l'applicazione della normativa in materia di intermediazione mobiliare e per l'esclusione da pignorabilità e sequestrabilità ex art. 1923 c.c. di tali prodotti (Cass., 30 aprile 2018, n. 10333; Cass., 18 aprile 2012, n. 6061, in *Dir. economia. ass.*, 2012, 3, 605; Trib. Milano, 1 luglio 2014, in *www.ilcaso.it*, 2014, Sez. giur., 10754) ed un orientamento che ne afferma invece la natura assicurativa (Cass. 5 marzo 2019, n. 6319 e Corte di Giustizia UE, 31 maggio 2018 nel caso in cui si abbia un trasferimento del rischio dall'assicurato all'assicuratore; Corte Giustizia UE, 1 marzo 2012, n. 166, in *Resp. civ. prev.*, 2012, 6, 1871; Cass., 31 ottobre 2012, n. 18841, in *Fall.*, 2012, 14 che ne esclude la pignorabilità e la sequestrabilità).

Oggi le polizze *linked* appartenenti ai rami in cui il rischio resta a carico dell'assicurato (rami III e V o ramo vita I quando la prestazione assicurativa è dovuta non solo in caso di decesso o incapacità derivante da lesione, malattia o disabilità o ancora polizze "multi-ramo" con una componente in cui il rischio di investimento resta a carico dell'assicurato) rientrano nella categoria dei **prodotti di investimento assicurativi** se presentano una scadenza o un valore di riscatto che sia esposto, in tutto o in parte, a fluttuazioni di mercato (art. 4, n. 2 del Regolamento UE n. 1286/2014 del Parlamento europeo e del Consiglio del 26 novembre 2014 richiamato dall'art. 1, comma 1, lett. *w-bis.3* del T.U. sulla finanza). La loro distribuzione è soggetta ad obblighi di trasparenza e correttezza analoghi a quelli imposti agli intermediari nella prestazione di servizi di investimento. La vigilanza (ispettiva, informativa e regolamentare) su realizzazione, offerta e consulenza riguardanti tali prodotti spetta alla CONSOB con riferimento agli intermediari dalla stessa vigilati (banche, Poste ed intermediari mobiliari e finanziari), con poteri esercitati d'intesa con l'IVASS (art. 25-*ter* del T.U. sulla finanza). La CONSOB ha provveduto a disciplinare gli obblighi di informazione e di comportamento nella distribuzione di prodotti finanziari assicurativi nel regolamento intermediari adottato con delibera n. 20307 del 15 febbraio 2018, al Libro assicurazione, così come previsto dal combinato disposto dell'art. 1, comma 1, lett. *w-bis* del T.U. sulla finanza e dall'art. 2 del Codice delle Assicurazioni Private].

Evidenti sono anche gli stretti collegamenti esistenti tra le Autorità di vigilanza dei tre settori in esame (si pensi alla ripartizione di compiti in materia di investimenti tra CONSOB, Banca d'Italia ed IVASS, di cui diremo al capitolo III).

Dovendo concentrare l'attenzione sul diritto bancario, va precisato che tale branca del nostro ordinamento comprende il complesso di norme giuridiche che regolano la costituzione, l'organizzazione e l'esercizio dell'impresa bancaria ed ogni rapporto che attiene all'attività creditizia.

Tradizionalmente il diritto bancario viene suddiviso in due parti distinte:

— l'ordinamento bancario, costituito prevalentemente da norme di diritto pubblico ([3]), dirette a regolamentare l'impresa bancaria nelle varie fasi della sua esistenza (dall'autorizzazione all'esercizio dell'attività bancaria, al controllo sulla sua attività e sulle vicende che riguardano la sua organizzazione, fino alla dettagliata regolamentazione della situazione di crisi in cui può venire a trovarsi);

— la disciplina dei rapporti con la clientela, composta di norme di diritto privato dirette a regolamentare i contratti di cui sia parte la banca ed aventi ad oggetto la prestazione di servizi bancari o finanziari.

L'ordinamento bancario trova oggi la sua più organica disciplina nel *Testo Unico delle leggi in materia bancaria e creditizia* contenuto nel decreto legislativo 1° settembre 1993, n. 385 e successive modificazioni

IX (artt. 131 ss.) inserito con delibera CONSOB del 29 luglio 2020, n. 21466. All'IVASS spettano analoghi compiti di vigilanza sull'attività svolta e sui prodotti distribuiti dalle imprese di assicurazione, dagli intermediari assicurativi [agenti di assicurazione e broker di cui all'art. 109, comma 2, lett. *a*) e *b*) del D.Lgs. 7 settembre 2005, n. 209] e dagli altri soggetti di cui questi intermediari assicurativi si avvalgono. Le norme di dettaglio sulla distribuzione assicurativa e riassicurativa sottoposta alla vigilanza dell'IVASS sono disciplinate dal regolamento IVASS n. 40 del 2 agosto 2018.

([3]) Il carattere pubblicistico delle norme sull'ordinamento bancario deriva dal fatto che esse disciplinano l'esercizio dei poteri autoritativi attribuiti alle Autorità creditizie nei confronti delle banche, al fine di assicurare le finalità previste dall'art. 47 della Costituzione, specificate dall'art. 5 del T.U. bancario (D.Lgs. 1° settembre 1993, n. 385).

ed integrazioni (oltre che nelle numerosissime norme regolamentari che ne costituiscono il naturale completamento), mentre i rapporti con la clientela sono per lo più disciplinati all'interno del codice civile, nella parte dedicata ai contratti bancari ed alle figure contrattuali (quali la fideiussione, il mutuo, il pegno ecc.) usualmente utilizzate dalle banche (anche se non mancano nello stesso T.U. bancario norme dirette a disciplinare i rapporti con la clientela, come quelle relative alla trasparenza bancaria o a particolari operazioni finanziarie).

Oggi pertanto il diritto bancario comprende sia norme di azione, dirette a disciplinare il corretto esercizio delle attività di controllo e di vigilanza da parte di autorità pubbliche (Banca d'Italia ed altre Autorità creditizie), sia norme di relazione, dirette a disciplinare rapporti intersoggettivi su un piano di parità (tra i privati o tra pubblica autorità e soggetti privati), idonee a far sorgere, in capo alle parti, diritti soggettivi meritevoli di tutela risarcitoria in caso di loro violazione ([4]).

([4]) Nei rapporti tra Organi di vigilanza e soggetti privati si è passati da un orientamento giurisprudenziale che negava il risarcimento dei danni cagionati da provvedimenti illegittimi dell'Autorità pubblica (Cass., Sez. Un., 22 luglio 1993, n. 8181, in *La Nuova giur. civ. comm.*, 1994, 305 ss. con nota del sottoscritto, riferita alla lesione di interessi legittimi cagionata da provvedimenti illegittimi emanati da funzionari della Banca d'Italia) ad un orientamento che ha riconosciuto la risarcibilità della lesione di interessi legittimi (Cass., Sez. Un., 22 luglio 1999, n. 500, in *Banca, borsa, tit. cred.*, 2000, II, 10) o ha qualificato come lesione di diritti soggettivi il negligente esercizio delle funzioni attribuite agli Organi di vigilanza (Cass., 3 marzo 2001, n. 3132, in *Guida al diritto*, 2001, n. 12, 50 ss., che afferma la responsabilità della CONSOB per aver colposamente omesso di rilevare la falsità di dati essenziali contenuti in un prospetto informativo pubblicato da una società che aveva offerto al pubblico le proprie azioni; nello stesso senso Cass. 23 marzo 2011, n. 6681, in *Banca, borsa, tit. cred.*, 2013, 1, 1 e, più recentemente, Cass. 5 settembre 2019, n. 22164 che attribuisce alla CONSOB il ruolo di "organo garante del risparmio", con conseguente responsabilità ex art. 2043 c.c. verso i risparmiatori per omesso controllo sostanziale su attività di investimento illecite e dannose).

Gli Organi di vigilanza rispondono però dei danni solo in caso di dolo o colpa grave (art. 24, comma 6-*bis* della legge 262/2005), anche se deve ritenersi configurabile una colpa grave quando l'agente, pur essendone obbligato *iure*, non faccia uso della diligenza, della perizia e della prudenza professionali esigibili in relazione al tipo di servizio pubblico svolto o all'ufficio rivestito (Cass. 25 febbraio 2009, n. 4587, in *Foro it.*, 2009, 12, 3355).

2. Le fonti.

La gerarchia delle fonti del diritto bancario è quella stessa indicata dall'art. 1 delle disposizioni sulla legge in generale, salva la necessaria integrazione con le disposizioni introdotte a seguito dell'entrata in vigore della Costituzione e dell'ordinamento dell'Unione Europea.

Tali fonti sono oggi le seguenti:

1) Costituzione e leggi costituzionali;

2) i trattati comunitari ed in particolare il *Trattato sul funzionamento dell'Unione Europea* (Trattato di Roma del 1957) ed il *Trattato sull'Unione Europea* (Trattato di Maastricht del 1992), i regolamenti comunitari e le direttive immediatamente precettive;

3) leggi nazionali;

4) leggi regionali;

5) regolamenti;

6) consuetudine (« *praeter legem* » nelle materie non regolate da legge o regolamento o « *secundum legem* », efficace se espressamente richiamata dalla legge regolatrice della materia).

A fianco alle fonti normative che si sono appena elencate, nel diritto bancario assumono particolare rilevanza altre fonti non scritte, idonee a dettare regole di comportamento vincolanti per gli operatori del settore, quali i principi generali, la giurisprudenza delle corti, i provvedimenti degli organismi di autodisciplina che applicano codici etici, come l'Istituto per l'autodisciplina pubblicitaria, il Codice di *corporate governance* delle società per le banche quotate in Borsa, le determinazioni degli organismi giustiziali, come l'ABF e l'ACF, le prassi negoziali e le regole elaborate da organismi privati (5).

Esaminiamo brevemente qui di seguito le fonti normative; alle altre regole accenneremo volta per volta, affrontando i diversi argomenti.

(5) ALPA, *A proposito delle fonti del diritto bancario (con riguardo alle intersezioni col diritto civile)*, in *Contratto e impresa*, 2020, n. 3, 1007 ss.; CAPRIGLIONE, *Manuale di diritto bancario e finanziario*, Milano, 2020, Cap. I, ove si annoverano tra le fonti: i principi costituzionali, gli interventi di legislazione speciale ed i testi unici, la normativa di derivazione europea, la normativa delle autorità di settore, i processi di deregolamentazione e di autoregolazione, la regolazione con *moral suasion*, *guidelines* e *best practices*.

3. La Costituzione.

La Costituzione del 1948 contiene una norma (l'art. 47) che prevede quale compito primario dello Stato italiano la promozione e la tutela del risparmio, ma anche la disciplina, il coordinamento e soprattutto il controllo dell'esercizio del credito, con ciò legittimando la funzione di vigilanza da parte dell'Autorità statale nei confronti delle imprese esercenti il credito.

Va poi segnalato l'art. 117, comma 2 Cost. (nella nuova formulazione introdotta dall'art. 3 della legge costituzionale 18 ottobre 2001, n. 3) il quale riserva espressamente alla potestà legislativa esclusiva dello Stato, fra le altre, la materia della « *moneta, tutela del risparmio e mercati finanziari* » (art. 117, comma 2, lett. *e*).

Inoltre l'art. 117, comma 3 Cost. (sempre nella formulazione introdotta dall'art. 3 della legge costituzionale 18 ottobre 2001, n. 3), nel prevedere la potestà legislativa concorrente della Regione (vale a dire quella potestà esercitabile nel rispetto dei **principi fondamentali** stabiliti con legge dello Stato), limita questa funzione in materia bancaria al solo ambito delle aziende di credito a carattere regionale e degli enti di credito fondiario ed agrario sempre a carattere regionale (6).

4. Il diritto comunitario.

Che il diritto comunitario costituisca una fonte importante del diritto bancario lo si desume espressamente dall'art. 6 del T.U. bancario il quale prevede l'obbligo da parte delle Autorità creditizie di esercitare i propri poteri in armonia con le disposizioni dell'Unione Europea, applicando i regolamenti e le decisioni della stessa, provvedendo in merito alle raccomandazioni in materia creditizia e finanziaria ed assicurando il rispetto anche degli atti dell'ABE (Autorità Bancaria Europea) direttamente applicabili.

La legislazione bancaria ha dunque preso atto dell'ormai pacifica efficacia sovraordinata del diritto comunitario non solo rispetto alle

(6) In sostanza, la potestà legislativa regionale investe i *soggetti* e non l'*attività d'impresa* (ATELLI, *Prime note sul diritto bancario regionale dopo la riforma del titolo V della Costituzione*, in *Le società*, 2002, 22 ss.).

leggi ordinarie nazionali, ma anche riguardo alle stesse norme costituzionali, salva la prevalenza dei principi fondamentali dell'ordinamento costituzionale o dei diritti inalienabili della persona umana (7).

Tale prevalenza trova la propria fonte nell'art. 11 Cost. che legittima limitazioni di sovranità necessarie a consentire la partecipazione del nostro Paese ad organismi internazionali.

Proprio in virtù del citato art. 11 Cost. l'Italia ha aderito al Trattato istitutivo della Comunità Economica Europea firmato a Roma il 25 marzo 1957, ratificato dall'Italia con legge 14 ottobre 1957, n. 1203 e successivamente modificato più volte (8).

L'Unione Europea (9) costituisce un ordinamento giuridico autonomo e distinto dall'ordinamento nazionale.

In caso di difformità tra norme comunitarie e norme di diritto interno, queste ultime debbono venire **disapplicate** dal Giudice nazionale, mentre le norme di diritto comunitario vengono a **sostituire** la contraria norma di diritto nazionale.

Tale efficacia vincolante vale, di regola, sia nel rapporto cittadino/ Stato membro (efficacia diretta verticale) che nel rapporto cittadino/ cittadino (effetto diretto orizzontale) ed è riconosciuta:

a) al Trattato di Roma del 25 marzo 1957 che istituisce la Comunità Europea (oggi Trattato sul funzionamento dell'Unione Europea a

(7) C. Cost. 2 maggio 1991, n. 198, in *Giur. cost.*, 1991, 1827. Il principio si è consolidato a partire dalla sentenza C. Cost. 8 giugno 1984, n. 170, la quale ha confermato che le norme comunitarie debbono avere diretta applicazione in tutti gli Stati membri. Nello stesso senso si è da sempre espressa la Corte di Giustizia CE. Per una conferma del principio si veda Cass., sez. lav., 9 novembre 2011, n. 23344 che richiama la prevalenza sul diritto interno delle sentenze della Corte di Giustizia dell'Unione Europea.

(8) Tra le modifiche meritano di essere qui ricordati il Trattato di Maastricht (7 febbraio 1992) che, tra l'altro, istituisce l'unione economica e monetaria ed amplia le competenze del Parlamento Europeo, introducendo la procedura di codecisione ed il Trattato di Lisbona, firmato il 13 dicembre 2007 ed entrato in vigore, dopo la sua ratifica da parte di tutti gli Stati membri, il 1° dicembre 2009.

(9) Il Trattato di Maastricht, firmato il 7 febbraio 1992 a seguito del vertice europeo del 9/10 dicembre 1991 (in G.U.C. 191 del 29 luglio 1992, in vigore dall'1 novembre 1993), ha riunito nell'unica cornice dell'Unione Europea (UE) le tre comunità (CEE, EURATOM e CECA) e mutato la denominazione di CEE in CE. Una delle principali novità in materia bancaria del Trattato di Maastricht è stato l'affidamento della politica monetaria europea al SEBC (Sistema Europeo delle Banche Centrali) ed alla BCE (Banca Centrale Europea).

seguito della sua modifica ad opera del Trattato di Lisbona del 13 dicembre 2007), costituente — secondo la Corte di Giustizia CE — la carta costituzionale di una vera e propria comunità di diritto;

b) ai regolamenti, sempre che siano conformi al Trattato;

c) alle pronunce interpretative della Corte di Giustizia UE, le quali, ancorché siano provvedimenti diretti a regolare casi concreti (le controversie sottoposte al giudizio della Corte), sono destinate ad assumere una portata generale.

Un discorso particolare va fatto per le direttive *self-executing*, ossia contenenti disposizioni immediatamente precettive ed incondizionate, tali da attribuire ai cittadini diritti nei confronti dello Stato membro: se dubbi non sorgono riguardo alla loro efficacia verticale, si ritiene debba escludersi una loro efficacia orizzontale, vale a dire una loro azionabilità nei rapporti tra privati (10).

La normativa comunitaria ha costituito una fonte fondamentale per l'evoluzione della materia bancaria in Italia (11).

Due sono state le direttive fondamentali per la nascita di un diritto bancario e finanziario comunitario.

Anzitutto la **I direttiva n. 77/780 del 12 dicembre 1977** (coordinamento delle legislazioni nazionali in materia di **accesso** all'attività

(10) Cass. 9 novembre 2006, n. 23937; Trib. Napoli, sez. lav., 31 ottobre 2012, n. 27186, in *DeJure*, Giuffrè.

(11) In materia di servizi finanziari (nell'ambito del *Financial Services Action Plan*) la normativa comunitaria prevede, dal 2003, una tecnica di normazione denominata procedura Lamfalussy, la quale procede per gradi successivi, nel senso che si prevedono quattro livelli: al primo livello si ha l'emanazione di una direttiva primaria adottata con risoluzione congiunta del Consiglio e del Parlamento europeo, che contiene i "principi quadro", destinati ad essere attuati mediante una successiva normazione di dettaglio; al secondo livello si collocano le direttive secondarie o i regolamenti di attuazione; al terzo livello si ha l'attività (più di carattere interpretativo che di regolamentazione) di coordinamento delle Autorità nazionali di vigilanza nella fase applicativa della disciplina normativa di dettaglio, svolta da uno o più appositi comitati tecnici (il CESR — *Committee of european securities regulators* — un organismo collettivo al quale partecipano i rappresentanti delle autorità di vigilanza in materia di mercati finanziari di ciascun paese membro, il quale formula dei suggerimento che vengono poi sottoposti ad un altro comitato, l'ESC — *European securities commettee* — formato dai rappresentanti dei ministeri delle Finanze di ciascun paese); al quarto livello si hanno i cosiddetti flussi di ritorno che discendono dal recepimento e dall'applicazione concreta alle singole fattispecie della normativa comunitaria in sede nazionale.

bancaria) che introduce la definizione di ente creditizio come « **impresa** *la cui attività consiste nel ricevere depositi od altri fondi rimborsabili dal pubblico e nel concedere crediti per conto proprio* ».

L'attività bancaria viene quindi definita attività d'impresa e si pone un collegamento funzionale tra attività di raccolta di fondi rimborsabili dal pubblico e attività di concessione del credito.

Si prevede inoltre il possesso di alcuni requisiti minimi (fondi propri distinti, fondi propri minimi sufficienti e presenza di almeno due persone in grado di determinare l'orientamento gestionale che siano in possesso di requisiti di onorabilità ed esperienza) per l'ottenimento dell'autorizzazione all'esercizio dell'attività bancaria.

L'**autorizzazione** viene considerata un **atto dovuto** in presenza dei requisiti prescritti dalla direttiva, senza che essa possa venire negata in forza di considerazioni relative ad esigenze economiche del mercato. Sempre con la I direttiva CE viene introdotta la definizione di **succursale** (che esamineremo al capitolo II).

Vi è poi la **II direttiva n. 89/646 del 15 dicembre 1989** la quale contiene l'affermazione di ulteriori principi fondamentali per lo sviluppo di un diritto bancario europeo: anzitutto l'introduzione del principio dell'*home country control* (secondo cui la vigilanza su ciascuna banca spetta all'Autorità di controllo del paese di origine); poi l'affermazione del cosiddetto *mutuo riconoscimento* (secondo cui l'autorizzazione rilasciata dall'Autorità competente dello Stato membro d'origine costituisce una sorta di autorizzazione comunitaria che legittima la banca ad esercitare tutte le attività indicate nell'allegato alla direttiva in qualsiasi altro Stato membro); ancora, si fissano i principi della *libertà di stabilimento* delle imprese bancarie (secondo cui qualsiasi banca comunitaria autorizzata dall'Autorità di vigilanza del paese di origine ha diritto di aprire succursali in un altro paese membro) e della *libera prestazione di servizi* (secondo cui ciascuna banca comunitaria autorizzata nel paese di origine ha diritto di svolgere direttamente la propria attività sul territorio di altro paese membro senza dovervisi stabilire).

Le due fondamentali direttive di cui si è detto erano confluite nella direttiva 2000/12/CE del Parlamento Europeo e del Consiglio del 20 marzo 2000, che raccoglieva, in una sorta di testo unico (denominato "*banking code*" in quanto costituente la prima organica legge bancaria a livello comunitario), tutte le direttive in materia di accesso all'attività bancaria e di esercizio della stessa. Le direttive raccolte sono state espressamente abrogate (12).

A sua volta la direttiva 2000/12/CE è stata abrogata dall'art. 158 della direttiva 2006/48/CE del 14 giugno 2006 (recepita in Italia dal D.L. 27 dicembre 2006, n. 297, convertito nella legge 23 febbraio 2007, n. 15), nella quale era confluita la disciplina relativa all'accesso all'attività degli enti creditizi ed al suo esercizio e che conteneva, come allegato I, l'elenco delle attività ammesse al mutuo riconoscimento. Essa era integrata dalla direttiva 2006/49/CE relativa all'adeguatezza patrimoniale degli enti creditizi e delle imprese di investimento.

A partire dal 1° gennaio 2014 le direttive 2006/48/CE e 2006/49/CE sono state abrogate dalla **direttiva 2013/36/UE** del Parlamento europeo e del Consiglio del 26 giugno 2013 (c.d. *Capital Requirement Directive IV* - CRD 4) che contiene la disciplina uniforme sull'**accesso all'attività** degli enti creditizi e sulla **vigilanza prudenziale** di enti creditizi ed imprese di investimento, modificata dalla **direttiva (UE) 2019/878** del Parlamento europeo e del Consiglio del 20 maggio 2019.

Contestualmente è stato emanato il **regolamento UE n. 575/2013** del Parlamento europeo e del Consiglio del 26 giugno 2013 (c.d. *Capital Requirement Regulation* — CRR) sui **requisiti prudenziali** per gli enti creditizi e le imprese di investimento, modificato dal **regolamento (UE) 2019/876** del Parlamento europeo e del Consiglio, del 20 maggio 2019.

Fino a quel momento l'ordinamento bancario comunitario era ancora caratterizzato da un sistema di vigilanza accentrato a livello nazionale, da divergenze di regolamentazioni tra i vari Paesi europei, non compensate dal coordinamento tra autorità nazionali ed autorità comunitarie, in mancanza di un *corpus* normativo unico.

La crisi economica e finanziaria esplosa nel 2008 ha evidenziato l'opportunità di aumentare l'integrazione europea a livello finanziario.

Si è così perseguito l'obiettivo di pervenire ad un sistema di vigilanza bancaria e finanziaria accentrato, non più solo attraverso il

(12) Per un'analisi dettagliata del "*banking code*" si veda AA.VV., *Diritto bancario comunitario*, in *Le leggi commentate* a cura di Guido Alpa e Francesco Capriglione, Torino, 2002.

coordinamento delle singole discipline di settore nazionali (mediante lo strumento dell'armonizzazione massima imposta ai paesi membri dalle direttive comunitarie in materia), ma soprattutto tramite la creazione di una regolamentazione unica a livello comunitario e l'accentramento in capo ad un'unica autorità europea dei compiti di controllo degli enti creditizi, di intervento in caso di crisi e di tutela dei depositi.

Si è quindi arrivati alla creazione del Meccanismo di Vigilanza Unico (MVU), definito anche come *Single Supervisory Mechanism* (SSM), attraverso i seguenti strumenti normativi:

- il regolamento UE n. 1024/2013 del Consiglio del 15 ottobre 2013 (cosiddetto *Regolamento quadro* sull'MVU) che attribuisce alla Banca centrale europea (BCE) la vigilanza prudenziale sugli enti creditizi di importanza significativa, da individuarsi sulla base dei criteri delineati all'art. 6, paragrafo 4 (l'Italia si è adeguata al regolamento in esame col D.Lgs. 14 novembre 2016, n. 223);
- il regolamento n. 468/2014/BCE del 16 aprile 2014 della Banca centrale europea (a cui sono delegati i compiti di organizzazione delle modalità pratiche di attuazione del meccanismo di vigilanza unico ai sensi dell'art. 6, comma 7 del regolamento 1024/2013/UE), il quale chiarisce le modalità di cooperazione, nell'ambito del Meccanismo di vigilanza unico, tra la Banca centrale europea e le autorità nazionali competenti, specificando (all'art. 2, n. 16) il contenuto dei criteri di classificazione degli *enti creditizi significativi* sommariamente indicati dall'art. 6, paragrafo 4 del regolamento UE 1024/2013;
- la direttiva 2014/59/UE del Parlamento europeo e del Consiglio del 15 maggio 2014 (*Bank Recovery and Resolution Directive* — BRRD) recepita con D.Lgs. 16 novembre 2015, n. 180 ed il regolamento (UE) n. 806/2014 del Parlamento europeo e del Consiglio del 15 luglio 2014 che attuano il sistema unico di **risoluzione delle crisi** (*Single Resolution Mechanism*);
- la direttiva 2014/49/UE del Parlamento europeo e del Consiglio del 16 aprile 2014 relativa ai sistemi di **garanzia dei depositi**, recepita con D.Lgs. 15 febbraio 2016, n. 30.

È importante sottolineare che l'ordinamento comunitario, soprattutto mediante il ricorso alla fonte regolamentare, ha introdotto norme direttamente applicabili all'interno dei singoli Stati membri e nei confronti di tutte le banche europee, incluse quelle italiane, per cui, nei settori così disciplinati, sono venute meno le competenze regolamentari delle autorità nazionali ed eventuali contrasti di disciplina vanno risolti a favore dell'applicazione delle norme comunitarie.

Esistono altre importanti direttive disciplinanti aspetti essenziali del settore creditizio, finanziario ed assicurativo, che esamineremo trattando dei singoli argomenti bancari.

In questa sede vale la pena di ricordare i più recenti interventi riguardanti singoli comparti dei mercati finanziari:

— la direttiva 2014/65/UE del Parlamento europeo e del Consiglio del 15 maggio 2014 (cosiddetta MIFID 2), recepita in Italia dal D.Lgs. 3 agosto 2017, n. 129 ed integrata col regolamento UE n. 600/2014 del Parlamento Europeo e del Consiglio del 15 maggio 2014 (MIFIR o *Markets in financial instruments regulation*), la quale ha abrogato e sostituito la direttiva MIFID (*Market in Financial Instruments Directive*), cioè la direttiva 2004/39/CE del Parlamento europeo e del Consiglio del 21 aprile 2004, attuata in Italia dal D.Lgs. 17 settembre 2007, n. 164 contenente la normativa in materia di **intermediazione mobiliare**;

— la direttiva 2016/97/UE del Parlamento Europeo e del Consiglio del 20 gennaio 2016 sulla distribuzione di **prodotti assicurativi**, recepita dal D.Lgs. 21 maggio 2018, n. 68 ([13]);

— la direttiva 2015/2366/UE del Parlamento europeo e del Consiglio del 25 novembre 2015 relativa ai servizi di pagamento nel

([13]) La direttiva 2016/97 è stata integrata dai seguenti regolamenti delegati:

— regolamento delegato (UE) 2017/653 della Commissione dell'8 marzo 2017 relativo ai documenti contenenti le informazioni chiave (KID — *Key Information Documents*) per i prodotti d'investimento al dettaglio e assicurativi preassemblati distribuiti alla clientela *retail* (PRIIPs — *Packaged Retail Investment and Insurance Products*) che integra il regolamento (UE) n. 1286/2014 del Parlamento europeo e del Consiglio, del 26 novembre 2014;

— regolamento delegato (UE) 2017/2358 della Commissione del 21 settembre 2017 riguardante i requisiti in materia di governo e controllo del prodotto per le imprese di assicurazione ed i distributori di prodotti assicurativi, al fine di garantire la tutela degli obiettivi, degli interessi e delle caratteristiche dei clienti, prevenire danni ai medesimi e gestire correttamente i conflitti di interesse;

— regolamento delegato (UE) 2017/2359 della Commissione del 21 settembre 2017 riguardante gli obblighi di informazione e le norme di comportamento applicabili alla distribuzione di prodotti di investimento assicurativi, con particolare riferimento alla valutazione dei conflitti di interessi, degli incentivi e della idoneità dei prodotti rispetto alle esigenze della clientela.

mercato interno (cosiddetta PSD2 - *Payment Services Directive* 2) (14), recepita in Italia dal D.Lgs. 15 dicembre 2017, n. 218 a cui è seguito il provvedimento della Banca d'Italia del 19 marzo 2019 in tema di trasparenza dei servizi di pagamento.

5. Le leggi ordinarie.

Testo normativo fondamentale fino all'emanazione della I e della II direttiva CE in materia bancaria, esaminate al paragrafo precedente, era costituito dalla legge bancaria del 1936-38 (legge 12 marzo 1936, n. 375; legge 7 marzo 1938, n. 141; legge 7 aprile 1938, n. 636).

Tutto l'impianto dell'abrogata legge bancaria si fondava sulla definizione dell'attività bancaria come « *funzione di interesse pubblico* » e su un regime autorizzatorio al relativo esercizio caratterizzato da una duplice autorizzazione: una alla costituzione della banca (con sindacato ed approvazione anche dello statuto), un'altra all'inizio dell'attività bancaria, con possibilità di sindacare quali fossero le « esigenze economiche di mercato » al fine di valutare l'opportunità di nuove imprese bancarie.

A tale corpo normativo si aggiungevano il codice civile (che per la prima volta disciplinava compiutamente i contratti bancari agli artt. 1834-1851) ed una miriade di leggi settoriali, dirette a regolamentare particolari ambiti del mercato creditizio.

L'impostazione della legislazione bancaria comincia a cambiare sostanzialmente con l'entrata in vigore del D.P.R. 27 giugno 1985, n. 350 che recepisce la I direttiva CE in materia bancaria, il quale però, pur introducendo principi fondamentali di ispirazione comunitaria (quali quello della natura imprenditoriale dell'attività creditizia e della doverosità dell'autorizzazione all'esercizio della stessa in presenza dei requisiti di legge), lascia sopravvivere la vecchia legge bancaria che ormai contiene disposizioni non più in linea con le sopraggiunte novità

(14) La direttiva 2015/2366 ha abrogato la direttiva 2007/64/CE (PSD - *Payment Services Directive*), attuata in Italia dal D.Lgs. 27 gennaio 2010, n. 11. Ad essa ha fatto seguito il Regolamento (UE) 2015/751 del Parlamento Europeo e del Consiglio del 29 aprile 2015, relativo alle commissioni interbancarie sulle operazioni di pagamento basate su carta.

normative (sopravviveva ad esempio la necessità di una preventiva autorizzazione per l'apertura di nuove succursali bancarie).

Col passare del tempo va sempre più affermandosi l'opinione che l'efficienza del sistema bancario possa essere perseguita solo trasformando le grandi banche di diritto pubblico in società private che adottino il modello delle società per azioni: si giunge così all'emanazione della legge 30 luglio 1990, n. 218 (cosiddetta legge Amato) che si propone come scopo la ristrutturazione degli enti creditizi di diritto pubblico mediante l'attribuzione dell'azienda e dell'attività bancaria esclusivamente a società di capitali.

Le rilevanti innovazioni introdotte e la necessità di ordinare e coordinare il complesso sistema legislativo nazionale in materia bancaria inducevano quindi il legislatore, con la legge 19 febbraio 1992, n. 142 (legge comunitaria per il 1991), a delegare il Governo all'emanazione di due decreti legislativi al fine di recepire la II direttiva CE in materia bancaria e di creare un testo unico di tutte le disposizioni legislative in materia.

Tale delega veniva attuata attraverso l'emanazione dei seguenti decreti legislativi:

a) D.Lgs. 14 dicembre 1992, n. 480 di adeguamento della legislazione nazionale alla II direttiva CE;

b) D.Lgs. 1° settembre 1993, n. 385 (Testo Unico delle leggi in materia bancaria e creditizia) che riordina l'intera materia bancaria, con la sola esclusione:

— dei bilanci delle aziende di credito (oggi disciplinati dal D.Lgs. 18 agosto 2015 n. 136);

— della disciplina dei mercati finanziari (allora contenuta nella legge n. 1/1991, poi sostituita dal D.Lgs. 23 luglio 1996, n. 415 e quindi dal D.Lgs. 24 febbraio 1998, n. 58);

— della disciplina relativa alla tutela della concorrenza e del mercato (contenuta nella legge 10 ottobre 1990, n. 287).

La successiva evoluzione dei mercati finanziari si caratterizzava per la progressiva integrazione tra settore bancario e settore finanziario, determinando l'affermazione del concetto di *banca universale*, ossia di una banca la cui operatività non era più limitata a compiti di tradizionale intermediazione nella circolazione del denaro (spesso con restrizioni operative anche all'interno della stessa), ma veniva estesa allo svolgimento di qualsiasi attività finanziaria.

Già il T.U. bancario non si occupava solo delle banche, ma anche dei cosiddetti intermediari finanziari, ossia di quegli enti (muniti di particolari caratteristiche di solvibilità e serietà) abilitati allo svolgimento di attività finanziaria in senso lato.

Da qui all'attribuzione alle banche anche dell'attività di intermediazione mobiliare il passo è stato breve.

Infatti, mentre con la legge 2 gennaio 1991, n. 1 l'attività di intermediazione mobiliare era sostanzialmente riservata alle SIM (società di intermediazione mobiliare), a partire dal D.Lgs. 23 luglio 1996, n. 415 (decreto EUROSIM) la stessa viene consentita anche alle banche.

L'introduzione del decreto EUROSIM conduce poi, così come era accaduto nel 1993 per il diritto bancario, all'elaborazione di un Testo Unico dell'intermediazione finanziaria approvato con D.Lgs. 24 febbraio 1998, n. 58, contenente, oltre al riordino della disciplina dei mercati finanziari e degli intermediari abilitati ad operarvi, anche l'elaborazione della disciplina delle società quotate (cosiddetta *corporate governance*).

Per concludere, occorre rilevare che la normativa in materia bancaria e finanziaria si presenta tuttora in continua evoluzione, spesso per fronteggiare le sempre mutevoli problematiche ed esigenze dei mercati finanziari ([15]).

6. Le leggi regionali e la ripartizione di competenze tra Stato e Regioni.

Le Regioni a statuto ordinario sono sprovviste di un potere legislativo generale in materia bancaria e creditizia: come abbiamo visto,

([15]) Le insolvenze bancarie esplose in coincidenza con la crisi finanziaria iniziata nel 2008, spesso indotte da operazioni altamente speculative di una sola banca, ma capaci di mettere a rischio la stabilità di tutto il sistema, hanno portato alla proposta di tornare a separare l'attività bancaria tradizionale della raccolta dei depositi e dell'esercizio del credito dall'attività di investimento finanziario per conto proprio o di altri, in modo che i servizi offerti con la prima non siano pregiudicati dai rischi assunti con la seconda (GLIOZZI, *La tutela del risparmio e la banca universale*, in *Giur. comm.*, 2015, I, 465 ss.).

l'attuale formulazione dell'art. 117, comma 2, lett. *e*) Cost. riserva espressamente alla potestà legislativa esclusiva dello Stato la materia della « *moneta, tutela del risparmio e mercati finanziari* ».

La riserva delle materie attribuite alla potestà legislativa dello Stato costituisce un sicuro limite alla potestà legislativa delle Regioni, essendo chiaro che su tali materie le Regioni non possono legiferare.

Potrebbe dubitarsi se la dizione « moneta, tutela del risparmio e mercati finanziari » ricomprenda l'intera materia bancaria e non piuttosto una sola parte di essa (quella relativa ai controlli pubblici sull'attività bancaria e creditizia) e se quindi la restante parte (ad esempio quella relativa ai contratti bancari) possa formare oggetto della potestà legislativa residuale della Regione prevista dall'art. 117, comma 4 Cost.

Tuttavia, nell'ambito della potestà legislativa esclusiva dello Stato, debbono essere ricompresi tutti i rapporti, di diritto pubblico e privato, che riguardano il mercato creditizio e finanziario e quindi sia la materia oggetto del T.U. bancario (che contiene certamente una disciplina finalizzata a tutelare il risparmio) sia la materia oggetto del T.U. sulla finanza approvato con D.Lgs. 24 febbraio 1998, n. 58 (che a sua volta disciplina i mercati finanziari) sia i contratti bancari che comunque rientrerebbero nell'ambito della materia relativa all'*ordinamento civile e penale* che costituisce sempre oggetto della potestà legislativa esclusiva dello Stato (art. 117, comma 2, lett. *l* Cost.).

Alle Regioni resta quindi la potestà legislativa limitatamente alle banche a carattere regionale ([16]), riguardo alle quali lo Stato si limita a determinare i principi fondamentali (fissati con D.Lgs. 18 aprile 2006, n. 171), spettando alle Regioni la legislazione di dettaglio.

La soluzione oggi adottata per le Regioni a statuto ordinario era stata già da tempo adottata dalle Regioni a statuto speciale.

([16]) L'art. 117, comma 3 Cost. riferisce la potestà legislativa concorrente della Regione anche alle casse di risparmio a carattere regionale, le quali però, a seguito della ristrutturazione delle banche pubbliche di cui parleremo, sono praticamente scomparse. Deve pertanto ritenersi che l'espressione vada riferita a quegli enti che hanno preso il posto delle casse di risparmio, vale a dire le società bancarie conferitarie (cioè quelle imprese bancarie risultanti dalla ristrutturazione delle banche pubbliche e di cui parleremo al Capitolo VI). Sul punto si vedano le interessanti riflessioni di ATELLI, *Prime note sul diritto bancario regionale*, cit., 23 ss.

Infatti gli statuti di queste Regioni (approvati con legge costituzionale) hanno da tempo riconosciuto potestà legislativa in materia bancaria, limitatamente alla regolamentazione delle banche operanti a livello regionale (definite dall'art. 2 del D.Lgs. 171/2006).

Va però tenuto presente che il T.U. bancario ha limitato la sfera dei poteri regionali in materia creditizia, in particolare prevedendo la necessità del parere vincolante della Banca d'Italia nel caso in cui alle Regioni a statuto speciale siano attribuite competenze in materia di autorizzazioni all'esercizio dell'attività bancaria, trasformazioni, fusioni, scissioni e modifiche statutarie (art. 159, comma 2 T.U. bancario).

Sempre in queste materie, l'art. 159, comma 4 T.U. bancario dispone che le Regioni a statuto speciale, quando ciò sia previsto dallo statuto, provvedano ad emanare norme di recepimento della direttiva 2013/36/UE nel rispetto però dell'attribuzione esclusiva alla Banca d'Italia delle valutazioni di vigilanza, dei pareri vincolanti della stessa Autorità e delle disposizioni del MVU (Meccanismo di Vigilanza Unico).

L'art. 3 del D.Lgs. 171/2006 ha precisato che le disposizioni dell'art. 159 del T.U. bancario costituiscono principi fondamentali cui deve adeguarsi la legislazione regionale in materia, quindi anche quella delle Regioni a statuto ordinario.

7. I regolamenti.

I regolamenti in materia bancaria rappresentano oggi una delle principali fonti del diritto bancario, soprattutto a seguito dell'entrata in vigore del T.U. bancario che ha attuato un programma di **delegificazione** della materia, demandando alle principali Autorità creditizie (Ministro dell'economia e delle finanze, CICR e Banca d'Italia) il potere di integrare e specificare il contenuto delle norme legislative.

In definitiva il T.U. bancario si è limitato ad introdurre con legge **le norme fondamentali** della materia ed una regolamentazione non dettagliata dei vari settori, demandando (attraverso appunto la tecnica della delegificazione) alle Autorità creditizie il compito di integrare e specificare le norme di legge attraverso provvedimenti regolamentari di portata generale.

Così al Ministro dell'economia e delle finanze compete una potestà regolamentare che esercita mediante emanazione di decreti nelle materie espressamente previste dal T.U. bancario. Sono ad esempio attribuite alla competenza del Ministro l'emanazione del decreto contenente la specificazione dei requisiti e criteri di idoneità allo svolgimento dell'incarico degli esponenti aziendali, cioè di amministratori, sindaci e direttori generali delle banche.

Al CICR è demandata una potestà regolamentare consistente nella fissazione delle linee generali della disciplina bancaria nelle materie previste, ad esempio in materia di raccolta del risparmio da parte di enti non bancari e di trasparenza (artt. 117, 120 e 127 T.U. bancario).

Tali direttive debbono poi essere attuate dalla Banca d'Italia, alla quale sono attribuiti anche compiti propulsivi e propositivi delle delibere del CICR.

Alla stessa Banca d'Italia è riconosciuto un potere regolamentare dall'art. 4 T.U. bancario che prevede l'emanazione sia di istruzioni (ossia atti amministrativi generali) che di veri e propri regolamenti.

La distinzione tra atti amministrativi (anche generali, cioè diretti ad un numero indeterminato di destinatari) e veri e propri regolamenti consiste nel fatto che solo i secondi sono in grado di incidere, innovandolo, sull'ordinamento giuridico mediante la creazione di norme giuridiche generali ed astratte, destinate a trovare applicazione oltre i confini dell'amministrazione emanante.

In ambito bancario la distinzione rileva in quanto gli atti amministrativi hanno una portata ambivalente: nei confronti delle banche si pongono come *norme giuridiche interne* dell'ordinamento bancario, destinate a regolare i rapporti tra banche da un lato ed Organi di vigilanza dall'altro; nei confronti dei terzi invece essi sono inidonei ad incidere sulla sfera dei diritti soggettivi dei privati, a meno che non vengano trasfusi in norme contrattuali.

Le norme regolamentari di portata generale che le Autorità creditizie sono chiamate ad emanare in forza di una legge che le autorizzi espressamente diventano norme generali ed astratte, in grado di abrogare norme vigenti anche di rango legislativo (17).

(17) Sui regolamenti delegati e sulla loro capacità di derogare alla legge preesistente si veda CARLASSARE, voce *Regolamento (dir. cost.)*, in *Enc. dir.*, Milano, 1988, XXXIX, 624 ss.; POLITI, voce *Regolamenti delle autorità amministrative indipendenti*, in *Enc. giur. Treccani*, 2001, 19; MODUGNO-NICCOLAI, voce *Atti normativi*, *ivi*, III, 1997, 27;

8. Gli usi.

L'uso inteso come fonte di diritto è costituito dalla cosiddetta consuetudine di cui all'art. 8 delle preleggi, ossia dall'uso normativo.

Affinché possa parlarsi di consuetudine quale fonte di diritto occorrono due elementi costitutivi:

a) l'*usus*, cioè la ripetizione costante ed uniforme di un dato comportamento;

b) la « *opinio iuris ac necessitatis* », ossia la convinzione che un dato comportamento, ripetuto in maniera costante ed uniforme, sia giuridicamente vincolante.

Gli usi normativi si distinguono a loro volta in usi *secundum legem*, cioè richiamati espressamente dalla legge, come accade per la maggior parte di essi nel settore commerciale ed in usi *praeter legem*, destinati a disciplinare materie non regolate da altre fonti del diritto scritto.

Gli usi normativi non debbono essere confusi con gli **usi contrattuali** che sono pratiche contrattuali diffuse in un determinato ambiente, la cui esistenza comporta l'inserimento automatico di clausole corrispondenti alla predetta pratica a meno che non risulti che le parti non le abbiano volute (art. 1340 c.c.). Si tratta quindi di regole aventi tutt'al più efficacia nel singolo caso (il singolo rapporto contrattuale) e non efficacia generale e costante, valendo solo tra i contraenti.

Neppure vanno confusi con gli usi normativi gli **usi interpretativi** di cui all'art. 1368 c.c. i quali sono semplici pratiche generali cui fare riferimento per l'interpretazione di clausole ambigue contenute in singoli contratti.

Ancora, non va confusa con gli usi normativi la **prassi** che manca del requisito della generale osservanza di una determinata regola di

NICCOLAI, *Autorità amministrative indipendenti come potere di garanzia*, in *Rass. Parlam.*, 1998, 358 ss. Un diverso orientamento ritiene invece che i regolamenti delegati possano venire disapplicati dal Giudice ai sensi dell'art. 5 della legge 20 novembre 1865, n. 2248, All. E (DEMARCHI, *Banche, consumatori e tutela del risparmio: servizi di investimenti, market abuse e rapporti bancari*, Milano, 2009, 421; Cass. 1 aprile 1982, n. 2006). Sulla natura di atti amministrativi delle istruzioni della Banca d'Italia, non annoverabili tra le fonti del diritto ai sensi dell'art. 1 delle preleggi e quindi sull'impossibilità di una loro produzione per la prima volta nel giudizio di legittimità ex art. 372 c.p.c. si veda Cass, 22 ottobre 2019, n. 26946 (conforme Cass, 10 gennaio 2019, n. 2543).

condotta in quanto ritenuta giuridicamente vincolante e consiste nella ripetizione di certi comportamenti solo da parte degli operatori di un ristretto settore.

Gli usi normativi hanno limitata applicazione nella disciplina dell'attività bancaria, mentre nei rapporti intersoggettivi tra banca e cliente trovano maggiore applicazione, sia in quanto richiamati da diverse disposizioni in materia di contratti bancari (artt. 1834, 1838, 3° comma, 1843, 1845 c.c.), sia in quanto ritenuti idonei ad integrare i contratti bancari indipendentemente da un esplicito richiamo da parte delle norme che li regolano: è il caso del **segreto bancario** (18) o *era* il caso dell'**anatocismo bancario**, ritenuto uso normativo fino al marzo del 1999 quando, come vedremo, la Cassazione ha mutato indirizzo, ritenendolo non corrispondente ad un uso normativo.

Attualmente l'applicazione degli usi è ulteriormente limitata in quanto le norme in materia di trasparenza delle operazioni bancarie comminano la nullità delle clausole di rinvio agli usi per quanto concerne la determinazione dei tassi di interessi e di ogni altro prezzo o condizione economica praticata (art. 117, comma 6 T.U. 385/1993).

(18) Ritenuto corrispondente ad un uso normativo da Cass., 18 luglio 1974, n. 2147, in *Banca, borsa, tit. cred.*, 1974, II, 143; Cass. 10 luglio 1994, n. 2197, *ivi*, 1974, II, 385 ss. Nello stesso senso pare anche C. Cost. 18 febbraio 1992, n. 51, in *Foro it.*, 1992, I, 1038 e in dottrina MOLLE, *I contratti bancari*, Milano, 1980, 65. Le banche si sentono infatti obbligate a rispettare il segreto bancario, ritenendo con ciò di adeguarsi non ad una semplice prassi (che non costituisce fonte di diritto), bensì ad un comportamento giuridicamente vincolante. Si ritiene che la violazione del segreto bancario sia fonte di responsabilità contrattuale (Trib. Napoli, 7 marzo 1996, in *Giur. it.*, 1996, I, 2, 818 ss.), salvo che non consegua ad un ordine di esibizione del giudice (App. Milano, 22 luglio 1997, in *Giust. civ.*, 1998, I, 246). Il segreto bancario trova oggi una deroga pressoché totale nei confronti dell'amministrazione finanziaria (si veda il D.L. 6 dicembre 2011 n. 201, convertito in legge, con modificazioni, dalla L. 22 dicembre 2011, n. 214, che, a sostegno della lotta all'evasione ed elusione fiscale, prevede l'obbligo a carico degli operatori finanziari di comunicare periodicamente all'anagrafe tributaria le movimentazioni ed ogni informazione relativa ai rapporti intrattenuti con i propri clienti). Anche l'Unione Europea ha emanato la direttiva 2011/16/CE che impone la cooperazione tra Stati membri ai fini dello scambio di informazioni nel settore fiscale, decretando così la fine del segreto bancario nei rapporti tra paesi membri a decorrere dal 1° gennaio 2013.

La Corte Europea dei Diritti dell'Uomo ha chiarito che non viola l'art. 8 della CEDU in tema di tutela della privacy la deroga al segreto bancario che sia motivato dall'esigenza di salvaguardare l'economia di un paese, nella quale rientra anche la ragione fiscale (CEDU, sez. III, 22 dicembre 2015, in *Giur. it.*, 2016, 303).

9. Le norme uniformi bancarie o condizioni generali di contratto.

Si tratta di un complesso di condizioni contrattuali predisposte in maniera uniforme dall'ABI (Associazione Bancaria Italiana), un'associazione di imprese, senza scopo di lucro, alla quale aderiscono quasi tutte le banche italiane operanti sul mercato italiano e che tutela gli interessi della categoria. Queste regole hanno lo scopo di integrare, modificare o sostituire la disciplina dispositiva dei singoli contratti bancari, quale risulta dalla legge, con l'obiettivo di predeterminare e rendere uniforme la disciplina delle operazioni che le banche compiono con la propria clientela.

Un tempo denominate norme uniformi bancarie (N.U.B.), esse sono poi confluite nelle condizioni generali di contratto allegate alla circolare ABI del 25 febbraio 2005 (LG/000906) (19), la quale ha precisato che quegli schemi negoziali costituiscono una mera traccia, priva di ogni valore vincolante o di raccomandazione, di cui ciascun intermediario può valersi o meno ed ai quali potrà apportare tutte le modifiche ritenute opportune.

A questo proposito, è importante precisare che l'ABI è priva di qualunque potere di normazione e supremazia, sicché la prassi di inserire queste condizioni contrattuali standardizzate nei contratti che pongono in essere le banche deriva solo dal vincolo associativo.

Benché originariamente non siano mancate voci orientate a definire le N.U.B. come usi normativi, ossia come norme vincolanti e di generale applicazione a tutti i consociati, l'opinione oggi affermatasi è nel senso di ritenerle semplici **condizioni generali di contratto** e quindi clausole inserite nei contratti in serie predisposti dalle singole banche (sempre che ricorrano le condizioni previste dall'art. 1341 c.c.), tanto che oggi nei moduli contrattuali a stampa predisposti dal sistema bancario esse vengono qualificate espressamente come tali.

Infatti l'uso bancario si distingue dalle N.U.B. in quanto il primo si è creato spontaneamente in un determinato ambiente ove i consociati si limitano ad osservarlo ritenendolo giuridicamente vincolante; le N.U.B. sono invece il frutto di una predisposizione unilaterale ad opera

(19) Le condizioni generali sono pubblicate in *Banca, borsa, tit. cred.*, 2005, I, 631 ss.

della sola banca e consistono in clausole contrattuali cui i clienti si sentono costretti ad aderire non perché corrispondono a norme giuridiche, ma semplicemente perché costituiscono la condizione per poter accedere al servizio bancario [20].

Attesa la natura contrattuale delle N.U.B., non pare allora possibile farle rientrare tra le fonti di diritto, in quanto esse costituiscono clausole contrattuali aventi forza di legge solo tra le parti (art. 1372 c.c.) e pertanto sono prive delle caratteristiche fondamentali della norma giuridica che sono la generalità e l'astrattezza.

Peraltro la validità delle N.U.B. è stata posta in dubbio a seguito dell'entrata in vigore della legge 10 ottobre 1990, n. 287 (norme per la tutela della concorrenza e del mercato, meglio nota come *legge antitrust*), la quale, all'art. 2, ha espressamente vietato qualsiasi intesa od accordo tra imprese, consorzi o associazioni di imprese (qual è anche l'ABI) che possa in qualche modo impedire, restringere o falsare il libero gioco della concorrenza, in particolare fissando prezzi o altre condizioni economiche.

Il problema assume rilevanza in quanto pone anzitutto la questione della validità dei singoli contratti a valle contenenti N.U.B. o condizioni generali di contratto predisposte dall'ABI.

Un recente caso di nullità contrattuale per contrasto con la normativa antitrust riguarda i moduli contrattuali standard predisposti dall'ABI ed utilizzati dalle banche per ottenere dalla clientela il rilascio di fideiussioni *omnibus*: la Cassazione ha precisato che può configurarsi una nullità per violazione della normativa antitrust (art. 2 della legge 287/1990) nel caso in cui la fideiussione *omnibus* contenga clausole in contrasto con quelle dichiarate illegittime dal provvedimento n. 55 del 2 maggio 2005 della Banca d'Italia [21].

(20) La distanza, concettualmente ben marcata fra N.U.B. ed usi, può talvolta attenuarsi quando singole clausole delle N.U.B. assurgono, in virtù della loro frequente e generalizzata applicazione in determinate fattispecie, a veri propri usi comunemente accettati (SALANITRO, *Le banche e i contratti bancari*, Torino, 1983, 48).

(21) Cass., 12 dicembre 2017, n. 29810, la quale riferisce la possibile nullità ai seguenti tre articoli delle condizioni generali del contratto di fideiussione *omnibus*:

— art. 2, il quale prevede la cosiddetta *clausola di reviviscenza* ossia il riemergere dell'obbligazione fideiussoria nel caso in cui il pagamento del debitore principale sia successivamente dichiarato inefficace o revocato;

Il precedente appena accennato aggiunge una voce autorevole in merito al problema se la nullità di un'intesa "a monte" (perché in violazione della normativa antitrust) possa determinare, a cascata, l'invalidità dei contratti "a valle" oppure dia solo origine ad ipotesi di risarcibilità dei danni subiti da singoli contraenti in conseguenza della conclusione di contratti il cui contenuto si rifaccia alle intese restrittive della concorrenza, optando per la prima soluzione.

Ciò non toglie che la nullità per contrasto con la normativa antitrust possa anche generare una responsabilità della banca che le abbia inserite nei propri contratti (22).

— art. 6, il quale prevede la *deroga all'art. 1957 c.c.* con la conseguenza che la banca non è obbligata a far valere le proprie ragioni contro il debitore principale entro sei mesi dalla scadenza dell'obbligazione garantita o a coltivare azioni nei suoi confronti;

— art. 8, il quale prevede la cosiddetta *clausola di sopravvivenza*, in forza della quale l'obbligazione fideiussoria resta valida anche nel caso in cui sia invalida l'obbligazione principale garantita.

Si tratterebbe di ipotesi di nullità solo parziale (limitata cioè alle clausole elencate se ed in quanto frutto del pedissequo recepimento del modello ABI), come affermato da Cass., 26 settembre 2019, n. 24044, in *Banca, borsa, tit. cred.*, 2020, 1, II, 82 ss., secondo cui solo la banca è legittimata a rilevare l'essenzialità delle clausole censurate ai fini della nullità totale del contratto di fideiussione (nello stesso senso ABF, coll. coord., 19 agosto 2020, n. 14555, in *www.dirittobancario.it* che qualifica come accessorie le clausole in esame; Cass., 19 febbraio 2020 n. 4175, in *La nuova giur. civ. comm.*, 2020, n. 4, I, 765, la quale ammette l'applicabilità dell'art. 1419 c.c. ove l'assetto degli interessi in gioco non venga pregiudicato da una pronuncia di nullità parziale, posto che, in linea generale, solo la banca potrebbe dolersi della loro espunzione). La conseguenza è la conservazione del contratto di fideiussione, depurato dalle clausole illecite, in quanto solo questa soluzione realizza lo scopo in più punti menzionato dal provvedimento n. 55/2005 della Banca d'Italia, vale a dire assicurare che le garanzie personali possano facilitare la concessione del credito da parte delle banche, anche alla luce della normativa di Basilea che si esaminerà.

(22) Cass. 10 marzo 2008, n. 6297; Cass., Sez. Un., 4 febbraio 2005, n. 2207; Cass. 11 giugno 2003, n. 9384. L'art. 33, comma 2 della legge 287/1990 prevede una tutela civilistica autonoma e concorrente rispetto alle funzioni esercitate dall'Autorità Garante della concorrenza e del mercato: essa può condurre alla dichiarazione di nullità di contratti o di singole clausole in contrasto con la normativa antitrust ovvero alla condanna al risarcimento dei danni conseguenti a tali violazioni. L'azione risarcitoria è oggi disciplinata dal D.Lgs. 19 gennaio 2017, n. 3 di attuazione della direttiva 2014/104/UE del Parlamento europeo e del Consiglio del 26 novembre 2014 che attribuisce la competenza alle Sezioni Specializzate in materia di impresa di Milano (per il nord Italia), di Roma (per il centro Italia e la Sardegna) e di Napoli (per il sud Italia).

La Banca d'Italia, con provvedimento **n. 12 del 3 dicembre 1994** (23), ha precisato che le N.U.B. non integrano le predette intese vietate qualora sussistano due presupposti:

a) il **carattere non vincolante** delle condizioni contrattuali predisposte dall'ABI che quindi deve limitarsi a suggerirle alle banche associate (24);

b) il **contenuto non economico** delle condizioni contrattuali predisposte.

L'ABI ha raggiunto un protocollo di intesa con le maggiori associazioni dei consumatori che ha portato all'elaborazione di uno schema di condizioni generali relative ai rapporti banca-cliente consumatore, composto di una parte contenente le regole generali e di 5 sezioni specifiche dedicate al conto corrente bancario, agli affidamenti in conto corrente, al servizio di incasso ed accettazione di effetti, documenti ed assegni, al servizio Bancomat/PagoBancomat ed al servizio di deposito a custodia e/o amministrazione di titoli e strumenti finanziari.

Tale accordo è sfociato nella circolare ABI n. 21 del 26 giugno 2000 (25).

(23) In *Banca, borsa, tit. cred.*, 1995, II, 393 ss. Ricordiamo che questo provvedimento fu emanato dalla Banca d'Italia quando ancora, nei confronti delle aziende ed istituti di credito, questa svolgeva il ruolo che negli altri settori dell'economia spetta all'Autorità garante della concorrenza e del mercato (art. 20, comma 2 della citata legge 287/1990). Oggi la disposizione è stata abrogata dall'art. 19, comma 11 della legge 262/2005 e pertanto la Banca d'Italia ha perso le funzioni di tutore della concorrenza e del mercato in ambito bancario, funzioni che sono state trasferite all'Autorità antitrust.

(24) A prescindere dal carattere vincolante o meno delle N.U.B., l'ABI o le singole banche possono essere convenute in giudizio dalle associazioni di categoria o dalle camere di commercio per ottenere dal giudice l'inibitoria all'uso o alla semplice raccomandazione delle N.B.U. ritenute abusive (si veda l'art. 37 del codice del consumo approvato con D.Lgs. 6 settembre 2005, n. 206). Per la sussistenza della legittimazione passiva dell'ABI in caso di raccomandazione di clausole abusive si veda App. Roma, 24 settembre 2002, in *Giur. it.*, 2003, I, 119 ss.

(25) La circolare si legge in *Banca, borsa, tit. cred.*, 2001, I, 660 ss.; l'ABI ha provveduto a ridenominare la N.U.B. come "*Condizioni generali relative al rapporto banca cliente*", evidenziando così la non vincolatività della loro adozione da parte delle banche associate.

10. Gli statuti.

Anche gli statuti, come un tempo le N.U.B., costituiscono tutt'al più fonte di condizioni generali di contratto. Pertanto essi contengono disposizioni di natura contrattuale che sono vincolanti per i soci della banca in quanto parti del contratto societario (art. 1372 c.c.), mentre nei confronti dei terzi che entrano in rapporto con la banca essi possono produrre effetti solo ai sensi dell'art. 1341 c.c..

Non esclude questa efficacia meramente contrattuale il fatto che le modifiche agli statuti delle banche siano soggette ad una verifica da parte della Banca d'Italia finalizzata ad accertare che esse non contrastino con esigenze di sana e prudente gestione (art. 56 T.U. bancario).

Tale accertamento infatti non conferisce agli statuti alcuna efficacia *erga omnes*.

CAPITOLO II

L'ESERCIZIO DELL'ATTIVITÀ BANCARIA

1. Nozione di attività bancaria. — 2. Natura giuridica dell'attività bancaria. — 3. Il settore del cosiddetto parabancario. — 4. La riserva di attività bancaria e finanziaria. — 5. La raccolta del risparmio tra il pubblico. — 6. Le attività non costituenti raccolta del risparmio tra il pubblico. — 7. Le eccezioni alla riserva di attività di raccolta del risparmio tra il pubblico. — 8. L'autorizzazione all'esercizio dell'attività bancaria. — 9. L'apertura di succursali. — 10. La libera prestazione di servizi ed i servizi on line.

1. Nozione di attività bancaria.

La legislazione bancaria, all'art. 1, comma 1, lett. *b*) del T.U. bancario, definisce la banca come l'impresa autorizzata all'esercizio dell'attività bancaria (1). Si tratta quindi di una definizione che, per essere compresa, presuppone l'esatta specificazione del concetto di attività bancaria, chiaramente delineato dall'art. 10 del T.U. bancario. Tale attività consiste essenzialmente in un'opera di **intermediazione nella circolazione della moneta**, ossia in un'attività di coordinamento tra la raccolta del risparmio tra il pubblico (attività qualificabile come « passiva », stante l'obbligo facente capo alla banca di restituire quanto ricevuto in deposito) e l'erogazione del credito (qualificabile come « attiva » in quanto comporta la nascita di un credito in capo alla banca avente ad oggetto la restituzione delle somme erogate al cliente).

Tra le due attività appena indicate esiste un **collegamento funzionale**, nel senso che l'erogazione di credito da parte della banca avviene utilizzando proprio quei denari che essa riceve in deposito dalla clientela. La necessità di un simile collegamento è stata chiaramente

(1) L'art. 4 del regolamento UE n. 575/2013 utilizza la denominazione di "*ente creditizio*" anziché quella di banca, precisando che, per ente creditizio, si intende qualsiasi impresa che svolga attività di ricezione dal pubblico di depositi o altri fondi rimborsabili e di concessione di crediti per proprio conto.

evidenziata fin dal D.P.R. 350/1985 di recepimento della I direttiva comunitaria in materia bancaria. Non costituisce quindi esercizio dell'attività bancaria lo svolgimento della sola attività di erogazione del credito o della sola attività di raccolta del risparmio (2).

2. Natura giuridica dell'attività bancaria.

L'art. 1 della legge bancaria del 1936-38 recitava così: « *La raccolta del risparmio tra il pubblico sotto ogni forma e l'esercizio del credito sono* **funzioni di interesse pubblico**, *regolate dalle norme della presente legge* ».

Il richiamo al concetto di funzione di interesse pubblico aveva indotto dottrina e giurisprudenza ad associare all'attività bancaria elementi di pubblicità ed a derivare dal carattere pubblico di alcune banche la qualifica soggettiva di « pubblico ufficiale » in capo ai relativi operatori (in tal senso era la giurisprudenza degli anni '70).

Successivamente, agli inizi degli anni '80, l'attività bancaria cominciò ad essere definita come « pubblico servizio in senso oggettivo », a prescindere dalla natura pubblica o privata dell'ente cui in concreto veniva riferita l'attività.

Tale definizione, se utilizzata in ambito penale per qualificare la tipologia dei reati commessi dai dipendenti bancari, innalzava il grado di sanzionabilità e la responsabilità penale degli esponenti creditizi, qualificando gli illeciti penali di cui gli stessi si fossero resi responsabili come reati commessi da incaricati di un pubblico servizio e quindi come delitti contro la Pubblica Amministrazione (3).

Alla fine degli anni '80 matura però l'idea che la rilevanza pubblicistica attribuita all'attività bancaria sia limitata alla necessità di giusti-

(2) Si è precisato che non tutta la provvista raccolta da una banca vada convogliata nell'esercizio del credito, onde sarebbe sufficiente la coesistenza della due attività (Desiderio, *L'attività bancaria*, in *Manuale di diritto bancario e finanziario* a cura di Francesco Capriglione, Padova, 2015, 243-244): l'opinione è corretta anche in termini di tecnica bancaria, considerato che il reperimento della liquidità impiegata da una banca non ha origine solo dai depositi della clientela (potendo derivare anche da prestiti interbancari, di banche centrali, da operazioni di cartolarizzazione o da altre fonti), mentre la liquidità derivante da depositi bancari ben può essere impiegata anche per finalità diverse dalla concessione di finanziamenti.

(3) Per tutte si veda Cass. pen., Sez. Un., 10 ottobre 1981, in *Foro it.*, 1981, II, 554; così anche Trib. Firenze 11 aprile 1988, in *Foro it.*, 1988, II, 670.

ficare una serie di attività di controllo e di intervento da parte dei pubblici poteri; prevale quindi l'orientamento che riconosce natura privatistica all'attività bancaria (4).

Contribuiscono allo sviluppo di questa nuova e definitiva configurazione la I direttiva in materia bancaria (n. 77/780) ed il D.P.R. 350/1985 di recepimento della stessa in Italia che definiscono espressamente l'attività bancaria come **attività d'impresa**, concetto oggi confermato dall'art. 10, comma 1 del T.U. bancario e dall'art. 4, paragrafo 1, punto 1 del regolamento (UE) n. 575/2013.

3. Il settore del cosiddetto parabancario.

Oltre alla tipica attività bancaria, così come appena definita, la banca può svolgere una serie di servizi di natura finanziaria che rientrano nel concetto del cosiddetto parabancario, rappresentato da tutto ciò che non è strettamente collegato all'intermediazione monetaria, ossia che non comporta lo svolgimento congiunto e collegato della raccolta del risparmio tra il pubblico e dell'erogazione del credito.

Si tratta di un settore di attività che si colloca *a latere* della tradizionale attività bancaria, quale suo completamento e consiste in tutti quei servizi di natura latamente finanziaria che sono svolti dalle banche (o da altri intermediari finanziari) a favore della propria clientela per soddisfare interessi collegati all'erogazione del credito ed alla raccolta del risparmio, quali l'assistenza alle imprese, la mediazione nei rapporti di affari, l'erogazione di forme alternative di finanziamento (come *leasing* e *factoring*).

Tali attività possono oggi farsi rientrare nell'ampio genere delle attività finanziarie cui si riferisce l'art. 10, comma 3 del T.U. bancario ovvero nelle attività strumentali cui pure si riferisce la norma citata (5).

Tendenzialmente, all'epoca dell'abrogata legge bancaria del 1936/38, le banche potevano svolgere solo l'attività bancaria tipica.

(4) Cass. pen., Sez. Un., 23 maggio 1987, in *Banca, borsa, tit. cred.*, 1987, II, 545.

(5) L'art. 10, comma 3 T.U. bancario consente alle banche anche l'esercizio di *attività connesse* a quella bancaria, per tali intendendosi quelle attività di impresa, svolte non in via principale, non aventi natura né bancaria né finanziaria e non in via strumentale ad esse (si pensi al servizio di locazione delle cassette di sicurezza o al servizio di informazione commerciale), le quali creano occasioni di contatto col pubblico, contribuendo a promuovere e sviluppare l'attività principale (Banca d'Italia,

Con l'entrata in vigore del T.U. bancario si afferma il concetto di *banca universale*, capace di svolgere sia l'attività bancaria tipica (senza restrizioni legate all'operatività a medio o lungo termine) sia l'attività finanziaria di ogni tipo, sia le attività connesse e strumentali.

Con l'entrata in vigore del D.Lgs. 23 luglio 1996, n. 415 le banche hanno acquisito poi la possibilità di svolgere anche i **servizi di investimento** senza limitazione.

Particolari limitazioni all'operatività ed alla *governance* sono state introdotte per le banche che intendono svolgere attività di **finanza etica e sostenibile**, dovendo conformarsi ai principi elencati dall'art. 111-*bis* del T.U. bancario (introdotto dall'art. 1, comma 51, della legge 11 dicembre 2016, n. 232), anche al fine di beneficiare delle agevolazioni fiscali ivi previste, nel rispetto del divieto di aiuti di stato.

4. La riserva di attività bancaria e finanziaria.

La raccolta di risparmio tra il pubblico e l'erogazione del credito nel loro collegamento funzionale di cui si è detto sopra rappresentano il nucleo centrale e tipico dell'attività bancaria definita dall'art. 10, comma 1 T.U. bancario. Quest'attività è riservata esclusivamente alle banche autorizzate.

Le attività finanziarie diverse da quella bancaria possono essere svolte non solo dalle banche (art. 10, comma 3 T.U. bancario), ma anche dagli intermediari finanziari autorizzati ai sensi degli artt. 106 e segg. T.U. bancario.

L'importanza di questa riserva di attività è comprovata dalla previsione di sanzioni penali per l'abusivo esercizio di attività bancaria (art. 131 T.U. bancario) e per l'abusivo esercizio di attività finanziaria (art. 132 T.U. bancario).

Le attività finanziarie riservate ai soggetti autorizzati sono rappresentate:

— dalle attività di natura finanziaria ammesse al mutuo riconoscimento (che esamineremo al capitolo V) elencate all'art. 1, comma 2, lett. *f*) del T.U. bancario, con possibilità di introdurne altre da parte delle Autorità comunitarie (art. 1, comma 2, n. 15 T.U. bancario);

circolare 8 marzo 2018; si veda sul punto MORERA-MARCHISIO, *Sulle attività connesse ex art. 10, comma 3°, T.U.B.*, in *Banca, borsa, tit. cred.*, 2018, n. 6, I, 717 ss.).

— dalle attività di natura finanziaria non ammesse al mutuo riconoscimento, le quali, in quanto richiamate dall'art. 17 T.U. bancario, si devono ritenere perfettamente legittime (6) (esamineremo in dettaglio al Capitolo V il concetto di attività finanziaria).

5. La raccolta del risparmio tra il pubblico.

Venendo ad analizzare le singole attività di cui si compone l'attività bancaria, il T.U. bancario, agli artt. 11 e 12, delinea la raccolta del risparmio tra il pubblico.

L'art. 11, comma 1 del T.U. bancario ne offre anzitutto una nozione, precisando che essa consiste nell'acquisizione di fondi (cioè di danaro), sia sotto forma di depositi sia sotto altra forma, con **obbligo di rimborso** da parte della banca (7).

Da questa nozione si comprende anzitutto che non costituisce raccolta del risparmio presso il pubblico in senso tecnico la cosiddetta *raccolta indiretta* operata dalle banche, vale a dire l'acquisizione di fondi destinati ad essere investiti per conto del cliente in strumenti finanziari emessi da terzi (rientrano invece nella raccolta diretta i fondi impiegati in strumenti finanziari emessi dalla stessa banca). La raccolta indiretta costituisce lo strumento per lo svolgimento dell'attività di intermediazione mobiliare da parte della banca, la quale ottiene così la

(6) Va precisato che le banche comunitarie che intendano esercitare in Italia un'attività non ammessa al mutuo riconoscimento debbono ottenere la preventiva autorizzazione della Banca d'Italia (art. 4 del decreto del Ministro del tesoro 28 dicembre 1992, n. 436659, pubblicato nel Bollettino di Vigilanza n. 122, ottobre-dicembre 1992, le cui condizioni sono precisate dal Tit. I, Cap. 3, sez. II, paragrafo 3 della circolare Banca d'Italia n. 285 del 17 dicembre 2013, nell'integrazione introdotta col 10° aggiornamento del 22 giugno 2015).

(7) Vi è obbligo di rimborso e quindi raccolta del risparmio anche se tempi e modalità del rimborso sono condizionati da clausole di postergazione o dipendono da parametri oggettivi, compresi quelli rapportati all'andamento economico dell'impresa o dell'affare in relazione ai quali i fondi sono stati acquisiti (si veda la nozione contenuta nella delibera CICR 19 luglio 2005 e nelle Disposizioni per la raccolta del risparmio dei soggetti diversi dalle banche contenute nel provvedimento di Banca d'Italia 8 novembre 2016). L'obbligo di rimborso può anche essere desumibile dai flussi finanziari connessi con l'operazione di acquisizione di fondi, quando essi, per entità, periodicità ed esigibilità, possono, di fatto, dare luogo a forme di rimborso (ancora il provvedimento di Banca d'Italia 8 novembre 2016, Sezione II).

possibilità di lucrare un compenso per la prestazione del relativo servizio.

La differenza fondamentale tra raccolta diretta e raccolta indiretta consiste quindi nel fatto che, nella seconda, la banca non si obbliga a rimborsare le somme acquisite ed investite (da qui la distinzione tra *capitale di credito*, caratterizzato da un obbligo di rimborso alla pari che caratterizza la raccolta del risparmio e *capitale di rischio*, dove la restituzione del capitale è sottoposta ad un'alea alla quale partecipa colui il quale impiega i fondi).

Per aversi raccolta del risparmio presso il pubblico è necessario che l'offerta di acquisizione di fondi sia rivolta ad una pluralità indeterminata di soggetti.

Sono riservate alle banche, pena l'applicazione di sanzioni penali (art. 130 T.U. bancario):

a) la raccolta del risparmio tra il pubblico, ad eccezione dei casi indicati al comma 4 dell'art. 11 del T.U. bancario;

b) la raccolta di fondi **a vista** (ossia rimborsabili a semplice richiesta in qualsiasi momento, entro 24 ore e senza preavviso) e ogni forma di raccolta collegata all'emissione o alla gestione di **mezzi di pagamento a spendibilità generalizzata** (assimilabili alla moneta in quanto attribuiscono al titolare un potere di acquisto equivalente), senza possibilità di eccezioni.

Proprio a tutela della riserva alle banche dell'attività di raccolta del risparmio tra il pubblico, per circoscrivere e disciplinare i casi eccezionali in cui tale attività è possibile da parte di soggetti diversi (che vedremo al successivo paragrafo 7), la Banca d'Italia ha emanato il provvedimento dell'8 novembre 2016 sulla raccolta del risparmio dei soggetti diversi dalle banche ([8]), col quale ha inteso principalmente rafforzare la tutela dei risparmiatori che prestano fondi a soggetti diversi dalle banche.

Importanti novità riguardano il "*prestito sociale*", ossia la raccolta del risparmio che le società cooperative possono effettuare presso i propri soci (di cui diremo al paragrafo successivo) ed il "*social lending*" (o *lending based crowdfunding*), strumento attraverso il quale i soggetti interessati possono richiedere a potenziali finanziatori, tramite piatta-

([8]) In G.U., Serie Generale, n. 271 del 19 novembre 2016.

forme *on-line*, fondi rimborsabili per uso personale o per finanziare un progetto.

Su quest'ultimo settore, vengono fornite indicazioni e chiarimenti agli operatori sui limiti entro i quali l'attività può essere svolta nel rispetto delle regole sulla riserva di attività di raccolta del risparmio tra il pubblico. In particolare i gestori dei portali *on line* non possono svolgere attività riservate, ma si chiarisce che non costituisce raccolta del risparmio tra il pubblico:

— la ricezione di fondi da inserire in conti di pagamento utilizzati esclusivamente per la prestazione dei servizi di pagamento dai gestori medesimi, se autorizzati a operare come istituti di pagamento, istituti di moneta elettronica o intermediari finanziari di cui all'art. 106 del TUB autorizzati a prestare servizi di pagamento ai sensi dell'art. 114-*novies*, comma 4 T.U bancario;

— la ricezione di fondi connessa all'emissione di moneta elettronica effettuata dai gestori a tal fine autorizzati.

Le nuove disposizioni di Banca d'Italia ribadiscono il divieto per i soggetti diversi dalle banche di effettuare "raccolta a vista", attività che rimane riservata solo alle banche; per evitare che il divieto possa essere aggirato, precisano che è considerata "a vista" non solo la raccolta rimborsabile su richiesta del depositante immediatamente o con preavviso inferiore a 24 ore, ma anche quella per la quale è previsto un termine di preavviso più lungo se il soggetto che ha raccolto i fondi si riserva la facoltà di rimborsare il depositante contestualmente alla richiesta o prima della scadenza del termine di preavviso.

Le banche raccolgono risparmio tra il pubblico a vista oppure a breve, medio o lungo termine (9). La raccolta non a vista avviene attraverso i seguenti strumenti:

— obbligazioni, convertibili e non convertibili ed altri strumenti finanziari, diversi dalle partecipazioni, la cui emissione è disciplinata dalla Banca d'Italia (art. 12, comma 5 T.U. bancario);

— titoli di deposito nominativi o al portatore;

— prestiti subordinati, irredimibili o rimborsabili previa autoriz-

(9) Per le operazioni di raccolta del risparmio tra il pubblico il provvedimento della Banca d'Italia dell'8 novembre 2016 definisce quali "*debiti a medio e lungo termine*" le passività con durata residua superiore a 12 mesi.

zazione della Banca d'Italia, emettibili anche sotto forma di obbligazioni o titoli di deposito.

Le obbligazioni si caratterizzano per essere strumenti di raccolta del risparmio a medio e lungo termine.

I titoli di deposito sono invece titoli di credito (certificati di deposito, buoni fruttiferi o altri titoli) a breve e medio termine.

Approfondiremo la disciplina dei predetti strumenti di raccolta del risparmio tra il pubblico al Capitolo X.

6. Le attività non costituenti raccolta del risparmio tra il pubblico.

Non costituiscono raccolta del risparmio tra il pubblico e pertanto non rientrano nell'ambito dell'attività riservata alle banche ([10]):

a) l'acquisizione di fondi connessa all'emissione di **moneta elettronica** (intendendosi per moneta elettronica un valore monetario rappresentato da un credito nei confronti dell'emittente che sia memorizzato su un dispositivo elettronico, emesso previa ricezione di fondi di valore non inferiore al valore monetario emesso ed accettato come mezzo di pagamento da soggetti diversi dall'emittente);

b) la ricezione di fondi da inserire in conti di pagamento, utilizzabili esclusivamente per la prestazione di **servizi di pagamento** (art. 11, comma 2-*ter* T.U. bancario), fondi che costituiscono un **patrimonio distinto** rispetto a quello dell'istituto di pagamento che presta il servizio e rispetto a quello degli altri clienti (art. 114-*duodecies*, comma 2 T.U. bancario) ([11]);

c) l'acquisizione di fondi effettuata presso specifiche categorie individuate in ragione di **rapporti societari** o **di lavoro**, secondo i limiti ed i criteri fissati dal CICR (l'esclusione di questa forma di acquisizione

([10]) Ai sensi dell'art. 11, comma 3 T.U. bancario, della delibera CICR del 19 luglio 2005 sulla raccolta del risparmio da parte di soggetti diversi dalle banche (in *G.U.* n. 188 del 13 agosto 2005) e del provvedimento della Banca d'Italia dell'8 novembre 2016.

([11]) Tali fondi debbono essere depositati presso una banca autorizzata in Italia o investiti secondo le modalità prescritte al Cap. IV, sez. II, paragrafo 3 del provvedimento della Banca d'Italia del 17 maggio 2016, recante *Disposizioni di vigilanza per gli istituti di pagamento e gli istituti di moneta elettronica*, modificate con provvedimento del 23 luglio 2019 per attuare la direttiva 2015/2366/UE (PSD2).

di fondi dalla nozione di raccolta del risparmio tra il pubblico avviene per lo più in considerazione della ristretta cerchia dei destinatari dell'attività in esame ed in taluni casi in considerazione dei particolari limiti quantitativi imposti all'ammontare della raccolta);

d) l'acquisizione di fondi effettuata mediante contratti di natura finanziaria conclusi a seguito di **trattative personalizzate** con i singoli soggetti, nell'ambito di una gamma più ampia di rapporti di natura economica (12);

e) l'acquisizione di fondi connessa con l'emissione e l'acquisizione di **strumenti di pagamento** (ad esempio carte prepagate) utilizzati per acquistare beni o servizi solo nella sede utilizzata dall'emittente o, in base ad un accordo commerciale con l'emittente stesso, all'interno di una rete limitata di prestatori di servizi o per una gamma limitata di beni o servizi (provvedimento Banca d'Italia 8 novembre 2016, Sezione III, paragrafo 2, lett. *b*);

f) l'acquisizione di fondi presso soggetti sottoposti a **vigilanza prudenziale**, operanti nei settori bancario, finanziario, mobiliare, assicurativo e previdenziale.

Il CICR ha provveduto ad emanare la normativa regolamentare di attuazione dell'ipotesi sopra indicata *sub c*) con la delibera del 19 luglio 2005 (Raccolta del risparmio da parte di soggetti diversi dalle banche).

La delibera del CICR ha precisato che, per raccolta effettuata presso specifiche categorie individuate in ragione di **rapporti societari** o **di lavoro**, si intende quella esercitata presso **soci**, **dipendenti** o nell'ambito di **gruppi di società**.

Esaminiamo schematicamente le singole fattispecie.

***a*) Raccolta presso soci.** — L'esclusione di questa forma di acquisizione di fondi dalla nozione di raccolta del risparmio tra il pubblico presuppone anzitutto che la raccolta sia prevista espressamente dallo **statuto**.

(12) Il provvedimento di Banca d'Italia 8 novembre 2016, alla Sezione III, paragrafo 2, lett. *d*) precisa che nel contratto deve risultare con chiarezza la natura di "finanziamento" dell'operazione, la quale inoltre non deve presentare connotazioni tali (ad esempio, numerosità e frequenza delle operazioni) da configurare, di fatto, una forma di raccolta tra il pubblico.

A parte questo requisito, comune a tutti i tipi di società, sono previsti requisiti diversi per società lucrative e società cooperative.

Gli **intermediari finanziari** di cui agli artt. 106 e segg. T.U. bancario, anche se costituiti nella forma cooperativa, non possono raccogliere risparmio presso i soci con modalità diverse dall'emissione di strumenti finanziari (art. 9, comma 4 della delibera in esame) ([13]), entro i limiti fissati dal provvedimento della Banca d'Italia dell'8 novembre 2016 che sono:

— il quintuplo del patrimonio per le società finanziarie vigilate e quotate;

— il triplo del patrimonio per le società finanziarie vigilate e non quotate;

— il patrimonio per le società finanziarie non vigilate e non quotate.

Per le **società non finanziarie diverse dalle cooperative**, la raccolta presso i soci è libera, a condizione che avvenga presso soggetti che detengano una partecipazione pari ad almeno il **2%** del capitale sociale e che siano iscritti a libro soci da almeno **tre mesi**. Risolvendo un dubbio interpretativo sorto sotto il vigore dell'abrogata normativa ([14]), la delibera CICR 19 luglio 2005 precisa che le condizioni anzidette non sono richieste per le **società di persone** per le quali dunque può effettuarsi liberamente la raccolta presso i soci (salva la previsione statutaria).

Per le **cooperative non finanziarie** la raccolta può avvenire presso soci privi dei requisiti di cui sopra, ferma restando la necessità che tale facoltà di raccolta sia prevista dallo statuto.

Il provvedimento della Banca d'Italia dell'8 novembre 2016 ha previsto un limite di raccolta presso propri soci pari al triplo del patrimonio, elevabile fino al quintuplo in presenza di particolari garan-

([13]) La limitazione è stabilita al fine di evitare l'esercizio di attività bancaria mediante la concessione di finanziamenti e la raccolta del risparmio, che finirebbe coll'essere effettuata presso il pubblico, considerato l'elevato numero di soci che le cooperative possono avere in virtù del principio della porta aperta.

([14]) Le istruzioni della Banca d'Italia e la dottrina (ANTONUCCI, *Diritto delle banche*, Milano, 2000, 81) escludevano che le condizioni previste dall'abrogata delibera CICR 3 marzo 1994 sulla raccolta di risparmio presso i soci si applicassero alle società di persone, in considerazione della ristretta base sociale loro propria.

zie (di soggetti vigilati o di schemi di garanzia dei prestiti sociali promossi da associazioni di categoria o dalle stesse cooperative) per almeno il 30% dell'ammontare dei prestiti sociali. Lo stesso provvedimento ha poi precisato i criteri per determinare l'ammontare del patrimonio a tale fine, ricomprendendovi le riserve disponibili, anche quando indivisibili tra i soci ed ha introdotto obblighi di trasparenza per accrescere la consapevolezza dei risparmiatori sulle caratteristiche e sui rischi del prestito sociale.

I limiti quantitativi rapportati al patrimonio non si applicano alle società cooperative con un numero di soci pari o inferiore a 50, le quali però hanno l'obbligo di approvazione di un regolamento interno che contenga tutte le regole di svolgimento della raccolta presso i soci.

Successivamente, la legge di stabilità 2018 (legge 27 dicembre 2017, n. 205), all'art. 1, commi 238 e segg., ha precisato che i **finanziamenti dei soci alle cooperative** devono essere strettamente finalizzati al raggiungimento dell'oggetto e dello scopo sociale, il che significa che l'area finanziaria, alimentata dai prestiti sociali, deve avere soltanto una funzione accessoria e strumentale all'attività istituzionale.

La nuova disciplina legale ha demandato al CICR l'emanazione di un regolamento contenente i limiti alla raccolta di prestiti sociali da parte della società cooperative e le garanzie da cui deve essere assistito il diritto di credito alla loro restituzione, dettando una serie di linee guida (alle quali sono tenute ad adeguarsi progressivamente le società cooperative che già abbiano raccolto risparmio), tra le quali:

— la regola secondo cui i finanziamenti dei soci non possono superare il triplo del patrimonio netto risultante dall'ultimo bilancio approvato, senza che appaia più possibile applicare detto limite solo alle cooperative con oltre 50 soci;

— la regola, secondo cui, ove l'indebitamento nei confronti dei soci ecceda i 300.000 euro e risulti superiore all'ammontare del patrimonio netto della società, il complesso dei prestiti sociali deve essere coperto fino al 30 per cento da garanzie reali o personali rilasciate da soggetti vigilati o con la costituzione di un patrimonio separato con deliberazione iscritta ai sensi dell'articolo 2436 c.c. oppure mediante adesione della cooperativa ad uno schema di garanzia dei prestiti sociali che garantisca il rimborso di almeno il 30 per cento del prestito;

— la previsione di obblighi di trasparenza e di pubblicità sulle caratteristiche e sui rischi del prestito sociale;

— la definizione di modelli organizzativi e di procedure per la gestione del rischio da adottare nei casi in cui il prestito sociale assuma un rilievo significativo e comunque quando eccede il limite del doppio del patrimonio netto dell'ultimo bilancio approvato.

Il Ministero dello Sviluppo economico, competente sulla vigilanza cooperativa, stabilisce con decreto forme di controllo e di monitoraggio in materia di prestiti sociali.

Il rimborso del prestito sociale non è postergato agli altri debiti anche chirografari e quindi può essere pagato unitamente ai creditori non privilegiati, non trovando applicazione l'art. 2467 c.c..

In ogni caso, resta esclusa la facoltà di raccolta di fondi a vista ed ogni forma di raccolta collegata all'emissione o alla gestione di mezzi di pagamento a spendibilità generalizzata.

***b*) Raccolta presso dipendenti.** — Le condizioni per escludere che la raccolta di fondi presso dipendenti costituisca raccolta del risparmio tra il pubblico sono le seguenti:

— la possibilità di raccolta deve essere prevista dallo **statuto** (art. 7, comma 1 della delibera CICR 19 luglio 2005);

— per le **società lucrative** l'ammontare della raccolta non deve superare il limite del capitale sociale, della riserva legale e delle riserve disponibili risultanti dall'ultimo bilancio approvato;

— per le **società cooperative**, la delibera CICR 19 luglio 2005 prevede che non vi siano limiti di ammontare alla raccolta se il numero dei soci non supera i 50, mentre, per le cooperative con più di 50 soci, la raccolta presso soci e dipendenti complessivamente non deve superare i limiti quantitativi già visti sopra per la raccolta presso soci (triplo del capitale sociale, della riserva legale e delle riserve disponibili risultanti dall'ultimo bilancio approvato o il quintuplo in presenza di garanzie integrative). La delibera CICR prevista dall'art. 1, comma 240 della legge 205/2017 dovrà però prevedere che l'ammontare complessivo del prestito sociale non possa eccedere il limite del triplo del patrimonio netto risultante dall'ultimo bilancio approvato.

Anche in questo caso resta esclusa la facoltà di raccolta di fondi a vista ed ogni forma di raccolta collegata all'emissione o alla gestione di mezzi di pagamento a spendibilità generalizzata.

c) **Raccolta all'interno di un gruppo di società.** — Si tratta dell'acquisizione di fondi da una società ad un'altra tra loro legate da rapporti di controllo o collegamento, diretto o indiretto (cioè esistente tra società controllate dalla medesima controllante), secondo i criteri di collegamento previsti dall'art. 2359 c.c. e quelli specificabili dalla Banca d'Italia (art. 8, comma 2 della delibera CICR 19 luglio 2005).

In questi casi, data l'esistenza di un rapporto di controllo o di collegamento non sono previsti particolari limiti quantitativi o particolari modalità delle operazioni di raccolta (consentita anche con modalità diverse dall'emissione di strumenti finanziari).

Nella fattispecie in esame la delibera del CICR non specifica il divieto di raccolta di fondi a vista e di raccolta collegata all'emissione o alla gestione di mezzi di pagamento a spendibilità generalizzata; tuttavia l'assimilazione di simili strumenti alla moneta (di esclusiva competenza della Banca d'Italia) fa ritenere esteso anche a questo caso il divieto, come del resto previsto in via generalizzata dalle istruzioni della Banca d'Italia.

7. Le eccezioni alla riserva di attività di raccolta del risparmio tra il pubblico.

Il comma 4 dell'art. 11 del T.U. bancario, prevede una serie di casi in cui operazioni di raccolta del risparmio tra il pubblico possono essere effettuate anche da soggetti diversi dalle banche.

A differenza delle ipotesi esaminate nel paragrafo che precede (ove si esclude la natura di raccolta del risparmio tra il pubblico), in questo caso ci troviamo di fronte ad attività considerate vera e propria raccolta del risparmio tra il pubblico che normalmente sarebbero riservate alle banche, ma che, tuttavia, sono consentite ad altri soggetti in considerazione della loro particolare affidabilità o per la particolare natura degli strumenti finanziari utilizzati.

I casi in cui si consente eccezionalmente l'attività di raccolta del risparmio tra il pubblico riguardano:

a) **Stati comunitari**, organismi internazionali ai quali aderiscono Stati comunitari o enti pubblici territoriali ai quali è consentita la raccolta in base agli ordinamenti degli Stati comunitari di appartenenza;

b) **Stati terzi** (extra Unione Europea) e soggetti esteri abilitati da speciali disposizioni di diritto italiano;

c) le società per la raccolta effettuata ai sensi del **codice civile** (15) mediante emissione di obbligazioni, titoli di debito o altri strumenti finanziari;

d) altre ipotesi di raccolta espressamente consentite dalla **legge**, nel rispetto del principio di tutela del risparmio (16).

(15) L'art. 2412 c.c. prevede un limite all'emissione di obbligazioni pari al doppio del capitale sociale, della riserva legale e delle riserve disponibili, salve le eccezioni previste dalla medesima norma. Le eccezioni si riferiscono ad ipotesi in cui le obbligazioni vengono sottoscritte da investitori istituzionali soggetti a vigilanza (la ragione di questa deroga consiste nel fatto che il sottoscrittore è soggetto capace di verificare la solvibilità dell'emittente, mentre gli investitori che dovessero acquistare successivamente questi titoli sono coperti dalla responsabilità solidale che assumono questi investitori professionali sulla solvibilità dell'emittente) o all'ipotesi in cui l'emissione è garantita (da ipoteca su immobili della società il cui valore superi di almeno 1/3 l'importo dell'emissione) o emittente sia una società quotata e le obbligazioni siano quotate (in questo caso non vi sono limiti all'emissione in quanto i sottoscrittori sono garantiti dall'esistenza di un prezzo ufficiale e dalla possibilità di vendere in qualsiasi momento i titoli, realizzandone sul mercato il valore).

Anche le società a responsabilità limitata possono emettere titoli di debito (art. 2483 c.c., introdotto dal D.Lgs. 17 gennaio 2003, n. 6), ma solo a favore di investitori professionali soggetti a vigilanza prudenziale. L'emissione di obbligazioni o di titoli di debito riservati ad investitori qualificati può essere garantita dal privilegio speciale di cui all'art. 46 T.U. bancario (di cui tratteremo al Cap. XI, paragrafo 5).

Per le società cooperative la possibilità di emettere obbligazioni era già prevista dal D.Lgs. 4 agosto 1999, n. 342 ed è stata confermata dall'art. 2526 c.c. come sostituito dalla riforma del diritto societario.

(16) Rientrano nella previsione di legge gli enti che svolgono attività assicurativa o finanziaria per la raccolta specificamente consentita da disposizioni di legge (Parrella, *Raccolta del risparmio da parte di soggetti diversi dalle banche*, in *Diritto della banca e del mercato finanziario*, 2006, 76). Il provvedimento di Banca d'Italia 8 novembre 2016, alla Sezione VIII, ha specificato i limiti di emissione di strumenti finanziari da parte delle società finanziarie (di cui subito nel testo).

Rientrano nella previsione in esame anche le **società per la cartolarizzazione** dei crediti ai sensi della legge 130/1999. Riguardo a queste ultime l'art. 2 del D.Lgs. 4 agosto 1999, n. 342, modificando l'art. 11, comma 4 T.U. bancario, aveva chiarito che anche le società per la cartolarizzazione dei crediti, attraverso l'attività di collocamento sul mercato mobiliare dei titoli incorporanti i crediti acquistati e cartolarizzati (*asset backed securities*), raccolgono risparmio tra il pubblico, ricevendo le somme corrisposte dagli investitori per l'acquisto dei predetti titoli ed assumono l'obbligazione di restituire le somme investite con aggiunta degli interessi. La specificazione è stata poi eliminata dalla successiva modifica dell'art. 11, comma 4 del T.U. bancario ad opera del D.Lgs. 37/2004, ma resta valida la qualificazione come legittima raccolta del risparmio tra il pubblico dell'attività posta

Anche nelle ipotesi di emissione da parte di società di obbligazioni, titoli di debito e strumenti finanziari, nonché negli altri casi di raccolta del risparmio tra il pubblico consentiti dalla legge resta vietata la raccolta di fondi a vista ed ogni altra forma di raccolta connessa all'emissione di mezzi di pagamento a spendibilità generalizzata (art. 11, comma 5 T.U. bancario).

È demandata al CICR la determinazione dei criteri per l'individuazione degli strumenti finanziari, comunque denominati, la cui emissione costituisce raccolta del risparmio.

A tanto il CICR ha provveduto con la già richiamata delibera 19 luglio 2005, agli artt. 3, 4, 5 e 9.

La delibera fornisce anzitutto una definizione di strumenti finanziari di raccolta del risparmio presso il pubblico (art. 3), precisando che in tale categoria rientrano obbligazioni, titoli di debito e altri strumenti finanziari incorporanti il diritto al rimborso dei fondi erogati.

Gli strumenti finanziari di raccolta debbono essere emessi per un taglio minimo unitario di 50.000 euro e recare menzione dell'identità del garante e dell'ammontare della garanzia, dati questi che debbono altresì essere indicati sui registri di emissione. Il limite di valore anzidetto non si applica alle obbligazioni; non si applica neppure agli strumenti finanziari destinati alla quotazione in mercati regolamentati ed emessi da società quotate (art. 5).

L'emissione di strumenti finanziari da parte di società di capitali o di società cooperative non può eccedere il limite prescritto dall'art. 2412, comma 1 c.c. (doppio del capitale sociale, della riserva legale e

in essere dalle società di cartolarizzazione (mi sia consentito il richiamo in allora alle mie osservazioni in Bontempi-Scagliarini, *La securitization*, Milano, 1999, 184-185).

Un altro caso ancora di raccolta del risparmio presso il pubblico previsto dalla legge è quello delle **cambiali finanziarie** disciplinate dalla legge 13 gennaio 1994, n. 43 e dei cosiddetti **mini-*bond*** (strumenti finanziari obbligazionari) che possono essere emessi da piccole e medie imprese alle condizioni previste dall'art. 32, comma 26 del D.L. 22 giugno 2012, n. 83, convertito nella legge 7 agosto 2012, n. 134 e successive modifiche (si è in particolare prevista la possibilità di emettere obbligazioni oltre i limiti previsti dall'art. 2412 c.c. per tutte le società non quotate, diverse dalle banche e dalle microimprese, che "*emettono obbligazioni destinate ad essere quotate in mercati regolamentati o in sistemi multilaterali di negoziazione*"). La sottoscrizione è riservata ad investitori professionali.

delle riserve disponibili della società emittente), salve le deroghe previste dallo stesso codice civile. Al computo del predetto limite concorrono non solo gli strumenti finanziari emessi da un determinato emittente, ma anche le garanzie che lo stesso abbia prestato a fronte delle emissioni effettuate da altre società, anche estere (17).

Le società a responsabilità limitata e le società cooperative soggette alla disciplina delle società a responsabilità limitata, oltre al limite quantitativo all'emissione appena descritto, soggiacciono ai limiti previsti dagli artt. 2483 (che prevede, per le società a responsabilità limitata, la possibilità di emettere titoli di debito solo a favore di investitori professionali (18) soggetti a vigilanza prudenziale) e 2526 c.c. (che prevede la possibilità di emettere strumenti finanziari solo a favore di investitori qualificati (19).

Le società non vigilate che svolgono l'attività di concessione di finanziamenti tra il pubblico sotto qualsiasi forma possono emettere strumenti finanziari di raccolta entro il limite complessivo del patrimonio. Invece per le società finanziarie vigilate (quelle iscritte nell'albo di cui all'art. 106 del T.U. bancario) l'emissione di strumenti finanziari di raccolta è consentita fino al doppio del patrimonio, elevabile fino al quintuplo ove gli strumenti finanziari di raccolta siano destinati alla quotazione (20).

(17) Deliberazione CICR 22 febbraio 2006 di integrazione della delibera CICR 19 luglio 2005 e pubblicata in *G.U.* n. 68 del 22 marzo 2006.

(18) Per investitori professionali o istituzionali si intendono quei soggetti abilitati che professionalmente svolgono attività di valorizzazione delle masse liquide loro affidate dai risparmiatori attraverso le opportune scelte di investimento. La categoria coincide oggi in gran parte con quella delle *controparti qualificate* che sarà esaminata al Cap. XVIII, paragrafo 4.

(19) Gli operatori (o investitori) qualificati si identificavano con quelli che erano indicati all'art. 31, comma 2 del regolamento CONSOB 1° luglio 1998, n. 11522, poi abrogato a seguito del recepimento in Italia della direttiva MIFID ed in particolare con l'entrata in vigore del regolamento CONSOB n. 16190 del 29 ottobre 2007 che ha introdotto la categoria dei *clienti professionali*: si tratta di quei clienti che possiedono l'*esperienza*, le *conoscenze* e la *competenza* necessarie per prendere consapevolmente le proprie decisioni in materia di investimenti e per valutare correttamente i rischi che assumono e che esamineremo meglio al Cap. XVIII, paragrafo 4.

(20) Provvedimento Banca d'Italia 8 novembre 2016, Sezione VIII ed art. 9, comma 2 della delibera CICR 19 luglio 2005. A seguito dell'entrata in vigore del D.Lgs. 13 agosto 2010, n. 141 (di cui diremo al Capitolo V) è venuta meno la distinzione,

Gli intermediari finanziari costituiti nella forma di società a responsabilità limitata o di società cooperativa cui si applicano le norme sulle società a responsabilità limitata sono a loro volta tenuti a rispettare, oltre ai limiti anzidetti, rispettivamente gli artt. 2483 e 2526 c.c.

8. L'autorizzazione all'esercizio dell'attività bancaria.

Abbiamo visto che lo svolgimento dell'attività bancaria tipica è riservata alle sole banche.

Questa riserva costituisce una forma di cautela necessaria per consentire solo a soggetti particolarmente qualificati l'esercizio di un'attività che coinvolge innegabilmente interessi di natura collettiva (l'interesse alla stabilità, correttezza ed efficienza del sistema finanziario e l'interesse della collettività dei risparmiatori alla sicurezza dei depositi) che appaiono di rilevanza costituzionale (tanto da essere riconosciuti dall'art. 47 Cost. e da rientrare nelle materie di competenza legislativa esclusiva dello Stato ai sensi dell'art. 117, comma 2 Cost.).

Una simile rilevanza dell'attività bancaria rende conseguentemente necessario il suo controllo da parte dei pubblici poteri, al fine di indirizzarla alla realizzazione di un fine sociale, consistente nella tutela del risparmio.

Questo controllo si manifesta non solo nel corso dell'attività dell'impresa bancaria, ma anche nella fase iniziale quale necessario presupposto per potervi accedere, al fine di consentirne l'esercizio solo a quei soggetti provvisti di particolari requisiti di serietà, professionalità e solidità economica.

Non può dunque esercitarsi l'attività bancaria senza apposita autorizzazione [l'art. 1, comma 1, lett. *b*) del T.U. bancario definisce appunto la banca come "*l'impresa autorizzata all'esercizio dell'attività bancaria*"].

richiamata dall'art. 9 della delibera CICR 19 luglio 2005, tra intermediari finanziari iscritti nell'elenco generale di cui all'art. 106 T.U. bancario (di minori dimensioni) ed intermediari finanziari iscritti nell'elenco speciale di cui all'art. 107 T.U. bancario (di maggiori dimensioni), esistendo oggi un'unica categoria di soggetti abilitati all'esercizio nei confronti del pubblico di attività di concessione di finanziamenti, tutti assoggettati a preventiva autorizzazione da parte della Banca d'Italia e tutti iscritti in un unico albo previsto dal riformato art. 106 T.U. bancario.

Va anzitutto precisato che l'esercizio dell'attività bancaria in assenza di autorizzazione genera una responsabilità penale (artt. 130 e 131 T.U. bancario).

Dubbio è se alla cosiddetta **banca di fatto** (ossia esercente di fatto attività bancaria pur in mancanza di autorizzazione) vadano applicate le disposizioni del T.U. bancario ed in particolare se essa debba essere assoggettata a liquidazione coatta amministrativa e non a fallimento in caso di insolvenza o di gravi irregolarità. La giurisprudenza formatasi prima dell'entrata in vigore del T.U. bancario si era espressa a favore dell'utilizzabilità delle procedure di crisi bancarie, in grado di garantire una più efficace tutela ai risparmiatori (per modalità e tempi di esecuzione). La soluzione appare ancor oggi preferibile, anche tenuto conto che la normativa comunitaria in materia di risanamento e liquidazione degli enti creditizi (in particolare la direttiva 2001/24/CE) trova applicazione a prescindere dall'esistenza di un'autorizzazione all'esercizio dell'attività creditizia, la quale non è elemento essenziale della definizione di tali enti contenuta nell'art. 4, paragrafo 1, punto 1 del regolamento (UE) n. 575/2013 (21).

Sono però nulli i contratti bancari conclusi da soggetto privo

(21) Sulla giurisprudenza di legittimità formatasi sotto il vigore dell'abrogata legge bancaria e favorevole all'applicazione della disciplina speciale alla banca di fatto si vedano, fra le tante: Cass. 25 marzo 1988, n. 2579, in *Banca, borsa, tit. cred.*, 1990, II, 41; Cass., Sez. Un., 10 gennaio 1986, n. 62, in *Giur. comm.*, 1986, II, 802. La giurisprudenza di merito formatasi a seguito dell'entrata in vigore del T.U. bancario è invece prevalentemente orientata in senso contrario e propende a dichiarare il fallimento della banca di fatto (Trib. Brindisi, 15 luglio 1999, in *Fall.*, 2000, 1039, che segue un *revirement* iniziato da Trib. Roma, 20 febbraio 1992, in *Banca, borsa, tit. cred.*, 1993, II, 69; Trib. Firenze, 18 febbraio 2003, in *Società*, 2004, 201; Trib. Firenze, 20 marzo 2003, *ivi*, 205), anche se non mancano orientamenti a favore dell'applicabilità delle procedure di crisi bancarie (Trib. Pavia, 22 giugno 2000, in *Foro pad.*, 2000, I, 390). Per una approfondita disamina dei diversi orientamenti dottrinali e giurisprudenziali sul problema si vedano Desiderio, *L'attività bancaria*, in *L'ordinamento finanziario italiano*, Padova, 2010, vol. I, 413 ss. ed in *Manuale di diritto bancario e finanziario*, a cura di Capriglione, Padova, 2015 267 ss.; Bonfatti, in *Comm. al T.U. delle leggi in materia bancaria e creditizia*, diretto da Francesco Capriglione, Padova, 2012, Tomo II, *sub* art. 80, 974 che si esprime a favore dell'applicazione della disciplina di crisi di diritto speciale. Una conferma della volontà dello Stato di assoggettare a liquidazione coatta amministrativa le imprese non autorizzate che esercitano attività riservate la si potrebbe ravvisare anche nell'art. 265 del Codice delle assicurazioni private approvato con D.Lgs. 7 settembre 2005, n. 209, il quale prevede espressamente l'assoggettamento a

dell'autorizzazione e tale nullità deve ritenersi assoluta e non relativa, stante la rilevanza degli interessi generali sottesi (22).

L'autorizzazione è condizione per potere avviare il procedimento per l'iscrizione al registro delle imprese e rimuove un ostacolo all'esercizio dell'attività creditizia (23).

A seguito dell'abolizione del procedimento di omologazione ad opera dell'art. 32 della legge 24 novembre 2000, n. 340, spetta al notaio rogante (e non più al Tribunale in sede di omologazione) verificare l'esistenza di tutti i presupposti per l'iscrizione della società bancaria nel registro delle imprese ed allegare, al momento del deposito dell'atto costitutivo e della richiesta di iscrizione, l'autorizzazione della Banca d'Italia (art. 2330 c.c. così come modificato dalla norma sopra richiamata). L'autorizzazione deve quindi essere rilasciata e documentata al notaio rogante per poter ottenere l'iscrizione nel registro delle imprese.

Al rilascio dell'autorizzazione consegue poi, oltre all'iscrizione nel registro delle imprese (da cui deriva l'acquisto della personalità giuridica), anche l'iscrizione all'albo delle banche (art. 13 T.U. bancario) che va riportata negli atti e nella corrispondenza (24).

liquidazione coatta amministrativa delle imprese che esercitano attività di assicurazione e riassicurazione senza essere autorizzate.

(22) Cass., 28 febbraio 2018, n. 4760, la quale ha ritenuto nullo il contratto di deposito a risparmio concluso con un operatore professionalmente dedito all'attività di raccolta del risparmio tra il pubblico, ma privo dell'autorizzazione all'esercizio dell'attività bancaria, precisando però che i contratti bancari nulli come tali potrebbero essere convertiti *ex* art. 1424 c.c. in negozi di diritto comune, a condizione che le parti facciano richiesta di avvalersi di tale istituto, non essendo la conversione rilevabile d'ufficio dal giudice.

(23) App. Salerno, 15 giugno 1995, in *Giur. comm.*, 1996, II, 248 ss.; Trib. Firenze, 20 marzo 2003, in *La nuova giur. civ. comm.*, 2004, 10 ss.; Cass., Sez. Un., 25 marzo 1988, n. 2579, in *Banca, borsa, tit. cred.*, 1989, 17. Parte della dottrina ritiene invece che il provvedimento abilitativo consiste in un'autorizzazione alla costituzione dell'ente creditizio (per tutti si veda TROIANO, *Gli intermediari finanziari*, in *L'ordinamento finanziario italiano*, a cura di Francesco Capriglione, 2010, II, 529 ss. dove, alla nota 98, altri riferimenti dottrinali).

(24) Si è ritenuto che l'autorizzazione non sia di per sé sola sufficiente a rimuovere l'ostacolo all'esercizio dell'attività bancaria, essendo a tal fine necessaria anche l'iscrizione all'albo, con la conseguenza che, ove la banca operi in assenza di iscrizione all'albo, essa svolge abusivamente l'attività bancaria (Trib. Firenze, 20 marzo 2003, n. 68 sul caso Banca Romanelli s.p.a., in *La Nuova Giur. Civ. comm.*, 2004, 10 ss. con nota del sottoscritto).

Le condizioni per l'ottenimento dell'autorizzazione sono previste dall'art. 14 del T.U. bancario e sono meglio specificate nella Parte I, Tit. I, Cap. 1, delle "*Disposizioni di vigilanza per le banche*", contenute nella circolare n. 285 del 17 dicembre 2013 che ha recepito le disposizioni della Direttiva 2013/36/UE del Parlamento europeo e del Consiglio del 26 giugno 2013 (cosiddetta *Capital Requirements Directive* — CRD IV) sull'accesso all'attività degli enti creditizi e sulla vigilanza prudenziale su enti creditizi ed imprese di investimento.

Tali condizioni sono le seguenti:

1) **forma giuridica** di s.p.a. o società cooperativa a responsabilità limitata [la specificazione della responsabilità limitata dei soci, contenuta nell'art. 14, lett. *a*) del T.U. bancario, è divenuta inutile a seguito della riforma del diritto societario che ha introdotto l'art. 2518 c.c., precisando che, nelle società cooperative, per le obbligazioni sociali risponde sempre soltanto la società con il suo patrimonio];

2) **capitale sociale minimo** (10 milioni di euro per le s.p.a. e per le banche popolari; 5 milioni di euro per le banche di credito cooperativo) versato per intero;

3) stabilimento della **sede** legale e della direzione generale in Italia;

4) presentazione di un **programma dell'attività** iniziale (relativo ai primi 3 esercizi) unitamente a statuto ed atto costitutivo (sono previste possibili richieste di modifiche da parte di BCE o di Banca d'Italia per adeguare il programma alle esigenze di una sana e prudente gestione);

5) requisiti di **onorabilità, competenza e correttezza dei soci** che siano titolari di una **partecipazione rilevante** ai sensi dell'art. 19 del T.U. bancario (vale a dire di una partecipazione che comporti il **controllo** della banca o la possibilità di esercitare un'**influenza notevole** sulla banca o comunque una partecipazione almeno pari al **10%** dei diritti di voto o del capitale sociale), in modo da garantire la **sana e prudente gestione** (art. 25 T.U. bancario). Per valutare i requisiti di onorabilità si tiene conto dell'assenza di misure di prevenzione o di condanne penali in materia economica o per reati gravi, della correttezza nelle relazioni di affari e dell'affidabilità finanziaria non soltanto dei soci, ma anche degli altri soggetti che con essi abbiano « *legami* » anche di natura familiare o associativa (tali requisiti sono disciplinati dal D.M. del Ministro del tesoro, del bilancio e della programmazione economica 18 marzo 1998, n. 144);

6) requisiti di **onorabilità, professionalità, indipendenza** dei c.d. **esponenti bancari**, cioè dei soggetti che svolgono funzioni di amministrazione, direzione e controllo della società e dei responsabili delle principali funzioni aziendali, i quali debbono pure soddisfare **criteri di competenza e correttezza**, meglio specificati nel decreto del Ministro dell'economia e delle finanze 23 novembre 2020, n. 169 con riferimento a banche, intermediari finanziari, confidi, istituti di moneta elettronica, istituti di pagamento e sistemi di garanzia dei depositanti (25);

7) l'**assenza di stretti legami** tra la banca, i soggetti del gruppo di

(25) L'art. 26 del T.U. bancario, come modificato dal D.Lgs. 12 maggio 2015, n. 72, di attuazione della direttiva 2013/36/UE, prescrive che gli esponenti aziendali debbono essere idonei allo svolgimento della carica e l'idoneità sussiste qualora l'esponente aziendale:

a) possieda **requisiti** di professionalità, onorabilità ed indipendenza,

b) soddisfi **criteri** di competenza e correttezza,

c) dedichi il **tempo necessario** all'efficace espletamento dell'incarico, in modo da garantire la sana e prudente gestione della banca.

Secondo il parere del Consiglio di Stato n. 01604/2020 del 16 ottobre 2020, i *requisiti* sono caratterizzati da oggettività e tassatività, mentre i *criteri* sono caratterizzati da elementi di discrezionalità.

Come dettagliato all'art. 3 del D.M. 169/2020 (pubblicato in G.U., Serie Generale n. 310 del 15 dicembre 2020), i requisiti di *onorabilità* consistono sostanzialmente nell'assenza di situazioni di ineleggibilità ai sensi dell'art. 2382 c.c., nell'assenza di condanne a pena detentiva per reati in materia bancaria, finanziaria, assicurativa, societaria, fallimentare, tributaria o per altri reati gravi e nell'assenza di misure di prevenzione antimafia a proprio carico. Completano la valutazione reputazionale i criteri di *correttezza* che vanno valutati caso per caso, tenendo in considerazione, tra gli altri elementi, la pendenza di procedimenti penali (art. 4, comma 2, lett. l).

Segue poi il dettaglio dei requisiti di *professionalità* (artt. 7-9), i quali consistono nell'aver maturato particolare esperienza nella direzione di imprese o di enti pubblici, ai quali si affiancano i criteri di competenza (derivanti dalle conoscenze teorico-pratiche e dalle esperienze indicate all'art. 10).

Vengono introdotti nuovi profili di valutazione quali l'*indipendenza*, l'adeguata *composizione collettiva* degli organi, la *disponibilità di tempo* e, per le banche di maggiori dimensioni, limiti al *cumulo degli incarichi*. A garanzia del requisito di indipendenza va ricordato anche il divieto di cumulo di cariche (cosiddetto divieto di *interlocking*, previsto dall'art. 36 del D.L. 6 dicembre 2011, n. 201, convertito nella legge 22 dicembre 2011, n. 214). Esso implica che i titolari di cariche in organi gestionali, di sorveglianza e di controllo ed i funzionari di vertice di imprese o gruppi di imprese operanti nei mercati del credito, assicurativi e finanziari non possono assumere o esercitare analoghe cariche in imprese o gruppi di imprese concorrenti, per tali intendendosi quelle tra le quali non vi siano rapporti di controllo, operanti sui medesimi mercati del prodotto e geografici.

appartenenza ed altri soggetti, che ostacolino l'effettivo esercizio della vigilanza;

8) per le **banche di credito cooperativo** ulteriore condizione per il rilascio dell'autorizzazione è l'adesione ad un gruppo bancario cooperativo previsto dal D.L. 14 febbraio 2016, n. 18, convertito con modificazioni nella legge 8 aprile 2016, n. 49 (di cui diremo al Cap. IV, paragrafo 6).

Il procedimento di autorizzazione è disciplinato dalla ricordata circolare n. 285 del 17 dicembre 2013 della Banca d'Italia, che prevede le seguenti fasi:

— **preliminare informazione** alla Banca d'Italia da parte dei soci fondatori circa l'intenzione di procedere alla costituzione di una banca;

— **domanda** del legale rappresentante dopo la stipulazione dell'atto costitutivo e prima di richiedere l'iscrizione al registro delle imprese (il notaio rogante dovrà dunque attendere, dopo la stipulazione dell'atto costitutivo, che pervenga l'autorizzazione), previa delibera dell'organo con funzioni di supervisione strategica;

— **allegazione della documentazione** indicata dalla Banca d'Italia nelle citate disposizioni di vigilanza e diretta a garantire l'esistenza di tutte le condizioni e la sana e prudente gestione della banca (26);

— **autorizzazione** da rilasciarsi entro **180 giorni** dalla domanda

Il nuovo regolamento risulta allineato agli standard europei desumibili dalle linee guida dell'ESMA e dell'EBA adottate congiuntamente il 26 settembre 2017 e pubblicate il 21 marzo 2018 (in *www.esma.europa.eu/document/joint-esma-and-eba-guidelines-assessment-suitability-members-management-body-and-key-0*) e dalla guida della Banca Centrale Europea (BCE) — Vigilanza Bancaria (BCE — "*Guide to fit and proper assessment*" — May 2017, aggiornata a maggio 2018 nella versione che si legge in *www.bankingsupervision.europa.eu*).

(26) I documenti da allegare sono elencati alla Sezione V della circolare di Banca d'Italia 285/2013. Tra questi va allegato il verbale della riunione nella quale l'organo con funzioni di supervisione strategica ha verificato il possesso dei requisiti degli esponenti aziendali e l'insussistenza delle cause di incompatibilità e decadenza previste dal già ricordato D.L. 201/2011, n. 201, convertito dalla legge 214/2011, in tema di divieto di *interlocking* (i criteri per individuare e condividere la sussistenza di cariche incrociate in violazione della legge sono determinati con circolare congiunta di Banca d'Italia, CONSOB ed IVASS al fine di fornire un indirizzo applicativo dell'art. 36 del D.L. 201/2011 che si legge sul sito *www.consob.it - Documenti congiunti*). Ove la banca intenda svolgere attività di investimento, occorre allegare la relazione sulle modalità di svolgimento della stessa, al fine di assicurare un'organizzazione tecnica interna idonea a prevenire rischi ed al fine di assicurare correttezza e trasparenza nello svolgimento

(60 per banche di credito cooperativo che si avvalgano della FEDER-CASSE); il termine è interrotto (dunque ricomincia a decorrere dall'inizio) in caso di richiesta di documenti ed è sospeso (dunque riprende a decorrere per il periodo residuo) in caso di richiesta di informazioni ad altre autorità, ma in ogni caso non può superare **un anno** (27). Il silenzio dell'autorità di vigilanza oltre il termine previsto per il rilascio dell'autorizzazione non equivale a silenzio-assenso, ma resta soggetto alla possibilità di ricorso davanti al Giudice amministrativo, secondo il procedimento previsto contro l'inerzia della Pubblica Amministrazione (28).

Oggi, a seguito della realizzazione del meccanismo di vigilanza unico (*Single Supervisory Mechanism*) di cui si dirà meglio al Capitolo III, paragrafo 7, il regolamento UE n. 1024/2013 del Consiglio del 15 ottobre 2013 (art. 4.1.a) ha previsto che la **competenza** al rilascio ed alla revoca dell'autorizzazione all'esercizio dell'attività bancaria spetti alla **BCE**.

La competenza esclusiva della BCE al rilascio ed alla revoca dell'autorizzazione all'esercizio dell'attività bancaria è stata quindi

dell'attività; occorre poi allegare l'attestazione di adesione della banca ad un sistema di indennizzo degli investitori.

(27) La previsione di un termine così lungo per il rilascio dell'autorizzazione pone problemi di coordinamento con l'obbligo del notaio rogante di depositare al registro delle imprese l'atto costitutivo entro 20 giorni dalla sua ricezione (art. 2330 c.c.). Le norme di attuazione e transitorie della riforma del diritto societario hanno però risolto espressamente il problema: l'art. 223-*quater* disp. att. c.c. prevede infatti che il termine di 20 giorni per richiedere l'iscrizione al registro imprese decorre solo da quando è consegnato al notaio l'originale o la copia autentica dell'autorizzazione che andrebbe poi allegata alla richiesta di iscrizione.

Nel caso in cui la banca sia iscritta al registro delle imprese senza aver conseguito l'autorizzazione, la cancellazione di tale iscrizione può essere chiesta anche dall'Autorità competente al rilascio.

(28) In mancanza di una disposizione specifica che equiparasse il silenzio della Banca d'Italia ad un provvedimento espresso di rifiuto (silenzio-rifiuto), la mancata risposta alla domanda di autorizzazione poteva qualificarsi come *silenzio-inadempimento*. L'art. 31 del D.Lgs. 2 luglio 2010, n. 104 (codice del processo amministrativo) ha previsto che possa proporsi ricorso contro il silenzio-inadempimento della Pubblica Amministrazione entro un anno dalla scadenza dei termini per la conclusione del procedimento amministrativo, anche senza necessità di preventiva diffida (art. 117). Il giudice può pronunciarsi sulla fondatezza della pretesa dedotta in giudizio solo quando si tratta di attività vincolata o quando risulta che non residuano ulteriori margini di esercizio della discrezionalità e non sono necessari adempimenti istruttori che debbano essere compiuti dall'amministrazione.

prevista anche all'art. 14, commi 2, 3-*bis* e 3-*ter* del T.U. bancario (introdotti dall'art. 1, comma 7 del D.Lgs. 14 novembre 2016, n. 223) e dalla circolare di Banca d'Italia n. 285/2013 (Tit. I, Cap. I, Sez. V).

Tale competenza riguarda **tutte le banche**, mentre, successivamente all'autorizzazione, la vigilanza della BCE si concentra sulle banche di dimensioni rilevanti [cosiddetti *enti creditizi significativi* (29)].

Ai sensi dell'art. 14 del regolamento UE 1024/13, la domanda di autorizzazione all'accesso all'attività dell'ente creditizio che avrà sede in uno Stato membro partecipante al meccanismo di vigilanza unico è presentata all'autorità nazionale competente di tale Stato, nel rispetto dei requisiti previsti dal pertinente diritto nazionale.

L'autorità nazionale competente adotta, entro il termine previsto dal proprio ordinamento bancario interno, un *progetto di decisione* con cui propone alla BCE il rilascio dell'autorizzazione, se verifica l'esistenza delle condizioni atte a garantire la sana e prudente gestione della banca.

Il progetto di decisione è notificato alla BCE ed al richiedente l'autorizzazione.

Negli altri casi, la Banca d'Italia respinge direttamente la domanda di autorizzazione oppure, nel caso in cui fosse stato inviato un progetto di decisione per il rilascio dell'autorizzazione, il rigetto è di competenza della BCE.

Il progetto di decisione si ritiene adottato dalla BCE a meno che quest'ultima non sollevi obiezioni entro un termine massimo di *dieci giorni lavorativi*, prorogabile una sola volta per lo stesso periodo in casi debitamente giustificati.

La BCE solleva obiezioni al progetto di decisione solo se non sono soddisfatte le condizioni di autorizzazione stabilite nel pertinente diritto dell'Unione. La BCE espone i motivi del rigetto per iscritto.

Una volta rilasciata l'autorizzazione la banca deve iniziare l'attività entro un anno dal rilascio, pena la decadenza della stessa.

(29) Si tratta delle banche di maggiori dimensioni previste dal regolamento UE n. 468 del 16 aprile 2014 della BCE sul funzionamento del meccanismo di vigilanza unico, pubblicato unitamente al regolamento UE n. 469/2014 della BCE sul potere sanzionatorio della Banca Centrale Europea. In sostanza si tratta delle banche con attivi superiori ai 30 miliardi di euro.

Ai fini dello svolgimento dell'attività bancaria, oltre all'autorizzazione, è necessario che la banca aderisca ad uno dei sistemi di garanzia dei depositanti istituiti e riconosciuti in Italia ai sensi dell'art. 96 T.U. bancario ed al sistema di risoluzione stragiudiziale delle controversie con la clientela *ex* art. 128-*bis* del T.U. bancario.

9. L'apertura di succursali.

Secondo la definizione che ci offre l'art. 1, comma 2, lett. *e*), del T.U. bancario, si intende per succursale una « *una sede che costituisce una parte, sprovvista di personalità giuridica, di una banca, un istituto di moneta elettronica o un istituto di pagamento, e che effettua direttamente, in tutto o in parte, l'attività a cui la banca o l'istituto è stato autorizzato* » (30). Le filiali o succursali sono dunque uffici periferici della banca e pertanto esclusivamente a quest'ultima vanno riferiti i rapporti giuridici derivanti dall'esercizio dell'attività bancaria (31).

In materia di apertura di succursali il principio ispiratore dell'attuale normativa è quello — di matrice comunitaria ed introdotto dalla II direttiva CE in materia bancaria — della libertà di stabilimento, ossia della libera apertura di succursali nell'ambito del mercato comune da parte di ciascuna banca autorizzata dall'Autorità di vigilanza del paese membro ove è ubicata la sede centrale. Ciò significa che, nell'ambito dell'Unione Europea, non è richiesta alcuna autorizzazione preventiva

(30) La definizione riprende quella originariamente contenuta nella I direttiva CEE in materia bancaria (dir. 77/780, art. 1), oggi rivista dall'art. 4, paragrafo 1, n. 17 del regolamento (UE) n. 575/2013 e dal D.Lgs. 15 dicembre 2017, n. 218.

(31) I dirigenti delle filiali, in virtù della loro qualità di institori *ex* art. 2203, comma 2 c.c., possono agire o resistere in giudizio per un rapporto inerente alla filiale cui sono preposti, ma sempre in nome della banca unitariamente considerata e non della filiale in se stessa (Cass., 19 aprile 2011, n. 8976, in *Banca, borsa, tit. cred.*, 2012, II, 269 ss.; Cass., 7 aprile 2009, n. 8397, in *Guida al diritto*, 2010; Cass., 24 settembre 1996, n. 8409 e Trib. Napoli, 3 ottobre 1996, in *Banca, borsa, tit. cred.*, 1998, II, 90). Pertanto, ai fini della determinazione della competenza territoriale, la banca può essere convenuta davanti al Tribunale nel cui circondario si trovi la succursale, considerando la succursale come stabilimento con un rappresentante autorizzato a stare in giudizio *ex* art. 19 c.p.c. (Cass., sez. lav., 27 luglio 1999, n. 8152 con specifico riferimento alla competenza del Giudice del luogo ove la banca terza pignorata aveva una filiale). Deve però considerarsi nullo l'atto di citazione rivolto direttamente alla banca presso una filiale (Cass., 19 gennaio 1984 n. 452, in *Banca, borsa, tit. cred.*, 1985, II, 242).

da parte dell'Autorità di vigilanza del paese ospitante per l'apertura di succursali di banche aventi sede in un altro paese membro, ma solo il rispetto delle procedure previste dalle disposizioni del MVU (art. 15, comma 01 del T.U. bancario, introdotto dal D.Lgs. 223/2016) o, per le banche di paesi membri non partecipanti al MVU, il rispetto della procedura di cui all'art. 15, comma 3 del T.U. bancario (sostanzialmente una previa comunicazione dall'Autorità di vigilanza del paese di origine alla Banca d'Italia ed il decorso di un intervallo di tempo di 2 mesi prima di dare inizio all'attività).

La libertà di stabilimento trova piena attuazione per l'apertura in Italia di succursali di banche comunitarie destinate a svolgere attività ammesse al mutuo riconoscimento ([32]) (salvo il regime autorizzatorio eventualmente richiesto dall'ordinamento bancario del paese di origine) ed è stato sostanzialmente attuato anche per le succursali di banche italiane a seguito dell'emanazione del provvedimento del Governatore della Banca d'Italia del 21 marzo 2007 recante "*Disposizioni di vigilanza. Modificazioni statutarie — apertura di succursali da parte delle banche*" ([33]).

Resta però salvo il potere della Banca d'Italia di avviare d'ufficio — ove nel corso del processo di analisi delle situazioni aziendali rilevi profili di problematicità — un procedimento diretto a vietare l'apertura di una o più succursali, sempre che si tratti di un soggetto italiano meno significativo e ricorrano motivi attinenti all'adeguatezza delle strutture organizzative o della situazione finanziaria, economica e patrimoniale del soggetto (art. 15, comma 1 T.U. bancario, come sostituito dal D.Lgs. 223/2016).

([32]) Per le attività non ammesse al mutuo riconoscimento svolte da succursali di banche comunitarie è richiesta la preventiva autorizzazione di Banca d'Italia (art. 4 del decreto del Ministro del tesoro 28 dicembre 1992, n. 436659, pubblicato nel Bollettino di Vigilanza n. 122, ottobre-dicembre 1992, le cui condizioni sono precisate dal Tit. I, Cap. 3, sez. II, paragrafo 3 della circolare Banca d'Italia n. 285 del 17 dicembre 2013, nell'integrazione introdotta col 10° aggiornamento del 22 giugno 2015).

([33]) In *G.U.* 26 aprile 2007, n. 96. Il provvedimento prevedeva che le banche italiane potessero dar corso all'apertura di nuove succursali in Italia, senza bisogno di alcuna autorizzazione esplicita o implicita, semplicemente comunicando anticipatamente (almeno 90 giorni prima) alla Banca d'Italia o un *progetto di sviluppo territoriale* (che prevede la programmazione dello sviluppo della rete territoriale, su orizzonti temporali di norma non superiori a due anni) o la decisione di aprire una o più succursali specifiche al di fuori di un particolare programma (comunicazione specifica).

Per l'apertura di succursali da parte di una **banca italiana o comunitaria** in un altro **paese membro**, il regolamento (UE) n. 468/2014 della BCE del 16 aprile 2014 (regolamento quadro del meccanismo di vigilanza unico — RQMVU) [34], agli artt. 11, 13 e 14, prevede una procedura di **previa notifica** dell'intenzione di aprire all'autorità nazionale competente del paese membro di origine (la Banca d'Italia per le banche italiane).

Nel caso in cui la banca che intende aprire la succursale sia considerata *significativa*, la comunicazione va poi notificata alla BCE; per gli *enti non significativi* la notifica va fatta solo all'autorità nazionale competente.

Alla notifica vanno allegate le informazioni prescritte dall'art. 35 della direttiva 2013/36/UE, vale a dire:

a) lo Stato membro nel cui territorio la banca intende stabilire una succursale;

b) un programma di attività nel quale siano in particolare indicati il tipo di operazioni che si intendono effettuare e la struttura dell'organizzazione della succursale;

c) il recapito nello Stato membro ospitante presso il quale possono essere richiesti i documenti;

d) i nominativi delle persone che saranno responsabili della gestione della succursale.

La succursale può essere costituita e l'attività avviata se la BCE (per gli enti creditizi significativi) o la Banca d'Italia o altra autorità nazionale competente (per gli enti creditizi non significativi) non comunica un provvedimento di diniego entro due mesi dalla notifica e (per le succursali di banche comunitarie in Italia) dopo l'iscrizione della succursale all'albo delle banche di cui all'art. 13 T.U bancario.

Maggior formalismo è invece richiesto nei **rapporti coi paesi extracomunitari.**

Si prevede un'autorizzazione esplicita della Banca d'Italia per lo stabilimento di una succursale italiana in un paese extracomunitario.

(34) Il regolamento (UE) n. 468/2014 disciplina la ripartizione dei compiti tra BCE ed autorità nazionali competenti (ANC) ed è stato emanato in forza del regolamento (UE) n. 1024/2013 del Consiglio del 15 ottobre 2013 che attribuisce alla BCE compiti specifici in merito alle politiche di vigilanza prudenziale degli enti creditizi. Entrambi i regolamenti sono direttamente applicabili in Italia.

La disciplina è contenuta nell'art. 15, comma 2 del T.U. bancario e nella circolare n. 285 del 13 dicembre 2013, al Tit. I, Cap. 5, Sez. IV.

Il rilascio dell'autorizzazione è subordinato:

— all'esistenza, nello Stato extracomunitario, di una legislazione e di un sistema di vigilanza adeguati, anche in materia di contrasto del riciclaggio e del finanziamento del terrorismo;

— all'inesistenza di ostacoli all'accesso alle informazioni presso la succursale da parte della casa madre italiana e della Banca d'Italia, anche attraverso accordi in materia di scambio di informazioni tra autorità di vigilanza competenti ovvero attraverso l'espletamento di controlli *in loco* da parte dell'autorità di vigilanza del paese ospitante.

Per stabilire invece in Italia la **prima succursale** di una banca extracomunitaria occorre l'autorizzazione dalla Banca d'Italia, sentito il Ministro degli affari esteri, da rilasciare entro 120 giorni dalla domanda.

L'autorizzazione è subordinata all'esistenza di un ammontare minimo dei fondi propri (10 milioni di euro), alla presentazione di un programma di attività iniziale, al possesso dei requisiti di onorabilità, professionalità ed indipendenza in capo agli esponenti aziendali, al rilascio dell'autorizzazione dell'autorità di vigilanza del paese di origine, la quale deve anche attestare l'adeguatezza delle strutture organizzative, amministrative e contabili della banca e del gruppo di appartenenze. È richiesto poi l'impegno della banca a far aderire la succursale italiana ad un sistema di garanzia dei depositanti italiano o equivalente. L'autorizzazione è rilasciata tenendo conto della condizione di reciprocità (art. 14, comma 4 T.U. bancario e Tit. I, Cap. 7, Sez. II, paragrafo 1 della circolare 285/2013).

I criteri da seguire per il rilascio dell'autorizzazioni all'apertura della prima succursale sono indicati con D.M. del Ministro del tesoro del 9 agosto 1993: occorre in sostanza che sia garantito lo scambio di informazioni tra Autorità italiana e Autorità del paese extra UE d'origine, che sia assicurata la trasparenza del sistema di vigilanza del paese d'origine e che esista il consenso dell'autorità del paese d'origine all'apertura della succursale.

Una volta ottenuta l'autorizzazione, la succursale va iscritta al registro delle imprese competente ed all'albo delle banche di cui all'art. 13 T.U. bancario.

Per le **succursali successive alla prima** di una banca extracomunitaria in Italia si richiede solo l'autorizzazione della Banca d'Italia, rilasciabile entro 60 giorni dalla domanda (35).

Va ricondotta alla disciplina delle succursali anche la prestazione di servizi bancari tramite sportelli automatici presso i quali è presente personale della banca.

Diverso dalla succursale è invece l'**ufficio di rappresentanza** che identifica una struttura destinata a svolgere solo attività promozionale e di studio dei mercati: l'apertura di tali strutture può avvenire nel rispetto della procedura prevista dal paese ospitante.

10. La libera prestazione di servizi ed i servizi on line.

Si parla di prestazione di servizi in un paese diverso da quello di origine dell'intermediario finanziario quando quest'ultimo operi direttamente sul territorio straniero, senza costituirvi una struttura operativa stabile (che viene invece costituita nel caso della succursale), ma ivi operando in maniera occasionale e temporanea, anche se per un periodo di tempo prolungato (36).

Anche in questo caso il concreto esercizio di questa libertà è soggetto ad un *iter* diverso a seconda della nazionalità della banca interessata.

(35) L'art. 26 della legge 28 dicembre 2005, n. 262 (riforma del risparmio) ha trasferito dal Ministro dell'economia e delle finanze alla Banca d'Italia la competenza all'autorizzazione della prima succursale di banca extracomunitaria in Italia (art. 14, comma 4 T.U. bancario) ed il D.Lgs. 29 dicembre 2006, n. 303 ha precisato l'obbligo di parere del Ministro degli affari esteri per l'autorizzazione alla prima succursale e la sola autorizzazione della Banca d'Italia per le successive.

(36) Corte Giustizia UE, 11 dicembre 2003, causa C-215/2001, Schnitzer, Racc., I-4847, §§ 30-31. Per agire in libera prestazione di servizi la banca può anche dotarsi di un'infrastruttura necessaria per il compimento della prestazione, ferma restando la necessaria temporaneità della stessa (si veda sul punto la comunicazione interpretativa della Commissione europea "*Libera prestazione di servizi e interesse generale nella seconda direttiva bancaria*", in G.U.C.E., C 209, 10 luglio 1997; si veda anche Corte Giustizia UE, 30 novembre 1995, causa C-55/94, Gebhard, Racc., I-4165). Rientrano quindi nel regime della libera prestazione di servizi l'operatività tramite uno sportello automatico senza presenza di personale della banca straniera o l'operatività tramite intermediario indipendente che non operi in via esclusiva per un'unica banca straniera, che non abbia potere di rappresentanza e non agisca in via continuativa per la stessa.

La normativa comunitaria prevede che, per la prestazione di servizi da parte di **banche italiane o comunitarie**, non è richiesta alcuna autorizzazione, ma solo una preventiva notifica all'autorità di vigilanza del paese di origine, la quale informa immediatamente la BCE ed entro il mese successivo l'autorità di vigilanza del futuro paese ospitante (artt. 12, 15 e 16 del regolamento 468/2014 della BCE ed art. 39 della direttiva 2013/36/UE).

La banca italiana che voglia svolgere la propria attività senza stabilimento in un paese extracomunitario necessita invece di un'esplicita autorizzazione della Banca d'Italia (art. 16, comma 2 T.U. bancario e Tit. I, Cap. 6, Sez. II, paragrafo 1 della circolare 285/2013 di Banca d'Italia).

La prestazione in Italia di servizi da parte di **banche extracomunitarie** richiede pure una **autorizzazione** della Banca d'Italia, da rilasciare entro 120 giorni dalla domanda, sentita la CONSOB per lo svolgimento di attività di intermediazione mobiliare (le cui condizioni sono disciplinate dagli artt. 28 e 29-*ter* T.U. sulla finanza).

La circolare n. 185/2013 della Banca d'Italia (Tit. I, Cap. 6, Sez, I, paragrafo 2) prevede che la disciplina della prestazione di servizi senza stabilimento si applica anche ai servizi bancari e finanziari prestati mediante **reti informatiche** (*home banking* o *banking on line*), ma solo al ricorrere simultaneo di due condizioni:

a) l'esistenza di un'iniziativa commerciale sul territorio del destinatario contenente un invito a concludere il contratto;

b) l'offerta di servizi preceda lo spostamento fisico del prestatore per la conclusione degli atti o il contratto inerente la prestazione del servizio possa essere concluso a distanza, cioè senza la contemporanea presenza del prestatore del servizio e del destinatario.

Il simultaneo ricorrere delle anzidette condizioni appare però poco frequente nel caso dei servizi bancari e finanziari *on line*: infatti il contratto si conclude di regola per via telematica, mediante l'incontro di un'offerta di servizi finanziari (da ritenersi offerta al pubblico *ex* art. 1336 c.c. non appena divulgata tramite un sito INTERNET) con la relativa accettazione elettronica, ma pare mancare l'iniziativa commerciale della banca sul territorio del cliente, considerato che l'offerta del servizio avviene attraverso la messa in rete di una pagina WEB direttamente dalla sede della banca, la quale non ha una destinazione particolare, ma è rivolta a tutti gli utenti.

Una precisazione su quando i servizi bancari e finanziari debbano considerarsi svolti sul territorio italiano potrebbe però ricavarsi dalle Disposizioni di Vigilanza del 29 luglio 2009 sulla trasparenza delle operazioni e dei servizi bancari e finanziari, le quali, alla Sezione V, si preoccupano di regolamentare le tecniche di comunicazione a distanza.

Tali disposizioni prevedono che l'offerta tramite internet di servizi bancari e finanziari configura attività svolta in Italia ai sensi dell'articolo 115 del T.U. bancario quando ricorre una delle seguenti condizioni:

a) l'intermediario esercita effettivamente la propria attività sul territorio italiano, anche se la tecnologia di supporto del sito o il luogo dal quale il sito stesso è accessibile si trova in un altro Stato;

b) l'offerta è rivolta a soggetti residenti o aventi sede in Italia, anche se l'intermediario esercita concretamente la propria attività in tutto o in parte al di fuori del territorio italiano (quando poi l'offerta possa considerarsi rivolta a soggetti residenti in Italia può desumersi da criteri significativi esemplificativamente indicati nella medesima Sezione V delle disposizioni di vigilanza, quali ad esempio il fatto che l'offerta commerciale sia espressa in lingua italiana).

Per le attività di investimento l'art. 32 T.U. sulla finanza demanda alla CONSOB l'elaborazione di una disciplina sulle tecniche di comunicazione a distanza (per tali intendendosi le tecniche di contatto con la clientela, diverse dalla pubblicità, che non comportano la presenza fisica e simultanea del cliente e del soggetto offerente o di un suo incaricato) ([37]).

([37]) L'Autorità di vigilanza ha provveduto con regolamento Consob n. 20307 del 15 febbraio 2018 (pubblicato nel Supplemento ordinario n. 7 alla G.U. n. 41 del 19 febbraio 2018), in particolare agli artt. 125-128. La CONSOB richiede che il gestore del portale con cui si offrono *on line* servizi di investimento abbia ottenuto una specifica autorizzazione che ne legittimi l'inserimento nell'albo di cui all'art. 20 del T.U. sulla finanza. L'Albo ed i provvedimenti che integrano o modificano le informazioni in esso contenute sono pubblicate nel Bollettino della Consob, istituito in formato elettronico con delibera Consob n. 15695 del 20 dicembre 2006. In presenza di un'attività abusiva (che si considera svolta in Italia laddove ad esempio il sito sia consultabile in italiano, sia privo di meccanismi bloccanti che impediscano la registrazione ad utenti italiani o comporti contatti telefonici con risparmiatori italiani), la CONSOB ha il potere (introdotto dalla MIFID 2 e previsto dall'art. 7-*octies* T.U.

Le disposizioni in tema di libertà di stabilimento e di libera prestazione di servizi si applicano anche alle **società finanziarie** che abbiano sede legale in uno Stato comunitario, la cui partecipazione di controllo sia detenuta per almeno il 90% da una o più banche con sede legale nel medesimo Stato. Per le società finanziarie italiane debbono poi ricorrere le condizioni stabilite nelle istruzioni della Banca d'Italia.

Si è precisato che il mancato rispetto della procedura prevista per operare in regime di libera prestazione di servizi ed in particolare la mancata comunicazione preventiva richiesta per avviare l'operatività non dovrebbe inficiare la validità dei contratti conclusi con i clienti, non avendo la normativa in esame la funzione di tutelare il contraente dell'intermediario, ma solo quella di garantire l'informazione alle Autorità di controllo (38).

L'opinione suscita però qualche perplessità, considerata quella giurisprudenza che reputa nullo il contratto bancario concluso da un soggetto che svolge attività bancaria senza autorizzazione (39) o, in genere, da un soggetto non abilitato a svolgere attività protette o vigilate (40). Infatti le procedure per la costituzione di uno stabilimento o per la libera prestazione di servizi sono previste da norme imperative

finanza, ulteriormente rafforzato dall'art. 36, comma 2-*terdecies* della legge 58/2019) di bloccare l'operatività disponendo l'oscuramento del sito.

(38) Commissione europea "*Libera prestazione di servizi e interesse generale nella seconda direttiva bancaria*", cit. alla nota 36.

(39) Cass., 28 febbraio 2018, n. 4760 cit. sulla nullità dei contratti bancari conclusi da una banca non autorizzata.

(40) Cass., 6 aprile 2001, n. 5114, in *Corr. giur.*, 2001, n. 8, 1062 ss. che dichiara la nullità di un contratto di swap concluso da un intermediario non iscritto all'albo delle SIM; Cass., 15 marzo 2001, n. 3753, sulla nullità del contratto di intermediazione mobiliare concluso da soggetto non autorizzato; in generale, si è affermato che il compenso professionale non compete a chi abbia esercitato abusivamente una determinata professione (Cass. 23 agosto 2018, n. 21015, la quale esclude il diritto al compenso in caso di abusivo esercizio dell'attività di dottore commercialista, anche per le attività non protette, se finalizzate all'esercizio di quelle protette; Cass. 30 agosto 2013, n. 19989 in merito alla professione di ingegnere; Cass., 19 febbraio 2007, n. 3740 in merito alla professione di avvocato; Cass., 18 marzo 2005, n. 5953 in merito alla professione di mediatore non iscritto all'albo di cui alla legge n. 39 del 1989). Si è però precisato che potrebbe essere ritenuta valida la garanzia rilasciata da un consorzio di garanzia collettiva dei fidi anche se non autorizzato ad operare come intermediario finanziario, considerato che ritenere la nullità dei singoli atti negoziali che siano espressione attuativa dell'attività non autorizzata finirebbe col confliggere proprio con

ex art. 1418, comma 1 c.c., il cui mancato rispetto comporta un divieto di operare, sanzionato penalmente (ancor più se a svolgere l'attività è un intermediario di un paese terzo per la cui operatività in Italia è sempre richiesta l'autorizzazione di Banca d'Italia), con la conseguenza che è la stessa esistenza del contratto a porsi in contrasto con la norma imperativa.

gli interessi per la cui tutela è stato prescritto il meccanismo autorizzatorio (Cass., 23 settembre 2019, n. 23611).

CAPITOLO III

GLI ORGANI DI VIGILANZA

1. Le Autorità creditizie (introduzione).

Come già abbiamo avuto occasione di accennare, ancorché con l'entrata in vigore del T.U. bancario (1° gennaio 1994) sia scomparso ogni riferimento all'attività bancaria come funzione pubblica, gli interessi collettivi coinvolti da questo settore hanno giustificato il mantenimento di rilevanti controlli da parte dello Stato sulle banche.

Rispetto alla legge bancaria del 1936/38 vengono però introdotte significative innovazioni sia per quanto concerne i soggetti destinatari della vigilanza (che non sono più soltanto le banche, ma anche i gruppi bancari e gli intermediari finanziari) sia per quanto riguarda le modalità di esercizio dei poteri di vigilanza.

A quest'ultimo proposito, l'attività di vigilanza viene improntata al rispetto di due fondamentali principi:

a) da un lato si individuano a livello legislativo le finalità dell'azione di vigilanza, precisando che essa ha riguardo « *alla sana e prudente gestione dei soggetti vigilati, alla stabilità complessiva, all'efficienza e alla competitività del sistema finanziario nonché all'osservanza delle disposizioni in materia creditizia* » (art. 5 T.U. bancario);

b) dall'altro lato si assoggetta l'attività di vigilanza al rispetto dei principi in materia di trasparenza dell'azione amministrativa contenuti nella legge 7 agosto 1990, n. 241 (ancorché l'applicazione di tale legge debba essere subordinata ad un giudizio di compatibilità con la materia bancaria ai sensi dell'art. 4, comma 3 T.U. bancario).

Nell'ambito di questi principi, il T.U. bancario dedica una specifica disciplina alle Autorità creditizie ed alle funzioni che queste svolgono.

Seguendo l'ordine di trattazione del T.U. bancario, le Autorità creditizie nazionali ivi previste e disciplinate sono le seguenti:

1) il CICR (Comitato Interministeriale per il Credito ed il Risparmio);

2) il Ministro dell'economia e delle finanze (nato dall'accorpamento dei Ministeri del tesoro (1) e delle finanze con l'entrata in vigore del D.Lgs. 30 luglio 1999, n. 300, in attuazione della legge delega 15 marzo 1997, n. 59, nota come legge Bassanini);

3) la Banca d'Italia.

Oltre a quelle sopra elencate vanno però ricordate altre Autorità che svolgono funzioni fondamentali in materia finanziaria ed in settori ad essa affini, riguardo alle quali il T.U. bancario (art. 7) prevede un obbligo di collaborazione.

Si tratta dei seguenti organi:

4) CONSOB (Commissione Nazionale per le Società e la Borsa) competente in materia di mercato mobiliare e società quotate;

5) IVASS (Istituto per la vigilanza sulle Assicurazioni), istituito dall'art. 13 del D.L. 6 luglio 2012, n. 95 convertito con modificazioni nella legge 7 agosto 2012, n. 135 come persona giuridica di diritto pubblico (2), alla quale sono demandate le competenze in materia di vigilanza sulle assicurazioni private già affidate all'ISVAP (sui destinatari indicati dall'art. 6 del Codice delle assicurazioni private approvato con D.Lgs. 7 settembre 2005, n. 209) ed in materia di prodotti di investimento assicurativi se distribuiti da imprese di assicurazione,

(1) Il Ministro del tesoro aveva già assunto, a seguito dell'entrata in vigore del D.Lgs. 4 agosto 1999, n. 333, la denominazione di Ministro del tesoro, del bilancio e della programmazione economica essendo stati accorpati i relativi dicasteri.

(2) Con D.P.R. 12 dicembre 2012 (in *G.U.* 31 dicembre 2012, n. 303) è stato approvato lo statuto dell'IVASS, il quale prevede, tra l'altro, uno stretto collegamento con la Banca d'Italia, il cui Direttore Generale ne è di diritto il Presidente e compone il Consiglio assieme ad altri due membri nominati su proposta del Governatore della Banca d'Italia.

intermediari assicurativi (agenti di assicurazione e *broker*) e dagli altri soggetti di cui questi intermediari assicurativi si avvalgono;

6) COVIP (Commissione di Vigilanza sui Fondi Pensione) istituita con D.Lgs. 4 agosto 1999, n. 333 per svolgere compiti di vigilanza sui fondi pensione [disciplinati dal D.Lgs. 5 dicembre 2005, n. 252 (3)];

7) UIF (Unità di Informazione Finanziaria) di cui tratteremo al paragrafo 6;

8) Autorità garante della concorrenza e del mercato, la quale ha la funzione di tutelare l'assetto concorrenziale del mercato ai sensi dell'art. 10 della legge 10 ottobre 1990, n. 287 ed ha assunto, a seguito della legge 28 dicembre 2005, n. 262 (riforma del risparmio), maggiori poteri in ambito bancario che esercita in coordinamento con la Banca d'Italia (4).

La collaborazione tra autorità di vigilanza, soprattutto a seguito dell'entrata a regime del Meccanismo Unico di Vigilanza, si estende alle autorità comunitarie e comporta l'obbligo di osservare gli atti direttamente applicabili emanati da queste ultime e di assicurare lo scambio di informazioni, il tutto in armonia con le disposizioni dell'UE, come espressamente previsto dagli artt. 6, 6-*bis* e 7 del T.U. bancario, nonché dagli artt. 2 e 4 del T.U. sulla finanza.

Prima di passare ad esaminare i compiti e l'operatività delle singole Autorità di vigilanza, occorre chiarire che i tre organi di vigilanza nazionali disciplinati dal T.U. bancario (CICR, Ministro dell'economia e delle finanze, Banca d'Italia) **non** sono legati tra loro da un **rapporto gerarchico**, diversamente da quanto potrebbe far pensare l'esistenza di alcune interferenze reciproche tra gli stessi (ad esempio il reclamo al CICR contro gli atti della Banca d'Italia o l'attribuzione della presidenza del CICR al Ministro dell'economia e delle finanze o la subordinazione delle delibere del CICR alle proposte della Banca d'Italia).

(3) Le modalità di adesione ai fondi pensione sono state precisate con regolamento COVIP n. 95 del 29 maggio 2008 (in *G.U.* n. 142 del 19 giugno 2008).

(4) Spetta alla Banca d'Italia il compito di valutare che sia garantita la sana e prudente gestione in presenza di intese, di abusi di posizione dominante o di concentrazioni riguardanti imprese appartenenti all'ordinamento finanziario, mentre spetta all'Autorità Garante della concorrenza e del mercato compiere le valutazioni relative all'assetto concorrenziale del mercato. Questo coordinamento si risolve nell'emanazione di due atti amministrativi autonomi, secondo il modello della vigilanza per funzioni.

Il Ministro dell'economia e delle finanze si trova al vertice dell'apparato delle Autorità aventi competenza in materia di disciplina del credito e risparmio a **livello politico**, ma al contempo la Banca d'Italia si trova al vertice del medesimo apparato **a livello tecnico**.

Inoltre ciascuna Autorità ha competenze sue proprie che vengono svolte in maniera autonoma.

2. Il CICR (Comitato Interministeriale per il Credito ed il Risparmio).

Il CICR è un organo collegiale, composto dal Ministro dell'economia e delle finanze che lo presiede e dai principali Ministri economici (oggi il Ministro delle Politiche Agricole, Alimentari e Forestali, il Ministro dello Sviluppo Economico, il Ministro delle Infrastrutture e dei Trasporti, il Ministro per le Politiche Europee).

Alle riunioni del CICR partecipa anche il Governatore della Banca d'Italia, senza però diritto di voto.

Al CICR spetta l'**alta vigilanza** nelle materie di tutela del risparmio ed esercizio del credito ([5]): tali funzioni si concretizzano nell'esercizio di un potere deliberativo con esclusione però di qualsiasi potere di intervento diretto sugli enti vigilati (poteri questi riservati al Ministro dell'economia e delle finanze ed alla Banca d'Italia della cui struttura il CICR si avvale istituzionalmente, non disponendo di un apparato proprio).

Il CICR emana direttive di carattere generale ed astratto, alle quali la Banca d'Italia è tenuta a conformarsi nell'emanazione di disposizioni di carattere generale (regolamenti ed istruzioni).

Al CICR sono attribuite anche funzioni consultive del Ministro dell'economia e delle finanze nelle materie che quest'ultimo decida di sottoporre alla sua valutazione.

Il CICR decide inoltre sui reclami presentati contro i provvedimenti della Banca d'Italia (art. 9 T.U. bancario). L'assenza di un

([5]) L'art. 1, comma 56 del D.Lgs. 12 maggio 2015, n. 72 ha soppresso le competenze del CICR in materia valutaria previste ancora dall'art. 1 del D.L.C.P.S. 17 luglio 1947, n. 691, che era rimasto in vigore coll'entrata in vigore del T.U. bancario per espressa disposizione dell'art. 161. L'abrogazione è giustificata dal passaggio alla BCE della competenza in materia di politica monetaria.

rapporto gerarchico tra Banca d'Italia e CICR fa escludere che tale reclamo costituisca espressione di un ricorso gerarchico, dovendo esso qualificarsi piuttosto come ricorso gerarchico improprio, disciplinato dal D.P.R. 24 novembre 1971, n. 1199.

Per la valida approvazione delle delibere è richiesto anzitutto che alla riunione partecipi la maggioranza dei suoi componenti (*quorum costitutivo*); la delibera dovrà poi essere assunta a maggioranza dei partecipanti ad ogni seduta (*quorum deliberativo*).

L'organizzazione ed il funzionamento del CICR sono determinati da norme emanate direttamente dallo stesso Organo di vigilanza.

Per fini consultivi, il Presidente del CICR può invitare a partecipare alle riunioni ministri diversi da quelli che lo compongono istituzionalmente ed i presidenti di altre Autorità di vigilanza, laddove debbano essere trattati argomenti di loro competenza, connessi a profili di stabilità complessiva, trasparenza ed efficienza del sistema finanziario.

3. Il Ministro dell'economia e delle finanze.

Le competenze del Ministro dell'economia e delle finanze sono di due tipi: quelle inerenti alla sua funzione di presidente del CICR e quelle autonome.

Va precisato che le competenze del Ministro dell'economia e delle finanze sono state ridotte dalla riforma del risparmio (legge 262/2005) la quale ha trasferito alla Banca d'Italia la competenza in tema di autorizzazione all'apertura della prima succursale di banca extracomunitaria in Italia (art. 14, comma 4 T.U. finanza) e di applicazione delle sanzioni amministrative in materia bancaria (art. 145 T.U. bancario) (6).

Le **funzioni autonome** spettanti al Ministero dell'economia e delle finanze riguardano attribuzioni di carattere **regolamentare** e **di vigilanza** che lo stesso esercita, di regola (7) previa proposta o dopo aver consultato la Banca d'Italia.

(6) Il trasferimento di funzioni dal Ministero all'Autorità specializzata è coerente anche con quanto prescritto dalla legge 262/2005 (art. 26) nel settore assicurativo (dove assistiamo ad un trasferimento di funzioni dal Ministro delle attività produttive all'ISVAP) e nel settore dei fondi pensione (dove assistiamo ad un trasferimento di funzioni dal Ministro del lavoro e delle politiche sociali al COVIP).

(7) Non sempre le disposizioni del T.U. bancario che prevedono l'esercizio del potere regolamentare da parte del Ministro dell'economia e delle finanze prescrivono

Tra queste attribuzioni ricordiamo:

a) il potere di determinare con **decreto** (sentita la Banca d'Italia) i requisiti che debbono possedere ed i criteri che debbono soddisfare i partecipanti al capitale e gli esponenti aziendali delle banche e degli intermediari finanziari (artt. 25, 26, 108, 109 T.U. bancario);

b) il potere di disporre con **decreto** (su proposta della Banca d'Italia) la liquidazione coatta amministrativa (art. 80) e di approvare il provvedimento della Banca d'Italia che dispone l'avvio della risoluzione di una banca (art. 32, commi 1 e 2 del D.Lgs. 16 novembre 2015, n. 180);

c) il potere di irrogare con decreto le **sanzioni amministrative** previste in materia di **antiriciclaggio** ai sensi degli artt. 56 ss. del D.Lgs. 21 novembre 2007, n. 231, come modificato dal D.Lgs. 25 maggio 2017, n. 90;

d) il potere di emanare **provvedimenti d'urgenza**, motivando adeguatamente l'esistenza delle ragioni di urgenza (anche con motivazione *per relationem*, con riferimento ad altri provvedimenti, ad esempio una proposta della Banca d'Italia) e provvedendo poi a convocare il CICR entro 30 gg. (la seduta però può tenersi anche successivamente) per informarlo dei provvedimenti adottati (8);

e) il potere di irrogare le **sanzioni amministrative pecuniarie** in **materia valutaria**, ai sensi degli artt. 31 e ss. del D.P.R. 31 marzo 1988, n. 148, previa istruttoria e parere della commissione consultiva per le infrazioni valutarie ed antiriciclaggio prevista dall'art. 1 del D.P.R. 14 maggio 2007, n. 114 (che ha competenza consultiva anche per l'irrogazione delle sanzioni sopra indicate *sub c*).

Ove lo ritenga opportuno, il Ministro dell'economia e delle finanze può sottoporre preventivamente i provvedimenti che intende adottare alla valutazione del CICR.

I poteri inerenti alle funzioni di **presidente del CICR** consistono invece:

la previa consultazione con la Banca d'Italia (non prevista ad esempio in materia di confidi dall'art. 112, comma 1 o in materia di intermediari finanziari esteri dall'art. 114 T.U. bancario).

(8) La riunione del CICR non ha però la funzione di ratificare i provvedimenti d'urgenza adottati dal Ministro, ma ha solo una finalità informativa.

— nel disporne la convocazione e determinarne la composizione, potendo invitare alla seduta ministri che non ne fanno istituzionalmente parte o i presidenti di altre Autorità di vigilanza;

— nel fissare l'ordine del giorno di ciascuna riunione, pur essendo in questo vincolato agli argomenti proposti dalla Banca d'Italia, nel senso che non può inserire argomenti che non abbiano formato oggetto di sua proposta, ferma restando però la possibilità di non inserire argomenti suggeriti da questa;

— nel condurre le sedute;

— nella emanazione delle delibere con proprio provvedimento (decreto) o attraverso la semplice pubblicazione del verbale della seduta, pubblicazione che di regola avviene nel Bollettino Ufficiale della Banca d'Italia.

4. La Banca d'Italia.

La Banca d'Italia è la banca centrale italiana: nata sotto forma di società per azioni nel 1893 (con la legge 10 agosto 1893, n. 449), diviene istituto di diritto pubblico nel 1936 (art. 20 della legge bancaria del 1936/38). Le quote di partecipazione al capitale possano appartenere solamente a banche ed imprese di assicurazione e riassicurazione aventi sede legale ed amministrazione centrale in Italia, fondazioni bancarie, enti ed istituti di previdenza ed assicurazione italiani e fondi pensione, con il limite massimo del 3% (art. 4 del D.L. 30 novembre 2013, n. 133, convertito nella legge 29 gennaio 2014, n. 5).

La disciplina della Banca d'Italia è stata notevolmente innovata a seguito dell'entrata in vigore della legge 28 dicembre 2005, n. 262, la quale, agli artt. 19 e segg., ha introdotto importanti novità riguardo all'organizzazione interna, alle competenze ed al Governatore ([9]).

Oggi la Banca d'Italia esercita le **funzioni** di emissione della moneta ([10]), di vigilanza creditizia e finanziaria (non solo sulle banche,

([9]) Per un primo commento alla legge 262/2005 si veda CAPRIGLIONE, *Crisi di sistema ed innovazioni normative: prime riflessioni sulla nuova legge sul risparmio*, in *Banca, borsa, tit. cred.*, 2006, I, 125 ss.

([10]) La funzione di istituto di emissione era già riconosciuta dalla legge bancaria del 1936/38, le cui disposizioni sul punto sono state mantenute, come espressamente

ma anche sugli intermediari finanziari, su istituti di pagamento e IMEL, sui fondi comuni, sulle SICAV e sulle SICAF, sulle società di gestione del risparmio e sulle SIM), di supervisione sui sistemi di pagamento, congiuntamente alla Banca Centrale Europea ([11]), di supervisione dei mercati, di autorità di risoluzione in caso di crisi bancarie (art. 3 del D.Lgs. 16 novembre 2015, n. 180), di analisi, ricerca e studio in materia economica e istituzionale. Nel campo della politica economica, essa esercita anche attività di alta consulenza per gli organi costituzionali e svolge inoltre il servizio di tesoreria dello Stato.

La Banca d'Italia è parte integrante, insieme alle altre banche centrali nazionali dei paesi dell'Unione europea e con la Banca centrale europea, del Sistema europeo di banche centrali (**SEBC**) ed agisce secondo gli indirizzi e le istruzioni della Banca centrale europea (art. 19 della legge 262/2005).

In tale ambito concorre a definire gli indirizzi e le scelte di politica monetaria per l'intera area dell'euro; ne cura, secondo il principio di sussidiarietà, la realizzazione sui mercati monetari e finanziari del Paese.

Secondo le previsioni dello Statuto, la ***governance*** della Banca d'Italia è affidata, ai seguenti organi centrali: l'Assemblea dei partecipanti, il Consiglio superiore, il Direttorio, il Collegio sindacale, il Governatore, il Direttore generale ed i tre Vice direttori generali.

Il Governatore partecipa al Consiglio direttivo della BCE.

L'assunzione dei provvedimenti aventi rilevanza esterna relativi all'esercizio delle funzioni pubbliche attribuite dalla legge alla Banca

previsto dall'art. 161 T.U. bancario. La produzione delle banconote in euro avviene oggi in base alla quota definita nell'ambito dell'Eurosistema. Non costituisce violazione del monopolio pubblico sulla politica monetaria la diffusione di criptomonete ed in particolare di *bitcoin* che non sono monete a corso legale, in quanto il loro uso come mezzo di scambio dipende esclusivamente dalla volontà degli attori del mercato, i quali non sono legalmente obbligati ad accettarli come mezzo di pagamento (sull'argomento si veda BCE, *Virtual currency schemes — a further analysis*, Febbraio 2015).

([11]) Si veda l'art. 146 T.U. bancario ed il Provvedimento della Banca d'Italia del 18 settembre 2012 (*Disposizioni in materia di sorveglianza sui sistemi di pagamento al dettaglio*) che disciplinano la supervisione di Banca d'Italia sui sistemi di pagamento nazionali, riguardanti il regolamento di operazioni di importo pari o inferiore a 500.000 euro. Spetta alla BCE la sorveglianza sui sistemi di pagamento di importanza sistemica, per tali intendendosi quelli soggetti al rischio che una perturbazione interna inneschi o trasmetta ulteriori turbative tra i partecipanti o a livello di sistema nell'area finanziaria più in generale.

d'Italia per il perseguimento delle finalità istituzionali (con esclusione delle decisioni rientranti nelle attribuzioni del SEBC) avviene secondo il metodo collegiale, essendo di competenza del **Direttorio**, organo composto dal Governatore, dal Direttore generale e dai tre Vice direttori generali, il quale delibera a maggioranza (12).

Il Governatore della Banca d'Italia resta in carica 6 anni, con possibilità di un solo rinnovo del mandato. Di identica durata è anche il mandato degli altri membri del Direttorio.

L'attività della Banca d'Italia deve essere svolta nel rispetto dei **principi** e dei **criteri** dell'attività di vigilanza che la stessa Autorità creditizia determina ai sensi dell'art. 4, comma 2 del T.U. bancario e che è tenuta a predeterminare ed a pubblicizzare. Nell'ambito di un'esigenza di trasparenza, l'art. 4 del T.U. bancario, al 3° e 4° comma, prescrive una serie di obblighi che la Banca d'Italia è tenuta ad osservare nello svolgimento delle proprie funzioni, dichiarando espressamente applicabile la legge 7 agosto 1990, n. 241 (13). In particolare, gli atti emessi dagli organi della Banca d'Italia debbono avere la forma scritta ed essere motivati (art. 23 della legge 262/2005 con riferimento agli atti regolamentari e generali ed art. 24 della legge 262/2005 con riferimento ai provvedimenti particolari).

La Banca d'Italia è inoltre tenuta a pubblicare annualmente una **relazione** sull'attività di vigilanza svolta.

Le funzioni della Banca d'Italia si concretizzano nell'emanazione di tre generi di provvedimenti:

(12) In caso di parità di voti prevale il voto del Governatore (art. 19, comma 6 della legge 262/2005).

(13) In generale le modalità di accesso agli atti sono disciplinati dal provvedimento della Banca d'Italia dell'11 dicembre 2007 con riguardo ai documenti amministrativi concernenti l'attività di vigilanza e dal provvedimento della Banca d'Italia del 29 ottobre 2007 con riferimento ai documenti diversi formati o detenuti stabilmente dall'Autorità di vigilanza. Viene però escluso un generalizzato diritto di accesso agli atti ai sensi dell'art. 24, comma 4 della legge 241/1990, come espressamente stabilito dal provvedimento del Governatore della Banca d'Italia del 16 maggio 1994 (richiamato dal provvedimento del 29 ottobre 2007), anche se poi l'art. 24 della legge 262/2005 ha previsto il diritto d'accesso agli atti relativi ai procedimenti di controllo a carattere contenzioso e sanzionatori.

— **regolamenti**, ossia atti normativi generali ed astratti, emanabili nei soli casi previsti dalla legge (14);

— **provvedimenti amministrativi generali** (istruzioni), ossia provvedimenti a carattere precettivo destinati a tutti i soggetti sottoposti all'attività di vigilanza, la cui mancata osservanza però (a differenza della violazione dei regolamenti) non influisce sulla validità degli atti compiuti dai destinatari della vigilanza, ma determina l'applicazione di sanzioni amministrative;

— **provvedimenti particolari**, destinati cioè a singoli soggetti determinati.

Tra questi ultimi rappresentano una novità importante i provvedimenti emessi nell'ambito dei poteri di intervento attribuiti alla Banca d'Italia dall'art. 53-*bis* del T.U. bancario, tra cui: *a*) il potere di adottare provvedimenti specifici nei confronti di una o più banche o dell'intero sistema bancario riguardanti restrizioni all'attività, alla struttura territoriale, il divieto di effettuare determinate operazioni, di distribuire utili, di pagare interessi su strumenti finanziari emessi e computabili nel patrimonio di vigilanza; *b*) il potere di disporre la rimozione di uno o

(14) L'art. 4, comma 1 T.U. bancario parla espressamente di regolamenti emanati dalla Banca d'Italia nei casi previsti dalla legge e distingue detti regolamenti dalle semplici istruzioni; inoltre l'art. 8 T.U. bancario prevede la pubblicazione sulla *G.U.* dei provvedimenti di carattere generale della Banca d'Italia destinati « *anche a soggetti diversi da quelli sottoposti a vigilanza* », il che si riferisce certamente ai regolamenti che, a differenza degli atti amministrativi generali, non sono indirizzati solo a soggetti determinati o determinabili (quelli sottoposti a vigilanza) bensì alla generalità dei consociati. Per l'ammissibilità di una vera e propria potestà regolamentare della Banca d'Italia si veda CAPRIGLIONE, in *Comm. al T.U. delle leggi in materia bancaria e creditizia*, Padova, 2012, *sub* art. 4, 39 ss.; CAPOLINO, *La potestà regolamentare*, in *La nuova legge bancaria*, Milano, 1996, Tomo I, 113 ss.; POLITI, voce *Regolamenti delle autorità amministrative indipendenti*, in *Enc. giur. Treccani*, 2001, 17. Con l'entrata in vigore della legge 262/2005 (che, all'art. 23, disciplina espressamente i provvedimenti della Banca d'Italia aventi natura regolamentare) non pare possano sussistere dubbi sull'esistenza di un potere regolamentare in capo alla Banca d'Italia. Una conferma in tal senso la si ritrova anche nel Provvedimento del 9 luglio 2019, recante la disciplina dell'adozione degli atti di natura normativa o di contenuto generale della Banca d'Italia nell'esercizio delle funzioni di vigilanza, il quale tratta espressamente della formazione degli "atti di regolazione", cioè di atti aventi natura regolamentare o di contenuto generale di competenza della Banca d'Italia. Da ultimo, l'art. 6-*bis*, comma 4 del T.U. bancario ricomprende nel concetto di legislazione nazionale di recepimento delle direttive europee le disposizioni nazionali di carattere generale emanate anche dalla Banca d'Italia nelle materie rientranti nell'Unione bancaria europea.

più esponenti aziendali quando la loro permanenza in carica sia di pregiudizio alla sana e prudente gestione della banca; *c*) il potere di proporre la convocazione o, in caso di inottemperanza, di procedere direttamente alla convocazione degli organi collegiali della banca, fissando l'ordine del giorno e proponendo l'assunzione di determinate decisioni o di convocare singoli esponenti o soggetti a cui siano state esternalizzate funzioni.

Va precisato che i provvedimenti emanabili dalla Banca d'Italia non possono porsi in contrasto con le deliberazioni del CICR (che contengono i principi ed i criteri direttivi per l'esercizio della funzione regolamentare della Banca d'Italia) e con i decreti del Ministro dell'economia e delle finanze nelle materie attribuite alla sua competenza.

A questi atti di natura provvedimentale si aggiungono quelli di natura **non provvedimentale**, come le **proposte** indirizzate alle altre Autorità creditizie. Queste proposte vengono indirizzate al CICR quando si tratta di adottare delibere inerenti alla vigilanza sulle banche e sugli intermediari finanziari ed al Ministro dell'economia e delle finanze per l'adozione di provvedimenti di carattere generale o particolare.

Da ultimo, alla Banca d'Italia sono attribuite anche **funzioni consultive** in tutti quei casi in cui si prevede che l'organo in questione debba essere sentito prima dell'emanazione di determinati provvedimenti [come per i decreti del Ministro dell'economia e delle finanze contenente i requisiti di professionalità ed onorabilità degli esponenti delle banche o degli intermediari finanziari e per i provvedimenti in materia bancaria adottati dalle Regioni (15)].

Sono espressamente ritenuti **vincolanti** i pareri diretti alle Regioni in materia di autorizzazione all'esercizio dell'attività bancaria, alle modifiche statutarie, alle fusioni ed alle scissioni riguardanti le banche operanti a livello regionale.

Come già accennato, contro i provvedimenti della Banca d'Italia è ammesso **reclamo** al CICR entro il termine di 30 giorni dalla comunicazione o dalla pubblicazione.

(15) Oggi tutte le Regioni possono emanare disposizioni legislative per le banche a carattere regionale (legge costituzionale 18 ottobre 2001, n. 3).

Il CICR decide il ricorso, previa consultazione delle associazioni di categoria dei soggetti sottoposti a vigilanza nell'ipotesi in cui il reclamo coinvolga problematiche di interesse generale per la categoria. La decisione del CICR può comportare l'**annullamento** dell'atto impugnato (il ricorso è di tipo impugnatorio), ma non la sua riforma o la sua rinnovazione, dato che l'Autorità che decide — come già ripetuto — non esercita un potere gerarchico sull'organo che ha emesso il provvedimento impugnato.

Il ricorso può essere proposto da qualunque interessato, purché titolare di un diritto soggettivo od interesse legittimo di cui lamenti la lesione. Le censure mosse al provvedimento impugnato possono essere di illegittimità (violazione di legge, eccesso di potere o incompetenza) ovvero anche di merito.

Tutte le informazioni e le notizie acquisite dalla Banca d'Italia nell'esercizio della propria attività di vigilanza sono coperte dal **segreto d'ufficio** a norma dell'art. 7 T.U. bancario, anche nei confronti delle Pubbliche Amministrazioni. Il segreto d'ufficio non può però essere opposto alle varie Autorità di vigilanza, nazionali ed europee, che hanno competenza in materia bancaria e finanziaria, fra loro tenute all'obbligo di collaborazione (16); non può poi essere opposto all'autorità giudiziaria nel corso di indagini su violazioni sanzionate penalmente ed a chi intenda far valere un proprio diritto o interesse legittimo

(16) Precisa l'art. 21 della legge 262/2005 che la Banca d'Italia collabora, mediante scambio di informazioni, con CONSOB, ISVAP (oggi IVASS), COVIP ed Autorità garante della concorrenza e del mercato, le quali non possono tra loro opporsi il segreto d'ufficio. L'art. 7 T.U. bancario esclude l'opponibilità del segreto d'ufficio anche nei confronti del Ministro dell'economia e delle finanze, quale Presidente del CICR. Lo scambio di informazioni e la deroga al segreto d'ufficio tra Autorità di vigilanza sono previsti anche dall'art. 10 del Codice delle assicurazioni private, approvato con D.Lgs. 7 settembre 2005, n. 209. Una collaborazione particolarmente stretta è espressamente prevista tra Banca d'Italia e BCE dall'art. 6-*bis* del T.U. bancario. Le modalità di cooperazione tra la BCE e le Autorità di vigilanza nazionali nell'ambito del MVU sono state definite nel regolamento ECB/2014/17 del 16 aprile 2014 (cd. *SSM Framework Regulation*). La collaborazione tra BCE e Banca d'Italia non riguarda né la vigilanza prudenziale su *intermediari non bancari* (intermediari finanziari, imprese di investimento, SGR, IMEL, società fiduciarie, succursali e servizi di banche di paesi terzi) né la *vigilanza non prudenziale* (trasparenza, correttezza dei rapporti con la clientela, antiriciclaggio e usura).

in un giudizio civile o amministrativo, laddove dimostri l'inerenza delle informazioni richieste al processo ([17]).

I dipendenti della Banca d'Italia, i quali nell'esercizio delle loro funzioni assumono la qualifica di pubblici ufficiali ([18]), sono tenuti a riferire sulle irregolarità riscontrate nell'esercizio dell'attività di vigilanza solo al Governatore della Banca d'Italia, anche nell'ipotesi in cui accertino fatti integranti gli estremi di reati.

Ciò potrebbe apparire una deroga all'art. 331 c.p.p. (che obbliga il pubblico ufficiale che venga a conoscenza di un reato a farne denuncia all'Autorità giudiziaria), ma in realtà l'obbligo di denuncia non è qui escluso, bensì filtrato attraverso una valutazione discrezionale del Governatore circa i tempi di trasmissione della *notitia criminis*. In presenza di fatti costituenti reato occorre, infatti, valutare tutte le ripercussioni che una denuncia penale potrebbe provocare nell'ambito del mercato creditizio a causa dell'allarme che ipotesi di reato di una certa rilevanza potrebbero suscitare nel pubblico dei risparmiatori e questo compito viene attribuito alla competenza tecnica del Governatore della Banca d'Italia.

5. La CONSOB (Commissione Nazionale per le Società e la Borsa).

La Commissione Nazionale per le Società e la Borsa è l'organo di vigilanza istituito con legge 7 giugno 1974, n. 216 allo scopo di provvedere all'organizzazione ed alla vigilanza delle borse valori. Ad essa spetta il controllo sulle società e sugli enti quotati nella borsa ufficiale ed il controllo sull'attività di sollecitazione del pubblico risparmio ai fini di investimento in strumenti finanziari.

([17]) Corte di Giustizia UE, 13 settembre 2018 (nelle cause C-358/16 e C-594/16), la quale precisa però che occorre bilanciare opportunamente l'interesse del richiedente e l'interesse pubblico alla riservatezza.

([18]) Va precisato che non fanno prova fino a querela di falso gli apprezzamenti e le valutazioni di Banca d'Italia contenute negli accertamenti ispettivi compiuti nell'ambito dell'attività di vigilanza sul sistema bancario. Le valutazioni e le ipotesi conclusive contenute nelle relazioni ispettive della Banca d'Italia costituiscono elementi di convincimento coi quali il Giudice deve confrontarsi criticamente e pertanto non possono essere recepiti aprioristicamente, possono essere contraddetti con strumenti istruttori adeguati qual è ad esempio la c.t.u. (Cass., 30 maggio 2018, n. 19939).

La CONSOB è organo dello Stato al quale è stata attribuita personalità giuridica di diritto pubblico ed autonomia con la legge 4 giugno 1985, n. 281.

Il suo ruolo ha assunto un'importanza determinante a seguito dell'emanazione del T.U. sull'intermediazione finanziaria (D.Lgs. 58/1998), soprattutto con l'introduzione di rilevanti poteri ispettivi e sanzionatori nei casi di abuso di mercato (art. 9 della legge 18 aprile 2005, n. 62) e con la riforma del risparmio (legge 262/2005).

La vigilanza nell'ambito dei mercati finanziari ha per scopo la trasparenza e la correttezza dei comportamenti, nonché la sana e prudente gestione dei soggetti abilitati, avendo riguardo alla tutela degli investitori e alla stabilità, competitività e buon funzionamento del mercato finanziario. L'art. 5 del citato D.Lgs. 58/1998 chiarisce che alla Banca d'Italia spetta la competenza in materia di **contenimento del rischio** e di **stabilità patrimoniale** e la **sana e prudente gestione** degli intermediari, mentre alla CONSOB spetta il controllo in tema di **trasparenza e correttezza dei comportamenti** dei soggetti vigilati.

La legge 262/2005 ha previsto anche per gli atti emanati dalla CONSOB il rispetto della legge 241/1990 sulla trasparenza e sull'accesso agli atti amministrativi.

Sia CONSOB che Banca d'Italia possono avvalersi, per l'espletamento delle loro funzioni, del personale della guardia di finanza (art. 23 della legge 262/2005).

Alla CONSOB sono state attribuite anche competenze in riferimento alle **agenzie di rating** del credito (art. 4-*bis* del T.U. sulla finanza), previste e disciplinate dal regolamento (CE) n. 1060/2009 del Parlamento europeo e del Consiglio del 16 settembre 2009, modificato da ultimo dal regolamento (UE) n. 462/2013 del 21 maggio 2013 ([19]). Le agenzie di rating sono persone giuridiche le quali, a livello profes-

([19]) Per quanto riguarda la vigilanza, mentre le competenze in materia di registrazione, vigilanza ed *enforcement* sono state trasferite all'ESMA, a partire dal luglio 2011, la CONSOB rimane autorità competente nazionale, ai sensi dell'art. 22 del Regolamento europeo 1060/2009, con riferimento a una serie di funzioni relative ai rapporti con l'ESMA (eventuali deleghe di compiti di vigilanza, segnalazioni all'ESMA di possibili violazioni del Regolamento europeo, cooperazione e scambio di informazioni, etc.) previste dallo stesso Regolamento. Come previsto dall'art. 25-*bis* del Regolamento europeo 1060/2009 e successive modifiche, la CONSOB rappresenta anche l'Autorità settoriale competente per l'attività di vigilanza sull'utilizzo dei *rating*

sionale, rilasciano e diffondono presso il pubblico pareri relativi al merito creditizio di emittenti o di strumenti finanziari emessi, al fine di consentire decisioni informate sui relativi investimenti. I rating rilasciati sono riconosciuti all'interno dell'Unione Europea solo se l'agenzia di rating è stabilita nell'ambito dell'UE e registrata in un apposito registro tenuto dall'ESMA (ente di cui diremo al paragrafo 7) in conformità al citato regolamento ovvero, laddove essa abbia sede in un paese terzo, se il rating è avallato da un'agenzia registrata.

6. L'UIF (Unità di Informazione Finanziaria).

Il D.Lgs. 21 novembre 2007, n. 231, all'art. 6, ha istituito, presso la Banca d'Italia, l'UIF (Unità di Informazione Finanziaria): si tratta di un ufficio la cui organizzazione ed il cui funzionamento sono disciplinati con regolamento della Banca d'Italia, anche se esso esercita le sue funzioni in piena autonomia ed indipendenza.

Alla Banca d'Italia è stata trasferita ogni competenza del soppresso UIC (Ufficio Italiano Cambi), come oggi previsto dall'art. 71 del D.Lgs. 231/2007, inserito dal D.Lgs. 25 maggio 2017, n. 90. È quindi passata alla Banca d'Italia anche l'attività di controllo valutario, prima di competenza dell'UIC (20).

Funzioni dell'UIF sono sostanzialmente: le attività di vigilanza sul corretto adempimento degli obblighi anti riciclaggio da parte degli in-

e sulla riduzione dell'eccessivo affidamento ai giudizi di *rating* da parte dei soggetti che prestano il servizio di gestione del risparmio (collettiva o individuale), nonché l'autorità per la vigilanza sul rispetto di alcuni obblighi informativi e di condotta da parte dell'emittente, dell'*originator* e dello *sponsor* in operazioni di finanza strutturata.

(20) La gestione centralizzata delle valute e dei cambi un tempo apparteneva all'esclusiva competenza dello Stato, il quale gestiva i relativi servizi in regime di monopolio. Il quadro normativo è cambiato con l'emanazione della direttiva CEE 24 giugno 1988, n. 361 che afferma a livello comunitario il principio della liberalizzazione dei movimenti di capitale.

In Italia tale liberalizzazione viene attuata prima con il D.P.R. 31 marzo 1988, n. 148 e col decreto interministeriale 27 aprile 1990, poi col D.L. 28 giugno 1990, n. 167, convertito nella legge 4 agosto 1990, n. 227 che aveva previsto l'obbligo di non portare al seguito somme superiori a 20 milioni di lire (euro 10.329,14, somma poi portata ad euro 12.500,00 con D.M. 17 ottobre 2002), prescrivendo la canalizzazione dei maggiori importi tramite il sistema bancario.

Il D.Lgs. 30 aprile 1997, n. 125 ha attuato, in armonia con gli orientamenti comunitari, la liberalizzazione valutaria, prevedendo che ogni soggetto residente o non

termediari e degli altri soggetti obbligati all'adeguata verifica della clientela, nonché alla segnalazione di operazioni sospette; l'analisi dei flussi finanziari indicati nelle segnalazioni ricevute, di dati e notizie acquisite presso i soggetti tenuti alle segnalazioni, al fine di individuare e prevenire fenomeni di riciclaggio di denaro o di finanziamento del terrorismo.

7. Il Sistema Europeo delle Banche Centrali e la Banca Centrale Europea.

La partecipazione dell'Italia all'Unione Europea ha comportato, a partire dagli impegni assunti col Trattato di Maastricht del 7 febbraio 1992, l'obbligo da parte del nostro Stato di adottare una moneta unica e riconoscere una Banca Centrale Europea (BCE).

Infatti, a seguito dell'adozione a Maastricht della cosiddetta Unione Economica e Monetaria (UEM) e della creazione di un Istituto Monetario Europeo (I.M.E.) con compiti di emissione della moneta unica (poi sostituito dalla BCE), si è perseguito l'obiettivo di giungere all'adozione di una politica monetaria e dei cambi comune ([21]).

Ciò è peraltro avvenuto in esecuzione dell'art. 105 del Trattato che istituisce la Comunità Europea che prevede l'istituzione del SEBC (Sistema Europeo delle Banche Centrali) il quale può definirsi come un complesso di organi (comunitari e nazionali) retto da un insieme di regole comuni, il cui obiettivo principale è il mantenimento della stabilità dei prezzi.

residente potesse esportare all'estero o importare qualsiasi somma di denaro, ma ha prescritto l'obbligo di comunicare preventivamente all'UIC le somme da trasferire.

Il D.Lgs. 19 novembre 2008, n. 195 ha previsto (art. 3) l'obbligo di comunicazione preventiva all'Agenzia delle dogane dell'importazione o esportazione di denaro contante per importi pari o superiori ad euro 10.000,00, pena l'applicazione di una sanzione amministrativa pecuniaria fino al 40% dell'importo trasferito. Tale obbligo è stato introdotto a fini di prevenzione del riciclaggio e del finanziamento del terrorismo, in attuazione del Regolamento CE n. 1889/2005 del 26 ottobre 2005 del Parlamento europeo e del Consiglio, applicabile dal 15 giugno 2007, il quale impone la dichiarazione obbligatoria per qualsiasi movimento di denaro contante di importo pari o superiore ai 10.000 euro in ingresso o in uscita dalle frontiere dell'Unione Europea.

([21]) Per una compiuta disamina dei vari profili dell'attuale Eurosistema si veda la pubblicazione della BANCA CENTRALE EUROPEA, *La politica monetaria unica nella terza fase*, novembre, 2000, che può leggersi anche sul sito *www.bancaditalia.it.*, sotto la voce *Pubblicazioni*. Si veda anche TOSTATO-BASSO, *Unione economica e monetaria*, in *Enc. del dir.*, Aggiornamento, V, Milano, 2001, 1083 ss.

La BCE (Banca Centrale Europea) costituisce appunto l'organo operativo del SEBC: ad esso partecipano i Governatori delle banche centrali di tutti i 27 paesi membri della UE, anche di quelle che non hanno aderito alla moneta unica (Danimarca, Svezia, Bulgaria, Croazia, Repubblica Ceca, Polonia, Romania e Ungheria).

Ovviamente solo i paesi appartenenti all'UEM (costituenti il cosiddetto Eurosistema, costituito dalla BCE e dalle banche centrali nazionali dei paesi membri che hanno adottato l'euro) sono tenuti a rispettare le decisioni di politica monetaria del SEBC, mentre gli altri mantengono la propria autonomia in materia.

Funzione principale della BCE è il **controllo della liquidità** e pertanto l'emissione di banconote e monete rimane consentita alla Banca d'Italia, ma nei limiti autorizzati dalla BCE; per lo stesso motivo spetta alla BCE la fissazione del *tasso BCE* o"*tasso refi*" (che sta per *refinancing*) che è il tasso fissato ed applicato dalla BCE nelle operazioni di rifinanziamento agli altri istituti di credito.

Compiti fondamentali del SEBC sono:

— definire ed attuare la **politica monetaria** della UE;

— curare le **operazioni di cambio**;

— detenere e gestire le **riserve ufficiali** dei paesi membri;

— promuovere il regolare funzionamento dei **sistemi di pagamento**.

L'esigenza di garantire la stabilità del sistema finanziario europeo, la fiducia nello stesso ed una sufficiente protezione dei consumatori dei servizi finanziari ha portato alla creazione del SEVIF (Sistema Europeo di Vigilanza Finanziaria), una rete di Autorità europee con funzioni di vigilanza microprudenziale e macroprudenziale.

Tale sistema, operativo dal gennaio 2011, si colloca ancora nell'ambito del progetto di creazione di un sistema europeo di *coordinamento* delle autorità di vigilanza nazionali e quindi non realizza ancora una vera e propria unione bancaria europea, caratterizzata da regole comuni applicabili direttamente in tutti i paesi membri e da un'unica autorità di vigilanza con poteri esercitabili direttamente su tutti gli intermediari comunitari.

Esso ha comportato la creazione di tre autorità europee di vigilanza: una di vigilanza sulle banche (EBA — *European Banking Au-*

thority, con sede a Londra) ([22]); l'altra di vigilanza del settore assicurativo (EIOPA — *European Insurance and Occupational Pensions Authority*, con sede a Francoforte) ([23]); la terza di vigilanza sui mercati mobiliari (ESMA — *European Securities and Market Authority*, con sede a Parigi) ([24]).

Questi organismi hanno la funzione di elaborare ed emanare *standard* tecnici che le autorità di vigilanza nazionali sono chiamate a rispettare ed a far rispettare nell'esercizio dei propri poteri di intervento anche per assicurare il rispetto del regolamento (UE) n. 575/2013 (art. 6, comma 3-*bis* del T.U. bancario).

Essi sono coordinati appunto dal SEVIF o *European System of Financial Supervisors* (ESFS), un organismo che ha quindi la funzione di supervisione micro-prudenziale, cioè di controllo e valutazione dei rischi delle singole imprese finanziarie, il quale si affianca al Comitato europeo per il rischio sistemico (*European Systemic Risk Board — ESRB*) ([25]) che ha invece funzioni di vigilanza macroeconomica.

L'art. 132 del Trattato sul funzionamento dell'Unione Europea attribuiva già alla BCE il potere di emanare **regolamenti**, direttamente applicabili negli Stati membri, nelle materie richiamate dall'art. 34 dello statuto del SEBC e della BCE (politica monetaria, sistemi di pagamento, riserve minime detenute dalle banche nazionali in conti presso la BCE o presso le Banche Centrali, vigilanza prudenziale degli enti creditizi e delle altre istituzioni creditizie, con esclusione delle imprese di assicurazione). Oltre ai regolamenti la BCE emana decisioni (obbligatorie per i suoi destinatari specifici), indirizzi ed istruzioni destinate alle Banche Centrali nazionali dell'Eurosistema e raccomandazioni o pareri (non vincolanti).

La BCE, così come il SEBC, operano in regime di **indipendenza** rispetto agli organi comunitari e pertanto né la BCE né le banche

([22]) In italiano definita ABE (Autorità Bancaria Europea), istituita con Regolamento UE n. 1093/2010 del Parlamento Europeo e del Consiglio.

([23]) In italiano definita AEAP (Autorità europea delle Assicurazioni e delle Pensioni aziendali e professionali), istituita con Regolamento UE n. 1095/2010 del Parlamento Europeo e del Consiglio.

([24]) In italiano definita AESFEM (Autorità europea degli Strumenti Finanziari e dei Mercati), istituita con Regolamento UE n. 1094/2010 del Parlamento Europeo e del Consiglio.

([25]) In italiano CERS (Comitato Europeo per il Rischio Sistemico).

centrali sono tenute ad osservare direttive da parte degli organi comunitari. Unico controllo è quello esercitabile dalla Corte di Giustizia delle Comunità europee.

Dopo l'istituzione del SEVIF si sentì però l'esigenza di istituire una vera e propria ***Unione bancaria europea*** caratterizzata da *regole uniformi* applicabili in tutti i paesi membri e da un'*unica autorità di vigilanza*, in conformità all'art. 127 del Trattato sul funzionamento dell'Unione Europea (26).

Si arriva così al già ricordato Meccanismo di Vigilanza Unico (MVU) o *Single Supervisory Mechanism* (SSM), entrato a regime a novembre 2014, che si fonda su tre pilastri fondamentali:

1. il rafforzamento delle regole di **vigilanza prudenziale**, attuato con la direttiva 2013/36/CE (CRD 4), con il regolamento UE n. 575/2013 (CRR) e col regolamento UE n. 1024/2013 che attribuiscono alla BCE specifici compiti in materia di vigilanza prudenziale sulle banche (autorizzazione all'attività bancaria ed all'acquisizione di partecipazioni rilevanti per tutte le banche e vigilanza su enti creditizi significativi), nel rispetto di una suddivisione di competenze con le autorità di vigilanza nazionali, fissata dal regolamento n. 468/2014/BCE;

2. la realizzazione di un sistema unico di **risoluzione delle crisi** (*Single Resolution Mechanism*), attuato con la direttiva 2014/59/UE (*Bank Recovery and Resolution Directive* — BRRD) e con il regolamento UE n. 806/2014 che fissa le norme ed una procedura uniformi per la risoluzione degli enti creditizi e delle imprese di investimento, anche mediante la costituzione di un Fondo Unico di Risoluzione (*Single Resolution Fund*), alimentato con contributi delle banche comunitarie e destinato a fornire aiuti finanziari per risolvere situazioni di crisi;

3. un sistema unico di **garanzia dei depositi** disciplinato dalla direttiva 2014/49/UE del Parlamento europeo e del Consiglio del 16 aprile 2014 che prevede la garanzia fino a 100.000 euro per ciascun depositante in caso di dissesto o di liquidazione della banca, grazie a

(26) Per una esposizione sistematica del diritto bancario europeo post-Unione bancaria si rimanda a De Poli, *European banking law*, Padova, 2017.

sistemi di garanzia dei depositi costituiti con fondi versati *ex ante* dalle banche aderenti.

Alla BCE sono attribuiti compiti di **vigilanza diretta** sui singoli enti creditizi: su tutte le banche per alcuni procedimenti sui quali la BCE ha una *responsabilità esclusiva* ([27]); solo sulle banche di maggiori dimensioni (cosiddette ***banche significative*** o *significant*, identificate dal possesso di oltre 30 miliardi di euro di attivo) e con operatività transfrontaliera per la vigilanza prudenziale in genere, che comunque esercita assistita dalle Autorità di vigilanza nazionali (*National competent authorities*).

Restano di competenza delle singole Autorità di vigilanza nazionali le **banche non significative** (*less significant*), anche se la BCE ha precisato (con nota sulla vigilanza bancaria pubblicata ad agosto 2017) che, a decorrere dal 2018, anche queste ultima debbano comunque essere sottoposte ad un'unica, comune metodologia per il monitoraggio annuale, operato al fine di fissare i livelli minimi di patrimonio personalizzati banca per banca.

La BCE può quindi avocare a sé le responsabilità di vigilanza su banche *less significant* nei casi ritenuti necessari per assicurare l'applicazione puntuale degli standard prudenziali.

Per concludere, come si è visto, la BCE rappresenta l'Autorità di riferimento sia della *politica monetaria* (attraverso il SEBC) sia della *vigilanza prudenziale* (mediante il MVU).

Si è però voluta preservare l'indipendenza reciproca delle due funzioni di vigilanza bancaria e di politica monetaria all'interno della BCE, mediante la creazione di due distinti organi e di una procedura che ne disciplina i rapporti: si sono così previsti il *Supervisory Board* che è competente in materia di MVU, con compiti di pianificazione ed esecuzione delle attività di vigilanza ed il *Governing Council*, competente in materia di Eurosistema, quale responsabile delle scelte di politica monetaria.

Il lavoro del *Supervisory Board* si traduce in proposte al *Governing Council*, che si considerano adottate se quest'ultimo non solleva alcuna

([27]) Autorizzazione iniziale all'attività bancaria e sua revoca, valutazione dell'acquisizione di partecipazioni in banche.

obiezione entro un determinato lasso di tempo, secondo un meccanismo di silenzio-assenso (*non objection procedure*).

8. L'attività di vigilanza.

La caratteristica fondamentale del T.U. bancario è quella di aver introdotto una serie di norme dirette a porre dei principi generali e delle finalità che debbono indirizzare l'azione di vigilanza. Nell'ambito di queste finalità si muovono le attività regolamentari delle Autorità creditizie che danno corpo e specificazione ai prefissati principi generali.

Le finalità dell'azione di vigilanza sono anzitutto enunciate nell'art. 5 del T.U. bancario e possono così identificarsi:

— sana e prudente gestione degli enti vigilati;
— stabilità complessiva del mercato creditizio;
— efficienza e competitività del sistema finanziario;
— osservanza delle disposizioni in materia creditizia.

Tali finalità sono assicurate anche attraverso il già ricordato **scambio di informazioni** tra le varie Autorità di vigilanza (Banca d'Italia, IVASS, COVIP, CONSOB e Autorità Garante della concorrenza e del mercato) e con le Autorità di vigilanza dei Paesi UE. A questo proposito la Banca d'Italia è tenuta a collaborare con le Autorità creditizie degli altri paesi comunitari mediante scambio di informazioni finalizzate a consentire il controllo di enti creditizi, enti finanziari ed assicurativi.

Un ulteriore rafforzamento della collaborazione tra Autorità di vigilanza è stato introdotto dal D.Lgs. 30 maggio 2005, n. 142 il quale, nel recepire la direttiva 2002/87/CE, ha previsto la vigilanza supplementare sui cosiddetti **conglomerati finanziari**. La relativa disciplina è stata poi modificata dal D.Lgs. 4 maggio 2014, n. 53 che ha recepito la direttiva 2011/89/UE del Parlamento europeo e del Consiglio del 25 ottobre 2011.

Per conglomerato finanziario si intende un gruppo di imprese, all'interno del quale almeno una di esse operi nel settore assicurativo ed una nel settore bancario o dei servizi di investimento, con a capo un'impresa regolamentata [banca, istituto di moneta elettronica, impresa di assicurazione o riassicurazione, un'impresa di investimento, una società di gestione patrimoniale o un gestore di fondi di investimento alternativi (28), autorizzati in Italia o in un altro paese dell'Unione europea] o un'impresa non regolamentata sempre che le attività del gruppo si svolgano principalmente nel settore finanziario.

In presenza di un gruppo di imprese definibile come conglomerato finanziario si prevede che una delle autorità competenti a vigilare sulle società appartenenti al gruppo svolga funzioni di responsabile per il coordinamento e l'esercizio della vigilanza supplementare (*coordinatore*).

Il ruolo svolto dal coordinatore è sostanzialmente quello di raccogliere e curare lo scambio di informazioni tra le autorità di vigilanza di ciascuna società appartenente al gruppo, i cui compiti specifici restano comunque impregiudicati [ragion per cui la vigilanza supplementare del coordinatore non costituisce una forma di vigilanza consolidata, ma è destinata alle singole imprese (29)].

Sempre rimanendo nell'ambito dello scambio di informazioni, la Banca d'Italia riceve informazioni dalle Autorità creditizie degli altri paesi comunitari e può trasferire queste informazioni ad altre Autorità nazionali, salvo il divieto da parte dell'Autorità dello Stato comunitario che ha fornito le informazioni.

Analoga collaborazione esiste anche con le Autorità degli Stati terzi, ma a condizione che:

a) esistano accordi di cooperazione;

b) nel paese straniero esistano equivalenti obblighi di riservatezza.

Tuttavia non possono essere trasmesse a Stati extracomunitari informazioni ricevute da Stati comunitari, se non col consenso esplicito di questi ultimi (30).

Le forme di vigilanza su banche e gruppi bancari sono sostanzialmente di tre tipi: vigilanza informativa, ispettiva e regolamentare.

Esaminiamo brevemente i contenuti di queste tre forme.

(28) Sulla distinzione tra le diverse categorie di fondi comuni di investimento si veda il Capitolo XVIII, Paragrafo 5.

(29) MARTELLONI, *La recente direttiva comunitaria in tema di vigilanza "supplementare" sulle imprese appartenenti ad un conglomerato finanziario: prime riflessioni*, in *Diritto della banca e del mercato finanziario*, Padova, 2005, n. 1, 46-47.

(30) Gli obblighi di collaborazione tra Autorità creditizie sono previsti all'art. 7 del T.U. bancario. Il D.Lgs. 333/1999 ha abrogato l'obbligo di reciprocità per lo scambio di informazioni con le Autorità di vigilanza dei paesi extra UE.

9. *Segue*: la vigilanza informativa.

È prevista dagli artt. 51-52-*ter* del T.U. bancario.

Comporta la trasmissione periodica e spontanea di dati, notizie e documenti da parte dei soggetti vigilati alla Banca d'Italia. In alcuni casi la Banca d'Italia può richiedere determinate informazioni, dati o documenti di propria iniziativa.

A sua volta la Banca d'Italia inoltra alla BCE le segnalazioni ricevute, quando esse riguardano soggetti significativi o violazioni di regolamenti o decisioni della BCE.

La Banca d'Italia può ricevere dalla BCE segnalazioni relative a soggetti meno significativi (art. 52-*ter*, comma 4-*bis* T.U. bancario).

I criteri per l'esercizio di questa forma di vigilanza sono stati stabiliti dalla Banca d'Italia (nell'ambito del potere-dovere di predisporre preventivamente principi e criteri dell'attività di vigilanza, secondo il disposto dell'art. 4, 2° comma T.U. bancario) con la **circolare n. 285 del 17 dicembre 2013**, che contiene le modalità ed i termini per la trasmissione da parte delle banche di dati e notizie.

Per legge (art. 51 T.U. bancario) debbono essere trasmessi alla Banca d'Italia i **bilanci** delle banche e sono previste segnalazioni periodiche di dati e documenti richiesti dall'Organo di vigilanza. Lo strumento di base per la trasmissione alla Banca d'Italia delle segnalazioni periodiche è costituito dalla *matrice dei conti*, un documento contenente dati analitici riferiti allo stato patrimoniale ed al conto economico della banca, informazioni integrative rilevanti a fini di vigilanza, nonché segnalazioni prudenziali (patrimonio di vigilanza, coefficiente di solvibilità, grandi rischi, rischi di mercato, posizione patrimoniale), da redigersi secondo le regole di compilazione previste nella circolare della Banca d'Italia n. 272 del 30 luglio 2008 e le istruzioni di compilazione e di inoltro contenute nella circolare n. 154 del 22 novembre 1991, più volte aggiornata.

Scopo della vigilanza informativa è quello di consentire alla Banca d'Italia un controllo ed un **potere di intervento sull'andamento della gestione**, intervento che potrebbe esplicarsi nell'emanazione di uno dei provvedimenti di carattere generale o particolare previsti dall'art. 53 e 53-*bis* T.U. bancario in tema di vigilanza regolamentare.

Analoghi poteri di controllo e di intervento sono previsti anche per gli **intermediari finanziari** dall'art. 108 del T.U. bancario.

Altra modalità con cui si esplica la vigilanza informativa è attraverso il **collegio sindacale** delle banche, il quale deve informare *senza indugio* l'organo di vigilanza di tutte le irregolarità nella gestione di cui venga a conoscenza nell'esercizio delle proprie funzioni. Si comprende quindi come il collegio sindacale possa e debba svolgere un'attività molto importante di ausilio agli organi di vigilanza per il perseguimento delle finalità di cui all'art. 5 del T.U. bancario. Al fine di meglio specificare questa funzione, l'art. 52, comma 1 T.U. bancario prevede che lo statuto delle banche debba fissare compiti e poteri dell'organo di controllo ([31]), mentre la Banca d'Italia, nella circolare 285/2013 (Parte I, Tit. IV e Parte III, Cap. 2) ha specificato le funzioni dell'organo di controllo e le modalità di comunicazione alla Banca d'Italia delle irregolarità riscontrate nella gestione della banca.

Analoghi doveri di controllo e di segnalazione sussistono anche per i soggetti incaricati della **revisione legale dei conti** ([32]) che il D.Lgs. 27 gennaio 2010, n. 39 (di recepimento della direttiva n. 2006/43/CE) ha affidato a soggetti esterni (revisore o società di revisione iscritti in un apposito registro istituito presso il Ministero dell'economia e delle finanze).

Si aggiunga che il controllo informativo è attuato anche mediante l'istituzione di organi di **controllo interno**, costituiti da personale (dipendente o autonomo) al quale deve essere attribuito il compito di verificare il corretto andamento della gestione aziendale, di rilevare eventuali irregolarità e di segnalarle sia agli organi competenti della banca sia alla Banca d'Italia ([33]).

([31]) Istruzioni particolareggiate sulla redazione degli statuti delle banche sono contenute nella circolare n. 285 del 17 dicembre 2013 (Parte I, Tit. IV).

([32]) Il D.Lgs. 39/2010 ha generalizzato, per tutte le banche e per tutti gli altri soggetti qualificati come *enti di interesse pubblico* ed elencati all'art. 16, l'obbligo dell'affidamento della revisione legale dei conti ad un soggetto esterno (revisore legale dei conti o società di revisione). Non è quindi più possibile per le banche affidare la revisione dei conti al collegio sindacale, neppure nei casi prima previsti dall'art. 2409-*bis* c.c. nel testo precedente la sua sostituzione ad opera dell'art. 37 del D.Lgs. 39/2010 (banche non quotate o non emittenti strumenti finanziari diffusi tra il pubblico).

([33]) Si vedano gli artt. 52-*bis* e 52-*ter* del T.U. bancario, la delibera del CICR del 2 agosto 1996 (in *G.U.* 27 agosto 1996, n. 200) riguardo alle banche, l'art. 150, ult. comma del D.Lgs. 58/1998 riguardo alle imprese che svolgono servizi di investimento e la deliberazione del CICR del 25 luglio 2000 (pubblicata in *G.U.* serie generale n. 199

Al fine di agevolare questi controlli sulla operatività delle banche, la Banca d'Italia, con la circolare n. 285 del 17 dicembre 2013 (Parte I, Tit. IV), ha disciplinato tre diversi settori:

1. il **governo societario (funzione di *governance*)**, vale a dire la disciplina degli statuti delle banche ([34]) e delle funzioni degli organi, mediante regole che impongono anzitutto la distinzione tra le funzioni di *supervisione strategica*, di *gestione* e di *controllo* al fine di separare tre comparti ritenuti essenziali nell'operatività della banca, affidandoli a soggetti indipendenti;

2. la struttura (interna o esternalizzata) che svolge la funzione di verificare la conformità dell'operato e dell'organizzazione della banca alla normativa di settore (cosiddetta **funzione di *compliance***);

3. la struttura che provvede a realizzare adeguati controlli interni, a tutela della gestione dei rischi di credito, della trasparenza e della normativa antiriciclaggio (**funzione di *auditing***).

10. *Segue*: la vigilanza ispettiva.

È prevista dall'art. 54 del T.U. bancario e comporta l'acquisizione di dati e notizie da parte della Banca d'Italia mediante accesso presso i soggetti vigilati o presso soggetti a cui siano state esternalizzate funzioni aziendali essenziali (si differenzia quindi dalla vigilanza informativa in quanto l'acquisizione avviene sempre ad iniziativa della Banca d'Italia e non per spontanea attivazione del soggetto vigilato).

del 26 agosto 2000) che riguarda l'organizzazione amministrativa, contabile ed i controlli interni degli intermediari finanziari iscritti nell'elenco speciale di cui all'oggi abrogato art. 107 T.U. bancario.

([34]) Prima della circolare 285/2013 la *governance* delle banche era disciplinata dalle "*Disposizioni di vigilanza in materia di organizzazione e di governo delle banche*", emanate dalla Banca d'Italia il 4 marzo 2008 e leggibili anche su *Banca, borsa, tit. cred.*, 2008, I, 117 ss. Poi la relativa disciplina è stata introdotta nella circolare 285/2013 con il 1° aggiornamento del 6 maggio 2014. Da evidenziare è che la funzione di *supervisione strategica* si riferisce alla determinazione degli indirizzi e degli obiettivi aziendali strategici ed alla verifica della loro attuazione, mentre la *gestione* consiste nella conduzione dell'operatività aziendale volta a realizzare dette strategie. La *funzione di controllo* si sostanzia nella verifica della regolarità dell'attività di amministrazione e dell'adeguatezza degli assetti organizzativi e contabili della banca. La circolare 285/ 2013 non esclude che le funzioni di supervisione strategica e di gestione possano essere incardinate nel medesimo organo, ad esempio nel consiglio di amministrazione, attenendo unitariamente all'amministrazione dell'impresa.

In sede di ispezione la Banca d'Italia può richiedere tutte le informazioni, i dati ed i documenti che ritenga **necessari** ai fini dell'accertamento da eseguirsi, senza che le possa essere opposto il segreto d'ufficio o il segreto bancario.

Particolare interesse rivestono i rapporti tra l'attività ispettiva della Banca d'Italia e quella delle Autorità creditizie di altri paesi UE o extra UE, con particolare riferimento alle succursali stabilite su territorio diverso da quello del paese di origine.

Così, nel caso di **succursali di banche italiane stabilite in paese UE**, secondo il principio dell'*home country control* la Banca d'Italia potrebbe:

a) richiedere all'Autorità di vigilanza del paese ospitante di effettuare controlli;

b) eseguire controlli direttamente, previa informazione all'Autorità di vigilanza del paese ospitante;

c) concordare altre modalità delle verifiche.

Nel caso inverso di **succursali di banche comunitarie stabilite in Italia**, sempre secondo il principio dell'*home country control*, l'Autorità di vigilanza del paese d'origine potrebbe:

a) richiedere alla Banca d'Italia di effettuare controlli;

b) eseguire controlli direttamente, previa informazione alla Banca d'Italia;

c) concordare altre modalità delle verifiche.

La Banca d'Italia stabilisce le modalità dei controlli sulle succursali di banche comunitarie (art. 55 T.U. bancario), ma dovrebbe ritenersi escluso un potere della Banca d'Italia di assoggettare ad ispezione le succursali italiane di banche UE, potendo l'Autorità del paese ospitante provvedere soltanto ad eseguire controlli sulla **liquidità** della filiale o a svolgere l'attività di supervisione, secondo quanto già consentito dalla II direttiva CEE in materia bancaria n. 89/646, poi confluita nella direttiva 2000/12/CE e quindi nella direttiva 2006/48/CE, oggi sostituita dalla direttiva 2013/36/UE.

Per le **succursali di banche extra UE stabilite in Italia** le verifiche avvengono secondo modalità che possono essere concordate con le

Autorità di controllo del paese di origine, purché ciò avvenga **a condizione di reciprocità** (35).

11. *Segue*: la vigilanza regolamentare.

È prevista dall'art. 53 del T.U. bancario e comporta l'emanazione, da parte della Banca d'Italia, di disposizioni di carattere generale e di disposizioni di carattere particolare.

Peculiare interesse, tra le funzioni regolamentari autonomamente svolte dalla Banca d'Italia, riveste la competenza a determinare le forme tecniche dei bilanci delle banche e degli enti finanziari, attribuitale dall'art. 43 del decreto legislativo 18 agosto 2015 n. 136 (di attuazione della direttiva 2013/34/UE del Parlamento europeo e del Consiglio, del 26 giugno 2013) sui bilanci d'esercizio, bilanci consolidati e relative relazioni, il quale abroga e sostituisce il decreto legislativo 27 gennaio 1992, n. 87 (36).

Esaminando l'attività regolamentare che la Banca d'Italia può svolgere, occorre distinguere tra emanazione di provvedimenti di ca-

(35) Gli enti creditizi e le succursali di enti creditizi comunitari od extra comunitari stabiliti in Italia debbono costituire riserve obbligatorie su appositi conti accesi presso la Banca d'Italia, secondo quanto stabilito dal regolamento CE n. 1745/2003 della BCE del 12 settembre 2003, modificato dal Regolamento (UE) n. 1376/2014 della BCE. Spetta infatti alla BCE stabilire gli obblighi di costituzione delle riserve minime ai sensi del regolamento CE n. 2531/1998 del Consiglio del 23 novembre 1998, modificato dal regolamento CE n. 134/2002 del Consiglio del 22 gennaio 2002.

(36) Il D.Lgs. 136/2015 contiene già una serie di disposizioni tecniche sulle modalità di redazione dei bilanci bancari, salvo rimandare alle più specifiche diposizioni della Banca d'Italia. La Banca d'Italia aveva provveduto ad emanare norme tecniche di redazione dei bilanci bancari con la circolare n. 262 del 22 dicembre 2005 ("*Il bilancio bancario: schemi e regole di compilazione*"), la quale conteneva le disposizioni amministrative emanate dalla Banca d'Italia ai sensi dell'art. 9, comma 1, del decreto legislativo 28 febbraio 2005, n. 38. Tali disposizioni disciplinavano, in conformità di quanto previsto dai principi contabili internazionali IAS/IFRS, gli schemi del bilancio (stato patrimoniale, conto economico, prospetto della redditività complessiva, prospetto delle variazioni del patrimonio netto e rendiconto finanziario, la nota integrativa nonché la relazione sulla gestione) individuali e consolidati, che sono tenute a produrre le banche e le società finanziarie capogruppo dei gruppi bancari. Oggi, l'art. 1, comma 1070 della legge 30 dicembre 2018, n. 145 (legge di bilancio 2019), che ha introdotto l'art. 2-*bis* al D.Lgs. 38/2005, prevede che le banche con titoli non quotati, in precedenza obbligate a redigere i bilanci secondo i principi contabili internazionali IAS/IFRS, possono optare per l'applicazione dei principi contabili nazionali.

rattere generale ed emanazione di provvedimenti di carattere particolare, destinati a fronteggiare singole esigenze specifiche.

I provvedimenti di carattere generale riguardano in particolare i seguenti aspetti:

— adeguatezza patrimoniale;

— contenimento del rischio;

— partecipazioni detenibili in altre società;

— organizzazione gestionale e di controllo dei soggetti vigilati, nonché i sistemi di remunerazione e di incentivazione;

— informazione al pubblico.

Sotto il profilo dell'**adeguatezza patrimoniale** dei soggetti vigilati, viene valutata l'esistenza di un patrimonio commisurato ai fini da realizzare.

I criteri per valutare tale adeguatezza sono stati dettati dalla **delibera 12 gennaio 1994 del CICR** (37), contenente la regola secondo cui il patrimonio delle banche non deve scendere mai al disotto del capitale iniziale. Oggi la disciplina sui requisiti prudenziali è contenuta nella direttiva 2013/36/UE, modificata dalla direttiva 2019/878/UE e nel regolamento (UE) n. 575/2013, modificato dal regolamento UE n. 2019/876. L'attuazione concreta della normativa europea avviene tramite la disciplina secondaria adottata dalla Banca d'Italia, la quale tien conto degli orientamenti emanati dalle autorità di vigilanza europee.

Sotto il profilo del **contenimento del rischio**, viene salvaguardato il mantenimento a livello adeguato dei rischi connessi alle operazioni poste in essere dalle banche. Tale contenimento viene attuato mediante la fissazione di una serie di regole prudenziali, tra le quali vanno ricordate:

a) la previsione del **coefficiente di solvibilità** che si determina in misura corrispondente al rapporto tra patrimonio di vigilanza (capitale + riserve) e attività della banca, rapporto che deve essere mantenuto costante (si veda sempre la **delibera CICR 12 gennaio 1994** che rinvia sul punto alla normativa comunitaria sull'adeguatezza patrimoniale) (38);

b) la previsione di specifici limiti per le operazioni comportanti

(37) In *G.U.* 31 gennaio 1994, n. 24.

(38) Dal 1° gennaio 2014 la materia è disciplinata dal regolamento (UE) n. 575/2013 e dalla Circolare della Banca d'Italia n. 285 del 17 dicembre 2013.

l'**assunzione di rischi** particolarmente concentrati da parte della banca [39];

c) le limitazioni all'acquisto di **immobili** e **partecipazioni** in altre società da parte di una banca e del gruppo bancario di appartenenza [40];

d) la previsione (art. 136 T.U. bancario) di una serie di limitazioni riguardanti le obbligazioni contratte con la banca da coloro che svolgono funzioni di amministrazione, direzione e controllo presso la banca stessa, ipotesi questa possibile solo in presenza di una preventiva autorizzazione, all'unanimità, da parte dell'organo di amministrazione (o dell'organo a

[39] Anche questo aspetto dal 1° gennaio 2014 è disciplinato dal regolamento (UE) n. 575/2013 e dalla Circolare della Banca d'Italia n. 285 del 17 dicembre 2013. Il processo di controllo prudenziale si articola in due fasi integrate: la prima è rappresentata dal processo interno di determinazione dell'adeguatezza patrimoniale (*Internal Capital Adequacy Process* — ICAAP) che fa capo alle banche le quali debbono valutare autonomamente la propria adeguatezza patrimoniale, attuale e prospettica; la seconda fase consiste nel processo di revisione e valutazione prudenziale (*Supervisory Review and Evaluation Process* — SREP) di competenza dell'Autorità di vigilanza.

[40] La fissazione dei limiti di partecipazioni detenibili da parte di banche e gruppi bancari in soggetti di natura finanziaria o non finanziaria e la fissazione dei limiti agli investimenti in immobili è stata inserita nella circolare 285/2013 della Banca d'Italia. Il limite generale è che la sommatoria degli investimenti in immobili e partecipazioni non può superare l'ammontare dei fondi propri a livello consolidato (Parte III, Cap. 1, Sezz. I, II e III ed Allegato A). L'acquisto di immobili può superare i limiti imposti quando avviene per il recupero dei crediti della banca o per riacquisire il possesso di immobili concessi in *leasing* a seguito del suo scioglimento.

Vengono fissati dall'art. 89, paragrafi 1 e 2 del Regolamento (UE) 575/2013 due limiti all'assunzione di partecipazioni in **società non finanziarie** da parte di gruppi bancari e di singole banche, con esclusivo riferimento al patrimonio di vigilanza della banca partecipante:

— un *limite di concentrazione* che vieta la detenzione, da parte di una banca, di una partecipazione qualificata in una società non finanziaria per un "*ammontare*" superiore al 15% del capitale ammissibile definito dall'art. 4, n. 71) del regolamento (si tratta in sostanza dei fondi propri della banca, come si desume dall'art. 72);

— un *limite complessivo* che vieta alle banche di detenere partecipazioni qualificate in società non finanziarie per un complesso superiore al 60% del capitale ammissibile (fondi propri).

Si afferma quindi rispetto al passato il principio di una maggiore autonomia nell'assunzione di partecipazioni in imprese non finanziarie da parte delle banche, espresso dalla delibera del CICR n. 276 del 29 luglio 2008 che ha abrogato il D.M. 22 giugno 1993, n. 242632 sulle partecipazioni detenibili da banche.

ciò delegato), con esclusione del voto dell'esponente interessato e col voto favorevole di tutti i componenti dell'organo di controllo (41).

Un altro aspetto riguardante il contenimento del rischio in relazione al quale la Banca d'Italia emana disposizioni di carattere generale è quello relativo alla cosiddetta **centrale rischi** (42), un servizio di

(41) Le banche debbono rispettare le condizioni ed i limiti indicati dalla Banca d'Italia in conformità alle deliberazioni del CICR per le attività di rischio nei confronti di soggetti che possono esercitare, direttamente o indirettamente, un'influenza sulla gestione della banca, del gruppo bancario o di soggetti ad essi collegati. La violazione di tali limiti comporta l'assunzione di una responsabilità penale (art. 136, ult. comma T.U. bancario). Il CICR ha provveduto a disciplinare le attività di rischio ed i conflitti di interesse delle banche e dei gruppi bancari nei confronti di soggetti collegati con delibera 29 luglio 2008, n. 277 (in *G.U.* n. 222 del 22 maggio 2008) che prevede un limite massimo del 20% del patrimonio di vigilanza per le attività di rischio verso soggetti collegati.

(42) Istituita con delibera del CICR del 16 maggio 1962, trova oggi una disciplina nel decreto del Ministro dell'economia e delle finanze (quale Presidente del CICR) 11 luglio 2012, n. 663 e nel decreto del Ministro dell'Economia e delle Finanze del 22 settembre 2008, n. 374 che ha previsto il censimento in centrale rischi anche dei finanziamenti di importo contenuto. La disciplina di dettaglio è contenuta nella circolare n. 139 dell'11 febbraio 1991, da ultimo modificata col 19° aggiornamento di febbraio 2020. Fondamentali per comprendere le categorie di esposizioni censite e la qualità del credito sono anche: la circolare n. 272 del 30 luglio 2008 ("*Matrice dei Conti*"); la circolare n. 217 del 5 agosto 1996 ("*Manuale per la compilazione delle Segnalazioni di Vigilanza per gli Intermediari Finanziari, per gli Istituti di pagamento e per gli IMEL*") e la circolare n. 115 del 7 agosto 1990 ("*Istruzioni per la compilazione delle segnalazioni di vigilanza su base consolidata*"). Da ultimo, rilevano gli "*Implementing Technical Standards*" (ITS) pubblicati dall'EBA ad ottobre 2013 ed adottati dalla Commissione Europea il 9 gennaio 2015, che introducono standard tecnici per uniformare la segnalazione delle **attività deteriorate** (*non-performing exposures*) e delle **esposizioni con concessioni** (*forbearance exposures* o *forborne*) che vanno a sostituire la nozione di *esposizioni ristrutturate* precedentemente utilizzate.

Le attività deteriorate sono esposizioni verso soggetti che, a causa di un peggioramento della loro situazione economica e finanziaria, non sono in grado di adempiere in tutto o in parte alle proprie obbligazioni contrattuali e si distinguono in:

— **inadempienze probabili** (*unlikely to pay - UTP*), cioè crediti erogati a debitori le cui difficoltà di rimborso possono essere superate attraverso la ristrutturazione della posizione debitoria o la concessione di nuova finanza;

— **esposizioni scadute e/o sconfinanti deteriorate** che sono esposizioni (diverse da quelle classificate tra le sofferenze o le inadempienze probabili) che sono scadute o eccedono i limiti di affidamento da oltre 90 giorni ed oltre una predefinita soglia di rilevanza;

— **sofferenze** che sono esposizioni verso soggetti in stato di insolvenza o in situazioni sostanzialmente equiparabili.

raccolta delle informazioni sul livello e sulla qualità dell'esposizione debitoria verso ciascuna banca e ciascun intermediario finanziario di ogni soggetto affidato. Tale servizio è gestito dalla Banca d'Italia. La centrale rischi costituisce una banca dati che ha carattere riservato, ma alla quale possono accedere le banche e gli intermediari finanziari allo scopo di valutare l'esposizione complessiva (crediti accordati e relativi utilizzi) di ciascun cliente e quindi il grado di rischio connesso alla concessione di nuovi affidamenti ([43]).

Al fine di fissare più precisi criteri di valutazione dell'adeguatezza patrimoniale e del contenimento del rischio delle banche aventi un'operatività internazionale è stato istituito nel 1975 il **Comitato di Basilea**, un'organizzazione originariamente composta dai Governatori delle banche centrali di ciascuno dei paesi del Gruppo dei 10 (G10) ([44]) che si riunisce di regola a Basilea presso la sede della Banca dei Regolamenti Internazionali (*Bank for International Settlement*), ove si trova il segretario permanente. Tale Comitato ha il compito di elaborare accordi privi di efficacia normativa, ma contenenti proposte o raccomandazioni che i paesi membri si propongono di attuare all'interno del proprio ordinamento, in modo tale da far convergere i sistemi di vigilanza verso *standard* comuni in materia di vigilanza prudenziale delle banche.

([43]) Il regolamento del Governatore della Banca d'Italia del 16 maggio 1994 (in *G.U.* 2 luglio 1994, n. 153) sottrae all'accesso al pubblico i dati in possesso della Banca d'Italia in ragione dell'attività di vigilanza. Il Consiglio di Stato, Sezione VI, nella sentenza 10 novembre 2004, n. 7277 (in *Guida al diritto*, 2004, n. 48, 96 ss.) ha precisato che il diritto di accesso è consentito solo all'interessato ed agli intermediari finanziari, ma non ad altri soggetti, essendo i dati inseriti nella Centrale Rischi assoggettati al segreto d'ufficio previsto dall'art. 7 del T.U. bancario. L'inserimento in centrale rischi di dati errati, laddove abbia comportato un danno (da provarsi) a carico del soggetto cui tali dati si riferiscono, può dar luogo ad una responsabilità in capo alla banca che abbia provveduto alla relativa segnalazione (fra le tante, recentemente Cass., 8 gennaio 2019, n. 207; ABF, coll. coord., 17 gennaio 2019, n. 1642, in *Resp. civ. prev.*, 2019, 6, 1963) ed anche in capo alla Banca d'Italia, quale titolare del trattamento dei dati personali (Cass., 8 aprile 2016, n. 6927, in *DeJure*, Giuffrè). Tale responsabilità è riconducibile a quella gravante sul titolare del trattamento di dati personali, oggi prevista dall'art. 82 del Regolamento UE del Parlamento Europeo e del Consiglio del 27 aprile 2016 n. 679 in tema di tutela della privacy, il quale fa salva la prova che l'evento dannoso non gli sia in alcun modo imputabile.

([44]) Si tratta di Stati Uniti, Canada, Giappone, Italia, Germania, Francia, Regno Unito, Belgio, Lussemburgo, Paesi Bassi, ai quali si è poi aggiunta la Svizzera. Oggi il Comitato di Basilea è composto da rappresentanti delle Autorità di Vigilanza di 27 Paesi del mondo più un rappresentante della BCE per l'Unione Europea.

Il primo di questi accordi risale al 1988 (Basilea 1) ed è stato sostituito dal successivo accordo di Basilea 2, emanato nel 2004 e definitivamente emendato nel 2006, diretto a fissare i criteri per valutare l'adeguatezza patrimoniale delle banche con operatività internazionale.

L'accordo di Basilea 2 è stato sostituito con l'accordo di Basilea 3 (*Schema di regolamentazione internazionale per il rafforzamento delle banche e dei sistemi bancari*), adottato nel dicembre 2010, successivamente modificato nel giugno 2011 (45) e recepito dal regolamento UE n. 575/2013 e dalla direttiva 2013/36/UE.

Principio guida degli accordi di Basilea è che le banche debbono dotarsi di un ammontare minimo di mezzi patrimoniali (fondi propri) per far fronte ai rischi della proprio attività ed alle conseguenti perdite che ne potrebbero scaturire.

Le finalità del regolamento sono perseguite attraverso tre pilastri:

a) requisiti patrimoniali minimi per fronteggiare adeguatamente i rischi di credito (46), di controparte (47), di mercato (48) ed operativi (49);

b) controllo prudenziale sull'adeguatezza patrimoniale delle banche;

c) obbligo per le banche di adeguata informazione al pubblico relativa all'esposizione ai rischi, all'adeguatezza del patrimonio ed al sistema di gestione e controllo dei rischi.

Riguardo ai requisiti patrimoniali minimi si chiarisce quali elementi debbono considerarsi al fine di quantificare il patrimonio di vigilanza che costituisce parametro di raffronto rispetto alle attività della banca (non potendo il rapporto tra patrimonio e attività scendere al disotto di determinati valori).

(45) Il testo è disponibile al sito internet *http://www.bis.org/bcbs/basel3.htm.*

(46) Rischio a cui la banca si espone, nell'attività di erogazione di finanziamenti, di una variazione inattesa del merito di credito di una controparte che determini una corrispondente diminuzione del valore della posizione stessa.

(47) Rischio che la controparte di transazioni relative a strumenti finanziari si riveli inadempiente prima del suo regolamento.

(48) Rischi legati all'andamento dei mercati su quali si negoziano strumenti finanziari, valute e merci (prezzo, solvibilità dell'emittente, regolare adempimento delle transazioni).

(49) Rischio di subire perdite legate al malfunzionamento o all'inadeguatezza delle procedure, a comportamenti del personale ovvero ad eventi quali frodi, errori umani, interruzioni dell'operatività.

Si prevede poi un sistema per la valutazione dei rischi di credito che viene basato su determinati parametri (*IRB — internal ratings based*), i quali misurano il rischio di inadempimento dei soggetti finanziati (probabilità di *default*). Tale sistema può essere o esterno (affidato a società in possesso dei requisiti stabiliti dalla Banca d'Italia) o interno ([50]) a ciascuna banca.

A proposito del controllo prudenziale si prescrive sempre un procedimento interno per valutare l'adeguatezza patrimoniale della banca sulla base di una stima accurata dei rischi cui essa è esposta.

La già ricordata circolare n. 285 del 17 dicembre 2013 ha recepito l'accordo di Basilea 3, riordinando in un unico corpo normativo le varie disposizioni precedentemente in vigore ed in particolare quelle contenute nella circolare 263 del 27 dicembre 2006 (*Nuove disposizioni di vigilanza per le banche*) e nella circolare n. 229 del 21 aprile 1999 (*Istruzioni di vigilanza per le banche*), i cui testi sono consultabili sul sito della Banca d'Italia con indicazione delle disposizioni ancora in vigore e di quelle abrogate.

Rientrano nell'ambito della vigilanza regolamentare anche le regole dettate dalla Banca d'Italia per dare attuazione alle disposizioni degli artt. 19 e ss. T.U. bancario che prevedono l'obbligo di **autorizzazione preventiva** da parte della BCE (su proposta della Banca d'Italia) ([51]) per l'**acquisizione di partecipazioni** al capitale di banche, laddove tale acquisizione attribuisca, direttamente o indirettamente ([52]), il **con-**

([50]) Il sistema interno di valutazione del rating deve essere previamente autorizzato dalla Banca d'Italia.

([51]) La direttiva 2013/36/UE (art. 22), con il regolamento (UE) n. 1024/2013 (artt. 4 e 15) e con il regolamento UE della BCE 468/2014 (artt. 85 ss.) hanno introdotto la competenza della BCE al rilascio ed al diniego dell'autorizzazione all'acquisizione di una "partecipazione qualificata" in un ente creditizio stabilito in uno Stato membro, a seguito di una proposta di decisione dell'Autorità nazionale competente. L'art. 4, n. 36 del regolamento (UE) n. 575/2013 definisce come partecipazione qualificata l'acquisizione, direttamente o indirettamente, di almeno il 10% del capitale sociale o dei diritti di voto ovvero l'acquisizione di una partecipazione che consenta l'esercizio di un'influenza notevole. L'autorizzazione resta di competenza della Banca d'Italia laddove l'acquisizione della partecipazione bancaria avvenga nell'ambito di una procedura di risoluzione della banca che esamineremo parlando delle procedure di crisi al Capitolo IX (art. 19, comma 5-*ter* T.U. bancario).

([52]) L'art. 39 del D.Lgs. 28 dicembre 2004, n. 310, introducendo il comma 8-*bis* all'art. 19 del T.U. bancario, ha previsto la necessità dell'autorizzazione anche nel caso

trollo ([53]) sulla banca ovvero un'**influenza notevole** ([54]) ovvero ancora una partecipazione superiore al 10% dei diritti di voto o del capitale sociale.

Analoga autorizzazione preventiva occorre anche per raggiungere o superare la quota del 20%, 30% o 50% dei diritti di voto o del capitale sociale e comunque per acquisire il controllo della banca.

Tali limiti sono stati introdotti dalla direttiva 2007/44/CE, recepita in Italia dal D.Lgs. 27 gennaio 2010, n. 21 e poi confluita nella direttiva 2013/36/UE.

L'autorizzazione, diversamente da quella all'esercizio dell'attività bancaria, può concretizzarsi in un *silenzio-assenso*, laddove la BCE non la neghi entro **60 giorni lavorativi** dalla data di invio della comunicazione di avvio del procedimento ([55]) ed è vincolata ai criteri fissati dalla UE, vale a dire alla qualità finanziaria del potenziale acquirente ed alla solidità finanziaria del progetto.

in cui il controllo di una banca sia acquisito mediante un contratto con la banca stessa o una clausola di statuto.

([53]) L'art. 40 del D.Lgs. 28 dicembre 2004, n. 310, nell'integrare l'art. 23, comma 1 del T.U. bancario, precisa che il controllo sussiste, oltre che nei casi previsti dall'art. 2359 c.c., anche laddove un soggetto eserciti attività di direzione e coordinamento su una banca in forza di un contratto o di una clausola statutaria.

([54]) I casi in cui si configuri l'acquisizione di un'influenza notevole debbono essere individuati dalla Banca d'Italia ai sensi dell'art. 19, comma 9 T.U. bancario e dell'art. 4 del decreto 27 luglio 2011, n. 675 emanato in via d'urgenza, *ex* art. 3, comma 2 T.U. bancario, dal Ministro dell'economia e delle finanze, quale Presidente del CICR che disciplina le modalità di acquisizione e variazione di partecipazioni in banche ed altri intermediari finanziari vigilati. Tale decreto precisa, tra l'altro, che le ipotesi di influenza notevole sussistono laddove un soggetto, tramite l'acquisizione di partecipazioni, anche indirette, abbia il potere di partecipare alla determinazione delle politiche finanziarie ed operative dell'impresa partecipata, senza averne il controllo ed in particolare quando possa essere rappresentato nell'organo con funzioni di gestione o nell'organo con funzione di supervisione strategica o disponga di diritti di voto determinanti nelle decisioni assembleari di natura strategica dell'impresa vigilata.

([55]) Il termine di 60 giorni previsto dalla direttiva 2007/44/CE, all'art. 2, era ritenuto di diretta applicazione dalla Banca d'Italia nella comunicazione 12 maggio 2009 (in *G.U.* — Serie generale, n. 120 del 26 maggio 2009), che disciplinava la procedura per il rilascio dell'autorizzazione all'acquisto di partecipazioni nel settore finanziario. Il decreto 27 luglio 2011, n. 675 del Ministro dell'economia e delle finanze, agli artt. 11 ss., disciplina i criteri e le condizioni per il rilascio dell'autorizzazione, rinviando alla Banca d'Italia per la definizione del relativo procedimento. Oggi lo stesso termine è confermato dall'art. 22, paragrafi 2 e 6 della direttiva 2013/36/UE.

L'autorizzazione presuppone infatti la valutazione della qualità del potenziale acquirente e la solidità finanziaria del progetto di acquisizione, in base ai criteri indicati dall'art. 19, comma 5 del T.U. bancario.

Stessa disciplina è applicabile anche se le partecipazioni sono acquisite, anziché da un unico soggetto, di concerto tra più soggetti.

In conformità a quanto previsto dall'art. 19, ult. comma, la Banca d'Italia ha disciplinato in dettaglio i limiti alle partecipazioni detenibili da banche, al fine di prevenire i rischi derivanti da un'eccessiva immobilizzazione dell'attivo e prevenire conflitti di interesse (circolare 285/2013, Parte III, Cap. 1).

Disciplina analoga in tema di acquisto di partecipazioni rilevanti è stata introdotta nel settore assicurativo (artt. 68 e segg. del codice delle assicurazioni approvato con D.Lgs. 209/2005) e nel settore del mercato mobiliare (artt. 15 e segg. T.U. sulla finanza), in cui, per l'acquisto di partecipazioni rilevanti in SIM, SGR, SICAV o SICAF, occorre una *comunicazione preventiva*, salvo il potere della Banca d'Italia di vietare l'acquisizione quando non sia garantita la gestione sana e prudente dell'intermediario sulla base dei medesimi elementi valutati nel settore bancario.

A seguito dell'entrata in vigore del D.Lgs. 223/2016, il potere di autorizzare operazioni di concentrazione cui partecipano banche è così ripartito (concretizzandosi in un doppio atto previsto dal D.Lgs. 29 dicembre 2006, n. 303):

— alla *BCE* spetta il controllo teso a far sì che l'operazione garantisca la **sana e prudente gestione**, esaminati gli elementi indicati all'art. 19, comma 5 T.U. bancario (qualità e reputazione del potenziale acquirente, solidità finanziaria del progetto di acquisizione e del futuro acquirente, idoneità dei futuri esponenti aziendali della banca, capacità della banca di osservare le disposizioni che ne regolano l'attività anche a seguito dell'acquisizione, idoneità della struttura del gruppo del potenziale acquirente a consentire l'esercizio della vigilanza);

— all'*Autorità Garante della concorrenza e del mercato* spetta di verificare che l'operazione di concentrazione non leda l'assetto concorrenziale del mercato, cioè non comporti un'**intesa restrittiva** della libertà di concorrenza o un **abuso di posizione dominante** ai sensi della legge 287/1990 ([56]).

In assenza di autorizzazione il diritto di voto o gli altri diritti attribuiti dalle azioni o dalle quote possedute in eccedenza rispetto al predetto limite resta sospeso ([57]) e comunque le deliberazioni prese con il voto determinante dei partecipanti non autorizzati possono essere impugnate anche dalla Banca d'Italia entro 180 giorni dalla data della delibera o dalla sua iscrizione al Registro delle Imprese se soggetta ad iscrizione. Inoltre scatta l'obbligo di alienazione delle azioni o quote possedute in eccedenza, entro un termine fissata dalla Banca d'Italia (art. 24 T.U. bancario).

Rientra nello stesso ambito della vigilanza regolamentare diretta a tutelare la sana e prudente gestione della banca anche la regolamentazione degli obblighi di comunicazione alla Banca d'Italia ed alla stessa banca partecipata ([58]) di operazioni di acquisto o di cessione di partecipazioni in banche o dell'esistenza di patti parasociali in qualsiasi forma conclusi che possa comportare l'esercizio del voto concertato in una banca o in una società che la controlla (art. 20 T.U. bancario).

La Banca d'Italia potrebbe sospendere il diritto di voto che abbia formato oggetto di concertazioni che possano mettere a repentaglio la sana a prudente gestione.

L'omessa comunicazione determina il divieto di esercizio del diritto di voto e la possibilità per la Banca d'Italia di impugnare le delibere che fossero approvate col voto determinante di coloro ai quali era inibita la votazione per l'omessa comunicazione dovuta (art. 24 T.U. bancario).

([56]) L'intervento dell'Autorità antitrust non è previsto in ogni caso, ma solo laddove si verifichi un'intesa restrittiva della libertà di concorrenza ai sensi dell'art. 2 della legge 287/1990 o un abuso di posizione dominante ai sensi dell'art. 3 della legge 287/1990 che influenzi in maniera consistente il libero gioco della concorrenza all'interno del mercato nazionale o in una sua parte rilevante.

([57]) L'art. 41 del D.Lgs. 28 dicembre 2004, n. 310, nell'integrare l'art. 24 del T.U. bancario, ha previsto che, in mancanza di autorizzazione da parte della Banca d'Italia, resta sospeso qualsiasi diritto attribuito da contratti o da clausole statutarie.

([58]) La comunicazione alla banca partecipata deve ritenersi necessaria per i patti parasociali, dovendo essere dichiarata alla società in apertura di assemblea *ex* art. 2341-*ter* c.c.

12. Vigilanza su fusioni e scissioni.

L'art. 57 del T.U. bancario sottopone le operazioni di fusione e scissione cui prendano parte banche ad **autorizzazione preventiva** da parte della Banca d'Italia. Tale autorizzazione è tesa a valutare se l'operazione non vada a contrastare con l'esigenza di garantire una sana e prudente gestione.

Essa deve venir rilasciata prima della pubblicazione del progetto di fusione o di scissione nel registro delle imprese e prima della delibera assembleare di modifica del progetto e dunque l'intervento della Banca d'Italia si pone quale condizione per dar corso al procedimento civilistico (la cui mancanza però non dovrebbe determinare la nullità della fusione).

Scopo dell'autorizzazione è quello di tutelare l'esigenza di una sana e prudente gestione attraverso la verifica dei profili tecnici non tanto delle banche che partecipano all'operazione, quanto della banca che risulta a seguito dell'operazione di fusione o delle banche che nascono dalla scissione, le quali debbono garantire una struttura organizzativa adeguata alle nuove dimensioni.

Le operazioni di fusione rientrano inoltre nella definizione di operazioni di concentrazione prevista dall'art. 5 della legge 287/1990 e vanno preventivamente comunicate all'Autorità Antitrust al verificarsi delle condizioni previste dall'art. 16 della stessa legge 287/1990 ([59]).

Solo se l'operazione di concentrazione comporti la costituzione o il rafforzamento di una **posizione dominante** sul mercato nazionale, tale da eliminare o ridurre in modo sostanziale e durevole la concorrenza, l'Autorità garante della concorrenza e del mercato può vietarla.

([59]) L'art. 16, comma 1 della legge 287/1990 prevede che le operazioni di concentrazione debbono essere preventivamente comunicate all'Autorità Antitrust qualora il fatturato realizzato a livello nazionale dall'insieme delle imprese interessate sia superiore a 504 milioni di euro e, per almeno due delle imprese interessate dall'operazione, il fatturato individuale realizzato a livello nazionale superi 31 milioni di euro (così l'ultimo aggiornamento dei valori indicati all'art. 16, comma 1 della legge 287/1990 contenuto nel provvedimento dell'Autorità garante della concorrenza e del mercato n. 28177 del 17 marzo 2020, pubblicato nel bollettino n. 12 del 23 marzo 2020). Per le banche il fatturato è considerato pari al valore di un decimo del totale dell'attivo dello stato patrimoniale, esclusi i conti d'ordine, mentre per le compagnie di assicurazione è pari al valore dei premi incassati (art. 16, comma 2 della legge 287/1990).

In questi casi quindi l'art. 57 del T.U. bancario va integrato nel senso della necessità di una duplice autorizzazione preventiva alle fusioni cui partecipano banche: della Banca d'Italia a salvaguardia della sana e prudente gestione del soggetto risultante dalla fusione e dell'Autorità antitrust a salvaguardia dell'assetto concorrenziale del mercato.

Possono comunque essere autorizzate dall'Autorità garante della concorrenza e del mercato, su richiesta della Banca d'Italia:

— intese restrittive della concorrenza per esigenze di funzionalità del sistema dei pagamenti per un tempo limitato e comunque nel rispetto delle finalità previste dall'art. 4, comma 1 della legge 287/1990;

— operazioni di concentrazione riguardanti banche o gruppi bancari che determinino o rafforzino una posizione dominante per esigenze di stabilità di uno o più dei soggetti coinvolti.

Le operazioni di fusione e di scissione sono facilitate dalla previsione di particolari agevolazioni: così il termine assegnato per legge (art. 2503 c.c.) ai creditori per proporre opposizione all'operazione di fusione o scissione è ridotto da due mesi a **15 gg.** e ciò al fine di facilitare le operazioni di concentrazione bancaria.

Conformemente alla continuità che esiste tra soggetti coinvolti nella fusione e nella scissione e soggetti risultanti da dette operazioni, l'art. 57, ult. comma T.U. bancario precisa che i **privilegi e le garanzie** preesistenti conservano la loro validità ed il loro grado a favore dei soggetti risultanti dall'operazione.

13. Cessione di aziende, rami d'azienda, beni e rapporti giuridici in blocco.

Su questo argomento l'art. 58 del T.U. bancario introduce una disciplina di particolare favore, diretta ad agevolare queste forme di cessione laddove avvengano a favore di banche, soggetti inclusi nell'ambito della vigilanza consolidata, intermediari finanziari previsti dall'art. 106 T.U. bancario (irrilevante è invece la qualità del cedente).

La disciplina delle cessioni ai predetti soggetti di aziende, rami d'azienda, beni e rapporti giuridici individuabili in blocco (crediti, debiti e contratti che prevedono un comune elemento distintivo) prevede:

— l'efficacia nei confronti dei debitori ceduti per effetto della **iscrizione nel registro delle imprese** e della **pubblicazione sulla Gaz-**

zetta Ufficiale dell'operazione, senza bisogno dell'effettiva comunicazione ad ognuno di essi del trasferimento (viene quindi introdotta una nuova forma di opponibilità della cessione ai debitori ceduti);

— la concessione di un termine di tre mesi, dagli adempimenti pubblicitari di cui sopra per consentire ai creditori di esigere l'adempimento delle obbligazioni da parte del cedente, dopodiché questo resta liberato e risponderà solo il cessionario;

— la concessione di un termine di tre mesi dagli adempimenti pubblicitari di cui sopra entro il quale i contraenti ceduti possono **recedere** per **giusta causa**;

— il trasferimento al cessionario di tutti i privilegi e le garanzie, nonché delle trascrizioni degli atti di acquisto di beni concessi in *leasing* senza necessità di alcuna formalità o annotazione.

L'art. 58 T.U. bancario prevede la necessità dell'autorizzazione preventiva della Banca d'Italia nel solo caso di operazioni di maggiore rilevanza individuate dalla Banca d'Italia, il che farebbe pensare alla piena libertà delle operazioni che non superino quelle soglie.

Tuttavia va considerato che le cessioni di cui parla l'art. 58 T.U. bancario possono facilmente costituire operazioni di concentrazione previste dall'art. 5 della legge 287/1990 (e precisamente operazioni che comportano l'acquisizione del controllo di un'impresa mediante l'acquisto di elementi del suo patrimonio ai sensi dell'art. 5, lett. *b* della legge richiamata). In tal caso l'operazione di concentrazione andrà preventivamente comunicata all'Autorità Garante della concorrenza e del mercato al ricorrere delle condizioni di cui all'art. 16 della legge 287/1990 a salvaguardia dell'assetto concorrenziale e potrà essere vietata se comporti la costituzione o il rafforzamento di una posizione dominante sul mercato nazionale, come già spiegato al paragrafo precedente.

Se poi essa supera le soglie di rilevanza previste dalle disposizioni di vigilanza, dovrà essere assoggettata alla preventiva autorizzazione anche della Banca d'Italia ai fini della salvaguardia della sana e prudente gestione della cessionaria (art. 20, comma 9 delle legge 287/1990) (60).

(60) Su questo doppio controllo, prudenziale ed antitrust, che dà luogo ad un vera e propria "vigilanza per funzioni" si veda la ricostruzione di Capriglione,

14. La vigilanza su base consolidata.

È disciplinata dagli artt. 59 e ss. del T.U. bancario: essa riguarda l'esercizio dell'attività di vigilanza, nelle stesse forme di cui abbiamo già trattato (vigilanza informativa, ispettiva e regolamentare), rivolta però ai **gruppi bancari** o alle società controllate direttamente od indirettamente da banche o gruppi bancari.

Per comprendere le modalità di attuazione di questa forma di vigilanza occorre partire dalla definizione di gruppo bancario fornita dall'art. 60 del T.U. bancario.

Secondo la definizione offertaci da detta norma si parla di gruppo bancario:

a) quando esiste un rapporto di controllo (inteso nel senso già visto a proposito della necessità di autorizzazione da parte della BCE (61) tra una **banca italiana capogruppo** ed altre società *bancarie*, *finanziarie* (tra le quali sono comprese le società di gestione collettiva del risparmio e le imprese di assicurazione) o *strumentali* (società esercenti, in via esclusiva o prevalente, attività ausiliaria dell'attività delle società del gruppo) **controllate**;

b) quando esiste un rapporto di controllo (inteso nel senso anzidetto) tra una **società finanziaria italiana o una società di partecipazione mista** (62) **italiana** che sia **capogruppo** [necessariamente costituita nella forma di società di capitali (63)] e società bancarie, finanziarie e strumentali da questa controllate, quando il gruppo comprenda almeno una banca italiana controllata ed abbiano **rilevanza determinante le partecipazioni in società bancarie e finanziarie**, secondo quanto stabi-

Concentrazioni bancarie e logica di mercato, in *Banca, borsa, tit. cred.*, 2008, I, 293 ss. ed in particolare 319-322.

(61) Vale a dire nei casi indicati dall'art. 2359 c.c. ovvero nel caso in cui sussista un'attività di direzione e coordinamento in forza di vincoli contrattuali o statutari (art. 23 T.U. bancario).

(62) Si definisce società di partecipazione mista un'impresa madre, diversa da un'impresa regolamentata, che insieme con le sue imprese figlie, di cui almeno una sia un'impresa regolamentata con sede principale nell'Unione europea, e con altre imprese costituisca un conglomerato finanziario (D.Lgs. 30 maggio 2005, n. 142, art. 1, lett. *v*). La società di partecipazione finanziaria mista è capogruppo quando sia a capo di un conglomerato finanziario.

(63) Circolare 285/2013, Parte I, Tit. I, Cap. 2, sez. II, paragrafo 2.

lito dalla Banca d'Italia che ha disciplinato tale aspetto con la circolare 285/2013, alla Parte I, Tit. I, Cap. 2, Sez. II, paragrafo 2.

Il gruppo deve peraltro essere iscritto in un apposito albo tenuto dalla Banca d'Italia e l'iscrizione va indicata negli atti e nella corrispondenza di ciascuna società appartenente ad esso.

È certo però che il gruppo non dà luogo alla creazione di un autonomo centro di interessi rispetto alle società collegate, ciascuna delle quali costituisce un ente giuridicamente autonomo, titolare di un'autonoma sfera patrimoniale. Ricorre dunque l'affermazione secondo cui non può attribuirsi all'attività del gruppo un valore giuridicamente unificante, ma solo una unitarietà di tipo economico.

Questi principi valgono anche in materia di gruppi bancari, i quali, pur espressamente previsti dal T.U. bancario, assumono rilevanza non quali enti autonomi rispetto alle società che vi fanno parte, ma in considerazione della loro particolare composizione e delle influenze che vengono previste tra la società capogruppo e le altre società controllate o collegate, soprattutto ai fini di vigilanza.

La vigilanza consolidata si esercita nei confronti di:

— **gruppi bancari** così come definiti dall'art. 60 T.U. bancario;

— **società bancarie, finanziarie e strumentali** partecipate per almeno il 20% da una banca o da una società appartenente ad un gruppo bancario;

— **società bancarie, finanziarie e strumentali** non appartenenti ad un gruppo bancario, ma controllate dalla stessa persona fisica o giuridica che controlla un gruppo bancario o una banca;

— **società** che, da sole o congiuntamente, detengono il controllo di una banca;

— società **diverse da quelle bancarie, finanziarie o strumentali** che siano controllate da una banca o da società appartenente ad un gruppo bancario.

La vigilanza su base consolidata si sostanzia nella raccolta di dati, informazioni e notizie da parte di un soggetto che agisce quale collettore di informazioni nei confronti di tutte le società collegate e nella successiva trasmissione di queste informazioni alla Banca d'Italia.

La società capogruppo ha poteri di direzione e coordinamento di tutte le società del gruppo. Inoltre, sotto il profilo della vigilanza regolamentare (art. 67 T.U. bancario), la Banca d'Italia può impartire alla **capogruppo** disposizioni di carattere generale o particolare riguardanti il gruppo bancario o suoi componenti.

A tal proposito, con deliberazione del 2 agosto 1996, il CICR ha precisato quali sono i tipi di provvedimenti che possono essere emanati dalla Banca d'Italia nei confronti della capogruppo.

Ovviamente le istruzioni della Banca d'Italia andranno poi trasmesse dalla capogruppo alle singole società del gruppo bancario.

La vigilanza consolidata è prevista da singole disposizioni anche verso gruppi diversi da quelli bancari: così è prevista per i gruppi finanziari (art. 109 T.U. bancario) o verso i gruppi a cui partecipano imprese di investimento definiti dall'art. 11, comma 1, lett. *b*) T.U. finanza (art. 12 T.U. finanza).

CAPITOLO IV

LE VARIE TIPOLOGIE DI BANCHE

1. L'evoluzione della struttura delle banche.

Con l'entrata in vigore del T.U. bancario si assiste ad una **universalizzazione** dell'operatività bancaria, nel senso che le banche acquisiscono la possibilità di svolgere qualsiasi attività creditizia sia essa a breve, medio o lungo termine (a proposito di questo fenomeno di libera operatività si parla anche di *despecializzazione* dell'attività bancaria).

Viene cioè eliminata la distinzione, presente nell'abrogata legge bancaria del 1936-38, tra **aziende di credito**, caratterizzate da un'operatività a breve termine [avente ad oggetto attività finanziarie con scadenza **pari o** inferiore ai 18 mesi (1)], consistente in particolare nell'erogazione di credito alle imprese per la soddisfazione delle normali e quotidiane esigenze delle imprese (credito d'esercizio) ed **istituti di credito**, caratterizzati invece da un'operatività a medio e lungo termine (avente ad oggetto attività finanziaria con scadenza superiore ai 18 mesi), la quale si concretizzava prevalentemente nell'erogazione di credito in settori particolari (credito fondiario, edilizio, agrario ecc.).

Questo non significa che non possano esistere ancor oggi specializzazioni derivanti da particolari previsioni degli statuti, ma la regola generale è che qualsiasi banca, una volta autorizzata all'esercizio del-

(1) Come desumibile ancora dalle istruzioni di vigilanza della Banca d'Italia (circolare 21 aprile 1999, n. 229 in *G.U.* n. 119 del 24 maggio 1999 — serie generale) al Titolo IV, Capitolo 7, Sezione I. Approfondiremo la distinzione tra breve termine e medio o lungo termine parlando del mutuo fondiario.

l'attività bancaria, possa compiere praticamente qualsiasi operazione nell'ambito dell'attività creditizia e finanziaria.

La forma giuridica utilizzabile dalle banche si è notevolmente semplificata in quanto oggi le banche possono costituirsi solo nella forma di società per azioni o di società cooperative per azioni.

Le banche cooperative si dividono a loro volta nelle due categorie delle banche popolari e delle banche di credito cooperativo (queste ultime sostituiscono le ex casse rurali ed artigiane), mentre le società per azioni bancarie sono divenute la forma generalmente prevista per le imprese bancarie, alla quale debbono uniformarsi tutte le banche diverse dalle cooperative.

In termini di importanza, come già visto, assume semmai rilevanza la distinzione tra banche *significant* (sottoposte a vigilanza diretta della BCE) e banche *less significant* (sottoposte a vigilanza della Banca d'Italia).

La nozione di banca non viene utilizzata dall'ordinamento comunitario il quale conosce invece il concetto di *ente creditizio*, ricomprendente qualsiasi impresa che svolga attività di ricezione dal pubblico di depositi o altri fondi rimborsabili e di concessione di crediti per proprio conto. Tale nozione è venuta ormai a coincidere con quella di banca conosciuta dal nostro ordinamento, considerato che la direttiva n. 2009/110/CE ha escluso dalla categoria gli IMEL, cioè gli istituti di moneta elettronica (intermediari che emettono mezzi di pagamento in forma di moneta elettronica, prima ricompresi tra gli enti creditizi dalla direttiva 2000/28/CE del 18 settembre 2000).

L'elasticità del concetto di ente creditizio consentirebbe di ricomprendervi enti quali la **Cassa Depositi e Prestiti s.p.a.**, la quale raccoglie fondi sotto forma di depositi ed eroga finanziamenti quasi interamente destinati alla realizzazione di opere pubbliche ed infrastrutture. In realtà, essa, dopo la sua trasformazione in società per azioni, è stata configurata come "*intermediario finanziario non bancario*", sottoposta alla disciplina di cui al T.U. bancario ed assoggettata alla vigilanza della Banca d'Italia. Si tratta quindi di una istituzione finanziaria non bancaria, avente natura di organismo pubblico, non sottoposta alla regolazione speciale degli intermediari creditizi (2).

Va esclusa dalla categoria degli "enti creditizi" anche **Poste Italiane s.p.a.**, la quale, ai sensi del D.P.R. 14 marzo 2001, n. 144, può esercitare le cosiddette attività di bancoposta, ricomprendenti la raccolta del risparmio tra il pubblico e talune attività finanziarie (servizi di pagamento, cambi, promozione di finanziamenti erogati da banche ed intermediari finanziari, servizi di investimento). L'art. 2, comma 8 del D.P.R. 14 marzo 2001, n. 144 esclude infatti la possibilità di esercitare attività di concessione di finanziamenti verso il pubblico e quindi viene meno una delle due attività caratterizzanti la tipica attività creditizia. L'esclusione della natura di ente creditizio di Poste Italiane s.p.a. è del resto oggi conferma dalla circolare della Banca d'Italia n. 285/2013 che, alla Parte IV, Cap. 1, Sez, II, paragrafo 1 precisa che è "*vietato a Poste l'esercizio dell'attività bancaria*" (3).

Se questa è la realtà attuale del sistema creditizio, va precisato che il T.U. bancario rappresenta la naturale evoluzione di quel processo di ristrutturazione e trasformazione delle banche pubbliche in s.p.a. avviato in Italia con l'emanazione della legge Amato (legge 30 luglio 1990, n. 218) e del successivo decreto legislativo di attuazione (20 novembre 1990, n.

(2) La Cassa Depositi e Prestiti s.p.a. è stata costituita a seguito della trasformazione in s.p.a. della vecchia Cassa Depositi e Prestiti (amministrazione dello Stato dotata di personalità giuridica) disposta dall'art. 5 del D.L. 30 settembre 2003, n. 269, convertito con modificazioni nella legge 24 novembre 2003, n. 326, cui è seguito il regolamento di attuazione emanato dal Ministro dell'economia e delle finanze in data 5 dicembre 2003 (in *G.U.* n. 288 del 12 dicembre 2003 — suppl. ord. n. 189). Per una recente disamina della sua natura si veda PISANESCHI, *La Cassa Depositi e prestiti: holding di partecipazioni, banca nazionale di promozione o operatore del turnaround industriale?*, in *www.ilcaso.it*, Articoli, 3 novembre 2020.

(3) Il D.P.R. 14 marzo 2001, n. 144 prevede ulteriori elementi che potrebbero ricordare un'attività di tipo bancario in capo a Poste Italiane s.p.a.: la sostanziale equiparazione degli assegni postali agli assegni bancari (completata, per quanto riguarda la girata dal D.P.R. 298/2002) e dei vaglia postali agli assegni circolari; l'assoggettamento delle attività di bancoposta alla vigilanza della Banca d'Italia, confermato dalla Banca d'Italia con la circolare 285/2013.

Sulla natura dei servizi di bancoposta si vedano: GIORGIANNI-TARDIVO, *Manuale di diritto bancario*, Milano, 2005, 92-93 che riconduce l'attività di bancoposta svolta da Poste Italiane s.p.a. nell'ambito dell'attività bancaria e COSTI, in CESARINI-COSTI-TUTINO, *Bancoposta e mercati*, Bologna, 1999, 13-15, che riconduce invece tale attività nell'ambito di quella svolta dagli intermediari finanziari.

356), finalizzati a far assumere alle banche italiane quella forma giuridica (di s.p.a. appunto) che consentisse un'operatività più efficiente, in grado di competere con quella della grandi banche straniere.

Tale processo di ristrutturazione (incentivato da particolari agevolazioni fiscali) è stato attuato attraverso i seguenti meccanismi:

a) la **trasformazione** in s.p.a. degli enti creditizi pubblici di *tipo corporativo*;

b) la **fusione** degli enti creditizi pubblici di *tipo corporativo* con altri enti creditizi preesistenti o di nuova costituzione da cui risultassero s.p.a. (a tale procedimento ben potevano partecipare anche altre banche costituite come s.p.a.);

c) lo **scorporo** ed il **conferimento** dell'azienda bancaria dagli enti pubblici aventi natura di fondazione in una s.p.a. preesistente o appositamente costituita (anche a mezzo di un atto unilaterale, come previsto dall'art. 1, comma 2 della legge 218/1990 e dagli artt. 1, comma 2 e 6, comma 2 del D.Lgs. 356/1990).

La trasformazione e la fusione erano tipiche degli organismi a struttura associativa (corporazioni, ove prevaleva l'elemento personale rispetto a quello patrimoniale per la presenza di un'organizzazione collettiva di partecipanti al fondo di dotazione o al patrimonio sociale), mentre lo scorporo ed il conferimento (pur essendo utilizzabili anche dalle banche a struttura associativa) era più tipico degli organismi a struttura fondazionale (istituzioni, ove prevaleva l'elemento patrimoniale).

Il conferimento dell'azienda bancaria aveva però lasciato il problema della sorte degli enti che avevano conferito detta azienda, i quali cessavano di esercitare direttamente l'attività bancaria, ma non cessavano di mantenere una partecipazione totalitaria o di maggioranza nella società bancaria conferitaria. Tali enti assunsero in un primo tempo la denominazione di **enti pubblici conferenti** (secondo l'espressione usata dal Titolo III del D.Lgs. 356/1990) e solo successivamente di **fondazioni bancarie** (col D.Lgs. 17 maggio 1999, n. 153).

Possiamo infatti dire che né la legge Amato né il D.Lgs. 356/1990 avevano ancora previsto l'effettiva *privatizzazione* delle banche pubbliche in quanto le aziende bancarie erano passate da banche pubbliche a società di capitali (in cui erano state conferite), ma la totalità o la maggioranza della partecipazione nel capitale delle s.p.a. bancarie destinatarie del conferimento rimaneva in mano pubblica (gli enti conferenti costituivano ancora enti pubblici che dovevano perseguire scopi di pubblico interesse e di utilità sociale).

Dovette quindi affrontarsi il problema della privatizzazione sostanziale delle banche pubbliche, vale a dire della dismissione delle partecipazioni detenute nelle imprese bancarie.

2. Le fondazioni bancarie: la legge Ciampi (legge 23 dicembre 1998, n. 461).

Ad una prima parziale soluzione si arriva con l'emanazione della legge delega del **23 dicembre 1998, n. 461** con cui si delegava il Governo ad emanare una serie di decreti legislativi per il riordino della disciplina civilistica e fiscale degli enti conferenti di cui all'art. 11, comma 1 del D.Lgs. 20 novembre 1990 n. 356 e della disciplina fiscale delle operazioni di ristrutturazione bancaria.

Già nella legge delega si prevede che, entro 4 anni decorrenti dall'entrata in vigore dei decreti delegati, le fondazioni bancarie dovranno aver provveduto a cedere le partecipazioni bancarie detenute. Le dismissioni vengono incentivate con una serie di agevolazioni di carattere fiscale (4) ed attribuendo alle fondazioni bancarie la qualifica di **enti non commerciali** (con le relative agevolazioni fiscali), anche se

(4) Tra le agevolazioni previste vanno ricordate: la riduzione alla metà dell'imposta sul reddito delle persone fisiche ai sensi dell'art. 6 del D.P.R. 29 settembre 1973, n. 601, l'esenzione dall'obbligo di ritenuta d'acconto sui dividendi da partecipazioni azionarie di cui all'art. 10-*bis* della legge 29 dicembre 1962, n. 1745 ed il regime di esenzione fiscale sulle plusvalenze realizzate a seguito della cessione delle partecipazioni detenute dalle fondazioni bancarie nelle società conferitarie, purché avvenuta entro 4 anni dall'entrata in vigore dei decreti attuativi della delega (l'esenzione è stata mantenuta dall'art. 25, comma 3-*bis* del D.Lgs. 153/1999 per le fondazioni di minori dimensioni, vale a dire per quelle con patrimonio netto contabile risultante dall'ultimo bilancio approvato non superiore a 200 milioni di euro e quelle con sedi operative prevalentemente in Regioni a statuto speciale). Con decisione in data 11 dicembre 2001 (in *GUCE*, del 13 luglio 2002, L. 184/27) la Commissione delle Comunità Europee ha giudicato le agevolazioni fiscali previste dalla legge Ciampi un aiuto di Stato, incompatibile col mercato comune, sopprimendole ed imponendo all'Italia il recupero di quanto posto a disposizione dei beneficiari. In linea con tale decisione si sono escluse le agevolazioni fiscali in capo a quelle fondazioni bancarie che continuano ad influire sull'attività dell'ente creditizio mediante il controllo ed il governo della partecipazione bancaria (Cass., Sez. Un., 29 gennaio 2009, n. 1576; Cass., 8 gennaio 2012, n. 644; Cass., 7 novembre 2012, n. 19231 e n. 19232; si veda sul punto TANZI, *Sulle c.d.*

essi perseguono le finalità statutarie mediante l'esercizio di un'impresa strumentale.

Con la legge delega 461/1998 si prevede che le fondazioni bancarie dovranno conformarsi alle seguenti regole:

— dovranno perseguire **esclusivamente** scopi di *utilità sociale* e di *promozione dello sviluppo economico*;

— dovranno devolvere almeno la **metà dei redditi** nei settori della ricerca scientifica, dell'istruzione, dell'arte, della sanità, dei beni culturali e ambientali e dell'assistenza alle categorie deboli, con **divieto di distribuzione di utili**;

— dovranno prevedere un'operatività secondo principi di economicità di gestione;

— potranno esercitare imprese strumentali alla realizzazione delle finalità di interesse pubblico nei settori sopra indicati;

— dovranno redigere i bilanci secondo le disposizioni del codice civile;

— dovranno essere sottoposte al controllo di un'Autorità di vigilanza (identificata nel Ministro dell'economia e delle finanze).

Una volta entrati in vigore i decreti delegati, si prevede che le fondazioni bancarie debbano adeguare gli statuti a quanto prescritto in detti decreti e diventino **persone giuridiche private senza fine di lucro**.

Riassumendo, possiamo quindi dire che, con la legge Ciampi, si agevola il passaggio dall'attuata privatizzazione solo formale delle banche pubbliche (dove il controllo delle banche privatizzate restava sempre in mano pubblica) alla privatizzazione sostanziale, attraverso il collocamento sul mercato delle azioni delle banche conferitarie e la trasformazione degli enti conferenti da enti pubblici in enti privati.

3. Il D.Lgs. 17 maggio 1999, n. 153 e le successive modifiche ed integrazioni.

È però solo con il D.Lgs. 17 maggio 1999, n. 153 che l'iter legislativo iniziato con la legge delega 461/1998 giunge al suo compimento.

fondazioni bancarie: alcune considerazioni critiche, in *Banca, borsa, tit. cred.*, 2013, I, 257 ss.).

Tale decreto delegato (contenente disciplina civilistica e fiscale degli enti conferenti di cui all'art. 11, comma 1 del D.Lgs. 20 novembre 1990, n. 356 e disciplina fiscale delle operazioni di ristrutturazione bancaria a norma dell'art. 1 della legge 23 dicembre 1998, n. 461) veniva modificato dall'art. 11 della Legge Finanziaria per il 2002 (legge 28 dicembre 2001, n. 448).

Scopo dell'intera disciplina è quello di incentivare il più possibile le dismissioni da parte delle **fondazioni bancarie** (così vengono per la prima volta definiti i famosi enti conferenti, anche quando la fondazione è a composizione associativa) delle partecipazioni di controllo detenute nelle società conferitarie e di far diventare queste fondazioni delle **persone giuridiche private** senza scopo di lucro, dotate di piena autonomia statutaria e gestionale.

Attraverso questo processo di dismissioni le fondazioni bancarie perdono definitivamente la possibilità di esercitare l'attività bancaria, anche indirettamente [attraverso la partecipazione nelle società bancarie conferitarie o attraverso accordi che consentano di esercitare un'influenza dominante su queste ultime ([5]) e mantengono la possibilità di perseguire **esclusivamente scopi di utilità sociale e di promozione dello sviluppo economico** (art. 2 D.Lgs. 153/1999)]. Ad esse non si applica però il Codice del terzo settore (D.Lgs. 3 luglio 2017, n. 117, il cui art. 3, ult. comma sancisce tale esclusione, con la sola eccezione della disciplina sui centri di servizio per il volontariato).

Questi scopi ideali, che costituiscono quindi l'unico oggetto possibile delle fondazioni bancarie, sono oggi perseguiti attraverso l'esercizio (in via esclusiva) di una serie di attività ricomprese nei cosiddetti « **settori ammessi** », definiti dall'art. 1, comma 1, lett. *c-bis*) del D.Lgs. 153/1999, introdotto dalla legge 448/2001.

Si tratta di attività perseguibili direttamente o per il tramite di imprese strumentali e che riguardano i seguenti ambiti:

([5]) Art. 6, commi 2, 3 e 5-*bis* del D.Lgs. 153/1999 che precisa come l'influenza dominante su una banca può essere attribuita ad una fondazione bancaria laddove, in base ad accordi con altri soci (in particolare mediante patti parasociali), essa abbia la possibilità di influire sulla nomina o sulla revoca della maggioranza degli amministratori della banca o disponga della maggioranza dei voti nell'assemblea ordinaria (casi questi al cui accertamento l'art. 6, comma 2 del D.M. 18 maggio 2004, n. 150 fa conseguire l'obbligo di sciogliere l'accordo di sindacato).

1) famiglia e valori connessi; crescita e formazione giovanile; educazione, istruzione e formazione; volontariato, filantropia e beneficenza; religione e sviluppo spirituale; assistenza agli anziani; diritti civili;

2) prevenzione della criminalità e sicurezza pubblica; sicurezza alimentare ed agricoltura di qualità; sviluppo locale ed edilizia popolare locale; protezione dei consumatori; protezione civile; salute pubblica; attività sportiva; prevenzione e recupero delle tossicodipendenze; patologie e disturbi psichici e mentali;

3) ricerca scientifica e tecnologica; protezione e qualità ambientale;

4) arte, attività e beni culturali.

5) realizzazione di beni pubblici o di pubblica utilità (art. 183, comma 17 del D.Lgs. 18 aprile 2016, n. 50, contenente il codice degli appalti pubblici).

Tra le attività rientranti nei settori ammessi, ogni tre anni la fondazione sceglie quelle sulle quali concentrare *in via prevalente* le proprie funzioni, in numero non superiore a cinque (che vanno a costituire i cosiddetti **settori rilevanti**), fermo restando che, per il resto, la fondazione non può comunque svolgere attività diverse da quelle ammesse.

Il patrimonio della fondazione viene dunque destinato a questi scopi per il cui perseguimento deve essere conservato e vincolato, in modo tale da assicurarne un'adeguata redditività (6).

Appare così definitivamente chiaro il divieto per questi enti di svolgere direttamente o indirettamente attività creditizia o di ingerirsi nella gestione dell'impresa bancaria (art. 3, comma 2 D.Lgs. 153/1999).

(6) L'art. 9 del D.Lgs. 153/1999 è dedicato alla redazione del bilancio ed alla tenuta dei libri e delle scritture contabili delle fondazioni bancarie, demandandone la dettagliata disciplina ad un successivo regolamento dell'Autorità di vigilanza (poi emanato con provvedimento del 19 aprile 2001 del Ministero del tesoro, bilancio e della programmazione economica, confermato da ultimo dal decreto del Ministero dell'economia e delle finanze del 16 marzo 2020). Si prevede la realizzazione del principio della trasparenza amministrativa e della corretta ed esauriente rappresentazione delle forme di investimento del patrimonio, al fine di consentire la verifica dell'effettivo perseguimento degli obiettivi di conservazione del suo valore e dei criteri seguiti per ottenerne un'adeguata redditività.

Gli enti conferenti sono espressamente qualificati come **enti non commerciali** con conseguente applicazione delle agevolazioni fiscali connesse a tale qualifica.

Conseguenza della nuova configurazione delle fondazioni bancarie è che queste erano autorizzate a detenere le partecipazioni di controllo nelle società bancarie conferitarie, in via transitoria, per un periodo massimo limitato (7), dopodiché avevano l'**obbligo** di cedere tali partecipazioni di controllo (art. 25, comma 1 della legge 153/1999) (8).

Tale obbligo si è via via attenuato per effetto di interventi legislativi successivi (9), ma è tornato di attualità a seguito del protocollo d'intesa tra Ministero dell'economia e delle finanze ed ACRI (Associazione di Fondazioni e Casse di Risparmio s.p.a.) del 22 aprile 2015 il quale ha previsto (all'art. 2, comma 4) che il patrimonio della fondazione non può essere impiegato, direttamente o indirettamente, in esposizioni verso un singolo soggetto per ammontare (valutato al *fair value*) complessivamente superiore a un terzo del totale dell'attivo dello stato

(7) Fissato al 31 dicembre 2005 dall'art. 4 della legge 1° agosto 2003, n. 212 di conversione del D.L. 24 giugno 2003, n. 143.

(8) L'obbligo di alienazione riguarda non solo la partecipazione di controllo nelle società bancarie conferitarie, ma anche quelle eventualmente possedute in altre società controllate, escluse quelle strumentali. Si noti che la legge 448/2001 ha ampliato il concetto di partecipazione di controllo, precisando che essa sussiste anche nell'ipotesi in cui sia riconducibile, direttamente o indirettamente, a più fondazioni, ancorché la singola fondazione da sola non detenga una frazione di capitale sociale sufficiente ad assicurare il controllo (art. 6, comma 5-*bis* del D.Lgs. 153/1999, introdotto dall'art. 11, comma 10 della legge 448/2001).

(9) La legge 27 dicembre 2002, n. 289 (art. 80) ed il D.L. 24 giugno 2003, n. 143 (art. 4), convertito nella legge 1° agosto 2003, n. 212 hanno eliminato l'obbligo della dismissione delle partecipazioni nelle società bancarie conferitarie per le fondazioni minori (quelle con patrimonio netto contabile risultante dall'ultimo bilancio approvato non superiore a 200 milioni di euro e quelle con sedi operative prevalentemente in Regioni a statuto speciale), fissando invece al 31 dicembre 2005 il termine ultimo per la dismissione delle partecipazioni azionarie nelle fondazioni bancarie di maggiori dimensioni. Per il caso di mancata alienazione entro il predetto termine delle partecipazioni di controllo delle fondazioni bancarie di maggiori dimensioni l'art. 7 della legge 262/2005 aveva poi previsto che, dall'1 gennaio 2006, non si desse più luogo alle cessione coatta delle stesse (prima prevista a cura dell'Autorità di vigilanza, eventualmente con l'ausilio di un commissario *ad acta*), ma semplicemente che la fondazione perdesse il diritto di voto nelle assemblee della società controllata per le azioni eccedenti il 30% del capitale sociale. La disposizione che prevedeva la perdita del diritto di voto è stata però abrogata dal D.Lgs. 303/2006.

patrimoniale della Fondazione (e quindi il limite vale, in particolare, per le partecipazioni nel capitale sociale delle banche conferitarie).

In conseguenza della qualificazione delle fondazioni bancarie come enti non commerciali, il D.Lgs. 153/1999 ha previsto l'obbligo di adeguare i loro **statuti** alle finalità di utilità sociale previste dallo stesso decreto legislativo, nonché agli statuti delle organizzazioni di volontariato e ad una serie di principi enunciati dall'art. 4 del D.Lgs. 153/1999, da compiersi entro 90 giorni dall'entrata in vigore di un regolamento dell'Autorità di vigilanza (10), destinato ad attuare e coordinare le norme della finanziaria 2002 con il D.Lgs. 153/1999 (art. 11, comma 14 legge 448/2001).

In attuazione delle novità introdotte dalla finanziaria 2002 (legge 448/2001) veniva emanato il regolamento del Ministro dell'economia e delle finanze (D.M. 2 agosto 2002, n. 217) in materia di disciplina delle fondazioni bancarie.

Le disposizioni legislative su cui si fondava questo regolamento sono state però in gran parte dichiarate costituzionalmente illegittime dalla Corte Costituzionale, con la sentenza 29 settembre 2003, n. 301 (11).

In particolare la Corte Costituzionale ha dichiarato l'illegittimità costituzionale delle seguenti norme:

— la disposizione che prevedeva, nella composizione dell'organo di indirizzo delle fondazioni bancarie, una prevalente e qualificata rappresentanza degli enti locali diversi dallo Stato, anziché una prevalente e qualificata rappresentanza degli enti pubblici e privati, espressivi delle realtà locali;

— la disposizione che prevedeva la facoltà del Ministro dell'eco-

(10) Attualmente l'Autorità di vigilanza delle fondazioni bancarie si identifica col Ministro dell'economia e delle finanze, secondo quanto previsto in via transitoria dall'art. 10 del D.Lgs. 153/1999, in attesa che venga regolamentata la figura dell'autorità di controllo sulle persone giuridiche disciplinate dal codice civile (Titolo II, Libro I).

(11) In realtà le sentenze della Corte Costituzionale in materia di fondazioni bancarie furono due: la n. 301 del 29 settembre 2003 di cui si parla nel testo e la n. 300 del 29 settembre 2003, che ebbe a precisare come la disciplina delle fondazioni bancarie, riguardando l'ordinamento civile, rientra nella competenza esclusiva dello Stato, dovendosi escludere la potestà legislativa concorrente delle Regioni (art. 117, comma 2 Cost.).

nomia e delle finanze di modificare con proprio regolamento i settori ammessi;

— la disposizione che consentiva al Ministro dell'economia e delle finanze di emanare atti di indirizzo di carattere generale vincolanti per le fondazioni bancarie.

A seguito di tale sentenza il regolamento approvato con D.M. 2 agosto 2002, n. 217 è stato sostituito dal D.M. 18 maggio 2004, n. 150 che ha previsto, tra gli altri aspetti:

— l'operatività delle fondazioni bancarie in un massimo di **5 settori rilevanti** scelti nell'ambito dei cosiddetti settori ammessi;

— la partecipazione all'organo di indirizzo di una **prevalente e qualificata rappresentanza** degli enti, pubblici e privati, espressivi delle realtà locali (solo nelle fondazioni a base associativa lo statuto può prevedere che spetti all'assemblea nominare fino alla metà dei componenti dell'organo di indirizzo).

Per concludere, possiamo affermare che oggi la categoria delle banche pubbliche non esiste più, essendosi perfezionata la procedura di ristrutturazione di cui si è detto. Le fondazioni bancarie venutesi a creare a seguito di quelle operazioni di ristrutturazione oggi sono qualificate espressamente come persone giuridiche private.

È stato quindi portato a compimento quel processo di privatizzazione avviato con la legge Amato (12).

Le banche pubbliche che dovessero residuare, per quanto concerne i profili operativi, organizzativi e di funzionamento, sono disciplinate dal T.U. bancario e dai loro statuti, secondo quanto prescrive l'art. 151 dello stesso T.U. bancario.

4. Gli organi delle fondazioni bancarie.

Un'osservazione che viene spontanea esaminando lo sviluppo avuto dagli enti conferenti ed in particolare la disciplina contenuta nel D.Lgs. 153/1999 è la **preferenza** accordata dal legislatore **per la struttura fondazionale** rispetto a quella associativa. Si nota infatti un notevole esautoramento dei poteri riservati all'assemblea dell'ente con-

(12) Per un piacevole *excursus* sull'origine e sulla evoluzione delle fondazioni bancarie si vedano CLARICH-PISANESCHI, *Le fondazioni bancarie*, Bologna, 2001.

ferente e quindi alla collegialità degli associati a fronte di un accentramento di poteri in capo all'organo di indirizzo, composto da soggetti nominati dall'esterno (da parte di enti pubblici territoriali o altri enti, organismi o associazioni, pubblici o privati).

L'articolazione degli organi delle fondazioni bancarie [13] è prevista dal D.Lgs. 153/1999 ed è così costituita:

1) organo di indirizzo;

2) organo amministrativo;

3) organo di controllo;

4) legale rappresentante dell'ente;

5) assemblea dei soci nelle fondazioni bancarie di origine associativa.

L'**organo di indirizzo** definisce le linee generali della gestione patrimoniale e della politica degli investimenti (e dunque sceglie, nell'ambito dei settori ammessi, i settori rilevanti in cui intervenire, in numero massimo di cinque). Nomina e revoca i componenti dell'organo amministrativo e di controllo, approva i bilanci, approva e modifica gli statuti ed i regolamenti interni e delibera nelle materie riservate alla sua competenza dallo statuto. In sostanza è l'organo a cui appartiene la determinazione dei programmi, delle priorità e degli obbiettivi della fondazione e la verifica dei risultati. La composizione di questo organo deve essere costituita in modo tale da garantire, rispetto agli altri componenti, la prevalente e qualifica rappresentanza degli enti, pubblici e privati, espressivi delle realtà locali (non solo quindi Regione, Provincia e Comune, e — a seguito della sostituzione dell'art. 114 Cost. ad opera dell'art. 1 della legge costituzionale 18 ottobre 2001, n. 3 — Città metropolitane, ma anche altri enti privati). A tale prevalente partecipazione si aggiunge poi un'adeguata presenza (minoritaria) di personalità che, per professionalità, competenza ed esperienza nei settori d'intervento della fondazione, possano contribuire efficacemente al perseguimento dei fini istituzionali [14].

[13] Sull'argomento si veda Guaccero, *Gli organi delle fondazioni di origine bancaria*, in *Banca, borsa, tit. cred.*, 2002, I, 753 ss.

[14] La prevalente partecipazione dei rappresentanti degli Enti pubblici territoriali era stata introdotta dall'art. 11 della legge 448/2001, ma la disposizione, come già visto, è stata giudicata incostituzionale dalla Corte Costituzionale.

L'**organo di amministrazione** svolge compiti gestionali della fondazione nell'ambito dei programmi e degli obiettivi fissati dall'organo di indirizzo. Esso svolge compiti propositivi e di impulso dell'attività e quindi, in concreto, individua e seleziona i progetti e le iniziative da finanziare e gestisce le imprese strumentali che la fondazione ritenga di esercitare in proprio.

L'**organo di controllo** svolge la funzione di controllo legale dei conti e di controllo di legittimità dell'operato della fondazione, dovendo informare l'Autorità di vigilanza ([15]) di tutte le irregolarità di cui possa venire a conoscenza nell'esercizio dei suoi compiti.

Legale rappresentante dell'ente può essere o il presidente dell'organo di indirizzo o il presidente dell'organo di amministrazione, con esclusione del presidente dell'organo di controllo. Tale organo dispone della rappresentanza negoziale e processuale dell'ente e, in caso di necessità ed urgenza, adotta ogni provvedimento necessario.

L'**assemblea dei soci** è prevista solo nelle fondazioni di origine associativa dove si ravvisa la componente partecipativa personale degli associati. Va ribadito però che tale organo è stato previsto comunque in posizione subordinata rispetto all'organo di indirizzo e pertanto non può svolgere compiti riservati a quest'ultimo né può avere il compito di designare la maggioranza dei suoi componenti. Esso pertanto si limita a svolgere quei compiti (diversi da quelli riservati all'organo di indirizzo dalla legge 153/1999) che ogni singolo statuto potrà attribuirgli.

Gli statuti delle fondazioni bancarie debbono precisare i requisiti di professionalità e onorabilità ed i casi di incompatibilità dei soggetti chiamati a svolgere funzioni di indirizzo, amministrazione, direzione e controllo delle fondazioni bancarie. Tali requisiti vanno intesi come doti di esperienza, idoneità etica ed indipendenza ([16]).

([15]) In caso di ripetute e gravi irregolarità nella gestione ovvero di gravi violazioni delle disposizioni legislative, amministrative e statutarie, l'Autorità di vigilanza può adottare con decreto lo scioglimento degli organi di amministrazione e di controllo (art. 11 D.Lgs. 153/1999). Anche nel settore delle fondazioni bancarie la vigilanza si articola in vigilanza regolamentare, informativa ed ispettiva, come previsto anche dal T.U. bancario.

([16]) Art. 4, comma 1, lett. g) del D.Lgs. 153/1999. Il decreto del Ministero dell'economia e delle finanze 18 maggio 2004, n. 150 impone requisiti di professionalità, competenza ed esperienza dei componenti l'organo di indirizzo, in particolare nei

Per quanto riguarda i casi di incompatibilità, gli statuti debbono determinare ipotesi riferite anche alla carica di direttore generale della Società bancaria conferitaria ovvero ad incarichi esterni o cariche pubbliche ovvero ancora all'assunzione o all'esercizio di cariche negli organi gestionali, di sorveglianza e di controllo o di funzioni di direzione di società concorrenti della società bancaria conferitaria o di società del suo gruppo ([17]).

Inoltre i soggetti ai quali è attribuito il potere di designare componenti dell'organo di indirizzo ed i componenti stessi degli organi delle fondazioni non devono essere portatori di interessi riferibili ai destinatari degli interventi delle fondazioni (art. 4, comma 1, *lett. c* del D.Lgs. 153/1999 ed art. 4, comma 2 del D.M. 150/2004).

Ulteriori regole per la nomina dei componenti degli organi sono contenute nel Protocollo d'intesa tra le Fondazioni di origine bancaria, rappresentate dall'ACRI, e il Ministero dell'Economia e delle Finanze, sottoscritto il 22 aprile 2015.

5. Le banche cooperative.

Le banche cooperative sono disciplinate agli artt. 28 e ss. T.U. bancario, secondo uno schema generale composto di una sola norma dedicata all'intera categoria (art. 28) e di due separati gruppi di norme dedicate rispettivamente alle banche popolari (artt. 29-32) ed alle banche di credito cooperativo (artt. 33-37*ter*) che costituiscono le uniche due possibili forme di cooperativa che le banche possono assumere.

Le banche cooperative nascono con la funzione di soddisfare bisogni di fasce di popolazione che sono lontane dal mondo delle grandi banche (le quali non hanno interesse a concentrare la loro operatività solo in aree limitate): tale funzione viene soddisfatta attraverso la creazione di istituti di ridotte dimensioni, che sono legittimati ad assumere un'operatività su un territorio ristretto (conformemente a

settori cui è rivolta l'attività della fondazione e prevede altresì cause di incompatibilità e di conflitti di interessi che compete allo stesso organo verificare (artt. 3 e 4).

([17]) Art. 4, comma 1, lett. g), g-*bis*) e comma 2-*bis*) del D.Lgs. 153/1999 e decreto del Ministero dell'economia e delle finanze 18 maggio 2004, n. 150, art. 4 (per una aggiornata visione della normativa secondaria in tema di fondazioni bancarie si veda *www.acri.it/normative/normativa-secondaria/*).

quanto consentito già dalla direttiva 89/646/CEE in materia bancaria che prevedeva la possibilità di adottare misure attenuate per particolari categorie di banche di ridotte dimensioni).

Le due sottocategorie di banche cooperative cui abbiamo accennato si distinguono tra loro soprattutto (ma non solo) per il **diverso grado di mutualità** e per la **diversa operatività**.

Elemento comune ad entrambe è rappresentato dal fatto che la vigilanza sulle banche cooperative non è attribuita all'Autorità governativa, come invece previsto dal codice civile o dalla legislazione speciale per le normali cooperative, ma resta riservata alle Autorità di vigilanza del credito.

Unica forma di vigilanza governativa resta quella sull'esistenza dei requisiti della mutualità affidata al Ministro dello sviluppo economico dal D.Lgs. 2 agosto 2002, n. 220, che prevede l'iscrizione delle banche cooperative nell'apposito albo nazionale degli enti cooperativi disciplinato dal D.M. 23 giugno 2004 (18) (le banche di credito cooperativo nella Sezione della mutualità prevalente, le banche popolari nella Sezione della mutualità non prevalente). Tale iscrizione si aggiunge a quella all'albo delle banche di cui all'art. 13 del T.U. bancario e costituisce presupposto per usufruire di benefici fiscali o di altra natura.

Inoltre, per entrambe le categorie di banche cooperative, è attribuita alla Banca d'Italia la possibilità di prevedere, anche in deroga a disposizioni di legge, **limiti** al diritto al **rimborso delle azioni**, in caso di recesso del socio, trasformazione della società, morte o esclusione del socio, laddove ciò sia necessario ad assicurare la computabilità delle azioni nel patrimonio di vigilanza di qualità primaria della banca. Per le stesse finalità la Banca d'Italia può limitare il diritto al rimborso degli altri strumenti di capitale emessi (art. 28, comma 2-*ter* T.U. bancario).

In caso di contrasto tra vigilanza cooperativa e vigilanza creditizia quest'ultima deve ritenersi prevalente, essendo finalizzata a realizzare le esigenze di stabilità creditizia, di sana e prudente gestione che costituiscono un principio fondamentale dell'ordinamento bancario (art. 5 T.U. bancario).

Esaminiamo ora nel dettaglio caratteristiche e disciplina di ciascuna categoria.

(18) Pubblicato in *G.U.* 13 luglio 2004, n. 162.

a) **Le banche popolari.** — Si tratta di società cooperative per azioni a responsabilità limitata, aventi caratteristiche anomale perché delle cooperative può dirsi che mantengano la forma, ma non la sostanza, a causa della notevole attenuazione del principio della mutualità e della prevalenza degli elementi tipici delle società lucrative.

Tuttavia, a seguito della riforma introdotta dal D.L. 24 gennaio 2015, n. 3, convertito, con modificazioni, dalla legge 24 marzo 2015, n. 33, l'attivo di una banca popolare non può superare la soglia di 8 miliardi di euro (art. 29, comma 2-*bis* T.U. bancario) (19). In caso di superamento della soglia, entro un anno l'attivo deve essere ridotto o deve essere deliberata la trasformazione in s.p.a. o la liquidazione dell'ente; in caso contrario la Banca d'Italia può adottare il divieto di intraprendere nuove operazioni o proporre alla BCE la revoca dell'autorizzazione all'attività bancaria ed al Ministro dell'economia e delle finanze la liquidazione coatta amministrativa (art. 29, comma 2-*ter* T.U. bancario).

A conferma della ricordata attenuazione dello scopo mutualistico, si consideri che:

— le banche popolari sono caratterizzate da una finalità di **profitto** e non dalla realizzazione di uno scopo mutualistico, tant'è che solo il **10%** degli **utili** netti annuali deve essere destinato a riserva legale, mentre nulla esclude che la residua parte possa essere distribuita ai soci (l'art. 32 del T.U. bancario prevede che solo la parte non distribuita o non riservata ad altre destinazioni statutarie deve essere impiegata per scopi di beneficenza ed assistenza);

— i servizi prestati dalla banca possono essere indifferentemente rivolti a favore dei soci o dei **terzi**, a differenza delle cooperative a mutualità prevalente (art. 2512 c.c.) che debbono operare prevalentemente nei confronti dei soci.

Non a caso per le banche popolari è espressamente prevista l'inapplicabilità delle disposizioni in materia di cooperative (si veda l'art. 29, ult. comma T.U. bancario e l'art. 21, comma 8 della legge 31 gennaio 1992, n. 59), diversamente dalle banche di credito cooperativo,

(19) Il limite opera sia a livello individuale che consolidato. Le modalità di calcolo della soglia di attivo sono disciplinate dalla Banca d'Italia nella circolare n. 285 del 17 dicembre 2013 ("*Disposizioni di vigilanza per le banche*"), 9° aggiornamento del 9 giugno 2015.

per le quali l'art. 21, comma 3 della legge 59/1992 prevede l'applicabilità di una serie di norme in materia di cooperazione (20).

Ciò premesso, il T.U. bancario prevede che le banche popolari sono società cooperative per azioni a responsabilità limitata, le cui **azioni** debbono avere un **valore** non inferiore a **due euro** ciascuna.

Vale il principio del **voto capitario** per cui ogni socio ha un voto soltanto, indipendentemente dal numero di azioni possedute.

È previsto un **limite complessivo** al possesso di azioni: l'**1%** del capitale sociale, salvo il limite inferiore previsto dallo statuto (comunque mai al di sotto dello 0,50%) e salvo deroghe particolari previste dall'art. 30 del T.U. bancario per fondazioni bancarie e organismi di investimento collettivo del risparmio. In caso di superamento la banca deve contestare l'eccedenza al possessore, il quale dovrà procedere alla vendita della quantità eccedente entro un anno e, in caso contrario, perderà i diritti patrimoniali relativi alle azioni eccedenti il limite di legge, diritti che verranno acquisiti dalla società.

È poi previsto un **numero minimo di 200 soci**. Nel caso in cui la compagine sociale scenda al di sotto di tale numero, essa va reintegrata entro un anno, dopodiché la società viene posta in liquidazione.

L'ingresso di nuovi soci è rimesso al preventivo gradimento del consiglio di amministrazione, il quale però, in caso di rigetto della

(20) Alle banche cooperative, in generale, non si applica la disciplina di diritto comune sulle società cooperative. L'art. 2520 c.c., così come sostituito dal D.Lgs. 17 gennaio 2003, n. 6, stabilisce l'applicabilità delle norme in tema di cooperative solo se compatibili con la legislazione speciale. L'art. 150-*bis* del T.U. bancario precisa l'elenco delle norme del diritto societario che non trovano applicazione, rispettivamente e separatamente, per le banche di credito cooperativo e per le banche popolari.

Per le sole banche popolari è ad esempio esclusa l'applicabilità della disciplina in tema di cooperative riguardante: le cooperative a mutualità prevalente ed i relativi requisiti (artt. 2512 e 2514, comma 1 c.c.), posto che le banche popolari sono cooperative di nome, ma non di fatto; la trasferibilità delle azioni o quote (art. 2530, comma 1 c.c.) posto che essa è assoggettata alla speciale disciplina bancaria.

Le banche di credito cooperativo debbono invece prevedere nello statuto le limitazioni alla distribuzione di dividendi, alle remunerazioni sugli strumenti finanziari emessi, il divieto di distribuzione di riserve e l'obbligo di devoluzione del patrimonio ai fondi mutualistici per la promozione e lo sviluppo della mutualità in caso di scioglimento (art. 2514, comma 1 c.c.); inoltre trova applicazione la normativa sulla devoluzione del patrimonio in caso di trasformazioni eterogenee (art. 2545-*undecies*, comma 1 c.c.), sulla rivalutazione delle quote o azioni e sul rimborso del sovrapprezzo azioni a favore del socio uscente (artt. 7 e 9 della legge 31 gennaio 1992, n. 59).

domanda, è tenuto a **motivare** il provvedimento negativo e la motivazione deve fare riferimento:

— all'interesse della società;

— alle prescrizioni statutarie;

— allo spirito della forma cooperativa.

Il procedimento di ammissione si svolge come segue: una volta presentata la domanda, in caso di rigetto, può essere proposta istanza di revisione al collegio dei probiviri entro 30 gg. dal ricevimento della comunicazione di diniego; il collegio dei probiviri si pronuncia entro 30 gg. dalla richiesta.

Conformemente a quanto era previsto dalla legge 207/1992, il mancato gradimento alla richiesta di ammissione come socio, legittima comunque il possessore delle azioni all'esercizio dei diritti patrimoniali (diritto agli utili, diritto di opzione in caso di nuove emissioni azionarie, con esclusione dei diritti amministrativi (diritto di partecipare alle assemblee, diritto di voto ecc.).

È previsto un procedimento agevolato per le operazioni di **trasformazione** delle popolari in s.p.a. (21) e per le **fusioni** da cui risultino s.p.a. Per le relative delibere viene prevista la maggioranza del 2/3 dei voti espressi, a cui corrisponda una presenza in assemblea di almeno il 10% dei soci in prima convocazione e nessun quorum costitutivo in seconda convocazione.

L'operazione va comunque **autorizzata dalla Banca d'Italia** che provvede in tal senso laddove essa non contrasti con il criterio di una sana e prudente gestione, verifica questa che costituisce il presupposto per poter procedere all'iscrizione nel registro delle imprese della delibera di trasformazione (art. 31, comma 3 T.U. bancario che richiama gli artt. 56 e 57).

(21) In deroga al generale divieto di trasformazione delle cooperative in società lucrative di cui all'art. 14 della legge 127/1971. Molto discusso era stato in passato il problema se tale divieto fosse comunque inapplicabile alle banche popolari, stante l'esistenza di caratteristiche operative in tutto e per tutto analoghe a quelle delle società lucrative (da ultimo aveva risposto nel senso della trasformabilità Cass. 8 gennaio 2007, n. 89, in *Società*, 2007, n. 8, 959 ss. secondo cui il D.Lgs. Capo provvisorio dello Stato 14 dicembre 1947 su cui aveva inteso incidere la legge 127/1971, non si estendeva — per espressa previsione del D.Lgs. 16 aprile 1948, n. 569, art. 1 — alle banche popolari).

***b*) Le banche di credito cooperativo (BCC).** — Si tratta di banche costituite nella forma di società cooperativa per azioni a responsabilità limitata che prendono il posto delle vecchie casse rurali ed artigiane, ma mantengono intatte alcune fondamentali caratteristiche di queste: in particolare mantiene rilevanza l'elemento del localismo, nel senso che i soci cooperatori (22) devono risiedere od operare con carattere di continuità nel territorio di competenza della banca stessa (art. 34 T.U. bancario).

L'operatività nelle attività di rischio va indirizzata **prevalentemente** verso i soci.

Pertanto le banche di credito cooperativo possono farsi rientrare nella categoria della società cooperative a mutualità prevalente introdotta dalla riforma del diritto societario, dovendo lo statuto prevedere le limitazioni e gli obblighi di cui all'art. 2514, comma 1 c.c. (applicabile ai sensi dell'art. 150-*bis* T.U. bancario). Alla natura di società cooperativa a mutualità prevalente consegue l'applicazione delle agevolazioni fiscali proprie della categoria, sempre a condizione che esse rispettino i requisiti di mutualità prescritti dall'art. 2514, comma 1 c.c. ed il requisito di operatività prevalente nei confronti dei soci.

Le istruzioni della Banca d'Italia, contenute nella circolare 17 dicembre 2013, n. 285 (aggiornate alla riforma delle banche di credito cooperativo col 21° Aggiornamento del 22 maggio 2018), precisano che l'operatività può considerarsi prevalente quando oltre il 50% delle attività di rischio sia indirizzato ai soci cooperatori (Parte III, Capitolo V, Sez. III della circolare 285/2013).

(22) La riforma della banche di credito cooperativo (D.L. 18/2016, convertito nella legge 49/2016, che ha inserito l'art. 150-*ter* T.U. bancario e successive disposizioni di vigilanza in attuazione della riforma introdotte dalla Banca d'Italia all'interno della circolare 185/2013) prevede, oltre alla categoria dei soci cooperatori, quella dei soci finanziatori, che possono essere soltanto:

a) la capogruppo del gruppo bancario cooperativo a cui la banca è affiliata;

b) i sistemi di garanzia istituiti tra banche di credito cooperativo;

c) i fondi mutualistici per la promozione e lo sviluppo della cooperazione.

L'emissione di azioni di finanziamento di cui all'art. 2526 c.c. è consentita alle banche di credito cooperativo che versino in una situazione di inadeguatezza patrimoniale o siano sottoposte ad amministrazione straordinaria. La capogruppo può però sottoscrivere azioni di finanziamento anche al di fuori di questi casi ed è obbligata a farlo nei casi previsti dall'accordo di garanzia in solido intercorrente fra la capogruppo e le banche di credito cooperativo del gruppo.

Le stesse istruzioni prevedono poi la possibilità da parte della Banca d'Italia di imporre degli **statuti tipo** contenenti specifica indicazione delle operazioni che le banche di credito cooperativo possono porre in essere, con specifico riferimento ai territori interessati: si precisa che le banche di credito cooperativo possono operare solo nell'ambito del **comune** in cui è posta la **sede legale**, in quelli ove sono stabilite **succursali** e nei **comuni limitrofi**, cioè caratterizzati da una contiguità territoriale.

È anche prevista la possibilità di estendere l'attività in comuni non limitrofi ove le banche di credito cooperativo possono costituire **sedi distaccate**, purché:

a) la banca abbia già posto in essere rapporti con la clientela ivi residente od operante;

b) la banca abbia raccolto almeno 500 soci nel nuovo comune;

c) la banca sia in regola con i coefficienti patrimoniali obbligatori;

d) la banca possegga un adeguato sistema di controlli interni.

Gli statuti tipo possono poi prevedere limitazioni alle operazioni esercitabili dalla banca.

La circolare 285/2013 della Banca d'Italia detta poi particolari limitazioni all'**acquisto di partecipazioni** nei seguenti termini:

— le partecipazioni detenibili in banche, IMEL, società finanziarie ed assicurazioni non possono superare il **20%** del capitale sociale della società partecipata e comunque non possono determinarne il controllo;

— il **valore della partecipazione (interessenza)** in una società non finanziaria non deve superare l'**1%** del patrimonio di vigilanza della banca, elevabile fino al 3% in caso di partecipazione ad organismi di categoria (*limite di concentrazione*);

— il **totale delle partecipazioni** detenute dalla banca in società non finanziarie non può superare complessivamente il 15% del patrimonio di vigilanza (*limite complessivo*) [23].

È poi prevista la possibilità di partecipazione in società in temporanea difficoltà finanziaria al fine di agevolare il recupero di propri crediti.

(23) I limiti di concentrazione e complessivo sono previsti dalla Parte III, Cap. 1, sez. VIII della circolare 285/2013.

Anche per le banche di credito cooperativo è previsto un limite al valore di ciascuna azione che non può essere inferiore a **25 euro** né superiore a **500 euro**.

È poi previsto anche un limite complessivo al possesso azionario espresso in misura fissa: ogni socio non può infatti possedere azioni per un valore complessivamente superiore a **100.000 euro**, mentre il numero minimo dei soci è **500** (D.L. 18/2016 convertito nella legge 49/2016). Lo statuto può però prevedere che sia requisito per l'ammissione a socio la sottoscrizione di un numero minimo di azioni.

Altra limitazione prevista dallo statuto tipo predisposto dalla Banca d'Italia riguarda l'**erogazione del credito**, la cui decisione può essere assunta solo in **forma collegiale** da parte del consiglio di amministrazione. Quest'ultimo può semplicemente delegare le proprie attribuzioni ad altri esponenti bancari (comitato esecutivo, preposti ad una succursale), ma prefissando i limiti quantitativi. Solo in casi di urgenza può essere consentito al Presidente del consiglio di amministrazione di concedere affidamenti, la cui decisione va però portata a conoscenza dello stesso consiglio nella prima riunione successiva.

Il carattere maggiormente mutualistico delle banche di credito cooperativo trova conferma nella disposizione (art. 37 T.U. bancario) secondo cui gli utili vanno destinati a riserva legale nella misura del 70% (anziché del 10% come per le popolari) ed inoltre una quota di questi va destinata ai fondi mutualistici per la promozione e lo sviluppo della cooperazione. Gli utili non altrimenti utilizzati vanno destinati a scopi di beneficenza e mutualità (a differenza di quelli delle popolari che vanno destinati a scopi di beneficenza o *assistenza*).

Nonostante il carattere mutualistico di queste banche (che restano cooperative di nome e di fatto), l'esigenza di rafforzarne la stabilità patrimoniale ha indotto il legislatore a prevedere ed agevolare la possibilità di:

a) **fusioni** delle banche di credito cooperativo con banche di diversa natura (24), da cui risultino banche costituite in forma di società per azioni, previa autorizzazione della Banca d'Italia, che la

(24) Si discute in dottrina se, per "banche di diversa natura", si intendano le sole banche costituite in forma di società per azioni e non anche le banche popolari (TROIANO, *Tipologie soggettive bancarie e organizzazione di gruppo*, in *L'ordinamento finanziario italiano*, Padova, 2010, II, 573; SALERNO, *Fusioni di banche di credito*

rilascia nell'interesse dei creditori e laddove sussistano ragioni di stabilità;

b) **trasformazioni** in banche costituite in forma di società per azioni nel caso di recesso o di esclusione dal gruppo bancario cooperativo di cui le banche di credito cooperativo debbono obbligatoriamente far parte, operazione questa eseguibile previa autorizzazione della Banca d'Italia che la rilascia avendo riguardo alla sana e prudente gestione della banca.

Per comprendere l'eventualità di queste trasformazioni, va chiarito che, con il D.L. 11 febbraio 2016, n. 18 (convertito, con modificazioni, nella legge 8 aprile 2016, n. 49), si è previsto l'obbligo (25) per le banche di credito cooperativo di aderire ad un **gruppo bancario cooperativo** che abbia come capogruppo una società per azioni autorizzata all'esercizio dell'attività bancaria, il cui capitale sociale sia detenuto, per almeno il 60% (26), dalle banche di credito cooperativo appartenenti al gruppo e con un patrimonio netto non inferiore a 1 miliardo di euro, la quale svolgerà attività di direzione e coordinamento.

cooperativo e devoluzione ai fondi mutualistici, in *Banca, borsa, tit. cred.*, 2006, I, 391 ss.) o anche le popolari, dovendosi l'art. 36 T.U. bancario applicare anche alle fusioni tra banche di credito cooperativo e banche popolari (Desiderio, *Commento* sub *art. 48 L.B.*, in AA.VV., *Codice commentato della banca*, Padova, 1992, 599 ss.), così come, dopo l'entrata in vigore della legge 218/1990, si era ritenuto che potesse darsi luogo a processi di aggregazione delle banche pubbliche con banche popolari da cui risultassero società per azioni bancarie (Desiderio, *Le operazioni di trasformazione, fusione e conferimento per la ristrutturazione degli enti pubblici creditizi*, in AA.VV., *La ristrutturazione degli enti pubblici e la disciplina del gruppo creditizio, Quaderni di ricerca giuridica della Consulenza Legale della Banca d'Italia*, n. 26/1992, 75 ss.).

Ovviamente il problema non si pone laddove la banca popolare si sia trasformata in società per azioni ai sensi dell'art. 29, comma 2-*ter* T.U.

È certo però che la società risultante dalla fusione non possa essere una banca popolare: infatti, l'art. 36, comma 1 T.U. bancario impedisce che, da fusioni eterogenee cui partecipino BCC, possano risultare banche popolari [tale possibilità è stata eliminata dall'art. 1, comma 4, lett. *b*) del D.L. 18/2016, convertito con modificazioni dalla legge n. 49/2016].

(25) L'adesione ad un gruppo bancario cooperativo è condizione per il rilascio dell'autorizzazione all'esercizio dell'attività bancaria (art. 33, comma 1-*bis* T.U. bancario).

(26) Salvo fissazione di una diversa soglia di partecipazione con decreto del Presidente del Consiglio dei Ministri, su proposta del Ministro dell'economia e delle finanze, sentita la Banca d'Italia (art. 37-*bis*, comma 7 T.U. bancario, come modificato dall'art. 11, comma 2 del D.L. 91/2018, convertito dalla legge 108/2018).

Lo statuto della capogruppo deve stabilire che gli amministratori espressione delle banche di credito cooperativo aderenti al gruppo siano pari alla metà più due del totale dei componenti del consiglio di amministrazione (art. 37-*bis*, comma 2-*bis* del T.U. bancario, inserito dall'art. 11, comma 2 del D.L. 25 luglio 2018, n. 91, convertito dalla legge 21 settembre 2018, n. 108).

I rapporti tra banche appartenenti al gruppo bancario cooperativo sono regolati da un "*patto di coesione*" ed è prevista una responsabilità solidale verso i creditori tra banca capogruppo e singole banche di credito cooperativo aderenti (*garanzia esterna*), nonché un meccanismo di sostegno finanziario per la solvibilità e la liquidità dei partecipanti al gruppo (*garanzia interna*), secondo modalità regolamentate con disposizioni di attuazione della Banca d'Italia ([27]).

Le decisioni in materia di strategie, politiche commerciali, raccolta del risparmio ed erogazione del credito, nonché perseguimento delle finalità mutualistiche sono assunte mediante un processo di consultazione tra capogruppo e banche di credito cooperativo aderenti al gruppo, anche mediante assemblee territoriali.

Le operazioni straordinarie di fusione e trasformazione di cui si è detto sono agevolate prevedendo che le relative deliberazioni assembleari di modificazione statutaria siano assunte con la maggioranza meno elevata tra le diverse che fossero previste in relazione all'oggetto, fermo restando il diritto di recesso dei soci (art. 36, comma 2 T.U. bancario).

Inoltre, in caso di fusione, viene ridotto da 60 a 15 giorni il termine a disposizione dei creditori per fare opposizione e tutte le garanzie ed i privilegi spettanti alle banche partecipanti all'operazione passano alla banca risultante dalla fusione senza bisogno di alcuna formalità o annotazione (artt. 36, ult. comma e 57, commi 3 e 4 T.U. bancario).

Laddove, all'esito di processi di concentrazione o trasformazione cui partecipino banche cooperative, dovesse risultare una società lucrativa, il patrimonio effettivo esistente dovrà essere devoluto ai fondi

([27]) La Banca d'Italia ha provveduto col 19° aggiornamento alla circolare 285 del 17 dicembre 2013 (Parte III, cap. 6 dedicato al Gruppo bancario cooperativo). Sulla disciplina della garanzia in solido tra capogruppo e banche aderenti, prevista dall'art. 37-*bis*, comma 4 T.U. bancario, si veda PINTO, *Il sistema della "garanzia in solido" nel gruppo bancario cooperativo*, in *Banca, borsa, tit. cred.*, 2018, I, 461 ss.

mutualistici per la promozione e lo sviluppo della cooperazione (art. 17 della legge finanziaria 2001, approvata con legge 23 dicembre 2000, n. 388, confermato dall'art. 2545-*undecies*, comma 1 c.c. per le operazioni di trasformazione poste in essere da cooperative a mutualità non prevalente, applicabile, secondo quanto si desume dall'art. 150-*bis* T.U. bancario, alle banche cooperative).

In sostanza, si assimilano allo scioglimento della cooperativa le operazioni di fusione o trasformazione da cui risulti una società diversa dalla cooperativa.

Va detto che le banche di credito cooperativo, dopo aver aderito a gruppi bancari nazionali, hanno visto notevolmente ridotto il loro carattere localistico, non potendo più essere classificate come banche regionali, pur permanendo lo scopo mutualistico (28).

(28) C. Cost., 15 gennaio 2020, n. 17, in *www.cortecostituzionale.it*.

CAPITOLO V

LE ATTIVITÀ FINANZIARIE

1. Le attività finanziarie.

Come abbiamo già avuto occasione di precisare, l'introduzione del concetto di banca universale ha comportato per le banche la possibilità di svolgere non soltanto la tipica attività creditizia, ma anche tutte le altre attività finanziarie.

Analogamente a quanto già fatto a proposito dell'attività bancaria, occorre allora tentare una definizione anche dell'attività finanziaria per verificare poi se in questo concetto rientrino le figure contrattuali che ci apprestiamo ad analizzare.

Né il T.U. bancario né la normativa comunitaria offrono una nozione di attività finanziaria, benché tutti i testi dedichino un intero articolo (l'art. 1 per il T.U. bancario e l'art. 4 del regolamento UE n. 575/2013) alle definizioni.

Per cercare allora di ricostruire la nozione di attività finanziaria, occorre partire dalla definizione di « *ente finanziario* » contenuta nell'art. 4, n. 26 del regolamento UE n. 575/2013, che lo qualifica come un'« *impresa* **diversa da un ente** [1] *la cui attività* **principale** *consiste nell'assunzione di partecipazioni* **o** *nell'esercizio di una o più delle attività di cui ai punti da 2 a 12 e al punto 15 dell'allegato I della direttiva 2013/36/UE* » (le cosiddette attività ammesse al mutuo riconosci-

[1] A sua volta l'ente è definito come "*un ente creditizio o un'impresa di investimento*".

mento, la cui elencazione è riportata anche all'art. 1, comma 2, lett. *f*), del T.U. bancario).

Il fatto che l'oggetto principale dell'attività di un ente finanziario sia rappresentato dalle attività appena indicate significa che queste debbono considerarsi certamente di natura finanziaria.

Anche il T.U. bancario, all'art. 1, comma 2, lett. *g*), offre la definizione di intermediario finanziario, descrivendolo come quel soggetto iscritto nell'albo previsto all'art. 106.

L'art. 106, comma 1 T.U. bancario individua l'ambito delle attività riservate a tali intermediari finanziari (che, come vedremo tra poco, debbono essere autorizzati ed iscritti nell'apposito albo), prevedendo che agli stessi è **riservato** l'esercizio, nei confronti del pubblico, dell'attività *di concessione di finanziamenti sotto qualsiasi forma.*

Una dettagliata specificazione del contenuto di tale attività si ritrova nel decreto del Ministro dell'economia e delle finanze del 2 aprile 2015, n. 53 (2), recante disposizioni in materia di intermediari finanziari.

Ora, la nozione di attività di **finanziamento sotto qualsiasi forma** appare molto ampia. Essa ricomprende, secondo l'art. 2 del D.M. 53/2015, la concessione di crediti ivi compreso il rilascio di garanzie sostitutive del credito e di impegni di firma, nonché ogni tipo di finanziamento connesso con operazioni di:

a) locazione finanziaria;

b) acquisto di crediti;

c) credito ai consumatori, così come definito dall'art. 121 del T.U. bancario;

d) credito ipotecario;

e) prestito su pegno;

f) rilascio di fideiussioni, avalli, aperture di credito documentarie, accettazioni, girate nonché impegni a concedere credito ed ogni altra forma di rilascio di garanzie e di impegni di firma.

Alcune delle attività appena elencate hanno ben poco in comune con i tradizionali finanziamenti, caratterizzandosi alle volte per la presenza di una tipica causa di garanzia (ad esempio la fideiussione) o di una *causa vendendi* (ad esempio l'acquisto di crediti).

(2) Pubblicato in *G.U.* — Serie generale — n. 105 dell'8 maggio 2015.

Ma anche altri contratti rientranti nell'ambito delle sopra ricordate attività ammesse al mutuo riconoscimento (quali il *leasing* o il *factoring*) presentano elementi di notevole diversità rispetto ai cosiddetti contratti di credito o di finanziamento (3). Questi ultimi costituiscono una categoria di rapporti elaborata dalla dottrina e caratterizzata da una finalità di prestito che viene attuata attraverso il temporaneo trasferimento in proprietà di una somma di denaro cui corrisponde la nascita di un'obbligazione di restituire, oltre ad una corrispondente quantità di cose dello stesso genere e qualità, anche una prestazione aggiuntiva a titolo di corrispettivo (interessi). Il finanziatore sopporta così il **rischio di credito** riferito al soggetto che ha ricevuto la disponibilità finanziaria e questo giustifica il ricavo consistente nella differenza tra la quantità di denaro messa a disposizione all'inizio (a cui il finanziatore rinuncia temporaneamente) e la quantità di denaro disponibile alla fine del ciclo creditizio.

Un simile schema causale sembra in effetti mancare in molte delle attività finanziarie di cui si è detto, proprio per l'assenza di quella necessaria bilateralità (cioè della coincidenza tra sovvenuto e obbligato alla restituzione) e di quella esclusiva finalità di prestito che è tipica dei contratti di credito.

Va poi ricordato che nelle attività finanziarie in senso lato rientra anche l'**attività bancaria** tipica che resta però di **esclusiva competenza** delle banche. Che il legislatore consideri anche l'attività bancaria quale attività finanziaria ben si desume dallo stesso art. 10, comma 3 del T.U. bancario, laddove si precisa che le banche esercitano, oltre all'attività bancaria, ogni *altra* attività finanziaria, con chiaro riferimento al fatto che la principale attività finanziaria svolta dagli enti creditizi è appunto quella bancaria.

Non può da ultimo dimenticarsi che, nel concetto di attività finanziaria, possono rientrare anche altre attività non ammesse al beneficio del mutuo riconoscimento, il cui esercizio è considerato legittimo secondo quanto si desume dall'art. 17 del T.U. bancario, sia pure con i limiti prescritti dalla Banca d'Italia.

(3) Si tratta di una categoria di contratti elaborata dalla dottrina. Si vedano sul punto LUMINOSO, *I contratti tipici e atipici*, Milano, 1995, 669 e ss., ove si analizzano i vari tentativi della dottrina di inquadrare i tratti caratteristici dei cosiddetti contratti di credito; SIMONETTO, *I contratti di credito*, Padova, 1953 (ristampa 1994).

Deve allora concludersi che il T.U. bancario introduce un concetto di attività finanziaria più ampio di quello sinora delineato in relazione ai contratti di credito o di finanziamento.

Vi vengono ora ricomprese anche quelle attività (si pensi appunto al *leasing*) nelle quali all'esborso di denaro da parte dell'intermediario finanziario non corrisponde il ricevimento della medesima somma da parte del sovvenuto o quelle attività destinate a rendere possibile (ad esempio attraverso il rilascio di una garanzia) l'erogazione di un finanziamento da parte di un terzo; vengono fatte rientrare nella categoria in esame anche attività che comportano sì l'assunzione di un rischio di credito a carico dell'intermediario, ma riferito non (o non solo) al soggetto sovvenuto, bensì ad un soggetto diverso (si pensi alle attività di acquisto di crediti, al *factoring*, al *forfaiting* dove il rischio di credito è legato alla *solvibilità* del debitore ceduto).

Si privilegia in tal modo l'aspetto sostanziale ed economico dell'operazione, attribuendo natura finanziaria a tutte quelle attività che, in qualunque forma, siano idonee ad apportare un'utilità economica al sovvenuto, attraverso l'ottenimento di una disponibilità pecuniaria tramite l'intervento di un soggetto particolarmente qualificato e specializzato, la cui affidabilità e solvibilità sia stata verificata attraverso un procedimento amministrativo di tipo autorizzatorio o abilitativo (tramite l'iscrizione in appositi albi che presuppone la verifica di determinati requisiti) e che per questo è in grado di assumersi e di gestire rischi di credito.

L'elaborazione di una più ampia categoria di contratti con causa di finanziamento in senso lato non è nuova ad una certa dottrina. In passato si è infatti ravvisata l'essenza della categoria nel concetto di « utilità », da intendersi come apporto finanziario diretto o indiretto a favore del sovvenuto, finalizzato a consentirgli l'utilizzo di una disponibilità finanziaria che può essere impiegata secondo qualsiasi vincolo di destinazione (4).

(4) DESIDERIO, *L'attività bancaria*, in *L'ordinamento finanziario italiano*, a cura di Capriglione, Padova, 2010, I, 382; CLARIZIA, *I contratti di finanziamento. Leasing e factoring*, Torino, 1989, 31 ss.; MUNARI, *Il leasing finanziario nella teoria dei crediti di scopo*, Milano, 1989, 125 ss.; CORBO, *Autonomia privata e causa di finanziamento*, Milano, 1990, 59 ss.

Oltre che per il suo contenuto, l'attività finanziaria assume rilevanza se svolta **nei confronti del pubblico**: l'art. 3, comma 1 del D.M. 53/2015 precisa che l'attività di concessione di finanziamenti si considera esercitata nei confronti del pubblico quando è svolta nei confronti di terzi con **carattere di professionalità**.

Così chiariti contenuto e modalità dell'attività finanziaria, nel cui genere rientra l'attività di concessione di finanziamenti sotto qualsiasi forma, va detto che quest'ultima è riservata alle banche ed agli intermediari finanziari autorizzati ed iscritti nell'albo di cui all'art. 106 T.U. bancario.

Oltre all'attività di concessione di finanziamenti sotto qualsiasi forma, è consentito agli intermediari svolgere:

- attività di emissione di **moneta elettronica** e/o **servizi di pagamento**, sempre che abbiano ottenuto una specifica autorizzazione e siano iscritti nel relativo albo;
- **servizi di investimento** indicati all'art. 18, comma 3 del T.U. sulla finanza, vale a dire negoziazione per conto proprio ed esecuzione di ordini per conto dei clienti su strumenti finanziari derivati, nonché sottoscrizione e/o collocamento di strumenti finanziari, sempre che siano espressamente autorizzati nei casi ed alla condizioni stabilite dalla Banca d'Italia, sentita la CONSOB;
- **altre attività** consentite dalla legge;
- **attività connesse e strumentali**.

Una più dettagliata specificazione del **contenuto** delle attività esercitabili dagli intermediari finanziari è prevista nel già richiamato D.M. 53/2015, il quale specifica anche (art. 3) in quali circostanze ricorre l'esercizio dell'attività **nei confronti del pubblico**.

È interessante notare che non configurano operatività nei confronti del pubblico (e dunque non sono riservate ad intermediari finanziari autorizzati):

a) le attività esercitate esclusivamente nei confronti del gruppo di appartenenza, ferma restando però la riserva agli intermediari autorizzati delle attività di acquisto di crediti vantati verso terzi da società finanziarie appartenenti al gruppo;

b) le attività di acquisto di crediti vantati da terzi verso società del gruppo di appartenenza;

c) l'attività di rilascio di garanzie se debitore garantito o beneficiario della garanzia faccia parte del medesimo gruppo a cui appartiene anche il garante;

d) i finanziamenti concessi sotto qualsiasi forma da produttori di beni e servizi o anche da società del medesimo gruppo a favore di soggetti appartenenti alla medesima filiera produttiva o distributiva, sempre che non si tratti di consumatori nè di utilizzatori finali del bene o servizio e sussista un collegamento tra contratto di finanziamento e contratto di fornitura o somministrazione del bene o del servizio, che deve avere carattere continuativo ovvero durata non inferiore a quella del finanziamento concesso;

e) i finanziamenti concessi a dipendenti o collaboratori da parte di datori di lavoro o da società del gruppo, sempre che l'operazione non rientri nell'ambito dell'attività principale del concedente e non siano previsti interessi o siano applicati tassi effettivi globali inferiori a quelli di mercato;

f) i finanziamenti concessi da società costituite per singole operazioni di raccolta e di impiego e destinate ad essere liquidate una volta conclusa l'operazione, sempre che le limitazioni operative siano chiaramente indicate nello statuto ed esse appartengano ad un gruppo con capogruppo una banca, un intermediario finanziario o una SIM.

In ogni caso, non rientrano più nell'ambito delle attività riservate esclusivamente agli intermediari finanziari di cui all'art. 106 T.U. bancario (a differenza di quanto previsto prima dell'entrata in vigore del D.Lgs. 141/2010) né la prestazione di **servizi di pagamento**, riservata oggi principalmente ai cosiddetti *prestatori di servizi di pagamento* dal D.Lgs. 27 gennaio 2010, n. 11 (di cui diremo al paragrafo seguente), né l'attività di **intermediazione in cambi**, che consiste nella negoziazione di una valuta contro un'altra, a pronti o a termine, nonché da ogni altra forma di mediazione avente ad oggetto valuta.

Quest'ultima, se effettuata tramite un **conto di pagamento**, rientra tra i **servizi di pagamento**.

Se l'attività di intermediazione in cambi si traduce invece nell'**immediata conversione di una valuta in un'altra**, senza utilizzo di un conto di pagamento (***attività di cambiavalute*** prima prevista dagli abrogati artt. 155, comma 5 T.U. bancario e 14 del D.M. 29/2009), il suo esercizio, anche se a carattere solo stagionale, è riservato ai soggetti muniti di autorizzazione di pubblica sicurezza ed iscritti nel registro di cui all'art. 128-*undecies* T.U. bancario, contenente l'elenco degli agenti in attività finanziaria e dei mediatori creditizi (artt. 10, comma 7 e 17-*bis* del D.Lgs. 141/2010, applicabili oggi anche ai prestatori di servizi relativi all'utilizzo di valute virtuali che vanno iscritti in un'apposita sezione del registro). L'esercizio abusivo di tale attività è punito con una sanzione amministrativa pecuniaria.

Non costituisce più attività finanziaria riservata l'attività di **assunzione di partecipazioni** diretta all'acquisizione e gestione di diritti, rappresentati o meno da titoli, sul capitale di altre imprese, finalizzata a realizzare un **legame** con l'impresa partecipata per lo sviluppo dell'attività dell'impresa partecipante, che l'intermediario quindi svolge a proprio favore (a scopo di sviluppo proprio o di influenza esercitabile in altra impresa) al di fuori di un'attività di intermediazione per conto terzi (5).

Tale attività risulta oggi liberamente esercitabile, diversamente dalla prestazione di **servizi di investimento** svolta professionalmente nei confronti del pubblico (vale a dire attività di investimento del patrimonio di terzi e non proprio), oggi disciplinato dal D.Lgs. 24 febbraio 1998 n. 58 (T.U. delle disposizioni in materia di intermediazione finanziaria). L'esercizio dei servizi di investimento è infatti riservato alle imprese di investimento debitamente autorizzate (SIM e imprese di investimento comunitarie ed extracomunitarie), alle banche (art. 18 del T.U. 58/1998) e, limitatamente ad alcune attività particolari, ad altri soggetti abilitati (SICAV, società di gestione del risparmio ecc.).

Possono allora ritenersi oggi deregolamentate e liberalizzate:

a) le attività finanziarie non svolte nei confronti del pubblico (quelle previste dall'art. 113 T.U. bancario prima della riforma introdotta dal D.Lgs. 141/2010);

(5) Le partecipazioni così acquisite, se di controllo, verranno di regola contabilizzate in bilancio come **immobilizzazioni finanziarie** (art. 2424, comma 2, sub. B — III), dovendosi presumere che esse siano acquisite al fine di esercitare una influenza dominante sulla società controllata o un'influenza notevole sulla società collegata (art. 2424-*bis*, comma 2 e 2497-*sexies* c.c.). Diversamente la partecipazione verrà appostata come **attivo circolante** (art. 1424, comma 2, sub. C — III), laddove essa sia considerata quale mero valore di scambio, ossia partecipazione acquisita in vista della successiva rivendita, nell'ambito di una operazione di *trading*.

b) le attività di assunzione di partecipazioni delle società *holding*, che si limitano a detenere pacchetti partecipativi senza svolgere attività finanziaria effettiva e delle *merchant banks* che assumono partecipazioni al fine di una loro successiva alienazione, nell'ambito di un logica di riorganizzazione aziendale e di sviluppo produttivo delle società partecipate (6).

In sostanza, oggi, l'ordinamento italiano suddivide la disciplina degli intermediari finanziari a seconda della particolare attività finanziaria svolta (servizi di pagamento, attività di concessione di finanziamenti sotto qualsiasi forma, emissione di moneta elettronica, prestazione di garanzie ecc.), ma ciò non toglie che, in base alla normativa comunitaria, tutte le attività esercitabili dai diversi intermediari si possano considerare attività finanziarie in senso lato, appunto in quanto esercitate da soggetti diversi da una banca o da un'impresa di investimento e rientranti nel novero delle attività ammesse al mutuo riconoscimento.

2. I servizi di pagamento.

Un rilievo particolare merita la trattazione dei servizi di pagamento, oggi riservati a soggetti qualificati e specificamente **autorizzati** dalla Banca d'Italia (i cosiddetti *istituti di pagamento*), oltre che agli istituti di moneta elettronica (7), alle banche, a Poste Italiane s.p.a., alla Banca Centrale Europea, alle banche centrali comunitarie, allo Stato italiano, agli altri Stati comunitari, alle pubbliche amministrazioni statali, regionali o locali (art. 114-*sexies* T.U. bancario), organismi questi rientranti tutti nella categoria dei cosiddetti "*prestatori di servizi di pagamento*".

L'attività di prestazione di servizi di pagamento è disciplinata dal D.Lgs. 27 gennaio 2010, n. 11, di recepimento della direttiva 2007/

(6) Porzio-Belli-Losappio-Rispoli Farina-Santoro, *Testo Unico Bancario, Comm.*, *Addenda di aggiornamento ai d.lgs. 141/2010 e 218/2010*, Milano, 2011.

(7) La direttiva 2009/110/CE recepita in Italia dal D.Lgs. 16 aprile 2012, n. 45 ha sostanzialmente allineato la disciplina degli istituti di moneta elettronica a quella degli istituti di pagamento. L'art. 114-*quater* T.U. bancario prevede quindi che gli istituti di moneta elettronica possano prestare servizi di pagamento e le relative attività accessorie senza necessità di apposita autorizzazione.

64/CE del Parlamento europeo e del Consiglio del 13 novembre 2007 sui servizi di pagamento (c.d. *Payment Services Directive* — PSD), che ha introdotto il Titolo V-*ter* al T.U. bancario (oggi comprendente gli articoli da 114-*sexies* a 114-*octiesdecies*). Completa la disciplina il provvedimento della Banca d'Italia del 17 maggio 2016 ([8]), recante le disposizioni di vigilanza per gli istituti di pagamento e gli istituti di moneta elettronica.

La normativa si propone di creare un mercato dei pagamenti armonizzato, mediante la creazione di un'area unica dei pagamenti in euro (cosiddetta SEPA-*Single Euro Payments Area*) ([9]). All'interno di quest'area i soggetti ad essa appartenenti possono effettuare o ricevere pagamenti in euro, sia nell'ambito di un singolo Stato sia fra i Paesi che vi fanno parte, secondo condizioni di base, diritti ed obblighi uniformi, utilizzando strumenti di pagamento con la stessa facilità e sicurezza garantita a livello nazionale.

La direttiva 2007/64/CE è stata abrogata dalla direttiva 2015/2366/UE del Parlamento europeo e del Consiglio del 25 novembre 2015 (cosiddetta PSD2), entrata in vigore il 13 gennaio 2016 e recepita in Italia dal D.Lgs. 15 dicembre 2017, n. 218 che ha modificato notevolmente il D.Lgs. 11/2010, dando anche attuazione al Regolamento (UE) 2015/751 del Parlamento Europeo e del Consiglio del 29 aprile 2015. Sono stati quindi emanati i provvedimenti della Banca d'Italia dell'11 ottobre 2018, di attuazione del D. Lgs. 15 dicembre 2017, n. 218 e del 19 marzo 2019 in tema di trasparenza dei servizi di pagamento.

La direttiva PSD2 mira a promuovere lo sviluppo di un mercato europeo integrato dei pagamenti elettronici più sicuro, efficiente, competitivo e idoneo ad assicurare un elevato livello di protezione degli utenti, anche in termini di maggiore trasparenza delle informazioni relative alle operazioni ed ai servizi di pagamento.

Il decreto legislativo 11/2010 disciplina sostanzialmente tre aspetti fondamentali:

([8]) Modificato dal provvedimento della Banca d'Italia del 23 luglio 2019 emanato per attuare la direttiva 2015/2366/UE (PSD2) e le relative disposizioni attuative, nonché per coordinare le nuove previsioni con la normativa vigente.

([9]) Attualmente la SEPA ricomprende tutti i pagamenti effettuati all'interno dei 27 Stati membri dell'Unione Europea con l'aggiunta dell'Islanda, della Norvegia, del Liechtenstein e della Svizzera.

a) le **attività** definibili come servizi di pagamento, i **soggetti** abilitati a prestarle e la **vigilanza** sui medesimi;

b) i **diritti** e gli **obblighi** delle parti nella prestazione di servizi di pagamento, disciplinati autonomamente dal T.U. bancario e dal Titolo II (articoli da 3 a 32-*quinquies*) del decreto legislativo 11/2010, come modificato dal D.Lgs. 218/2017;

c) la **trasparenza** delle condizioni contrattuali riferite a tali servizi, disciplinata dalle disposizioni speciali contenute nel capo II-*bis*, inserito nel titolo VI del T.U. bancario (dedicato alla trasparenza delle condizioni contrattuali dei servizi bancari e finanziari in genere, le cui norme non trovano applicazione ai servizi di pagamento, a meno che non siano espressamente richiamate dalle predette disposizioni speciali).

La **nozione di servizi di pagamento** è contenuta all'art. 1, comma 2, lett. *h-septies*.1 del T.U. bancario che elenca una serie di attività che potrebbero riassumersi in quel complesso di servizi svolti da intermediari abilitati e finalizzati ad eseguire il trasferimento di *fondi* (banconote, moneta, moneta scritturale, moneta elettronica) da un *pagatore* [soggetto titolare di un conto di pagamento (10) a valere sul quale viene impartito un ordine di pagamento ovvero, in mancanza di un conto di pagamento, il soggetto che impartisce un ordine di pagamento] ad un *beneficiario* (soggetto previsto quale destinatario dei fondi oggetto dell'operazione di pagamento) (11).

In particolare, tale nozione comprende le seguenti attività:

(10) Per "*conto di pagamento*" si intende un conto intrattenuto presso un prestatore di servizi di pagamento (cioè un soggetto abilitato a prestare servizi di pagamento) da uno o più utenti (pagatore o beneficiario di pagamenti) per l'esecuzione di operazioni di pagamento (trasferimento di fondi). Al fine di garantire trasparenza e comparabilità delle spese di tenuta dei conti di pagamento, libertà di trasferimento del conto da un paese membro ad un altro e possibilità di accesso ad un conto di base (con le caratteristiche indicate dall'art. 126-*vicies semel* T.U. bancario) è stata emanata la direttiva 2014/92/UE del Parlamento europeo e del Consiglio del 23 luglio 2014 attuata in Italia con D.Lgs. 15 marzo 2017, n. 37 che ha introdotto il Capo II-*ter* al Titolo VI del T.U. bancario (sulla cui disamina si veda MEZZACAPO, *La nuova disciplina nazionale dei "conti di pagamento" alla luce dell'armonizzazione attuata con la payment accounts directive*, in *Banca, borsa. tit. cred.*, 2017, I, 787 ss.). Il regolamento del Ministro dell'economia e delle finanze n. 70 del 3 maggio 2018 ha dato attuazione alla disciplina del conto di base contenuta nel T.U. bancario, prevedendo in particolare il numero massimo di operazioni annue effettuabili senza spese dal correntista.

(11) MANCINI, *I compiti affidati alla Banca d'Italia nel mutato scenario dei servizi e dei sistemi di pagamento*, in *Armonizzazione europea dei servizi di pagamento e*

1) servizi che permettono di *depositare* o *prelevare* il contante da un **conto di pagamento**, nonché tutte le operazioni richieste per la gestione di un conto di pagamento;

2) esecuzione di **operazioni di pagamento** ([12]), incluso il trasferimento di fondi su un conto di pagamento presso il prestatore di servizi di pagamento dell'utilizzatore o presso un altro prestatore di servizi di pagamento (esecuzione di addebiti diretti, esecuzione di operazioni di pagamento mediante carte di pagamento o dispositivi analoghi, esecuzione di bonifici inclusi ordini permanenti);

3) esecuzione di operazioni di pagamento quando i fondi rientrano in una **linea di credito** accordata ad un utilizzatore dei servizi di pagamento (sempre incluse le operazioni indicate al numero che precede);

4) emissione di **strumenti di pagamento** (dispositivi personalizzati o procedure concordate tra utente e prestatore di servizi di pagamento per impartire un ordine di pagamento) e/o **convenzionamento** di operazioni di pagamento ([13]);

5) rimesse di **denaro** ([14]);

attuazione della direttiva 2007/64/CE, a cura di Rispoli Farina, Santoro, Sciarrone Alibrandi, Troiano, Milano, 2009, 167.

([12]) Per "*operazione di pagamento*" si intende l'attività, posta in essere dal pagatore o dal beneficiario, di versare, trasferire o prelevare fondi, indipendentemente da eventuali obblighi sottostanti tra pagatore e beneficiario (art. 1, comma 1, lett. *c*) del D.Lgs. 27 gennaio 2010, n. 11, come modificato dal D.Lgs. 15 dicembre 2017, n. 218).

([13]) Per "*convenzionamento di operazioni di pagamento*" si intende un servizio di pagamento fornito da un prestatore di servizi di pagamento che stipula un contratto con il beneficiario per accettare e trattare le operazioni di pagamento e che dà luogo a un trasferimento di fondi al beneficiario (art. 1, comma 1, lett. *c-ter*) del D.Lgs. 27 gennaio 2010, n. 11, come modificato dal D.Lgs. 15 dicembre 2017, n. 218).

([14]) Per "*rimessa di denaro*" si intende un servizio di pagamento dove, senza l'apertura di conti di pagamento a nome del pagatore o del beneficiario, il prestatore di servizi di pagamento riceve i fondi dal pagatore con l'unico scopo di trasferire un ammontare corrispondente, espresso in moneta avente corso legale, al beneficiario o a un altro prestatore di servizi di pagamento che agisce per conto del beneficiario, e/o dove tali fondi sono ricevuti per conto del beneficiario e messi a sua disposizione (art. 1, comma 1, lett. *n*) del D.Lgs. 27 gennaio 2010, n. 11, come modificato dal D.Lgs. 15 dicembre 2017, n. 218). Si tratta di una singola ed occasionale operazione di trasferimento di fondi, eseguita la quale il rapporto tra ordinante o beneficiario e prestatore del servizio si chiude. Essa si contrappone al conto di pagamento che contiene un

6) servizi di disposizione di **ordini di pagamento** ([15]);

7) servizio di informazione sui conti ([16]);

8) emissione di moneta elettronica ai soli fini della disciplina dei diritti e dei doveri tra le parti e della trasparenza bancaria (art. 2, comma 4, lett. *a*) D.Lgs. 11/2010).

Non rientrano nell'ambito della disciplina dei servizi di pagamento e quindi non costituiscono attività riservata ai prestatori degli stessi le attività elencate all'art. 2, comma 2 del D.Lgs. 11/2010, tra cui si ricordano:

— le operazioni di pagamento effettuate *in contanti* dal pagatore al beneficiario, senza alcuna intermediazione;

— le operazioni di pagamento effettuate tramite un *agente commerciale* autorizzato in base a un accordo a negoziare o a concludere la vendita o l'acquisto di beni o servizi a condizione che agisca per conto del solo pagatore o del solo beneficiario oppure qualora l'agente stesso *non entri mai in possesso dei fondi dei clienti*;

— le operazioni di pagamento effettuate tramite *titoli cartacei*, come assegni, titoli cambiari, voucher, traveller's cheque, vaglia postali;

— i pagamenti mediante *strumenti utilizzabili solo in modo limitato*, come le carte per acquistare beni o servizi solo nella sede utilizzata

programma contrattuale di esecuzione continuativa di servizi di pagamento, configurandosi come un contratto di durata.

([15]) Per "*ordine di pagamento*" si intende qualsiasi istruzione data da un pagatore o da un beneficiario al proprio prestatore di servizi di pagamento con la quale viene chiesta l'esecuzione di un'operazione di pagamento (art. 1, comma 1, lett. *o*) del D.Lgs. 27 gennaio 2010, n. 11, come modificato dal D.Lgs. 15 dicembre 2017, n. 218). Il "*servizio di disposizione di ordine di pagamento*" è un nuovo servizio di accesso ai conti di pagamento introdotto dalla direttiva PSD2: si tratta del servizio che dispone l'ordine di pagamento su richiesta dell'utente di servizi di pagamento relativamente a un conto di pagamento detenuto presso un altro prestatore di servizi di pagamento (in sostanza l'intermediario che presta il servizio dispone il pagamento su un conto acceso presso un altro intermediario).

([16]) Per "*servizio di informazione sui conti*" si intende un servizio *online* che fornisce informazioni relativamente a uno o più conti di pagamento detenuti dall'utente di servizi di pagamento presso un altro prestatore di servizi di pagamento o presso più prestatori di servizi di pagamento (art. 1, comma 1, lett. *b-ter*) del D.Lgs. 27 gennaio 2010, n. 11, come modificato dal D.Lgs. 15 dicembre 2017, n. 218). Si tratta di un nuovo servizio di accesso ai conti, introdotto *ex novo* dalla direttiva PSD2 unitamente al servizio di disposizione di ordine di pagamento, il quale consente di aggregare ed elaborare le informazioni relative ad uno o più conti di pagamento che il cliente detiene presso uno o più prestatori di servizi di pagamento.

dall'emittente o, in base ad un accordo commerciale con l'emittente, all'interno di una **rete limitata** di prestatori di servizi o per una **gamma limitata** di beni o servizi;

— operazioni di pagamento collegate all'amministrazione di **strumenti finanziari** (ad esempio pagamento di dividendi o pagamenti connessi ad attività di investimento);

— l'attività di **trasporto**, a titolo professionale, e consegna di banconote e monete;

— le operazioni di **cambio** di valuta contante contro valuta, svolte senza che i relativi fondi siano detenuti su un conto di pagamento;

— le operazioni di pagamento consistenti nella raccolta e nella consegna di contante, a titolo non professionale, nel quadro di un'attività **senza scopo di lucro** o a fini di **beneficenza**.

Gli istituti di pagamento corrispondono a quelle imprese, diverse dalle banche e dagli istituti di moneta elettronica, autorizzate dalla Banca d'Italia a prestare i servizi di pagamento ed iscritti in un apposito albo tenuto dalla medesima Autorità di vigilanza (art. 1, comma 2, lett. *h-sexies* T.U. bancario). A questo albo vanno iscritti gli istituti di pagamento italiani e le succursali di istituti di pagamento italiani stabilite in uno Stato comunitario diverso dall'Italia (art. 114-*septies* T.U. bancario).

Oltre ai servizi di pagamento, gli istituti di pagamento possono esercitare talune attività accessorie quali la **concessione di crediti** in stretta relazione ai servizi di pagamento prestati ed entro i limiti previsti dalla Banca d'Italia ([17]), utilizzando solo fondi propri, con esclusione della possibilità di utilizzare i fondi ricevuti o detenuti per l'esecuzione dell'operazione caratteristica.

Essi possono poi prestare garanzie per l'esecuzione di operazioni di pagamento, servizi di cambio, attività di custodia, registrazione e trattamento di dati, gestire sistemi di pagamento, con esclusione però della raccolta del risparmio.

([17]) Il provvedimento della Banca d'Italia del 17 maggio 2016 (non modificato sul punto dal provvedimento del 23 luglio 2019), recante le disposizioni di vigilanza per gli istituti di pagamento e gli istituti di moneta elettronica, prevede una durata massima di 12 mesi per la concessione di finanziamenti, possibile in via strumentale alla prestazione di alcuni servizi di pagamento (Cap. IV, paragrafo 3).

L'autorizzazione degli istituti di pagamento presuppone le seguenti condizioni (art. 114-*novies* T.U. bancario):

a) forma di s.p.a., s.a.p.a., s.r.l. o di società cooperativa;

b) sede legale e direzione generale situate nel territorio italiano;

c) capitale sociale versato di ammontare non inferiore a quello fissato dalla Banca d'Italia, in misura differente a seconda del tipo di servizio di pagamento prestato;

d) presentazione di un programma concernente l'attività iniziale e la struttura organizzativa, allegando altresì copia dell'atto costitutivo e dello statuto;

e) possesso da parte dei titolari di *partecipazioni qualificate* (indicate all'art. 19 del T.U. bancario) dei **requisiti di reputazione** previsti dall'art. 25 del T.U. bancario **e di solidità finanziaria** indicati dall'art. 19 del T.U. bancario quali condizioni per garantire la sana e prudente gestione;

f) possesso da parte degli *esponenti aziendali* dei **requisiti di professionalità, onorabilità e indipendenza** e soddisfacimento dei **criteri di competenza e correttezza**, anche se, rispetto agli esponenti bancari, si prevede una notevole attenuazione, rispetto alle banche, dei criteri di competenza da soddisfare ([18]);

g) l'assenza di stretti legami tra gli istituti di pagamento od i soggetti del gruppo di appartenenza ed altri soggetti che possano ostacolare l'effettivo esercizio delle funzioni di vigilanza.

Ulteriore condizione per l'ottenimento dell'autorizzazione è anche la stipula di una polizza di assicurazione della responsabilità civile dell'istituto di pagamento a garanzia dei danni arrecati nell'esercizio dell'attività per condotte proprie o di terzi.

La Banca d'Italia può comunque negare l'autorizzazione quando non sia garantita la sana e prudente gestione o il regolare funzionamento del sistema di pagamento.

Il termine per il rilascio dell'autorizzazione è fissato in 90 giorni dal ricevimento della domanda.

Per quanto riguarda l'**operatività** degli istituti di pagamento, un principio cardine è costituito dalla particolare tutela assicurata dall'art.

([18]) L'art. 2, comma 3 del D.M. 23 novembre 2020, n. 169 indica quali norme sui requisiti e criteri di idoneità allo svolgimento dell'incarico non si applicano agli istituti di pagamento ed agli istituti di moneta elettronica.

114-*duodecies* T.U. bancario alla clientela che versa fondi su conti di pagamento per l'esecuzione dei servizi di pagamento.

Tale tutela viene assicurata mediante l'applicazione di due regole:

— la *separata evidenza contabile* della riconducibilità a ciascun cliente di tutte le somme di denaro da questo versate, mediante la loro distinta e nominativa annotazione a credito di ciascun depositante ed a debito dell'istituto di pagamento depositario o della banca che risultasse depositaria (*ex* art. 114-*octiesdecies* T.U. bancario) su di un apposito conto di pagamento utilizzato esclusivamente per il trasferimento di fondi, al fine di evitare confusione tra i patrimoni;

— la *segregazione patrimoniale* delle somme versate da ciascun cliente, le quali debbono venire investite, nel rispetto delle modalità stabilite dalla Banca d'Italia, in attività che costituiscono patrimonio distinto da quello dell'istituto di pagamento e quindi non possono essere aggredite né dai creditori dell'istituto di pagamento né dai creditori di eventuali altri soggetti depositari, mentre i creditori dei singoli clienti possono aggredirle nei limiti degli importi registrati a nome di ciascuno di essi.

Identiche forme di tutela devono essere assicurate anche alle somme di denaro versate dalla clientela agli istituti di moneta elettronica per l'ottenimento di moneta elettronica o di servizi di pagamento o di attività accessorie (art. 114-*quinquies.1* T.U. bancario).

Gli istituti di pagamento possono svolgere l'attività di prestazione di servizi di pagamento anche in via non esclusiva (istituti ibridi di pagamento), a condizione che, se essa viene svolta unitamente ad altre attività d'impresa, sia costituito un patrimonio destinato allo svolgimento della stessa, individuando uno o più responsabili con i requisiti di onorabilità, professionalità ed indipendenza richiesti anche per gli esponenti bancari. Tale patrimonio destinato costituisce un patrimonio separato, oggetto di una distinta contabilità, sul quale possono soddisfarsi solo i creditori le cui ragioni derivano dallo svolgimento dell'attività di prestazione di servizi di pagamento, nonché delle attività accessorie e strumentali (artt. 114-*novies*, comma 4 e 114-*terdecies* T.U. bancario).

Gli artt. 3 e segg. del D.Lgs. 11/2010 disciplinano dettagliatamente i diritti e gli obblighi derivanti dalla prestazione di servizi di pagamento e riferiti al prestatore di tali servizi ed all'utente.

Così si prevedono regole precise per quanto riguarda l'addebito delle spese del servizio, l'autorizzazione ai pagamenti, i tempi di esecuzione delle operazioni di pagamento e la data delle valute.

È disciplinata anche la responsabilità del prestatore di un servizio di pagamento per le operazioni non autorizzate (artt. 9, 11 e 12 del D.Lgs. 11/2010) o non correttamente eseguite, per tali intendendosi quelle non conformi all'ordine o alle istruzioni impartite dall'utente al proprio prestatore del servizio di pagamento (artt. 9, comma 3 e 24-28 del D.Lgs. 11/2010). Da tale disciplina si ricavano le seguenti regole:

1) anzitutto un obbligo di **denuncia senza indugio** (al più tardi entro 13 mesi dall'addebito) da parte dell'utente in caso di smarrimento, sottrazione, uso indebito di uno strumento di pagamento o di operazioni non autorizzate (artt. 7 e 9);

2) in caso di **operazioni non autorizzate** l'onere di provare la corretta esecuzione dell'operazione incombe sul prestatore del servizio (artt. 10 e 10-*bis*) ed il prestatore del servizio di pagamento è tenuto all'immediato rimborso dell'importo addebitato anche prima della denuncia (art. 11);

3) in caso di **smarrimento, sottrazione o indebito utilizzo** di uno strumento di pagamento, l'utilizzatore non sopporta alcuna perdita per operazioni compiute *dopo la denuncia*, salvo il caso di frode da parte sua, mentre, *prima della denuncia*, l'utilizzatore sopporta una perdita massima di 50 euro, a meno che non abbia agito in modo fraudolento o non abbia violato, con dolo o colpa grave, gli obblighi di corretto utilizzo e corretta protezione degli strumenti di pagamento e delle credenziali di sicurezza personalizzata (art. 12) ([19]);

([19]) Se si verifica lo scambio con destrezza di un bancomat alla cassa di un supermercato non vi è colpa grave dell'utilizzatore e quindi la banca deve restituire le somme sottratte anche prima della denuncia di sottrazione (ABF Milano, 26 luglio 2013, n. 4085, in *www.arbitrobancariofinanziario.it*). La banca è responsabile degli illeciti prelievi di somme effettuati utilizzando una tessera BANCOMAT che era stata trattenuta a seguito della manomissione dello sportello automatico da parte di terzi, anche se il titolare non blocchi immediatamente la carta o non faccia attenzione a tenere nascosto il PIN al momento di digitarlo, ma avverta il direttore della succursale della banca presso cui è ubicato lo sportello (Cass., 19 gennaio 2016, n. 806, in *Guida al diritto*, 2016, n. 7, pag. 27).

Molto rilevante è tutto il tema della responsabilità della banca per operazioni di *home banking* contestate dal cliente: si tende a generalizzare l'esistenza di una tale

4) anche in caso di **non corretta esecuzione** di operazioni di pagamento incombe sul prestatore del servizio l'onere di provare il corretto accredito sul conto di pagamento del prestatore del servizio di pagamento del beneficiario, dovendo, in caso contrario, rimborsare senza indugio al pagatore l'importo dell'operazione non eseguita o eseguita in modo inesatto (artt. 20, comma 1 e 25). Laddove chi abbia disposto il pagamento ed il detentore del conto siano soggetti diversi (come accade nel servizio di disposizione di ordine di pagamento) tenuto al rimborso è il secondo [il cosiddetto prestatore di servizi di pagamento di radicamento del conto (20)], il quale provvede al rimborso al pagatore dell'importo dell'operazione di pagamento non eseguita o non correttamente eseguita e, se del caso, riporta il conto di pagamento addebitato nello stato in cui si sarebbe trovato se l'operazione non correttamente eseguita non avesse avuto luogo, salvo poi

responsabilità ed a ricondurla nell'ambito del rischio di impresa ogni qual volta la banca non riesca a dimostrare la riconducibilità dell'operazione al cliente (Cass., 12 aprile 2018, n. 9158, in *Resp. civ. prev.*, 2019, n. 2, 620 ss. con nota di commento recante un'ampia disamina della responsabilità della banca nel servizio di *home banking*; negli stessi termini ABF, coll. coord., 10 ottobre 2019, n. 22745 anche nel caso in cui l'intermediario abbia messo a disposizione della propria clientela i presidi di sicurezza più evoluti). Oggi la prova liberatoria della banca da tal tipo di responsabilità è influenzata dal D.Lgs. 18 maggio 2018, n. 65, relativo all'attuazione della Direttiva 2016/1148/UE del Parlamento Europeo e del Consiglio del 6 luglio 2016 recante misure di livello comune elevato di sicurezza delle reti e dei sistemi informativi dell'Unione, il cui rispetto ha conseguenze quando si tratta di dimostrare che in concreto si siano adottate, per il sistema di *home banking* utilizzato, tutte le misure tecnologiche di sicurezza tempo per tempo messe a disposizione dal progresso scientifico (compreso magari un sistema di monitoraggio teso a verificare e bloccare eventuali transazioni anomale da parte del cliente). La prova liberatoria può comunque vertere anche sul dolo del titolare del conto di pagamento o su un suo comportamento talmente incauto da non poter essere fronteggiato in anticipo, oggi particolarmente valorizzabile ai sensi dell'art. 82 del Regolamento UE 2016/679 che, in tema di privacy, ammette la prova che l'evento dannoso non sia imputabile al titolare o al responsabile del trattamento, essendo venuto meno il richiamo all'art. 2050 c.c. contenuto nella previgente disciplina su trattamento dei dati personali (art. 15 del D.Lgs. 30 giugno 1996, n. 196).

(20) Per "*prestatore di servizi di pagamento di radicamento del conto*" si intende un prestatore di servizi di pagamento che offre e amministra un conto di pagamento per un pagatore e quindi un intermediario che si limita a detenere un conto di pagamento, dando esecuzione ad ordini di pagamento provenienti da un intermediario terzo (art. 1, comma 1, lett. *g-bis* del D.Lgs. 27 gennaio 2010, n. 11, come modificato dal D.Lgs. 15 dicembre 2017, n. 218).

rivalersi sul prestatore di servizi di disposizione di ordine di pagamento (art. 25-*bis*).

3. I soggetti abilitati allo svolgimento di attività di concessione di finanziamenti sotto qualsiasi forma.

Abbiamo già visto che le attività previste dall'art. 106 T.U. bancario possono essere svolte, oltre che dalle banche (art. 10 T.U.), solo (21) da quei soggetti, definiti intermediari finanziari, che siano espressamente autorizzati dalla Banca d'Italia, sul presupposto del possesso di determinati requisiti di solvibilità e di affidabilità e che risultino iscritti in un apposito albo tenuto dalla Banca d'Italia (a cui sono state trasferite, ai sensi dell'art. 62 del D.Lgs. 21 novembre 2007, n. 231, tutte le competenze in materia, un tempo proprie dell'Ufficio Italiano Cambi).

L'autorizzazione e l'iscrizione nel predetto albo possono avvenire a condizione che la società interessata dimostri il possesso di tutti i requisiti indicati all'art. 107 T.U. bancario e dalla circolare di Banca d'Italia n. 288 del 3 aprile 2015, vale a dire:

a) forma di s.p.a., s.a.p.a., s.r.l. o cooperativa;

b) **sede legale** e **direzione generale** situate nel territorio italiano;

(21) In casi eccezionali, espressamente previsti dalla legge (art. 22 del decreto legge 22 giugno 2014, n. 91, convertito con modificazioni nella legge 11 agosto 2014, n. 116), le **società di assicurazione**, gli **OICR** (Organismi di Investimento Collettivo del Risparmio) e le **società per la cartolarizzazione dei crediti**, a determinate condizioni, possono svolgere attività di concessione del credito a favore di soggetti diversi da persone fisiche e micro imprese. Tali finanziamenti, tuttavia, debbono sempre essere concessi, erogati e gestiti in stretta cooperazione con banche od intermediari finanziari che sono dotati dei requisiti necessari a valutare adeguatamente il merito creditizio dei beneficiari ed a gestire adeguatamente i crediti. Infatti, i prenditori dei finanziamenti debbono essere individuati da una banca o da un intermediario finanziario, il quale deve anche trattenere un interesse economico nell'operazione (si vedano l'art. 38 del decreto legislativo 7 settembre 2005, n. 209 per le imprese di assicurazione e l'art. 1, comma 1-*ter* della legge 30 aprile 1999, n. 130 per le società di cartolarizzazione). Per le compagnie di assicurazione il provvedimento IVASS del 22 ottobre 2014 (in G.U., serie generale, n. 262 dell'11 novembre 2014) ha reso possibile per le società di assicurazione l'erogazione di finanziamenti alle imprese anche in completa autonomia, senza l'ausilio di una banca o di un intermediario finanziario, laddove sia stato trasmesso ed approvato (anche tacitamente) dall'IVASS un piano dei finanziamenti che disciplini i criteri per la concessione e la gestione dei crediti.

c) **capitale sociale versato** di ammontare non inferiore a quello fissato dalla Banca d'Italia anche in relazione al tipo di operatività (22);

d) presentazione di un **programma** concernente l'attività iniziale e la struttura organizzativa, allegando altresì atto costitutivo e statuto;

e) possesso da parte dei titolari di partecipazioni qualificate (indicate dall'art. 19 del T.U. bancario) dei **requisiti di onorabilità** e soddisfacimento dei **criteri di correttezza** previsti dall'art. 25 del T.U. bancario, oltre che di **criteri di competenza** fissati con decreto del Ministro dell'economia e delle finanze in relazione alla complessità operativa, dimensionale e organizzativa degli intermediari, nonché alla natura specifica dell'attività svolta;

f) possesso da parte degli esponenti aziendali dei **requisiti di onorabilità, professionalità, indipendenza** e soddisfacimento dei criteri di **correttezza e competenza** disciplinati dagli artt. 110, comma 1-*bis* e 26 T.U. bancario e dal D.M. 23 novembre 2020, n. 169 (23);

g) l'assenza di **stretti legami**, tra l'intermediario finanziario od i soggetti del gruppo di appartenenza ed altri soggetti che possano ostacolare l'effettivo esercizio delle funzioni di vigilanza;

e) **oggetto sociale** limitato allo svolgimento delle sole attività previste all'art. 106, commi 1 e 2 T.U. bancario (vale a dire concessione di finanziamenti sotto qualsiasi forma, servizi di pagamento se autorizzati, servizi di investimento se autorizzati ai sensi dell'art. 18, comma 3

(22) La Banca d'Italia, con la circolare 288/2015, ha fissato in 2 milioni di euro il capitale sociale minimo versato per le società di capitali e per le cooperative a mutualità non prevalente, mentre è fissato in 1,2 milioni di euro per cooperative a mutualità prevalente, sempre che, in entrambi i casi, non sia previsto l'esercizio di attività di rilascio di garanzie. È richiesto un capitale sociale minimo di 3 milioni di euro se l'intermediario intende svolgere anche attività di rilascio di garanzie.

(23) Rispetto alle banche l'art. 2, comma 3 del D.M. 23 novembre 2020, n. 169 ha introdotto attenuazioni dei criteri di competenza (previsti all'art. 10) che debbono soddisfare gli esponenti degli intermediari finanziari, prevedendoli solo per il Presidente e per gli esponenti esecutivi di intermediari finanziari significativi. Ciò rappresenta una corretta applicazione del *principio di proporzionalità* pur nell'ambito della *vigilanza equivalente* tra banche ed intermediari finanziari non bancari, confermata dal decreto del Ministro dell'economia e delle finanze del 2 aprile 2015, n. 53 e dalla circolare della Banca d'Italia n. 288 del 3 aprile 2015, che attuano la regola di un analogo regime prudenziale per la vigilanza bancaria e finanziaria.

T.U. sulla finanza, attività accessorie e strumentali ed altre attività consentite dalla legge) (24).

Nel medesimo albo degli intermediari finanziari e solo in quello sono iscritti, sempre previa autorizzazione della Banca d'Italia, i **confidi di maggiori dimensioni**.

In generale, i **confidi** sono intermediari finanziari, definiti dall'art. 13 del D.L. 30 settembre 2003, n. 269, convertito con modificazioni nella legge 24 novembre 2003, n. 326 (25): si tratta di consorzi con attività esterna, società cooperative o società consortili per azioni a responsabilità limitata o cooperative che svolgono attività di garanzia collettiva dei fidi, vale a dire utilizzano risorse provenienti, in tutto o in parte, dalle imprese consorziate o socie per la prestazione mutualistica e imprenditoriale di garanzie, di regola nell'interesse degli stessi consorziati o soci, volte a favorirne il finanziamento da parte delle banche e degli altri soggetti operanti nel settore finanziario a cui favore le garanzie vengono rilasciate (26).

I confidi maggiori presentano un volume d'attività finanziaria superiore al limite fissato dal Ministro dell'economia e delle finanze, sentita la Banca d'Italia (27) e sono connotati da una più ampia operatività rispetto ai confidi minori, caratterizzati da un volume di attività inferiore alla soglia così fissata. In particolare, essi esercitano attività di prestazione di garanzie collettive dei fidi **in via prevalente**,

(24) Laddove l'attività finanziaria consista nel rilascio di garanzie, essa va espressamente indicata nel programma di attività (Tit. I, Cap. 1, sez. III, paragrafo 1.I della circolare 288/2015).

(25) La legge 13 luglio 2016, n. 150 aveva delegato il Governo ad emanare, entro dodici mesi dalla data di entrata in vigore, uno o più decreti legislativi al fine di realizzare la valorizzazione del ruolo dei confidi, la semplificazione degli adempimenti e il contenimento dei costi a loro carico. Il disegno di riforma complessiva del settore non ha però avuto attuazione, essendo decorso il termine previsto dalla legge n. 150 del 2016 per l'esercizio della delega, senza che essa sia stata poi esercitata dal Governo con l'emanazione dei relativi decreti legislativi (sul tema si veda di recente SICLARI, *Le prospettive di regolazione dei confidi dopo la legge n. 150 del 2016*, in *Riv. dir. bancario*, n. 3/2018, in *www.dirittobancario.it*).

(26) A loro volta i confidi possono consorziarsi tra loro o con altre imprese per dar luogo ad ulteriori consorzi con attività esterna od a società consortili definiti « confidi di secondo grado ».

(27) Sono tenuti a chiedere l'autorizzazione alla Banca d'Italia per l'iscrizione all'albo di cui all'art. 106 T.U. bancario i Confidi con un volume di attività finanziaria pari o superiore a 150 milioni di euro (art. 4 del D.M. 53/2015).

potendo svolgere anche altre attività e precisamente: la prestazione di garanzie a favore dell'amministrazione finanziaria dello Stato, prevalentemente nell'interesse delle imprese consorziate o socie al fine dell'ottenimento di rimborsi di imposta; l'attività di gestione di fondi pubblici di agevolazione; l'attività di stipula di contratti con banche assegnatarie di fondi pubblici di garanzia e la concessione di finanziamenti, purché in misura non prevalente rispetto all'attività di rilascio di garanzie (art. 112, commi 5 e 6 T.U. bancario).

I **confidi minori** non sono invece soggetti ad autorizzazione, ma, per poter operare, debbono essere iscritti nell'apposito elenco previsto dall'art. 112 T.U. bancario e possono svolgere **esclusivamente** attività di garanzia collettiva dei fidi e servizi ad essa connessi o strumentali a favore dei soggetti aderenti. Si tratta di confidi, anche di secondo grado (cioè svolgenti attività a favore di altri confidi o delle imprese ad essi aderenti), iscritti in un elenco tenuto da un Organismo avente personalità giuridica di diritto privato, con autonomia organizzativa, statutaria e finanziaria, ma sottoposto a vigilanza della Banca d'Italia, il cui statuto è approvato dal Ministro dell'economia e delle finanze, sentita la Banca d'Italia (art. 112-*bis* T.U. bancario). A tale Organismo spetta la gestione dell'elenco, la determinazione dei contributi dovuti dagli iscritti, il controllo sul mantenimento dei requisiti per l'iscrizione, la vigilanza sugli iscritti e la cancellazione degli iscritti per perdita dei requisiti, gravi irregolarità, omesso versamento dei contributi o per inattività dell'iscritto per almeno un anno. Su tali confidi minori la Banca d'Italia svolge una vigilanza limitata alla trasparenza e correttezza delle relazioni con la clientela, nonché sulla regolamentazione in materia di antiriciclaggio.

In un distinto ed apposito elenco (previsto dall'art. 111 T.U. bancario), tenuto da Banca d'Italia (art. 113, comma 1 T.U. bancario), sono iscritti gli intermediari che svolgono (senza bisogno di specifica autorizzazione) attività di **microcredito**, vale a dire concessione di finanziamenti a persone fisiche o società di persone o società cooperative, associazioni o s.r.l. semplificate *ex* art. 2463-*bis* c.c. finalizzati all'avvio o all'esercizio di attività di lavoro autonomo o di microimprese (**microcredito imprenditoriale**) (28). Tali finanziamenti non debbono essere di importo superiore ad € 40.000, non debbono essere assistiti da garanzie reali e devono essere finalizzati all'avvio o allo sviluppo di attività imprenditoriali o all'inserimento nel mercato del lavoro e per questo essere accompagnati da servizi ausiliari di assistenza e monitoraggio dei soggetti finanziati. La disciplina di dettaglio è contenuta nel decreto del Ministro dell'economia e delle finanze 17 ottobre 2014, n. 176 (*Disciplina del microcredito, in attuazione dell'articolo 111, comma 5, del decreto legislativo 1° settembre 1993, n. 385*) (29).

Il microcredito può essere indirizzato, in via non prevalente rispetto alle altre destinazioni appena viste, a favore di persone fisiche in condizioni di emarginazione economica o sociale per un importo massimo di € 10.000 a persona, senza alcuna garanzia reale, purché il finanziamento sia accompagnato dalla prestazione di servizi ausiliari di bilancio familiare e abbia lo scopo di consentire l'inserimento sociale o finanziario del beneficiario e sia prestato a condizioni più favorevoli di quelle prevalenti sul mercato (**microcredito sociale**).

L'iscrizione degli operatori nel settore del microcredito è anche in questo caso subordinata al possesso di determinati requisiti di forma giuridica (s.p.a., s.r.l., s.a.p.a. o società cooperative), di capitale versato, di possesso di requisiti di onorabilità in capo ai soci di controllo o rilevanti e di onorabilità e professionalità degli esponenti aziendali, di esclusività dell'oggetto sociale (limitato alle sole attività di microcredito ed a quelle accessorie e strumentali), ferma restando la necessaria presentazione di un programma dell'attività.

In una sezione separata dell'elenco degli intermediari che esercitano microcredito possono iscriversi i soggetti giuridici senza fini di lucro che prestano servizi di finanziamento a condizioni più favorevoli di quelle prevalenti sul mercato, strumentali alle attività professionali ed imprenditoriali o socio-economiche sopra viste, sempre che sussi-

(28) Per micro impresa si intende un'impresa che possiede i requisiti previsti dalla raccomandazione n. 2003/361/CE della Commissione del 6 maggio 2003 ovvero i requisiti individuati con decreto del Ministro dell'economia e delle finanze in attuazione delle misure adottate dalla Commissione europea ai sensi dell'art. 84, lett. *b*) della direttiva 2007/64/CE: si tratta delle imprese che occupano meno di 10 addetti e realizzano un fatturato annuo o un totale di bilancio non superiore a 2 milioni di euro.

(29) In G.U. — Serie Generale n. 279 del 1 dicembre 2014.

stano i requisiti di onorabilità dei soci ed i requisiti di onorabilità e professionalità degli esponenti aziendali e sempre che venga presentato un programma delle attività da svolgere (**microcredito senza scopo di lucro**). Il Ministro dell'economia e delle finanze emana disposizioni concernenti le caratteristiche di tali attività e dei soggetti che vi partecipano.

Possono poi continuare a svolgere la loro attività gli **intermediari finanziari marginali** previsti dall'art. 112, comma 7, primo periodo del T.U. bancario, cioè soggetti diversi dalle banche che, *senza scopo di lucro*, raccolgono tradizionalmente *in ambito locale* somme di *modesta entità* ed erogano *piccoli prestiti*. Essi, se già operanti alla data del 17 ottobre 2012 ([30]), possono continuare a svolgere la propria attività, in considerazione del carattere marginale di questa, sempre che rispettino i requisiti statutari fissati dal CICR con deliberazione del 9 febbraio 2000 ([31]).

Tale deliberazione del CICR stabilisce che lo statuto, oltre a contenere l'indicazione della **denominazione**, dello **scopo** (che deve essere non lucrativo), della **sede** e del **rappresentante** (che deve possedere i requisiti oggi previsti dal D.M. 169/2020), prevede che:

— il numero complessivo degli associati non sia superiore a **200**;

— i fondi raccolti non siano superiori a L. 3.000.000 (€ **1.549,37**) per persona;

— i prestiti non siano superiori a L. 6.000.000 (€ **3.098,74**) per ogni sovvenuto;

— l'ammontare complessivo dei prestiti non sia superiore alla **metà** dei fondi raccolti (l'altra metà deve essere investita in titoli di Stato, obbligazioni bancarie e depositi bancari).

Questi soggetti, pur svolgendo congiuntamente attività di raccolta del risparmio e di concessione di prestiti, sono espressamente conside-

([30]) Data di entrata in vigore del D.Lgs. 19 settembre 2012, n. 169 (pubblicato in *G.U.* n. 230 del 2 ottobre 2012). Un tradizionale esempio di questi soggetti è costituito dalle cosiddette « Casse peote », sorte nel Veneto allo scopo di erogare piccoli prestiti (utilizzando fondi raccolti presso gli associati) a condizioni vantaggiose per ragioni di aiuto reciproco tra gli associati.

([31]) Pubblicata in *G.U.* — serie generale — del 22 febbraio 2000, n. 43; la delibera, con commento di De Gioia-Carabellese, si legge in *Le Società*, 2000, n. 6, 757 ss.

rati "*soggetti diversi dalle banche*" dall'art. 112, comma 7, primo periodo del T.U. bancario.

A seguito del passaggio alla Banca d'Italia della vigilanza sugli intermediari finanziari iscritti all'albo di cui all'art. 106 T.U. bancario, i controlli dell'autorità di vigilanza sono stati in tutto e per tutto assimilati a quelli svolti nei confronti delle banche, come ben si desume dall'art. 108 T.U. bancario che prevede attività di vigilanza regolamentare, informativa ed ispettiva da parte della Banca d'Italia.

Così è per quanto concerne i poteri di intervento della Banca d'Italia sugli organi sociali (convocazione, rimozione dalla carica, adozione di provvedimenti restrittivi dell'operatività a tutela dell'adeguatezza patrimoniale, del contenimento dei rischi, dell'organizzazione amministrativa, contabile e dei controlli interni, nonché dell'informativa da rendere al pubblico), per l'obbligo di adozione da parte degli intermediari di sistemi di valutazione del rischio di credito (da parte di enti esterni ovvero da parte di sistemi interni autorizzati dalla Banca d'Italia), per l'obbligo da parte degli intermediari di trasmettere periodicamente alla Banca d'Italia i propri bilanci, segnalazioni periodiche od ogni altro dato e documento richiesto e per il potere della Banca d'Italia di compiere ispezioni presso gli intermediari vigilati.

Tali controlli sono agevolati dalla previsione di dettagliate disposizioni che la Banca d'Italia è chiamata ad emanare in materia di adeguatezza patrimoniale, contenimento del rischio, organizzazione amministrativa e contabile, controlli interni ed informativa da rendere al pubblico (32), fermo restando comunque il rispetto del principio di proporzionalità, secondo cui tali poteri debbono essere esercitati per il

(32) Il CICR, già con deliberazione 25 luglio 2000 (pubblicata in *G.U.* — serie generale del 26 agosto 2000, n. 199), aveva espressamente previsto l'obbligo per gli intermediari finanziari iscritti nell'elenco di cui all'art. 107 T.U. bancario di istituire: sistemi di controllo interni aziendali, di auditing e di riscontro amministrativo e contabile; metodi di selezione e monitoraggio dei rischi di credito nel caso di svolgimento di attività di concessione di finanziamenti; strutture organizzative per la scelta ed il monitoraggio degli investimenti; strutture organizzative e strumenti anche informatici diretti a gestire i rischi derivanti dall'operatività in cambi; strutture organizzative per il controllo e la gestione dei servizi di investimento con particolare riferimento alla negoziazione di strumenti derivati; strutture organizzative che consentano la corretta esecuzione delle operazioni di cartolarizzazione e la separatezza dei patrimoni. Il compito di disciplinare nel dettaglio gli aspetti organizzativi di cui sopra spetta alla Banca d'Italia con proprie istruzioni.

miglior raggiungimento dell'obiettivo, ma col minor sacrificio degli interessi dei destinatari.

Anche per gli intermediari si prevede poi una vigilanza consolidata in presenza di un **gruppo finanziario**, per tale intendendosi un gruppo composto da un intermediario finanziario capogruppo e da altre società finanziarie controllate, direttamente o indirettamente, da un intermediario finanziario ovvero che controllano direttamente o indirettamente un intermediario finanziario, purché non si tratti di un gruppo bancario o di un gruppo di imprese di investimento.

La Banca d'Italia disciplina i casi di revoca dell'autorizzazione e dell'iscrizione all'albo degli intermediari finanziari o di decadenza nel caso di mancato esercizio dell'attività ([33]).

4. L'ambito della riserva di attività finanziarie.

Approfondita la disciplina fondamentale dell'attività finanziaria e degli intermediari finanziari, si impongono alcune brevi considerazioni.

Non v'è dubbio che il T.U. in materia bancaria e creditizia abbia introdotto una vera e propria riserva di attività finanzia a favore di determinate società, autorizzate o iscritte in elenchi legittimanti talune operatività (come il microcredito o le garanzie collettive rilasciate dai confidi minori), provviste di tutti i requisiti e sottoposte a tutti i controlli sopra ricordati.

Per effetto di questa riserva, sussiste un divieto di esercizio delle attività finanziarie da parte di soggetti sprovvisti dell'autorizzazione ad operare o dell'iscrizione in uno degli elenchi previsti per l'esercizio delle particolari attività che si sono viste.

Conseguentemente, è sanzionata penalmente la raccolta del risparmio tra il pubblico da parte dei soggetti non iscritti nell'albo delle banche, fuori dai casi previsti dall'art. 11, comma 4 del T.U. bancario (art. 131 T.U. bancario); è ancora sanzionata penalmente l'emissione di moneta elettronica da parte di soggetti non iscritti all'albo delle banche o all'albo degli istituti di moneta elettronica (art. 131-*bis* T.U. bancario); è sempre sanzionata penalmente la prestazione di servizi di

([33]) La Circolare Banca d'Italia n. 288/2015, al Tit. I, Cap. 1, sez. V e IX indica i casi di cancellazione dall'albo per revoca o decadenza dall'autorizzazione.

pagamento senza autorizzazione della Banca d'Italia *ex* art. 114-*novies* T.U. bancario (art. 131-*ter* T.U. bancario).

L'art. 132 del T.U. bancario sanziona poi penalmente l'esercizio nei confronti del pubblico dell'attività di concessione di finanziamenti sotto qualsiasi forma da parte di soggetti privi dell'autorizzazione di cui all'art. 107 T.U. bancario o dell'iscrizione nell'elenco di cui all'art. 111 T.U. bancario (per gli esercenti il microcredito) o nell'elenco di cui all'art. 112 T.U. bancario (per gli esercenti attività di garanzia collettiva dei fidi), sempre che tale esercizio avvenga in maniera professionale (34).

Pare invece consentito a soggetti diversi dagli intermediari abilitati

(34) Il reato di esercizio abusivo di attività finanziaria di cui all'art. 132 T.U. bancario è configurabile quando l'attività riservata venga svolta professionalmente ovvero in modo continuativo e non occasionale, costituendo la ripetizione dell'attività abusiva un requisito essenziale del reato (Cass. pen., 12 novembre 2009, n. 7986). Rileva che l'attività si manifesti all'esterno e sia concretamente diretta al libero mercato e dunque sia rivolta ad un numero potenzialmente illimitato di soggetti. Però, in presenza di una organizzazione imprenditoriale finalizzata allo svolgimento di una diffusiva attività finanziaria, anche un isolato finanziamento da parte di soggetto non abilitato può integrare gli estremi del reato (Cass. pen., 13 dicembre 2013, n. 51744, in *CED Cass. pen.*, 2013; Cass pen., 10 giugno 2009, n. 29500, *ivi*, 2009; Trib. Napoli, Sez. riesame, 18 marzo 2005, in *Il merito*, Il Sole-24 Ore, 2005, 10, 83; Cass. pen., sez. V, 17 settembre 2009, n. 46074, in *CED Cass. pen.*, 2009; Cass. pen., 2 ottobre 1997, n. 5285, in *Giust. pen.*, 1999, II, 116; Trib. Orvieto, 8 gennaio 1999, in *Rass. Giur. Umbra*, 1999, 875) e così pure un'attività rivolta ad una limitata cerchia di persone operanti in un determinato settore (Cass. pen., 19 settembre 2013, n. 41142, in *CED Cass. pen.*, 2013; Cass. pen., 27 novembre 2012, n. 47559, *ivi*, 2012; Cass. pen., sez. V, 9 marzo 2007, n. 10189, in *Giur. it.*, 2007, 1073), anche se svolta mediante interposizione reale di una banca autorizzata (Cass. pen., 23 marzo 2019, n. 127771 con specifico riferimento ad un finanziamento in *pool* in cui il rischio di credito era stato assunto prevalentemente da una banca extra comunitaria, la quale aveva erogato la provvista alla banca italiana per essere destinata al mutuatario finale secondo lo schema del mandato senza rappresentanza conferito alla banca italiana, ritenuto però fittizio).

Non integra il reato di cui all'art. 132 T.U. bancario un'operazione unitaria di acquisto di crediti da parte di un soggetto non dotato di autorizzazione ed iscrizione all'albo di cui all'art. 106 T.U. bancario, laddove l'acquisto si inserisca nell'ambito di un'attività in concreto realizzata per una cerchia ristretta di destinatari, non svolta abitualmente nel libero mercato e dunque non rivolta ad un numero potenzialmente illimitato di soggetti e non professionale, indipendentemente dal perseguimento di uno scopo di lucro o, comunque, di un obiettivo di economicità (Cass. pen., sez. V, 17 aprile 2018, n. 21927). Trattandosi di un reato di pericolo, l'imputato deve essere sempre ammesso a provare che, nel concreto, l'attività sia destinata solo ad una cerchia ristretta di persone (Cass. pen., sez. V, 16 dicembre 2016, n. 18317).

il compimento di operazioni finanziarie non svolte verso il pubblico (35) o svolte in via occasionale (36).

Oltre agli intermediari finanziari aventi sede legale in Italia, l'art. 114 del T.U. bancario prevede l'esercizio in Italia delle attività indicate all'art. 106 da parte di **intermediari finanziari aventi sede legale all'estero**, demandando al Ministro dell'economia e delle finanze la relativa disciplina.

Per tali enti l'esercizio delle attività in oggetto è stato disciplinato dall'art. 6 del D.M. 53/2015 che prevede un trattamento diverso a seconda dei casi e precisamente:

— per gli **intermediari finanziari comunitari** *ammessi al mutuo riconoscimento* è consentito costituire una succursale in Italia o operare in regime di libera prestazione di servizi alle medesime condizioni

Anche in tema di abusiva attività di prestazione di servizi di pagamento (art. 131-*ter* T.U. bancario), si è chiarito che l'attività deve concretizzarsi in una "*sistematica offerta ad un numero indeterminato di clienti, in maniera stabile ed organizza*" (Cass. pen., sez. V, 20 ottobre 2020, n. 36034, in *CED Cass. pen.*, 2021).

Da tempo in dottrina si è evidenziato che il concetto di professionalità rimanda a requisiti di stabilità ed organizzazione propri dell'attività professionale, laddove l'organizzazione consiste nell'adozione di modalità e strumenti tali da far prevedere e consentire la "continuità ed ampiezza" e "l'abitualità e sistematicità" dell'attività abusiva (Alfano, *Comm. al T.U. bancario*, diretto da Francesco Capriglione, 2012, Tomo IV, *sub* art. 132, 2229, ove ampi riferimenti dottrinali coerenti con la conclusione secondo cui: "*In questa prospettiva, l'occasionale attività con i terzi resta estranea all'ambito di applicazione della fattispecie in commento*").

Leggendo le norme che prevedono i reati di abusivo esercizio di attività bancaria e di abusivo esercizio di attività finanziaria, si nota come le norme, riferendosi espressamente all'esercizio di un'*attività*, per giunta *nei confronti del pubblico*, presuppongono un'abitualità degli atti e quindi una destinazione degli stessi a favore di una pluralità indeterminata di soggetti. In questo senso depone anche la più recente giurisprudenza penale in tema di esercizio abusivo di professioni protette, precisando che l'abusivismo richiede l'esistenza di una pluralità di atti che, "*nel loro continuo, coordinato ed oneroso riproporsi ingenerino una situazione di apparenza evocativa dell'attività professionale svolta da soggetto regolarmente abilitato*" (Cass., sez. VI pen., 18 luglio 2018, n. 33464, in *www.dirittoegiustizia.it*).

(35) Il D.M. 53/2015, all'art. 3, comma 2, precisa una serie di casi che non configurano operatività nei confronti del pubblico. Si è chiarito che non si applica l'art 132 T.U. bancario all'erogazione di prestiti privati a favore di amici e conoscenti (App. Catanzaro, 4 maggio 2020, n. 379, in *DeJure*, 2020).

(36) Cera, *Gli intermediari finanziari nel testo unico in materia bancaria*, in *Giur. comm.*, 1995, I, 214 ss. L'art. 3, comma 2, lett. *d*) del D.M. 53/2015 consente la concessione di finanziamenti in genere collegati a contratti di fornitura.

previste per le banche comunitarie, sempre che si tratti di intermediari controllati da una banca avente sede nel medesimo Stato di origine ([37]);

— per gli **intermediari finanziari comunitari** *non ammessi al mutuo riconoscimento* è necessaria un'autorizzazione della Banca d'Italia, l'iscrizione all'albo *ex* art. 106 T.U. bancario e la costituzione di una **stabile organizzazione** in Italia in possesso di un fondo di dotazione di importo almeno pari al capitale sociale che abbiamo visto essere richiesto per gli intermediari finanziari italiani ([38]);

— per gli **intermediari finanziari extracomunitari** è necessaria la costituzione di una **società** in Italia autorizzata dalla Banca d'Italia ed iscritta all'albo di cui all'art. 106 T.U. bancario.

Non solo l'esercizio delle attività finanziare è riservato a determinati intermediari abilitati, ma lo è anche l'attività di promozione e conclusione di contratti relativi alla concessione di finanziamenti sotto qualsiasi forma o alla prestazione di servizi di pagamento.

Si tratta delle attività svolte dai cosiddetti **agenti in attività finanziaria** previsti e disciplinati dagli artt. 128-*quater* e ss. del T.U. bancario, introdotti dal D.Lgs. 13 agosto 2010, n. 141 (che ha inserito nel T.U. bancario il Titolo VI-*bis*).

Essi debbono svolgere la loro attività di promozione su mandato diretto di un intermediario finanziario o di un istituto di pagamento o di un istituto di moneta elettronica ed il mandato deve sempre essere con un solo intermediario, a meno che preponenti non siano più intermediari appartenenti ad un medesimo gruppo o che offrano prodotti o servizi diversi (col limite però di 3 mandati).

([37]) Il controllo deve essere di almeno il 90% (art. 34 della direttiva 2013/36/UE).

([38]) Ulteriori condizioni per lo svolgimento dell'attività sono che l'intermediario comunitario svolga effettivamente attività finanziaria nel paese di provenienza e che la eserciti in via esclusiva in Italia, oltre al possesso in capo a direttori della stabile organizzazione ed ai soci rilevanti dei medesimi requisiti prescritti dall'art. 110 T.U. bancario per gli intermediari finanziari italiani.

Gli Istituti di moneta elettronica (IMEL), se aventi sede nella UE, godono della libertà di stabilimento e della libera prestazione di servizi come le banche, previa informazione alla Banca d'Italia da parte dell'Autorità competente dello Stato di origine (art. 114-*quinquies*, comma 7 T.U. bancario e Provvedimento della Banca d'Italia del 17 maggio 2016). Le stesse libertà sono attribuite anche agli istituti di pagamento autorizzati in un paese comunitario (art. 114-*decies* T.U. bancario).

Gli agenti in attività finanziaria possono svolgere anche l'attività di promozione e collocamento di contratti relativi a prodotti bancari e postali su mandato diretto ed in esclusiva rispettivamente di una banca o di Poste Italiane s.p.a..

Essi possono svolgere le attività di cui si è detto (ed esclusivamente quelle o attività connesse e strumentali) solo se previamente iscritti in un elenco tenuto da un apposito Organismo avente personalità giuridica e dotato di autonomia organizzativa, statutaria e finanziaria. Gli agenti in attività finanziaria possono anche essere incaricati da banche ed intermediari finanziari di svolgere attività di consulenza e gestione **crediti**, a fine di ristrutturazione e recupero degli stessi (art. 128-*quaterdecies* T.U. bancario introdotto dal D.Lgs. 141/2010).

Ad un distinto elenco, tenuto sempre dal medesimo Organismo, debbono essere iscritti i cosiddetti **mediatori creditizi**, soggetti indipendenti che mettono in relazione, anche attraverso attività di consulenza, banche e intermediari finanziari con la potenziale clientela per la concessione di finanziamenti sotto qualsiasi forma (art. 128-*sexies* T.U. bancario).

Il D.Lgs. 21 aprile 2016, n. 72 ha inserito la figura del **consulente indipendente**, che deve iscriversi in una sezione speciale dell'elenco dei mediatori creditizi e può svolgere esclusivamente attività di consulenza avente ad oggetto la concessione di finanziamenti sotto qualsiasi forma, nonché attività connesse e strumentali, facendosi remunerare solo dal cliente.

La differenza tra agenti in attività finanziaria e mediatori creditizi consiste nel fatto che, mentre i primi sono legati da un rapporto contrattuale di mandato con l'intermediario preponente (di regola in esclusiva, come visto), il mediatore creditizio non riceve alcun mandato da nessuna delle parti.

Inoltre, mentre gli agenti in attività finanziaria possono anche essere persone fisiche (purché domiciliate in Italia), i mediatori creditizi possono essere solo società di capitali o cooperative.

Anche il mediatore creditizio può svolgere solo l'attività di mediazione nella concessione di finanziamenti o attività connesse e strumentali (art. 128-*sexies*, comma 3 T.U. bancario).

Le due attività di agente in attività finanziaria e di mediatore creditizio sono tra loro incompatibili (art. 128-*octies* T.U. bancario).

L'esercizio professionale nei confronti del pubblico dell'attività di mediatore creditizio o di agente in attività finanziaria senza iscrizione nell'apposito elenco è sanzionato penalmente dall'art. 140-*bis* T.U. bancario. Non costituisce però esercizio dell'attività in esame la promozione e la conclusione di contratti di finanziamento da parte di fornitori di beni e servizi commerciali quando il finanziamento è finalizzato all'acquisto di tali beni o servizi ed esiste un'apposita convenzione con il finanziatore. L'eccezione è però esclusa se l'attività è finalizzata al rilascio di carte di credito.

Non costituisce esercizio dell'attività in esame neppure la conclusione di convenzioni da parte di associazioni di categoria e confidi con banche ed intermediari finanziari per favorire l'accesso al credito delle imprese associate (art. 12 del D.Lgs. 13 agosto 2010, n. 141).

I preponenti rispondono in solido dei danni cagionati nello svolgimento dell'attività dei propri agenti in attività finanziarie, anche se derivanti dalla commissione di reati (art. 128-*quater*, comma 5 T.U. bancario), mentre agenti in attività finanziaria e mediatori creditizi sono responsabili, in solido con i loro dipendenti e collaboratori, dei danni derivanti dall'attività svolta (art. 128-*novies*, ult. comma T.U. bancario).

Particolari obblighi di informazione a carico di agenti in attività finanziaria e mediatori creditizi (ricompresi nella unitaria categoria degli intermediari del credito) sono previsti a favore dei **consumatori** dall'art. 120-*decies* del T.U. bancario nella negoziazione di **contratti di credito relativi a beni immobili residenziali** disciplinati dal D.Lgs. 21 aprile 2016, n. 72.

Per tali contratti i finanziatori e gli intermediari del credito possono prestare anche servizi di consulenza, consistenti nel fornire raccomandazioni personalizzate ai consumatori, adeguate rispetto ai loro bisogni ed alla loro situazione personale e finanziaria. Si tratta di attività diversa da quella propria dei consulenti indipendenti, in quanto non viene svolta in via esclusiva dall'intermediario e riguarda solo i contratti di credito immobiliare ai consumatori.

Spetta ad un regolamento adottato dal Ministro dell'economia e delle finanze, sentita la Banca d'Italia, individuare le *attività di segnalazione* di tali contratti, le quali non costituiscono, se prestate a titolo accessorio, né esercizio di agenzia in attività finanziaria né mediazione creditizia e pertanto non formano oggetto di riserva di legge.

5. Le attività ammesse al mutuo riconoscimento.

Abbiamo già detto che, tra le attività finanziarie, rientra gran parte di quelle elencate all'art. 1, comma 2 lett. *f*), del T.U. bancario. La norma appena citata elenca le cosiddette « attività ammesse al mutuo riconoscimento ».

L'origine del termine risale alla seconda direttiva CEE in materia bancaria (89/646/ CEE del 15 dicembre 1989): esso sta ad indicare l'esistenza di una serie di attività riconosciute in ambito comunitario per l'esercizio delle quali si prevede una sorta di « autorizzazione comunitaria unica ».

Tale autorizzazione, una volta rilasciata dall'autorità competente di uno dei paesi membri, permette alle banche aventi sede all'interno dell'Unione Europea ed agli intermediari comunitari controllati da banche comunitarie (art. 18 T.U. bancario) (39) di operare liberamente su tutto il mercato comune, sia costituendo uno o più stabilimenti sia mediante la libera prestazione di servizi da un paese all'altro. Non sono quindi ammessi al beneficio del mutuo riconoscimento gli intermediari finanziari non controllati da banche comunitarie.

La regola del mutuo riconoscimento si applica senza limitazioni (comportando sia la libertà di stabilimento sia la libera prestazione di servizi) agli **istituti di moneta elettronica** (art. 114-*quinquies*, comma 7 T.U. bancario) (40) ed agli **istituti di pagamento** (art. 114-*decies* T.U. bancario) (41), sempre che ovviamente siano autorizzati nel paese comunitario di origine.

La naturale conseguenza di questo principio è data dall'applicazione della regola del cosiddetto *home country control*, secondo cui la

(39) La direttiva 2013/36/UE, in vigore dal 1° gennaio 2014, all'art. 34, ha precisato che il mutuo riconoscimento può essere accordato solo a quegli intermediari finanziari che siano controllati al 90% da un ente creditizio comunitario, che non sia emanazione di un altro ente (per questo definito "*ente impresa madre*") e le cui obbligazioni siano garantite dallo stesso ente controllante.

(40) Non beneficiano però del mutuo riconoscimento quegli istituti di moneta elettronica che abbiano ottenuto dalla Banca d'Italia l'esenzione dall'osservanza delle disposizioni del Titolo V-*bis* del T.U. bancario (art. 114-*quinquies.4*, comma 3 T.U. bancario).

(41) Non beneficiano però del mutuo riconoscimento quegli istituti di pagamento che abbiano ottenuto dalla Banca d'Italia l'esenzione dall'osservanza delle disposizioni del Titolo V-*ter* del T.U. bancario (art. 114-*sexiesdecies*, comma 3 T.U. bancario).

vigilanza sugli enti autorizzati spetta all'autorità competente del paese di origine che ha rilasciato la predetta autorizzazione comunitaria, indipendentemente dal paese membro ospitante nel quale l'attività viene svolta (mediante stabilimento o direttamente).

Si tratta di un principio che, a seguito dell'entrata in vigore del Meccanismo di Vigilanza Unico (MVU), ha subito una certa attenuazione, tenuto conto dell'attribuzione alla BCE di molti poteri di vigilanza (in fase di autorizzazione all'attività creditizia, di sua revoca, di autorizzazione all'acquisto di partecipazioni rilevanti, di vigilanza diretta sugli enti più significativi e comunque di supervisione del sistema), ma numerose restano comunque le competenze delle singole autorità di vigilanza nazionali.

Ciò premesso, occorre precisare che l'autorizzazione unica vale limitatamente alle attività elencate all'art. 1, comma 2, lett. *f*) del T.U. bancario, oggi da coordinare con l'elenco di cui all'allegato I alla direttiva 2013/36.

L'art. 1, comma 2, lett. *f*) del T.U. bancario chiude con l'indicazione di altre attività che, in virtù delle misure di adattamento assunte dalle autorità comunitarie, potranno essere aggiunte all'elenco, lasciando così campo aperto alla possibilità per il legislatore comunitario di introdurre e disciplinare attività finanziarie diverse da quelle specificamente elencate che vengano ad affermarsi nella prassi commerciale. In una materia in continua evoluzione qual è quella finanziaria, una disposizione di questo tipo appare certamente opportuna per evitare che possano essere assoggettate ai maggiori limiti previsti per le attività non ammesse al mutuo riconoscimento figure contrattuali che vengano a trovare un riconoscimento sociale diffuso in ambito comunitario e tale da renderle socialmente tipiche.

Vediamo di elencare le attività in esame, analizzandone brevemente i contenuti.

1) **Raccolta di depositi o di altri fondi con obbligo di restituzione**. Si tratta della tipica attività di raccolta diretta del risparmio che lo stesso art. 11 del T.U. bancario riserva in via esclusiva alle banche, laddove essa sia svolta tra il pubblico (di essa già ci siamo occupati trattando dell'attività bancaria). La riserva di tale attività a favore delle banche spiega perché l'art. 2 del D.M. 2 aprile 2015, n. 53 non ricomprende l'attività in esame tra quelle esercitabili dagli intermediari

finanziari iscritti nell'albo di cui all'art. 106 T.U. bancario, ai quali anzi deve ritenersi vietata. Solo eccezionalmente l'attività di raccolta di fondi tra il pubblico viene consentita agli intermediari finanziari se avviene tramite strumenti finanziari ed entro i limiti previsti dalla delibera CICR del 19 luglio 2005, in attuazione del 4° comma dell'art. 11 del T.U. bancario.

2) **Operazioni di prestito (compreso in particolare il credito al consumo, il credito con garanzia ipotecaria, il *factoring*, le cessioni di credito *pro soluto* e *pro solvendo*, il credito commerciale incluso il « forfaiting »)**. Si tratta di operazioni caratterizzate dal trasferimento di una determinata quantità di denaro a favore di un sovvenuto e dal conseguente obbligo di quest'ultimo di restituire il *tantundem*, secondo lo schema già analizzato per i cosiddetti contratti di credito; si tratta ancora di operazioni consistenti nel riconoscimento al soggetto sovvenuto di un'utilità economica in senso lato, secondo la più ampia nozione di attività di concessione di finanziamenti sotto qualsiasi forma di cui abbiamo detto all'inizio del capitolo.

Si ricorda anzitutto il **credito ai consumatori**, del quale troviamo una compiuta disciplina agli artt. 121 e segg. del T.U. bancario, modificati dal D.Lgs. 141/2010 di recepimento della direttiva 2008/48/CE che ha sostituito le precedenti direttive del Consiglio 87/102/CEE e 90/88/CEE (ne tratteremo al Capitolo VII).

Segue il **credito con garanzia ipotecaria**, che consiste in una particolare figura di finanziamento caratterizzata dal fatto che la restituzione del prestito è garantita attraverso la concessione di ipoteca da parte del sovvenuto o di un terzo. Tra queste forme di erogazione di credito garantito assume particolare rilevanza il cosiddetto credito fondiario previsto dagli artt. 38 e ss. del T.U. bancario.

Su ***factoring*, cessioni di credito e *forfaiting*** diremo al Capitolo VI.

3) ***Leasing* finanziario**. Anche per quanto riguarda il *leasing* finanziario rimandiamo alla dettagliata trattazione che faremo in prosieguo (Cap. VII).

4) **Servizi di pagamento**. I servizi di pagamento ricomprendono tutte quelle attività disciplinate dal D.Lgs. 27 gennaio 2010, n. 11 che già abbiamo esaminato al precedente paragrafo 2.

Uno dei più importanti strumenti di pagamento utilizzati nelle relazioni interbancarie è il cosiddetto bancogiro o **giroconto** o, per dirla con un termine più diffuso in gergo bancario, il **bonifico**. Si tratta di un'operazione attraverso la quale un correntista ordina alla propria banca il trasferimento di fondi dal proprio conto (sul quale viene effettuato l'addebito) al conto di un beneficiario, a sua volta correntista della stessa o di altra banca (sul cui conto viene effettuato l'accredito). Oggi l'operazione rientra nella più ampia definizione di "ordine di pagamento", contenuta nell'art. 1, comma 1, lett. *o*) del D.Lgs. 11/2010 e riferita a qualsiasi istruzione data da un pagatore o da un beneficiario al proprio prestatore di servizi di pagamento (istituto di pagamento o altro ente abilitato per legge), con la quale viene chiesta l'esecuzione di un'operazione di pagamento. Il D.Lgs. 15 dicembre 2017, n. 218 ha comunque inserito una definizione specifica di "bonifico" all'art. 1, lett. *o-bis*) del D.Lgs. 11/2010, per tale intendendosi "*l'accredito sul conto di pagamento del beneficiario tramite un'operazione di pagamento o una serie di operazioni di pagamento effettuate a valere sul conto di pagamento del pagatore ed eseguite dal prestatore di servizi di pagamento di radicamento del conto del pagatore, sulla base di un'istruzione impartita da quest'ultimo*".

Sulla natura giuridica del bancogiro la dottrina ha espresso le opinioni più diverse: alcuni l'hanno equiparato ad un contratto a favore di terzo, altri ad un mandato.

L'opinione prevalente è però nel senso che il bancogiro costituisca una delegazione di pagamento in quanto il debitore (a sua volta creditore verso la propria banca di una somma risultante dal proprio conto corrente) assegna al proprio creditore un nuovo debitore (la banca delegata) secondo lo schema degli artt. 1268 e ss. c.c.

Si ritiene poi che lo schema della delegazione sia quello della *delegatio promittendi* o della *delegatio solvendi* a seconda che la banca delegata si obblighi direttamente nei confronti del beneficiario o si limiti ad effettuare un pagamento senza che il beneficiario acquisti alcun diritto nei suoi confronti.

Quando il giroconto avviene tra clienti di banche diverse, il rapporto delegatorio dovrebbe configurarsi tra le due banche, in quanto la banca dell'ordinante riceverebbe dal proprio cliente un mandato a delegare. In virtù di questo mandato la banca incaricata dall'ordinante conferirebbe alla banca del beneficiario una delegazione (cumulativa o di pagamento secondo quanto appena detto sopra), affinché quest'ultima accrediti al proprio cliente la somma dovutagli dall'ordinante.

La delegazione tra le due banche trova giustificazione in un sottostante rapporto di corrispondenza in virtù del quale la banca delegata è tenuta ad accettare il mandato conferitole dalla banca delegante e a darvi esecuzione.

Ai fini del perfezionamento dell'operazione non è necessario il consenso del beneficiario in quanto l'operazione si perfeziona nel momento dell'annotazione sul conto del beneficiario, annotazione che avrebbe efficacia costitutiva della disponibilità da parte del correntista.

Ciò non esclude peraltro che il beneficiario possa rifiutare l'accredito per ragioni inerenti al suo rapporto personale coll'ordinante e che richieda pertanto alla propria banca di stornare l'accredito (42).

Altro strumento di pagamento molto utilizzato è la **carta di credito**, un documento che legittima il possessore, previa semplice apposizione della firma su determinati moduli di spesa, ad acquistare a credito, da esercenti convenzionati con l'emittente, merci o servizi per il pagamento dei quali resta obbligato in via principale l'emittente della carta. Il rapporto che dà luogo all'emissione ed al funzionamento della carta di credito ha natura trilaterale: esiste una convenzione tra l'emittente ed i singoli fornitori di beni e servizi, secondo la quale questi ultimi si impegnano a concedere credito al titolare della carta di credito, mentre l'emittente si obbliga a corrispondere il prezzo dei beni o dei servizi

(42) Sul bancogiro si veda la chiara esposizione di TARZIA, *Il contratto di conto corrente bancario*, Milano, 2001, 193 ss.; ancora MOLLE, *I contratti bancari*, in *Tratt. dir. civ. e comm.* diretto da Cicu e Messineo e continuato da Mengoni, Milano, 1981, 496 ss. e 532 ss. ove sono riportate le varie tesi dottrinali sulla natura giuridica dell'operazione di giroconto; SPINELLI GENTILE, *Diritto bancario*, Padova, 1991, 309 ss., i quali riconducono l'ordine di accreditamento disposto dal correntista alla delegazione di pagamento cumulativa (art. 1268 c.c.) e negano che sia necessario per il perfezionamento dell'operazione l'accettazione del beneficiario, considerando che l'accreditamento debba essere ricondotto ad una promessa unilaterale o ad una proposta di contratto unilaterale; FERRI, voce *Bancogiro*, in *Enc. del dir.*, Milano, 1959, V, 32 ss. Per un'interessante fattispecie in tema di responsabilità della banca in un'operazione di giroconto si veda Cass. 9 agosto 1994, n. 7348, in *La nuova giur. civ. comm.*, 1995, 778-784, con nota del sottoscritto, *La responsabilità della banca per il fatto del dipendente e nelle operazioni di bancogiro*: dove la banca accreditante (presso la quale era acceso il conto del beneficiario del bonifico) era stata ritenuta responsabile di indebito arricchimento per non aver riaccreditato all'ordinante la somma bonificata a seguito del rifiuto da parte del beneficiario.

forniti, a scadenze prefissate e previa deduzione dal prezzo di una commissione convenuta. Esiste poi un accordo tra emittente e titolare della carta di credito, in forza del quale l'emittente addebita periodicamente al titolare l'importo pagato al fornitore, nei cui diritti si trova surrogato ai sensi dell'art. 1203, n. 3 c.c. (43). Emittente e titolare della carta restano obbligati in solido verso il fornitore fino al momento del pagamento, ma il rischio di eventuale insolvenza del titolare incombe solo sull'emittente (44).

La legge 17 agosto 2005, n. 166, nell'intento di prevenire le frodi sulla carte di pagamento, ha introdotto un sistema di monitoraggio tramite l'istituzione dell'Ufficio centrale antifrode presso il Ministero dell'economia e delle finanze che è destinatario delle segnalazioni da parte di banche ed intermediari finanziari riferite a tutte quelle situazioni che possano comportare rischi di frode (in particolare con riferimento ai punti vendita che hanno subito la revoca della convenzione che regola la negoziazione delle carte di pagamento) (45).

Diverse dalle carte di credito sono le **carte di debito** che realizzano

(43) A seconda che le spese effettuate con la carte di credito siano pagate dall'utilizzatore in un'unica soluzione o ratealmente si distinguono le carte di credito c.d. *charge* (ovvero a saldo) e le carte di credito c.d. *revolving* (con addebito periodico ed aggiunta di interessi). Le carte di credito *charge*, in quanto strumenti di pagamento sono assoggettate alla disciplina in materia di servizi di pagamento; le carte di credito *revolving* invece si configurano anche quali forme di credito e quindi, se utilizzate da un consumatore, sono assoggettate anche alla disciplina sul credito ai consumatori. Si noti che, in entrambi i casi, può essere assoggettato a revocatoria fallimentare il pagamento eseguito dal titolare della carta di credito a favore dell'emittente (Cass., 4 agosto 2000, n. 10269, in *Fall.*, 2001, 778).

(44) Sulla disciplina delle carte di credito si veda SPINELLI GENTILE, *Diritto bancario*, Padova, 1991, 379 e ss.

(45) In caso di uso della carta di credito da parte di soggetto non titolare, sussiste responsabilità del gestore per non aver segnalato all'esercente l'avvenuto smarrimento od il furto della stessa, mentre tale responsabilità può concorrere con quella dell'esercente che sia stato in colpa (anche lieve) nel verificarne il corretto utilizzo (Cass., 17 luglio 2006, n. 16102, in *Banca, borsa, tit. cred.*, 2008, II, 1 ss.). Si è ritenuto che sia obbligato a risarcire all'emittente il danno derivante dalle spese abusivamente effettuate dal ladro il possessore della carta di credito che denunci il furto solo nella giornata successiva a quella in cui si è verificata la sottrazione, omettendo di verificare il perdurante possesso della stessa (Cass., 7 aprile 2016, n. 6751, in *www.ilcaso.it*, Sez. giur., 2016, 998).

In attuazione della legge 166/2005 è stato emanato il decreto del Ministero dell'economia e delle finanze 30 aprile 2007, n. 112 (in G.U. 30 luglio, n. 175).

una mera funzione di trasmissione della moneta, dando luogo ad un regolamento contestuale alla transazione. Caratteristica delle carte di debito è quella di essere rilasciate da una banca o da altro intermediario finanziario presso il quale si ha un conto su cui viene addebitato l'importo speso o prelevato mediante sportelli automatici, con la conseguenza che l'esecuzione dell'operazione presuppone la disponibilità di sufficienti fondi sul conto. Esempi possono essere rappresentati dalle tessere bancomat contenenti la funzione di pagamento che vi viene di regola inserita al fine di provvedere direttamente ai pagamenti per cassa presso i negozi convenzionati (servizio PAGO BANCOMAT).

Diversa funzione ancora hanno le **carte prepagate**, le quali sono rilasciate da una banca o da altro intermediario finanziario: esse non richiedono l'esistenza di un conto (diversamente dalle carte di debito) e consentono di effettuare pagamenti e prelievi a valere su una somma pre-depositata dal titolare presso l'emittente (ai sensi della vigente normativa, Banche, Poste Italiane o IMEL) che si riduce fino ad esaurimento mano a mano che il titolare compie prelievi o pagamenti. La carta può essere ricaricabile, anche tramite bonifici laddove disponga di un codice IBAN.

5) **Emissione e gestione di mezzi di pagamento (« *travellers cheques* », lettere di credito)**. Si tratta di quelle attività consistenti nella messa in circolazione di strumenti di pagamento utilizzati dalla clientela e nella successiva regolamentazione dei pagamenti effettuati con tali strumenti. La direttiva 2013/36 ha precisato che deve trattarsi di strumenti diversi dai servizi di pagamento, che già abbiamo esaminato.

I ***traveller's cheques*** o assegni turistici sono assegni tratti da una banca su una propria agenzia o su propri corrispondenti i quali provvedono al pagamento a favore del presentatore solo qualora sul titolo esista una doppia firma conforme del prenditore (la prima apposta al momento dei ritiro del libretto, la seconda al momento dell'incasso o precedentemente, potendo l'assegno turistico anche circolare all'ordine). Questa speciale categoria di assegni svolge la funzione di consentire ai viaggiatori (da qui il nome di assegno turistico o *traveller's cheque*) la possibilità di portare in viaggio le somme occorrenti, limitando i pericoli di furti o smarrimenti, proprio perché chi volesse illecitamente porre all'incasso uno di questi titoli dovrebbe riuscire ad apporre una seconda firma identica a quella originariamente posta dal prenditore su ciascuno degli assegni al momento del rilascio del blocchetto.

Per **lettera di credito** si intende, in via molto generale, un tipico strumento della prassi bancaria (soprattutto internazionale) consistente in un documento, rilasciato da una banca al proprio cliente o ad un terzo su ordine del cliente e diretto a consentire al suo beneficiario di avvalersi di disponibilità liquide su piazze diverse da quelle di emissione della lettera, alle condizioni in esso indicate (46).

Si conoscono varie tipologie di lettere di credito, secondo la diversa struttura ed il contenuto: esiste la cosiddetta « lettera di credito da viaggio » o « credenziale » che consiste nell'invito rivolto da una banca ad una sua corrispondente su altra piazza di pagare a favore di un determinato beneficiario una determinata somma di denaro. Normalmente in questo tipo di lettera il beneficiario coincide con un cliente della banca emittente, il quale intende soddisfare l'esigenza di avere disponibilità liquide nei suoi vari spostamenti anche all'estero; si tratta di uno strumento ormai poco usato in quanto la stessa esigenza può essere soddisfatta con altri strumenti più comodi e meno costosi quali carte di credito, bancomat, *traveller's cheque* o bonifici.

Più conosciuta ed usata nel commercio internazionale è la « lettera di credito commerciale », termine con cui si indica quel documento che viene emesso da una banca che si impegna verso un proprio cliente ordinante (generalmente un importatore) a provvedere, direttamente o tramite una banca corrispondente, ad effettuare pagamenti ad un terzo (generalmente un esportatore) o ad accettare o negoziare tratte, dietro consegna di determinati documenti.

A differenza della credenziale la lettera di credito commerciale assolve la funzione di mezzo di pagamento nei traffici transnazionali e di garanzia della solvibilità di un importatore. Essa viene tradizionalmente ricondotta sotto lo schema della delegazione cumulativa, per mezzo della quale l'importatore-compratore (delegante) delega per il pagamento del prezzo una banca di propria fiducia (delegata), la quale si obbliga (mediante l'emissione della lettera di credito) ad eseguire un pagamento a favore dell'esportatore-venditore (delegatario).

(46) Per una disamina della nozione di lettera di credito e delle varie tipologie esistenti si veda PIANU, voce *Lettera di credito*, in *Novissimo Digesto Italiano*, Torino, 1991, 541 e ss.

La prassi bancaria internazionale conosce poi un terzo tipo di lettera di credito avente esclusivamente una funzione di garanzia: la lettera di credito « stand by » che si inquadra tra i contratti autonomi di garanzia di cui parleremo al Capitolo XVII.

6) **Rilascio di garanzie e di impegni di firma**. Si tratta di tutte quelle operazioni dirette a garantire l'adempimento di obbligazioni altrui. Possono consistere nel rilascio di fideiussioni, caratterizzate dall'accessorietà dell'obbligazione di garanzia rispetto a quella principale garantita, con la conseguenza che l'inefficacia, l'invalidità o l'estinzione della seconda produce automaticamente l'inefficacia, l'invalidità o l'estinzione della prima.

Il rilascio di garanzie può però prescindere da qualsiasi collegamento di accessorietà rispetto all'obbligazione garantita, come accade nei contratti autonomi di garanzia o *performance bond*, ove il garante non può di regola sollevare eccezioni relative al rapporto garantito a causa della completa autonomia dell'obbligazione di garanzia.

Gli **impegni di firma** consistono nell'assunzione da parte di un soggetto qualificato (banca o intermediario finanziario) di obbligazioni aventi ad oggetto prestazioni di garanzie nell'interesse del proprio cliente ed a favore di altri soggetti che entreranno in rapporto con questo.

Il mondo bancario conosce una forma molto diffusa di impegno di firma: l'apertura di credito di firma.

Mediante questo negozio atipico la banca si obbliga continuativamente a garantire il cliente verso terzi che gli abbiano concesso credito o in vista di una concessione di credito. Siamo quindi fuori dallo schema dell'apertura di credito tradizionale (o di cassa), ove la banca si obbliga a tenere a disposizione del cliente una determinata somma liquida di denaro che potrà essere utilizzata e restituita più volte nell'ambito dello stesso rapporto.

In altre parole, la banca si obbliga a cosiddette « prestazioni di firma » per un dato tempo e fino a concorrenza di un importo determinato, concedendo credito in forma indiretta.

Le garanzie possono assumere diverse forme: la stipulazione di fideiussioni volta per volta coi vari creditori dell'accreditato, l'accettazione di cambiali tratte emesse dal cliente o, ancora, la diretta emissione da parte della banca di pagherò cambiari o l'apposizione di avalli.

La Suprema Corte (47), concordemente all'unanime opinione di dottrina e giurisprudenza, assimila tale apertura di credito ad un accordo di tipo programmatico o preliminare, mediante il quale la banca assume il diritto-dovere di stipulare determinati successivi contratti di fideiussione o di assumere obbligazioni di altro tipo direttamente nei confronti di terzi.

Conseguenza di una simile qualificazione è che gli obblighi assunti di volta in volta dalla banca presuppongono sempre una nuova e specifica manifestazione di volontà. Ciò non si verifica nell'apertura di credito tradizionale ove la banca si limita a tollerare, in forza della dichiarazione di volontà manifestata originariamente, i vari prelevamenti.

D'altro canto il cliente si obbliga a predisporre i fondi (solitamente in anticipo) per far sì che la banca consegua i mezzi finanziari per far fronte ai pagamenti che i terzi finanziatori dovessero richiederle.

7) **Operazioni per proprio conto e per conto della clientela in: strumenti di mercato monetario (assegni, cambiali, certificati di deposito, ecc.); cambi; strumenti finanziari a termine e opzioni; contratti su tassi di cambio e tassi d'interesse; valori mobiliari**. Le operazioni aventi ad oggetto strumenti del mercato monetario hanno ad oggetto titoli incorporanti il diritto al pagamento di una determinata somma di denaro e possono avere una funzione di pagamento a vista (assegni), una funzione di credito (cambiali) ovvero una funzione di raccolta del risparmio (certificati di deposito, buoni fruttiferi ecc.).

I **cambi** consistono in operazioni aventi ad oggetto lo scambio di valute.

Gli **strumenti finanziari a termine e opzioni** sono rappresentati da tutte quelle operazioni di investimento, oggi disciplinate dal D.Lgs. 4 febbraio 1988, n. 58, caratterizzate dall'apposizione di un termine entro il quale l'investitore può esercitare determinate facoltà (quali il diritto di opzione, ossia il diritto di concludere un determinato contratto avente ad oggetto strumenti finanziari). Ce ne occuperemo al capitolo XVIII.

(47) Si veda Cass., 23 marzo 1994, n. 2786, in *La nuova giur. civ. comm.*, 1995, 289-293, con nota del sottoscritto, *Prelazione ipotecaria e apertura di credito di firma*: nel caso di specie la banca si era obbligata a rilasciare crediti di firma sotto forma di accettazioni di vaglia cambiari, tratti dallo stesso cliente a favore di terzi finanziatori ovvero a stipulare fideiussioni a garanzia di finanziamenti di importo complessivamente non superiore ad un dato importo.

I **contratti su tassi di cambio e tassi d'interesse** sono quei contratti di investimento (a pronti, a termine, differenziali) che hanno come oggetto tassi di cambio o tassi d'interesse.

I **valori mobiliari** sono rappresentati da titoli di massa destinati ad essere negoziati su un mercato regolamentato per essere offerti al pubblico e scambiati dagli investitori.

Il D.Lgs. 23 luglio 1996, n. 415 aveva sostituito la nozione di « valore mobiliare » con quella di « strumento finanziario », facendo confluire in quest'ultimo concetto i titoli di massa ed i contratti derivati. La nozione è poi stata ripresa dall'art. 1, comma 1-*bis* del D.Lgs. 24 febbraio 1998, n. 58, il quale riconduce i valori mobiliari a quei titoli negoziabili nel mercato dei capitali (azioni, obbligazioni, titoli di Stato, altri titoli di debito ecc.).

8) **Partecipazione alle emissioni di titoli e prestazioni di servizi connessi**. Si tratta di attività dirette a consentire o agevolare un'operazione di emissione di titoli, attraverso la consulenza (tipica ad esempio delle *merchand banks*), la valutazione (*rating*) del patrimonio dell'emittente e la conseguente determinazione del valore dei titoli da emettere, il collocamento presso i risparmiatori dei titoli emessi e così via. Vi rientrano le attività che l'art. 1, comma 5 del T.U. 58/1998 ricomprende tra i servizi di investimento, come l'attività di collocamento, quella di assunzione di garanzia nei confronti dell'emittente, di ricezione e trasmissione di ordini, nonché di mediazione. Vi rientrano anche le garanzie di pagamento di cambiali finanziarie o di altri strumenti finanziari di raccolta previsti dall'art. 5, comma 2 della delibera CICR del 19 luglio 2005, n. 1058.

Le attività connesse all'emissione di titoli assumono particolare rilevanza nelle cosiddette operazioni di « *securitization* » o cartolarizzazione dei crediti di cui parleremo nel prossimo capitolo ([48]).

9) **Consulenza alle imprese in materia di struttura finanziaria, di strategia industriale e di questioni connesse, nonché consulenza e servizi nel campo delle concentrazioni e del rilievo di imprese**. Oggi queste attività (in cui è ricompresa quella denominata in gergo *merger and acquisition*) è rappresentata da tutto quel supporto di consulenza

([48]) Per una disamina istituzionale dell'operazione sia consentito il richiamo a Bontempi-Scagliarini, *La securitization*, cit.

legale, commerciale, fiscale, finanziaria ed aziendale necessaria all'elaborazione delle strategie imprenditoriali. Trattasi di un servizio accessorio all'attività bancaria o finanziaria (49). Se però la consulenza si riferisce a servizi di investimento, secondo la direttiva MIFID 2 (direttiva 2014/65/UE), essa rientra tra i servizi di investimento principali e come tale è esercitabile solo da soggetti abilitati allo svolgimento di attività di intermediazione mobiliare come precisato dall'Allegato I, Sezione A, n. 5) che ricomprende l'attività di "consulenza in materia di investimenti" tra i servizi e le attività di investimento.

10) **Servizi di intermediazione finanziaria del tipo « money broking »**. Si tratta di attività di intermediazione in valute, in cui il mediatore mette in relazione parti contrapposte di un'operazione di cambio, senza assumere alcun rischio in proprio, in quanto l'intermediario provvede, in nome e per conto del cliente, solo al collocamento sul mercato di ordini di acquisto o vendita di valute, senza acquisire in proprio alcuna posizione connessa con il regolamento della transazione.

11) **Gestione o consulenza nella gestione di patrimoni**. Si tratta dell'attività di gestione collettiva del risparmio e dell'attività di gestione personalizzata di patrimoni mobiliari esercitata da soggetti specializzati, cui sono affidate (rilevanti) somme di denaro da parte di un risparmiatore, il quale delega in via fiduciaria l'effettuazione di operazioni di investimento, secondo margini di discrezionalità predefiniti, i cui risultati sono sopportati dal patrimonio dell'affidante. La consulenza nella gestione di patrimoni costituisce servizio di investimento principale. Le attività in esame saranno trattate al Capitolo XVIII.

12) **Custodia e amministrazione di valori mobiliari**. Quest'attività è divenuta un servizio accessorio alla prestazione di servizi di investimento, secondo la definizione offerta dall'art. 1, comma 6 del T.U. sulla finanza e dal n. 1) della sezione B dell'Allegato I del medesimo testo normativo.

13) **Servizi di informazione commerciale**. Si tratta anche in questo caso di un sevizio accessorio all'attività di investimento in strumenti finanziari a norma dell'art. 1, comma 6 del T.U. sulla finanza che rimanda all'elencazione riportata alla sezione B dell'Allegato I.

(49) Sull'argomento si veda GRECO, *Il merchant banking e la consulenza alle imprese*, in *I contratti bancari*, Milano, 2016, 1669 ss.

14) **Locazione di cassette di sicurezza**. È un tipico servizio offerto dalle banche (che trova disciplina negli artt. 1839-1841 c.c.). Del contenuto di tale servizio ci si occuperà nella parte del presente volume relativa ai contratti bancari.

15) **Emissione di moneta elettronica**. Ne abbiamo parlato al Capitolo II, paragrafo 6.

16) **Servizi ed attività di investimento e servizi accessori** aventi ad oggetto gli strumenti finanziari elencati nell'allegato I, Sez. C della direttiva 2004/39/CE (MIFID), oggi sostituita dalla direttiva 2014/65/UE (MIFID 2). Ne parleremo al Capitolo XVIII.

CAPITOLO VI

LE ATTIVITÀ DI SMOBILIZZO DEI CREDITI

1. La cessione dei crediti.

L'utilizzazione dei crediti di impresa consente di trasformare poste attive in denaro liquido, di immediata utilizzabilità per nuove forme di investimento o di impiego.

Fulcro attorno al quale ruota questa particolare fonte di finanziamento consistente nella smobilizzazione dei crediti può dirsi rappresentato dal meccanismo della cessione dei crediti a fronte di un corrispettivo (con effetti traslativi della titolarità del credito).

Lo schema di partenza è quindi costituito dalla cessione ordinaria dei crediti prevista e disciplinata dagli artt. 1260 e ss. c.c.

L'art. 1260 c.c. consente al creditore di trasferire a titolo oneroso o gratuito (ma ai fini del reperimento di liquidità l'ipotesi del trasferimento a titolo gratuito poco interessa in questa sede) uno o più crediti verso uno o più debitori (ceduti), anche senza il consenso di questi ultimi. La cessione può riguardare solo crediti che non abbiano carattere strettamente personale (come ad esempio crediti alimentari) o il cui trasferimento non sia vietato dalla legge (art. 1261 c.c.).

La cessione si realizza quindi per mezzo di un accordo negoziale tra cedente e cessionario, accordo che produce effetti reali (il trasferimento della titolarità del diritto personale) in forza del semplice consenso legittimamente manifestato ai sensi dell'art. 1376 c.c. e dunque col solo perfezionamento dell'atto di cessione (1).

Fa eccezione l'ipotesi in cui ad essere ceduto sia un **credito futuro.**

Oggetto di cessione possono infatti essere non solo crediti già sorti, ma anche crediti futuri o sperati, a condizione che, nel momento della cessione esista già il rapporto da cui i crediti dovranno nascere, in modo tale che questi siano determinati o quanto meno determinabili (2).

In tal caso, analogamente alla vendita di cosa futura, l'opinione tradizionale ritiene che l'effetto traslativo si verifica soltanto nel momento in cui il credito viene ad esistenza e, anteriormente, il contratto, pur essendo perfetto, esplica efficacia meramente obbligatoria (3).

Un diverso orientamento reputa invece che anche la cessione di crediti futuri abbia efficacia reale, producendone immediatamente il trasferimento, ove ne sia individuata la fonte oppure la stessa sia determinata o determinabile (4).

(1) Cass., 19 gennaio 1995, n. 5752, in *Fall.*, 1995, 838, secondo cui l'effetto reale si produce all'atto del consenso indipendentemente dal fatto che il contratto venga stipulato in funzione solutoria o a scopo di garanzia e pertanto, ai fini della revocatoria fallimentare dell'atto di cessione anche *pro solvendo* (dove la liberazione del cedente poi fallito avviene solo al momento del pagamento del debitore ceduto), ciò che rileva ai fini del periodo sospetto è la data dell'atto di cessione e non quella del pagamento; Cass., 2 giugno 1977, n. 2243; Cass., 17 ottobre 1977, n. 4432.

(2) Cass., 10 dicembre 2018, n. 31896, la quale ha chiarito che è valida la cessione di crediti futuri, senza che rilevi la probabilità della venuta in essere del credito ceduto, sempre che nel negozio dispositivo sia individuata la fonte oppure la stessa sia determinata o determinabile, non esistendo una norma che vieta la disponibilità dei diritti futuri perché meramente eventuali, con la conseguenza che la venuta in essere del credito futuro integra solo un requisito di efficacia per l'esazione del credito ceduto, ma non costituisce un requisito per la sua validità o la sua efficacia reale; Cass., 11 maggio 1990, n. 4040; Cass., 2 agosto 1977, n. 3421; Cass., 24 ottobre 1975, n. 3519; App. Milano, 26 ottobre 2020, n. 2706, in *DeJure*, Giuffrè. In dottrina favorevoli alla cedibilità dei crediti futuri sono: SALAVAGIONE, *La cessione dei crediti futuri e il momento traslativo dei crediti*, in *Riv. it. leasing*, 1990, 186 ss.; BERNARDI, *Osservazioni in tema di revocatoria fallimentare del contratto di factoring*, in *Banca, borsa, tit. cred.*, 1989, II, 114; FRIGNANI, voce *Factoring*, in *Novissimo Digesto italiano*, App., Torino 1982.

(3) Cass., 3 agosto 2017, n. 19341; Cass., 17 gennaio 2012, n. 551; Cass., 31 agosto 2005, n. 17590, cit.; Cass., 21 gennaio 2005, n. 1312; Cass., 26 aprile 2004, n. 7919;

(4) Cass., 10 dicembre 2018, n. 31896, secondo cui quindi la venuta ad esistenza del credito futuro ceduto costituisce solo una condizione di efficacia per la sua

Diverso problema è quello della **opponibilità** della cessione di un credito futuro al fallimento del cedente (o al creditore pignorante del cedente).

Di regola, la cessione di un credito è opponibile al fallimento del cedente solo se, prima della dichiarazione di fallimento, essa sia stata notificata al debitore ceduto o da questi accettata con atto di data certa (artt. 2914, n. 2, 1265 c.c. ed art. 45 L. fall.).

Un primo orientamento giurisprudenziale riteneva che lo spostamento dell'effetto traslativo della cessione dei crediti futuri al momento della loro venuta ad esistenza imponesse che le formalità per rendere opponibile la cessione fossero non solo anteriori al fallimento del cedente, ma altresì posteriori al momento in cui il credito fosse venuto ad esistenza (5).

Più di recente la giurisprudenza ha chiarito che questo principio vale per i crediti futuri soltanto *eventuali* (o aleatori), non identificati in tutti gli elementi oggettivi e soggettivi al momento della cessione.

Viceversa, la cessione di crediti futuri non ancora venuti ad esistenza, ma *probabili* (nel senso di destinati a venire concretamente ad esistenza con elevato grado di probabilità), in quanto derivanti da un rapporto già in essere, prevale sul fallimento del cedente, purché prima dell'apertura della procedura concorsuale l'originaria cessione (e non anche la venuta ad esistenza dei singoli crediti futuri) sia notificata od accettata dal debitore ceduto (6).

esazione. Nello stesso senso Trib. Bergamo, 14 settembre 2019, n. 1948, in *DeJure*, Giuffrè.

(5) Cass., 17 gennaio 2012, n. 551; Cass., 31 agosto 2005 n. 15590; Cass., 29 dicembre 2000, n. 16235; Trib. Chieti, 15 marzo 2012, n. 219, in *DeJure*, Giuffrè, secondo cui la cessione, anche se tempestivamente notificata o accettata *ex* art. 2914, n. 2, c.c., non è opponibile al fallimento del cedente se, alla data della dichiarazione di fallimento, il credito non era ancora sorto e non si era verificato l'effetto traslativo della cessione.

(6) Cass., 28 febbraio 2020, n. 5616, la quale chiarisce che, laddove l'atto di cessione identifichi i crediti futuri in tutti i loro elementi oggettivi e soggettivi e questi formino oggetto di un rapporto già in essere tra cedente e ceduto, la notifica di data certa dell'atto di cessione o la sua accettazione sono idonee a renderlo opponibile al fallimento del cedente. Solo per i crediti eventuali, la prevalenza della cessione richiede che la notificazione o accettazione siano non solo anteriori al fallimento, ma anche posteriori al momento in cui il credito sia venuto ad esistenza. Nello stesso senso Cass., 21 dicembre 2005, n. 28300.

Si è alle volte precisato che questa opponibilità è limitata ad un triennio (restando quindi esclusi dall'attivo fallimentare solo quei crediti che giungano a scadenza entro tre anni dall'atto di cessione) ed in ogni caso non oltre un anno dalla data del fallimento ai sensi dell'art. 2918 c.c. (7), ma l'opinione appare molto discutibile considerato che la norma, riferita al caso specifico della cessione di crediti per fitti e pigioni, deve ritenersi eccezionale e non applicabile in maniera generalizzata o analogica (8).

All'accordo di cessione resta del tutto estraneo il debitore ceduto per il quale resta di regola indifferente pagare al creditore cedente o al creditore cessionario.

L'accettazione da parte del debitore ceduto o la notifica (9) a quest'ultimo non ha alcuna rilevanza ai fini del perfezionamento del contratto di cessione, venendo in considerazione solo ai fini dell'oppo-

(7) Cass., 28 luglio 2014 n. 17054; Cass., 14 aprile 2010, n. 8961; Cass., 21 dicembre 2005, n. 28300 e Cass., sez. lav., 26 ottobre 2002, n. 15141.

(8) Così anche, in motivazione, Trib. Ancona, decreto, 15 marzo 2018, n. 2057, in *www.ilcaso.it*, Sez. Giur., 2018, 19471, il quale rileva correttamente che la cessione di pigioni o fitti per oltre 3 anni è soggetta alla pubblicità dichiarativa prevista dagli artt. 1650 e 2643, n. 9 c.c., formalità non consentita ove l'atto abbia ad oggetto crediti diversi, stante il principio di tassatività degli atti trascrivibili, il quale comporta non soltanto che dalla trascrizione possono derivare esclusivamente gli effetti espressamente previsti dalla legge, ma anche che tali effetti sono prodotti esclusivamente dagli atti e dalle pronunce specificamente indicati nelle norme stesse (Cass. 30 agosto 2004 n. 17391), ragion per cui non può darsi interpretazione analogica delle norme sulla trascrizione.

(9) Benché la legge parli espressamente di notifica, la giurisprudenza si accontenta di una qualsiasi comunicazione al fine di rendere opponibile la cessione al debitore ceduto, considerato che l'art. 1264, comma 2 c.c. prevede che sia sufficiente la mera conoscenza che di fatto quest'ultimo acquisisca dell'intervenuta cessione (Cass., 7 marzo 2018, n. 5487; Cass., 14 marzo 2006, n. 5516; Cass., 21 dicembre 2005, n. 28300; Cass., 5 febbraio 2001, n. 1601; Cass., 12 maggio 1998, n. 4774, in *Foro it.*, 1998, I, 2114). Maggiore formalismo dimostrava invece la giurisprudenza nell'interpretare il termine notifica di cui all'art. 1265 c.c., ritenendo che in questo caso, ai fini di far prevalere una tra più cessioni a diversi cessionari, sia richiesta una notifica formale a mezzo di Ufficiale Giudiziario (Trib. Pavia, 13 dicembre 1985, in *Giur. merito*, 1986, 108; Cass., 21 aprile 1961, n. 890, in *Mass. Foro it.*, 1961, 216), ma la giurisprudenza più recente precisa che, anche in questo caso, la notifica di cui parla la norma debba essere intesa in senso sostanziale e non processuale e pertanto sia un atto a forma libera (Cass., 21 dicembre 2005, n. 28300).

nibilità e quindi dell'efficacia della cessione nei suoi confronti (10) (art. 1264 c.c.) ovvero al fine di determinare quale tra più cessioni del medesimo credito a persone diverse debba prevalere (art. 1265 c.c.).

In ogni caso, laddove il debitore ceduto abbia avuto comunque notizia dell'intervenuta cessione, pur in assenza di una formale notifica o di una sua accettazione espressa, egli non può ritenersi liberato se paga a favore del cedente (art. 1264, comma 2 c.c.).

Abbiamo detto che la cessione è un contratto consensuale ad effetti reali: occorre ora precisare che la giurisprudenza è solita affermare che si tratta di un negozio a causa variabile, a seconda del tipo contrattuale adottato, rispetto al quale le norme che regolano la cessione (artt. 1260 e ss. c.c.) sono meramente integrative (11).

La cessione può infatti assolvere le più diverse funzioni ed in particolare una funzione traslativa, una funzione solutoria, come accade nella *datio pro solvendo* o cessione di un credito in luogo dell'adempimento (art. 1198 c.c.) o ancora una funzione di garanzia, nel qual caso al negozio traslativo del credito si affianca un *pactum fiduciae* (fiducia cum creditore) in forza del quale il cessionario si impegna a ritrasferire il credito laddove il cedente (debitore del cessionario) adempia la

(10) Cass., 15 novembre 1984, n. 5786. Quindi la notifica della cessione al debitore ceduto o la sua accettazione da parte di quest'ultimo rilevano solo per determinare l'efficacia liberatoria del pagamento al cedente ovvero al fine di stabilire la priorità di più cessioni rispetto ai terzi a norma dell'art. 1265 c.c. (Cass., 2 luglio 1977, n. 2243, in *Giur. it.*, 1977, I, 1, 1654). In dottrina si è sostenuto che la mancanza di notifica al debitore ceduto o di accettazione da parte sua rende non ancora completo l'effetto traslativo della cessione, rimanendo il credito provvisoriamente inesigibile ovvero il trasferimento condizionato sospensivamente all'acquisto da parte del cessionario ovvero ancora impedendo il perfezionamento di una fattispecie considerata a formazione complessa (per un esame delle varie posizioni sul punto si veda Bozzi, *Le garanzie atipiche*, Vol. I, Milano, 1999, 211 ss.).

(11) Cass., 9 luglio 2018, n. 18016, la quale precisa che il contratto di cessione non richiede alcuna forma particolare a meno che essa non sia imposta dal negozio costituente la causa del trasferimento; Cass., 3 luglio 2009, n. 15677; Cass., 20 novembre 1975, n. 3887, in *Giur. it.*, 1977, I, 1, 126; in dottrina Messineo, *Manuale di diritto civile e commerciale*, II, Milano, 1952, 189; la dottrina più recente è però critica nei confronti di questo orientamento affermando che non esiste un contratto sottostante alla cessione, ma è essa stessa il contratto che produce effetti traslativi del credito, così come la vendita è il contratto che produce l'effetto traslativo della proprietà o di altro diritto reale senza che possa ravvisarsi un contratto sottostante ad essa (Galgano, *Diritto civile e commerciale*, II, Padova, 1990, 100-101).

propria obbligazione (come vedremo meglio parlando delle garanzie bancarie).

Il cedente di regola non garantisce la solvibilità del debitore ceduto a meno che ciò non sia espressamente pattuito, mediante l'inserimento nel negozio di cessione di una clausola « salvo buon fine » (nel qual caso si parla di cessione *pro solvendo*, a differenza del caso in cui il cedente non garantisce la solvibilità del debitore ceduto ove si parla di cessione *pro soluto* (12).

2. La legge sulla cessione dei crediti di impresa (legge 21 febbraio 1991, n. 52).

La legge 21 febbraio 1991, n. 52 introduce una regolamentazione (che potremmo definire speciale) della cessione *professionale* dei crediti di impresa, in presenza di determinate condizioni. L'art. 1 della legge 52/1991 prevede l'applicazione della nuova disciplina a tutte quelle imprese che esercitano professionalmente l'attività di acquisto di crediti purché:

a) il cedente sia un imprenditore;

b) i crediti oggetto di cessione nascano da contratti stipulati dal cedente nell'esercizio della propria impresa;

c) le imprese cessionarie siano banche (13) o intermediari finanziari autorizzati ed iscritti all'albo di cui all'art. 106 T.U. bancario, il cui *oggetto sociale* preveda l'attività di acquisto di crediti di impresa (art. 1, comma 1, lett. *c*, della legge 52/1991), ferma restando la possibilità di prevedere l'esercizio delle altre attività finanziarie indicate dall'art. 106 T.U. bancario;

(12) La cessione *pro solvendo* viene considerata sottoposta alla condizione risolutiva dell'impossibilità di realizzazione del credito ceduto, il che, come vedremo, impedisce di considerare il trasferimento del credito come definitivamente avvenuto (si veda sulla cessione pro solvendo Trib. Bologna, 4 maggio 1985, in *Banca, borsa, tit. cred.*, 1985, II, 533; in dottrina, per tutti, PERLINGIERI, *Cessione dei crediti*, in *Comm. del Cod. Civ.*, a cura di Scialoja-Branca, *sub* artt. 1260-1267, Bologna, 295 ss.).

(13) Si è così previsto espressamente che l'attività di *acquisto* dei crediti (e quindi anche quella di *factoring*) sia consentita anzitutto alle banche, anche se ciò era già ritenuto possibile precedentemente all'entrata in vigore del Testo Unico bancario (DE NOVA, *Novità nella disciplina della cessione dei crediti di impresa*, in *I contratti*, n. 2/1994, Milano, 119).

d) le imprese cessionarie siano società di capitali che svolgono l'attività di acquisto di crediti verso terzi vantati da società del gruppo di appartenenza che non siano intermediari finanziari oppure di crediti di terzi verso società del gruppo, ferme restando le riserve di attività previste dal T.U. bancario (art. 12-*bis* della legge 30 giugno 2016, n. 119 di conversione del decreto legge 3 maggio 2016, n. 59).

L'esercizio dell'attività di acquisto professionale dei crediti di impresa rientra certamente nell'ambito delle attività finanziarie (essendo attività ammessa al mutuo riconoscimento) e precisamente tra le attività di concessione di finanziamenti sotto qualsiasi forma, come precisato dall'art. 2, comma 1, lett. *b*) del D.M. 53/2015. Opera quindi la già vista riserva di attività finanziaria che trova una deroga eccezionale nell'ambito dei gruppi societari nelle ipotesi richiamate al precedente punto *d*), giustificata dall'esigenza di agevolare lo smobilizzo di crediti d'impresa di società non finanziarie appartenenti ad un gruppo o di crediti anche finanziari vantati verso società sempre inserite in un gruppo.

Anche l'attività di acquisto di crediti viene ora prevista in maniera più pregnante, in modo tale da garantirne un esercizio professionale non meramente occasionale. Viene infatti modificata la vecchia dizione dell'oggetto sociale da « acquisto di crediti di impresa » (art. 1 lett. *c*, legge 52/1991) in « attività di acquisto di crediti di impresa » (art. 156 T.U. bancario).

Si esclude pertanto che un'attività del genere, svolta a livello occasionale o accessorio, pur essendo legittima, possa ricevere il riconoscimento e le agevolazioni previste dalla normativa in materia.

La sussistenza dei requisiti soggettivi appena indicati funge da presupposto per l'applicazione di una disciplina di particolare favore prevista dalla legge 52/1991.

Dall'esame di questa legge emerge infatti la previsione di un trattamento privilegiato per le imprese esercenti professionalmente l'acquisto dei crediti rispetto a quanto previsto dal Codice Civile per le cessioni ordinarie.

Le agevolazioni previste dalla normativa in esame possono così riassumersi:

1) possono costituire oggetto di cessione anche i **crediti futuri** ed i **crediti di massa**. Ciò è previsto espressamente dall'art. 3 della legge

52/1991, mentre, come già detto, sussistono limitazioni per quanto concerne le cessioni ordinarie, dovendo quanto meno esistere il rapporto principale dal quale i singoli crediti ceduti deriveranno.

Ora l'art. 3, comma 1 della legge 52/1991 è esplicito nel precisare che la cessione di crediti futuri può avvenire « anche prima che siano stipulati i contratti dai quali sorgeranno ».

Ancora, la norma citata, ai commi successivi, rende praticabile anche la cessione **in massa** di crediti esistenti o futuri: il che comporta la possibilità di concordare la cessione di una pluralità indeterminata di crediti non ancora venuti ad esistenza (ferma restando la già vista efficacia solo obbligatoria della cessione dei crediti futuri, ove manchi una sufficiente identificazione del rapporto che ne costituisce la fonte).

Il legislatore, preoccupandosi però di non rendere eccessivamente indeterminato l'oggetto del contratto, ha precisato che, con riguardo ai crediti futuri, la cessione in massa deve essere determinata quantomeno con riferimento al *debitore ceduto* ed al *periodo di stipulazione dei contratti* dai quali sorgeranno i crediti ceduti.

Si precisa infatti che i contratti costituenti la fonte dei crediti ceduti devono essere stipulati *entro ventiquattro mesi*, mentre deve essere indicato il debitore ceduto (14).

In conseguenza di tali prescrizioni, dovranno considerarsi nulle, per indeterminatezza dell'oggetto, quelle cessioni riguardanti i crediti verso tutti i clienti di un imprenditore. Potranno invece formare oggetto di valida cessione i crediti vantati da un imprenditore verso più clienti (purché tutti determinati).

2) Altra agevolazione prevista per la cessione professionale dei crediti d'impresa (che potremmo estendere — come diremo — al contratto di *factoring*) è la **garanzia di solvibilità** del debitore ceduto da parte del cedente (art. 4 della legge 52/1991). Nella cessione prevista dalla legge speciale, infatti, il cedente garantisce la solvenza del debitore ceduto, sia pure nei limiti del corrispettivo pattuito. Ciò diversamente dall'art. 1267 c.c. che stabilisce la regola dell'inesistenza di siffatta garanzia, a meno che essa non venga espressamente assunta dal cedente.

(14) Non è però necessario che i crediti sorgano nel biennio di durata del contratto di *factoring* (Cass., 27 novembre 2018, n. 30611).

3) Elemento di particolare vantaggio per il cedente appare poi la previsione di un **nuovo criterio di opponibilità** della cessione ai terzi. L'art. 5 della legge n. 52/1991 prevede infatti un'ulteriore formalità per rendere la cessione opponibile ai terzi oltre a quelle ordinarie già previste dal codice civile (notifica o accettazione da parte del debitore ceduto): viene introdotto il **pagamento** totale o parziale del corrispettivo della cessione, purché munito di data certa (requisiti soddisfatto anche con la semplice annotazione del contante sul conto di pertinenza del cedente in conformità al disposto dell'art. 2, comma 1, lett. *b*) del D.Lgs. 21 maggio 2004, n. 170 che quale prova scritta della costituzione di una garanzia finanziaria prevede anche la semplice annotazione di una rimessa bancaria) ([15]).

La cessione speciale diviene così opponibile ai terzi per effetto di un pagamento da parte del cessionario che potrebbe anche essere simbolico, considerato che la legge si accontenta del versamento solo parziale del corrispettivo.

L'opponibilità è peraltro limitata agli aventi causa del cedente, ai suoi creditori e, a determinate condizioni, al suo fallimento, dichiarato dopo la cessione.

La disciplina speciale in tema di efficacia della cessione non riguarda il debitore ceduto, nei confronti del quale l'opponibilità della cessione continua ad essere disciplinata solo dall'art. 1264 c.c. ([16]).

4) Inoltre, in caso di **fallimento del debitore ceduto**, il pagamento da questi eseguito a favore del cessionario non è assoggettabile a revocatoria fallimentare (art. 6 legge 52/1991). Lo stesso pagamento pare invece assoggettabile a revocatoria nei confronti del cedente,

([15]) Si è posto il problema di un eventuale conflitto tra le varie forme di opponibilità: prevale l'opinione secondo cui il criterio del pagamento previsto dalla legge 52/91 e quelli della notifica e dell'accettazione previsti dal codice civile rappresentano due criteri tra loro equivalenti, con la conseguenza che, in caso di conflitto, prevarrà quello cronologicamente anteriore (per una disamina delle diverse opinioni dottrinali si veda Consiglia di Martino, *L'efficacia della cessione di crediti futuri nei confronti del fallimento del cedente*, in *Banca, borsa, tit. cred.*, 2018, n. 2, 249 ss.). Ne segue che, ove più siano i pagamenti parziali del corrispettivo, sarà opponibile quello eseguito per primo, così come in caso di concorrenza di più formalità, prevarrà quella perfezionata per prima (Clarizia, *La funzione dell'anticipo corrisposto dal factor*, in *Riv. it. leasing*, 1993, 3).

([16]) Tucci, *Factoring*, in *I contratti del commercio, dell'industria e del mercato finanziario*, Trattato diretto da Galgano, Torino, 1995, I, 546.

laddove il curatore dimostri che questi conosceva lo stato di insolvenza del debitore ceduto al momento del pagamento "al cessionario".

L'art. 6 della legge 52/1991 prevede che la conoscenza dello stato di insolvenza va riferita non al momento della cessione, ma a quello successivo in cui il debitore ceduto (poi fallito) abbia effettuato il pagamento al cessionario.

La disposizione appare anomala, per come formulata, rispetto allo schema dell'azione revocatoria fallimentare, considerato che il cedente sembra poter essere chiamato a versare al fallimento del debitore ceduto somme mai percepite (essendo state queste incassate dal cessionario), anche se, al momento di contrattare col cessionario, non fosse assolutamente a conoscenza dello stato di insolvenza del debitore ceduto, ma ne sia venuto a conoscenza successivamente.

5) L'art. 7 della legge 52/1991 prevede poi che, in caso di **fallimento del cedente**, il curatore possa far dichiarare l'inopponibilità alla procedura delle cessioni solo provando:

a) che il cessionario conosceva lo stato di insolvenza del cedente quando ha eseguito il pagamento (del corrispettivo della cessione);

b) che detto pagamento sia stato eseguito nell'anno anteriore alla dichiarazione di fallimento (la disposizione è rimasta inalterata anche a seguito della riforma della revocatoria fallimentare ([17]), ma la specialità della norma e la considerazione che, nel caso di specie, si parla di inopponibilità dell'efficacia della cessione e non di revocatoria fallimentare inducono a ritenere che la disposizione non vada adeguata al nuovo periodo sospetto previsto dal novellato art. 67, comma 2 L. fall. che consente la revoca dei soli atti compiuti entro i 6 mesi antecedenti la dichiarazione di fallimento);

c) che il pagamento sia stato eseguito prima della scadenza del credito ceduto ([18]).

Inoltre il curatore può recedere dalle cessioni relative a crediti futuri, restituendo il corrispettivo pagato dal cessionario.

([17]) Introdotta con D.L. 14 marzo 2005, n. 35, convertito con modificazioni nella legge 14 maggio 2005, n. 80 (di cui tratteremo parlando del contratto di apertura di credito al capitolo XII).

([18]) Sull'applicazione dell'art. 7, comma 1 delle legge 52/1991 si veda Cass. 23 giugno 2015, n. 12994.

Tale facoltà parrebbe esercitabile anche nei casi in cui la cessione avesse ad oggetto *crediti futuri probabili* e fosse stata resa opponibile al fallimento del cedente, secondo quanto spiegato al paragrafo precedente.

Una simile lettura appare però difficilmente conciliabile con le finalità della legge 52/1991 e della successiva normativa tese ad incentivare forme di autofinanziamento a favore delle imprese italiane, notoriamente sotto capitalizzate e caratterizzate da un eccessivo ricorso all'indebitamento bancario ([19]). Si porrebbe infatti un problema di illogica disparità di trattamento tra le cessioni di crediti futuri probabili a seconda che siano ordinarie (in tal caso opponibili al curatore del fallimento del cedente, il quale non avrebbe la possibilità di recedere) o soggette alla legge 52/91 (potendo in tal caso il curatore privare di effetti la cessione).

La disciplina di favore di cui si è detto vale ovviamente solo nel caso in cui sussistano tutti i requisiti soggettivi previsti dall'art. 1 della legge 52/1991, altrimenti tornerà applicabile la normativa codicistica.

Ciò non esclude che le imprese qualificate dal possesso dei predetti requisiti possano utilizzare il regime ordinario delle cessioni previsto dal codice civile (art. 1, comma 2 legge 52/1991).

3. Il *factoring*.

Nel nostro ordinamento giuridico il contratto di *factoring* costituisce un contratto atipico, trovando una disciplina nella sola prassi commerciale e nella specifica regolamentazione stabilita dalle parti ([20]).

([19]) Spunti interessanti sul fatto che la legge 52/1991 abbia ampliato l'area in cui l'acquisto dei crediti è opponibile ai terzi si ritrovano in: BUSSANI-INFANTINO, *Cessione del credito e factoring*, Milano, 2006, 290; ALESSI-MODICA, *La cessione dei crediti d'impresa e il factoring*, in *La circolazione del credito*, Tomo I, a cura di Alessi e Mannino, nel *Trattato delle obbligazioni*, diretto da Garofalo e Talamanca, Padova, 2008, 1120 e, con una sfumatura di incertezza, DE NOVA, *I nuovi contratti*, Torino 1994, 139.

([20]) Cass., 26 maggio 2020, n. 9875, in *Guida al diritto*, 2020, 47, 78 chiarisce che il contratto di *factoring* resta atipico anche dopo l'entrata in vigore della legge 52/1991 e la sua natura giuridica dipende dalla prevalenza che le parti hanno inteso dare al risultato concreto da perseguire, dovendosi valutare in particolare se esse abbiano optato per quello di una vendita, per quello di un mandato o per altro ancora; nello

Neppure la legge 21 febbraio 1991 n. 52, da molti autori salutata come la prima legge in materia di *factoring*, nomina mai tale figura contrattuale, limitandosi a trattare genericamente della cessione dei crediti di impresa (21).

Un espresso riferimento al *factoring* è invece contenuto nel T.U. bancario, all'art. 1, comma 2, lett. *f*), n. 2 che ricomprende tra le attività ammesse al mutuo riconoscimento le « operazioni di prestito (compreso in particolare... il *factoring*...) ».

Così facendo il legislatore bancario non solo ha definitivamente dato atto dell'inserimento del contratto di *factoring* tra le operazioni finanziarie, ma ne ha anche consacrato il riconoscimento, inserendolo a pieno titolo in un testo legislativo.

Il *factoring* viene comunemente definito come il contratto mediante il quale un imprenditore (cedente) trasferisce o si impegna a trasferire a titolo oneroso ad una società specializzata (il factor) i crediti, presenti o futuri, derivanti dall'esercizio dell'impresa, nei confronti della propria clientela (debitori ceduti) (22).

Il contratto può riguardare i crediti sorti in un determinato ambito territoriale o quelli vantati nei confronti di determinati debitori dei quali il *factor* si riserva di valutare la solvibilità accettando o meno le singole cessioni.

stesso senso Cass., 15 febbraio 2013, n. 3829, secondo cui il nucleo essenziale del *factoring* è costituito dall'obbligo assunto da un imprenditore (cedente o fornitore) di cedere ad altro imprenditore (*factor*) la titolarità dei crediti derivati o derivandi dall'esercizio della sua impresa e da un effetto traslativo al momento dello scambio dei consensi o al momento in cui i crediti vengono ad esistenza o al momento di un distinto negozio di cessione, se così è previsto dal contratto. Ne consegue che, nell'identificare la causa del contratto ed i suoi effetti, il giudice deve necessariamente fare riferimento all'intento negoziale delle parti che renda palese il risultato concreto perseguito.

(21) In questo senso Cass., 2 febbraio 2001, n. 1510, in *Giust. civ.*, 2001, I, 1855 ss.

(22) Sulla nozione del contratto di *factoring* si veda Cass., 18 gennaio 2001, n. 684, secondo cui tale contratto è essenzialmente costituito da una convenzione complessa, per effetto della quale il *factor* si obbliga ad acquistare la totalità dei crediti di cui un imprenditore è o diventerà titolare nello svolgimento della propria attività d'impresa, impegnandosi di regola anche ad anticiparne parzialmente l'importo ed a svolgere altri servizi accessori (di informazione, consulenza, collaborazione nella gestione aziendale ecc.) a fronte della prestazione di una commissione che costituisce il corrispettivo di questa complessa attività. Sottolinea la finalità finanziaria dell'anticipazione Cass., 2 maggio 2019, n. 11589.

Le prestazioni caratterizzanti la figura del *factor* sono sostanzialmente raggruppabili in due categorie:

a) **attività di natura finanziaria** consistenti nell'anticipazione parziale al fornitore cedente dell'importo del credito ceduto;

b) **attività di natura amministrativa** consistenti nella gestione, contabilizzazione e riscossione dei crediti ceduti.

Una volta incassati i crediti ceduti, il *factor* è tenuto a corrisponderne l'importo all'impresa cedente, dedotte le eventuali anticipazioni già effettuate al momento delle singole cessioni.

A queste prestazioni del *factor* se ne possono aggiungere eventualmente altre, consistenti nel garantire al fornitore la solvibilità di quei clienti i cui debiti vengono ceduti mediante una cessione pro soluto: il che significa che in alcuni casi l'impresa di factoring acquista definitivamente il credito anticipandone l'importo e senza possibilità di rivalsa in caso di insolvenza del debitore ceduto. Peraltro, normalmente, negli schemi contrattuali predisposti dall'impresa di factoring, sono previsti particolari eventi in presenza dei quali viene meno la garanzia assunta dall'impresa di factoring.

Inoltre l'impresa di factoring mette a disposizione dei clienti la propria esperienza nel mercato finanziario e l'organizzazione specialistica nell'attività di riscossione dei crediti.

A fronte di queste prestazioni, il fornitore è tenuto a corrispondere un corrispettivo rappresentato da un canto dagli interessi calcolati sulle anticipazioni ricevute e per tutto il periodo in cui il fornitore se ne avvale, dall'altro dalla commissione per il servizio di amministrazione dei crediti.

Oltre al pagamento del corrispettivo per i servizi resi dal factor, il fornitore si obbliga a restituire le somme anticipategli qualora il debitore ceduto risulti inadempiente alla scadenza stabilita. Se però la cessione è avvenuta *pro soluto*, il *factor* resta sempre obbligato a corrispondere l'importo del credito (al netto dei corrispettivi pattuiti) alla scadenza dello stesso o entro il termine pattuito.

Considerata la complessità del rapporto e la sua continuatività, le prestazioni reciproche non sono eseguite volta per volta, ma vengono regolate in conto corrente.

Si riportano cioè all'attivo per il fornitore gli importi dei crediti ceduti (che sono iscritti subito se la cessione è *pro soluto* e al momento della riscossione se essa è *pro solvendo*); al passivo si registrano invece le somme dovute dal cedente per la restituzione delle anticipazioni, per gli interessi e per le commissioni.

Strutturalmente, l'operazione di factoring può essere scomposta in una pluralità di contratti:

— da un lato vi è la **convenzione** vera e propria di factoring, ossia un contratto di durata che prevede le reciproche obbligazioni assunte dalle parti in vista delle singole cessioni di crediti;

— dall'altra si riscontrano i **singoli contratti** di cessione dei crediti che svolgono la funzione di dare attuazione e concretezza al negozio generale (23).

Sorge allora il problema di qualificare il rapporto tra il contratto generale e le cessioni successive che nel primo trovano origine a causa.

La dottrina è a questo proposito divisa tra coloro che vedono nei singoli atti di cessione dei contratti separati e distinti rispetto alla convenzione base e coloro che invece ritengono il factoring come un unico contratto e precisamente come una cessione unica di crediti futuri, con la conseguenza che i crediti, una volta sorti, si trasferirebbero automaticamente al *factor* senza bisogno che i contraenti compiano un'ulteriore dichiarazione di volontà (24).

Alla base del primo orientamento sta ovviamente la concezione del factoring come contratto ad effetti obbligatori (comportante l'obbligazione in capo alle parti di manifestare la propria volontà alle singole cessioni), mentre alla base del secondo sta la qualificazione del factoring come contratto ad effetti reali (comportante già il trasferimento dei crediti indicati nei successivi atti di cessione).

La tesi del contratto ad effetti reali è condivisa dalla prevalente giurisprudenza della Corte di Cassazione, la quale precisa però che l'effetto traslativo si produce al momento dello scambio dei consensi se la cessione dei crediti è globale ed i crediti sono esistenti, mentre lo stesso effetto è differito (producendo l'accordo un mero effetto obbli-

(23) Perlingieri, *Della cessione dei crediti*, cit., 57; Frignani, *I recenti sviluppi del factoring in Italia*, in *Nuovi tipi contrattuali e tecniche di redazione nella pratica commerciale (profili comparatistici)*, Padova, 1978, 218; Zuddas, *Il contratto di factoring*, Napoli, 1983, 155.

(24) Per una disamina delle diverse teorie sul punto sia permesso il rinvio a Bontempi-Scagliarini, *La securitization*, Milano, 1999.

gatorio) al momento in cui vengono ad esistenza i crediti ceduti se la cessione ha ad oggetto crediti futuri o se, per adempiere alla convenzione base, è necessario trasmettere i crediti con distinti negozi (25).

Pare corretto ritenere che, se la convenzione base preveda la necessità di un nuovo consenso da manifestarsi tra le parti in occasione di ogni specifica cessione o gruppo di cessioni, essa assumerà i connotati tipici di un contratto preliminare, mentre, se la cessione dei crediti sia prevista come un effetto automatico dell'originaria convenzione generale, si potrebbe ritenere l'esistenza di un contratto di trasferimento di crediti futuri.

Per concludere, merita un cenno il problema della **natura giuridica** del contratto di factoring.

Se volessimo attribuire alla cessione dei crediti un ruolo centrale e quindi al contratto di factoring una funzione principalmente traslativa dei crediti, allora l'operazione andrebbe inquadrata nell'ambito dei contratti di scambio, attuando essa sostanzialmente una « vendita dei crediti ».

Se viceversa giungessimo ad affermare che la cessione dei crediti svolge una mera funzione accessoria di garanzia, risulterebbe prevalente l'aspetto delle anticipazioni che il cedente riesce ad ottenere e quindi la funzione di soddisfare l'esigenza di liquidità delle imprese che si rivolgono a questo tipo di operazione (26).

Se ancora volessimo ritenere che la cessione dei crediti è puramente strumentale ad attribuire al *factor* il compito e la legittimazione ad incassare i crediti dai terzi debitori ceduti, dovremmo concludere di trovarci in presenza di un contratto a prevalente funzione di mandato.

Guardando alla prassi commerciale affermatasi in Italia, il modello operativo più diffuso è il cosiddetto *conventional factoring*, nel quale il

(25) Cass., 2 febbraio 2001, n. 1510 *cit.*; Cass., 25 luglio 1997, n. 6969, in *Il fall.*, 1998, II, 474; Cass., 18 ottobre 1994, n. 8497, in *Guida al diritto*, 1994, n. 5, 32 ss. La soluzione va oggi allineata alla già vista evoluzione degli orientamenti giurisprudenziali sulla cessione di crediti futuri ed in particolare all'opinione che vi attribuisce efficacia reale ove sia individuata la fonte dei crediti ceduti oppure la stessa sia determinata o determinabile.

(26) Per una disamina approfondita dei vari orientamenti dottrinali sul punto si veda Bassi, *Factoring e cessione dei crediti di impresa*, Milano, 1993, 11 e ss.; per un richiamo delle principali teorie si veda Venuti, *I crediti e le operazioni su crediti (cessione dei crediti, factoring, cartolarizzazioni e contratti affini) nel bilancio codicistico e nel bilancio IAS/IFRS*, in *Riv. soc.*, 2010, 4, 745.

sinallagma contrattuale si fonda proprio sulla cessione dei crediti. Potremmo allora concludere che, almeno negli usi contrattuali del nostro Paese, il contratto di *factoring* si configura come un contratto a prevalente causa di scambio.

Ciò ha indotto parte della dottrina (27) a ravvisare nel contratto di *factoring* una compravendita di crediti.

Non vi è dubbio però che lo svolgimento del rapporto di *factoring* evidenzia anche una serie di servizi accessori che il *factor* presta al cedente (servizi di contabilità, riscossione, informazione commerciale) che avvicinano il *factoring* al mandato (28).

Questa multiforme configurazione del *factoring* ha indotto la giurisprudenza della Suprema Corte a qualificare l'operazione in esame come « *una convenzione complessa nella quale confluiscono elementi sia di finanziamento, sia di trasferimento dei crediti, sia di gestione della totalità dei crediti, con prevalenza delle prime due funzioni di finanziamento e di trasferimento di crediti* » (29).

Agli elementi appena evidenziati possono affiancarsene altri, quali quelli tipici di un'operazione di assicurazione, quando il *factor* assume espressamente il rischio dell'insolvenza del debitore (30).

Particolare rilevanza viene riconosciuta agli elementi del mandato da una giurisprudenza di merito che ravvisa nel *factoring* un contratto di collaborazione tra imprese, avente ad oggetto l'organizzazione e la

(27) DE NOVA, *Leasing e factoring*, in *Nuove forme di impiego del risparmio e di finanziamento delle imprese: disciplina civile e fiscale*, Milano, 1984, 628; ID., *Nuovi contratti*, Torino, 1990, 88 e ss.; FERRIGNO, *Il factoring*, in *I contratti in generale*, a cura di Alpa-Bessone, in *Giur. sist. Bigiavi*, Torino, II, 1, 191; BIANCHI, *Il factoring e i problemi gestionali che comporta*, Napoli, 1970, 77; FOSSATI-PORRO, *Il factoring*, Milano, 1985, 167; PANZARINI, *Lo sconto dei crediti e dei titoli di credito*, Milano, 1984, 629.

(28) In senso conforme NUZZO, *Il factoring nella dottrina italiana*, in *Riv. it. leasing*, 1985, 323; ID., *Dal contratto all'impresa: il factoring*, in *Riv. soc.*, 1984, 947; DIMUNDO, *Fallimento e factoring*, in *Dir. fall.*, 1988, 244. Per una compiuta analisi delle tesi che assimilano il *factoring* al mandato: DIMUNDO, nota a Trib. Genova, 19 novembre 1990, in *La nuova giur. civ.*, 1991, I, 605.

(29) Cass., 12 aprile 2000, n. 4654, in *Fall.*, 2001, n. 5, 515 ss.

(30) Cass., 18 ottobre 1994, n. 8497, in *Contratti*, 1995, 23 ss. Si veda anche Cass., Sez. Un., 10 gennaio 1992 n. 198, in *Banca, borsa, tit. cred.*, 1992, II, 632, che qualifica il *factoring* come una convenzione complessa, con la quale il *factor* si obbliga ad acquistare la totalità dei crediti di cui l'impresa è o diverrà titolare, provvedendo anche ad anticipare l'importo dei crediti ceduti ed a svolgere un'attività gestoria dei crediti stessi, con prestazione di consulenza e collaborazione contabile.

gestione di un servizio. Questo orientamento scompone così il *factoring* in una convenzione base (ascrivibile come causa allo schema del mandato) ed in una pluralità di successivi negozi ad essa collegati, costituiti in particolare da cessioni di credito, le quali appaiono come mezzo per eseguire il mandato da parte del factor, caratterizzandosi come anticipazione dei mezzi necessari all'adempimento delle obbligazioni assunte dal mandatario ai sensi dell'art. 1719 c.c. ([31]).

La prevalente natura di mandato del contratto di *factoring* porta allora quella giurisprudenza ad escludere l'applicabilità della legge 21 febbraio 1991 n. 52, prevedendo essa una causa di scambio sconosciuta alla figura negoziale in esame ([32]).

Accedere alla tesi del mandato o della cessione dei crediti comporta conseguenze ben diverse soprattutto in caso di fallimento del fornitore: nel primo caso infatti il *factor* dovrà restituire alla curatela del fornitore fallito le somme incassate dai debitori ceduti dopo la dichiarazione di fallimento perché di pertinenza della procedura e non compensabili con il credito spettante al *factor* per la restituzione delle anticipazioni (mancando i requisiti della reciprocità e dell'anteriorità al fallimento della fonte dei crediti contrapposti, dato che il debito restitutorio del *factor* sorge verso la massa e solo a seguito dell'incasso dei crediti); viceversa, accedendo all'ipotesi della cessione dei crediti, il factor, in quanto titolare dei crediti esistenti, per atto anteriore alla dichiarazione di fallimento, potrà trattenere quanto riscosso (a meno

([31]) Trib. Genova, 19 novembre 1990, che si legge per esteso in BUONOCORE LUMINOSO, *I contratti di impresa*, cit., 1761 e ss.; Trib. Genova, 17 luglio 1991, in *Giur. comm.*, 1992, II, 279, con nota adesiva di BONAVERA; App. Milano, 24 aprile 2007, in *Banca, borsa, tit. cred.*, 2008, II, 610 ss.

([32]) Trib. Genova, 10 agosto 2000, in *Fall.*, 2001, n. 5, 517 ss., che esclude l'esistenza di una causa di scambio nel *factoring* come dimostrerebbero: *a)* la pattuizione di interessi sulle somme anticipate dal *factor* a favore del fornitore che non avrebbero senso se dette anticipazioni costituissero il prezzo di una cessione; *b)* la pattuizione di un corrispettivo (commissione) e di rimborsi spese per il servizio di gestione e riscossione dei crediti ceduti che si giustifica solo ritenendo che tali servizi vengano svolti nell'interesse del fornitore. La sentenza appena citata non esclude però che, nel caso concreto, le parti possano prevedere espressamente una causa di scambio e quindi l'applicabilità della legge 52/1991. Il Tribunale di Genova è da tempo orientato stabilmente su questa linea (fra le tante Trib. Genova, 17 ottobre 1994, in *Fall.*, 1995, 315 ss. e in *Giur. comm.*, 1995, II, 697 ss.). *Contra* però App. Genova, 18 maggio 2001, in *Fall.*, 2002, 633.

che non venga revocato l'intero contratto di factoring) e troveranno integrale applicazione tutte le disposizioni in materia fallimentare che già abbiamo esaminato a proposito della legge 52/1991.

Ancora diversa è la sorte del contratto di factoring in caso di fallimento del cliente-fornitore a seconda che si accolga l'una o l'altra tesi: aderendo alla tesi del mandato dovrà ritenersi che il factoring possa sciogliersi *ex* artt. 78 e 72 L. fall. (33), mentre, configurando l'operazione come contratto di scambio, troverà applicazione l'art. 7, comma 2 della legge 21 febbraio 1991, n. 52, secondo cui il curatore del fallimento del cedente può recedere dalle cessioni stipulate prima del fallimento, limitatamente ai crediti non ancora sorti alla data di dichiarazione del fallimento (34).

Ad avviso dello scrivente risulta certamente arduo ricondurre la figura contrattuale in questione nell'ambito degli angusti confini di un unico tipo contrattuale, considerata la pluralità di funzioni che possono caratterizzare il rapporto di factoring.

Tra queste funzioni certamente rilevante appare quella di finanziamento, soprattutto alla luce della particolare estensione che il concetto di attività finanziaria ha acquisito col T.U. bancario, come dicevamo al capitolo che precede.

Infatti oggi il factoring è inquadrato tra le operazioni di prestito dall'art. 1, lett. *f*), n. 2 del T.U. bancario e ciò senza dubbio contribuisce non poco ad attribuire una funzione primaria all'attività di finanziamento svolta dalle imprese di factoring attraverso l'erogazione di anticipazioni sui crediti ceduti.

Ciò non toglie però che appaia altrettanto rilevante la funzione traslativa dei crediti, almeno in quella particolare configurazione che il factoring ha assunto nella prassi contrattuale italiana. Non pare allora contestabile l'applicabilità delle norme contenute nella legge 21 febbraio 1991, n. 52, considerata la natura imprenditoriale dei crediti che normalmente vengono ceduti dall'impresa al *factor* e, per quanto non disposto dalla legge appena richiamata o fuori dall'ambito di applica-

(33) Trib. Velletri, 19 agosto 1996, in *Dir. fall.*, 1996, II, 1165; Trib. Genova, 17 luglio 1991, in *Giur. comm.*, 1992, II, 279.

(34) Prima dell'entrata in vigore della legge 52/1991 la dottrina riteneva applicabile l'art. 72 L. fall. (De Nova, *Il diritto attuale, Nuovi contratti*, Torino, 1990, 351).

bilità della stessa (cessione di crediti non d'impresa), torneranno applicabili gli artt. 1260 e ss. c.c. (35).

4. La cessione dei crediti verso pubbliche amministrazioni.

Una particolare disciplina è prevista per la cessione dei crediti vantati nei confronti di una pubblica amministrazione.

In questo caso la normativa in materia prevede una disciplina speciale che deroga in buona parte quella generale che si è già esaminata.

Una prima deroga riguarda il principio della libera cedibilità dei crediti senza necessità del consenso del debitore ceduto, dato che la cessione dei crediti riferiti a contratti (di somministrazione, fornitura o appalto) *in corso di esecuzione* (36) è subordinata alla preventiva adesione della pubblica amministrazione ai sensi dell'art. 9 della legge 20 marzo 1865, n. 2248, tuttora in vigore (come dichiarato espressamente dall'art. 1, comma 1 del D.Lgs. 1 dicembre 2009, n. 179) e richiamato dall'art. 70, comma 3 del R.D. 18 novembre 1923, n. 2440 ("*Nuove disposizioni sull'amministrazione del patrimonio e sulla contabilità generale dello Stato*").

Sussistono poi maggiori vincoli di forma per le cessioni.

In generale l'art. 69 del R.D. 18 novembre 1923, n. 2440 dispone che la cessione di crediti verso la pubblica amministrazione deve risultare da « atto pubblico o da scrittura privata autenticata da notaio » e deve essere resa opponibile alla pubblica amministrazione debitrice ceduta tramite notifica (37).

(35) La Cassazione ha precisato che, quando i contratti di *factoring* sono caratterizzati da una cessione dei crediti di impresa e, pertanto, da una causa prevalente di scambio, trova applicazione la legge n. 52 del 1991 (Cass., 15 febbraio 2013, n. 3829).

(36) Il necessario consenso della pubblica amministrazione alla cessione dei crediti verso la stessa si applica solo ai contratti di durata, durante la loro esecuzione, onde evitare che possa esserne compromessa la regolare esecuzione (Cass. 28 gennaio 2002, n. 981; Cass., 11 gennaio 2006, n. 268; Cass., 1 febbraio 2007, n. 2209).

(37) La Cassazione è giunta alla conclusione che, come per le cessioni di crediti verso privati, anche per le cessioni di credito verso pubbliche amministrazioni la notificazione al debitore ceduto non si identifica con quella effettuata ai sensi dell'ordinamento processuale, ma può realizzarsi con un atto a forma libera, purché idoneo

Va precisato che l'art. 69 del R.D. 2440/1923 è ritenuta norma eccezionale che riguarda la sola amministrazione statale ed è pertanto insuscettibile di applicazione analogica o estensiva con riguardo ad amministrazioni diverse (38).

Se i crediti verso la pubblica amministrazione derivano da contratti di servizi, forniture, lavori e opere, la loro cessione è disciplinata dall'art. 106, comma 13 del D.Lgs. 18 aprile 2016, n. 50 (Codice degli appalti pubblici e dei contratti di concessione), il quale prevede:

a) l'applicazione della legge 21 febbraio 1991, n. 52 alla cessione dei crediti verso le stazioni appaltanti pubbliche;

b) la necessità che le cessioni di crediti verso stazioni appaltanti che sono amministrazioni pubbliche siano stipulate mediante atto pubblico o scrittura privata autenticata e siano notificate alle amministrazioni debitrici, pena l'inopponibilità delle cessioni stesse;

c) l'inefficacia della cessione nel caso in cui la stazione appaltante pubblica rifiuti la cessione con comunicazione da notificarsi al cedente ed al cessionario entro 45 giorni dalla notifica della cessione;

d) la possibilità per le amministrazioni pubbliche di accettare preventivamente, nel contratto stipulato o in atto separato contestuale, la cessione da parte dell'esecutore di tutti o di parte dei crediti che dovranno venire a maturazione.

L'omessa osservanza delle formalità prescritte dalla legge non inficia la validità del negozio di cessione, ma si limita a renderlo inopponibile alla pubblica amministrazione, fermo restando che, in caso di accettazione da parte sua, l'inefficacia resta sanata (39).

Una notevole semplificazione nella disciplina della cessione dei crediti verso la pubblica amministrazione è stata prevista dall'art. 37, comma 7-*bis* del D.L. 24 aprile 2014, n. 66, convertito con modificazioni nella legge 23 giugno 2014, n. 89 che ha favorito lo smobilizzo dei crediti commerciali certificati mediante piattaforma elettronica.

a porre il debitore nella consapevolezza della mutata titolarità attiva del rapporto obbligatorio (Cass., 5 febbraio 2008, n. 2665).

(38) Cass., 21 dicembre 2017, n. 30658 che ha escluso l'applicabilità della norma in esame nei confronti delle aziende sanitarie locali, le quali, sin dalla loro istituzione, sono enti pubblici estranei al novero delle amministrazioni statali.

(39) Cass., 6 marzo 2013, n. 5493.

Tale cessione può essere perfezionata con semplice scrittura privata ed a favore di banche ed intermediari finanziari autorizzati, senza necessità di alcun consenso da parte della pubblica amministrazione debitrice ceduta (che può solo rifiutare la cessione entro 7 giorni dalla ricezione della comunicazione di avvenuto trasferimento) e con esenzione da ogni ipotesi di revocatoria fallimentare. Le stesse agevolazioni si applicano anche alle cessioni dei medesimi crediti dalle banche ed intermediari finanziari autorizzati alla Cassa depositi e prestiti S.p.A. o a istituzioni finanziarie dell'Unione europea e internazionali o a società di cartolarizzazione.

Presupposto per rendere applicabile tale disciplina di favore è che i crediti ceduti siano certificati come non prescritti, certi, liquidi ed esigibili, mediante una particolare procedura di conferma del credito da parte della pubblica amministrazione debitrice ([40]), attivata su istanza del creditore e gestita tramite una piattaforma elettronica predisposta dal Ministro dell'economia e delle finanze — Ragioneria generale dello Stato.

L'art. 194, comma 13 del D.Lgs. 50/2016 prevede però la possibilità di cessione dei crediti delle società di progetto, derivanti dall'affidamento di un'opera pubblica appaltata, anche se non ancora liquidi ed esigibili.

Ulteriore agevolazione è prevista in caso di cartolarizzazione dei crediti verso una pubblica amministrazione che non richiede la notifica all'amministrazione debitrice ceduta (art. 4, comma 4-*bis* ed art. 7-*bis*, comma 4 della legge 30 aprile 1999, n. 130 di cui ci occuperemo al paragrafo 8) e beneficia delle agevolazioni previste dall'art. 37, comma 7-*bis* del D.L. 66/2014 per i crediti commerciali certificati mediante piattaforma elettronica.

5. Il *confirming* ed il *forfaiting*.

Un accenno meritano due figure contrattuali sotto certi aspetti assimilabili al factoring (in particolare al factoring internazionale): il confirming ed il forfaiting.

([40]) Prevista dall'art. 7, comma 1 del D.L. 8 aprile 2013, n. 35 convertito con modificazioni nella legge 6 giugno 2013, n. 64.

Si tratta di operazioni conosciute nella pratica internazionale degli affari e finalizzate al sostegno dell'esportazione, costituendo una tecnica di finanziamento dei crediti all'esportazione a medio termine.

Svolgono entrambe la funzione di consentire ad un esportatore di ottenere immediata liquidità a fronte dei crediti vantati nei confronti dell'importatore, mediante trasferimento in capo all'impresa finanziatrice dell'onere e del rischio dell'incasso.

In sostanza, nel confirming le cosiddette Confirming Houses (operatori specializzati che operano nel settore) si obbligano nei confronti di un esportatore a garantire il pagamento di un credito vantato nei confronti di un importatore straniero, corrispondendo allo stesso tempo anticipazioni in contanti sull'importo dello stesso.

L'esportatore a sua volta consegna alla Confirming House i documenti di spedizione della merce e dei titoli rappresentativi del credito, onde consentire a questa di riscuoterlo.

La Confirming House, a garanzia dell'adempimento del debitore estero, stipula poi un'assicurazione del credito con un intermediario finanziario.

In sostanza nel confirming si attua a favore dell'impresa esportatrice un'apertura di credito per mezzo della quale l'esportatore ottiene l'immediata disponibilità della somma corrispondente all'intero credito.

Pur sempre finalizzato a sostegno dell'esportazione, il *forfaiting* si differenzia dal *confirming* per il fatto che l'esportatore in questo caso effettua una vera e propria vendita delle cambiali emesse dall'importatore. La cessione degli effetti cambiari avviene a favore di un istituto bancario o finanziario estero (detto *forfaiter*), il quale anticipa in contanti l'importo dei titoli stessi, previa deduzione di un tasso di interesse in misura fissa. Il cedente incassa l'importo dei crediti al netto di interessi, commissioni e spese ([41]).

([41]) Per una più approfondita analisi del forfaiting: CHESSA, *Il forfaiting nel diritto interno e del commercio internazionale tra funzione creditizia e causa vendendi*, in *Banca, borsa, tit. cred.*, 2015, I, 501 ss. che lo ritiene caratterizzato da una causa vendendi e non finanziaria; PITTALIS, *Forfaiting*, in *I contratti del commercio, dell'industria e del mercato finanziario*, Milano, 1995, Tomo I, 555 ss.; PANZARINI, *Il forfaiting, la funzione specie nel mercato internazionale, le tecniche, la qualificazione*, in AV.VV., *La banca e i nuovi contratti*, Milano, 1993, 121; LODDO, *I presupposti economici delle*

I titoli di credito utilizzati sono di regola cambiali tratte (*bills of exchange*) dall'esportatore all'ordine proprio e sull'importatore e da questi accettate o pagherò cambiari (*promissory notes*) emessi dall'importatore a favore dell'esportatore: in entrambi i casi sul titolo viene apposta la dicitura « senza ricorso » che indica una vendita *pro soluto*, cioè senza possibilità di rivalersi sul cedente nell'eventualità che gli effetti non risultino pagati alla scadenza.

Il forfaiting è espressamente indicato tra le attività ammesse al mutuo riconoscimento dall'art. 1, lett. *f*), n. 2 T.U. 385/1993 e ricompreso tra le operazioni di « credito commerciale ».

Indubbie sono le affinità rispetto al factoring di entrambe le figure contrattuali in esame in quanto tutte mirano allo smobilizzo di crediti commerciali e (se il factoring è *pro soluto*) a garantire un imprenditore contro i rischi di insolvenza del debitore nei rapporti commerciali.

Il forfaiting ed il confirming sono però finalizzati a garantire solo crediti all'esportazione, mentre il factoring riguarda tutti i tipi di crediti.

Inoltre i rapporti in esame hanno solitamente una durata medio lunga, pari ad alcuni anni, mentre nel factoring la durata dei crediti ceduti non supera mai qualche mese.

L'anticipo dell'importo del credito a favore del fornitore rappresenta sempre un elemento caratterizzante del confirming e del forfaiting, mentre nel factoring tale anticipo può anche mancare.

Sotto il profilo più prettamente giuridico, il confirming è sempre un contratto trilaterale in quanto ad esso partecipano la Confirming House, il fornitore e l'acquirente. Il factoring invece si presenta sempre (ad eccezione del factoring internazionale che rappresenta però una fattispecie del tutto peculiare) come un contratto bilaterale.

operazioni di forfaiting, in *Studi in onore di Perrillo*, Milano, 1985, I, 357. L'anticipazione che il *forfaiter* fa dell'importo del credito all'esportazione cedutogli, rende il forfaiting molto simile allo sconto bancario, ma differenze rilevanti si colgono se si considera che nello sconto la cessione del credito scontato è di regola « salvo buon fine », mentre invece nel forfaiting la cessione è *pro soluto*; inoltre, mentre nello sconto le somme dovute a titolo di interessi dipendono dall'ammontare dell'anticipazione e dalla durata del periodo mancante rispetto alla scadenza del credito, nel forfaiting l'ammontare degli interessi dipende anche da altre variabili, quali il rischio di cambio, il rischio paese, il rischio di insolvenza dell'importatore ecc. Ciò ha indotto la dottrina ad avvicinare il forfaiting più che allo sconto allo schema della compravendita (PITTALIS, *Forfaiting*, cit., 576 ss.).

Diversità sussistono in ogni caso anche rispetto al factoring internazionale, che pur si caratterizza per la trilateralità del rapporto, in quanto nel confirming e nel forfaiting l'impresa estera acquista i crediti direttamente dall'esportatore e non da un intermediario finanziario nazionale che a sua volta aveva acquistato i crediti del cliente (42).

6. La cessione internazionale dei crediti (legge 14 luglio 1993, n. 260).

Caratteristica peculiare e distintiva della cessione internazionale di crediti è il fatto di avere ad oggetto crediti all'esportazione, ossia nascenti da operazioni di commercio con l'estero dalle quali sorgano crediti nei confronti di imprese estere. Quando parliamo di cessione internazionale di crediti ci riferiamo in sostanza all'operazione di factoring internazionale, che ha formato oggetto della convenzione di Ottawa del 28 maggio 1988, poi recepita dall'Italia con la legge 14 luglio 1993, n. 260 (43).

Rispetto al factoring nazionale la struttura del contratto in esame si caratterizza per la partecipazione di un numero maggiore di soggetti e dallo svolgimento di una differente funzione.

Sotto il profilo soggettivo infatti il factoring internazionale si caratterizza per la partecipazione di ben quattro soggetti che sono, oltre all'impresa cedente, al *factor* ed al debitore ceduto (come nel factoring domestico), un'impresa di factoring straniera (denominata comunemente *import factor*), la quale deve essere della stessa nazionalità dell'impresa debitrice.

L'import *factor* svolge il ruolo di cessionario dei vari crediti all'esportazione che sorgono in capo alle imprese esportatrici e che sono stati da queste precedentemente ceduti ad un *factor* interno, della loro stessa nazionalità.

Essa instaura quindi un rapporto di « *inter factoring* » con un *factor* di diversa nazionalità al fine di consentire uno scambio di informazioni

(42) Per un'analisi delle differenze tra confirming, forfaiting e *factoring*: Fossati e Porro, *Il factoring*, Milano, 1985, 29 e 36.

(43) Il testo della legge e della Convenzione si può leggere in *Il Corriere Giuridico*, 1993, 1155. Per un approfondimento si veda Munari, *Il factoring internazionale nella Convenzione Unidroit*, in *Dir. comm. int.*, 1989, 457.

a livello professionale sulle condizioni delle cessioni, sui mercati e su tutti quegli elementi che possono esser rilevanti ai fini di una preventiva valutazione dei crediti da accettare in cessione.

In sostanza il rapporto si articola nel modo seguente: l'impresa titolare di crediti all'esportazione li cede ad una società di *factoring* nazionale (*export factor*), la quale a sua volta torna a cederli al *factor* straniero (*import factor*) che ne curerà poi la gestione e la riscossione.

Solitamente la cessione all'*import factor* avviene *pro soluto* e pertanto questi si assume il rischio del buon esito dell'operazione e quindi dell'incasso dei crediti ceduti.

Una volta ottenuto il pagamento dall'importatore (debitore ceduto) quanto riscosso viene ritrasferito all'*export factor* che accredita l'importo a favore del fornitore (esportatore), dedotti ovviamente tutti i compensi spettantigli sia per commissioni che per interessi a fronte delle anticipazioni effettuate.

Nella pratica poi il fornitore tratta e conosce solo il *factor* nazionale al quale affida la riscossione e dal quale riceve quanto incassato, al netto dei costi.

Sotto il profilo funzionale appare evidente che una siffatta operazione si caratterizza per la particolare rilevanza assunta dal servizio offerto dall'impresa di *factoring* (sia nazionale che straniera).

L'esportatore può infatti contare sulle particolari conoscenze possedute dal *factor* (attraverso l'*import factor*) riguardo al mercato estero, al sistema valutario e giuridico del paese destinatario dei propri prodotti, conoscenze queste che egli non sarebbe in grado di acquisire da solo.

L'esportatore ottiene inoltre la garanzia del buon esito dei propri crediti, in paesi dove sarebbe assai difficile assumere informazioni sulla solvibilità di imprese collocate su mercati assai lontani e spesso sconosciuti.

In alternativa allo schema appena descritto, la prassi internazionale conosce un altro tipo di *factoring* internazionale: quello in cui vi è una sola figura di factor, l'*import factor*.

In questo caso l'esportatore cede i propri crediti all'impresa di *factoring* straniera ed ottiene da questa la gestione e l'incasso dei crediti.

La disciplina introdotta dalla Convenzione Unidroit adottata ad Ottawa il 28 maggio 1988 è finalizzata alla creazione di un corpo normativo applicabile a tutti gli Stati aderenti, purché siano presenti le seguenti condizioni:

a) che sussista un contratto di *factoring* internazionale, avente cioè ad oggetto crediti derivanti da una vendita tra imprese aventi sede in Stati diversi;

b) che una delle parti del contratto di *factoring* internazionale abbia uno stabilimento in uno degli Stati aderenti (art. 2);

c) che, in alternativa alla condizione di cui al punto precedente, il contratto di vendita o di *factoring* sia soggetto alle legge di uno Stato contraente.

L'analisi delle varie norme della Convenzione evidenzia il ruolo centrale che assume nel *factoring* internazionale lo svolgimento da parte del *factor* di almeno due delle funzioni caratteristiche di questa figura contrattuale tra finanziamento, contabilità, incasso, assunzione del rischio di insolvenza del debitore ceduto (art. 1).

7. La cartolarizzazione dei crediti o securitization.

La cartolarizzazione dei crediti o, per usare il termine col quale l'operazione è nata, la *securitization* è un tipo di operazione sorta e sviluppatasi nel mercato degli Stati Uniti verso la fine degli anni settanta (44).

La radice anglosassone del termine *securitization* è rappresentata dal sostantivo *security* il quale assume comunemente il significato di « garanzia in genere », ma, nella forma plurale (*securities*), è più spesso impiegato per indicare « titoli mobiliari » che non siano necessariamente garantiti (45).

In Italia il termine *securitization* viene tradotto con « cartolarizzazione o titolarizzazione dei crediti », un'operazione disciplinata dalla

(44) Per una disamina della *securitization* nell'ordinamento americano si veda FRANKEL, *Securitization of loans, Asset-backed Securities and Structured Financing*, in *The Financial Services Revolution*, C.E. Kirsch Editor, Irving Publishing 1997, 215 e ss.

(45) Si veda la definizione nel *Dizionario Giuridico* di Francesco de Franchis, Milano, 1984, 1335.

legge 30 aprile 1999 n. 130 (Disposizioni sulla cartolarizzazione dei crediti), più volte modificata nel corso degli anni (46).

Cercando di offrirne una definizione generale (47), si tratta di un'operazione concepita per smobilizzare una serie di crediti pecuniari (presenti o futuri) di cui sia titolare un'impresa (banca, intermediario finanziario o altra impresa, definita *originator*) attraverso la loro cessione a titolo oneroso (di regola, ma non necessariamente, *pro soluto*) a favore di un soggetto (società per la cartolarizzazione dei crediti o *special purpose vehicle*), il quale provvede, direttamente o tramite una terza società (società emittente o *special purpose company*), ad emettere titoli incorporanti i crediti ceduti ed a collocarli sul mercato dei capitali per ricavare la liquidità necessaria a pagare il corrispettivo della cessione e le spese dell'operazione (48).

Per favorire il credito alla piccola e media impresa, si è prevista la possibilità di cartolarizzare anche crediti verso emittenti nascenti da obbligazioni, titoli similari o cambiali finanziarie (art. 1, comma 1-*bis* della legge 130/1999).

L'idea innovativa di tutta l'operazione sta in questo: che i crediti ceduti vengono trasformati in titoli che saranno immessi sul mercato dei capitali e circoleranno come qualsiasi altro strumento finanziario.

Il soggetto cessionario dei crediti (società per la cartolarizzazione)

(46) Per un primo commento alla legge 130/1999 sia permesso il rimando a BONTEMPI-SCAGLIARINI, *La securitization*, cit.; RUMI, *Securitization in Italia. La legge 130/1999 sulla cartolarizzazione dei crediti*, in *Giur. comm.*, 2000, I, 438 ss.; più di recente FERRO-LUZZI-PISANTI (a cura di), *La cartolarizzazione*, *Commento alla legge n. 130/99*, Milano, 2005; una sintesi molto efficace si legge in PICARDI, *Cessione dei crediti e diritto di informazione del debitore ceduto fra disposizioni della Banca d'Italia e orientamenti dell'ABF*, in *Banca, borsa, tit. cred.*, 2019, n. 2, I, 203 ss. ed in particolare 205-206.

(47) Il Regolamento (UE) 2017/2402, all'art. 2, offre una definizione di cartolarizzazione, ma si tratta ovviamente di una nozione influenzata dall'ambito oggettivo di applicazione della disciplina, che si riferisce alle sole cartolarizzazioni di *assets* suddivisi in segmenti di diversa rischiosità.

(48) L'operazione, comportando una sollecitazione all'investimento del pubblico, presuppone la pubblicazione di un prospetto informativo, redatto a cura della società cessionaria o dell'emittente i titoli (art. 2 della legge 130/1999). Tale prospetto deve contenere un programma particolarmente dettagliato se i titoli sono offerti in sottoscrizione ad investitori istituzionali; se i titoli sono destinati ad investitori non professionali, oltre al prospetto informativo, è previsto un obbligo di valutazione dell'operazione da parte di una società specializzata (*rating company*).

o l'emittente, se diverso, devono avere per oggetto **esclusivo** la realizzazione di una o più operazioni di cartolarizzazione (art. 3 della legge 130/1999).

Le **società per la cartolarizzazione** di regola non debbono essere iscritte nell'albo di cui all'art. 106 T.U. bancario, come previsto dall'art. 9, comma 3 del D.Lgs. 141/2010, il quale ha modificato l'art. 3, comma 3, della legge 30 aprile 1999, n. 130 facendo venir meno l'obbligo di iscrizione ed i conseguenti obblighi informativi e segnaletici.

La Banca d'Italia ha quindi emanato il provvedimento del 29 aprile 2011 ([49]) con cui, in adempimento di regolamenti comunitari che prevedono obblighi di segnalazione e di inoltro di informazioni statistiche a carico di determinati operatori (tra cui le società veicolo finanziarie coinvolte in operazioni di cartolarizzazione) ([50]), ha previsto l'iscrizione delle società per la cartolarizzazione nell'**elenco delle società veicolo** introdotto dall'art. 4 del citato provvedimento. Tale elenco è tenuto dalla Banca d'Italia e ad esso sono state iscritte d'ufficio tutte le società per la cartolarizzazione che già risultavano iscritte nell'abrogato elenco generale previsto dall'art. 106 T.U. bancario, prima della modifica ad opera del D.Lgs. 141/2010.

I fondi occorrenti per corrispondere il prezzo della cessione di regola vengono reperiti dalla società per la cartolarizzazione mediante l'emissione dei titoli (*asset-backed securities*) derivanti dall'operazione in esame e corrisponderanno al ricavato del loro collocamento sul mercato.

Le somme per il pagamento del prezzo dei crediti ceduti possono però derivare anche da un finanziamento contratto dalla società ces-

([49]) Il provvedimento reca "*Disposizioni in materia di obblighi informativi e statistici delle società veicolo coinvolte in operazioni di cartolarizzazione*" ed è pubblicato in G.U. — Serie Generale n. 110 del 13 maggio 2011. Esso è stato sostituito dal provvedimento della Banca d'Italia del 7 giugno 2017 (in G.U. — Serie generale n. 151 del 30 giugno 2017).

([50]) Tali obblighi derivano in particolare dal Regolamento (CE) n. 2533/1998 del Consiglio del 23 novembre 1998, dal Regolamento (CE) n. 24/2009 della BCE del 19 dicembre 2008 e dal Regolamento (CE) n. 24/2009 della BCE del 19 dicembre 2008, riguardante le statistiche sulle attività e passività delle società veicolo finanziarie coinvolte in operazioni di cartolarizzazione (BCE/2008/30). La Banca d'Italia è stata legittimata ad imporre particolari obblighi di segnalazione alle società di cartolarizzazione dal D.Lgs. 14 dicembre 2010, n. 218 che, all'art. 6, ha modificato l'art. 3, comma 3 della legge 130/1999.

sionaria presso intermediari autorizzati (art. 1, comma 214 della legge 30 dicembre 2020, n. 178).

Il rimborso del capitale ed il pagamento degli interessi convenzionali incorporati nei titoli emessi viene garantito agli investitori dall'ammontare complessivo dei crediti ceduti, da ogni altro credito maturato dalla società di cartolarizzazione nel contesto dell'operazione, dai relativi incassi ([51]) e dalle attività finanziarie acquistate con i medesimi (artt. 1, comma 1, lett. *b* e 3, comma 2 della legge 130/1999). Tutti i crediti, i flussi finanziari e le attività destinati a garantire gli investitori costituiscono un **patrimonio separato** aggredibile solo dai portatori dei titoli derivanti dal processo di cartolarizzazione.

I titoli così emessi costituiscono strumenti finanziari assoggettati alla disciplina del T.U. sulla finanza (D.Lgs. 24 febbraio 1998, n. 58) ed al regime fiscale tipico delle obbligazioni ([52]), ma senza che ad essi si applichino le relative disposizioni civilistiche (*in primis* l'art. 2412 c.c. che limiterebbe altrimenti l'emissione dei titoli al doppio del capitale sociale e delle riserve secondo l'ultimo bilancio approvato).

L'art. 4 della legge 130/1999 introduce una procedura particolarmente favorevole per rendere opponibile la cessione ai debitori ceduti ed ai terzi in genere: si tratta della procedura prevista dall'art. 58, commi 2, 3 e 4 del T.U. bancario che consente al cessionario di rendere la cessione vincolante semplicemente dandone notizia mediante pubblicazione sulla Gazzetta Ufficiale e nel registro delle imprese. In conseguenza dell'espletamento di questa procedura tutte le garanzie inerenti ai crediti ceduti conservano la loro validità ed il loro grado a favore del cessionario, senza bisogno di alcuna formalità ulteriore.

È comunque prevista la possibilità di rendere opponibile la cessione anche utilizzando le formalità della già esaminata cessione dei

([51]) L'art. 1, comma 214 delle legge 30 dicembre 2020, n. 178 ha precisato che qualsiasi somma ricevuta in pagamento dei crediti ceduti viene destinata al soddisfacimento dei diritti incorporati nei titoli emessi o dei finanziamenti contratti per pagare il corrispettivo della cessione.

([52]) Allo stato i redditi di capitale in forma di rendite finanziarie prevedono una tassazione sotto forma di ritenuta alla fonte a titolo di imposta che, per gli interessi derivanti da obbligazioni, è pari al 26% (artt. 44-45 del T.U. delle Imposte sui Redditi approvato con D.P.R. 22 dicembre 1986, n. 917 ed art. 3 del D.L. 24 aprile 2014, n. 66 convertito, con modificazioni dalla legge 23 giugno 2014, n. 89).

crediti d'impresa (data certa del pagamento del corrispettivo della cessione).

All'operazione possono partecipare (e normalmente partecipano) anche altri soggetti che contribuiscono a rendere più affidabile l'operazione: anzitutto soggetti incaricati della riscossione dei crediti ceduti e dei servizi di cassa e di pagamento (cosiddette attività di *servicing*), i quali possono essere affidati solo a banche o a società iscritte all'albo di cui all'art. 106 T.U. bancario, anche se non esercitano attività di concessione di finanziamenti sotto qualsiasi forma (art. 2, comma 6 legge 130/1999). I medesimi soggetti sono poi obbligati a verificare che le operazioni siano conformi alla legge ed al prospetto informativo che deve precedere l'offerta al pubblico dei titoli (art. 2, comma 6-*bis*).

Possono poi intervenite società garanti della solvibilità dei debitori ceduti, società di *rating* che si occupano della valutazione dei crediti ceduti, società specializzate nel collocamento dei titoli sul mercato dei capitali (*dealers*).

È previsto un trattamento di favore nel caso di fallimento di uno dei soggetti partecipanti ad un'operazione di cartolarizzazione (art. 4, commi 3 e 4 della legge 130/1999), attraverso l'introduzione di limitazioni all'esercizio delle azioni revocatorie.

Anzitutto in nessun caso possono essere assoggettati a revocatoria fallimentare i pagamenti effettuati dai debitori ceduti falliti.

In caso di fallimento del cedente o del cessionario si prevede che i termini a ritroso del periodo sospetto sono ridotti a sei mesi (per le ipotesi di cui al comma 1 dell'art. 67 L. fall.) ed a tre mesi (per le ipotesi di cui all'art. 67, comma 2 L. fall.).

La legge 130/1999 prevede che l'operazione in esame possa attuarsi anche attraverso la cessione in blocco dei crediti pecuniari ad un fondo comune di investimento, il quale provvederà a distribuire ai sottoscrittori i certificati attestanti la titolarità delle quote di partecipazione al fondo (art. 7, comma 1, lett. *b*).

Gli artt. 7-*bis*, 7-*ter* e 7-*quater* della legge 30 aprile 1999, n. 130 prevedono una disciplina incentivante nel caso di cartolarizzazione di *attivi di elevata qualità creditizia*, quali crediti fondiari, crediti ipotecari, crediti verso Pubbliche Amministrazioni, obbligazioni e titoli similari, cambiali finanziarie, crediti garantiti da ipoteca navale, crediti nei confronti di piccole e medie imprese, crediti derivanti da contratti di *leasing* o di *factoring*, nonché titoli emessi nell'ambito di operazioni di cartolarizzazione aventi ad oggetto crediti della medesima natura.

Tali norme prevedono sostanzialmente che i crediti ed i titoli appena indicati possano essere ceduti da banche a società veicolo che abbiano per oggetto esclusivo l'acquisto dei medesimi *assets*.

La cessione si accompagna all'emissione di titoli da parte della stessa banca cedente o da parte di altre banche, con la conseguenza che tali strumenti finanziari risulteranno maggiormente garantiti dalla particolare solvibilità dell'emittente, certamente superiore a quella di una normale società per la cartolarizzazione. Consolida l'apprezzamento dei titoli così emessi la garanzia rilasciata dalla società per la cartolarizzazione sulle obbligazioni emesse ed il fatto che i crediti di qualità oggetto di cessione costituiscono un patrimonio separato destinato al soddisfacimento dei portatori dei titoli.

In sostanza, viene disciplinata l'emissione di obbligazioni bancarie garantite (*covered bond*).

I *covered bond* costituiscono quindi titoli obbligazionari emessi dalla stessa banca cedente o da altra banca ([53]), la quale per giunta deve possedere particolari requisiti di patrimonializzazione. Infatti il Ministro dell'economia e delle finanze, con decreto del 12 aprile 2007, ha previsto che i requisiti delle banche emittenti *covered bond* dovranno essere determinati da disposizioni di vigilanza emanate dalla Banca d'Italia che a tanto ha provveduto con la circolare 285/2013 (Parte III, Cap. 3, Sez. II) e con la circolare n. 288 del 3 aprile 2015 (*Disposizioni di vigilanza per gli intermediari finanziari*), nel 1° aggiornamento dell'8 marzo 2016 (che ha introdotto il Titolo III, Capitolo 2 su "*Concessione di finanziamenti da parte di società veicolo per la cartolarizzazione* ex *legge 130/1999*").

La banca, a sua volta, viene garantita dalla società veicolo cessionaria che ha come oggetto sociale esclusivo appunto l'acquisto di portafogli di crediti o titoli e la prestazione di garanzie per il pagamento.

I *covered bond* sono quindi più garantiti dei titoli derivanti da una normale operazione di cartolarizzazione, in quanto il rimborso del

([53]) In questo sta la differenza con una normale operazione di cartolarizzazione dove l'emissione dei titoli è effettuata dalla società veicolo cessionaria o da un emittente comunque diverso da una banca.

capitale ed il pagamento degli interessi è assicurato ai sottoscrittori sia dalla banca emittente, sia dalla società per la cartolarizzazione, sia dal portafoglio di crediti o titoli ceduti e pertanto tali strumenti finanziari possono beneficiare di *rating* più elevati e riconoscere rendimenti più contenuti. Ciò rende particolarmente appetibile questo tipo di operazione quale strumento di raccolta per la banca.

Al fine di agevolare l'operazione e di contenere i costi della provvista necessaria all'acquisto dei predetti *assets*, si prevede che la società veicolo cessionaria ottenga un finanziamento concesso o garantito dalla banca cedente, destinato a fornirle i mezzi per acquistare le attività ed il cui rimborso resta subordinato al pagamento delle obbligazioni derivanti dall'operazione di cartolarizzazione.

Secondo quanto dispongono l'art. 7-*ter*, comma 1-*bis* della legge 130/1999 e l'art. 7 del D.M. 53/2015, la società cessionaria degli *assets* di cui all'art. 7-*bis*, comma 1 della legge 130/1999 nell'ambito di un'operazione di emissione di *covered bond* deve essere iscritta nell'albo degli intermediari finanziari di cui all'art. 106 del T.U. bancario, a meno che non faccia parte di un gruppo bancario.

L'operazione appena descritta viene agevolata anche prevedendo che essa possa avere ad oggetto la cessione di crediti verso la Pubblica Amministrazione senza bisogno delle formalità normalmente richieste dalla legge (atto notarile, notifica ed accettazione della Pubblica Amministrazione debitrice ceduta); si prevede inoltre l'esenzione da revocatoria fallimentare dei finanziamenti effettuati a favore delle società cessionarie e delle garanzie prestate da dette società.

Al fine di agevolare ulteriormente le operazioni di cartolarizzazione e soprattutto di ridurre i vincoli patrimoniali derivanti alle banche ed agli intermediari finanziari dalla necessità di procedere ad adeguati accantonamenti in presenza di **crediti in sofferenza**, il D.L. 25 marzo 2019, n. 22, convertito nella legge 20 maggio 2019, n. 41, all'art. 20, ha previsto la (temporanea) possibilità che il Ministro dell'economia e delle finanze possa concedere la garanzia dello Stato sulle passività emesse nell'ambito di simili operazioni ([54]).

([54]) La garanzia è prevista per 24 mesi dalla decisione della Commissione europea sul regime di concessione della stessa, termine prorogabile di ulteriori 12 mesi con decreto del Ministro dell'economia e delle finanze, sempre previa approvazione

La garanzia dello Stato deve essere a titolo oneroso per evitare la violazione del divieto di aiuti di Stato.

I titoli emessi, per beneficiare della garanzia dello Stato, debbono aver ottenuto un *rating* non inferiore all'ultimo gradino della classificazione "*investment grade*" della scala di valutazione del merito di credito; deve cioè trattarsi di strumenti finanziari con una elevata possibilità di rimborso.

L'attività di riscossione dei crediti in sofferenza ceduti non può essere affidata nè alla società cedente nè a società appartenente al medesimo gruppo.

Sempre nell'ottica di agevolare la cartolarizzazione dei crediti problematici, il D.L. 24 aprile 2017, n. 50, convertito con modificazioni nella legge 21 giugno 2017, n. 96, all'art. 60-*sexies*, ha introdotto (inserendo un art. 7.1. alla legge 130/1999) una disciplina speciale in ordine alla cartolarizzazione di **crediti deteriorati** (55) di banche ed intermediari finanziari con sede in Italia.

Scopo della disciplina è agevolare la cartolarizzazione di tale categoria di crediti, la loro gestione ed incasso e possibilmente anche il superamento di situazioni di crisi in cui versino i debitori ceduti.

A tale fine si è anzitutto introdotta la possibilità per la società di cartolarizzazione (anche se soggetto non vigilato) di concedere **finanziamenti** finalizzati ad agevolare le attività di recupero dei crediti ceduti e favorire il risanamento dei debitori ceduti (superando in questo modo il problema che avrebbe la banca cedente, la quale non potrebbero concedere direttamente finanziamenti a causa dei più gravosi requisiti patrimoniali richiesti dal deterioramento degli attivi).

della Commissione europea. Il funzionamento di questa garanzia è tuttora disciplinato dagli artt. 3 ss. del D.L. 14 febbraio 2016, n. 18, convertito, con modificazioni dalla legge 8 aprile 2016 n. 49 e dal D.M. del Ministro dell'economia e delle finanze del 3 agosto 2016 (in G.U. Serie Generale n. 188 del 12 agosto 2016), emanato in attuazione dell'art. 13 del D.L. 18/2016 che gli attribuisce natura non regolamentare. Sull'argomento si vedano: GUERRIERI, *Investimenti in crediti e nuove cartolarizzazioni*, in *Banca, borsa, tit. cred.*, 2017, n. 4, 485 ss. e MESSINA, *GACS: lo strumento pioniere in Europa per lo smaltimento dei crediti deteriorati. Riflessioni critiche sui principali aspetti*, in *Contratto e impresa*, 2019, n. 4, 1493 ss.

(55) Per crediti deteriorati si intendono i crediti classificati come sofferenze, inadempienze probabili, esposizioni scadute e/o sconfinanti deteriorate (circolare Banca d'Italia n. 272 del 30 luglio 2008).

La gestione sia dei finanziamenti concessi che dei crediti ceduti deve però essere affidata ad una banca o ad un intermediario finanziario iscritto nell'albo di cui all'art. 106 T.U. bancario (art. 1-*ter* legge 130/99).

Inoltre si è prevista la possibilità che la società per la cartolarizzazione **acquisti azioni**, **quote** o **partecipazioni** nella società debitrice ceduta quando sia prevista, nell'ambito di un piano di risoluzione concordata della crisi (concordato fallimentare, concordato preventivo, accordi di ristrutturazione o altri accordi finalizzati al risanamento o alla ristrutturazione), la conversione dei crediti del cedente in partecipazioni sociali.

In questo caso è previsto l'obbligo di individuare un soggetto di adeguata competenza e debitamente autorizzato che gestisca, nell'interesse dei portatori dei titoli derivanti dalla cartolarizzazione, gli strumenti finanziari così acquisiti dalla società per la cartolarizzazione, i cui proventi debbono essere destinati in via esclusiva al soddisfacimento dei diritti incorporati nei titoli di cartolarizzazione ed al pagamento dei costi dell'operazione.

Sempre nell'ambito della cartolarizzazione dei crediti deteriorati, si è prevista la possibilità di cedere **crediti non individuabili in blocco**, rendendo la cessione egualmente opponibile ai debitori ceduti mediante le formalità di cui all'art. 58 T.U. bancario, con obbligo però di indicare il sito internet in cui il cedente ed il cessionario dovranno rendere disponibili i dati indicativi dei crediti ceduti (art. 7.1, comma 6 delle legge 130/1999).

Ancora, alla cartolarizzazione di *crediti deteriorati* da parte di banche ed intermediari finanziari italiani, possono partecipare **società veicolo d'appoggio**, le quali hanno come oggetto sociale esclusivo l'acquisizione, le gestione e la valorizzazione di beni immobili o mobili registrati o di altri beni o diritti costituiti a garanzia dei crediti oggetto di cartolarizzazione (ivi compresi beni oggetto di contratti di *leasing*, anche se risolti). Lo scopo di questa partecipazione è quello di favorire, anche grazie a particolari agevolazioni fiscali, la liquidazione dei beni costituiti in garanzia dei crediti ceduti, al fine di destinarne il ricavato in via esclusiva al soddisfacimento dei diritti incorporati nei titoli emessi ed al pagamento dei costi dell'operazione (56).

Per concludere, va segnalato il Regolamento (UE) 2017/2402 del Parlamento Europeo e del Consiglio del 12 dicembre 2017 il quale, oltre a contenere la normativa generale europea sulle operazioni di cartolarizzazione, ha disciplinato le cartolarizzazioni semplici, trasparenti e standardizzate (c.d. **cartolarizzazioni STS**), caratterizzate da particolari obblighi di trasparenza ed uniformità delle esposizioni cedute, le quali debbono essere omogenee e non derivanti da precedenti cartolarizzazioni (57), al fine di ridurre il rischio complessivo dell'operazione.

Il requisito di semplicità si riferisce all'omogeneità degli attivi cartolarizzati e ad una struttura della transazione che non sia eccessivamente complessa.

Il requisito di trasparenza si riferisce all'obbligo per l'emittente di fornire sufficienti informazioni riguardo gli attivi oggetto di cessione, alla struttura dell'emissione e alle controparti coinvolte.

Il requisito di standardizzazione mira alla comparabilità delle operazioni di cartolarizzazione e quindi si riferisce alla possibilità per l'investitore di comprenderle, valutarle e confrontarle, senza dover fare necessariamente affidamento su valutazioni di soggetti terzi.

Per sostenere la ripresa economica in risposta alla crisi indotta dalla pandemia da COVID 19 ed in particolare per agevolare le cartolarizzazioni di esposizioni deteriorate sono stati emanati il Regolamento (UE) 2021/557 del Parlamento Europeo e del Consiglio del 31 marzo 2021 che modifica il Regolamento (UE) 2017/2402 ed il Regolamento (UE) 2021/558 del Parlamento Europeo e del Consiglio del 31 marzo 2021 che modifica il Regolamento (UE) 575/2013.

(56) La disciplina è stata introdotta dall'art. 23 del D.L. 30 aprile 2019, n. 34, convertito dalla legge 28 giugno 2019, n. 58, il quale ha integrato l'art. 7.1. della legge 130/1999.

(57) Sul tema si vedano: GRAZIADEI, *Il «nuovo» quadro normativo europeo sulle cartolarizzazioni del Regolamento (UE) 2017/2402*, in *www.dirittobancario.it*, aprile 2018; D'AURIA, *Il nuovo securitisation framework*, *ivi*, novembre 2018; GIANNESI e CONSOLI, *Le cartolarizzazioni STS: profili applicativi alla luce delle più recenti operazioni*, *ivi*, novembre 2020, che esamina la complessa normativa comunitaria in materia, elencando i regolamenti europei delegati e di esecuzione del Regolamento UE 2017/2402.

CAPITOLO VII

IL LEASING

1. Premessa.

Il *leasing* (o locazione finanziaria), ritenuto fino a poco tempo fa uno dei più significativi esempi di contratto socialmente tipico, ma giuridicamente atipico (si parlava a tal proposito anche di « atipicità standardizzata »), può oggi ritenersi un **contratto tipico**.

Infatti la legge 4 agosto 2017, n. 124 (*Legge annuale per il mercato e la concorrenza*), all'art. 1, commi 136-139, ne ha introdotto non solo una nozione legale, ma anche una disciplina sostanziale, organica ed unitaria che riguarda le sue fasi fisiologiche (regolare esecuzione del rapporto) e patologiche (inadempimento dell'utilizzatore e conseguenze della risoluzione del contratto).

La definizione offerta dall'art. 1, comma 136 della medesima legge precisa che: "*Per locazione finanziaria si intende il contratto con il quale la banca o l'intermediario finanziario iscritto nell'albo di cui all'art. 106 del testo unico di cui al decreto legislativo 1° settembre 1993, n. 385, si obbliga ad acquistare o a far costruire un bene su scelta e secondo le indicazioni dell'utilizzatore, che ne assume tutti i rischi, anche di perimento, e lo fa mettere a disposizione per un dato tempo verso un determinato corrispettivo che tiene conto del prezzo di acquisto o di costruzione e della durata del contratto. Alla scadenza del contratto l'utilizzatore ha diritto di acquistare la proprietà del bene ad un prezzo prestabilito ovvero, in caso di mancato esercizio del diritto, l'obbligo di restituirlo*".

Si tratta con tutta evidenza di una nozione di carattere generale che contiene in sé gli elementi essenziali del contratto che ci apprestiamo ad esaminare (1).

2. La struttura del contratto.

Il contratto di *leasing* costituisce una **fattispecie complessa** (2) caratterizzata dai seguenti elementi:

1) prima costante dell'operazione è la **richiesta** da parte di un soggetto (di regola un imprenditore che nella prassi viene denominato « *utilizzatore* » o « *lessee* ») di un bene mobile o immobile (con determinate caratteristiche) in godimento, richiesta che viene indirizzata all'impresa di *leasing* (più brevemente indicata come « *concedente* » o « *lessor* ») (3);

2) il concedente (che sarà una banca o un intermediario finanziario *ex* art. 106 T.U. bancario) si obbliga ad **acquistarlo** da un venditore o a **commissionarne la realizzazione** ad un produttore (in entrambi i casi convenzionalmente definito « *fornitore* », di regola indicato dallo stesso utilizzatore), il quale provvede, dietro indicazione del concedente, a consegnarlo direttamente all'utilizzatore, facendoglielo scegliere tra quelli da lui prodotti o commercializzati;

3) durante il periodo previsto per il godimento, l'utilizzatore paga al concedente un **canone** periodico che funge da corrispettivo e mira a far recuperare a quest'ultimo, al termine della durata del contratto, il prezzo di acquisto o di costruzione, oltre a fargli lucrare un ricavo derivante dall'applicazione di interessi e commissioni;

4) durante il medesimo periodo l'utilizzatore non diviene proprietario del bene, ma, analogamente a quanto avviene nella vendita con riserva della proprietà, assume tutti i **rischi**, anche di perimento;

(1) Riconosce l'intervenuta tipizzazione del contratto di *leasing*, a seguito della legge 124/2017, Trib. Milano, ordinanza 10 maggio 2018, in *DeJure*, Giuffrè, 2018, il quale lo ricomprende tra i contratti finanziari, vista la sua prevalente funzione di finanziamento.

(2) Cass., 30 marzo 2005, n. 6728.

(3) Tale richiesta contiene, secondo la nozione che si è vista, "*la scelta*" e "*le indicazioni*" dell'utilizzatore che spesso sono indirizzate, prima ancora che alla società di *leasing*, al fornitore del bene stesso, il quale lo mette a disposizione su indicazione del medesimo concedente come pure si ricava dalla definizione riportata nel testo.

5) al termine del rapporto l'utilizzatore si trova normalmente di fronte a tre possibilità:

a) **restituire** la cosa concessagli in godimento (ma tale eventualità si verificherà solo ove il bene sia privo di un valore residuo o risulti obsoleto);

b) chiedere ed ottenere la **proroga del contratto** ad un canone fortemente ridotto per la perdita di valore del bene (questa ipotesi non è contemplata dalla nozione che si è vista, ma nulla esclude che le parti si accordino in tal senso);

c) acquistare il bene, esercitando l'**opzione di acquisto** (normalmente prevista contrattualmente, ma oggi divenuto elemento essenziale del contratto di *leasing*) e pagando un prezzo assai ridotto (spesso stabilito in misura percentuale) rispetto al costo del bene.

Quella che si è appena descritta è la nozione di ***leasing* finanziario**, che si caratterizza sempre per la presenza di tre soggetti: l'impresa di *leasing concedente* (che può essere solo una banca o un intermediario finanziario iscritto nell'albo di cui all'art. 106 del T.U. bancario, coerentemente con la riserva di attività finanziaria in cui rientra pure l'operazione in esame), l'*utilizzatore* ed il *fornitore* del bene richiesto dall'utilizzatore.

Due sono pertanto i contratti che vengono conclusi con la partecipazione di questi soggetti: il contratto di *leasing* vero e proprio tra concedente ed utilizzatore; il contratto (di compravendita o di appalto) tra concedente e fornitore.

In pratica l'utilizzatore, avendo necessità di procurarsi un bene, lo sceglie direttamente presso il venditore o il produttore (che diventa fornitore nel contratto di *leasing*).

La società di *leasing* lo acquista dal venditore o lo commissiona al produttore e lo concede in godimento all'impresa utilizzatrice, la quale si impegna a corrispondere i canoni periodici pattuiti, mantenendo la detenzione del bene per tutto il periodo convenuto.

Esistono nella prassi diverse varianti del *leasing* che si differenziano o per la diversa struttura soggettiva del negozio o per le finalità dell'operazione o per le caratteristiche dei beni che ne formano oggetto o, ancora, per il contenuto del contratto.

Tra queste varianti, assume rilevanza il cosiddetto ***leasing* operativo**, il quale si caratterizza per il fatto che concedente e produttore del bene coincidono, in quanto il godimento del bene di norma viene concesso direttamente dal produttore che assume anche l'obbligo di fornire una serie di servizi collaterali (assistenza, manutenzione, istruzione all'uso). Il rapporto si instaura quindi tra due soli soggetti (l'utilizzatore ed il concedente che è anche produttore del bene).

Rispetto al *leasing* operativo, il *leasing* finanziario presenta questa fondamentale differenza: l'impresa di *leasing* non è mai produttrice del bene, ma ne finanzia l'acquisto o la produzione e funge quindi da intermediaria nell'apportare un'utilità finanziaria all'utilizzatore (tant'è che la nozione introdotta dal legislatore oggi riserva questa attività ai soggetti abilitati allo svolgimento di attività finanziaria).

All'interno della categoria del *leasing* finanziario poi la giurisprudenza aveva elaborato la distinzione tra una tradizionale figura di ***leasing*** definito « **di godimento** » ed il cosiddetto ***leasing*** « **traslativo** ».

Nel primo si riteneva realizzata essenzialmente una funzione di finanziamento dell'utilizzatore allo scopo di consentirgli di godere di un bene durante tutto il periodo della sua potenziale attitudine all'impiego economico. I canoni si consideravano il corrispettivo di tale godimento, cosa che relegava a pattuizione marginale ed accessoria l'eventualità del trasferimento della proprietà del bene alla scadenza del rapporto, quando doveva considerarsi esaurito il suo valore per intervenuta obsolescenza economica.

Nel secondo tipo di *leasing* (traslativo) il rapporto veniva finalizzato al trasferimento della proprietà del bene.

Si attribuiva infatti alle parti la volontà di assegnare ai canoni la consistenza di corrispettivo del trasferimento del bene, in relazione al permanere alla scadenza del rapporto di un suo apprezzabile valore residuo, notevolmente superiore al prezzo di opzione (4).

Si era così portati a ricercare l'elemento differenziatore delle due figure di *leasing* finanziario non solo nel « tipo » di bene oggetto del

(4) In questo senso, a partire da Cass., 13 dicembre 1989, nn. 5569, 5570, 5571, 5572, 5573, 5574, in *Giur. it.*, 1990, I, 1, 379 e in *Giur. comm.*, 1990, II, 885 e in *Foro it.*, 1990, I, 460, si susseguono Cass., 5 giugno 1991, n. 6357, in *Fallimento e altre proced.*, 1992, 129; Cass., 20 febbraio 1992, n. 2083, in *Giur. it.*, 1992, I, 1, 1425 ss.; Cass., Sez. Un., 7 gennaio 1993, n. 65, in *Giur. it.*, 1994, I, 1, 936 ss. e in *Giust. civ.*, 1993, I, 1204; Cass., 24 agosto 1993, n. 8919, in *Giust. civ.*, 1993, I, 2608 ss.; Trib. Roma, 16 febbraio 1994, *Rass. giur. civ. ann.*, 1994, 188-189.

contratto, ma soprattutto nel suo valore economico al termine del rapporto.

La Cassazione aveva ulteriormente precisato che non fosse sufficiente la modesta entità del prezzo di riscatto del bene per poter qualificare un'operazione di *leasing* come traslativa, ma che fosse necessaria un'esplicita volontà iniziale dei contraenti. Occorreva cioè che le parti avessero espressamente previsto, al momento della conclusione del contratto, un notevole scarto finale tra prezzo di riscatto del bene e il suo valore finale, cosicché l'utilizzatore si trovasse pressoché obbligato ad esercitare il riscatto, per non subire una sicura perdita economica (5).

Era quindi determinante l'interpretazione della volontà delle parti al momento della conclusione del contratto, onde verificare la presenza o meno di un intento traslativo.

Oggi questa distinzione la si ritiene superata, coerentemente con la fisionomia unitaria del contratto introdotta dalla legge 124/2017 (6).

Con riferimento all'oggetto del contratto si distingue tra *leasing* mobiliare e immobiliare a seconda che l'oggetto sia rappresentato da un bene mobile o immobile.

Nella seconda categoria merita di essere ricordato il ***leasing* immobiliare abitativo**, previsto dalla legge 28 dicembre 2015, n. 208 (legge di stabilità 2016) che, all'art. 1, commi da 76 a 84, prevede particolari agevolazioni per l'utilizzatore che intenda ricorrere a tale forma di finanziamento per ottenere la disponibilità di un immobile da adibire ad abitazione principale (sospensione del pagamento del canone per perdita del lavoro, adozione di criteri di trasparenza e pubblicità in caso di vendita o ricollocazione del bene a seguito della risoluzione del contratto).

Si distingue ancora tra *leasing* privato e *leasing* pubblico a seconda che uno dei contraenti sia rappresentato da un privato o da una

(5) Cass., 22 febbraio 1994, n. 1731 e Cass., 22 marzo 1994 n. 2743, entrambe in *Banca, borsa, tit. cred.*, 1995, II, 690 ss.

(6) Cass., 29 marzo 2019, n. 8980; Cass., 10 maggio 2019, n. 12552, in *Fall.*, 2019, n. 6, 759 ss.; Cass., 10 luglio 2019, n. 18543; Trib. Bologna, sez. IV, 27 novembre 2019, n. 20871 e Trib. Bologna, sez. IV, 19 novembre 2019, n. 20822 (entrambe in *www.dirittobancario.it*), quest'ultima escludente l'applicabilità dell'art. 1526 c.c. anche ai contratti di *leasing* conclusi prima dell'entrata in vigore della legge 124/2017 (nello stesso senso Trib. Milano, 29 ottobre 2020, n. 6791, in *DeJure*, Giuffrè).

Pubblica Amministrazione (si parla di *leasing* pubblico di utilizzazione quando l'ente pubblico assume la veste di utilizzatore e di *leasing* pubblico promozionale o agevolato quando l'ente pubblico assume la veste di locatore o comunque di promotore dell'iniziativa).

3. La natura giuridica del *leasing*.

La ritenuta tipicità del contratto di *leasing* di cui si è detto non ha fatto venir meno l'interesse a capire a quali altre figure contrattuali possa farsi riferimento per integrare la disciplina del *leasing* finanziario recentemente introdotta, al fine di colmarne eventuali lacune.

In passato parte della **dottrina** aveva avvicinato il *leasing* alla **locazione**, identificandone l'elemento causale nello scambio tra godimento del bene e pagamento del corrispettivo sotto forma di canone. Si riteneva così applicabile alla figura contrattuale in questione gran parte delle norme dettate dagli artt. 1571 e ss. ([7]).

La mancanza di una stretta correlazione causale tra godimento del bene e pagamento dei canoni e la finalità traslativa della proprietà spesso desumibile dal contenuto del contratto (ed oggi insita nella definizione che si è vista) avevano convinto altra parte della dottrina ad assimilare il leasing alla **vendita con riserva della proprietà** ([8]), asserendo così l'applicabilità, in via analogica o diretta, degli artt. 1523 e ss. c.c.

Una diversa opinione, considerando che il *lessor* (impresa concedente) è un intermediario finanziario, aveva ritenuto che il pagamento dei canoni pattuiti corrispondesse in realtà al rimborso rateale di un finanziamento ricevuto dall'utilizzatore. In questa prospettiva il *leasing*

([7]) TABET, *La locazione dei beni strumentali (leasing)*, in *Banca, borsa, tit. cred.*, 1973, II, 287; RESCIGNO, *Manuale del diritto privato italiano*, Napoli, 1992, 805.

([8]) CASELLI, *Leasing*, in *Contratto e Impresa*, Milano, 1985, 213 ss.; FERRARINI, *La locazione finanziaria*, in *Trattato di dir. priv.* diretto da Rescigno, XI, Torino, 1984, 222 ss.; DE NOVA, *Il contratto di leasing*, Milano, 1985, 16, il quale, pur non inquadrando il *leasing* nell'ambito degli artt. 1523 ss. c.c., ne ritiene applicabile gran parte della disciplina; ID., *Nuovi contratti*, Torino, 1990, 202, 222 ss.; APICE, *Il contratto di leasing nelle procedure concorsuali*, Padova, 1991, 161 ss.

veniva assimilato ad un contratto di credito o meglio ad un vero e proprio mutuo (9).

La **giurisprudenza** più recente, come già visto, nel superare la distinzione tra *leasing* tradizionale o di godimento e *leasing* traslativo, ha finito coll'escludere l'applicazione analogica della disciplina sulla vendita con riserva della proprietà, ove risulti applicabile la nuova legge 124/2017.

Ulteriore problema che si è posto è se la partecipazione di tre soggetti all'operazione di *leasing* e l'esistenza di due distinti contratti (quello di *leasing* vero e proprio tra concedente ed utilizzatore e quello tra fornitore ed impresa di *leasing*) conduca a qualificare il *leasing* come un **contratto trilaterale** o semplicemente **bilaterale** e, in quest'ultimo caso, se sussista un collegamento negoziale tra i due contratti (di compravendita tra fornitore del bene ed impresa di *leasing* e di *leasing* vero e proprio) che danno origine all'operazione.

La Corte di Cassazione inizialmente aveva risolto il problema affermando che non è possibile configurare un collegamento negoziale inteso in senso tecnico tra le due figure che si sviluppano nel *leasing*, in quanto il fornitore non si determina alla conclusione del contratto di vendita o di appalto in considerazione della conclusione di un contratto di *leasing* da parte del concedente. Si tratterebbe allora di un semplice collegamento economico tra due contratti distinti (10).

Secondo un diverso orientamento giurisprudenziale, il *leasing* atteurebbe invece un vero e proprio negozio trilaterale, nel quale ciascun contraente aderisce alle pattuizioni poste in essere dagli altri (11).

(9) In questo senso: Chiomenti, *Il leasing finanziario e le scuole giuridiche ortopediche*, in *Riv. dir. comm.*, 1988, II, 94 ss.; Munari, *Il leasing finanziario nella teoria dei crediti di scopo*, Milano, 1989, 207 ss., 290 ss.; M.R. La Torre, *I due tipi di leasing secondo la nuova giurisprudenza della Cassazione*, in *Riv. it. leasing*, 1989, 586 ss., 591; Costi, *Osservazioni sulla giurisprudenza della Cassazione del dicembre 1989 in merito all'applicabilità dell'art. 1526 c.c. alla locazione finanziaria*, *ivi*, 1990, 287 ss.

(10) Cass., 13 dicembre 1989, n. 5572 cit.

(11) Cass., 12 marzo 2004, n. 5125, in *Rep. Foro. it.*, 2004, *Intervento in causa e litiscorsorzio*, n. 13; Cass., 26 gennaio 2000, n. 854, in *Giur. it.*, 2000, 1136; Cass., 11 luglio 1995, n. 7595, in *Guida al Diritto*, 1995, n. 40, 52; Cass., 17 maggio 1991, n. 5571, in *Giust. civ.*, 1991, I, 2973; App. Milano, 13 ottobre 2005, n. 2369 inedita; Trib. Milano, 6 dicembre 1990, in Buonocore Luminoso, *I contratti di impresa*, cit., 1614 ss.; Trib. Milano, 18 aprile 1988, in *Riv. it. leasing*, 1990, 250, Trib. Milano, 6 giugno 1988,

Più recentemente la Suprema Corte ([12]) ha espresso una diversa opinione, giungendo alla conclusione che il contratto di *leasing* non dia luogo ad un unico contratto plurilaterale, ma consti di due contratti (il contratto di fornitura e quello di *leasing* vero e proprio) che realizzano una figura di vero e proprio collegamento negoziale. Secondo questo orientamento il contratto di fornitura, nel complesso dell'operazione, ha la funzione di mezzo per l'esecuzione di quello di *leasing*.

Siffatto collegamento comporta, secondo i giudici di legittimità, che il contratto di fornitura viene concluso dalla società di *leasing* allo scopo, noto al fornitore, di soddisfare l'interesse del futuro utilizzatore ad acquisire la disponibilità della cosa. Si conclude quindi affermando che il concedente agisce per conto dell'utilizzatore e pertanto tornerebbe applicabile la normativa relativa al mandato ed in particolare l'art. 1705, comma 2 c.c. in forza del quale l'utilizzatore sarebbe legittimato ad esercitare in nome proprio le azioni nascenti dal contratto di fornitura.

Su questa problematica sono intervenute le Sezioni Unite della Suprema Corte (Cass., Sez. Un., 5 ottobre 2015, n. 19785 ([13]), giungendo alla conclusione che solo dal punto di vista economico l'operazione di *leasing* è trilaterale, mentre, dal punto di vista giuridico, ci si trova al cospetto di due contratti (quello di compravendita e quello di

ivi, 1990, 250. Solo un'isolata decisione considera il contratto di *leasing* come una fattispecie a formazione progressiva, nell'ambito della quale assume una funzione prodromica l'accordo tra il fornitore ed il futuro utilizzatore (Trib. Milano, 9 maggio 1988, in *Riv. it. leasing*, 1988, 716). Una conferma della natura trilaterale del *leasing* avente ad oggetto immobili da adibire ad abitazione principale dell'utilizzatore potrebbe ravvisarsi nella legge di stabilità 2016 (legge 28 dicembre 2015, n. 208, art. 1, commi da 76 a 84).

([12]) Cass., 12 ottobre 2012, n. 17604; Cass., 27 aprile 2006, n. 17145, in *Corriere Giuridico*, 2007, 1428 ss., la quale parla di causa unitaria tra il contratto di *leasing* ed il contratto di fornitura; Cass., 2 novembre 1998, n. 10926, in *Giust. civ.*, 1999, I, 3385 ss.; nega che si tratti di contratto plurilaterale anche Cass., 1 ottobre 2004, n. 19657; Cass., 30 giugno 1998, n. 6412, in *Giur. it.*, 1999, 1234. Aderiscono alla tesi del collegamento negoziale: Trib. Milano, 15 dicembre 1988, in *Riv. it. leasing*, 1990, 220; Trib. Milano, 12 maggio 1986, *ivi*, 1987, 490; Trib. Milano, 15 luglio 1985, *ivi*, 1986, 190; Trib. Milano, 15 maggio 1985, in *Foro pad.*, 1985, I, 395. Da ultimo, conferma la tesi del *leasing* come contratto collegato ad un contratto di fornitura Cass., 24 maggio 2017, n. 13115.

([13]) La sentenza si può leggere in *Banca, borsa, tit. cred.*, 2017, 1, II, 20 ss. ed in *Foro it.*, 2016, 4, I, 1380.

locazione finanziaria) che conservano la propria autonomia e che sono tra loro legati da un nesso che difficilmente può essere considerato di collegamento negoziale in senso tecnico (un collegamento tale, cioè, da comportare che la patologia di un contratto si trasmetta anche dell'altro).

Infatti, pur ravvisandosi un nesso obiettivo (economico o teleologico) tra il contratto di compravendita del bene ed il contratto di locazione finanziaria (requisito oggettivo), manca il nesso soggettivo, vale a dire l'intenzione delle parti di collegare i vari negozi in uno scopo comune (requisito soggettivo) ([14]). Il fornitore infatti non si determina alla vendita in funzione della futura concessione in *leasing* del bene, anzi egli è completamente disinteressato alla successiva operazione negoziale locatizia che ben potrebbe non realizzarsi senza che per questo perdesse di validità l'iniziale compravendita.

Ciò non toglie però che le parti possano prevedere un vero e proprio collegamento negoziale tra il contratto di *leasing* finanziario e quello di fornitura, concluso tra concedente e fornitore allo scopo (noto a quest'ultimo) di soddisfare l'interesse dell'utilizzatore ad acquisire la disponibilità della cosa.

Interessante, per concludere questa rapida rassegna sulla natura giuridica del contratto di *leasing*, è anche il problema connesso alla **natura consensuale o reale** del negozio in esame.

([14]) È consolidato il principio secondo cui: "*Affinché possa configurarsi un collegamento negoziale in senso tecnico, che impone la considerazione unitaria della fattispecie, è necessario che ricorra sia un requisito oggettivo, costituito dal nesso teleologico tra i negozi, volti alla regolamentazione degli interessi reciproci delle parti nell'ambito di una finalità pratica consistente in un assetto economico globale ed unitario, sia un requisito soggettivo, costituito dal comune intento pratico delle parti di volere non solo l'effetto tipico dei singoli negozi in concreto posti in essere, ma anche il coordinamento tra di essi per la realizzazione di un fine ulteriore, che ne trascende gli effetti tipici e che assume una propria autonomia anche dal punto di vista causale*" (Cass., 11 settembre 2014, n. 19161, in *Diritto & Giustizia*, 2014; in senso conforme, tra le tante, Cass., 28 luglio 2004, n. 14244, in *Giur. it.*, 2005, 1825). Chiariscono allora le Sezioni Unite, nella sentenza 19785/2015, che "*il fornitore ha il mero interesse alla vendita del suo prodotto e la causa che regge il contratto da lui stipulato con il finanziatore/concedente è quella tipica del contratto di compravendita, ossia il trasferimento del bene in cambio del prezzo*" ed ancora che: "*lo stesso concedente, una volta determinatosi al finanziamento, è del tutto disinteressato rispetto alla scelta del bene e del fornitore effettuata dall'utilizzatore, posto che, qualunque essa sia, egli è garantito dalla proprietà del bene rispetto all'obbligo del pagamento del canone a carico dell'utilizzatore stesso*".

La dottrina tradizionale (15) e la giurisprudenza di merito (16) ritengono che si tratti di un contratto consensuale che, come tale, si perfeziona per effetto del semplice consenso manifestato tra le parti (concedente ed utilizzatore), considerando la consegna del bene concesso in godimento una delle obbligazioni che scaturiscono dal contratto a carico del concedente.

Concludendo, è innegabile che il contratto di *leasing* sia caratterizzato da una funzione di finanziamento, in quanto esso consente all'utilizzatore di ottenere l'immediata disponibilità di un bene pur senza disporre dei necessari mezzi economici che vengono appunto forniti dall'impresa di *leasing*. Questa funzione di finanziamento non esaurisce però la causa del contratto, il quale risente di una diversa configurazione a seconda delle finalità perseguite di volta in volta dalle parti.

Così accade frequentemente che la finalità avuta presente dalle parti sia quella del trasferimento della proprietà del bene.

Si attua in questo caso una funzione analoga a quella della vendita a rate con riserva della proprietà, con la differenza che nel *leasing* il pagamento del prezzo al fornitore non è procrastinato, ma viene anticipato dalla stessa impresa di *leasing* che se lo fa poi rimborsare dall'utilizzatore; inoltre il passaggio di proprietà del bene all'utilizzatore non avviene automaticamente col pagamento dell'ultimo canone, ma richiede un'esplicita manifestazione di volontà (attraverso l'esercizio dell'opzione finale).

In altre occasioni potrà essere intenzione delle parti solo garantire all'utilizzatore il godimento temporaneo del bene, nel qual caso sarà evidente la prevalente natura finanziaria dell'operazione.

(15) De Nova, *Il contratto di leasing*, Milano, 1985, 216.

(16) Trib. Napoli, 11 febbraio 1995, in *Notariato*, 1995, 591. La Corte di Cassazione (Cass., 24 maggio 1999, n. 5038, in *Giur. it.*, 1999, recentissime, 134-135) ha affermato che, ai fini del perfezionamento del contratto, occorre considerare il momento della consegna del bene concesso in godimento, ma la sentenza appena segnalata, in realtà, riguarda un caso molto particolare ove il principio della realità del contratto era affermato solo ai fini fiscali, per concludere che la detrazione dell'IVA non potesse ammettersi qualora la consegna non fosse avvenuta. Non pare quindi che il principio, affermato in un ambito del tutto peculiare, possa assumere valenza generale al fine di identificare il momento perfezionativo del contratto.

4. Il contratto nella prassi italiana: le clausole di esonero da responsabilità a favore del concedente.

I formulari predisposti dalle imprese di *leasing* italiane vedono frequentemente l'inserimento di clausole dirette a gravare l'utilizzatore di particolari obblighi o rischi.

Per citare alcuni esempi, è ricorrente la previsione dell'obbligo imposto all'utilizzatore di corrispondere l'importo integrale dei canoni pattuiti per tutta la durata del rapporto, anche in caso di risoluzione anticipata del contratto oppure l'inserimento di clausole che esonerano l'impresa concedente da ogni responsabilità per il caso di omessa o tardiva consegna del bene da parte del fornitore ovvero per il caso in cui l'utilizzatore dovesse subire l'evizione ovvero ancora per il caso in cui la cosa consegnata presenti vizi o difetti.

Verrebbe da pensare che in questi ed in altri casi simili, una volta venuta meno la possibilità di godere del bene e quindi una volta rimasta ineseguita la prestazione destinata a soddisfare l'interesse dell'utilizzatore, anche l'obbligazione di pagare il canone dovrebbe estinguersi.

In altre parole, nel caso in cui dovesse per qualche ragione rendersi impossibile il godimento della cosa concessa in *leasing*, dovrebbe ritenersi venuto meno quel sinallagma funzionale che giustifica la prestazione dell'utilizzatore.

In realtà la giurisprudenza e la dottrina tradizionali offrono spesso soluzioni ben diverse da quella appena prospettata, partendo dalla considerazione che la consegna della cosa non costituisce oggetto dell'obbligazione assunta dall'impresa concedente con la conclusione del contratto di *leasing*.

Secondo la giurisprudenza un tempo assolutamente dominante della Suprema Corte, trovavano giustificazione tutte quelle clausole che esoneravano l'impresa di *leasing* dal rischio di omessa o ritardata consegna della cosa da parte del fornitore o di vizi o di perimento della stessa (17).

(17) In tal senso si veda Cass., 21 giugno 1993, n. 6862, in *Giust. civ.*, 1994, I, 1623; Cass., 15 maggio 1991, n. 5571, *ivi*, 1991, I, 2973; più recentemente Cass., 11 luglio 1997, n. 7595, in *Vita not.*, 1997, I, 1373; Cass., 16 maggio 1997, n. 4367; Cass., 30 maggio 1995, n. 6076; Cass., 11 luglio 1995, n. 7595; Cass., 2 agosto 1995, n. 8464.

Con riferimento all'**omessa o ritardata consegna** della cosa, si precisava che la relativa obbligazione farebbe capo direttamente al fornitore, mentre all'impresa di *leasing* farebbe carico il semplice finanziamento di un'operazione economica, consistente nel fornire all'utilizzatore la liquidità necessaria per acquistare la disponibilità di un bene. Non vi sarebbe dunque nessuna corrispettività tra la consegna del bene ed il pagamento dei canoni, in quanto l'obbligazione del concedente sarebbe limitata all'impiego del capitale per l'acquisto del bene ([18]).

In questo senso si riteneva che le clausole in esame non presentassero tecnicamente la funzione di convenire un esonero da responsabilità per il concedente (non ha infatti senso parlare di responsabilità se manca un'obbligazione sottostante dal cui inadempimento essa possa sorgere) e pertanto che non fosse neppure necessaria la loro specifica approvazione per iscritto ai sensi dell'art. 1341, comma 2 c.c. ([19]).

La Cassazione è però giunta ad affermare l'invalidità della clausola che riversa sull'utilizzatore il rischio della mancata consegna del bene, sulla base della considerazione secondo cui il *leasing* sarebbe connotato da una causa di scambio e non solo di finanziamento, per cui il pagamento del canone costituisce il corrispettivo del godimento del bene che il concedente ha l'obbligo giuridico di procurargli ([20]).

L'esistenza di questo obbligo in capo al concedente nel *leasing* finanziario trova oggi una conferma testuale nella nozione offerta dall'art. 1, comma 136 della legge 4 agosto 2017, n. 124, secondo cui l'impresa di *leasing* si obbliga non solo ad acquistare o a far costruire

([18]) Cass., 2 agosto 1995, n. 8464, in *Guida al Diritto*, 1995, n. 39, 35 ss.

([19]) Trib. Parma, 24 giugno 1991, in *Riv. it. leasing*, 1992, 91; Cass., 30 giugno 1998, n. 6412, in *Giur. it.*, 1999, 1234, che però contiene una prima apertura verso una maggior tutela dell'utilizzatore, precisando che l'utilizzatore, pur sprovvisto di azione verso il concedente nell'ipotesi di mancata consegna, può agire direttamente nei confronti del fornitore al fine di ottenere il risarcimento dei danni e, se del caso, l'adempimento, considerandosi lo stesso utilizzatore quale mandante del concedente.

([20]) Cass., 22 dicembre 2015, n. 25732, in *Guida al diritto*, 2016, 4, 38; Cass. 23 maggio 2012, n. 8101, la quale precisa che, se l'utilizzatore sottoscrive senza riserve il verbale di consegna del bene, non potrà più sollevare eccezioni al concedente, il quale si trova a dover corrispondere integralmente il corrispettivo del bene anche se la consegna non fosse stata completa; Cass., 29 settembre 2007, n. 20592, in *Guida al diritto*, 2007, 47, 63; Cass., 2 novembre 1998, n. 10926, cit.; Cass., 12 ottobre 2007, n. 20592.

il bene nell'interesse dell'utilizzatore, ma anche a farglielo mettere a disposizione, con ciò promettendo quantomeno il fatto del terzo *ex* art. 1381 c.c..

Oltre ad agire contro il fornitore per la consegna del bene, pertanto, l'utilizzatore potrebbe legittimamente sospendere il pagamento dei canoni a favore del concedente, invocando la sopravvenuta impossibilità di adempiere non dipendente da colpa del concedente *ex* art. 1463 c.c.. Infatti all'inadempimento del fornitore viene assegnato il ruolo di causa sopravvenuta di impossibilità di adempiere ai sensi della norma appena citata (21).

Analoga conclusione è stata raggiunta riguardo ai **vizi della cosa fornita**: partendo dalla concezione del *leasing* come contratto trilaterale, si giunge ad affermare la possibilità di tutela diretta dell'utilizzatore nei confronti del fornitore del bene e la possibilità per l'utilizzatore di sospendere il pagamento dei canoni (22).

Più recentemente però la Cassazione, a prescindere dalla configurazione del *leasing* come contratto trilaterale, ha riconosciuto all'utilizzatore la legittimazione a far valere, direttamente nei confronti del fornitore, tutte le azioni tese all'**adempimento del contratto** di fornitura ed al **risarcimento del danno**, anche in assenza di specifiche clausole contrattuali che gli conferiscano un tale potere. Per questo motivo l'utilizzatore non potrebbe sospendere il pagamento dei canoni di *leasing* un volta consegnato il bene ancorché difettoso, perché l'utilizzatore stesso dovrebbe rivolgere le proprie doglianze verso il fornitore a prescindere da ogni previsione contrattuale (23).

L'opinione trova fondamento considerando il concedente una sorta di mandatario dell'utilizzatore nell'acquisto del bene e ritenendo

(21) Cass., 1° ottobre 2004, n. 19657 che afferma l'invalidità della clausola del contratto di *leasing* che addossa sull'utilizzatore il rischio di mancata consegna della cosa; anche con riferimento ai contratti di finanziamento finalizzati all'acquisto di beni o servizi la Cassazione ha dichiarato la nullità di clausole di rinuncia del mutuatario a far valere nei confronti del mutuante l'eccezione di mancata consegna, laddove detta clausola violi il principio di buona fede, producendo l'effetto di escludere del tutto la possibilità di proporre quella eccezione (Cass. 11 febbraio 2011, n. 3392, in *I contratti*, 2011, n. 11, 994 ss.).

(22) Cass., 26 gennaio 2000, n. 854, in *Giur. it.*, 2000, 1136.

(23) Cass., 27 aprile 2006, n. 17145, in *Corriere Giuridico*, 2007, 1428 ss.; Cass., 1° ottobre 2004, n. 19657; Cass., 12 marzo 2004, n. 5125; Cass., 2 ottobre 1998, n. 9785.

quindi che l'utilizzatore venga ad appropriarsi degli effetti del rapporto gestorio instaurato dal concedente stesso ([24]).

Coerentemente con l'esclusione della natura trilaterale del contratto di *leasing* e con la negazione di un collegamento negoziale in senso tecnico, le Sezioni Unite della Cassazione, nella già ricordata sentenza 15 ottobre 2015, n. 19785, hanno precisato che l'utilizzatore non è legittimato ad esercitare l'**azione di risoluzione** o di **riduzione del prezzo** in mancanza di una clausola contrattuale che gli trasferisca la posizione contrattuale del concedente ([25]).

Si è chiarito che, in caso di **mancata consegna** del bene all'utilizzatore o in caso di **vizi della cosa** concessa in *leasing* che la rendano inidonea all'uso **emersi prima della consegna**, il concedente, in forza del principio di buona fede, una volta informato dall'utilizzatore, ha il dovere di sospendere il pagamento del prezzo e, ricorrendone i presupposti, di agire verso il fornitore per la risoluzione del contratto di fornitura o per la riduzione del prezzo.

In caso invece di **vizi o difetti emersi successivamente alla consegna del bene**, l'utilizzatore avrebbe azione diretta verso il fornitore per l'eliminazione dei vizi o la sostituzione della cosa ed in ogni caso per il risarcimento dei danni, compresa la restituzione della somma corrispondente ai canoni già eventualmente pagati al concedente, mentre quest'ultimo avrebbe gli stessi doveri di cui al precedente caso (sospensione del pagamento del prezzo ed azione di risoluzione del contratto o di riduzione del prezzo).

Discorso ancora diverso va fatto per l'ipotesi di **perdita della cosa** concessa in *leasing* durante il corso del rapporto, per fatto non imputabile all'utilizzatore.

In questo caso, una volta che la cosa, regolarmente consegnata all'inizio del rapporto, perisca successivamente, anche per causa non

([24]) Cass., 2 novembre 1998, n. 10926, cit.

([25]) Così anche Cass., 25 maggio 2020, n. 9663, coerentemente al principio giurisprudenziale secondo cui: "*l'espressione « diritti di credito derivanti dall'esecuzione del mandato » (art. 1705, comma 2, c.c.), che accorda al mandante pretese dirette nei confronti del terzo contraente, va circoscritta all'esercizio dei diritti sostanziali acquistati dal mandatario, rimanendo escluse le azioni poste a loro tutela (annullamento, risoluzione, rescissione, risarcimento del danno)*" (Cass., Sez. Un., 8 ottobre 2008, n. 24772, in *Giust. civ.*, 2010, 2, 441).

imputabile all'utilizzatore, viene esclusa la possibilità per l'utilizzatore di sciogliersi dall'obbligazione di pagare i canoni, diversamente da quella che sarebbe la disciplina applicabile nel caso di semplice locazione ove è invece ammessa la prova della causa non imputabile al conduttore (art. 1588 c.c.).

Oggi questa conclusione è confermata dall'art. 1, comma 136 della legge 4 agosto 2017, n. 124 il quale chiarisce che l'utilizzatore assume tutti i rischi, anche di perimento, del bene concessogli in *leasing*, una volta messoglielo a disposizione.

Ad identica conclusione, la Cassazione era pervenuta con riferimento al *leasing* traslativo, ritenendo valide e non vessatorie le clausole che addossassero all'utilizzatore il rischio di perdita della cosa per qualsiasi ragione (anche per caso fortuito o per forza maggiore), ritenendo applicabile l'art. 1523 c.c., in base al quale l'acquirente diviene proprietario della cosa solo al momento del pagamento dell'ultima rata di prezzo, ma assume i rischi dal momento della consegna (26).

Tutt'al più, qualora la perdita del bene oggetto del *leasing* avvenga per una causa non imputabile all'utilizzatore, quest'ultimo potrà agire in giudizio per far valere l'eventuale responsabilità extracontrattuale del terzo che abbia cagionato il perimento della cosa o subentrare al concedente nel diritto all'indennizzo dovuto dalla compagnia assicuratrice del rischio di furto del bene concesso in *leasing* (27).

In ogni caso, una volta risolto il contratto di *leasing* per essere la cosa venuta meno, il concedente ha diritto di ricevere anche i canoni a scadere, ma dovrà detrarre quanto il concedente stesso abbia ottenuto a titolo di indennizzo assicurativo (28).

Sulla liceità delle clausole dirette a gravare l'utilizzatore dei rischi del contratto di *leasing* la dottrina sostiene da tempo che all'utilizzatore

(26) Cass., 23 maggio 2019, n. 13956; Cass., 10 maggio 2018, n. 11259; Cass., 14 ottobre 2011, n. 21301; Cass., 11 febbraio 1997, n. 1266, in *Il Corr. giur.*, 1997, n. 4, 396.

(27) Si vedano numerosi esempi in De Nova, *Il contratto di leasing*, cit.; ancora si vedano: Trib. Milano, 24 aprile 1986, in *Riv. it. leasing*, 1987, 501; Pret. Napoli, 30 ottobre 1986, in *Dir. e giur.*, 1986, 798 ss.

(28) Trib. Milano, 4 febbraio 1985, in De Nova, *Il contratto di leasing*, cit., 581; Trib. Milano, 17 aprile 1984, *ivi*, 579; Trib. Milano, 30 novembre 1981, *ivi*, 562; Trib. Biella, 18 febbraio 1981, *ivi*, 557; Trib. Milano, 30 giugno 1980, in Buonocore Luminoso, *I contratti di impresa*, cit., 1511 ss.; ritengono invece che, in caso di furto non imputabile all'utilizzatore, quest'ultimo sia tenuto a sostituire il veicolo rubato con uno

debba essere consentito di rivolgere le proprie pretese nei confronti del fornitore ogni qual volta questi non esegua esattamente la prestazione di consegnare la cosa o consegni una cosa affetta da vizi o che formi successivamente oggetto di evizione (29).

Poiché però il contratto di *leasing* non instaura un rapporto contrattuale diretto tra utilizzatore e fornitore (considerato che quest'ultimo si obbliga sì alla consegna della cosa, ma solo nei confronti del concedente che ne acquista la proprietà), si sottolinea l'opportunità di prevedere contrattualmente una simile azione diretta (30).

Ci pare che, anche a voler ravvisare nella prestazione di finanziamento l'oggetto dell'obbligazione che l'impresa di *leasing* assume, non v'è dubbio che il contratto di *leasing* ha una causa che non può essere riduttivamente ricondotta nell'ambito di un mero prestito, ma va valutata globalmente, considerando l'interesse che l'utilizzatore si ripromette di realizzare.

Orbene è interesse dell'utilizzatore non semplicemente conseguire un finanziamento, ma anche e soprattutto ottenere il godimento del bene desiderato, godimento che egli si aspetta anzitutto dall'impresa di *leasing* e non dal fornitore al quale si rivolge per la scelta, ma col quale di solito non ha alcun rapporto contrattuale.

Secondo quanto è possibile desumere anche dalla definizione di contratto di *leasing* che si è vista, tra le obbligazioni che l'impresa concedente si assume, vi è quindi anche quella di realizzare l'interesse dell'utilizzatore, curando la consegna del bene se non direttamente, almeno attivandosi affinché essa sia correttamente effettuata dal fornitore.

Non deve infatti dimenticarsi che, nel momento in cui deve avvenire la consegna del bene, esso (ai sensi dell'art. 1376 c.c.) è già passato in proprietà dell'impresa di *leasing* che quindi ne ha la disponibilità giuridica e può quindi pretendere dal fornitore la corretta consegna all'utilizzatore.

nuovo: App. Milano, 22 novembre 1983, in De Nova, *op. cit.*, 565; App. Milano, 25 ottobre 1983, *ivi*, 573.

(29) De Nova, *Il contratto di leasing*, Milano, 1995, 38 ss.

(30) Clarizia, *Collegamento negoziale e vicende della proprietà — Due profili della locazione finanziaria*, Rimini, 1982, 44 ss.

Una tale attività da parte del concedente rientra anche in quel dovere di collaborazione e di buona fede che la legge pone a carico delle parti nella fase di esecuzione di ogni contratto e che comporta l'obbligo di collaborare per la compiuta realizzazione dell'interesse perseguito dall'altra parte con la conclusione del contratto (artt. 1175 e 1375 c.c.).

Il problema assume aspetti ancor più delicati quando a concludere un contratto di *leasing* sia un consumatore.

Oggi l'art. 125-*quinquies*, comma 3 T.U. bancario prevede espressamente ed inderogabilmente che il consumatore-utilizzatore possa chiedere alla società di *leasing* di agire contro il fornitore inadempiente per la risoluzione del contratto, dopo averlo inutilmente costituito in mora. Dopo tale richiesta resta sospeso il pagamento dei canoni e la risoluzione del contratto di fornitura determina la risoluzione di diritto del contratto di *leasing*, senza penalità ed oneri. A seguito della risoluzione del contratto di *leasing* i canoni e tutti gli oneri pagati debbono essere restituiti all'utilizzatore, mentre il concedente ha diritto di ripetere l'importo pagato al fornitore inadempiente.

Quest'ultima disposizione consolida quindi l'orientamento secondo cui l'inadempimento del fornitore legittima la risoluzione del contratto di *leasing*, se collegato al contratto di fornitura [secondo la nozione di "*contratto di credito collegato*" contenuta all'art. 121, comma 1, lett. *d*) e che costituisce il presupposto di applicazione dell'art. 125-*quinquies*].

5. La risoluzione del contratto di *leasing*.

I formulari adottati dalle imprese di *leasing* normalmente contenevano una clausola risolutiva espressa prevedente l'automatica risoluzione del contratto anche nell'ipotesi in cui l'utilizzatore avesse omesso il pagamento di un solo canone.

Una simile clausola era ritenuta legittima, considerato che al contratto di *leasing* non si reputava applicabile l'art. 1525 c.c., il quale, in materia di vendita a rate con riserva della proprietà, sancisce che la risoluzione del contratto non possa aver luogo se non in conseguenza del mancato pagamento di una rata che superi l'ottava parte del prezzo pattuito, prevedendo altresì la nullità di qualsiasi patto contrario (31).

Oggi l'art. 1, comma 137 della legge 4 agosto 2017, n. 124 prevede espressamente delle soglie riferite al mancato pagamento dei canoni di *leasing*, al di sotto delle quali non può configurarsi un grave inadempimento a carico dell'utilizzatore che legittimi la risoluzione del contratto di *leasing* (32).

Queste soglie variano a seconda che si tratti di *leasing* immobiliare (canoni corrispondenti a 6 mensilità, anche per periodi non consecutivi) o di *leasing* aventi ad oggetto altri beni (canoni corrispondenti a 4 mensilità, anche per periodi non consecutivi).

Diverse conseguenze si traevano invece in merito alla validità di clausole che prevedano l'obbligo da parte dell'utilizzatore di corrispondere tutti i canoni fino alla scadenza del rapporto in caso di risoluzione anticipata per suo inadempimento.

In questa ipotesi sorgeva il problema relativo all'applicabilità dell'art. 1526 c.c. e quindi alla possibilità di richiedere al concedente la restituzione dei canoni corrisposti, salvo il diritto ad un equo compenso per l'uso della cosa.

La questione era stata risolta [anche se non mancavano opinioni difformi (33)] dalla Suprema Corte mediante la « storica » distinzione tra *leasing* di godimento o tradizionale e *leasing* traslativo.

La conseguenza della distinzione in esame era allora che, nel *leasing* tradizionale, vista la natura continuativa del rapporto, la risoluzione venisse disciplinata dall'art. 1458 c.c. e pertanto la risoluzione

(31) De Nova, *Il contratto di leasing*, Milano, 1995, 47.

(32) Tali soglie debbono reputarsi non derogabili, analogamente a quanto ritenuto in merito all'art. 1525 c.c., avente la funzione di limitare l'autonomia contrattuale delle parti (Cass., Sez. Un., 26 novembre 1993, n. 11718).

(33) Cass., 17 maggio 1991, n. 5571, in *Giur. comm.*, 1991, II, 881; App. Bologna, 5 giugno 1993, in *Riv. it. leasing*, 1993, 803, che ritiene inapplicabile l'art. 1526 c.c. alla risoluzione del *leasing* in genere; Trib. Milano, 2 luglio 2018, in *DeJure*, Giuffrè, 2018; Trib. Milano, 7 luglio 1992, in *Banca, borsa, tit. cred.*, 1993, II, 420, che reputa applicabile il solo art. 1458 c.c.; Trib. Milano, 31 ottobre 1991, in *Riv. it. leasing*, 1993, 486, che afferma la non necessità del ricorso all'art. 1526 c.c., ma la ricorribilità all'art. 1384 c.c.; App. Milano, 24 settembre 1991, in *Riv. it. leasing*, 1991, 461; Trib. Milano, 8 febbraio 1990, *ivi*, 1992, 517; Trib. Milano, 6 dicembre 1990, *ivi*, 1991, 462; Coll. arbitrale 14 dicembre 1990, in *Riv. arbitrato*, 1991, 601; App. Milano, 20 luglio 1990, in *Riv. it. leasing*, 1990, 400.

non impedisse che il concedente potesse trattenere i canoni già riscossi e pretendere il pagamento di tutti quelli a scadere.

Diversamente, nel *leasing* traslativo, si reputava applicabile l'art. 1526 c.c. in virtù dell'esistenza di una prevalente volontà traslativa delle parti che assimilava il *leasing* alla vendita a rate con riserva della proprietà. Pertanto, una volta risolto il contratto, si riteneva che l'utilizzatore avesse diritto alla restituzione delle rate pagate, mentre il concedente avesse diritto, oltre che al risarcimento del danno, ad un equo compenso per l'uso dei beni oggetto del contratto, da determinarsi ad opera del giudice, in caso di disaccordo delle parti ([34]).

Da ultimo, la giurisprudenza aveva anche chiarito che le parti potessero comunque convenire, con apposita pattuizione ai sensi dell'art. 1526, comma 2 c.c. avente natura di clausola penale, l'irripetibilità dei canoni già versati, prevedendo la detrazione, dalle somme dovute al concedente, dell'importo ricavato dalla futura vendita del bene restituito ([35]). Analogamente era ammessa la possibilità di prevedere l'obbligo di pagamento dei canoni a scadere, sempre previa deduzione di quanto incassato dalla vendita del bene restituito ed attualizzando gli interessi compresi nei canoni successivi alla risoluzione.

Come già visto, oggi la distinzione è superata dalla legge 124/2017.

Infatti, l'art. 1, comma 138 della legge 4 agosto 2017, n. 124 chiarisce quali diritti di credito può vantare il concedente verso l'utilizzatore in caso di risoluzione del contratto di *leasing* per inadempimento di quest'ultimo: la società di *leasing* ha diritto alla riconsegna del bene concesso in *leasing* (che potrà vendere o ricollocare a valori di mercato rilevati da fonti pubbliche o da soggetti specializzati oppure da un perito indipendente), al pagamento dei canoni scaduti e non pagati fino alla data della risoluzione, al solo capitale dei canoni a scadere, al prezzo pattuito per l'esercizio dell'opzione finale di acquisto ed alle spese anticipate per il recupero del bene, la stima e la conservazione fino alla vendita.

Una volta venduto o ricollocato il bene concesso in *leasing*, l'utilizzatore ha diritto a ricevere il relativo ricavato, nei limiti della parte

([34]) Cass., 20 settembre 2017, n. 21895.

([35]) Cass. 12 giugno 2018, n. 15202; sull'ammissibilità generalizzata della deroga all'art. 1526 c.c. anche nel *leasing* traslativo si veda Cass., 3 dicembre 2020, n. 27709.

che dovesse eccede il credito della società di *leasing*, derivante dalle voci che si sono appena elencate.

La vendita o la ricollocazione del bene dovrà avvenire con modalità tali da garantire: la realizzazione di un valore di mercato, la partecipazione dell'utilizzatore alla scelta del perito indipendente eventualmente incaricato della stima (in mancanza di valori risultanti da pubbliche rilevazioni di mercato o fissati da soggetti specializzati), la celerità, trasparenza e pubblicità delle operazioni.

Nel caso di risoluzione del contratto di *leasing* finanziario per inadempimento dell'utilizzatore verificatosi prima del 29 agosto 2017 (data di entrata in vigore della legge n. 124/2017 che, come appena visto, ha disciplinato espressamente la fattispecie da quel momento in avanti), era sorto un contrasto giurisprudenziale tra l'orientamento che riconduceva i relativi effetti all'art. 72-*quater* L. fall., ritenuto applicabile anche se la risoluzione fosse avvenuta prima della dichiarazione di fallimento dell'utilizzatore ([36]) e l'orientamento che invece riteneva ancora applicabile il solo art. 1526 c.c. ([37]).

La questione è stata risolta dalle Sezioni Unite, con la sentenza 28 gennaio 2021, n. 2061. La Suprema Corte ha chiarito che la legge 124/2017 non ha effetti retroattivi e trova, quindi, applicazione solo nel

([36]) Cass., 29 marzo 2019, n. 8980, la quale precisa che il concedente ha diritto alla restituzione del bene concesso in *leasing*, ma deve insinuarsi al passivo del fallimento dell'utilizzatore per poter vendere o riallocare il bene; il credito che il concedente avrà diritto di vedersi riconosciuto è pari alla differenza tra il valore di mercato del bene, determinato sulla scorta di una perizia di stima che dovrà essere disposta dal Giudice delegato nel procedimento di verifica dello stato passivo e la sommatoria dei canoni scaduti e non pagati ante fallimento, dei canoni a scadere in linea capitale e del prezzo di opzione. Nel caso in cui il corrispettivo concretamente ricavato dalla vendita o dalla riallocazione del bene sia diverso dal valore stimato, la rettifica della differenza attribuita al concedente avviene in fase di riparto.

([37]) A fronte della già citata giurisprudenza contraria all'applicazione analogica delle norme sulla vendita con riserva della proprietà, vi sono coeve decisioni che invece, per i fatti antecedenti l'entrata in vigore della legge 124/2017, reputano non superata la distinzione tra *leasing* di godimento e *leasing* traslativo e non applicabile neppure l'art. 72-*quater* L. fall. che disciplina un caso di scioglimento del contratto a seguito di fallimento piuttosto che un'ipotesi di risoluzione per inadempimento (Cass., 12 febbraio 2019, n. 3965; Cass., 18 giugno 2018, n. 15975; Cass., 28 febbraio 2018, n. 4698; Cass., 19 febbraio 2018, n. 3945). La questione è stata rimessa alle Sezioni Unite da Cass., 25 febbraio 2020, n. 5022, in *Corr. giur.*, 2020, n. 10, 1214 ss. la quale richiama tutti i precedenti nell'uno e nell'altro senso.

caso in cui i presupposti della risoluzione del contratto di *leasing* si siano verificati dopo la sua entrata in vigore. Laddove invece il contratto sia stato risolto in conseguenza di un fatto generatore (in sostanza, l'inadempimento dell'utilizzatore) verificatosi prima di tale momento, rimane valida la distinzione tra *leasing* di godimento e *leasing* traslativo, con conseguente applicabilità dell'art. 1526 c.c. in presenza del secondo tipo di contratto.

Ove poi intervenga la dichiarazione di fallimento dell'utilizzatore dopo la risoluzione del contratto di *leasing*, ma prima dell'entrata in vigore della legge 124/2017, non si applica nè quest'ultima legge nè l'art. 72-*quater* L. fall. In tal caso il concedente potrà tutt'al più presentare domanda di ammissione allo stato passivo al fine di ottenere il riconoscimento dell'eventuale clausola penale contrattualmente prevista, indicando la somma ricavata dalla diversa allocazione del bene concesso in *leasing* ovvero offrendo una stima del suo valore di mercato al fine di fornire al giudice delegato elementi sulla equità della penale stessa.

6. Il *leasing* nel T.U. bancario.

Con l'entrata in vigore del T.U. bancario, l'esercizio dell'attività di *leasing* (come di tutte quelle finanziarie) è riservata agli intermediari finanziari iscritto all'albo di cui all'art. 106 T.U. bancario ed alle banche.

Richiamata la distinzione tra *leasing* finanziario e *leasing* operativo, occorre anzitutto chiedersi se il T.U. bancario si occupi solo della prima tipologia di *leasing* e non della seconda.

Il Testo Unico del credito parla esclusivamente di « *leasing* finanziario », come risulta all'art. 1, comma 2, lett. *f*), n. 3.

In nessuna parte del Testo Unico viene mai nominato il *leasing* cosiddetto operativo.

A conferma del dato letterale, va considerato che, se si fosse voluto ricomprendere nella disciplina delle attività finanziarie anche il *leasing* operativo, il legislatore avrebbe usato semplicemente l'espressione « *leasing* » nell'elencare le attività ammesse al mutuo riconoscimento, senza aggiungere l'ulteriore specificazione di « finanziario »; avrebbe così fatto chiaramente intendere che tale contratto veniva in considerazione in tutte le sue possibili configurazioni. A tal proposito, non si può pensare che il legislatore non conoscesse, al momento in cui ha steso la norma in esame, l'ormai notissima distinzione tra *leasing* operativo e *leasing* finanziario.

Possiamo quindi concludere che il T.U. bancario non si occupa del *leasing* operativo e la spiegazione di ciò va ricondotta al fatto che, ai sensi dell'art. 107, comma 1, lett. *g*) del T.U. bancario, gli intermediari finanziari possono svolgere *solo* le attività di cui ai commi 1 e 2 dell'art. 106 T.U. bancario, con esclusione quindi di quell'attività di produzione di beni che, nel *leasing* operativo, viene svolta direttamente dall'impresa concedente (sulla base di un rapporto bilaterale con l'utilizzatore).

Occorre però chiedersi se l'attività di *leasing* operativo possa oggi essere svolta dalle imprese industriali o commerciali o se ciò contrasti con la riserva di attività finanziaria prevista a favore delle banche e degli intermediari finanziari. Non va infatti dimenticato che l'attività finanziaria è preclusa a soggetti diversi da banche ed intermediari finanziari sia se svolta in via principale od esclusiva, sia se svolta in via accessoria o strumentale (a meno che non si tratti di attività occasionale o, se non svolta nei confronti del pubblico, secondaria).

Tuttavia, nel caso in cui ricorrano effettivamente le caratteristiche di un *leasing* operativo (bilateralità del rapporto, produzione del bene da parte del locatore, mancanza di una opzione finale di acquisto, assunzione in capo al locatore del rischio commerciale), la fattispecie di un *leasing* diretto o del produttore risulta priva dell'intermediazione e della causa finanziaria che integrano l'esercizio di attività riservata.

Infatti, nel caso di specie, è configurabile l'esercizio di un'attività finanziaria quando sia configurabile un rapporto tra un soggetto che, assumendo la veste di intermediario tra il produttore del bene e l'utilizzatore, tende a realizzare un impiego remunerativo di capitale finanziario e, dall'altra parte, un'impresa abbisognevole della disponibilità economica di beni strumentali, senza l'impiego immediato di capitali necessari per l'acquisto.

Il vantaggio apportato dal produttore all'utilizzatore nel *leasing* operativo, ancorché sia assimilabile in senso lato a quell'utilità che abbiamo visto connotare l'attività finanziaria, non è tale da far ritenere sottoposta a riserva l'operazione in esame, anche tenuto conto del fatto che la normativa bancaria e finanziaria non sottopone a riserva tutte le attività non tipizzate aventi una qualsiasi connotazione finanziaria, anche al fine di non inibire a soggetti non finanziari l'esercizio di attività propedeutiche al conseguimento dell'oggetto sociale (si pensi, a titolo di esempio, alla dilazione di pagamento a favore di un soggetto non consumatore, di uso corrente nelle transazioni commerciali).

Deve quindi concludersi che il *leasing* operativo può formare oggetto dell'attività industriale tipica degli imprenditori produttori di beni e va preferibilmente assoggettato alla disciplina della locazione ordinaria contenuta nel codice civile o alla disciplina della vendita a rate con riserva della proprietà.

Una simile conclusione non è contraddetta dall'ampiezza della nozione di *attività di finanziamento sotto qualsiasi forma* contenuta nel già esaminato decreto del Ministro dell'economia e delle finanza del 2 aprile 2015, n. 53 che ricomprende, tra le attività finanziarie, la « *locazione finanziaria* », termine attraverso il quale viene tradotta in italiano la parola « *leasing* » in genere, senza riferimento ad alcuna particolare connotazione.

Infatti l'art. 2 del D.M. 53/2015 presuppone che le attività ivi elencate siano connotate dalla concessione di crediti o comunque da una qualche forma di finanziamento connesso alle medesime operazioni richiamate, il che abbiamo visto mancare quando il concedente si limita a produrre il bene ed a concederlo in godimento all'utilizzatore, senza intermediare alcuna utilità finanziaria.

Violerebbe invece la riserva di attività finanziaria il produttore che, qualificando la propria attività come locazione operativa, intermediasse professionalmente la locazione di beni strumentali forniti da terzi dietro corresponsione di canoni ragguagliati al piano di ammortamento finanziario del capitale investito nell'operazione, essendo in tale fattispecie perfettamente integrata la causa finanziaria e la trilateralità del rapporto che rendono coincidenti il *leasing* finanziario con l'indicata tipologia di *leasing* operativo.

Le conclusioni appena raggiunte non sono contraddette dalla nuova disciplina del *leasing* introdotta dalla legge 4 agosto 2017, n. 124, la quale pare pure riferita al *leasing* in generale, legittimando solo banche ed intermediari finanziari *ex* art. 106 T.U. bancario ad assumere la veste di concedenti e non anche i produttori di beni.

Approfondendo infatti il contenuto del contratto ivi disciplinato, ci si avvede, come già accennato in apertura di capitolo, che il *leasing* tipizzato dalla novella in esame è solo quello che vede istituzionalmente la partecipazione di tre soggetti e l'intermediazione finanziaria di uno di essi.

7. Il *leasing* immobiliare ed il *lease back*.

La particolare natura del bene che forma oggetto del *leasing* immobiliare fa sì che, di regola, il prezzo di opzione risulterà notevolmente inferiore al valore residuo del bene al termine del rapporto, accentuando così la funzione traslativa del contratto in esame.

Caratteristiche del contratto di *leasing* immobiliare sono la durata elevata, la propensione dell'utilizzatore alla rinnovazione del rapporto od al riscatto e la forma scritta (un tempo necessaria in caso di durata ultranovennale ai sensi dell'art. 1350 n. 8 c.c., ma oggi richiesta dall'art. 117 del T.U. bancario per tutte le operazioni finanziarie).

La forma scritta è poi certamente necessaria per il valido esercizio del diritto di opzione ai sensi dell'art. 1350, n. 1 c.c..

Il *leasing* immobiliare si presenta particolarmente interessante in una peculiare configurazione che ha dato luogo a notevoli problematiche nella prassi giudiziaria: il « *sale and lease back* », detto più semplicemente « *lease back* », o, con un termine italiano, locazione finanziaria di ritorno.

Tale negozio consiste nella vendita (sale) di un bene ad un'impresa che esercita la locazione finanziaria, la quale, a sua volta, concede in *leasing* lo stesso bene al venditore, con la possibilità per quest'ultimo di riacquistarne la proprietà alla scadenza del rapporto mediante l'esercizio del diritto di opzione.

L'operazione di vendita e di concessione in *leasing* avviene in genere contestualmente in modo tale che il venditore che diviene poi utilizzatore non sia mai privato della disponibilità del bene.

Il negozio in esame presenta indubbi vantaggi per entrambe le parti: il venditore-utilizzatore consegue un'immediata disponibilità di denaro liquido grazie all'incasso del prezzo della vendita di propri beni all'impresa di *leasing*.

Nello stesso tempo egli non perde la disponibilità dei beni venduti che gli sono necessari per l'esercizio della propria impresa in quanto, quasi contestualmente alla vendita, li riceve in locazione finanziaria, ottenendo altresì il diritto di riacquistarli definitivamente al termine del rapporto.

Al contempo l'impresa di *leasing* realizza l'interesse rappresentato dall'acquisto di un bene mediante la corresponsione di un prezzo di mercato, acquisendo così la possibilità di lucrare la differenza tra il prezzo pagato e l'importo complessivo dei canoni dovuti a fronte della concessione in *leasing* del bene stesso (importo che risulterà superiore a causa dell'aggiunta degli interessi convenzionali e delle spese dell'operazione).

Tuttavia, proprio per la funzione di finanziamento che l'operazione svolge e per la funzione di garanzia a cui sembra assolvere il bene venduto e concesso in *leasing*, è sorto il problema se un siffatto negozio possa porsi in contrasto col divieto di patto commissorio espresso dall'art. 2744 c.c., considerata la presenza di due elementi determinanti che paiono coincidere:

1) l'erogazione di un finanziamento che il venditore-utilizzatore si obbliga a restituire al compratore-concedente ad una determinata scadenza ed il cui ammontare corrisponde al prezzo di acquisto del bene;

2) la previsione della facoltà da parte del venditore-utilizzatore di riacquistare (attraverso il patto di riscatto) la proprietà del bene alienato, ma solo dopo l'integrale restituzione del finanziamento e degli interessi (sotto forma di canoni di *leasing*).

L'esistenza di queste caratteristiche ha indotto parte della giurisprudenza di merito a ravvisare nel *sale and lease back* una notevole somiglianza con la vendita con patto di riscatto o con patto di retrovendita a scopo di garanzia e quindi una violazione almeno indiretta del divieto di patto commissorio (38).

In sostanza, ravvisando nella figura contrattuale in esame un mutuo assistito da una garanzia reale atipica, la giurisprudenza che per prima

(38) Com'è noto la giurisprudenza, a partire da Cass. 3 giugno 1983, n. 3800, ritiene che l'art. 2744 c.c. può essere violato non soltanto direttamente, ma anche in maniera indiretta, mediante una vendita con patto di retrovendita o sottoposta alla condizione risolutiva dell'integrale pagamento del debito da parte del venditore-debitore, rendendo così applicabile l'art. 1344 c.c. (fra le tante Cass., Sez. Un., 21 aprile 1989, n. 1907, in *Giust. civ.*, 1989, I, 1821; Cass., Sez. Un., 3 aprile 1989, n. 1611, *ivi*, 1569 e 2423; Cass., 27 febbraio 1991, n. 2126, in *Giur. it.*, 1992, I, 1, 136 ss.; Cass., 19

si è occupata della figura contrattuale in esame ne ha ravvisato una illiceità generalizzata, indipendentemente dalla concreta configurazione assunta (39), considerandolo negozio in frode alla legge in violazione del divieto di patto commissorio *ex* art. 2744 c.c. oppure contratto simulato, diretto ad occultare l'effettiva intenzione delle parti di costituire una garanzia reale a favore dell'acquirente finanziatore (40).

Successivamente però la Suprema Corte si è espressa a favore della generale validità del *lease back* (considerato che la vendita, in astratto, avviene a scopo di *leasing* e non a scopo di garanzia), a meno che non risulti provato in concreto che lo scopo di garanzia costituisca la causa del contratto e non semplicemente motivo dello stesso (41). La nullità va comunque esclusa laddove le parti abbiano pattuito il cosiddetto *patto marciano*, con apposita clausola che preveda che il creditore (concedente), per acquisire la proprietà del bene, debba pagare al debitore (utilizzatore) la differenza tra il valore del bene stimato da un terzo imparziale (con una valutazione ancorata a parametri oggettivi ed

settembre 1992, n. 10749, in *Giust. civ.*, 1993, I, 3055; Cass., 1° giugno 1993, n. 6112, in *Giust. civ. Mass.*, 1993, 968).

(39) Trib. Milano, 19 giugno 1986, in *Riv. it. leasing*, 1986, 786; Trib. Verona, 15 dicembre 1988, in *Foro it.*, 1989, I, 1251; Trib. Roma, 7 maggio 1990, in *Temi romana*, 1990, 137; Trib. Genova, 30 gennaio 1992, in *Giur. comm.*, 1993, II, 427 ss., che ritiene il contratto in esame negozio in frode alla legge in violazione del divieto di patto commissorio e come tale nullo ai sensi degli artt. 1344 e 2744 c.c.; da ultimo App. Cagliari, 3 marzo 1993, in *Giur. comm.*, 1994, II, 662.

(40) Trib. Milano, 13 giugno 1985, in *Riv. it. leasing*, 1986, 172 ss.

(41) Cass., 23 aprile 2020, n. 8100, in *Guida al diritto*, 2020, 31, 73; Cass., 11 settembre 2017, n. 21042; Cass., 6 luglio 2017, n. 16646; Cass., sez. I 10 maggio 2017, n. 11449; Cass., 22 marzo 2007, n. 6969; Cass. 6 agosto 2004, n. 15178, in *Giust. civ.*, 2005, I, 1019 ss.; Cass. 21 luglio 2004, n. 13580, in *Giust. civ.*, 2005, I, 685 ss. secondo cui il *lease back* può in concreto costituire un contratto in frode alla legge. La prova dell'illiceità della causa può risultare da dati sintomatici ed obiettivi, quali la presenza di una situazione credito-debitoria preesistente o contestuale alla vendita o la sproporzione tra entità del prezzo e valore del bene alienato o ancora la situazione economica dell'impresa venditrice la cui condizione di debolezza può legittimare il sospetto di approfittamento da parte dell'impresa di *leasing*. In senso conforme Trib. Venezia, 12 novembre 1994, in *La nuova giur. civ. comm.*, 1995, 906 ss., con nota del sottoscritto, *Divieto di patto commissorio e lease-back*. Anche fiscalmente il *sale and lease back* non viene considerata un'operazione illecita (Cass., sez. trib., 25 maggio 2009, n. 12044), a meno che non abbia altro scopo che quello di realizzare un risparmio fiscale, nel qual caso costituisce un'ipotesi di abuso del diritto (Cass, sez. trib., 9 marzo 2011, n. 5583, in *Riv. notariato*, 2011, 3, 623).

autonomi, secondo tempi certi e modalità definite) e l'entità del suo credito, così da ristabilire l'equilibrio sinallagmatico tra le prestazioni (42).

Analogamente viene poi ritenuto valido il cosiddetto *leasing addosse*, una forma di *lease back* ideata in Francia, in cui un'impresa vende alla società di *leasing* uno *stock* di beni strumentali per riottenerli in locazione; la particolarità di tale figura contrattuale consiste nel fatto che l'impresa utilizzatrice ha la facoltà di sub locare (in locazione finanziaria o locazione semplice) gli stessi beni strumentali venduti ed ottenuti in *leasing* (43).

La tesi della generale validità del *lease back* è quasi unanimemente seguita anche dalla dottrina, salvo verificare caso per caso l'esistenza di un intento delle parti volto a concedere un finanziamento garantendolo tramite il trasferimento della proprietà di un bene dal debitore al creditore.

A fondamento della generalizzata validità si pone l'affermazione che il negozio in esame è un contratto d'impresa socialmente tipico, idoneo a soddisfare interessi della vita economica che sono certamente meritevoli di tutela giuridica (44).

Oggi, la disciplina del *leasing*, oltre a confermare la meritevolezza degli interessi sottesi ad una figura negoziale divenuta tipica, contiene una disposizione (il già richiamato art. 1, comma 138 della legge 124/2017) destinata a salvaguardare l'equilibrio delle reciproche obbligazioni in caso di risoluzione anticipata del rapporto per inadempimento dell'utilizzatore, contemperando il diritto del concedente (alla riconsegna del bene, alla riscossione dei canoni scaduti e di quelli a

(42) Cass., 28 gennaio 2015, n. 1625, in *Il fall.*, 2015, n. 7, 791 ss.; Cass., 28 gennaio 2016, n. 1625, in *Foro it.*, 2016, 2, I, 685. Un'esplicita conferma della validità del patto marciano si ritrova oggi nell'art. 2 del D.L. 3 maggio 2016, n. 59, convertito con modificazioni nella legge 30 giugno 2016, n. 119.

(43) Trib. Lecce, Sez. Stralcio, 10 ottobre 2000, n. 3649, in *Guida al diritto, Il Sole-24 Ore*, 2001, n. 14, 60 ss., la quale, pur affermando l'astratta liceità del *leasing addossè*, conclude ravvisando la nullità del contratto sottoposto nel caso concreto al suo esame, posto che l'imprenditore venditore ed utilizzatore dei beni strumentali aveva omesso di concedere i medesimi beni in sub locazione, ponendo quindi in essere un'operazione finanziaria garantita dal trasferimento in proprietà a favore dell'impresa di *leasing* di suoi beni strumentali e violando quindi l'art. 2744 c.c.

(44) Per tutti Luminoso, *I contratti tipici e atipici*, in *Tratt. di dir. priv.*, a cura di Iudica e Zatti, Milano, 1995, 422 ss.

scadere solo in linea capitale, al pagamento del prezzo di opzione ed al rimborso delle spese anticipate) col diritto dell'utilizzatore (a ricevere la parte del ricavato dalla vendita o riallocazione del bene eccedente le voci a credito del concedente).

Si tratta di una norma, certamente applicabile anche al *lease back*, da ritenersi imperativa proprio perché a tutela dell'equilibrio sinallagmatico del contratto. Le parti quindi non possono ritenersi libere di derogarvi mediante l'inserimento nel contratto di *leasing* di clausole più onerose per l'utilizzatore, le quali sarebbero inevitabilmente nulle e sostituite di diritto dall'applicazione automatica dell'art. 1, comma 138 della legge 124/2017 (art. 1419, comma 2 c.c.).

Un tale contemperamento di interessi, legalmente previsto e disciplinato, esclude allora che il creditore possa lucrare indebiti vantaggi a danno del debitore, rischio questo che sta proprio a fondamento del divieto di patto commissorio.

La stessa dottrina e la giurisprudenza hanno più volte evidenziato che, in assenza di un simile rischio, è esclusa la violazione del divieto di patto commissorio, anche in presenza di schemi negoziali strutturalmente assimilabili alle alienazioni commissorie.

Così accade nel pegno irregolare e nel patto marciano, ove il creditore è obbligato a restituire al debitore l'eccedenza del valore del bene concesso in garanzia — considerato al momento della scadenza dell'obbligazione — rispetto all'ammontare del credito garantito. Lo stesso si verifica nel riporto finanziario, ove il riportatore (creditore) non è legittimato ad appropriarsi dei titoli consegnatigli, ma può solo richiedere la liquidazione coattiva secondo le disposizioni delle leggi sulla borsa.

8. *Leasing* e procedure concorsuali.

È pacifico che la dichiarazione di fallimento di una delle parti del contratto di *leasing* prima dell'estinzione del rapporto rende applicabili gli artt. 72 e ss. L. fall.

Il rapporto nascente dal contratto di *leasing* si considera ancora pendente fino a quando entrambi i contraenti (e non uno soltanto) non abbiano integralmente adempiuto ai propri obblighi ovvero quando non sia stato raggiunto l'effetto finale del negozio.

Questa regola generale, applicata al contratto di *leasing*, comporta che il rapporto si considera pendente fino a quando l'utilizzatore non abbia ultimato la corresponsione di tutti i canoni pattuiti e non abbia operato, entro il termine contrattualmente previsto, la scelta tra l'esercizio del diritto di opzione e la restituzione del bene (45).

Posta questa premessa, la riforma organica del diritto fallimentare (D.Lgs. 9 gennaio 2006, n. 5) ha introdotto l'art. 72-*quater* L. fall. che disciplina gli effetti del fallimento sul rapporto di *leasing*, distinguendo tra fallimento dell'utilizzatore e fallimento della società di *leasing*.

Nel primo caso si prevede l'applicazione dell'art. 72 L. fall. coerentemente con quello che era il precedente indirizzo dominante (46).

Pertanto il contratto rimane sospeso [non maturano canoni in prededuzione a carico del fallimento (47) ed il concedente non può richiedere la restituzione del bene concesso in *leasing* né disporne], fino a quando il curatore del fallimento dell'utilizzatore opterà per il subentro nel rapporto, previa autorizzazione del comitato dei creditori ovvero per lo scioglimento del contratto.

Si è sostenuto che in generale questa sospensione del contratto non valga a sospendere i termini contrattuali (in particolare quello per l'esercizio del diritto di opzione) (48). Appare però oggi preferibile l'opinione secondo cui anche il termine per esercitare la dichiarazione di riscatto debba essere assoggettato a sospensione fino a quando il curatore non abbia deciso se subentrare o meno nel rapporto, analogamente a quanto si desume dall'art. 72-*quater*, comma 4 L. fall. che prevede la conservazione, in capo all'utilizzatore, della facoltà di riscattare il bene nel caso in cui il curatore del fallimento del concedente abbia dichiarato di subentrare al contratto (il che ovviamente presup-

(45) Per una completa disamina della disciplina fallimentare del *leasing*: PATRIARCA,, *Il trattamento fallimentare del leasing tra tutela del credito del concedente e rispetto della par condicio creditorum*, in *Banca, borsa, tit. cred.*, 2013, I, 426 ss.; BONFANTE, *I rapporti pendenti nel fallimento e la locazione finanziaria*, in *Quaderni di Giur. comm.*, Milano, 1993, 73 ss.

(46) Cass., 13 dicembre 1989, n. 5572; Trib. Catania, 14 novembre 1987, in *Banca, borsa, tit. cred.*, 1989, II, 205 ss.

(47) Trib. Udine, decreto, 10 luglio 2009, in *www.unijuris.it*.

(48) RUISI-MAFFEI ALBERTI-JORIO-TEDESCHI, *Il fallimento*, Torino, II, 1978, 573; Trib. Nuoro, 7 ottobre 1982, in DE NOVA, *Il contratto di leasing*, cit., 424.

pone che, durante il tempo occorrente per arrivare alla decisione di subentro, non possa decadere il diritto di opzione).

La richiamata applicazione dell'art. 72 L. fall. comporta che, durante la sospensione del rapporto, il concedente potrà mettere in mora il curatore, facendogli assegnare dal giudice delegato un termine (non superiore a 60 giorni) decorso il quale il contratto si intenderà sciolto. Questa facoltà soddisfa l'esigenza del concedente di limitare il periodo di sospensione del contratto di *leasing* e quindi quella situazione di incertezza che potrebbe arrecargli danno. Qualora il curatore decida di subentrare nel contratto di *leasing* (spontaneamente o dopo essere stato messo in mora dal concedente), dovrà far fronte al pagamento in prededuzione dei canoni scaduti e di quelli a scadere, trattandosi, secondo l'opinione preferibile, di un debito della massa relativo ad un contratto avente struttura unitaria (49).

La sospensione del rapporto non opera in caso di esercizio provvisorio dell'impresa utilizzatrice fallita, precisando l'art. 72-*quater* L. fall. che il contratto continua ad avere esecuzione, salvo che il curatore dichiari di volersi sciogliere dal rapporto.

Una volta sciolto il contratto, la società concedente ha diritto alla restituzione del bene, ma è tenuta a versare alla curatela dell'utilizzatore le somme di cui si sia arricchita, laddove abbia ricavato dalla vendita o dalla ricollocazione del bene un corrispettivo superiore al capitale impiegato e non recuperato con l'incasso dei canoni pagati dall'utilizzatore.

La disciplina appena descritta rimarrà sostanzialmente inalterata una volta che sarà entrato in vigore (50) il Codice della crisi d'impresa

(49) Patti, *Il leasing*, in *I rapporti giuridici pendenti*, a cura di Massimo Ferro, *suppl. Fall.*, 11/1998; De Nova, *Il contratto di leasing*, Milano, 1995, 58-59; Guglielmucci, *Effetti del fallimento sui rapporti giuridici preesistenti*, in *Comm. Scialoja-Branca della legge fall.*, Bologna-Roma, 1979, 208; Apice, *Il contratto di leasing nelle procedure concorsuali*, Padova, 1991, 78. Da notare la posizione assunta da Trib. Parma 10 marzo 1998, in *Fall.*, 1998, all. al n. 7, secondo cui, in caso di subentro del curatore, i canoni maturati durante la procedura di concordato preventivo poi sfociata in fallimento debbono essere pagati integralmente, mentre quelli maturati anteriormente all'apertura della prima procedura vanno soddisfatti alla stessa stregua di tutti gli altri crediti concorsuali.

(50) Al momento l'entrata in vigore è prevista a decorrere dal 1° settembre 2021, secondo quanto stabilito dall'art. 42, comma 1 del D.Lgs. 147/2020.

e dell'insolvenza (CCII), approvato con D.Lgs. 12 gennaio 2019, n. 14, secondo quanto previsto dai suoi artt. 97, comma 12, 172 e 177, i quali si differenziano solo per un miglior dettaglio della consistenza e della composizione del credito del concedente.

I canoni già pagati restano esclusi da revocatoria fallimentare, trattandosi di pagamenti effettuati nel normale esercizio dell'attività di impresa *ex* art. 67, comma 3, lett. *a*), L. fall. [ed anche ai sensi dell'art. 166, comma 3, lett. *a*) CCII], sempre se non effettuati con modalità inusuali o dopo la cessazione dell'attività d'impresa.

Se non sono revocabili i pagamenti dei canoni di *leasing* potrebbe però esserlo il contratto di *leasing* o ai sensi dell'art. 67, 1° comma L. fall. (ove il contratto, sempre se concluso entro l'anno anteriore alla dichiarazione di fallimento, accusi una sproporzione tra valore del bene concesso in godimento ed importo complessivo dei canoni e del prezzo di riscatto, sproporzione che però dovrà essere superiore ad 1/4) o ai sensi dell'art. 67, comma 2 L. fall. (quale atto a titolo oneroso, sempre se concluso entro i 6 mesi precedenti la dichiarazione di fallimento e sempre che il curatore dimostri la conoscenza, da parte del concedente, dello stato di insolvenza dell'utilizzatore al momento della conclusione).

In caso di esito positivo dell'azione revocatoria avente ad oggetto il contratto, ne deriverebbe l'obbligo per il concedente di restituire tutti i canoni percepiti e per l'utilizzatore fallito di restituire il bene.

È stata poi ritenuta inefficace, come atto a titolo gratuito *ex* art. 64 L. fall., sia la cessione senza corrispettivo del diritto di opzione dopo l'integrale pagamento di tutti i canoni (51), sia la cessione senza corrispettivo del contratto di *leasing* dopo che l'utilizzatore poi fallito aveva pagato parte dei canoni (52).

Tornando all'ipotesi di scioglimento del contratto per intervenuto fallimento dell'utilizzatore, ove a favore della società di *leasing* residui un credito per canoni non pagati, una volta venduto o ricollocato il bene (il che si verificherà quando il corrispettivo ricavato sia inferiore ai canoni non incassati), tale credito potrà essere insinuato allo stato passivo del fallimento dell'utilizzatore.

(51) Trib. Monza, 21 febbraio 2001, in *Giur. it.*, 2001, I, 970 ss.

(52) Trib. Como, 3 novembre 2000, in *Giur. it.*, 2001, 970 ss.

La regolazione del rapporto prevista dall'art. 72-*quater* L. fall. in caso di fallimento dell'utilizzatore e di scioglimento del contratto non è perfettamente coincidente con la disciplina ordinaria della risoluzione del contratto di *leasing* finanziario in caso di inadempimento dell'utilizzatore.

L'art. 1, comma 138 della legge 4 agosto 2017, n. 124, attribuisce al concedente il diritto non solo alla restituzione della somma anticipata in linea capitale (come previsto dall'art. 72-*quater* L. fall.), ma anche degli interessi inglobati nei canoni scaduti prima della risoluzione del contratto, del prezzo di riscatto del bene e di tutte le spese sostenute per il recupero del bene, per la sua stima e per la sua conservazione fino alla vendita.

Quest'ultima soluzione resta ovviamente applicabile nel caso in cui la risoluzione del contratto di *leasing* si verifichi prima dell'apertura della procedura concorsuale. La medesima soluzione è stata recepita dagli artt. 177 e 97, comma 12 del CCII.

Passando al caso di fallimento della società di *leasing* ([53]) l'art. 72-*quater* L. fall. (ed anche l'art. 177, ult. comma del CCII) prevede l'automatica prosecuzione del rapporto e conseguentemente l'utilizzatore conserva la facoltà di acquistare, alla scadenza del rapporto, la proprietà del bene, previa pagamento dei canoni e del prezzo di opzione.

Anche in questo caso è astrattamente possibile la revocatoria fallimentare del contratto di *leasing*, ma l'ipotesi si verificherà raramente nella pratica, per la scarsa convenienza che la revoca comporterebbe per il fallimento del concedente che si troverebbe a dover restituire tutti i canoni percepiti (sia pure in moneta fallimentare) ed a dover ricollocare sul mercato un bene che con ogni probabilità è già tecnologicamente obsoleto.

([53]) I problemi connessi alla sorte del contratto di *leasing* si pongono alla stessa maniera quando l'impresa concedente debba essere sottoposta, anziché ad un'ordinaria procedura fallimentare, a liquidazione coatta amministrava, il che accade quando lo stato di insolvenza colpisce una banca che svolga attività di *leasing* o quando la società di *leasing* appartenga ad un gruppo bancario la cui capogruppo sia assoggettata alla procedura di liquidazione coatta amministrativa (art. 101 T.U. bancario). Infatti l'art. 83 del T.U. bancario dichiara espressamente applicabili alla liquidazione coatta amministrativa le disposizioni del titolo II, capo III, sezione II e sezione IV della legge fallimentare, ossia, tra gli altri, anche gli artt. 72 e ss. L. fall. sui rapporti giuridici pendenti.

CAPITOLO VIII

LA TUTELA DEL CLIENTE

1. Premessa. — 2. La trasparenza bancaria. — 3. La pubblicità delle condizioni economiche. — 4. Il contenuto del contratto. — 5. I poteri di intervento delle banche sui contratti in essere. — 6. La forma dei contratti bancari. — 7. Le comunicazioni periodiche alla clientela. — 8. Il credito ai consumatori. — 9. Trasparenza bancaria e clausole vessatorie. — 10. L'anatocismo bancario. — 11. I sistemi di risoluzione stragiudiziale delle controversie.

1. Premessa.

L'esigenza di una tutela effettiva dei cosiddetti contraenti deboli che entrano in rapporto con le banche nasce dalla consapevolezza dell'insufficienza delle norme contenute nel codice civile in materia di contratti in serie, che rimane spesso nell'ambito di una tutela limitata e solo formale (artt. 1341 e 1342 c.c. sulle condizioni generali di contratto e sulle clausole vessatorie, art. 1370 c.c. sull'interpretazione delle clausole predisposte da uno dei contraenti).

La disciplina delle clausole vessatorie introduce infatti poco più di un semplice formalismo, precedente la conclusione del contratto, che però è fin troppo agevolmente superato nella prassi negoziale attraverso l'imposizione di moduli contrattuali (che il cliente spesso neppure legge) in calce ai quali ci si limita alla semplice apposizione di una formale doppia firma. Di fronte a questa unilaterale predisposizione del testo negoziale, il contraente debole, spinto dall'esigenza di procurarsi beni o servizi, non può che accettare il contenuto voluto dall'altro contraente e spesso sottoscrive clausole fortemente limitative dei propri diritti senza neppure rendersi conto appieno della loro esistenza o del loro significato.

Anche le norme in materia di buona fede contrattuale (artt. 1337, 1175 e 1375 c.c. che impongono alle parti obblighi di lealtà e correttezza rispettivamente nella fase delle trattative, nell'esecuzione del contratto e nell'interpretazione delle clausole ambigue) costituiscono delle clausole generali, difficilmente traducibili in concrete regole di condotta.

La volontà di introdurre una disciplina che rendesse effettiva la tutela della clientela ha così indotto il legislatore comunitario e quello nazionale ad elaborare **regole inderogabili** finalizzate a determinare il contenuto dei contratti, attraverso la diretta introduzione di clausole contrattuali o il divieto di adozione di clausole che favoriscano in maniera eccessiva i contraenti forti.

La prima categoria di clienti che si sente l'esigenza di tutelare è quella dei consumatori, i quali, essendo indotti a contrarre per soddisfare esigenze personali e non di carattere imprenditoriale, sono ritenuti meritevoli di una particolare considerazione in tutti i settori economici (1).

La particolare posizione di supremazia contrattuale delle banche nei riguardi della clientela in genere induce poi il legislatore ad introdurre una disciplina che non si limiti a tutelare la particolare categoria dei consumatori, ma si estenda a qualsiasi altro **cliente** (anche imprenditore) che intrattenga relazioni con il ceto creditizio.

Poiché la normativa che assiste i contratti bancari (o finanziari) è prevista a protezione dei "clienti" delle banche o degli investitori, essa non si estende alle garanzie personali rilasciate unilateralmente da soggetti che siano terzi rispetto al rapporto bancario (o finanziario), anche se il contratto di garanzia riceve una tutela che è il riflesso di quella propria del rapporto bancario garantito (2).

L'intervento legislativo è preceduto da iniziative intraprese dall'ABI fin dalla metà degli anni Settanta, finalizzate a creare forme spontanee di autoregolamentazione in materia di trasparenza dell'attività bancaria, che si realizzano soprattutto attraverso lo strumento dei **codici di autodisciplina**, coi quali si perseguiva l'obiettivo di dare maggiore trasparenza all'attività bancaria, mediante l'impegno, assunto

(1) Oggi la disciplina riguardante i consumatori è stata raccolta nel cosiddetto Codice del consumo approvato con D.Lgs. 6 settembre 2005, n. 206.

(2) Cass., 28 febbraio 2019, n. 5833.

dalle banche associate, di rispettare determinate prescrizioni comportamentali a favore della clientela (3).

Si giunge così alla legge sulla trasparenza dei contratti bancari (legge 17 febbraio 1992, n. 154) il cui scopo non è quindi soltanto la tutela dei consumatori, ma in genere la salvaguardia del mercato contro i possibili abusi della posizione dominante di cui le banche potrebbero beneficiare nei rapporti con tutta la clientela.

2. La trasparenza bancaria.

È con la legge 17 febbraio 1992, n. 154, contenente « Norme per la trasparenza delle operazioni e dei servizi bancari e finanziari », che si comincia a garantire al cliente una chiara e corretta informazione in materia di *tassi*, di *prezzi* e di *altre condizioni* praticate, contenute nei contratti, facendo carico alle banche ed agli altri soggetti che esercitano professionalmente nel territorio dello Stato attività finanziaria di rispettare determinati comportamenti nei confronti della clientela, improntati alla massima trasparenza dei rapporti posti in essere.

L'emanazione della legge in esame era quindi motivata da esigenze di tutela effettiva del pubblico dei risparmiatori e degli investitori.

Oggi il T.U. bancario, al Titolo VI (artt. 115 e ss.), ha recepito, con alcune innovazioni e chiarimenti, la legge 154/1992, la quale è stata espressamente abrogata (art. 161 T.U. bancario) ad eccezione dell'art. 10 in tema di fideiussione per obbligazioni future o condizionali (la cosiddetta fideiussione *omnibus*).

Vediamo di analizzare i contenuti di questa disciplina.

Anzitutto la normativa sulla trasparenza è destinata non solo alle banche, ma anche:

a) agli intermediari finanziari;

(3) Va ricordato il Codice di comportamento del settore bancario e finanziario, emanato con la circolare ABI n. 6 del 22 gennaio 1996, il quale mirava a garantire non solo la trasparenza dei rapporti banca-cliente, ma anche e soprattutto la personalità e la qualità di detti rapporti, ad esempio dettando disposizioni relative alle informazioni da dare alla clientela sui servizi offerti, sui tempi di svolgimento di determinate pratiche (quali concessioni di fido), sullo stato di avanzamento ecc. Un intero capitolo del codice in esame era dedicato alle procedure da porre in essere per l'inoltro dei reclami da parte della clientela all'ufficio reclami ed all'Ombudsman bancario.

b) agli agenti in attività finanziaria ed ai mediatori creditizi (art. 128-*decies* T.U. bancario), definiti quali *intermediari del credito* dal D.Lgs. 21 aprile 2016, n. 72;

c) agli operatori del microcredito ed ai confidi (in particolare quelli minori, posto che i confidi maggiori possono essere ricompresi nella categoria degli intermediari finanziari, dovendo essere iscritti nell'albo di cui all'art. 106 T.U. bancario);

d) a Poste Italiane s.p.a. per le attività di bancoposta di cui al D.P.R. 14 marzo 2001, n. 144;

e) ad altri soggetti individuati con decreto del Ministro dell'economia e delle finanze in relazione all'attività svolta.

Le regole sulla trasparenza bancaria seguono il **principio di territorialità** espresso dall'art. 115, comma 1 T.U. bancario, in quanto se ne prevede l'applicazione a tutte le attività finanziarie poste in essere sul territorio della Repubblica. Pertanto tenute al rispetto delle regole di trasparenza sono sia le banche autorizzate in Italia, sia le succursali delle banche comunitarie ed extra comunitarie stabilite nel territorio della Repubblica.

La normativa sulla trasparenza, invece, non si applica nei confronti di operatori esteri che in Italia si limitano alla prestazione di un singolo servizio, perché manca il presupposto dello svolgimento di un'attività previsto dall'articolo 115 T.U. bancario.

La disciplina si applica anche nel caso di operatività di una cosiddetta banca « di fatto », considerato che trattasi di norme a tutela degli utenti dei servizi finanziari.

Il principio di territorialità ha un ambito di applicazione diverso da quello dell'*home country control* che riguarda l'esercizio dell'attività di vigilanza da parte dell'Autorità del paese di origine; esso comporta infatti l'applicazione di una serie di norme privatistiche dirette a regolare non già le relazioni tra l'Autorità di vigilanza e le banche, bensì i rapporti contrattuali privati tra banche e clienti.

La normativa sulla trasparenza bancaria si applica alle operazioni bancarie e finanziarie e non anche alle attività connesse e strumentali. Vi è quindi soggetta l'attività tipica posta in essere da banche ed intermediari finanziari, attraverso una contrattazione di massa.

Non si applica invece ai servizi di investimento, al collocamento di prodotti finanziari ed alle operazioni sottoposte alla disciplina del T.U.

sulla finanza, anche se svolti da banche (art. 23, comma 4 del T.U. sulla finanza).

Non si applica nemmeno al credito ai consumatori, che ha come destinatari i clienti che siano anche consumatori e che trova una disciplina speciale al Capo I-*bis* (credito immobiliare ai consumatori) e al Capo II (credito ai consumatori) del Titolo VI (artt. 120-*quinquies* e segg.) del T.U. bancario, nè alla prestazione di servizi di pagamento, per i quali il già visto D.Lgs. 11/2010 ha introdotto il Capo II-*bis* sempre al Titolo VI del T.U. bancario, nè alla trasparenza dei conti di pagamento per i quali il D.Lgs. 15 marzo 2017, n. 37 ha introdotto il Capo II-*ter*. In tutti questi casi la disciplina speciale prevale sulla disciplina generale che troverà applicazione solo in quanto *espressamente* richiamata.

Le norme sulla trasparenza bancaria costituiscono un sistema di disposizioni derogabili solo in senso più favorevole al cliente (art. 127, comma 1 T.U. bancario). In materia di servizi di pagamento però è ammissibile una deroga concordata alla normativa di protezione, laddove l'utilizzatore dei servizi di pagamento non sia un consumatore o una micro impresa (art. 126-*bis*, comma 3 T.U. bancario).

La violazione delle norme inderogabili dà luogo ad una nullità che, secondo quanto dispone l'art. 127, comma 2 T.U. bancario, opera esclusivamente a vantaggio del cliente e può essere rilevata solo dal cliente stesso o d'ufficio (nullità relativa o di protezione) [4].

[4] La riforma introdotta dal D.Lgs. 13 agosto 2010, n. 141 ha previsto la *rilevabilità d'ufficio* della nullità di clausole che non operino a vantaggio del cliente. Precedentemente la rilevabilità d'ufficio era dubbia (a favore erano: Pret. Bologna, 4 gennaio 1999, in *Banca, borsa, tit. cred.*, 2000, II, 726 ss.; Corte di Giustizia UE, 6 ottobre 2009, in causa C-40/08, in *www.judicium.it*, sulla rilevabilità d'ufficio della nullità delle clausole vessatorie riferite a consumatori; in dottrina sosteneva la rilevabilità d'ufficio nel solo caso in cui il vizio operasse in senso sfavorevole al cliente Morera, *Contratti bancari (disciplina generale)*, in *Banca borsa, tit. cred.*, 2008, 2, 163 ss.). Si è sostenuto che, trattandosi di nullità relativa, l'azione sarebbe soggetta a prescrizione ed il contratto invalido sarebbe soggetto a convalida (Giorgianni-Tardivo, *Manuale di diritto bancario*, Milano, 2005, 270), ma l'opinione mi pare non possa essere condivisa perché porterebbe ad equiparare la nullità all'annullabilità, in contrasto con la volontà del legislatore che ha inteso mantenere l'ipotesi della nullità. Sulla rilevabilità d'ufficio delle nullità di protezione anche in mancanza di una norma specifica in tal senso si veda Cass., Sez. Un., 4 novembre 2019, n. 28314 in tema di contratti di investimento.

Va ricordato, tuttavia, che la dichiarazione di nullità è possibile solo per la violazione di norme previste a tutela della **trasparenza** (non per la violazione delle regole di **correttezza**, la quale può dar luogo solo ad ipotesi di risarcimento del danno (5) e nei casi espressamente previsti (**nullità testuali**), escludendosi che possa essere dichiarata la nullità virtuale, *ex* art. 1418, comma 1 c.c., in base alla generica violazione di norme imperative (6).

La dichiarazione di nullità è poi esclusa nei casi in cui operino meccanismi di integrazione legale del contratto (si pensi alla sostituzione automatica dei tassi, dei prezzi e delle condizioni previsti dall'art. 117, comma 7 T.U. bancario), secondo la regola generale espressa dall'art. 1419, comma 2 c.c..

In materia di trasparenza le competenze sono ripartite tra CICR — che delibera su proposta della Banca d'Italia d'intesa con la CONSOB — e Banca d'Italia (7).

(5) Cass., Sez. Un., 19 dicembre 2007, n. 26724, in *Foro it.*, 2008, I, 784.

(6) BALDASSARE, *Comm. al T.U. delle leggi in materia bancaria a creditizia*, diretto da Francesco Capriglione, Padova, 2012, IV, *sub* art. 127, 2021.

(7) La disciplina regolamentare in materia di trasparenza bancaria è oggi contenuta nella delibera CICR del 4 marzo 2003, n. 10688 (in *G.U.* 27 marzo 2003, n. 72 e commentata da CARRIERO, in *Dir. banc.*, 2003, II, 8 ss.), modificata dal decreto del Ministro dell'economia e delle finanze — Presidente del CICR 3 febbraio 2011, n. 117 sul credito ai consumatori (in *G.U.* n. 29 del 5 febbraio 2011) e nel provvedimento della Banca d'Italia del 29 luglio 2009 contenente la disciplina sulla "*Trasparenza delle operazioni e dei servizi bancari e finanziari. Correttezza delle relazioni tra intermediari e clienti*", modificata per dare attuazione alla normativa in materia di servizi di pagamento, credito ai consumatori, informativa precontrattuale sugli indici di riferimento (Regolamento 2016/1011/UE — cosiddetto Regolamento *Benchmark*) e politiche di remunerazione (provvedimento 19 marzo 2019) e prima ancora in materia di istituti di moneta elettronica (20 giugno 2012), nonché (aggiornamento del 15 luglio 2015) per semplificare e chiarire i documenti informativi (fogli informativi ed indicazione dell'ISC). Dal 1° gennaio 2020 sono entrate in vigore le nuove disposizioni in materia di trasparenza bancaria emanate dalla Banca d'Italia con provvedimento del 18 giugno 2019 (pubblicato in G.U. 5 luglio 2019), le quali stabiliscono un livello minimo di informazioni che le banche, insieme agli altri operatori del sistema finanziario, debbono rispettare nelle comunicazioni al cliente, soprattutto per quanto concerne conti correnti, mutui ed aperture di credito. Tra le novita' di maggiore rilevanza vi sono quelle inerenti l'introduzione di informazioni minime relative ai costi, esplicitati separatamente, ma anche attraverso un indicatore di costi complessivi (ICC), di conti correnti, depositi titoli, finanziamenti di durata, nonché aperture di credito in conto corrente. Inoltre, gli intermediari dovranno impiegare, sia nell'informativa precontrattuale che

Il controllo sul rispetto delle norme in materia di trasparenza delle operazioni e dei servizi bancari e finanziari, nonché delle operazioni di credito al consumo, è demandato dall'art. 128 T.U. bancario alla Banca d'Italia, che può eseguire ispezioni ed acquisire informazioni, atti e documenti.

In caso di rilevate irregolarità, la Banca d'Italia può inibire al finanziatore la continuazione dell'attività o specifiche forme di offerta, promozione o conclusione di contratti, ordinare la restituzione delle somme indebitamente percepite e, nei casi di particolare urgenza, disporre la sospensione provvisoria dell'attività per un massimo di 90 giorni (art. 128-*ter* T.U. bancario).

3. La pubblicità delle condizioni economiche.

La trasparenza verso la clientela si attua anzitutto attraverso la previsione dell'obbligo in capo alle banche di rendere note in modo chiaro e preventivamente le **condizioni economiche** praticate alla clientela per i contratti conclusi o da concludere e ciò in qualsiasi modo ed in particolare attraverso appositi cartelli da esporre in tutti i locali aperti al pubblico [8]. Tale pubblicità deve riguardare in particolare i *tassi di interesse*, i *prezzi* e le altre condizioni economiche relative alle operazioni ed ai servizi offerti, ivi compresi gli *interessi di mora* e le *valute* applicate per l'imputazione degli interessi.

Per consentire al cliente di comprendere in maniera più chiara il costo complessivo di ogni operazione di finanziamento, l'art. 116,

nei contratti e nelle comunicazioni periodiche, una terminologia standardizzata definita a livello europeo e resa pubblica a livello nazionale. Si prevede altresì l'obbligo della banca di fornire al cliente consumatore una comunicazione, almeno una volta all'anno, circa l'andamento del rapporto, anche mediante indicatori sintetici di costo, nonché le movimentazioni effettuate ed i relativi costi, con l'ulteriore obbligo di informativa in caso di sconfinamento consistente da parte del cliente consumatore (intendendosi per sconfinamento consistente quello pari o superiore a 300 euro o al 50% del credito accordato).

In tema di assicurazioni, le competenze in materia di prodotti assicurativi sono attribuite all'IVASS (già ISVAP) d'intesa con la CONSOB.

(8) Per locale aperto al pubblico, secondo la circolare 29 luglio 2009, Sez. I, paragrafo 3, si intende la succursale e qualunque locale adibito al ricevimento del pubblico per le trattative e la conclusione di contratti, anche se l'accesso è sottoposto a forme di controllo.

comma 1-*bis* del T.U. bancario prevede che vanno resi noti gli indicatori che assicurano la trasparenza informativa alla clientela, quali l'**indicatore sintetico di costo** (**ISC**) per i conti correnti o il **tasso annuo effettivo globale** (**TAEG**) per ogni forma di finanziamento. Si tratta di indici che esprimono un valore (in misura fissa per l'ISC sui conti correnti, in termini percentuali su base annua per il TAEG), che rappresenta il costo complessivo del prodotto.

Si precisa però che l'affissione delle condizioni contrattuali non vale quale offerta al pubblico ai sensi dell'art. 1336 c.c..

L'esigenza di preventiva conoscibilità delle condizioni economiche dei contratti bancari è completata attraverso l'espresso divieto di rinvio agli usi (una volta molto frequente). In forza di questo divieto (art. 116, comma 1 T.U. bancario) saranno da ritenere nulle, per esempio, le clausole « interessi uso piazza », quelle « valute d'uso », ma non le clausole che rinviano agli usi per ciò che attiene, per esempio, al termine del preavviso per il recesso della banca dall'apertura di credito (in quanto non attinenti alle condizioni economiche).

L'obbligo di pubblicità sussiste anche con riferimento alle condizioni economiche riguardanti i **titoli di Stato**, le quali sono periodicamente stabilite con decreto del Ministro dell'economia e delle finanze, sentita la CONSOB e la Banca d'Italia.

La pubblicità dovrà in questo caso precisare:

1) il tetto delle commissioni di collocamento;

2) la trasparente determinazione dei rendimenti.

La forma, il contenuto e le modalità di attuazione della pubblicità, nonché le operazioni od i servizi da sottoporre a pubblicità sono stati individuati dal CICR con delibera 4 marzo 2003, n. 10688 ([9]) e, in attuazione di detta delibera, la Banca d'Italia ha emanato il provvedimento del 29 luglio 2009 contenente la disciplina sulla "*Trasparenza delle operazioni e dei servizi bancari e finanziari. Correttezza delle relazioni tra intermediari e clienti*", dettando le seguenti condizioni:

1) viene individuata una serie di operazioni e di servizi da sottoporre a pubblicità (tutte quelle elencate nell'allegato alla delibera CICR del 4 marzo 2003);

([9]) Pubblicata in *G.U.* 27 marzo 2003, n. 72 e commentata da Carriero, in *Dir. banc.*, 2003, II, 8 ss.

2) viene prescritta l'affissione e la messa a disposizione, nei locali aperti al pubblico, di documenti contenenti i principali diritti dei clienti, identificandone il contenuto;

3) viene previsto l'obbligo di mettere a disposizione della clientela dei fogli informativi asportabili, contenenti le informazioni sulla banca, le caratteristiche ed i rischi delle varie operazioni, nonché le principali condizioni economiche e contrattuali praticate alla clientela;

4) viene previsto, sempre nell'ambito dell'informativa precontrattuale, il diritto del cliente alla **consegna di una copia completa del testo del contratto** proposto per una ponderata valutazione del suo contenuto, senza che ciò impegni le parti alla relativa conclusione;

5) viene prevista la consegna al cliente anche di un "documento di sintesi" contenente, in forma riassuntiva, le principali condizioni economiche e contrattuali praticate dalla banca e l'"indicatore sintetico del costo", che evidenzia il costo complessivo delle operazioni di mutuo, anticipazione bancaria o di altri finanziamenti.

Le predette disposizioni in materia di trasparenza si applicano anche all'attività di bancoposta.

Nella concreta regolamentazione del rapporto, non sempre la decorrenza delle valute è lasciata alla (sia pur trasparente) autonomia delle parti: l'art. 120 del T.U. bancario infatti impone una precisa decorrenza della disponibilità e delle valute per il conteggio degli interessi riguardo ad **assegni bancari e circolari** versati sul conto corrente del cliente.

Così le somme relative ad assegni bancari e circolari versati su un conto corrente debbono essere resi **disponibili** a favore del cliente al più tardi entro il 4° giorno lavorativo successivo al versamento.

La determinazione della disponibilità delle somme corrispondenti agli assegni versati in conto è particolarmente importante e delicata in quanto, prima di tale momento, la somma relativa si considera come ancora non esistente sul conto (10).

Vanno accreditati con **valuta** del giorno stesso del versamento gli assegni circolari emessi dalla stessa banca o gli assegni bancari tratti

(10) Ciò comporta rilevanti conseguenze ai fini della possibilità che il cliente ha di emettere assegni (che risulteranno coperti solo se esistano sul conto somme che, oltre ad essere state annotate, siano anche pervenute a maturazione come valuta).

sulla stessa banca in cui è effettuato il versamento. La ragione dell'immediato riconoscimento della valuta consiste nella sostanziale assenza di rischi per la banca, stante l'immediata verificabilità dell'esistenza della provvista (11).

La valuta può essere differita al giorno successivo o al 3° giorno successivo al versamento rispettivamente per assegni circolari emessi o assegni bancari tratti su una banca insediata in Italia.

Possono essere previste dal CICR valute con tempi inferiori in considerazione delle procedure informatiche utilizzate per il servizio di incasso degli assegni.

Per gli altri strumenti di pagamento si fa riferimento agli artt. da 19 a 23 del D.Lgs. 11/2010 sui servizi di pagamento: in particolare l'art. 22 prevede che, per i versamenti in contante su un conto di pagamento, la disponibilità e la valuta devono corrispondere al giorno del versamento se il cliente è un consumatore, mentre, in tutti gli altri casi, la disponibilità e la valuta possono essere rinviate al massimo alla giornata operativa successiva a quello del versamento.

4. Il contenuto del contratto.

L'obbligo di preventiva pubblicazione delle condizioni economiche dei contratti bancari comporta che le clausole di contenuto patrimoniale sono soggette ad un duplice limite (desumibile dall'esame congiunto degli artt. 116 e 117, commi 4 e 6 T.U. bancario):

a) devono essere espressamente enucleate nel contratto, senza alcun rinvio agli usi e

b) non devono essere più sfavorevoli per il cliente di quelle pubblicizzate.

La violazione anche di uno solo dei predetti limiti dà luogo alla nullità della clausola.

In presenza di una tale nullità o nel caso in cui il testo contrattuale non rechi l'indicazione delle condizioni economiche (tassi di interesse e di mora, prezzi, valute), è previsto un meccanismo di integrazione legale del contratto in forza del quale (art. 117, comma 7 T.U. bancario):

(11) Porzio, *Norme per la trasparenza delle operazioni e dei servizi bancari e finanziari*, in *Le nuove leggi civili commentate*, n. 5, 1993.

— i **tassi di interesse** si determinano con riferimento al tasso nominale dei BOT o di altri titoli similari emessi nei 12 mesi precedenti la conclusione del contratto, con la precisazione che si applicheranno i tassi minimi per le operazioni attive della banca ed i tassi massimi per quelle passive;

— gli altri **prezzi** e **condizioni** dei contratti si determinano con riferimento a quelli pubblicizzati nel periodo in cui si inserisce l'operazione o, in mancanza di pubblicizzazione, la banca non avrà diritto ad alcun corrispettivo ([12]).

In relazione a particolari tipologie di contratti, « individuati mediante una particolare denominazione o sulla base di specifici criteri qualificativi » l'art. 117, comma 8 T.U. bancario attribuisce alla Banca d'Italia il potere di predeterminarne il contenuto tipico, vincolante a pena di nullità. La norma riguarda in questo caso tutte le clausole contrattuali, non solo quelle a contenuto direttamente economico, in

([12]) Si discute in dottrina tra chi ritiene che la sostituzione prevista dall'art. 117 T.U. bancario con riferimento ai prezzi ed alle condizioni economiche diverse dai tassi di interesse valga solo in caso di mancata previsione nel contratto o di nullità della relativa clausola, con la conseguenza che, per i contratti completi in ogni parte e validi, la mancanza di pubblicità non possa condurre alla gratuità del contratto (Giorgianni-Tardivo, *Manuale di diritto bancario*, Milano, 2005, 269) e chi invece reputa applicabile la gratuità per la mancanza di pubblicità prevista in caso di nullità della clausola su prezzi e condizioni economiche anche riguardo a contratti completi in tutti i loro elementi (Silvetti, in Calandra Bonura, V. Perasi M. Silvetti C., *La banca: l'impresa e i contratti*, in *Trattato Cottino*, Padova, 2001, 384). Mi pare preferibile quest'ultima opinione in quanto la prima escluderebbe ogni sanzione nell'ipotesi di mancata pubblicizzazione delle condizioni contrattuali che è invece l'ipotesi che la legge mira a disincentivare con la previsione della gratuità del contratto.

Dopo un iniziale orientamento che reputava nulli i contratti di finanziamento privi dell'indicazione dell'ISC (Indicatore Sintetico di Costo), previsto dall'art. 9 della delibera CICR 4 marzo 2003 e dal provvedimento della Banca d'Italia del 29 luglio 2009 (Trib. Napoli, 25 maggio 2015, n. 7779 — inedita che invoca l'art. 117, comma 8 del T.U. bancario; Trib. Cagliari, 29 marzo 2016, in *www.ilcaso.it*, Sez. Giur., 2016, 14703, la quale richiama l'art. 1418, comma 1 c.c., ma esclude la nullità per il caso di mancata allegazione del *documento di sintesi*; Trib. Cagliari, 21 marzo 2013, in *Foro it.*, 2014, 2, 627), la giurisprudenza di merito si è assestata nell'escludere tale nullità, ritenendo che l'ISC non costituisca un tasso di interesse o una specifica condizione economica, ma si limiti a svolgere una funzione informativa (fra le tante: App. Torino, 1 ottobre 2020, n. 965; Trib. Napoli, 28 settembre 2020; Trib. Roma, 11 luglio 2019, n. 14742, secondo cui la violazione può tutt'al più fondare un'ipotesi di responsabilità precontrattuale; Trib. Bologna 8 febbraio 2018, n. 20123, tutte in *DeJure*, Giuffrè).

quanto è in particolar modo diretta a disciplinare l'aspetto giuridico del contratto.

5. I poteri di intervento delle banche sui contratti in essere.

Normalmente i contratti bancari o finanziari prevedono il diritto della banca o dell'intermediario finanziario di variare in senso sfavorevole al cliente le condizioni del contratto durante il corso del rapporto (***jus variandi***).

Tale potere di variazione può riguardare non solo le condizioni economiche del contratto, ma anche altre clausole contrattuali incluse le condizioni generali di contratto ([13]), limitatamente però alle condizioni previste nel testo contrattuale. Infatti il D.Lgs. 141/2011 ha riformulato il testo dell'art. 118 T.U. bancario, prevedendo che la modifica può riguardare "*le condizioni previste dal contratto*", con ciò escludendo, ad esempio, la possibilità di introdurre unilateralmente **nuove clausole contrattuali** prima non previste ([14]).

La facoltà di modifica unilaterale dei contratti bancari può essere però prevista ed esercitata dalla banca con i seguenti limiti, da osservarsi a pena di inefficacia delle modifiche sfavorevoli al cliente:

a) la possibilità di variazione è prevista per i **contratti a tempo indeterminato** con riferimento a qualsiasi condizione economica o normativa, mentre per gli altri **contratti di durata a tempo determinato**

([13]) MIRONE, *Le "fonti private" del diritto bancario: concorrenza, trasparenza e autonomia privata nella (nuova) regolamentazione dei contratti bancari*, in *Banca, borsa e tit. cred.*, 2009, I, 300 ss.

([14]) Numerose sono le decisioni dell'Arbitro Bancario e Finanziario che precisano il divieto di introdurre unilateralmente clausole nuove nei contratti bancari (ABF, 2 aprile 2010, n. 192; 28 aprile 2010, n. 300; 28 maggio 2010, n. 460; 28 giugno 2010, n. 618; 24 settembre 2010, n. 980; 10 novembre 2010, n. 1298, tutte il *www.abf.it*). Si veda anche la Circolare del Ministero dello Sviluppo Economico 21 febbraio 2007, n. 5574. Per un'approfondita analisi del problema si rimanda a CENTINI, *Lo ius variandi nelle decisioni dell'Arbitro Bancario e Finanziario*, in *I contratti*, 2012, n. 2, 182 ss. Oggi il divieto di introdurre clausole nuove è stato espressamente chiarito dalla Banca d'Italia con la comunicazione del 28 marzo 2017 (delibera 197/2017). Possibile è invece l'introduzione unilaterale della commissione di disponibilità fondi (CDF), in sostituzione della commissione di massimo scoperto, perché tale modalità è stata espressamente prevista dall'art. 2-*bis*, comma 3, del D.L. 185/2008, convertito dalle legge 2/2009 (Trib. Milano, 18 aprile 2019, n. 3970, in *DeJure*, Giuffrè).

è prevista solo per le condizioni economiche o normative diverse dai tassi di interesse;

b) la possibilità di variazione è prevista solo in presenza di un **giustificato motivo** (art. 118, comma 1 T.U. bancario) ([15]);

c) il *jus variandi* deve essere espressamente previsto nel contratto con **clausola approvata specificamente per iscritto** dal cliente a pena di inefficacia *ex* art. 1341 c.c. (art. 118, comma 1 T.U. bancario).

Come si vede, più limitata è la possibilità di modifica unilaterale dei **contratti di durata a tempo determinato**, che sono accomunati ai contratti di durata a tempo indeterminato per il prolungamento nel tempo del rapporto (prevedendo un'esecuzione differita, continuata o periodica), ma se ne differenziano per la previsione di un termine di

([15]) Per giustificato motivo deve intendersi un evento sopravvenuto, straordinario ed imprevedibile che determini un comprovabile effetto sul rapporto bancario in essere e che può afferire alla sfera del cliente (ad esempio la modifica del suo grado di affidabilità in termini di rischio di credito), alle condizioni economiche generali (ad esempio variazioni di mercato che determinino un aumento dei costi operativi). Il giustificato motivo deve essere però sufficientemente precisato, in modo tale da consentire al cliente una valutazione circa la congruità della variazione rispetto alla motivazione che ne è alla base (così la circolare del Ministero dello sviluppo economico 21 febbraio 2007, n. 5574). Non sono ammesse motivazioni generiche e sintetiche, quali il riferimento all'*andamento del rapporto creditizio* (Trib. Rimini, 22 agosto 2011, in *www.ilcaso.it*, 2011, I, 6557), il richiamo agli « *effetti prodotti dall'attuale crisi economica e finanziaria* » (ABF Milano, 9 novembre 2011, n. 2419, *ivi*, 2012, I, 6805) o alla « *esigenza di offrire alla clientela una struttura di prezzo semplificata* » e al « *mutato contesto di mercato* » (ABF Milano, 26 gennaio 2011, n. 191, *ivi*, 2011, I, 6338) o, ancora, la comunicazione « *a seguito dei costi amministrativi di gestione* » (ABF Milano, 15 settembre 2010, n. 934, *ivi*, 2011, I, 5711) ovvero il riferimento al "*recupero percentuale tasso di inflazione 2006/2007*" o alla "*forte riduzione della forbice dei tassi*" (ABF Milano, 23 luglio 2010, n. 786, *ivi*, 2011, I, 5709) *o alle "recenti disposizioni normative*" (ABF Milano, 9 luglio 2010, n. 716, *ivi*, 2011, I, 5708). Per un'approfondita disamina sui presupposti di esercizio del *jus variandi* della banca si veda Dolmetta, *Jus variandi bancario. Tra passaggi legislativi e giurisprudenza dell'ABF le linee evolutive dell'istituto*, in *www.ilcaso.it*, 2011, II, 260.

La Banca d'Italia, con comunicazione del 28 marzo 2017 (delibera 197/2017), al fine di garantire condotte trasparenti e corrette che consentano al cliente di conoscere i presupposti della variazione, ha specificato una serie di modifiche che non appaiono coerenti con tale finalità ed in particolare ha chiarito che non sono sorrette da giustificato motivo adeguato quelle proposte di variazione che non illustrano il *legame* fra i singoli presupposti delle modifiche e gli interventi su prezzi e condizioni. Costituisce giustificato motivo l'esigenza di adeguamento alla normativa sopravvenuta in tema di anatocismo (art. 5 del decreto del Ministro dell'economia e delle finanze quale Presidente del CICR n. 343 del 3 agosto 2016).

scadenza (è il caso del mutuo che prevede un piano di ammortamento che ha scadenze esattamente determinate) (16). In questo caso non è di regola possibile prevedere la facoltà della banca di modificare unilateralmente i tassi di interesse, ferma restando la possibilità di pattuire la modificabilità unilaterale delle altre condizioni, sempre in presenza di un giustificato motivo.

Il decreto legge 13 maggio 2011, n. 70, convertito con modificazioni nella legge 12 luglio 2011, n. 106 ha però previsto che, se il cliente non è un consumatore o una micro impresa (17), nei contratti di durata diversi da quelli a tempo indeterminato (e quindi in quelli a tempo determinato, come ad esempio il mutuo) possono essere inserite clausole, espressamente approvate dal cliente, che prevedano la possibilità di modifica unilaterale dei tassi di interessi al verificarsi di **specifici eventi e condizioni** espressamente previsti nel contratto.

La possibilità di modifica unilaterale delle condizioni contrattuali presuppone il rispetto di un preciso procedimento di formazione dell'accordo modificativo, da rispettarsi — si ritiene — anche in caso di modifica dei tassi di interesse nei contratti di durata di cui si è appena detto, al verificarsi di uno degli eventi o delle condizioni contrattualmente previste (18).

Così, ogni variazione deve essere preventivamente proposta (19) al cliente, per iscritto o mediante altro supporto durevole contrattual-

(16) Prima della riforma introdotta col D.Lgs. 141/2010 si dubitava del fatto che il contratto di mutuo rientrasse nella categoria dei contratti di durata. Il D.Lgs. 141/2010 ha però chiarito che la categoria dei contratti di durata ricomprende tanto i contratti a tempo determinato quanto quelli a tempo indeterminato, come conferma anche il comma 2-*bis* dell'art. 118 T.U. bancario (inserito dal D.L. 13 maggio 2011, n. 70, convertito nella legge 12 luglio 2011, n. 106) che ha introdotto espressamente il concetto di "*contratti di durata diversi da quelli a tempo indeterminato*" (a conferma si veda Cass. 10 settembre 2010, n. 19291, secondo cui il contratto di mutuo è un contratto di durata, in cui l'obbligo di restituzione del capitale è differito nel tempo ed i singoli ratei non costituiscono autonome e distinte obbligazioni, bensì l'adempimento frazionato di un'unica obbligazione).

(17) La nozione di micro impresa è stata riportata al Cap. V, paragrafo 3.

(18) CENTINI, *Il procedimento di modifica unilaterale dell'art. 118 T.U.B. dopo il "Decreto Sviluppo"*, in *I contratti*, 2011, n. 11, 1042.

(19) La comunicazione recante la volontà di modifica unilaterale deve recare espressamente la dicitura "*Proposta di modifica unilaterale del contratto*".

mente previsto, con **preavviso** minimo di **due mesi** ([20]), decorsi i quali le nuove condizioni possono essere applicate.

A seguito del predetto preavviso ed **entro i predetti 2 mesi** il cliente ha **diritto di recedere** dal contratto senza penalità e senza spese di chiusura ed alle condizioni precedentemente praticate ([21]).

La variazione si intende approvata ove il cliente non eserciti il diritto di recesso entro il predetto termine (si prevede cioè una tipica forma di accordo contrattuale a formazione progressiva, in cui l'accettazione di uno dei contraenti si manifesta mediante silenzio-assenso). Il mancato rispetto del procedimento sopra descritto è però causa di inefficacia della modifica.

Analogo è il procedimento per la variazione delle condizioni economiche e normative contenute nei contratti aventi ad oggetto la prestazione di servizi di pagamento (art. 126-*sexies*, comma 3 T.U. bancario), salvo che per quanto riguarda le modifiche dei tassi di interesse o di cambio, le quali possono essere applicate con effetto immediato e senza preavviso, ma dando comunque informazione al cliente secondo le modalità stabilite dalla Banca d'Italia. Solo se tali modifiche sono sfavorevoli per il cliente, è necessario che ciò sia previsto nel contratto quadro e che esse siano la conseguenza della variazione dei tassi di interesse o di cambio di riferimento convenuti nel contratto.

([20]) L'art. 11 della deliberazione CICR del 4 marzo 2003, n. 10688 prevede che le variazioni sfavorevoli al cliente generalizzate, cioè riguardanti tutte le operazioni di una determinata tipologia, possono essere comunicate in modo impersonale, anche mediante pubblicazione sulla Gazzetta Ufficiale. Esse vanno comunque comunicate individualmente al cliente alla prima occasione. Oggi però l'art. 118 T.U. bancario (nel testo introdotto dal D.Lgs. 13 agosto 2010, n. 141) prevede che la comunicazione delle variazioni al cliente debba essere preventiva e non successiva.

([21]) Va però evidenziato che questa forma di tutela rappresentata dal recesso del cliente risulta abbastanza debole, considerato che, laddove il cliente eserciti questa facoltà, dovrà rimborsare l'intera somma di cui risulti a debito. Se però la modifica contrattuale non riguarda parametri interni al contratto (fissati dalle parti, come ad esempio lo spread), bensì parametri esterni (la variazione di mercato del valore del parametro di riferimento, come ad esempio l'euribor) non si può dar luogo ad alcun diritto di recesso da parte del cliente, considerato che egli, anche se risente di un aggravamento della sua posizione economica, non subisce la modifica del parametro contrattuale che resta sempre identico (Trib. Pescara, 23 marzo 2006, in *Banca, borsa, tit. cred.*, 2008, II, 223, con nota contraria sul punto di CAPURRO).

Le variazioni dei **tassi di interesse** praticati ai clienti, conseguenti a decisioni di politica monetaria, debbono riguardare sia i tassi debitori che quelli creditori ed applicarsi con modalità tali da non arrecare pregiudizio al cliente.

Altro potere sistematicamente previsto dai contratti bancari e finanziari a favore di banche ed intermediari finanziari è la **facoltà di recesso**.

Il T.U. bancario non tratta espressamente del recesso del finanziatore, se non all'art. 125-*quater*, comma 2 con riferimento ai **contratti di credito a tempo indeterminato** conclusi con un **consumatore**: essi possono prevedere a favore del finanziatore la facoltà di recesso con un preavviso di almeno 2 mesi, da comunicare per iscritto al consumatore su supporto cartaceo o altro supporto durevole. In presenza di una giusta causa, il contratto può prevedere la facoltà del finanziatore di sospendere l'utilizzo del credito, con comunicazione preventiva o immediatamente successiva, sempre su supporto cartaceo o su altro supporto durevole.

Al di fuori dei contratti di credito a tempo indeterminato conclusi con consumatori, vige la regola generale secondo cui va riconosciuta la libera recedibilità *ad nutum* dai rapporti senza previsione di un termine finale, considerata la diffidenza che il nostro ordinamento nutre per i rapporti potenzialmente perpetui. Una più compiuta disciplina della generale facoltà di recesso offerta al finanziatore è contenuta nelle norme del codice civile dedicate di contratti bancari e nelle condizioni generali di contratto (ad esempio riguardo al contratto di apertura di credito di cui parleremo nel capitolo dedicato a questa figura contrattuale).

La facoltà di recesso è stata invece prevista e disciplinata più ampiamente a favore del cliente.

L'art. 10, comma 2 del D.L. 4 luglio 2006, n. 223 (cosiddetto decreto Bersani), convertito nella legge 4 agosto 2006, n. 248 aveva previsto il diritto di recesso del cliente dai contratti di durata senza penalità e senza spese di chiusura. Questo diritto di recesso senza spese valeva però solo per i contratti a tempo indeterminato e ad esecuzione continuata e periodica (come il conto corrente bancario), mentre era ritenuta non applicabile ai contratti di mutuo, nei quali la durata del contratto costituisce un elemento essenziale a tutela di entrambi i contraenti (22).

Facevano eccezione i mutui per l'acquisto o la ristrutturazione di unità immobiliari adibite ad abitazione ovvero allo svolgimento della propria attività economica o professionale, concessi a favore di **persone fisiche** (dunque non solo a favore di consumatori), riguardo ai quali l'art. 7 del D.L. 31 gennaio 2007, n. 7 (cosiddetto decreto Bersani-*bis*), convertito nella legge 2 aprile 2007, n. 40, prevedeva che fosse escluso il pagamento di qualsiasi penale per l'estinzione anticipata o parziale. La facoltà di estinguere anticipatamente, senza penali o compensi, tale categoria di mutui è oggi prevista dall'art. 120-*ter* del T.U. bancario, introdotto dal D.Lgs. 13 agosto 2010, n. 141, che ha previsto anche la nullità di qualsiasi clausola contraria.

Una generalizzata facoltà di recesso da parte di tutte le categorie di clienti ed in ogni momento è prevista dall'art. 120-*bis* del T.U. bancario, con riferimento **ai contratti a tempo indeterminato**. Nel caso in cui il cliente si avvalga di questa facoltà è vietata l'applicazione a suo carico di penali e spese, salva la possibilità per l'intermediario di richiedere il rimborso di spese sostenute in relazione a servizi aggiuntivi richiesti dal cliente in occasione del recesso, nei soli casi però individuati dal CICR.

6. La forma dei contratti bancari.

I primi tre commi dell'art. 117 del T.U. bancario sono dedicati alla forma dei contratti bancari: la forma prevista è, di regola, quella scritta, mentre per particolari contratti che non si prestano alla formalizzazione mediante scrittura privata (es.: documento elettronico o telematico), il comma 2, attribuisce al CICR il potere di stabilire altre forme contrattuali.

La Banca d'Italia può stabilire, a pena di nullità, un contenuto tipico particolare per determinati contratti o titoli, ferma restando la responsabilità della banca o dell'intermediario finanziario per il mancato rispetto di tali prescrizioni.

(22) Si veda la nota n. 0005574 del 21 febbraio 2007 del Ministero dello Sviluppo Economico, Direzione Generale per l'Armonizzazione del Mercato e la Tutela dei Consumatori, leggibile sul sito del Ministero.

In caso di vizio di forma è prevista la nullità del contratto.

La sanzione della nullità, oggi espressamente prevista (diversamente dall'abrogata legge 154/92), deve senz'altro far ritenere che la forma scritta sia richiesta *ad substantiam*, ancorché tutte le nullità, sia formali che sostanziali, possano essere invocate solo dal cliente (nullità relative) o rilevate d'ufficio se favorevoli al cliente.

Ciò implica rilevanti conseguenze per il caso di smarrimento del documento contenente il testo contrattuale: il contraente potrà provare per testimoni l'esistenza e il contenuto del contratto bancario o finanziario solo se prima avrà dimostrato di avere senza colpa perduto il documento che lo conteneva ([23]). Un equivalente della sottoscrizione del contratto è la sua produzione in giudizio, ma occorre fare attenzione al fatto che, in questo caso, il contratto si considera perfezionato solo dal momento della sua allegazione in causa (quindi con effetto *ex nunc*) e non dalla data in cui risulterebbe formato (quindi con esclusione dell'effetto *ex tunc*) ([24]).

La Cassazione a Sezioni Unite ha però chiarito (per i contratti di investimento, ma la soluzione è stata poi estesa ai contratti bancari) che per la validità del contratto è sufficiente la firma del solo cliente laddove il contratto abbia avuto esecuzione ([25]).

La Banca d'Italia, con le istruzioni del 29 luglio 2009 (in esecuzione di quanto previsto dall'art. 10 della delibera CICR 4 marzo 2003, n. 286 in tema di trasparenza bancaria), alla Sezione III, art. 2, ha previsto che la forma scritta non è obbligatoria:

a) per le operazioni ed i servizi effettuati in esecuzione di previsioni contenute in contratti redatti per iscritto ([26]);

([23]) G. Agresti, *Trasparenza delle condizioni contrattuali*, in P. Ferro-Luzzi e G. Castaldi, *La nuova legge bancaria*, Volume 3, Milano, 1996, 1838.

([24]) Cass., 14 marzo 2017, n. 6559; Cass., 24 marzo 2016, n. 5919.

([25]) Cass., Sez. Un., 16 gennaio 2018, n. 898, a cui si è adeguata la giurisprudenza successiva, ritenendo che la firma del solo cliente soddisfi comunque l'esigenza di sua protezione e che il consenso della banca possa desumersi dall'esecuzione del contratto (Cass., 2 aprile 2021, n. 9196; Cass, 19 maggio 2020, n. 9140; Cass., 18 giugno 2018, n. 16070; Cass. 6 giugno 2018, n. 14646). Per una disamina delle diverse opinioni precedenti sia consentito il rimando a Bontempi, *Forma e sostanza nei contratti bancari*, in *La nuova giur. civ. comm.*, 2015, n. 4, 292 ss.

([26]) Si persegue, cioè, l'intento di agevolare particolari modalità della contrattazione, ma ciò non può comportare una radicale soppressione della forma scritta, ma

b) per i servizi prestati in via occasionale, purché di valore non eccedente i 5.000,00 euro;

c) per l'emissione di moneta elettronica mediante carte di pagamento prepagate anonime non ricaricabili (carte "usa e getta") o ricaricabili ma di importo limitato (art. 25, comma 6, lett. *d* del D.Lgs. 231/2007).

Ai contratti conclusi per iscritto in forma cartacea sono equiparati quelli conclusi con strumenti informatici o telematici (art. 15, comma 2 della legge 15 marzo 1997, n. 59), purché il documento sia sottoscritto con firma digitale, altro tipo di firma elettronica qualificata o una firma elettronica avanzata o, comunque, sia formato, previa identificazione informatica del suo autore, attraverso un processo avente i requisiti fissati dall'Agenzia per l'Italia digitale, con modalità tali da garantire la sicurezza, integrità e immodificabili del documento e, in maniera manifesta e inequivoca, la sua riconducibilità all'autore. In ogni caso, l'idoneità del documento informatico a soddisfare il requisito della forma scritta ed il suo valore probatorio *ex* art. 2702 c.c. sono liberamente valutabili in giudizio, in relazione alle caratteristiche di sicurezza, integrità ed immodificabilità (art. 20, comma 1-*bis* del D.Lgs. 7 marzo 2005 n. 82 — Codice dell'amministrazione digitale) (27).

solo una relativa attenuazione della stessa che, in particolare, salvaguardi la necessaria indicazione, nel "contratto madre", delle condizioni economiche del "contratto figlio" (Cass., 22 novembre 2017, n. 27836, in *Giur. it.*, 2018, 1580 ss.; Cass., 7 aprile 2017, n. 9068; Cass., 27 marzo 2017, n. 7763). Così si è ritenuta valida la pattuizione degli interessi dovuti dal cliente nell'ambito di un contratto di apertura di credito mediante rinvio *per relationem* ad altro contratto bancario, sempre che siano richiamati criteri prestabiliti ed elementi estrinseci che risultino oggettivamente individuabili e sottratti all'unilaterale determinazione della banca (Cass., ordinanza 26 giugno 2019, n. 17110).

(27) Si tratta di tecniche di sottoscrizione definite all'art. 1, comma 1 del D.Lgs. 82/2005, come modificato dall'art. 1 del D.Lgs. 26 agosto 2016, n. 179. Le regole tecniche in materia di generazione, apposizione e verifica della firma digitale sono contenute nel D.P.C.M. del 22 febbraio 2013 (pubblicato in *G.U.* n. 117 del 21 maggio 2013).

La Cassazione ha precisato che "*In tema di efficacia probatoria dei documenti informatici, il messaggio di posta elettronica (cd. e-mail) costituisce un documento elettronico che contiene la rappresentazione informatica di atti, fatti o dati giuridicamente rilevanti che, seppure privo di firma, rientra tra le riproduzioni informatiche e le rappresentazioni meccaniche di cui all'art. 2712 c.c. e, pertanto, forma piena prova dei fatti e delle cose rappresentate se colui contro il quale viene prodotto non ne disconosca la conformità ai fatti o alle cose medesime*" (Cass., 14 maggio 2018, n. 11606). Pertanto non può escludersi che un contratto bancario possa considerarsi perfezionato mediante

Oltre alla redazione per iscritto (o in altra forma prevista dal CICR), il comma 1 dell'art. 117 T.U. bancario impone alla banca o all'intermediario finanziario di consegnare « un esemplare » al cliente. Si tratta di un obbligo di comportamento teso ad agevolare l'esercizio dei diritti dell'utente e non può ricondursi ad elemento della forma dei contratti. Ne consegue che, in caso di inadempimento, non potrà essere invocata la nullità del contratto, ma il cliente avrà il diritto di chiedere l'adempimento coattivo oppure il risarcimento di un eventuale danno.

7. Le comunicazioni periodiche alla clientela.

Il tema degli obblighi di comunicazione periodica alla clientela è trattato nell'art. 119 T.U. bancario che mira a porre i contraenti tradizionalmente considerati più deboli in condizione di acquisire tutte le informazioni necessarie a renderli consapevoli del contenuto del contratto e dello svolgimento del rapporto bancario o finanziario, laddove esso sia destinato a durare nel tempo.

Lo strumento che consente di realizzare questa finalità è rappresentato dal periodico invio di una comunicazione riepilogativa (scritta o su supporto durevole preventivamente accettato dal cliente), che si uniformi alle disposizioni del CICR il quale stabilisce, oltre alla cadenza temporale di tale comunicazione, i principi di completezza e chiarezza cui lo svolgimento del rapporto deve uniformarsi (art. 119, comma 1 T.U. bancario).

La periodicità minima per l'invio degli estratti conto nei rapporti regolati in conto corrente è quella annuale, ma, in alternativa, il cliente può unilateralmente richiedere l'invio dell'estratto conto a cadenze più ravvicinate e precisamente semestralmente, trimestralmente o mensilmente (art. 119, comma 2 T.U. bancario).

L'imposta di bollo dovuta per gli estratti conto viene calcolato in

scambio di corrispondenza commerciale tramite mail, laddove la corrispondenza prodotta in giudizio non venga tempestivamente disconosciuta dalla parte contro cui è prodotta. Tale forma di perfezionamento dei contratti bancari è divenuta la regola durante il periodo dell'emergenza sanitaria derivata dall'epidemia da COVID 19 (art. 4 del D.L. 8 aprile 2020, n. 23, convertito nella legge 5 giugno 2020, n. 40).

misura fissa, indipendentemente dalla frequenza dell'invio al cliente del documento (28).

Il comma 3 dell'art. 119 T.U. bancario prevede una procedura di silenzio-assenso per l'approvazione dell'estratto conto: in mancanza di opposizione scritta da parte del cliente nel termine di 60 giorni dal ricevimento, l'estratto conto si intende approvato (29).

In caso di reclamo la contestazione deve essere specifica (30).

È importante segnalare che l'onere di impugnazione dell'estratto conto, allo scopo di ottenere la rettifica di errori di scritturazione o di calcolo, di omissioni o di duplicazioni, ricade non solo sul correntista (al quale l'estratto conto è inviato), ma anche sulla banca (che ha predisposto l'estratto) (31).

Una volta approvato (anche tacitamente), l'estratto conto fa piena prova tra le parti (anche in giudizio) dei reciproci rapporti di dare e avere ai sensi dell'art. 1832 c.c. (32) (salve le eccezioni di cui diremo).

(28) Il D.L. 30 dicembre 1993, n. 557 (convertito con legge 26 febbraio 1994, n. 133) ha stabilito per gli estratti conto una tariffazione fissa.

(29) Dottrina e giurisprudenza attribuiscono all'approvazione dell'estratto conto natura di dichiarazione di scienza, ovvero di *confessione stragiudiziale* (SPENA, *Norme per la trasparenza delle operazioni e dei servizi bancari*, in *Le nuove leggi civili commentate*, n. 5, 1993) e non di dichiarazione di volontà, capace di produrre modificazioni del rapporto sottostante (Cass., 6 dicembre 1969, n. 3897, in *Foro it.*, 1970, I, 1165).

(30) Si ritiene che la contestazione debba essere fatta in modo specifico, con riferimento alle singole poste, a nulla valendo una contestazione generica: Cass., 18 settembre 2008, n. 23807; Cass., 30 gennaio 2002, n. 1228; Cass., 22 maggio 1990, n. 4617; App. Roma, sez. III, 3 agosto 2017, n. 5267, in *DeJure*, Giuffrè, 2018.

(31) Cass., 10 aprile 1995, n. 4140, in *Banca, borsa, tit. cred.*, 1996, II, 513; Cass., 28 marzo 1983, n. 2212, *ivi*, 1984, II, 160. *Contra* Trib. Milano, 26 aprile 1990, in *Banca, borsa, tit. cred.*, 1992, II, 123.

(32) La produzione dell'estratto conto certificato conforme ai sensi dell'art. 50 T.U. bancario ha un'efficacia probatoria del credito della banca limitata all'ottenimento di un'ingiunzione di pagamento, che non si estende al successivo giudizio di opposizione in caso di contestazione da parte del cliente (Cass., 2 agosto 2013, n. 18541, in *www.ilcaso.it*, 2013, I, 9361; Cass., 3 maggio 2011, n. 9695; Cass., 25 novembre 2010, n. 23974), così come in passato precisato a proposito dell'estratto di saldaconto di cui all'abrogato art. 102 L. banc. (per tutte Cass., Sez. Un., 18 luglio 1994, n. 6707, in *Giust. civ.*, 94, I, 2439). Pertanto, la banca che agisca in giudizio per la riscossione del saldo di cui si affermi creditrice, nel giudizio di opposizione ha l'onere di fornire la prova dell'esistenza e della consistenza del preteso credito, producendo il contratto che ha dato origine al rapporto e tutti gli estratti conto fin dall'inizio del rapporto, anche

Anche prima dell'approvazione l'estratto conto costituisce prova scritta al fine dell'ottenimento di un decreto ingiuntivo nei confronti del cliente, laddove ne sia certificata la sua conformità alle scritture contabili da un dirigente della banca creditrice, il quale deve altresì dichiarare che il credito è vero e liquido (art. 50 T.U. bancario) (33). Tale prova è stata

se risalenti ad oltre 10 anni prima della domanda (Cass., 6 giugno 2018, n. 14640; Cass., 2 agosto 2013, n. 18541 cit.; Cass., 26 gennaio 2011, n. 1842, in *Guida al diritto*, 2011, n. 12, 46; Cass., 25 novembre 2010, n. 23974 e Trib. Latina, 25 ottobre 2011, in *Juris Data*, 2013). In mancanza della produzione di tutti gli estratti conto, il credito spettante alla banca si computa partendo dal cosiddetto "saldo zero", ossia si considera che il saldo creditorio della banca parta da zero a decorrere dal primo degli estratti conto prodotti, a prescindere da quanto risulti contabilmente in avere da esso (App. Milano, 6 dicembre 2012, in *Juris Data*, 2013; App. Milano, 1 dicembre 2010, in *www.ilcaso.it*, 2012, I, 6871; Trib. Latina, 19 giugno 2012, in *www.ilcaso.it*, 2012, I, 7833; Trib. Nola, 19 febbraio 2009, in *Juris Data*, 2013; Trib. Napoli, 8 gennaio 2009, in *Banca, borsa, tit. cred.*, 2010, 5, 628; Trib. Pescara, 7 giugno 2005, in *Giur. merito*, 2005, 10, 2045).

Nel caso in cui il cliente sia fallito, il curatore deve considerarsi terzo, non vincolato agli effetti degli estratti conto inviati al fallito (Micarelli, *Note in tema di efficacia probatoria dell'estratto di saldaconto e dell'estratto conto*, in *Banca, borsa, tit. cred.*, 2009, II, 185). Si è recentemente chiarito che la banca, nel proporre domanda di ammissione allo stato passivo, deve produrre copia integrale di tutti gli estratti conto fin dalla data di accensione del rapporto (Cass., 12 settembre 2018, n. 22209, la quale precisa che il curatore ha l'onere di sollevare specifiche contestazioni in relazione a determinate poste, in presenza delle quali la banca ha a sua volta l'onere di integrare la documentazione; Cass., 1 luglio 2019, n. 17640). La prassi dei tribunali fallimentari è però spesso nel senso di non pretendere l'integrale produzione degli estratti conto per l'ammissione al passivo dei crediti bancari, considerata la disponibilità che di essi ha già il curatore.

(33) Non ha però alcuna efficacia probatoria la certificazione *ex* art. 50 T.U. bancario che contenga solo il saldo finale del rapporto, in quanto essa rappresenta esclusivamente il risultato della somma algebrica di reciproche rimesse annotate nel conto corrente e non costituisce estratto del conto, rilevante ai sensi e per gli effetti dell'art. 1832 c.c. Deve inoltre escludersi, con riguardo al saldaconto, l'operatività dell'art. 2710 c.c., posto che esso non può rappresentare « scrittura contabile regolarmente tenuta », esaurendosi in un unico dato riassuntivo, il saldo risultante dal libro saldaconti — che può anche essere la risultante di più conti — il quale non consente alla controparte un diretto riscontro con le scritture contabili. L'estratto conto *ex* art. 50 T.U. bancario potrebbe partire dal saldo finale risultante dall'ultimo estratto conto inviato al cliente (Cass., 2 agosto 2013, n. 18541, in motivazione; in senso contrario però Cass., 24 dicembre 2020, n. 29577 secondo cui è necessario che l'estratto conto riproduca integralmente i dati annotati nella scheda di conto e relativi a "*tutte le operazioni effettuate sullo stesso*", in modo che sia possibile ricostruire, nello sviluppo temporale del rapporto, la sussistenza del credito fatto valere con l'ingiunzione e l'ingiunto possa prendere posizione in modo chiaro ed analitico).

ritenuta utilizzabile ed efficace anche a favore della società cessionaria del credito bancario certificato nell'ambito di un'operazione di cartolarizzazione del credito bancario certificato (34).

L'approvazione dell'estratto conto consente in ogni caso al cliente le seguenti contestazioni:

— l'impugnazione ai sensi dell'art. 1832 c.c. (espressamente richiamato dall'art. 1857 c.c., che regola i rapporti bancari in conto corrente) dell'estratto conto per **errori materiali** (individuati in errori di scritturazione e di calcolo, omissioni o duplicazioni) entro sei mesi dalla ricezione dello stesso (35);

— l'impugnazione della **validità** ed **efficacia** dei contratti e dei rapporti da cui derivano le singole annotazioni (36).

Il comma 4 dell'art. 119 in esame attribuisce al cliente ed ai suoi aventi causa [tra i quali va ricompreso anche il curatore del fallimento del correntista e compreso anche il fideiussore (37)] il diritto di ottenere copia della documentazione inerente a singole operazioni poste in essere negli ultimi dieci anni. L'esercizio di tale diritto comporta il

(34) Cass. 3 dicembre 2019, n. 31577, secondo cui, poiché l'art. 4, comma 1 della legge 130/1999 richiama l'art. 58, comma 3 T.U. bancario, in forza del quale restano applicabili le discipline speciali, anche di carattere processuale, previste per i crediti ceduti, deve ritenersi estesa anche ai cessionari di crediti acquistati nelle operazioni di cartolarizzazione quella speciale prerogativa concessa dal legislatore all'art. 50 T.U. bancario che costituisce una disciplina speciale di carattere processuale. Da tale sentenza parrebbe di capire che anche il cessionario potrebbe direttamente rilasciare detta certificazione, non rilevando la natura bancaria o meno del soggetto cessionario.

Trib. Ravenna, 8 marzo 2018, n. 195, in *www.ilcaso.it*, Sez. Giur., 2018, n. 19399 si era espressa a favore della utilizzabilità, da parte del cessionario di crediti cartolarizzati, della certificazione ex art. 50 T.U. bancario rilasciata però dalla banca cedente.

(35) Gli errori di cui parla l'art. 1832, comma 2 c.c. debbono derivare da mere sviste scritturali o da errata applicazione del metodo matematico, ossia da vizi puramente formali; l'impugnazione dell'estratto conto entro i sei mesi è quindi preclusa per ragioni sostanziali, attinenti alla legittimità dell'inclusione o dell'esclusione di partite contabili (accrediti o addebiti), come precisato da MOLLE, *I contratti bancari*, Milano, 1966, 429.

(36) Cass., 20 novembre 2018, n. 30000; Cass., 26 maggio 2011, n. 11626, in *Giust. civ.*, 2012, 1, I, 196; Cass., 18 settembre 2008, n. 23807, in *Guida al diritto*, 2008, 44, 60; Cass., 24 maggio 2006, n. 12372; Cass., 11 marzo 1996, n. 1978, in *Giust. civ.*, 1997, I, 2592.

(37) Cass., 30 ottobre 2020, n. 24181. Sulle questioni riferite all'art. 119, comma 4 T.U. bancario si veda NATALE, *Il diritto del cliente alla consegna della documentazione bancaria*, in *Banca, borsa, tit. cred.*, 2020, I, 889 ss.

carico delle relative spese al cliente ([38]), mentre per i tempi di risposta la norma impone alla banca di provvedere « entro un congruo termine e comunque entro novanta giorni ».

8. Il credito ai consumatori.

Gli artt. 121 e segg. del T.U. bancario (nel testo introdotto dal D.Lgs. 13 agosto 2010, n. 141 che ha recepito la direttiva 2008/48/CE del Parlamento europeo e del Consiglio del 23 aprile 2008 relativa ai contratti di credito ai consumatori), disciplinano la concessione di qualsiasi forma di finanziamento (dilazione di pagamento, prestito o altra facilitazione finanziaria) destinato ad un consumatore, per tale intendendosi una **persona fisica** che agisce per scopi estranei all'attività imprenditoriale, commerciale, artigianale o professionale eventualmente svolta.

La definizione appena riportata si riferisce sostanzialmente a quelle operazioni finanziarie destinate a persone fisiche che non esercitano attività imprenditoriale o professionale ovvero che, pur rivestendo la qualifica di imprenditori o professionisti, agiscono, nel rapporto di credito, per scopi estranei a tale attività.

Le forme di finanziamento rientranti in questa nozione possono essere le più varie: da quelle tradizionali, quali i prestiti personali o le

([38]) Il Garante della Privacy, con provvedimento del 25 ottobre 2007 (in *G.U.* n. 273 del 23 novembre 2007), aveva chiarito che occorresse distinguere tra *diritto di accesso* ai dati personali detenuti dalle banche ed il diverso *diritto di ottenere copia* della documentazione relativa ad operazioni bancarie riconosciuto dall'art. 119, comma 4 T.U. bancario, precisando (al punto 5.2.) che la norma assicura al cliente ed ai suoi aventi causa il diritto di ottenere copia di atti o documenti bancari, previa pagamento delle relative spese, senza che però si possano prevedere limitazioni rispetto alla semplice ostensibilità delle informazioni contenute nella documentazione di cui si chiede copia (il cui accesso veniva ribadito come gratuito dal Garante della privacy con le successive decisioni del 6 novembre 2008, n. 1541439 e del 23 luglio 2009).

Oggi l'intera disciplina in materia di trattamento dei dati personali è stata innovata dal Regolamento (UE) del Parlamento Europeo e del Consiglio del 27 aprile 2016 n. 679, cui l'Italia si è adeguata col D.Lgs. 10 agosto 2018 n. 101 che ha profondamente modificato il D.Lgs. 196/2003. Il Regolamento europeo, all'art. 15, comma 3, prevede che "*Il titolare del trattamento fornisce una copia dei dati personali oggetto di trattamento. In caso di ulteriori copie richieste dall'interessato, il titolare del trattamento può addebitare un contributo spese ragionevole basato sui costi amministrativi*". Pare quindi che il pagamento di spese per il rilascio di copia della documentazione bancaria possa essere richiesta al cliente solo nel caso di copie ulteriori rispetto alla prima gratuita.

vendite a rate (consistenti in negozi bilaterali), si è passati a forme nuove, quali le carte di credito od operazioni nelle quali fra l'acquirente ed il venditore si inserisce un terzo soggetto a finanziare l'operazione economica (39).

Numerose sono quindi le varianti possibili.

Una di queste, ritenuta meritevole di una disciplina speciale, è il contratto di **credito ai consumatori garantito da ipoteca su beni immobili residenziali**, in cui il finanziamento è finalizzato all'acquisto o alla conservazione della proprietà di un terreno o di un immobile edificato o progettato. Tale figura negoziale è stata introdotta dal D.Lgs. 21 aprile 2016, n. 72 (cosiddetto decreto mutui), il quale, in attuazione della Direttiva 2014/17/UE del Parlamento europeo e del Consiglio del 4 febbraio 2014 (*Mortgage Credit Directive*), ha inserito nel Titolo VI del T.U. bancario il Capo I-*bis* rubricato "*Credito immobiliare ai consumatori*" (artt. 120-*quinquiesdecies* e segg.).

Si tratta di un contratto di finanziamento concesso ad un consumatore, in cui le parti convengono espressamente, al momento della sua conclusione, che, in caso di inadempimento del mutuatario, il trasferimento al creditore del bene immobile oggetto di garanzia reale o dei proventi della vendita del medesimo bene comporti l'estinzione dell'intero debito derivante dal contratto di credito, anche se il valore del bene immobile restituito o trasferito o l'ammontare dei proventi della vendita sia inferiore al debito residuo (art. 120-*quinquies*, comma 3 T.U. bancario).

Il valore del bene immobile oggetto della garanzia è stimato da un perito indipendente scelto dalle parti di comune accordo ovvero, in caso di mancato raggiungimento dell'accordo, nominato dal Presidente del Tribunale territorialmente competente.

Si attua così il trasferimento al finanziatore-creditore di un immobile o di altro diritto immobiliare del debitore o di un terzo, sospensivamente condizionato all'inadempimento del debitore stesso o si conferisce al finanziatore un'opzione di acquisto o un mandato a vendere, prevedendo però un vero e proprio patto marciano a salvaguardia dei diritti del consumatore.

(39) FERRANDO, *Credito al consumo: operazione economica unitaria e pluralità di contratti*, in *Riv. dir. comm.*, 1991, 591.

Si prevede infatti che, se il valore dell'immobile come stimato dal perito ovvero l'ammontare dei proventi della vendita sia superiore al debito residuo, il consumatore ha diritto all'eccedenza.

Sono poi specificate le condizioni che concretizzano l'inadempimento del soggetto finanziato (solo il mancato pagamento di una somma corrispondente ad almeno diciotto rate mensili) ed è prevista la gratuità della consulenza fornita al consumatore al fine di consentirgli di valutare opportunamente la convenienza dell'operazione.

Tra le forme più frequentemente utilizzate di credito ai consumatori vi sono i cosiddetti *contratti di credito collegato*, vale a dire quei finanziamenti destinati esclusivamente (e quindi collegati) alla fornitura di un bene o alla prestazione di un servizio a favore di un consumatore, quando il finanziatore si avvale del fornitore del bene o del servizio per promuovere o concludere il contratto di finanziamento e questo fa esplicito riferimento al bene o al servizio prestato.

In presenza di un simile collegamento negoziale, nell'ipotesi in cui il fornitore di beni e servizi risulti inadempiente, il cliente, dopo averlo inutilmente costituito in mora, può agire contro il finanziatore per ottenere la risoluzione del contratto di finanziamento, sempre che l'inadempimento del fornitore possa considerarsi di non scarsa importanza. In caso di risoluzione del contratto di credito, il finanziatore è obbligato a rimborsare al consumatore le rate già pagate ed ogni altro onere eventualmente applicato e non può richiedere al consumatore quanto egli abbia già pagato al fornitore, potendo solo ripetere da quest'ultimo detto importo (art. 125-*quinquies* T.U. bancario).

Le azioni appena viste per il caso di inadempimento del fornitore possono essere esercitate anche nei confronti del terzo al quale il finanziatore abbia ceduto i diritti derivanti dal contratto di concessione del credito.

Tornando alla disciplina generale, le norme del T.U. bancario dedicate al credito ai consumatori mirano ad introdurre obblighi di trasparenza più specifici ed accentuati rispetto a quelli imposti per tutta la clientela, prevedendo regole di maggiore chiarezza, concisione e puntualità in tema di pubblicità, costi dei finanziamenti e diritto di recesso.

Particolare attenzione è riservata agli obblighi precontrattuali a carico dell'intermediario, con la previsione di informazioni finalizzate a consentire un miglior raffronto delle offerte di credito sul mercato ed una valutazione di adeguatezza del contratto di credito alle concrete esigenze del consumatore ed alla sua situazione finanziaria (art. 124 T.U. bancario). Le informazioni raccolte dal finanziatore debbono anche servire a valutare il **merito creditizio** del cliente, vale a dire la sua capacità di rimborso del finanziamento (art. 124-*bis* T.U. bancario).

Vista la specificità della materia, il legislatore ha preferito inserire esclusivamente nel T.U. bancario la disciplina dell'istituto in esame, abrogando le norme del Codice del consumo (D.Lgs. 206/2005) un tempo dedicate al credito al consumo (artt. 40-42) e prevedendo espressamente il rimando al T.U. bancario (art. 43).

Rimane contenuta nel **Codice del consumo** la disciplina dell'ipotesi in cui il consumatore receda da un contratto di fornitura di un bene o di prestazione di un servizio collegato ad un contratto finanziario e concluso **a distanza** o **fuori dai locali commerciali** del finanziatore; in questo caso il recesso del consumatore produce la risoluzione di diritto del finanziamento senza penalità (art. 67, comma 6 Cod. Consumo).

Nella disciplina sul credito ai consumatori il legislatore articola il suo intervento in una doppia direzione: da un lato quella della **trasparenza**, intesa come informazione il più possibile completa, chiara, concisa e graficamente evidenziata sugli elementi qualificanti del contratto; dall'altro il legislatore compie una serie di interventi sul **contenuto** del negozio e sul rapporto che ne deriva, per equilibrare le posizioni delle parti, configurando un regolamento di interessi nel quale il consumatore gode di una serie di facoltà e di diritti.

Poiché il credito ai consumatori costituisce una categoria particolare del più ampio genere dell'attività di erogazione del credito sotto qualsiasi forma, il suo esercizio è ovviamente riservato a banche ed intermediari finanziari autorizzati ed iscritti nell'albo di cui all'art. 106 T.U. bancario.

Eccezionalmente possono concludere contratti di credito ai consumatori anche i **venditori di beni o servizi**, ma nella sola forma della **dilazione di pagamento**, purché sia escluso il pagamento di interessi ed altri oneri.

La disciplina in esame non vale però per tutti i contratti di finanziamento a favore di consumatori, prevedendo l'art. 122, comma 1 T.U. bancario che essa non si applichi:

1) ai finanziamenti di importo inferiore a € 200,00 o superiore ad € 75.000,00 (anche se risultante dalla sommatoria di più contratti riconducibili alla medesima operazione economica), considerati importi in presenza dei quali il consumatore non abbisogna di tutela per la modestia del finanziamento ovvero è necessariamente messo in guardia dalla rilevanza dell'operazione (la disciplina di protezione si applica tuttavia ai contratti di credito non garantiti finalizzati alla ristrutturazione di un immobile residenziale, anche se di importo superiore ai 75.000 euro);

2) ai contratti di **somministrazione** o di **appalto-somministrazione** (art. 1677 c.c.), ove la diluizione nel tempo del pagamento del corrispettivo stabilito nel contratto non equivale a « dilazione di pagamento » (40);

3) ai contratti di finanziamento **senza interessi** o **altri oneri** o con previsione del pagamento di commissioni per un importo non significativo, laddove il rimborso del credito debba avvenire entro 3 mesi dall'utilizzo delle somme;

4) ai contratti di credito destinati all'acquisto o alla conservazione di un diritto di proprietà su un **terreno** o su un **immobile** costruito o progettato e da costruire ed ai finanziamenti garantiti da **ipoteca** su beni immobili;

5) ai finanziamenti, concessi da banche o imprese di investimento, strumentali ad un'**operazione di investimento**, purché il finanziatore partecipi all'operazione;

6) ai finanziamenti concessi sulla base di un accordo raggiunto davanti all'autorità giudiziaria o ad altra autorità prevista dalla legge;

7) alle dilazioni di pagamento concesse gratuitamente dal finanziatore su un debito preesistente;

8) ai finanziamenti garantiti da pegno su un bene mobile, se il consumatore non è obbligato per un ammontare eccedente il valore del bene;

9) ai contratti di **locazione** purché non prevedano il passaggio al locatario del diritto di proprietà alla fine del rapporto (l'esclusione non comprende quindi il *leasing*, il quale — oltre a non essere qualificabile

(40) De Nova, *Trasparenza delle condizioni contrattuali*, in *La nuova legge bancaria*, P. Ferro-Luzzi e G. Castaldi, Volume 3, Milano, 1996, 1860.

come locazione — prevede il patto di riscatto finale, fermo restando che, in caso di *leasing* immobiliare, si rientra nell'ipotesi di esclusione di cui al precedente n. 4, salva l'applicazione della legge 208/2015);

10) ai contratti di **microcredito** o altri prestiti concessi ad un pubblico ristretto, con finalità di interesse generale, senza interessi od a tassi o condizioni inferiori a quelli di mercato;

11) ai contratti di credito sotto forma di **sconfinamento** di un conto corrente, a cui si applicano le disposizioni sulla trasparenza in generale (Capo I del Titolo VI), ferma l'applicazione di una serie di obblighi di comunicazione da parte del creditore a favore del consumatore nel caso di sconfinamento consistente che si protragga per oltre un mese, con riferimento all'entità dello sconfinamento, al tasso debitore, alle penali ed agli interessi di mora applicati (art. 125-*octies* T.U. bancario).

Venendo alla specifica disciplina sulla **trasparenza** dei contratti di credito ai consumatori, il T.U. bancario prescrive una serie di disposizioni dirette a garantire un'adeguata pubblicità: in particolare, è prescritta l'indicazione del cosiddetto **TAEG** e del relativo periodo di validità (art. 123, comma 1 T.U. bancario).

Il TAEG (Tasso annuo effettivo globale), analogamente al già visto tasso effettivo globale medio, è costituito da un valore, espresso in misura percentuale annua rispetto all'importo del credito concesso al consumatore, che rappresenta il costo totale del finanziamento e comprende il tasso di interesse e tutti gli altri costi (commissioni, imposte, premi di assicurazione, con la sola esclusione delle spese notarili eventualmente necessarie) che il consumatore dovrà sostenere per porre in essere l'operazione o nel corso della stessa (art. 121 T.U. bancario).

Conseguentemente, le spese escluse dal calcolo del TAEG e non espressamente previste nel contratto sottoscritto dal cliente non possono essere richieste dal finanziatore (art. 125-*bis*, comma 5 T.U. bancario), essendo colpite da nullità parziale le clausole del contratto relative a costi addebitati al cliente-consumatore non inclusi o inclusi in modo non corretto nel TAEG pubblicizzato.

I criteri di calcolo e di indicazione del TAEG sono stabiliti dall'art.

121, comma 3 del T.U. bancario, mediante rimando alle specificazioni della Banca d'Italia, in conformità delle deliberazioni del CICR (41).

Anche per il credito ai consumatori è previsto un meccanismo di integrazione legale del contratto per il caso di assenza o di nullità delle clausole indicative dei costi che conducono alla determinazione del TAEG o della durata del contratto (art. 125-*bis*, comma 7 del T.U. bancario) (42). Così il TAEG viene determinato in misura pari al tasso nominale minimo dei Buoni del Tesoro annuali o di altri titoli similari indicati dal Ministro dell'economia e delle finanze emessi nei dodici mesi precedenti la conclusione del contratto; la scadenza è indicata in trentasei mesi.

Con riferimento al **contenuto** dei contratti di credito ai consumatori, è prevista la nullità dell'intero contratto allorquando nello stesso non sono contenute le informazioni essenziali riferite al **tipo** di contratto di credito, alle **parti**, all'**importo totale** del finanziamento ed alle **condizioni** di prelievo di rimborso. In tale ipotesi di nullità, il cliente-consumatore sarà tenuto a restituire solo il capitale utilizzato e potrà restituirlo con la stessa rateizzazione prevista nel contratto nullo o, in mancanza di tale previsione, in 36 rate mensili (art. 125-*bis*, commi 8 e 9 T.U. bancario).

Anche per quanto concerne la stipulazione dei contratti di credito ai consumatori valgono i principi fissati in generale per i contratti bancari e finanziari: essi debbono essere redatti per iscritto (43) e un esemplare deve essere consegnato al cliente; la mancanza della forma

(41) In esecuzione dell'art. 3 del decreto del Ministro dell'economia e delle finanze — Presidente del CICR 3 febbraio 2011, n. 117 (in *G.U.* n. 29 del 5 febbraio 2011) e della direttiva 2011/90/UE, la Banca d'Italia ha provveduto a fissare le modalità di calcolo del TAEG con provvedimento del 28 marzo 2013. La Corte di Giustizia UE, con la sentenza 19 dicembre 2019, C-290/19, ha chiarito che il tasso annuo effettivo globale non può essere espresso, anziché da un tasso unico, mediante un intervallo che rinvia ad un tasso minimo e ad un tasso massimo.

(42) Alpa, *La trasparenza del contratto nei settori bancario, finanziario e assicurativo*, in *Giur. it.*, 1992, 412.

(43) La forma scritta, richiesta a pena di nullità, è soddisfatta sia che il contratto sia redatto su supporto cartaceo sia che sia redatto su altro supporto durevole, per tale intendendosi qualsiasi strumento che permetta al consumatore di conservare le informazioni che gli sono personalmente indirizzate, in modo da potervi accedere in futuro per un periodo di tempo adeguato alle finalità cui esse sono destinate e che permetta la riproduzione identica delle informazioni memorizzate.

scritta comporta la nullità relativa del contratto; l'esercizio del *jus variandi* è riconosciuto negli stessi termini di cui al già esaminato art. 118 T.U. bancario (art. 125-*bis*, commi 1 e 2 T.U. bancario).

Si prevede inoltre il diritto per il consumatore (non anche per l'altro contraente) di **recedere** dal contratto di credito senza penalità entro 14 giorni dalla sua conclusione (artt. 125-*ter* T.U. bancario) ovvero in qualsiasi momento per i contratti a tempo indeterminato, salva la possibilità di prevedere un preavviso non superiore ad un mese (art. 125-*quater* T.U. bancario). La facoltà di recesso può essere prevista anche a favore del **finanziatore**, ma solo con preavviso minimo di 2 mesi. Può anche prevedersi il diritto del finanziatore di **sospendere** immediatamente l'utilizzo del credito da parte del consumatore, ma solo in presenza di una **giusta causa** e con obbligo di immediata comunicazione su supporto durevole.

Nei contratti conclusi *on line* da consumatori, così come in tutti i contratti a distanza aventi ad oggetto servizi finanziari resi a consumatori, il diritto di recesso, le informazioni da fornire, i diritti e gli obblighi delle parti sono disciplinati anche dagli artt. 67-*bis* e ss. del Codice del consumo (D.Lgs. 6 settembre 2005, n. 206, integrato in materia dal D.Lgs. 23 ottobre 2007, n. 221) per quanto non diversamente disposto dal T.U. bancario (l'art. 125-*ter*, comma 5 T.U. bancario esclude l'applicabilità di numerose norme del Codice del consumo).

Il consumatore ha poi sempre diritto di **rimborsare anticipatamente**, in tutto o in parte, l'importo del finanziamento, ottenendo una riduzione del costo totale del credito in misura corrispondente all'importo degli interessi e dei costi dovuti per la vita residua del contratto e pagando al finanziatore, se previsto nel contratto, un indennizzo per eventuali costi direttamente collegati all'estinzione anticipata del contratto. Tale indennizzo comunque non può superare la misura dell'**1%** dell'importo rimborsato in anticipo se la vita residua del contratto è superiore ad un anno ovvero la misura dello **0,50%** se la vita residua del contratto è pari od inferiore ad un anno e comunque tale indennizzo non può superare l'importo degli interessi che il consumatore avrebbe dovuto pagare per la vita residua del contratto (art. 125-*sexies* T.U. bancario) (44).

Con il rimborso anticipato, il consumatore restituisce il finanziamento prima della scadenza.

Con il recesso il rapporto non ha esecuzione (diversamente da quanto accade nell'adempimento anticipato), ma subisce uno scioglimento. Se si confrontano, però, i due istituti in un contratto di finanziamento, si nota che il primo come il secondo comportano la restituzione della somma oggetto di finanziamento e la liberazione del consumatore dall'obbligo di corrispondere gli interessi.

La differenza può cogliersi invece, in relazione al contratto di credito ai consumatori sotto forma di dilazione di pagamento. In questa situazione l'adempimento anticipato comporta il pagamento del residuo prezzo e l'acquisto del bene da parte del consumatore, il recesso invece comporta l'interruzione del pagamento delle rate e la restituzione del bene (45).

In caso di **cessione di crediti** nascenti da un contratto di credito al consumo, l'art. 125-*septies* T.U. bancario attribuisce al consumatore la facoltà di far valere nei confronti del cessionario le eccezioni che avrebbe potuto opporre nei confronti del cedente, compresa la compensazione, in deroga all'art. 1248, comma 1 c.c.. Della cessione il consumatore deve essere informato, secondo modalità stabilite dalla Banca d'Italia, a meno che il cedente, in accordo con il cessionario, continui a gestire il credito nei confronti del consumatore.

9. Trasparenza bancaria e clausole vessatorie.

Le norme sulla trasparenza bancaria trovano un naturale completamento nella disciplina di cui agli artt. 33 e segg. del Codice del consumo (D.Lgs. 206/2005).

Scopo della normativa è quello di impedire l'inserimento nei contratti conclusi tra un consumatore ed un operatore professionale, di

(44) Il cliente-consumatore è però ammesso a provare che la commissione di estinzione anticipata non sia dovuta in quanto priva di oggettiva giustificazione (ABF, coll. coord., 31 marzo 2020, n. 5909, in *La nuova giur.civ. comm.*, 2020, 1034 ss.).

(45) De Nova, *Trasparenza delle condizioni contrattuali*, in P. Ferro-Luzzi e G. Castaldi, *La nuova legge bancaria*, Volume 3, Milano, 1996, 1877.

condizioni generali che determinino a carico del consumatore un significativo squilibrio dei diritti e degli obblighi derivanti dal contratto stesso (art. 33, comma 1 D.Lgs. 206/2005) (46).

L'inserimento di simili clausole (definite vessatorie o abusive) ne comporta la nullità (art. 36 del D.Lgs. 206/2005), sempre che esse non abbiano formato oggetto di trattativa individuale (art. 34, comma 4 del D.Lgs. 206/2005); la negoziazione individuale non serve però a salvare le clausole indicate all'art. 36, comma 2 del Codice del consumo le quali sono nulle anche se oggetto di trattativa.

La normativa sulle clausole abusive tocca anche il settore bancario e finanziario, cui è applicabile nonostante la disciplina sulla trasparenza delle condizioni contrattuali. Infatti, dal raffronto delle due discipline, si nota che la normativa sulle clausole abusive, oltre al diverso campo di applicazione soggettivo (essa si applica solamente ai contratti conclusi con i consumatori), si propone **finalità diverse** ed offre ai consumatori **strumenti di tutela** differenti.

A questo proposito va anzitutto precisato che non possono essere considerate vessatorie le clausole conformi al dettato normativo contenuto nel titolo VI del T.U. bancario in materia di trasparenza delle condizioni contrattuali, stante la previsione contenuta nell'art. 34, comma 3 del D.Lgs. 206/2005, secondo cui non sono vessatorie le clausole che riproducono disposizioni di legge.

Ciò premesso, le norme in esame tengono conto della peculiarità dell'attività finanziaria, prevedendo una particolare disciplina per i contratti aventi ad oggetto « la prestazione di servizi finanziari » in modo da contemperare le esigenze di tutela del consumatore con quelle che emergono nella pratica degli affari finanziari.

Si prevede quindi la validità delle clausole che prevedono il **diritto di recesso** del professionista: l'art. 33, comma 3, lett. *a*), del D.Lgs. 206/2005 precisa che, nei contratti aventi ad oggetto la prestazione di servizi finanziari a tempo indeterminato, possa inserirsi una clausola che consenta al professionista di recedere **senza preavviso**, purché

(46) Si nota giustamente che il campo di applicazione della disciplina sulle clausole abusive riguarda tutti i contratti conclusi fra un imprenditore e un consumatore, anche se privo di condizioni generali di contratto ovvero se non predisposti su moduli o formulari (ROPPO e CARBONE, *I contratti bancari e finanziari dopo la legge sulle clausole vessatorie*, in *Atti del convegno*, Milano, 5 marzo 1996).

sussista un **giustificato motivo** e si dia **comunicazione immediata** al consumatore dell'intervenuto recesso (che, in quanto atto recettizio, produrrà effetti solo al momento del ricevimento). Tale disposizione va coordinata con l'art. 125-*quater*, comma 2 T.U. bancario che, con riferimento ai **contratti di credito a tempo indeterminato** conclusi con un **consumatore**, prevede la possibilità di pattuire la libera recedibilità a favore del finanziatore con un preavviso di almeno 2 mesi, necessario quando non esiste un giustificato motivo che legittimi il recesso senza preavviso.

Deve quindi concludersi che è legittima la clausola che prevede la facoltà della banca di recedere *ad nutum* (ossia senza giustificazione) da un contratto finanziario a tempo indeterminato concluso con un consumatore, rispettando il preavviso minimo di 2 mesi.

Per i contratti conclusi tra una banca ed un cliente non qualificabile come consumatore, è invece valida la clausola che riconosce alla banca la facoltà di recesso senza preavviso e senza motivo in qualunque momento (fermo restando il rispetto del principio di buona fede).

Un'altra clausola consentita per i contratti finanziari a tempo indeterminato conclusi con consumatori è quella che riconosce all'operatore finanziario la facoltà di modificare le condizioni contrattuali (***jus variandi***), previo **congruo preavviso** e sempre che sussista un **giustificato motivo**, ferma restando la facoltà del consumatore di recedere dal rapporto (art. 33, comma 3, lett. *b*, del D.Lgs. 206/2005). I termini del preavviso e del diritto di recesso sono quelli già esaminati e previsti dall'art. 118 T.U. bancario (2 mesi per il preavviso di modifica ed altrettanto per il recesso).

L'obbligo del preavviso previsto dal novellato art. 118 T.U. bancario per "qualunque modifica unilaterale delle condizioni contrattuali" esclude l'applicabilità dell'art. 33, comma 4 del D.Lgs. 206/2005, secondo cui la banca o l'intermediario finanziario potrebbero omettere il preavviso laddove la modifica riguardi il **tasso d'interesse** o l'importo di qualunque altro **onere** relativo alla prestazione finanziaria originariamente convenuta (purché sussista un **giustificato motivo** e si dia

comunicazione immediata al consumatore che ha diritto di recedere dal contratto ([47]).

Infine, con riguardo alle operazioni in valori mobiliari, l'art. 33, comma 5 del D.Lgs. 206/2005 stabilisce che non si presumono vessatorie le clausole di indicizzazione ovvero i contratti il « cui prezzo è collegato alle fluttuazioni di un corso e di un indice di borsa o di un tasso di mercato finanziario non controllato dal professionista ».

Si può oggi sostenere che gran parte delle operazioni poste in essere da banche e intermediari finanziari rientrino nella categoria delle operazioni definite dalla disciplina sulle clausole abusive come contratti aventi ad oggetto prestazioni finanziarie ([48]).

10. L'anatocismo bancario.

Il termine anatocismo indica la capitalizzazione degli interessi maturati su una somma di denaro dovuta, con la conseguenza che gli interessi, una volta capitalizzati (cioè aggiunti al capitale), contribuiscono a loro volta a costituire la base di calcolo degli interessi successivi.

Questa pratica è legittima nel nostro ordinamento nei limiti stabiliti dall'art. 1283 c.c., secondo cui gli interessi scaduti possono produrre interessi dal giorno della domanda giudiziale o per effetto di **convenzione posteriore** alla loro scadenza e sempre che si tratti di interessi dovuti per almeno sei mesi.

La disposizione ammette tuttavia la possibilità di deroga a detti limiti laddove esistano usi contrari. Questi usi si identificano con gli **usi normativi**, i quali sono previsti dagli artt. 1 e 8 delle preleggi.

Ciò premesso, uno dei settori in cui si sono maggiormente sviluppate le problematiche connesse all'anatocismo è proprio quello bancario, in cui si prevede una sorta di riserva bancaria in deroga all'art. 1283 c.c..

([47]) Infatti il giustificato motivo che legittimava l'omissione del preavviso è divenuta condizione essenziale per qualsiasi modifica unilaterale delle condizioni dei contratti bancari e finanziari secondo il novellato art. 118 del T.U. bancario.

([48]) Si è però escluso che il contratto di locazione di cassette di sicurezza possieda le caratteristiche di contratto « avente ad oggetto prestazioni finanziarie » (FERRO LUZZI, *Lezioni di diritto bancario*, Torino, 1995, 113).

Infatti il contratto di conto corrente bancario, nello schema contenuto nei moduli predisposti dalle banche, in conformità alle preesistenti N.U.B. sui conti correnti di corrispondenza, un tempo prevedeva (art. 7 delle N.U.B.) due distinti termini di chiusura del conto, condizionati dall'andamento del conto stesso: in caso di saldo passivo la chiusura veniva fissata alla scadenza di ogni trimestre; in caso di saldo attivo invece la chiusura era fissata alla scadenza del semestre o dell'anno. Al momento di ogni chiusura la banca operava la capitalizzazione degli interessi, cioè imputava gli interessi già maturati al saldo, sul quale iniziavano a decorrere i nuovi interessi.

Una simile impostazione ha resistito per decenni, trovando l'avallo della quasi pacifica giurisprudenza la quale riconosceva l'esistenza di un uso normativo legittimante l'anatocismo bancario trimestrale.

La Corte di Cassazione riteneva infatti che la capitalizzazione trimestrale degli interessi debitori per il cliente, in deroga all'art. 1283 c.c., derivasse da un comportamento dotato dei caratteri della costanza, della generalità, della durata e della *opinio juris ac necessitatis*, che sono propri della norma giuridica consuetudinaria (49).

Senonché, la Cassazione, a partire dal marzo del 1999 (50), ha radicalmente mutato il proprio orientamento, giungendo ad affermare che la capitalizzazione trimestrale degli interessi dovuti dal cliente non rispecchia un uso normativo, ma un mero uso negoziale, con la conseguente nullità della relativa pattuizione perché anteriore alla scadenza degli interessi, in contrasto con la norma imperativa di cui all'art. 1283 c.c. Infatti l'adesione del cliente alle norme uniformi bancarie, tra le quali si ritrova anche la clausola di capitalizzazione trimestrale degli interessi, è acconsentita non in quanto dette clausole siano ritenute conformi a norme di diritto oggettivo già esistenti, ma in quanto presupposto indefettibile per accedere ai servizi bancari e pertanto in mancanza di una *opinio juris ac necessitatis*.

Il nuovo corso della giurisprudenza è stato poi seguito dalle Sezioni

(49) Tra le tante Cass., 15 dicembre 1981, n. 6631, in *Giust. civ.*, 1982, I, 380; Cass., 30 maggio 1989, n. 2644, in *Foro it.*, I, 3127.

(50) Cass., 16 marzo 1999, n. 2374 cit. cui seguiva Cass., 30 marzo 1999, n. 3096, in *Banca, borsa, tit. cred.*, 1999, II, 649 ss.

Unite della Suprema Corte ed è stato confermato dalla giurisprudenza di legittimità e di merito ([51]).

A seguito del radicale mutamento di indirizzo della Corte di Cassazione, era intervenuto il D.Lgs. 4 agosto 1999, n. 342, recante modifiche al T.U. bancario che, sostituendo l'art. 120, comma 2 T.U. bancario, aveva previsto la generale ammissibilità dell'anatocismo bancario applicato ai contratti bancari stipulati **dopo** la pubblicazione del citato decreto legislativo, purché adeguato alle modalità ed ai criteri per

([51]) Cass., 19 maggio 2020, n. 9140; Cass., 3 maggio 2011, n. 9695; Cass., 8 maggio 2008, n. 11466; Cass., Sez. Un. 4 novembre 2004, n. 21095, in *Guida al diritto*, 2004, n. 45, 22 e ss.; Cass., 22 marzo 2005, n. 6187; Cass., 28 marzo 2002, n. 4490, in *Giur. it.*, 2002, I, 1422 ss.; Cass., 17 aprile 1999, n. 3845, in *Foro it.*, 1999, I, 1429, Cass., 11 novembre 1999, n. 12507, *ivi*, 2000, I, 451 ss.; App. Milano, 6 marzo 2002, in *Giur. it.*, 2003, I, 93 ss.; App. Lecce, 22 ottobre 2001, *ivi*, 2002, I, 111 ss.; App. Roma, 24 settembre 2002, *ivi*, 2003, I, 119 ss.; Trib. Milano, 6 febbraio 2013, n. 1754, in *Guida al diritto*, 2013, 19, 70; Trib. Monza, 16 febbraio 1999, in *Banca, borsa e tit. cred.*, 1999, 398.

Si è anche precisato che la clausola che prevede l'anatocismo bancario è soggetta al controllo di vessatorietà (Cass., 4 aprile 2001, n. 4946).

Una volta dichiarata nulla la clausola che prevede la capitalizzazione trimestrale degli interessi, non deve essere applicata nessuna capitalizzazione, comportando la nullità l'eliminazione della clausola e mancando un'altra disposizione di legge che ne preveda la sostituzione con una forma di capitalizzazione alternativa *ex* art. 1339 c.c. (Cass., Sez. Un., 2 dicembre 2010, n. 24410, in *La nuova giur. civ. comm.*, 2011, n. 4, 291 ss. con nota del sottoscritto). Alla nullità della clausola prevedente la capitalizzazione degli interessi antecedenti il 22 aprile 2000, segue la ripetibilità dei versamenti operati a copertura dei maggiori interessi pagati, con azione di ripetizione assoggettata a prescrizione decennale. Detto termine di prescrizione decorre dalla chiusura del conto corrente bancario assistito da apertura di credito laddove i versamenti effettuati a copertura degli interessi anatocistici abbiano avuto funzione di ripristino della provvista (e quindi siano confluiti su un conto passivo, ma non scoperto, cioè con saldo negativo entro i limiti dell'affidamento concesso), mentre decorre dal singolo versamento se esso confluisce su un conto scoperto (Cass. 23 dicembre 2020, n. 29411; Cass., 14 Luglio 2020, n. 14958; Cass., Sez. Un., 2 dicembre 2010, n. 24410 cit.; Cass., 15 gennaio 2013, n. 798, in *La nuova giur. civ. comm.*, 2013, n. 5, 496 ss. con nota del sottoscritto). Ove la banca sollevi l'eccezione di prescrizione (che non richiede la specifica indicazione delle rimesse ritenute solutorie, come precisato da Cass., Sez. Un., 13 giugno 2019, n. 15895), spetta al cliente che agisce in ripetizione provare l'esistenza di un'apertura di credito idonea a rendere ripristinatorie le rimesse risalenti ad oltre 10 anni prima rispetto al primo atto di costituzione in mora (Cass., 19 maggio 2020, n. 9140; Cass., 28 febbraio 2020, n. 5610; Cass. 30 gennaio 2019, n. 2660; Cass. 30 ottobre 2018, n. 27704). Non è però soggetta a prescrizione l'azione di rettifica delle annotazioni contabili conseguente all'invalidità o inefficacia del titolo in forza del quale detta annotazione era stata effettuata (Cass., 15 febbraio 2021, n. 3858).

la produzione di interessi sugli interessi indicati con apposita delibera del CICR e purché al cliente venisse assicurata la stessa periodicità nel conteggio degli interessi debitori e creditori.

Il CICR aveva provveduto a determinare le modalità ed i criteri di maturazione degli interessi anatocistici con delibera del 9 febbraio 2000 entrata in vigore il 22 aprile 2000 ([52]), la quale aveva fissato tre condizioni per la valida pattuizione di una clausola anatocistica:

1) che la clausola fosse approvata specificamente per iscritto dal cliente;

2) che la banca indicasse nel contratto e nelle comunicazioni alla clientela il tasso effettivo rapportato su base annua;

3) che fosse assicurata la stessa periodicità nel conteggio degli interessi debitori e creditori.

La giurisprudenza era giunta alla conclusione che non fosse possibile regolarizzare le clausole anatocistiche pattuite anteriormente all'entrata in vigore della delibera CICR del 9 febbraio 2000 (22 aprile 2000), ma fosse solo possibile uno specifico consenso all'introduzione di una clausola anatocistica, rispettosa delle condizioni appena elencate e da considerarsi nuova, stante la nullità di quella precedente ([53]).

Un discorso particolare valeva per la capitalizzazione degli interessi sui **mutui bancari.**

La delibera CICR 9 febbraio 2000, all'art. 3, aveva previsto espressamente la possibilità di pattuire la capitalizzazione periodica di interessi sui mutui bancari ed in genere sulle operazioni di finanziamento con piano di rimborso rateale. La norma prevedeva infatti che, in caso di inadempimento nel pagamento di una o più rate da parte del

([52]) In *G.U.* 22 febbraio 2000, n. 43.

([53]) Cass., 19 maggio 2020, n. 9140 che richiama l'art. 2 della delibera CICR 9 febbraio 2000. Richiedono un nuovo accordo espresso pure Cass. 12 marzo 2020, n. 7105, Cass. 21 ottobre 2019, n. 26769 e Cass. 21 ottobre 2019, n. 26779, anche se in base all'art. 7, comma 3 anziché all'art. 2 della delibera CICR 9 febbraio 2000, ritenendo che le nuove condizioni contrattuali (prevedenti la capitalizzazione degli interessi) costituiscano un adeguamento del contratto alle nuove disposizioni, da approvare specificamente da parte del cliente, in quanto comportanti un peggioramento di quelle precedentemente applicate (esenti da capitalizzazione in conseguenza della ritenuta nullità). In precedenza la Corte Costituzionale aveva dichiarato l'illegittimità costituzionale della norma (art. 25, comma 3 del D.Lgs. 342/1999) che prevedeva una generale sanatoria di tutte le clausole anatocistiche pattuite prima dell'entrata in vigore della delibera CICR 9 febbraio 2000.

debitore, sull'**intero importo della rata** (quindi anche sulla quota corrispondente all'interesse convenzionale) potessero essere conteggiati interessi (da ritenersi moratori) fino al momento del pagamento.

La capitalizzazione era possibile solo sulle rate scadute ed impagate ovvero, in caso di risoluzione del contratto, sull'importo complessivamente dovuto (art. 3, comma 2 delibera CICR 9 febbraio 2000).

Non era invece ammessa capitalizzazione alcuna degli interessi nel caso di regolare esecuzione del rapporto di mutuo bancario, potendo l'anatocismo essere previsto solo nella fase patologica del contratto (mora o risoluzione del contratto) e limitatamente agli interessi convenzionali per il calcolo di quelli moratori.

In definitiva, la regola era la seguente: gli interessi moratori non potevano mai essere capitalizzati, gli interessi convenzionali potevano essere capitalizzati solo in caso di inadempimento del mutuatario e quale base di calcolo per i successivi interessi moratori.

Tale capitalizzazione era ritenuta possibile solo se espressamente prevista sulla base di una apposita pattuizione anteriore alla produzione degli interessi capitalizzati ([54]).

La risoluzione del contratto di mutuo consentiva l'applicazione degli interessi di mora sul credito determinato nell'ammontare delle rate già scadute al momento della risoluzione più il solo capitale residuo, con esclusione della quota interessi delle rate a scadere, considerato che lo scioglimento del rapporto di durata fa venir meno il beneficio della dilazione di pagamento e quindi gli interessi convenzionali vengono sostituiti dagli interessi moratori dovuti a causa dell'inadempimento ([55]).

Altro caso in cui era consentita la pattuizione anticipata di una capitalizzazione periodica si aveva, sempre nelle operazioni di finanziamento con piano di rimborso rateale, quando fosse previsto un **prefinanziamento**, vale a dire una somma messa a disposizione del cliente prima della formale erogazione del mutuo o comunque prima della decorrenza delle rate di rimborso previste nel piano di ammortamento.

([54]) Cass., 22 maggio 2014, n. 11400.
([55]) Cass., 18 maggio 2005, n. 20449.

In questa ipotesi era consentita la capitalizzazione degli interessi maturati sul prefinanziamento i quali potevano essere cumulati al capitale da rimborsare previsto nel piano di ammortamento del mutuo e costituivano quindi la base per il calcolo e l'addebito degli interessi convenzionali del mutuo.

La legittimità degli accordi prevedenti l'anatocismo sui mutui bancari era sempre circoscritta ai contratti conclusi dopo la data di entrata in vigore della delibera CICR 9 febbraio 2000 (vale a dire dopo il 22 aprile 2000).

Per i contratti precedenti la Suprema Corte ([56]) ne aveva escluso la legittimità, chiarendo che, in ipotesi di mutuo per il quale fosse previsto il pagamento di rate costanti comprensive di parte del capitale e degli interessi, questi ultimi conservassero la loro natura e non si trasformassero in capitale da restituire al mutuante. Pertanto la convenzione, contestuale alla stipulazione del mutuo, con cui si stabilisse che, **sulle rate scadute** decorressero gli interessi sull'intera somma, integrava un fenomeno anatocistico, vietato dall'art. 1283 c.c.. Il che è quanto dire che il piano di ammortamento di un mutuo bancario non poteva prevedere nessuna forma di capitalizzazione degli interessi convenzionali, né in caso di regolare esecuzione del contratto né in caso di inadempimento del mutuatario.

Va precisato che rispetta il divieto di anatocismo il mutuo con piano di **ammortamento alla francese** ([57]), il cui metodo comporta il pagamento da parte del mutuatario di una rata costante che ingloba un capitale decrescente nel tempo e gli interessi vengono calcolati sulla

([56]) Cass., 20 febbraio 2003, n. 2593, in *Giur. it.*, 2003, 1399; sul divieto di anatocismo nei mutui agrari di miglioramento si veda Cass., 29 gennaio 2013, n. 2072.

Si noti che il divieto di anatocismo sui mutui non poteva essere superato neppure nel caso in cui fosse inserita nel contratto una clausola penale che prevedesse la misura degli interessi moratori: in questo caso infatti veniva ritenuto operante il divieto di cui all'art. 1224, comma 2, seconda parte c.c. che esclude la possibilità di riconoscere al creditore il maggior danno se è stata pattuita la misura degli interessi moratori. L'anatocismo infatti configurerebbe un maggior danno rispetto agli interessi moratori previsti nella clausola penale (Cass., 18 settembre 2002, n. 17813).

([57]) La giurisprudenza è ormai pacifica (fra le tante, si vedano: Trib. Bergamo, 26 giugno 2020, n. 837; Trib. Patti, 18 giugno 2020, n. 329; Trib. Roma, 5 maggio 2020, n. 6897; Trib. Pordenone, 24 aprile 2020, n. 222; Trib. Milano, 26 febbraio 2020, n. 1785, tutte in *DeJure*, Giuffrè; Trib. Milano, 8 marzo 2016, in *Il corr. giur.*, 2016, n. 5, 491).

quota capitale residua e non costituiscono mai la base per il calcolo dei successivi interessi.

Facevano eccezione al divieto i mutui fondiari (di cui ci occuperemo al Capitolo XI).

Infatti l'art. 38 della legge 16 luglio 1905, n. 646 (Testo Unico delle leggi sul credito fondiario) prevedeva espressamente che le somme dovute per interessi producessero a loro volta interessi di pieno diritto dal giorno della scadenza (analoghe disposizioni erano contenute nell'art. 14, comma 2 del D.P.R. 21 gennaio 1976, n. 7 e nell'art. 16, comma 2 della legge 6 giugno 1991, n. 175).

Tutte le disposizioni in tema di mutui fondiari ed edilizi sono state però successivamente abrogate dall'art. 161 del T.U. bancario e la previsione dell'anatocismo non è stata riproposta tra le norme del T.U. bancario dedicate al mutuo fondiario (artt. 38 e ss.) (58).

Pertanto deve ritenersi che per i contratti di mutuo fondiario conclusi prima dell'entrata in vigore della delibera CICR del 9 febbraio 2000 valesse il generale divieto di anatocismo, a meno che il contratto non fosse stato stipulato prima ancora dell'1 gennaio 1994 (data di entrata in vigore del T.U. bancario), nel qual caso la possibilità dell'anatocismo era prevista dal non ancora abrogato art. 38 della legge 16 luglio 1905, n. 646.

Con decorrenza **dal 1° gennaio 2014** si era introdotto un vero e proprio **divieto di anatocismo bancario** ad opera dell'art. 1, comma 629 della legge 27 dicembre 2013, n. 147 che aveva riscritto l'art. 120, comma 2 del T.U. bancario, prevedendo che gli interessi periodicamente contabilizzati non potessero produrre interessi ulteriori, da calcolarsi sempre e solo sulla sorte capitale.

La disposizione rimandava ad una successiva delibera del CICR diretta a stabilire modalità e criteri per la produzione di interessi nelle

(58) L'art. 161 ha espressamente abrogato il R.D. 646/1905 e la legge 175/1991; quest'ultima a sua volta aveva abrogato il D.P.R. 7/1976. Pertanto, a far data dall'entrata in vigore del D.Lgs. 385/1993, non risulta più giustificabile, per i rapporti di mutuo fondiario, un regime di capitalizzazione degli interessi in deroga a quanto generalmente dettato dall'art. 1283 c.c. Non è, infatti, rinvenibile nel T.U. bancario una specifica disposizione che, al pari della normativa precedente, disponga una deroga al principio generale di cui all'art. 1283 c.c., « dovendosi altresì escludere la vigenza di un uso normativo contrario » (Cass. 7 giugno 2016, n. 11638).

operazioni bancarie, in attesa della quale tuttavia era discusso se fosse efficace o meno la sopravvenuta preclusione (59).

Successivamente la legge di conversione del D.L. 18/2016 (legge 8 aprile 2016, n. 49), inserendo l'art. 17-*bis*, ha reintrodotto la possibilità di praticare l'anatocismo bancario (indifferentemente su interessi corrispettivi o moratori) nei rapporti di *apertura di credito* regolati in conto corrente e in un conto di pagamento (quindi sul saldo passivo, cioè entro il limite del fido concesso) o nei casi di *sconfinamento* (quindi in presenza di affidamento con saldo scoperto, cioè oltre il limite del fido o in assenza di qualsiasi affidamento) a condizione che esista un'espressa **autorizzazione del cliente** (la quale dovrebbe rivestire forma scritta, coerentemente con la necessaria forma scritta dei contratti bancari), che può essere sia preventiva (in deroga all'art. 1283 c.c.) che successiva alla capitalizzazione.

Detta autorizzazione può essere revocata dal cliente in ogni momento, purché prima che abbia luogo l'addebito degli interessi (cioè la loro contabilizzazione).

La norma distingue tra conteggio, esigibilità e capitalizzazione degli interessi: il **conteggio** corrisponde alla loro semplice contabilizzazione a debito del cliente e va fatto al 31 dicembre di ogni anno; l'**esigibilità** consiste nella possibilità per la banca di richiederne il pagamento, possibilità che sorge dal 1° marzo dell'anno successivo alla loro maturazione e comunque al momento della chiusura definitiva del rapporto; la **capitalizzazione** è la trasformazione degli interessi in capitale su cui poter conteggiare i successivi interessi, il che è possibile solo dal momento in cui gli interessi divengono esigibili, sempre che esista l'autorizzazione del cliente di cui si è detto.

(59) Nel senso dell'efficacia del divieto si erano espressi: Trib. Milano, ordinanza 25 marzo 2015 e Trib. Milano, ordinanza 3 aprile 2015, entrambe in *www.dirittobancario.it*; Trib. Milano, ordinanza 1 giugno 2015, in *www.ilcaso.it*, Sez. giur., 2015, 13009; Trib. Roma, 8 settembre 2017, n. 16785, in *DeJure*, Giuffrè; ABF, coll. coord., 8 ottobre 2015, n.7854; Dolmetta, *Sopravvenuta abrogazione del potere bancario di anatocismo*, in *Banca, borsa, tit. cred.*, 2015, 277 ss. In senso contrario Trib. Bologna, ordinanza 25 marzo 2016, in *www.ilcaso.it*, Sez. Giur., 2016, 14746 e Trib. Bologna, 29 aprile 2020, n. 20485, in *www.dirittobancario.it*, secondo cui fino all'emanazione della delibera del CICR l'iter normativo non può dirsi giunto a conclusione, come previso dall'art. 161, comma 5 T.U. bancario; nello stesso senso Trib. Pescara, 23 agosto 2018, n. 1194, in *DeJure*, Giuffrè.

Per tutte le operazioni bancarie diverse da un'apertura di credito regolata in conto corrente o in conto di pagamento o da uno sconfinamento, come ad esempio nel caso di mutui o di piani di ammortamento delle carte di credito *revolving*, non è ammessa alcuna capitalizzazione degli interessi corrispettivi, se non nel caso di applicazione di **interessi di mora** che possono essere conteggiati su capitale ed interessi corrispettivi maturati.

In ogni caso, nei rapporti di conto corrente e di conto di pagamento la periodicità del conteggio degli interessi deve essere **reciproca** e **non inferiore all'anno**.

Per riassumere, oggi la disciplina dell'anatocismo bancario va suddivisa in quattro distinti momenti storici, a ciascuno dei quali corrisponde una diversa disciplina:

• il primo, fino al 22 aprile 2000 (data di entrata in vigore della delibera CICR del 9 febbraio 2000), in cui l'anatocismo bancario doveva ritenersi vietato se a condizioni diverse da quelle prescritte dall'art. 1283 c.c.;

• il secondo, dal 22 aprile 2000 al 31 dicembre 2013, in cui l'anatocismo bancario era consentito in termini più ampi di quanto prescritto dall'art. 1283 c.c., alle condizioni previste dalla delibera CICR 9 febbraio 2000;

• il terzo, dal 1° gennaio 2014 al 14 aprile 2016 (periodo di vigenza dell'art. 1, comma 629 della legge 27 dicembre 2013, n. 147), in cui l'anatocismo bancario è stato vietato, addirittura (secondo un certo orientamento che tuttavia non si condivide, in mancanza di una norma che abroghi l'art. 1283 c.c. o che risulti con essa incompatibile) (60) anche se contenuto nei limiti di cui all'art. 1283 c.c. (61);

• il quarto, dal 15 aprile 2016 (data di entrata in vigore della legge 49/2016 di conversione del D.L. 18/2016), in cui è consentita la capitalizzazione degli interessi corrispettivi per il calcolo degli interessi moratori su tutte le operazioni bancarie, mentre l'anatocismo per il

(60) Come giustamente rileva Dolmetta, *op. cit.*, 283, secondo il quale non è pensabile che le banche siano poste in posizione deteriore rispetto agli altri soggetti dell'ordinamento.

(61) Trib. Milano, ordinanza 3 aprile 2015, cit., secondo cui la legge 147/2013 avrebbe introdotto una disciplina speciale dell'anatocismo bancario, più rigorosa della normativa ordinaria dettata dall'art. 1283 c.c.

conteggio degli interessi corrispettivi è possibile solo in caso di autorizzazione del cliente e solo per talune operazioni bancarie (aperture di credito regolate in c/c o sconfinamenti), sempre che sia assicurata pari periodicità di contabilizzazione tra cliente e banca, sia previsto il loro conteggio quantomeno annuale, con contabilizzazione al 31 dicembre di ogni anno e la capitalizzazione operi solo a decorrere dal 1° marzo dell'anno successivo a quello della contabilizzazione.

Quest'ultima disciplina è stata completata col decreto del Ministro dell'economia e delle finanze quale Presidente del CICR, del 3 agosto 2016, n. 343 (62) che dà attuazione all'art. 120, comma 2 T.U. bancario con riferimento all'applicazione dell'anatocismo sia alle operazioni di raccolta del risparmio che alle operazioni di esercizio del credito.

Tale decreto prevede: l'applicabilità dell'anatocismo agli interessi di mora, nel rispetto delle disposizioni del codice civile (art. 3); la separata contabilizzazione degli interessi debitori maturati; la possibilità per il cliente, nei rapporti di apertura di credito regolata in conto corrente bancario o in conto di pagamento o negli sconfinamenti, di autorizzare la capitalizzazione annuale degli interessi corrispettivi, ma solo una volta divenuti esigibili, vale a dire dal 1° marzo di ogni anno (e comunque decorsi almeno 30 giorni dal ricevimento dell'estratto conto) ovvero al momento della chiusura del rapporto (art. 4); il divieto di capitalizzazione degli interessi sul saldo del rapporto una volta estinto (art. 4, comma 7, ult. periodo).

Una particolare eccezione al divieto di anatocismo si ravvisa nella figura del **prestito vitalizio ipotecario** disciplinato dalla legge 2 aprile 2015, n. 44 (che ha modificato l'art. 11-*quaterdecies* del D.L. 30 settembre 2005 n. 203, convertito nella legge 2 dicembre 2005, n. 248) e dal regolamento del Ministro dello sviluppo economico del 22 dicembre 2015, n. 226 (63).

Si tratta di finanziamenti a medio o lungo termine, garantiti da ipoteca di primo grado su immobili residenziali, concessi da banche o da intermediari finanziari di cui all'articolo 106 del T.U. bancario e riservati a persone fisiche con età superiore a 60 anni compiuti, il cui

(62) In G.U. — Serie Generale n. 212 del 10 settembre 2016.

(63) In G.U. serie generale n. 38 del 16 febbraio 2016 ed in vigore dal 2 marzo 2016.

rimborso integrale in un'unica soluzione può essere richiesto agli eredi al momento della morte del soggetto finanziato ovvero qualora vengano trasferiti, in tutto o in parte, la proprietà o altri diritti reali o di godimento sull'immobile dato in garanzia o si compiano atti che ne riducano significativamente il valore, inclusa la costituzione di diritti reali di garanzia in favore di terzi che vadano a gravare sull'immobile.

La concessione di siffatti finanziamenti può avvenire secondo qualsiasi schema negoziale idoneo (mutuo ordinario o fondiario, apertura di credito, rendita ecc.), pur sempre caratterizzato dall'aleatorietà dell'importo finale del debito restitutorio, dato che la scadenza è correlata alla morte del soggetto finanziato (64).

In caso di mancato rimborso il finanziatore può procedere in via diretta alla vendita dell'immobile ipotecato al valore di mercato, fermo restando che l'importo da restituire non potrà mai superare il ricavato della vendita, al netto delle spese sostenute. Ove fosse ricavato un prezzo superiore al debito restitutorio, l'eccedenza dovrà essere riconosciuta al soggetto finanziato o ai suoi aventi causa (eredi o acquirenti), secondo lo schema del patto marciano.

Durante la vita il mutuatario ultrasessantenne può scegliere di pagare solo gli interessi e le spese mano a mano che maturano oppure di rimandarne il pagamento al momento del rimborso del finanziamento; in questo secondo caso gli interessi e le spese sono capitalizzati annualmente e vengono rimborsati in un'unica soluzione al momento del verificarsi di uno dei predetti eventi che rendono esigibile il credito restitutorio.

(64) Nel primo precedente edito (Trib. Roma, 13 luglio 2017, ordinanza, in *Corr. giur.*, 2018, n. 8-9, 1115 ss.), si è precisato che il prestito vitalizio ipotecario è una figura tipica con causa di finanziamento la cui durata effettiva è determinabile solo *ex post* rispetto alla data di stipulazione, con riferimento alla morte del sovvenuto, fatti salvi i casi di estinzione anticipata o di risoluzione. Si tratta quindi di una figura negoziale caratterizzata da un'alea particolare, legata all'incertezza della durata, ma anche alla necessità di fare affidamento sul pagamento degli eredi o, in alternativa, sul solo valore di realizzo dell'immobile, che l'intermediario può vendere direttamente, senza passare attraverso una procedura esecutiva immobiliare, ma con la clausola del patto marciano, vale a dire restituendo al debitore o ai suoi eredi la differenza tra il prezzo di vendita ed il credito. Queste particolarità escludono che, ai fini della verifica di usurarietà delle condizioni economiche, possa farsi riferimento alla categoria dei "mutui", dovendosi piuttosto fare riferimento alla categoria "Altri finanziamenti".

11. I sistemi di risoluzione stragiudiziale delle controversie.

L'art. 128-*bis* del T.U. bancario (introdotto dall'art. 29 della legge 262/2005) ha previsto che i soggetti destinatari delle già esaminate norme sulla trasparenza debbono aderire a sistemi di risoluzione stragiudiziale delle controversie con la clientela (65) ed ha delegato il CICR a disciplinare la procedura e la composizione dell'organo decidente, in modo tale da assicurarne l'imparzialità e la rappresentatività. Il CICR ha provveduto con delibera 29 luglio 2008, n. 275, poi modificata con decreto del 10 luglio 2020, n. 127, al quale ha fatto seguito il provvedimento della Banca d'Italia del 12 agosto 2020 (66).

L'organo decidente (ABF - Arbitro Bancario e Finanziario) è articolato territorialmente in sette collegi con sede rispettivamente a Milano, Roma, Napoli, Torino, Bologna, Bari e Palermo ed ognuno con una propria competenza territoriale (ripartita per Regioni). Ogni collegio è composto di 5 membri che debbono essere imparziali, cioè non aver ricoperto incarichi presso enti appartenenti alle categorie interessate.

L'organo decidente si occupa delle controversie relative a operazioni o comportamenti posti in essere non oltre 6 anni prima della data di presentazione del ricorso e riferite alla prestazione di servizi bancari e finanziari (con esclusione dei servizi di investimento per i quali vale un'apposita e diversa procedura), senza limiti di valore se la controversia ha ad oggetto l'accertamento di rapporti bancari e finanziari senza richiesta di restituzione di somme e col limite di valore di € 200.000 se la controversia ha ad oggetto la corresponsione di somme di denaro a qualsiasi titolo.

Questa forma di definizione della controversia non esclude comunque la possibilità di rivolgersi all'autorità giudiziaria ordinaria o ad un normale giudizio arbitrale (fermo restando che le diverse forme di tutela sono alternative).

Il ricorso alla procedura deve essere gratuito e può essere fatto solo dopo l'esaurimento della procedura di reclamo del cliente presso

(65) Il D.Lgs. 26 dicembre 2006, n. 303 ha esteso a tutti clienti (non solo ai consumatori) la possibilità di ricorrere al sistema di risoluzione stragiudiziale delle controversie bancarie e finanziarie.

(66) Pubblicato in *G.U.* 29 agosto 2020, n. 215. Sull'evoluzione della disciplina dell'ABF si veda SOLDATI, *La terza riforma dell'arbitro bancario e finanziario (ABF)*, in *Contratto e impresa*, 2020, n. 4, 1541 ss.

l'ufficio interno della banca o dell'intermediario finanziario ed entro 12 mesi dalla presentazione del reclamo stesso. L'intermediario deve pronunciarsi entro 60 giorni dalla presentazione del reclamo. Il collegio giudicante a sua volta dovrà pronunciarsi entro 90 giorni (decorrenti da quando il fascicolo è completo all'esito dello scambio di repliche e contro repliche) e la decisione, se favorevole al cliente, deve essere eseguita entro 30 giorni dall'intermediario e, in caso di inadempimento, potrà essere pubblicata. È prevista una procedura decisoria accelerata che attribuisce al solo Presidente la competenza ad emettere la decisione, se favorevole al ricorrente e laddove esista un orientamento consolidato dei Collegi.

Per le vertenze riguardanti i servizi di investimento, la legge di stabilità 2016 (legge 28 dicembre 2015, n. 208, art. 1, commi 46 e 47) ha previsto una procedura di effettiva tutela stragiudiziale delle controversie mediante l'attivazione di un **organo decidente** presso la CONSOB (già previsto dall'art. 2, comma 5-*ter* del D.Lgs. 179/2007, modificato dal D.Lgs. 6 agosto 2015, n. 130 che demanda ad un regolamento della stessa CONSOB la determinazione delle regole di funzionamento della procedura e di composizione dell'organo), destinato a prendere il posto della camera di conciliazione ed arbitrato.

Con delibera n. 19602 del 4 maggio 2016 la CONSOB ha quindi istituito l'**Arbitro per le controversie finanziarie** (ACF), adottando il regolamento di funzionamento della procedura di risoluzione extragiudiziale delle controversie presso detto organismo ai sensi dell'art. 2, commi 5-*bis* e 5-*ter* del D.Lgs. 179/2007.

La procedura è articolata sulla falsariga di quella presso l'ABF con una competenza per valore più elevata che arriva fino a 500.000 euro e presuppone, quali condizioni di ricevibilità, che non siano pendenti altre procedure stragiudiziali e che sia stato presentato un reclamo all'intermediario a cui sia seguita una risposta insoddisfacente o non sia seguita alcuna risposta entro 60 giorni.

Si tratta di uno strumento di risoluzione delle controversie tra intermediari finanziari e clientela *retail* (clienti al dettaglio), con esclusione quindi di clienti professionali e controparti qualificate.

Il coordinamento tra le due autorità (ABF ed ACF) al fine di delimitare le reciproche competenze, di promuovere scambi informativi tra i due sistemi e di condividere buone prassi, a garanzia di un più elevato ed effettivo livello di tutela dei clienti è previsto dal protocollo d'intesa tra Banca d'Italia e CONSOB del 19 marzo 2020.

È discusso in dottrina se le decisioni dell'ACF, così come quelle dell'ABF, corrispondano ad un vero e proprio lodo arbitrale irrituale (quindi vincolante tra le parti) oppure abbiano una funzione di mera valutazione prognostica, limitandosi ad evidenziare alle parti quello che potrebbe essere l'esito di una soluzione giudiziale della vertenza (67)

Esiste da ultimo la figura del Conciliatore bancario finanziario, istituito su iniziativa dell'ABI, che costituisce un organo terzo col compito di dirimere, necessariamente su richiesta di entrambe le parti, controversie insorte in materia bancaria o di intermediazione mobiliare, senza limiti di valore. Il Conciliatore bancario finanziario non assume una decisione vincolante, ma si limita a cercare il raggiungimento di un accordo che entrambe le parti dovranno poi condividere e sottoscrivere e potrà acquisire efficacia di titolo esecutivo.

In materia di contratti assicurativi, bancari e finanziari il preventivo ricorso agli organismi di conciliazione o arbitrato di cui si è detto costituisce condizione di procedibilità di qualsiasi azione giudiziaria, la quale potrà proseguire solo dopo l'esperimento di una delle esaminate procedure stragiudiziali (art. 84 del D.L. 21 giugno 2013, n. 69, convertito con modificazioni nella legge 9 agosto 2013, n. 98 che ha modificato il D.Lgs. 4 marzo 2010, n. 28 sulla mediazione obbligatoria nelle controversie civili e commerciali).

(67) Per una disamina dei rimedi esperibili e dei limiti della *potestas iudicandi* dell'ACF, si veda Guizzi, *Un anno di ACF tra risultati raggiunti e qualche incognita*, in *Il corr. giuridico*, 2018, n. 1, 5 ss. Per un'analoga disamina delle problematiche connesse all'ABF si veda Guizzi, *Il valore delle decisioni dell'ABF (e dell'ACF) in un libro recente*, in *Osservatorio dir. civ. e comm.*, 2016, 567 ss. Circa la possibilità per ABF ed ACF di emettere sentenze costitutive (di annullamento, risoluzione o rescissione) si veda Cicatelli, *ACF e pronunce costitutive*, in *Rivista di diritto dell'impresa*, 2019, n. 3, 587 ss.

CAPITOLO IX

LA CRISI DELLA BANCA

1. Premessa.

L'ordinamento bancario prevede, nel caso in cui si verifichino particolari situazioni di crisi riferite ad una banca, l'applicazione di procedure speciali, diverse dalle ordinarie procedure concorsuali applicabili secondo la legge fallimentare.

Il carattere che contraddistingue queste procedure è l'esistenza di un rilevante intervento dell'Autorità amministrativa alla quale è riconosciuto un potere discrezionale in ordine ai provvedimenti da adottare per superare la situazione di crisi venutasi a creare.

L'intervento dell'Autorità di vigilanza è presente anche nella fase di liquidazione volontaria di una banca, laddove si prevede l'obbligo che essa ha di comunicare tempestivamente alla Banca d'Italia il verificarsi di una causa di scioglimento, al fine di accertare la sussistenza dei presupposti per il regolare svolgimento della procedura di liquidazione (art. 96-*quinquies* T.U. bancario) (1) e si attribuisce alla Banca d'Italia il potere di disporre la sostituzione dei liquidatori quando la procedura non si svolga con regolarità e speditezza (l'art. 97 T.U. bancario).

Con l'entrata in vigore della direttiva 2014/59/UE del Parlamento europeo e del Consiglio del 15 maggio 2014 (attuata in Italia coi D.Lgs.

(1) La mancata comunicazione alla Banca d'Italia dell'avvio della procedura di liquidazione di una banca ed il mancato accertamento dei presupposti per il suo regolare svolgimento impediscono l'iscrizione nel registro delle imprese degli atti relativi allo scioglimento della società.

16 novembre 2015, n 180 e 181) scopo della speciale disciplina che ci apprestiamo ad esaminare è anzitutto quello di **prevenire** situazioni di crisi nelle banche, attraverso la predisposizione di regole organizzative e la pianificazione di indicatori che consentano di evidenziare in anticipo l'eventuale presenza di un significativo deterioramento della situazione patrimoniale e finanziaria e di misure da adottare per superare tali criticità (mediante i cosiddetti *piani di risanamento* aventi quindi sia una finalità di prevenzione delle crisi che di *governance* aziendale).

In caso di dissesto o di rischio di dissesto della banca, si prevedono invece procedure che mirano, fin dove possibile, al risanamento (l'*amministrazione straordinaria* o la *risoluzione* che vedremo).

Solo nei casi più gravi e ove non ci siano prospettive di risanamento, si può giungere all'eliminazione dal mercato delle imprese insolventi, aprendo una procedura di liquidazione coatta amministrativa.

L'obbiettivo comune, soprattutto per le procedure di risanamento, è quello di tutelare il risparmio, la stabilità del sistema bancario e di contenere gli oneri a carico delle finanze pubbliche, vigendo un generale divieto di aiuti di Stato imposto dalla normativa comunitaria (2).

(2) Gli aiuti di Stato sono ritenuti incompatibili con le regole della concorrenza all'interno del mercato comunitario (artt. 101 ss. del Trattato sul funzionamento dell'Unione Europea), come precisato dalla Comunicazione della Commissione Europea sul settore bancario n. 2013/C 216/1 del 30 luglio 2013, che li subordina ad un'adeguata condivisione degli oneri anzitutto da parte di coloro che hanno investito nella banca. L'art. 32, comma 4, lett. *d*) della Direttiva 2014/59/UE (di cui tra poco nel testo) consente agli Stati membri di rilasciare garanzie sulle passività di un ente bancario in crisi, laddove la sua risoluzione rischierebbe di avere ricadute sul sistema economico nazionale. Nel rispetto di tale norma, il D.L. 23 dicembre 2016, n. 237, convertito con modificazioni nella legge 17 febbraio 2017, n. 15 ha previsto che il Ministero dell'economia e delle finanze, per evitare o porre rimedio ad una "grave perturbazione" dell'economia reale è autorizzato temporaneamente a concedere la garanzia dello Stato su passività di nuova emissione delle banche italiane. La normativa prevede requisiti specifici sia per gli strumenti finanziari di nuova emissione delle banche (tra i quali tasso fisso e rimborsabilità in unica soluzione) sia per la garanzia dello Stato (a prima richiesta, incondizionata ed irrevocabile), ma soprattutto prevede l'obbligo che la garanzia statale sia a titolo oneroso e quindi che la banca emittente e garantita paghi una commissione al Ministero, onde evitare di incorrere nella violazione del divieto di aiuti di Stato (si veda sul punto STELLA, *I nuovi modi di aiutare le banche (e gli investitori?) nel decreto Salva risparmio*, in *Corr. giur.*, 2017, n. 3, 301 ss.).

Prima ancora che mediante le procedure che ci apprestiamo ad esaminare, le situazioni di crisi delle banche possono essere superate attraverso operazioni di:

a) fusione o cessione della partecipazione di controllo;

b) trasferimento di attività e passività al di fuori di una procedura di risoluzione bancaria;

c) operazioni di rifinanziamento presso la Banca d'Italia o la BCE ad un tasso prestabilito, fissato periodicamente dalla Banca Centrale Europea ([3]).

L'ordinamento bancario prevede poi un sistema di gestione delle crisi diverso da quello previsto dalla legge fallimentare, attraverso alcune procedure speciali:

— amministrazione straordinaria, con la variante della gestione provvisoria;

— provvedimenti straordinari o ingiuntivi;

— **procedure di riduzione** o **conversione** di azioni o altre partecipazioni o di strumenti di capitale emessi da una banca al fine di rimediare ad uno stato di dissesto o al rischio di dissesto, secondo quanto previsto dal D.Lgs. 16 novembre 2015, n. 180 [artt. 20, comma 1, lett. *a*), 27, 28 e 52], emanato in attuazione della direttiva 2014/59/UE;

— **procedure di risoluzione** della banca, previste dal D.Lgs. 16 novembre 2015, n. 180 [artt. 20, comma 1, lett. *b*), 32 e segg.],

([3]) Gli artt. 34 ss. dello Statuto della Banca d'Italia (approvato con D.P.R. 15 febbraio 2016, in G.U. n. 84 dell'11 aprile 2016) e lo statuto del SEBC e della BCE (in GU C 83 del 30 marzo 2010), all'art. 18, prevedono che la Banca d'Italia e la BCE possano effettuare operazioni di credito con istituti creditizi.

([3]) Nell'ambito delle operazioni di finanziamento della BCE a favore si singole banche si inquadra l'esperienza delle cosiddette TLTRO (*Targeted Longer-Term Refinancing Operations*), finanziamenti a lungo termine concessi alle banche dalla BCE, anche se tali interventi, più che al superamento di una situazione di crisi della banca, erano destinati ad agevolare l'erogazione di prestiti bancari alle famiglie ed alle imprese non finanziarie (settore privato non finanziario). La disponibilità della BCE a tali tipologie di finanziamenti era stata deliberata per la prima volta dal Consiglio direttivo in data 5 giugno 2014, con previsione dell'obbligo di restituzione entro il settembre 2018, ma con facoltà di una loro restituzione anche prima, una volta decorsi 24 mesi dall'erogazione. Sono poi seguiti altri programmi analoghi a marzo 2016 ed a marzo 2019. A marzo ed a dicembre 2020, in occasione dell'emergenza COVID-19, sono state migliorate le condizioni applicate al programma TLTRO-III di marzo 2019.

comprendenti la vendita di azioni o altri titoli di partecipazione emessi dalla banca assoggettata a tale procedura, o anche di attività, diritti e passività della stessa (*sale of business*), la creazione di un ente-ponte, una persona giuridica appositamente costituita e controllata dall'Autorità di vigilanza, a cui cedere i medesimi valori (*bridge bank*), la separazione delle attività non in sofferenza dell'ente in dissesto da quelle deteriorate o in sofferenza trasferite ad un ente di nuova costituzione (*bad bank*) ovvero il ricorso al cosiddetto *bail-in*, una procedura che può comportare l'azzeramento delle partecipazioni e la conversione forzosa di parte dell'indebitamento bancario in capitale (*debt conversion*) o la decurtazione del valore nominale dei debiti (*debt write-down*) al fine di realizzare l'assorbimento delle perdite, quando ciò sia necessario per riportare il capitale regolamentare ai livelli normativamente prescritti o per rimediare ad una situazione di patrimonio netto negativo;

— liquidazione coatta amministrativa.

Tutte queste procedure sono caratterizzate da un rilevante intervento della Banca d'Italia la quale, oltre ad assumere l'iniziativa per la loro apertura, deve autorizzare gli atti più rilevanti posti in essere dagli Organi della procedura.

Va detto che queste procedure possono essere disposte anche nei confronti di succursali italiane di banche extracomunitarie.

Per quanto riguarda le succursali di banche comunitarie prevale il principio dell'*home country control* e pertanto i controlli ed i provvedimenti nei confronti della banca comunitaria o di sue succursali sono riservati all'Autorità di vigilanza del paese di origine: tuttavia in alcuni casi limitati è consentito alla Banca d'Italia di adottare provvedimenti straordinari nei confronti delle succursali italiane di banche comunitarie ovvero con riferimento ai servizi prestati in Italia.

Le procedure di amministrazione straordinaria e di liquidazione coatta amministrativa si applicano anche alle SIM, alle SICAV, alle SICAF, alle società di gestione del risparmio (SGR) italiane, alle succursali italiane di imprese di investimento comunitarie a cui sia stata revocata l'autorizzazione o di imprese di investimento extracomunitarie (art. 58 T.U. finanza), ai depositari centrali di strumenti finanziari (art. 79-*vicies* T.U. sulla finanza), alle imprese di assicurazione (art. 231 e segg. del D.Lgs. 7 settembre 2005, n. 209) ed ai fondi pensione (art. 15

del D.Lgs. 5 dicembre 2005, n. 252 che attribuisce la competenza nella gestione delle procedure di crisi esclusivamente al Ministro del lavoro ed alla COVIP).

Per gli **intermediari finanziari** di cui agli artt. 106 e segg. T.U. bancario, l'art. 113-*bis* T.U. bancario prevede una procedura analoga all'amministrazione straordinaria, con la sospensione degli organi amministrativi e di controllo e la nomina di uno o più commissari da parte della Banca d'Italia, in caso di gravi irregolarità, di gravi violazioni di disposizioni di legge, amministrative o statutarie ovvero in presenza di ragioni di urgenza.

Nel caso in cui le irregolarità o le violazioni siano eccezionalmente gravi o siano previste perdite del patrimonio di eccezionale gravità o vi sia la motivata richiesta da parte degli organi della società, l'art. 113-*ter* del T.U. bancario prevede la revoca dell'autorizzazione all'esercizio dell'attività finanziaria e, al comma 3-*bis*, la possibilità di applicare la procedura di liquidazione coatta amministrativa in caso di irregolare svolgimento della liquidazione ordinaria che consegue a detta revoca.

Le stesse procedure sono richiamate anche per gli **istituti di moneta elettronica** e per gli **istituti di pagamento** che non esercitano attività imprenditoriali diverse dall'emissione di moneta elettronica o dalla prestazione di servizi di pagamento loro consentita (artt. 114-*quinquies*.3, comma 2 e 114-*undecies*, comma 2 T.U. bancario).

Tornando alle banche, la legge 3 febbraio 2003 n. 14, all'art. 29, ha previsto l'introduzione di una disciplina armonizzata a livello europeo per la gestione delle situazioni di crisi riguardanti banche aventi succursali in più Stati membri, delegando a tal fine il Governo ad emanare uno o più decreti legislativi per dare organica attuazione alla direttiva n. 2001/24/CE, in materia di risanamento e liquidazione degli enti creditizi.

Tale direttiva, recepita in Italia col D.Lgs. 9 luglio 2004, n. 197, introduce il principio di **unità nella gestione della crisi.**

Secondo questo principio la gestione delle situazioni di difficoltà che investono banche aventi succursali in diversi paesi membri deve essere affidata all'Autorità amministrativa o giudiziaria competente del paese di origine (quella che ha rilasciato l'autorizzazione unica all'esercizio dell'attività), al fine di avviare e gestire la procedura di risanamento o di liquidazione.

Si introduce inoltre il **principio di universalità**, secondo cui viene riconosciuta efficacia automatica in tutti i paesi membri ai provvedimenti adottati per il risanamento o la liquidazione dell'ente e trova applicazione il diritto del paese comunitario che ha disposto l'apertura della procedura, con la sola eccezione delle fattispecie tassativamente elencate all'art. 95-*ter* T.U. bancario.

Si prevede poi una procedura di coordinamento e di scambio di informazioni tra Autorità giudiziaria penale e Autorità di Vigilanza (in particolare Banca d'Italia e CONSOB), con l'introduzione dell'art. 97-*bis* T.U. bancario che ha previsto uno scambio di notizie ed informazioni in riferimento ad ipotesi di responsabilità amministrativa di una banca in caso di commissione di uno dei reati previsti dal D.Lgs. 8 giugno 2001, n. 231.

La direttiva 2001/24/CE si pone in linea col riconoscimento a livello comunitario delle procedure concorsuali aperte dall'autorità competente di uno dei paesi membri, secondo lo schema già seguito dal Regolamento CE n. 1346/2000 del Consiglio del 29 maggio 2000 (4) che disciplina le procedure di insolvenza transnazionali delle imprese non bancarie.

La successiva direttiva 2014/59/UE, come già ricordato, ha istituito un quadro di risanamento e risoluzione degli enti creditizi e delle imprese di investimento ed è stata recepita in Italia con il D.Lgs. 16 novembre 2015, n. 180.

Poi il D.Lgs. 16 novembre 2015, n. 181, sempre al fine di dare attuazione alla citata direttiva 2014/59/UE, ha disciplinato i **piani di risanamento**, destinati a dare un sostegno finanziario a banche in situazione di significativo deterioramento della situazione patrimoniale e finanziaria, al fine di un suo riequilibrio ed ha inoltre apportato coerenti modifiche al T.U. bancario ed al T.U. sulla finanza.

2. Il piano di risanamento delle banche.

Al fine di prevenire situazioni di crisi, gli artt. 69-*ter* e segg. del T.U. bancario (introdotti dal D.Lgs. 16 novembre 2015, n. 181) prevedono che ciascuna banca debba dotarsi di un piano di risana-

(4) Pubblicato in *G.U.C.E.* n. 160 del 30 giugno 2000, 1.

mento individuale che preveda l'adozione di misure volte al riequilibrio della situazione patrimoniale e finanziaria per il caso di suo significativo deterioramento.

Tale obbligo è di regola escluso (salvo diversa disposizione della Banca d'Italia) per le banche appartenenti ad un gruppo bancario, in cui è la banca capogruppo a provvedere alla predisposizione del piano di risanamento anche per le società del gruppo.

Il piano di risanamento [il cui contenuto è disciplinato dall'art. 159-*bis* T.U. bancario fino all'emanazione degli appositi provvedimenti della Banca d'Italia (5), della Commissione Europea e dell'ABE] va approvato dall'organo amministrativo dell'ente creditizio e va poi sottoposto al giudizio di completezza ed adeguatezza della Banca d'Italia e questo prima dell'insorgere o del manifestarsi di una situazione di crisi.

Esso non può prevedere alcun sostegno finanziario pubblico straordinario per superare eventuali situazioni di squilibrio patrimoniale e finanziario.

La Banca d'Italia, nel valutarne la completezza e l'adeguatezza, può richiedere modifiche al piano di risanamento sottopostole, può ordinare modifiche all'attività della banca, alla sua struttura organizzativa o alla sua forma societaria o può ordinare altre misure necessarie per conseguirne le finalità.

L'Organo di vigilanza può anche promuovere un procedimento di mediazione non vincolante dinnanzi all'ABE, richiederne l'assistenza o deferire alla stessa Autorità le decisioni circa l'idoneità del piano.

Anche una volta verificato ed approvato il piano di risanamento, esso va poi sottoposto ad aggiornamenti e verifiche periodiche: ciò deve avvenire annualmente o con la più breve scadenza fissata dalla Banca d'Italia; vanno previste le condizioni e le procedure atte a garantire la

(5) La Banca d'Italia ha emanato il provvedimento 1 settembre 2020, contenente nuove disposizioni, in forza degli artt. 69-*quater*, 69-*quinquies*, 69-*decies* e 69-*undecies* del T.U.B. nonché degli artT. 55-*bis* e 55-*ter* del T.U. finanza, al fine di attuare il Regolamento delegato (UE) della Commissione Europea n. 348/2019. Il citato Regolamento, indirizzato alle autorità di vigilanza e di risoluzione, è diretto a precisare i criteri di valutazione dell'impatto del dissesto di un ente sui mercati finanziari, sugli altri enti e sulle condizioni di finanziamento. La valutazione è, a sua volta, finalizzata all'identificazione degli enti ai quali può essere concessa la possibilità di redigere piani di risanamento in forma semplificata.

tempestività dell'azione di risanamento e comunque il piano va riesaminato in caso di mutamento della struttura giuridica od organizzativa della banca.

È prevista anche la possibilità di concludere accordi, all'interno di un medesimo gruppo bancario, per assicurare sostegno finanziario tra imprese infragruppo per il caso in cui si realizzino i presupposti per un intervento precoce (di cui diremo al paragrafo 5) in capo ad una delle società del gruppo.

Il sostegno finanziario può consistere in finanziamenti, garanzie personali o reali concesse nell'interesse di una società del gruppo.

La procedura per la conclusione dell'accordo di sostegno finanziario è descritta agli artt. 69-*duodecies* e segg. T.U. bancario, inseriti dal D.Lgs. 181/2015 e presuppone che tale accordo sia autorizzato dalla Banca d'Italia, approvato dall'assemblea straordinaria di ciascuna società aderente e che poi la decisione in ordine alla sua concreta esecuzione spetti all'organo amministrativo delle società che ne sono parte.

L'approvazione di un piano di risanamento non esclude che la banca possa essere assoggettata alla procedura di risoluzione [art. 69-*quinquiesdecies*, lett. *h*) T.U. bancario].

3. L'amministrazione straordinaria.

È disciplinata dagli articoli da 70 a 75 del T.U. bancario.

La procedura di amministrazione straordinaria delle banche presenta presupposti diversi rispetto a quelle riguardanti le grandi imprese in crisi (disciplinate dal D.Lgs. 8 luglio 1999, n. 270 e, per le imprese di maggiori dimensioni, dal D.L. 23 dicembre 2003, n. 347, convertito nella legge 18 febbraio 2004, n. 39).

Tutte e tre le procedure mirano al risanamento dell'impresa in crisi, ma, mentre l'amministrazione straordinaria delle banche è finalizzata esclusivamente a questo scopo (dovendo in caso di crisi insanabile essere iniziata la procedura di liquidazione coatta), le procedure di cui al D.Lgs. 270/1999 ed al D.L. 347/2003 prevedono che, in caso di insuccesso del programma di risanamento (6), si arrivi alla dichiarazione di fallimento e quindi alla liquidazione dell'impresa, sia pur tenendo presente l'esigenza di preservare l'unità dei complessi operativi.

Quanto alla natura dell'amministrazione straordinaria delle banche, essa ha connotati pubblicistici, essendo diretta a ripristinare la legalità, ma non è una procedura concorsuale, pur essendo diretta a tutelare i depositanti ed i creditori (7).

La sua natura non concorsuale esclude l'applicazione del meccanismo del *bail-in* che vedremo a proposito delle procedure di liquidazione coatta amministrativa e di risoluzione che comportano una graduazione tra azionisti, obbligazionisti e depositanti.

I presupposti per l'apertura della procedura sono i seguenti:

1) gravi violazioni di disposizioni legislative, regolamentari o statutarie ovvero gravi irregolarità nell'amministrazione ovvero deterioramento significativo della situazione della banca o del gruppo di appartenenza, laddove la situazione non sia superabile mediante uno degli interventi della Banca d'Italia previsti all'art. 53-*bis* del T.U. bancario o mediante un piano di risanamento disciplinato dagli artt. 67-*ter* e segg. del T.U. bancario;

2) previsione di gravi perdite del patrimonio;

3) richiesta di scioglimento degli organi della banca con istanza motivata degli organi amministrativi o dell'assemblea straordinaria.

L'apertura della procedura avviene con **provvedimento** della Banca d'Italia. Tale provvedimento deve essere pubblicato per estratto nella *G.U.* e non può essere comunicato agli organi della banca se non al momento dell'insediamento dei commissari straordinari che avviene mediante redazione di sommario processo verbale.

Gli effetti dell'apertura della procedura sono:

(6) Il programma di risanamento, nella procedura di cui al D.Lgs. 270/1999, deve tendere o alla cessione entro un anno dei complessi aziendali previa prosecuzione delle attività (programma di prosecuzione) o alla ristrutturazione economica e finanziaria dell'impresa entro 2 anni (programma di risanamento vero e proprio). La procedura di cui al D.L. 347/2003 privilegia in prima battuta il secondo tipo di programma.

(7) La prevalente dottrina esclude che l'amministrazione straordinaria delle banche abbia natura di procedura concorsuale e pertanto in caso di successiva liquidazione coatta amministrativa non si producono gli effetti tipici della consecuzione di procedure (MOLLE-DESIDERIO, *Manuale di diritto bancario*, Milano, 2000, 46).

a) lo *scioglimento* degli organi amministrativi e di controllo della banca;

b) la *sospensione* dell'assemblea e degli altri organi diversi dal consiglio di amministrazione e dal collegio sindacale (la sospensione comporta che tali organi restano in vita e sono convocabili solo dal commissario straordinario).

È esclusa l'applicabilità dell'art. 2409 c.c. (denuncia di gravi irregolarità al Tribunale), considerato che, come già accennato, l'autorità titolare dei poteri di intervento in caso di gravi irregolarità non è quella giudiziaria, ma quella amministrativa e coincide con l'Autorità di vigilanza.

Così, in caso di sospetto di gravi irregolarità, è prevista solo la denuncia alla Banca d'Italia da parte dell'organo con funzioni di controllo o da parte dei soci abilitati dal codice civile o dallo statuto (art. 70, comma 7 T.U. bancario). La Banca d'Italia deciderà poi con provvedimento motivato nell'ambito di un procedimento avente natura amministrativa che nulla ha a che vedere col provvedimento di controllo giurisdizionale di cui all'art. 2409 c.c..

Una volta avviata la procedura di amministrazione straordinaria, le funzioni del consiglio di amministrazione e del collegio sindacale sono svolte dagli organi della procedura che sono:

a) uno o più (di regola tre) *commissari straordinari* che, in qualità di pubblici ufficiali (art. 72, comma 9-*bis* T.U. bancario), esercitano le funzioni degli amministratori, ma non sono sottoposti ai poteri di controllo dei titolari delle partecipazioni, potendo essere chiamati a rispondere del proprio operato solo per i casi di dolo o colpa grave e con azione promuovibile previa autorizzazione della Banca d'Italia;

b) un *comitato di sorveglianza* di 3 o 5 membri che esercita funzioni di consulenza (fornendo pareri ai commissari straordinari) e di controllo.

I commissari straordinari possono, previa autorizzazione della Banca d'Italia e sentito il comitato di sorveglianza, esercitare l'azione sociale di responsabilità contro i disciolti organi amministrativi e di controllo ed il direttore generale della banca, nonché contro il soggetto incaricato del controllo contabile o della revisione (quest'ultimo può anche essere sostituito dai commissari straordinari, previo parere del comitato di sorveglianza e previa autorizzazione della Banca d'Italia).

Pertanto, oltre agli organi straordinari nominati dalla Banca d'Italia, il controllo contabile resta in capo al revisore esterno che può semplicemente essere sostituito dai commissari straordinari previa autorizzazione della Banca d'Italia (così l'art. 72, commi 5 e 5-*bis*, non modificati dal D.Lgs. 181/2015).

Alla nomina degli organi della procedura provvede direttamente la Banca d'Italia con il provvedimento di scioglimento degli organi della banca. Entro 15 giorni dalla comunicazione della designazione i commissari straordinari provvedono a depositare il provvedimento di loro nomina per l'iscrizione presso il registro delle imprese, unitamente alla delibera del comitato di sorveglianza di scelta del presidente (8).

Gli organi della procedura debbono essere provvisti dei requisiti e dei criteri di idoneità allo svolgimento dell'incarico richiesti dall'art. 26 T.U. bancario per gli esponenti bancari, possedere le competenze necessarie per svolgere le proprie funzioni ed essere esenti da conflitti di interesse.

Laddove sussistano ragioni di urgenza, fino all'**insediamento** dei commissari straordinari, la Banca d'Italia può nominare un **commissario provvisorio** che sceglie tra i propri funzionari e che assume i medesimi poteri del commissario straordinario (art. 71, comma 5 T.U. bancario).

Le finalità della procedura ed i compiti attribuiti ai commissari sono:

— l'accertamento della situazione aziendale;

— la rimozione delle irregolarità;

— la promozione delle soluzioni utili nell'interesse dei depositanti e della sana e prudente gestione.

Il tutto avviene sotto lo stretto controllo della Banca d'Italia che è l'autorità preposta all'intera procedura, come si desume da una serie di poteri autorizzativi che la legge le riconosce per procedere al compimento di determinati atti (azione di responsabilità della banca contro

(8) Deve ritenersi che, a seguito dell'entrata in vigore della legge 24 novembre 2000, n. 340 (sulla semplificazione della Pubblica Amministrazione) che ha espressamente abrogato l'obbligo di deposito delle firme autografe di amministratori, liquidatori e sindaci nelle società disciplinate dal codice civile, non sia più necessario il deposito delle firme autografe dei commissari straordinari e del presidente del comitato di sorveglianza.

gli amministratori ed i sindaci revocati, azioni civili contro i commissari straordinari o i membri del comitato di sorveglianza, revoca o sostituzione dei commissari o dei membri del comitato di sorveglianza, autorizzazione alla sospensione dei pagamenti e della restituzione di strumenti finanziari, convocazione dell'assemblea da parte dei commissari).

La procedura in esame deve concludersi entro 1 anno dalla sua apertura, salva la possibilità di proroga annuale, anche per più volte se permangono i requisiti per il suo avvio. Il provvedimento di proroga della Banca d'Italia è pubblicato per estratto in Gazzetta Ufficiale.

L'art. 74 del T.U. bancario prevede che, qualora ricorrano **circostanze eccezionali** (9), si può **sospendere il pagamento** dei creditori e la restituzione degli strumenti finanziari e ciò per un periodo non superiore ad un mese, prorogabile di altri due (il provvedimento viene assunto dal o dai commissari straordinari, su parere del comitato di sorveglianza e previa autorizzazione della Banca d'Italia).

Esaurita l'attività di risanamento occorre procedere alla chiusura della procedura mediante la redazione del bilancio finale che deve essere approvato dalla Banca d'Italia e la ricostituzione degli organi societari che prenderanno l'azienda in consegna dai commissari straordinari. Della chiusura occorre pubblicare avviso sulla Gazzetta Ufficiale.

4. Provvedimenti straordinari.

Sono disciplinati dagli artt. 78-79 T.U. bancario e possono consistere:

— nella chiusura di succursali (sia italiane, sia di banche comunitarie che di banche extracomunitarie);

— nel divieto di intraprendere nuove operazioni.

Si discute se questi provvedimenti straordinari che vengono presi dalla Banca d'Italia siano strumentali rispetto alle procedure di crisi o se siano autonomi.

(9) La sospensione dei pagamenti può essere disposta nell'interesse dei creditori (vale a dire per tutelare la *par condicio creditorum*) ed in presenza di circostanze eccezionali, vale a dire di accadimenti ulteriori e diversi dai presupposti per l'apertura della procedura in esame (art. 74 T.U. bancario).

I presupposti sono gli stessi dell'amministrazione straordinaria, ma si connotano per la loro **minore gravità** (si noti infatti che l'art. 78 T.U. bancario prevede il caso del compimento di semplici irregolarità nell'amministrazione). Per le succursali di banche extra UE stabilite in Italia, si aggiunge il presupposto della **insufficienza di fondi**.

In caso di violazioni da parte di succursali di banche comunitarie di disposizioni relative alle succursali o alla prestazione di servizi, la Banca d'Italia può ordinare alla sede della banca la cessazione dell'irregolarità, informando l'Autorità di controllo del paese di origine. In caso di inottemperanza, di pericolo di pregiudizio per gli interessi generali o nei casi di urgenza per la tutela degli interessi dei depositanti e dei risparmiatori, la Banca d'Italia adotta direttamente i provvedimenti straordinari nei confronti della succursale, dandone comunicazione all'Autorità competente.

5. Le misure di intervento precoce della Banca d'Italia.

La Banca d'Italia può adottare misure particolari nei confronti di una banca o di una società capogruppo di un gruppo bancario, misure che sono caratterizzate dall'esigenza di porre rapido rimedio ad una situazione di irregolarità particolarmente contingente e rilevante.

Tali misure variano a seconda della situazione a cui occorre far fronte e precisamente a seconda che:

a) risultino violazioni dei requisiti richiesti per l'autorizzazione all'esercizio dell'attività bancaria o di investimento (direttiva 2013/36/UE e Titolo II della direttiva 2014/65/UE), delle regole di gestione prudenziale (regolamento UE 575/2013) o delle regole di trasparenza delle sedi di negoziazione degli strumenti finanziari e delle attività di investimento (articoli da 3 a 7, da 14 a 17 e 24, 25, 26 del regolamento UE n. 600/2014 sui mercati degli strumenti finanziari) oppure si preveda la violazione dei predetti requisiti a causa di un rapido deterioramento della situazione della banca o del gruppo;

b) risultino gravi violazioni di disposizioni legislative, regolamentari o statutarie o gravi irregolarità nell'amministrazione o, ancora, si presenti un deterioramento della situazione della banca o del gruppo bancario particolarmente significativo.

Nel primo caso (violazione dei requisiti di esercizio dell'attività bancaria o di investimento), oltre alla possibilità di richiedere alla banca di dare attuazione al piano di risanamento già adottato o di emanare provvedimenti specifici *ex* art. 53-*bis* T.U. bancario, la Banca d'Italia può chiedere alla banca o alla società capogruppo del gruppo bancario di dare attuazione anche parziale al piano di risanamento adottato o di predisporre un piano per negoziare la ristrutturazione del debito con tutti o alcuni creditori o di modificare la forma societaria.

Nel secondo caso (gravi violazioni) la Banca d'Italia può procedere alla rimozione degli esponenti aziendali (organi amministrativi, di controllo e dell'alta dirigenza) ed ordinare il rinnovo di tutti i componenti, riservandosi l'approvazione delle nuove nomine.

6. La procedura di risoluzione delle banche.

Il D.Lgs. 16 novembre 2015, n. 180, nel recepire la direttiva 2014/59/UE sul meccanismo di risanamento e risoluzione degli enti creditizi, ha introdotto una nuova procedura di gestione delle crisi bancarie che si articola secondo una progressione di provvedimenti e di rimedi variamente dimensionati, finalizzati al ripristino dell'equilibrio patrimoniale richiesto per la corretta continuazione dell'attività bancaria.

I presupposti sono l'esistenza di una situazione di **dissesto** della banca o di **rischio di dissesto** e l'inesistenza di alternative che permettano di superare tale situazione (art. 17 del D.Lgs. 180/2015).

La banca si reputa in situazione di dissesto quando risultano irregolarità nell'amministrazione o violazioni di leggi, regolamenti e dello statuto di gravità tale che giustificherebbero la revoca dell'autorizzazione all'esercizio dell'attività bancaria, vale a dire, in sostanza, l'assoggettamento a liquidazione coatta amministrativa.

Ancora, si considera esistente una situazione di dissesto o di rischio di dissesto quando emergono perdite patrimoniali nella banca di eccezionale gravità, tali da privarla del suo intero patrimonio o di una sua parte rilevante.

Si ha poi la medesima situazione quando la banca ha passività superiori alle attività o non è in grado di far fronte ai propri debiti.

Da ultimo, si considera verificata una situazione di dissesto o di rischio di dissesto quando è prevista l'erogazione di un sostegno pubblico straordinario a favore della banca per superare la crisi, a meno che detto sostegno non rientri in una delle ipotesi contemplate dall'art. 18 del D.Lgs. 180/2015 (in sostanza garanzie dello Stato su passività di nuova emissione o finanziamenti erogati nel rispetto della normativa comunitaria in materia di aiuti di Stato).

In presenza di tali presupposti due sono i possibili sbocchi della procedura in esame.

Il primo rimedio previsto mira ad una rapida eliminazione delle perdite della banca in crisi, anzitutto attraverso una riduzione del capitale sociale mediante un provvedimento della Banca d'Italia che estingue i diritti patrimoniali ed amministrativi delle azioni e, se non basta, delle obbligazioni (prima le subordinate, poi le *senior*); infine, se ancora non bastasse, si passerebbe all'estinzione dei diritti patrimoniali dei depositanti non garantiti dallo Stato.

Si tratta di un primo esito, meno grave, consistente nell'**assorbimento delle perdite** attraverso la riduzione o la conversione delle riserve, delle azioni, delle altre partecipazioni e degli strumenti di capitale emessi dalla banca in crisi fino a concorrenza delle perdite [artt. 20, comma 1, lett. *a*), 27, 28 e 52 del D.Lgs. 180/2015], con conseguente estinzione dei diritti amministrativi e patrimoniali incorporati nelle azioni ridotte.

Un secondo esito, più grave, si verifica se la misura dell'assorbimento delle perdite appena descritta risulta insufficiente a superare lo stato di dissesto o il rischio di dissesto, nel qual caso si può aprire una **procedura di risoluzione** della banca, in alternativa alla liquidazione coatta amministrativa.

La differenza tra la risoluzione della banca e la liquidazione coatta amministrativa consiste nel fatto che la prima mira alla prosecuzione dell'attività (l'art. 21 del D.Lgs. 180/2015 pone, tra gli obiettivi, la "*continuità delle funzioni essenziali*"), quale strumento per la miglior protezione della stabilità finanziaria, per il miglior contenimento degli oneri a carico delle finanze pubbliche, nonché per la tutela dei depositanti e degli investitori, mentre la seconda comporta la cessazione dell'attività bancaria in quanto l'autorizzazione al suo esercizio viene revocata.

La procedura di risoluzione viene disposta dalla Banca d'Italia previa approvazione del Ministero dell'economia e delle finanze (il cui intervento è qui condizione di efficacia del provvedimento di apertura della procedura, a differenza di quanto accade nell'amministrazione straordinaria, dove non è più previsto un suo intervento, probabilmente per gli effetti meno gravi che si producono sui risparmiatori privati).

Il provvedimento di avvio della procedura deve contenere i relativi presupposti ed un programma di superamento della crisi (*programma di risoluzione*), nel quale sono individuate le misure di risoluzione da adottare, tra quelle elencate all'art. 32 del D.Lgs. 180/2015.

Nella sostanza, quattro sono le misure di risoluzione adottabili, alternativamente o cumulativamente (art. 39 D.Lgs. 180/2015):

1) la cessione (10) di beni e rapporti giuridici della banca in crisi ad un *soggetto terzo* già esistente;

2) la cessione di beni e rapporti giuridici della banca in crisi ad un *ente-ponte* appositamente costituito, il quale ottiene un trasferimento transitorio di tali *assets*, propedeutico ad una collocazione futura dell'azienda bancaria (11);

(10) Tutte le cessioni previste nell'ambito della procedura di risoluzione sono disposte in forza di un provvedimento della Banca d'Italia che prescinde dal consenso del cedente, ma non da quello del cessionario (art. 47, comma 2 D.Lgs. 180/2015).

(11) Come accaduto col D.L. 22 novembre 2015, n. 183 (decreto salva-banche), a seguito del quale la Banca d'Italia, con provvedimenti del 22 novembre 2015, ha disposto la cessione delle aziende bancarie di 4 banche in crisi in favore, rispettivamente, di Nuova Banca delle Marche S.p.A., Nuova Cassa di Risparmio di Ferrara S.p.A., Nuova Cassa di Risparmio di Chieti S.p.A. e Nuova Banca dell'Etruria e del Lazio S.p.A. Con successivi decreti, il Ministro dell'Economia e delle Finanze ha disposto, su proposta della Banca d'Italia, la sottoposizione delle 4 banche in crisi a liquidazione coatta amministrativa, ai sensi dell'art. 38, comma 3, del D.Lgs. n. 180/2015 e degli artt. 80 e ss. del T.U. bancario. La Banca Centrale Europea ha quindi disposto, su proposta della Banca d'Italia, la revoca dell'autorizzazione all'esercizio dell'attività bancaria nei confronti delle stesse 4 banche in crisi, ai sensi degli artt. 4(1)(a) e 14(5) del Regolamento (UE) n. 1024/2013 del Consiglio, dell'art. 83 del Regolamento (UE) n. 468/2014 della Banca Centrale Europea, dell'art. 18(c), (d) e (e) della Direttiva 2013/36/UE del Parlamento Europeo e del Consiglio (CRD IV), nonché dell'art. 38, comma 3, del D.Lgs. n. 180/2015 e dell'art. 14 del D.Lgs. n. 385/1993. Il decreto salva-banche non è stato convertito in legge, ma la legge di Stabilità 2016 (legge 28 dicembre 2015, n. 208), all'art. 1, comma 845, ha salvato gli effetti prodotti e i rapporti giuridici sorti sulla base dello stesso, con conseguente permanenza della cessione delle aziende bancarie di cui si è detto e del trasferimento delle relative passività, garantendo la continuità tra vecchie e nuove banche, precisando, all'art. 1, comma 842 della legge di stabilità, la costituzione di 4 banche-ponte ai sensi dell'art. 42 del D.Lgs. 16 novembre 2015, n. 180, *"con l'obiettivo di mantenere la continuità delle*

3) la cessione di beni e rapporti giuridici della banca in crisi ad una *società veicolo*, che dovrebbe risultare destinataria solo di quelle attività che è opportuno staccare dalla più ampia cessione effettuata ad un terzo o all'ente-ponte;

4) il *bail-in* (letteralmente "garanzia interna") che consiste nello scaricare le passività della banca su azionisti e creditori non garantiti (ad esclusione quindi di depositanti protetti, di titolari di obbligazioni bancarie garantite ecc.), secondo un *ordine di priorità* che corrisponde a quello applicabile in sede concorsuale e la cui legittimità è stata confermata dalla Corte di Giustizia UE nella sentenza 19 luglio 2016 in causa C-526/14 (leggibile su *www.curia.europea.eu*).

L'ordine di attuazione del *bail-in*, ossia l'ordine col quale vengono assorbite le perdite della banca, è in sostanza il seguente, in via progressiva:

• riserve;

• capitale rappresentato da azioni, anche non computate nel capitale regolamentare, con conseguente estinzione dei relativi diritti amministrativi e patrimoniali;

• altri strumenti di capitale (come ad esempio le obbligazioni convertibili);

• obbligazioni subordinate ed altri crediti subordinati;

• strumenti di debito chirografario di secondo livello indicati dall'art. 12-*bis* T.U. bancario;

• obbligazioni *senior*, con la diversa graduazione tra le diverse sottocategorie che si esaminerà al Cap. X, paragrafo 2;

• depositi di grandi imprese ed interbancari;

funzioni essenziali precedentemente svolte dalle medesime banche" e, all'art. 1, comma 846, che "*per le obbligazioni sociali rispondono soltanto le società con il proprio patrimonio*".

Dopo una iniziale incertezza, si è precisato che, nel sistema del D.Lgs. 180/2015, il trasferimento (*ex* art. 43) all'ente ponte delle attività/passività dell'ente in risoluzione esclude che l'ente ponte (e la banca che l'ha successivamente incorporato) possa essere chiamato a rispondere delle azioni risarcitorie promosse dagli azionisti della banca in risoluzione per condotte inadempienti dell'emittente antecedenti rispetto al conferimento (App. Milano, Sez. Specializzata in materia di imprese, 28 febbraio 2019, n. 917, in *DeJure*, Giuffrè, secondo la quale è preclusa la possibilità di far valere in giudizio nei confronti della nuova banca qualunque pretesa risarcitoria legata a una precedente condotta illecita della vecchia banca).

- depositi di importo unitario superiore a 100.000 euro intestati a persone fisiche, microimprese, piccole e medie imprese;
- le somme dovute a fondi di garanzia che siano intervenuti per pagare i depositanti garantiti.

Restano esclusi dall'applicazione del meccanismo del *bail-in* le passività indicate all'art. 49 del D.Lgs. 180/2015, tra le quali i depositi protetti, le passività garantite (in particolare le obbligazioni garantite), le disponibilità facenti parte di patrimoni separati o di rapporti fiduciari riconducibili alla clientela, passività interbancarie con durata originaria inferiore a 7 giorni, le passività derivanti da sistemi di pagamento con durata residua inferiore a 7 giorni ed i debiti verso dipendenti, fornitori e fisco se privilegiati nelle procedure concorsuali ordinarie.

Come si vede, i depositanti sono preferiti rispetto agli obbligazionisti, senior o junior che siano, con una graduazione progressiva che parte dalla massima protezione per i depositanti entro la soglia di € 100.000 per ogni intestatario (**depositi protetti**, esclusi dal *bail-in*), passa poi alla protezione intermedia per depositanti oltre soglia che siano persone fisiche, microimprese, piccole e medie imprese (***depositor preference***) ed arriva infine ai depositanti *corporate* o interbancari (***depositor preference* estesa**) (12).

In sostanza, scopo della normativa è garantire che l'assorbimento delle perdite e la ricapitalizzazione delle banche avvengano con mezzi privati, qualora esse incorrano in difficoltà finanziarie e siano successivamente sottoposte a risoluzione.

Questa esigenza è stata accentuata con la Direttiva (UE) 2019/879 del Parlamento europeo e del Consiglio del 20 maggio 2019 (BRRD II) che modifica la direttiva 2014/59/UE e col Regolamento (UE) 2019/877 del Parlamento europeo e del Consiglio del 20 maggio 2019 (SRM II) che modifica il Regolamento (UE) n. 806/2014 (Regolamento sul meccanismo di risoluzione unico - SRMR).

(12) In sostanza, la *depositor preference oltre soglia* e la *depositor preference estesa* si traducono negli ultimi due gradi nella scala dei privilegi, immediatamente prima del rango chirografario. Il privilegio della *depositor preference estesa* si applica però solo nell'ambito delle procedure di liquidazione coatta amministrativa e di risoluzione iniziate dopo il 1° gennaio 2019 (art. 3, comma 9 del D.Lgs. 181/2015).

La procedura di risoluzione costituisce una vera e propria procedura concorsuale, perché comporta lo spossessamento degli organi della banca, con eventuale nomina di *commissari speciali* (che hanno il compito di attuare gli atti previsti nel programma di risoluzione), distribuisce le perdite in modo uniforme tra gli azionisti e le varie categorie di creditori (secondo il meccanismo del cosiddetto *burden sharing*), con un criterio che tutela la *par condicio creditorum*, assicura un trattamento non peggiore (*no worse creditor off*) di quello che sarebbe stato applicato in caso di liquidazione coatta amministrativa o di altra analoga procedura [art. 52, comma 2, lett. *b*) D.Lgs. 180/2015]. In caso poi di accertamento giudiziale dello **stato di insolvenza**, si estende alla procedura in esame la disciplina degli effetti degli atti pregiudizievoli ai creditori (tranne che per la revocabilità dei pagamenti, che resta esclusa) e quella penale prevista dalla legge fallimentare (art. 36 D.Lgs. 180/2015) ([13]).

7. La liquidazione coatta amministrativa.

È la più grave delle procedure previste dal T.U. bancario e viene disciplinata dagli articoli da 80 a 95.

Sappiamo che la liquidazione coatta amministrativa viene disposta nei casi espressamente previsti dalla legge, in quanto normalmente, al verificarsi dei relativi presupposti, dovrebbe seguire la dichiarazione di fallimento (sostituito dalla liquidazione giudiziale una volta che sarà entrato in vigore il Codice della crisi d'impresa e dell'insolvenza).

Per quanto riguarda le procedure concorsuali ordinarie, vale il principio secondo cui, quando la legge prevede la liquidazione coatta amministrativa, è di regola esclusa la dichiarazione di fallimento (art. 2, comma 2 L. fall., cui corrisponde l'art. 295, comma 1 del CCII), salvo che la legge disponga diversamente; in quest'ultimo caso (concorso di fallimento e l.c.a.) prevale la procedura dichiarata per prima (art. 196 L. fall. cui corrisponde l'art. 295, comma 2 del CCII).

Nel caso delle banche (così come nei casi delle imprese di assicurazione, delle imprese di investimento, delle cooperative non svolgenti

([13]) INZITARI, *BRRD, bail in, risoluzione della banca in dissesto, condivisione concorsuale delle perdite (d.lgs. 180/2015), in Riv. dir. bancario, www.dirittobancario.it, n. 5/2016.*

attività commerciale e dei loro consorzi) è prevista solo la liquidazione coatta amministrativa con esclusione del fallimento (art. 80, comma 6 T.U. bancario).

Ad essa si applicano le disposizioni del T.U. bancario e, per quanto non espressamente previsto, le disposizioni del CCII (una volta entrate in vigore) ove compatibili e sempre che la procedura sia aperta per effetto di domande depositate o di iniziative comunque esercitate successivamente alla data di entrata in vigore del D.Lgs. 12 gennaio 2019, n. 14.

Per le procedura disposte in precedenza e comunque fino all'entrata in vigore del CCII, si applicano le disposizioni della legge fallimentare.

A ben vedere non vi sono sostanziali differenze tra vecchia e nuova disciplina concorsuale nelle norme richiamate in ordine allo svolgimento ed agli effetti della procedura in esame.

L'apertura della procedura viene disposta con **decreto** del Ministro dell'economia e delle finanze su proposta della Banca d'Italia. Il decreto è pubblicato per estratto nella Gazzetta Ufficiale della Repubblica italiana, ma i relativi effetti decorrono dalla data di emanazione.

I **presupposti** sono gli stessi previsti per la procedura di risoluzione (banca in dissesto o a rischio di dissesto ed impossibilità di prospettare ragionevolmente misure alternative idonee al superamento di tale situazione), laddove non sussista l'interesse pubblico ad avviare una procedura di risoluzione (artt. 17, 20 e 21 del D. Lgs. 180/2015)..

Anche in questo caso la procedura può essere avviata su **richiesta motivata** dell'organo amministrativo, dell'assemblea straordinaria, dei commissari straordinari (se risulta in corso una procedura di amministrazione straordinaria) o dei liquidatori (se è in corso la liquidazione ordinaria).

Nel caso in cui la banca si trovi in stato di insolvenza, su richiesta di uno o più creditori, su istanza del pubblico ministero o d'ufficio (eccezionalmente rispetto alla legge fallimentare ed al CCII che non contemplano la possibilità di una iniziativa officiosa), il tribunale del luogo in cui essa ha la *sede legale* (ovvero il *centro degli interessi principali* dopo l'entrata in vigore del CCII), dichiara lo stato di insolvenza (il che può avvenire prima dell'apertura della liquidazione coatta amministrativa, ma anche dopo). Da quel momento diventano applicabili le norme relative alla **revocatoria fallimentare** ed ai **reati della crisi di impresa**.

A seguito della dichiarazione giudiziale dello stato di insolvenza, che va comunicata alla competente autorità bancaria, diviene obbligatorio procedere all'apertura della procedura di liquidazione coatta amministrativa (se non ancora disposta) ovvero della procedura di risoluzione se ne sussistano i presupposti.

In conseguenza dell'apertura della procedura di liquidazione coatta amministrativa viene disposta la **revoca** dell'autorizzazione all'esercizio dell'attività bancaria, la quale è di competenza della BCE, su proposta della Banca d'Italia, ai sensi dell'art. 18, lett. c), d) ed e) della Direttiva 2013/36/EU e dell'art. 14, comma 3-*ter* del T.U. bancario.

Anche le succursali di banche extracomunitarie possono essere assoggettate alla procedura in esame e la Banca d'Italia informa dell'apertura della procedura le autorità di vigilanza degli Stati comunitari che ospitano succursali della banca terza interessata (artt. 95 e 77, comma 1-*bis* T.U. bancario).

L'effetto più immediato dell'apertura di una procedura di liquidazione coatta amministrativa è la **cessazione delle funzioni** degli organi amministrativi, di controllo ed assembleari.

Gli organi amministrativi e di controllo vengono sostituiti dagli organi della procedura che sono:

a) uno o più (di regola tre) *commissari liquidatori* che sono pubblici ufficiali e diventano i legali rappresentanti della banca sottoposta alla procedura in esame (si noti che possono essere nominati anche società o altri enti);

b) il *comitato di sorveglianza* che ha funzioni consultive e di controllo del regolare svolgimento della procedura, il quale nomina, a maggioranza di voti, il proprio presidente.

Alla nomina degli organi della procedura provvede la Banca d'Italia con provvedimento che viene pubblicato per estratto sul sito web della Banca d'Italia. Successivamente, entro 15 giorni dalla comunicazione della nomina, i commissari liquidatori depositano per l'iscrizione presso il registro delle imprese il provvedimento di nomina, unitamente alla delibera del comitato di sorveglianza di nomina del proprio presidente.

Gli effetti della procedura sono disciplinati dall'art. 83 del T.U. bancario: il più importante è costituito dalla sospensione di tutti i pagamenti e delle restituzioni di beni a terzi a decorrere dal 6° giorno lavorativo successivo alla data di emanazione del provvedimento di apertura della procedura o comunque dalla data di insediamento degli organi della procedura.

Sempre dal 6° giorno lavorativo successivo all'apertura della procedura, si applicano:

— le norme in tema di spossessamento dell'imprenditore dal proprio patrimonio, inefficacia degli atti compiuti, inefficacia delle formalità eseguite per rendere gli atti opponibili ai terzi ed azione revocatoria ordinaria;

— il divieto di azioni esecutive e cautelari individuali;

— le norme relative agli effetti sui rapporti giuridici pendenti, con la conseguenza che si scioglieranno molti dei rapporti giuridici in essere al momento dell'apertura della procedura (si pensi a tutti i rapporti di conto corrente e di mandato all'incasso, soggetti ad automatico scioglimento), a meno che, come diremo, non sia disposta la continuazione dell'esercizio dell'impresa, nel qual caso i rapporti giuridici preesistenti proseguono (art. 90, comma 3 T.U. bancario).

Nell'ambito della procedura in esame, i creditori non possono compensare i propri crediti nei confronti della banca con i loro debiti verso la stessa, a meno che gli effetti della compensazione non siano stati fatti valere da una delle parti prima che sia disposta la liquidazione coatta amministrativa (art. 83, comma 3-*bis* T.U. bancario).

La compensazione opera invece regolarmente se prevista da un contratto di garanzia finanziaria di cui al D. Lgs. 21 maggio 2004, n. 170, da un accordo di *netting*, come definito dall'art. 1, comma 1, lett. a) del D. Lgs. 16 novembre 2015, n. 180 (cioè un accordo che, sostanzialmente, legittimi le parti a tradurre in un unico credito i loro reciproci rapporti) o da un accordo di compensazione ai sensi dell'art. 1252 c.c. (compensazione volontaria).

A seguito dell'apertura della procedura di liquidazione coatta amministrativa si apre la fase di **accertamento del passivo** (art. 86 T.U. bancario), il quale, una volta formato, va **presentato** alla Banca d'Italia e **depositato** alla Cancelleria del Tribunale nella cui circoscrizione la banca ha la propria sede legale (ovvero, dalla data di applicazione del CCII, il centro degli interessi principali).

A differenza di quanto accade nel fallimento, ove sono i creditori a dover prendere l'iniziativa per far riconoscere i propri crediti dalla procedura mediante domanda (giudiziale) di ammissione allo stato passivo, nella liquidazione coatta amministrativa sono i commissari liquidatori a prendere l'iniziativa per comunicare l'ammontare dei crediti spettanti ai creditori. I creditori possono contestare l'ammontare del credito loro comunicato (con una comunicazione da inviare agli stessi commissari) e, nel caso in cui la contestazione non venga accolta, possono proporre opposizione allo stato passivo all'Autorità giudiziaria. L'accertamento del passivo si svolge quindi nell'ambito di una procedura di tipo amministrativo che solo eventualmente (in caso di opposizione allo stato passivo) sfocia in un procedimento giurisdizionale.

All'accertamento del passivo segue la **liquidazione** dell'attivo, la quale può avvenire previo parere favorevole del Comitato di sorveglianza e previa autorizzazione della Banca d'Italia mediante:

— cessione di attività e passività;

— cessione dell'azienda o di suoi rami;

— cessione di beni e rapporti giuridici in blocco.

I commissari liquidatori possono poi esercitare l'azione di responsabilità nei confronti dei vecchi membri dell'organo amministrativo, di controllo e del direttore generale, nonché contro il soggetto incaricato del controllo contabile o della revisione o contro la società che esercita attività di direzione e coordinamento; tale azione può essere esercitata dopo aver sentito il comitato di sorveglianza e previa autorizzazione della Banca d'Italia (art. 84, comma 5 T.U. bancario).

Una volta liquidato l'attivo, i commissari liquidatori procedono alla **ripartizione** di quanto realizzato nonché alla restituzione dei beni e degli strumenti finanziari. La ripartizione dell'attivo, indicata dall'art. 91, comma 1-*bis* T.U. bancario, rispetta l'ordine di attuazione del *bail-in* che si è vista al precedente paragrafo 6.

Previa autorizzazione della Banca d'Italia e con le cautele stabilite dal comitato di sorveglianza, può essere disposto l'**esercizio provvisorio** dell'impresa quando ciò sia funzionale alla miglior realizzazione dell'attivo.

Qualora la continuazione dell'esercizio dell'impresa sia disposta **entro i 3 giorni dall'apertura della procedura**, non si sciolgono i rapporti giuridici preesistenti (art. 90, comma 3 T.U. bancario).

È prevista la possibilità di proporre un **concordato** ai creditori nel corso della procedura. La proposta di concordato può essere presentata dai commissari o dall'assemblea straordinaria che può prendere questa sola delibera, risultandone per il resto cessate le funzioni.

La proposta deve essere **autorizzata** dalla Banca d'Italia, previa parere del comitato di sorveglianza.

La proposta va presentata al Tribunale del luogo ove la banca ha la propria sede (ovvero, dalla data di applicazione del CCII, il centro degli interessi principali) e deve prevedere:

— l'integrale pagamento dei creditori privilegiati;

— la percentuale offerta ai creditori chirografari;

— il tempo dei pagamenti e le garanzie offerte (le garanzie possono anche essere rappresentate dal patrimonio di un assuntore del concordato che può a sua volta liberare o non liberare la banca concordataria).

Entro 30 gg. dal deposito in Cancelleria, qualsiasi interessato può proporre opposizione.

Il Tribunale decide sulla proposta di concordato con **decreto motivato** valutate le opposizioni ed il parere della Banca d'Italia sulle stesse.

Approvato ed eseguito il concordato, i commissari liquidatori convocano l'assemblea della banca per deliberare la modifica dell'oggetto sociale in relazione alla revoca dell'autorizzazione bancaria. Ove non abbia luogo la modifica dell'oggetto sociale, i commissari procedono agli adempimenti per la cancellazione della società ed il deposito dei libri sociali, dovendo la società giungere alla liquidazione ed alla cancellazione dal registro delle imprese (art. 94, comma 2 T.U. bancario).

Ai sensi dell'art. 92 T.U. bancario, una volta realizzato l'attivo a seguito di liquidazione, i commissari liquidatori provvedono:

— a redigere il bilancio finale di liquidazione;

— a redigere il rendiconto finanziario;

— a redigere il piano di riparto;

— a presentare una relazione della procedura alla Banca d'Italia.

Analoga relazione viene presentata anche dal comitato di sorveglianza.

8. Sistemi di garanzia dei depositi.

Tutte le banche che raccolgono depositi e tutte le succursali italiane di banche extra UE che non dispongono di un sistema di tutela equivalente (con riferimento al livello ed all'ambito di copertura oggi fissato dal D.Lgs. 15 febbraio 2016, n. 30) debbono aderire ad uno dei sistemi di garanzia dei depositanti istituiti e riconosciuti in Italia.

I sistemi di garanzia sono regolati dal diritto privato e costituiscono una sorta di consorzi privati tra imprese bancarie riconosciuti dalla Banca d'Italia (che ne approva gli statuti) cui debbono aderire obbligatoriamente le banche di cui si è detto (pena la revoca dell'autorizzazione bancaria).

Per le succursali italiane di banche comunitarie la partecipazione è solo eventuale, ad integrazione dei sistemi di garanzia previsti nel paese di origine.

L'introduzione di un vero e proprio obbligo di adesione a siffatti sistemi è derivato dal D.Lgs. 4 dicembre 1996, n. 659, di recepimento della direttiva CE 94/19 del 30 maggio 1994.

Successivamente è stata emanata la direttiva 2014/49/UE del Parlamento europeo e del Consiglio del 16 aprile 2014 che prevede l'abrogazione della direttiva 94/19/CE dal 4 luglio 2019 ed è stata attuata in Italia con D.Lgs. 15 febbraio 2016, n. 30.

I cardini della nuova normativa sono essenzialmente costituiti dalla fissazione di una dotazione finanziaria minima dei sistemi di garanzia (almeno lo 0,8% dell'importo dei depositi protetti), dalla determinazione delle modalità di finanziamento degli stessi (distinguendo tra contributi ordinari annuali che debbono essere versati dalle banche aderenti e contributi straordinari da versare in caso di insufficienza della dotazione finanziaria), dalla fissazione dell'ammontare massimo, dei casi e delle modalità dei rimborsi.

Il sistema garantisce la restituzione dei depositi a favore dei risparmiatori in caso di liquidazione coatta amministrativa della banca depositaria.

La garanzia opera a favore dei depositanti delle banche italiane (incluse le loro succursali comunitarie e, se previsto dallo statuto, le loro succursali extracomunitarie), delle succursali italiane di banche extracomunitarie che non abbiano aderito ad un sistema di garanzia equivalente e delle succursali italiane di banche comunitarie che abbiano aderito in via integrativa, sempre che sia intervenuto il sistema di garanzia dello Stato di appartenenza.

I sistemi di garanzia contribuiscono poi al finanziamento della risoluzione delle banche italiane e delle succursali italiane di banche extracomunitarie secondo le modalità e nei limiti di cui al già visto D.Lgs. 180/2015 ovvero per superare lo stato di dissesto.

Ancora, i sistemi di garanzia possono intervenire in operazioni di cessione di attività, passività, aziende, rami d'azienda, beni e rapporti giuridici individuabili in blocco, se ciò sia previsto dallo statuto e se il costo dell'intervento non superi l'ammontare del rimborso dei depositi protetti.

Non tutti i crediti derivanti da depositi sono garantiti, ma solo quelli relativi a depositi effettuati da contraenti deboli e riguardanti fondi acquisiti dalle banche con obbligo di restituzione (esclusi quelli elencati all'art. 96-*bis*.1, comma 2 del T.U. bancario ([14]) e le somme costituenti la provvista degli assegni circolari o di altri titoli ad essi assimilabili.

Il limite di rimborso (da liquidarsi entro 7 giorni lavorativi ([15]) per ciascun depositante è pari ad € 100.000,00, limite soggetto a revisione da parte della Commissione europea almeno ogni 5 anni, sulla base del tasso di inflazione dell'Unione europea.

I sistemi di garanzia sono soggetti al controllo della Banca d'Italia la quale:

([14]) La norma è stata introdotta dal D.Lgs. 30/2016 ed esclude dal rimborso: i depositi effettuati per conto proprio da controparti qualificate (banche, enti finanziari, imprese di investimento, imprese di assicurazione e di riassicurazione, organismi di investimento collettivo del risparmio, fondi pensione ed enti pubblici). Sono del pari esclusi dal rimborso i fondi propri di un ente creditizio, i depositi derivanti da reati di riciclaggio (art. 648-*bis* c.p.) e da impiego di denaro o altre attività di provenienza illecita (art. 648-*ter* c.p.), i depositi i cui titolari non siano stati *identificati* ai sensi della normativa antiriciclaggio e le obbligazioni o i crediti derivanti da accettazioni, pagherò cambiari o operazioni in titoli.

([15]) Il termine di 7 giorni si applica a partire dal 1° gennaio 2024. Fino al 31 dicembre 2018 il termine era di 20 giorni; fino al 31 dicembre 2020 è di 15 giorni e fino al 31 dicembre 2023 è di 10 giorni (sempre lavorativi).

— riconosce i vari sistemi di garanzia, approvandone gli statuti;

— vigila sul rispetto della normativa di settore, ricevendo annualmente una relazione sull'attività svolta da ciascun sistema di garanzia nell'anno trascorso e sul piano delle attività predisposte per l'anno successivo;

— verifica che i sistemi di garanzia cui aderiscono le banche extra UE aventi succursali in Italia siano equivalenti a quelli italiani;

— coordina con le Autorità di vigilanza dei paesi membri le procedure di adesione delle succursali di banche comunitarie ad un sistema di garanzia italiano o sulla loro esclusione;

— approva, assieme alle Autorità di vigilanza degli Stati membri interessati, l'istituzione di sistemi di garanzia transfrontalieri o la fusione tra sistemi di garanzia aventi sedi in paesi membri diversi, partecipando poi alla vigilanza su di essi;

— informa i sistemi di garanzia se una banca aderente presenta criticità tali da poter determinare l'attivazione del sistema;

— può emanare disposizioni attuative delle norme di settore.

In caso di inadempimenti di eccezionale gravità le banche possono essere escluse dai sistemi di garanzia con comunicazione dello stesso sistema di appartenenza, all'esito di una procedura amministrativa che garantisce il contradditorio, attivata previo assenso della Banca d'Italia (art. 96-*quater* T.U. bancario).

L'esclusione da un sistema di garanzia comporta la revoca dell'autorizzazione all'attività bancaria.

La Banca è obbligata ad includere nelle informazioni da fornire alla clientela ai fini della trasparenza bancaria le notizie relative all'individuazione del sistema di garanzia, alla sua operatività ed alle esclusioni dalla tutela, inserendo anche nelle comunicazioni periodiche relative ai contratti di deposito la conferma che il deposito è ammesso al rimborso e l'indirizzo del sito web del sistema di garanzia prescelto (art. 3 del D.Lgs. 30/2016).

9. La crisi dei gruppi bancari.

La disciplina della crisi dei gruppi bancari (artt. 98 e segg. T.U. bancario) è fortemente influenzata dai profondi legami esistenti tra le varie società del gruppo e soprattutto dalla rilevanza, a livello di vigilanza consolidata, di questi legami.

Così la capogruppo può essere sottoposta ad amministrazione straordinaria non solo per fatti inerenti alla propria situazione gestionale e patrimoniale (l'art. 98 richiama l'art. 70 T.U. bancario), ma anche:

— per gravi inadempienze nell'attività di **direzione e coordinamento** della altre società del gruppo;

— in caso di **una grave alterazione dell'equilibrio finanziario o gestionale del gruppo** stesso a seguito dell'apertura, a carico di altra società del gruppo, di una procedura concorsuale, di un'altra analoga procedura prevista da leggi speciali, nonché quando sia nominato un amministratore giudiziario nell'ambito di una procedura di denuncia al Tribunale di gravi irregolarità nella gestione.

Nel caso in cui la violazione dei compiti di **indirizzo e coordinamento** risulti di eccezionale gravità o nel caso in cui ricorrano i presupposti di cui all'art. 80 T.U. bancario, la capogruppo può essere assoggettata a **liquidazione coatta amministrativa**.

Anche lo svolgimento delle procedure è caratterizzata dal collegamento esistente tra le società del gruppo: così i commissari possono revocare o sostituire gli amministratori delle diverse società del gruppo, chiedere l'accertamento giudiziale dello stato di insolvenza delle società del gruppo e annualmente redigono una relazione sulla situazione contabile della capogruppo che deve essere corredata da notizie sulle altre società del gruppo e che va depositata presso l'ufficio del registro delle imprese. Tale relazione è accompagnata da un rapporto del comitato di sorveglianza e può essere sottoposta a forme di pubblicità integrative rispetto all'iscrizione nel registro delle imprese secondo quanto prescritto dalla Banca d'Italia.

È previsto un prolungamento del periodo sospetto per la revocabilità degli atti posti in essere tra società dello stesso gruppo bancario (5 e 3 anni rispettivamente per le ipotesi di revocabilità degli atti posti in essere nell'anno e nei sei mesi antecedenti l'apertura della procedura concorsuale).

Resta però l'autonomia giuridica tra le varie società del gruppo e di conseguenza una procedura concorsuale può essere avviata solo per fatti propri della società da sottoporre a procedura e non per fatti riferiti ad altre società del gruppo (tranne il caso in cui possa ravvisarsi una grave alterazione dell'equilibrio finanziario o gestionale del gruppo).

Laddove la crisi investa una società del gruppo valgono i seguenti principi:

a) si applicano le procedure bancarie anche nei confronti di società non bancarie (che sarebbero normalmente assoggettate alle procedure concorsuali ordinarie ([16]) laddove alla **crisi** della società del gruppo si accompagni quella **della capogruppo** che sia sottoposta a procedura di amministrazione straordinaria o a liquidazione coatta amministrativa; in questo caso, laddove la società del gruppo sia già sottoposta ad amministrazione giudiziaria nell'ambito di una procedura di denuncia al Tribunale di gravi irregolarità nella gestione, questa procedura **si converte** in amministrazione straordinaria; laddove invece la società del gruppo sia sottoposta a fallimento (liquidazione giudiziale a seguito dell'entrata in vigore del CCII) o a liquidazione coatta amministrativa queste procedure **si convertono** in liquidazione coatta amministrativa bancaria;

b) si applicano le procedure ordinarie laddove non vi sia una situazione di dissesto della capogruppo, ma in questo caso l'avvio della procedura va comunicato immediatamente alla Banca d'Italia (da parte dell'Autorità giudiziaria o amministrativa che ha dichiarato l'apertura della procedura), così come tutte le circostanze rilevanti (a cura questa volta dell'Autorità che vigila sulla procedura).

Per le azioni revocatorie fallimentari nonché per tutte le controversie tra società del gruppo è competente il Tribunale del luogo in cui ha sede legale la società capogruppo (ovvero, dalla data di applicazione del CCII, il centro degli interessi principali).

([16]) Ferro-Luzzi Castaldi, *La nuova legge bancaria*, III, Milano, 1996, 1769.

CAPITOLO X

I CONTRATTI BANCARI PER LA RACCOLTA DEL RISPARMIO

1. La categoria dei contratti bancari.

L'introduzione di una disciplina organica e compiuta dei contratti bancari avviene per la prima volta con l'entrata in vigore del codice civile del 1942 che, agli artt. 1834-1860 c.c., ne regolamenta i principali tipi i quali già da tempo godevano di un'indiscussa tipicità sociale, ma erano regolamentati quasi esclusivamente dagli usi mercantili (1) e dalle condizioni predisposte dalle stesse banche.

Avendo il codice civile elaborato una disciplina specificamente dedicata ai contratti bancari, ci si domandava se tale regolamentazione fosse riservata a quelle operazioni che tali erano per la semplice presenza di una banca oppure a tutte le operazioni definibili come bancarie per il loro particolare contenuto, indipendentemente dalla presenza, tra le parti contraenti, della banca.

Il problema ha condotto all'elaborazione di due tesi contrapposte:

a) la **teoria oggettiva**, secondo la quale, per individuare la nozione di contratto bancario, occorre fare riferimento al contenuto oggettivo ed intrinseco dello stesso, nel senso che un contratto può essere qualificato come bancario quando ha per oggetto prestazioni connesse

(1) Si tratta della cosiddetta *lex mercatoria*, rappresentata dai quei comportamenti uniformemente tenuti nei rapporti commerciali internazionali divenuti di generale osservanza (si veda GALGANO, *Diritto civile e commerciale*, Padova, 1993, I, 75 ss.).

allo svolgimento dell'attività bancaria e quindi concretizzantesi in operazioni di concessione di credito sotto qualsiasi forma o di raccolta di risparmio (2);

b) la **teoria soggettiva**, secondo cui è proprio la partecipazione del soggetto banca a qualificare come bancario un determinato contratto (3).

Oggi ci pare che la soluzione del problema passi attraverso la considerazione che la qualificazione dei contratti bancari non può più limitarsi alle tipiche operazione disciplinate dagli artt. 1834 ss. c.c. o al conto corrente bancario (contratto, come vedremo, atipico, ma ormai divenuto socialmente tipico nei rapporti bancari): infatti l'entrata in vigore del T.U. bancario ha consentito alle banche non solo la tradizionale attività di intermediazione nella circolazione del denaro, consistente nella raccolta del risparmio tra il pubblico (cui è riconducibile il deposito bancario) e nella erogazione del credito (cui sono riconducibili, sia pure con connotazioni diverse, i contratti di apertura di credito, anticipazione bancaria e sconto descritti nel codice civile), ma anche lo svolgimento di qualsiasi altra attività finanziaria. Tra queste sono ricomprese le attività ammesse al mutuo riconoscimento, quella di assunzione di partecipazioni (art. 10, comma 3 ed art. 1, comma 2, lett. *f*), T.U. bancario). Sono inoltre consentite le attività connesse o strumentali a quella finanziaria.

Un primo criterio per cercare di delimitare la materia dei contratti bancari potrebbe allora consistere nel circoscrivere l'oggetto dei con-

(2) MESSINEO, *Caratteri giuridici comuni, concetto e classificazioni dei contratti bancari*, in *Banca, borsa, tit. cred.*, 1960, I, 343, 344; in giurisprudenza: Cass., 25 gennaio 1961, n. 109, in *Foro it.*, 1961, I, 1719; analogamente Trib. Bologna, 10 marzo 1961, in *Riv. dir. comm.*, 1961, 240 ss. Recentemente Trib. Verona, ordinanza 22 ottobre 2020, in *www.ilcaso.it*, ha escluso che la fideiussione prestata a favore di una banca a garanzia di un rapporto bancario possa qualificarsi come contratto bancario, atteso che il fideiussore è terzo rispetto al rapporto di credito (come chiarito da Cass. 28 febbraio 2019, n. 5833), non essendo cliente della banca e trattandosi di soggetto diverso da quello che fruisce del credito concesso dalla banca stessa (correntista, mutuatario, etc.).

(3) MINERVINI, *Banca, attività bancaria, contratti bancari*, in *Banca, borsa, tit. cred.*, 1962, I, 320 ss. Un'applicazione della teoria soggettiva può ravvisarsi nel procedimento davanti all'ABF (che abbiamo esaminato al Cap. VIII, Paragrafo 11), al quale possono essere sottoposte le controversie relative a servizi bancari, per tali intendendosi quelli resi da banche, in base ad un criterio determinativo della sua competenza fondato sulla sola qualità soggettiva di una delle parti.

tratti bancari alle sole attività disciplinata dal T.U. bancario, distinguendo quindi l'attività bancaria tipica (art. 10 T.U. bancario) e le altre attività finanziarie previste dagli artt. 106 e segg. T.U. bancario dall'attività di intermediazione mobiliare (comprendente in particolare i contratti di investimento).

Potremmo quindi escludere dal novero dei contratti bancari i negozi aventi al oggetto la prestazione dei servizi disciplinati dal T.U. sulla finanza (D.Lgs. 58/1998), ancorché le banche siano oggi legittimate a prestare servizi di investimento in presenza di una specifica autorizzazione. In tal caso la partecipazione di un soggetto bancario come parte del rapporto contrattuale non basterebbe per qualificare il negozio come contratto bancario, in quanto il suo oggetto è diverso da quello della tipica attività bancaria o finanziaria disciplinata dal T.U. bancario.

Avremmo così delimitato la categoria dei contratti bancari riducendola a quelli aventi ad oggetto un'attività prevista e disciplinata dal T.U. bancario. Anche in questo caso però è opportuno tenere conto del fatto che il T.U. bancario distingue tra servizi bancari e servizi finanziari, prevedendo che i servizi finanziari possano essere prestati anche da intermediari finanziari di vario genere.

Potremmo quindi concludere che l'elemento oggettivo è utile per escludere che possano rientrare nella nozione di contratto bancario negozi che hanno ad oggetto servizi non previsti dal T.U. bancario, ma, all'interno della categoria dei contratti aventi ad oggetto attività disciplinate dal T.U. bancario, resta elemento caratterizzante la presenza, come parte, di una banca.

Ciò porta comunque a sottolineare che la nozione di contratto bancario si estende oltre le figure previste dal codice civile, per ricomprendere qualsiasi contratto avente ad oggetto la prestazione di servizi bancari o finanziari, a condizione che di esso sia parte una banca.

2. Le varie forme di raccolta bancaria del risparmio tra il pubblico: le obbligazioni bancarie.

Abbiamo già esaminato (al Capitolo II) cosa si intende per attività di raccolta del risparmio tra il pubblico. Ora dobbiamo più specificamente occuparci dei principali strumenti attraverso i quali tale attività può essere svolta, partendo dall'esame delle obbligazioni bancarie.

In generale le obbligazioni costituiscono titoli di credito a reddito fisso o variabile emessi in massa (4), nominativi o al portatore, i quali incorporano un diritto di credito pecuniario verso la società emittente alla restituzione di un prestito a quest'ultima erogato ed al pagamento degli interessi pattuiti, il tutto alle scadenze stabilite (scadenze che possono coincidere per capitale ed interessi nelle cosiddette obbligazioni *zero coupon* ovvero essere diverse per l'uno e gli altri quando l'obbligazione prevede il pagamento di cedole periodiche). Si tratta di titoli a medio o lungo termine, cioè con scadenza non inferiore a 18 mesi.

Con l'affermarsi del modello di banca universale tutte le banche hanno acquisito la possibilità di erogare credito sotto qualsiasi forma e conseguentemente anche quella di approvvigionarsi mediante l'utilizzo di tutti gli strumenti di raccolta del risparmio previsti dalla legge (tranne, per ora, quello delle cambiali finanziarie).

Così tutte le banche hanno la possibilità di emettere obbligazioni, senza le limitazioni quantitative che sono proprie delle società non bancarie, considerato che l'emissione di obbligazioni rientra nella tipica attività di raccolta del risparmio presso il pubblico.

Le Istruzioni di vigilanza (Tit. V, Cap. III, Sez. II della circolare della Banca d'Italia del 21 aprile 1999, n. 229) disciplinano l'emissione delle obbligazioni bancarie, prevedendo una serie di disposizioni volte a fissare:

1) il taglio minimo dell'emissione;

2) il contenuto delle obbligazioni non dematerializzate con riferimento ai dati della banca emittente (denominazione, sede, registro delle imprese di iscrizione, capitale sociale versato ed esistente), all'ammontare complessivo dell'emissione, al valore nominale di ciascuna, al

(4) Per titoli di massa si intendono titoli con identiche caratteristiche emessi a seguito di un'unica operazione finanziaria del cui importo rappresentano una frazione matematica e sono quindi fungibili tra loro (CASTELLANO, *I titoli di massa*, in *Banca, borsa, tit. cred.*, 1987, I, 22). Le obbligazioni rappresentano quindi frazioni uguali di un medesimo prestito unitario. Funzione economica dei titoli di massa è agevolare la raccolta di capitali occorrenti per l'esercizio e lo sviluppo delle imprese, a differenza dei titoli individuali che servono di ausilio ad attività commerciali per provvedere al pagamento di beni o servizi (SALANITRO, *Titoli di credito e strumenti finanziari*, in *Banca, borsa, tit. cred.*, 2009, I, 1 ss.).

saggio di interesse ed al modo di pagamento e di rimborso, nonché alle eventuali garanzie da cui sono assistite;

3) la durata non inferiore a 36 mesi o, se inferiore, non al di sotto di 24 mesi di media, con divieto di rimborso anticipato prima di 18 mesi;

4) il divieto di rappresentare con titoli le obbligazioni negoziabili sui mercati regolamentari o comunque con caratteristiche di diffusione tra il pubblico (obbligo di dematerializzazione) e la previsione che le obbligazioni così emesse vanno immesse nel sistema di gestione accentrata (sul quale si veda il Capitolo XVIII, paragrafo 4).

A seconda del rischio, le obbligazioni bancarie si distinguono in:

— **obbligazioni ordinarie (*senior*)** che danno al detentore il diritto ad essere rimborsato con priorità rispetto agli altri obbligazionisti in caso di default dell'emittente, con rimborso che può essere garantito da una specifica parte del patrimonio della banca da liquidare e ad esse dedicato (obbligazioni *covered* e *senior secured*) oppure genericamente dall'intero patrimonio della banca emittente e quindi senza specifiche garanzie reali (obbligazioni *senior unsecured*);

— **obbligazioni subordinate (*junior*)** in cui il pagamento delle cedole ed il rimborso del capitale può essere ridotto o escluso in caso di incapienza del patrimonio della banca emittente, dato che esso è postergato rispetto al pagamento di altri creditori con diritto di precedenza. A sua volta questa categoria ricomprende 4 tipologie:

• *obbligazioni Tier I*, che sono le più rischiose, essendo subordinate rispetto a tutti gli altri creditori (e quindi con precedenza solo rispetto agli azionisti) in caso di andamento negativo della gestione o di liquidazione della banca emittente;

• *obbligazioni Upper Tier II*, caratterizzate da una durata minima di 10 anni, dalla possibilità di sospendere il pagamento delle cedole in caso di andamento negativo della banca e dal rimborso con precedenza rispetto alle azioni ed alle obbligazioni *Tier 1*;

• *obbligazioni Lower Tier II*, con durata minima di 5 anni o a tempo indeterminato (ma rimborsabili solo previa preavviso di 5 anni) e caratterizzate dalla possibilità di sospensione del pagamento delle cedole solo in caso di grave insolvenza della banca e dal divieto di rimborso anticipato senza autorizzazione della Banca d'Italia;

• *obbligazioni Tier III*, con durata di regola dai 2 ai 4 anni e caratterizzate da una minore rischiosità in quanto non utilizzabili dall'emittente per far fronte alle perdite in situazioni di normale esercizio (salvo il caso di liquidazione o di default della banca emittente).

In sostanza, le obbligazioni subordinate hanno caratteristiche che le accomunano (in misura maggiore o minore) sia ai titoli di debito che ai titoli di capitale.

La distinzione riveste particolare importanza alla luce del sistema del *bail-in* che si è visto applicabile in caso di crisi della banca emittente.

Diverso è il trattamento giuridico delle obbligazioni bancarie a seconda delle loro caratteristiche intrinseche.

Infatti l'art. 12 del T.U. bancario distingue la disciplina delle obbligazioni a seconda che esse siano o meno convertibili in azioni e, nel primo caso (obbligazioni convertibili), a seconda che siano convertibili in azioni della stessa banca emittente (obbligazioni a convertibilità diretta) o in azioni di altra società (obbligazioni a convertibilità indiretta).

Nel caso in cui si tratti di **obbligazioni non convertibili** o convertibili in azioni di società diverse da quella bancaria emittente (obbligazioni **a convertibilità indiretta**) è prevista una disciplina derogatoria rispetto a quella del codice civile, posto che non si applicano le disposizioni dettate dagli artt. 2410 e segg. c.c., ad eccezione di poche norme (relative ai diritti degli obbligazionisti, al contenuto dei titoli ed alle modalità di rimborso per sorteggio) e l'emissione può essere deliberata anche dall'organo amministrativo (analogamente a quanto previsto per le società dall'attuale art. 2410 c.c. con riferimento alle obbligazioni non convertibili). Si applica poi la disciplina stabilita dalla Banca d'Italia per le emissioni di obbligazioni non convertibili o convertibili in titoli di altre società o per le emissioni degli altri strumenti finanziari diversi dalle partecipazioni (art. 12, comma 5 T.U. bancario).

Per le obbligazioni a **convertibilità diretta** invece tornano applicabili tutte le norme del codice civile, ad eccezione dell'art. 2412 c.c. (che prevede il limite all'emissione delle obbligazioni dato dalla misura del doppio del capitale sociale, della riserva legale e delle riserve disponibili risultanti dall'ultimo bilancio approvato) (5), norma questa che, come già accennato, non trova applicazione, considerato che le obbligazioni costituiscono una tipica forma tecnica di raccolta del risparmio tra il pubblico da parte della banche e pertanto non sono richieste limitazioni prudenziali diverse dalle altre forme di raccolta del risparmio.

Le stesse disposizioni si applicano anche laddove la banca emetta strumenti finanziari diversi dalle obbligazioni, ma assoggettati alla medesima disciplina.

Pertanto la delibera di emissione di obbligazioni a convertibilità diretta è di competenza dell'assemblea straordinaria, ma lo statuto può delegare tale attività agli amministratori per un periodo massimo di 5 anni e per un importo determinato (come previsto per le obbligazioni convertibili delle società per azioni dagli artt. 2420-*bis* e 2420-*ter* c.c.).

Va precisato che le obbligazioni bancarie costituiscono strumenti finanziari (6).

La loro emissione è quindi soggetta al rispetto dell'art. 129 del T.U. bancario che prevede una particolare forma di controllo di competenza della Banca d'Italia, la quale può richiedere a chi emette od offre strumenti finanziari segnalazioni periodiche, dati ed informazioni di carattere consuntivo al fine di acquisire elementi conoscitivi sull'evoluzione dei prodotti e dei mercati finanziari.

In caso di inottemperanza a tali richieste è prevista una sanzione amministrativa pecuniaria [art. 144, comma 1, lett. a) T.U. bancario].

L'art. 12-*bis* del T.U. bancario, inserito dall'art. 1, comma 1103, lett. *b)* della legge 27 dicembre 2017, n. 205 (legge di bilancio 2018), ha introdotto la possibilità per le banche di raccogliere risparmio attra-

(5) Per un approfondimento della disciplina delle obbligazioni bancarie si veda Fauceglia, *Le obbligazioni emesse dalle banche*, in *Quaderni di giur. comm.*, Milano, 2000.

(6) L'attuale evoluzione dei mercati finanziari ha consentito lo sviluppo di particolari categorie di obbligazioni caratterizzate dal fatto che il rendimento e la stessa rimborsabilità del capitale a scadenza è collegata a determinati indici: è il caso delle obbligazioni strutturate, che nascono dall'unione di un titolo a reddito fisso con un contratto di investimento che determina la cedola o il valore del capitale alla scadenza in funzione dell'andamento del prezzo di uno o più parametri finanziari (indici, titoli azionari, fondi comuni, tassi di cambio o materie prime); è il caso poi di tutte le obbligazioni indicizzate il cui tasso di interesse varia al variare di un determinato indice (obbligazioni *index linked*, obbligazioni *equity linked*, ecc.).

verso "*strumenti di debito chirografario di secondo livello*": si tratta di obbligazioni o titoli di debito caratterizzati dalla clausola di postergazione rispetto a tutti gli altri crediti chirografari verso la banca emittente che venga assoggettata a liquidazione coatta amministrativa, come si desume dalla nuova formulazione del richiamato art. 91, comma 1-*bis*, lett. *c-bis*) T.U. bancario. I possessori di tali titoli sono però preferiti ai titolari di obbligazioni subordinate.

Si tratta, in sostanza di obbligazioni o altri titoli di debito collocabili a metà strada tra obbligazioni *senior* ed obbligazioni subordinate (*senior non preferred debt*).

Ai sensi dell'art. 1, comma 1105 della legge 27 dicembre 2017, n. 205, il valore nominale unitario degli strumenti di debito chirografario di secondo livello è pari ad almeno 250.000 euro, con una durata minima di 12 mesi [art. 12-*bis*, comma 1, lett. *a*) T.U. bancario] ed essi possono formare oggetto di collocamento rivolto ai soli investitori qualificati.

3. I certificati di deposito ed i buoni fruttiferi.

Una ulteriore forma di raccolta del risparmio tra il pubblico utilizzata dalle banche è rappresentata dalla categoria dei titoli di deposito che ricomprende i certificati di deposito, i buoni fruttiferi ed altri documenti.

I documenti in esame possono essere nominativi o al portatore.

Difficile è fissare una vera e propria differenza tra i due tipi di titoli di deposito, posto che anche le istruzioni di vigilanza della Banca d'Italia di cui alla circolare 21 aprile 1999, n. 229 (Titolo V, Capitolo 3) non stabiliscono alcun sicuro indice di differenziazione, al di là del *nomen juris*.

In via di prima approssimazione possiamo affermare che la categoria dei titoli di deposito ricomprende tutti quei documenti (oggi decartolarizzati) che rappresentano una somma di denaro di cui la banca depositaria ha acquistato la proprietà e che si obbliga a restituire.

Lo schema dei titoli di deposito è dunque quello del libretto di deposito a risparmio (che vedremo), con la differenza però che, mentre mediante il libretto è possibile effettuare successivi prelevamenti e versamenti, con i titoli di deposito è possibile solo ottenere il rimborso dell'intera somma alla scadenza pattuita. I titoli di deposito quindi, a differenza delle obbligazioni che sono strumenti finanziari, sono strumenti del mercato monetario (art. 1, comma 2, lett. *f*, n. 7 T.U. bancario).

Sotto il profilo della durata, le operazioni di raccolta del risparmio sottese all'emissione di titoli di deposito sono a breve o medio termine (la circolare 229/1999 della Banca d'Italia prevede una durata minima di 3 mesi e massima di 5 anni, ma con provvedimento del 26 aprile 2006 è stata rimossa la durata minima al fine di favorire lo sviluppo del mercato degli strumenti di debito).

Passando all'analisi dei certificati di deposito, va detto che questi sono anzitutto:

a) titoli nominativi o al portatore destinati alla circolazione tra i risparmiatori e pertanto debbono possedere caratteristiche che ne agevolino l'individuazione da parte del pubblico;

b) titoli individuali (a differenza delle obbligazioni che sono emesse in serie), in quanto ogni titolo rappresenta una specifica operazione, anche se non è escluso che la loro emissione possa avvenire in occasione di un'unica complessa operazione di raccolta [7];

c) finalizzati alla raccolta del risparmio tra il pubblico a breve e medio termine;

d) titoli emessi a flusso continuo, con contenuto e caratteristiche già tipizzate.

Si differenziano quindi dalle obbligazioni per almeno tre aspetti:

1) per la più breve durata (a breve o medio termine, a differenza delle obbligazioni che sono titoli a medio o lungo termine e dunque con scadenza dai 18 mesi in su);

2) per la natura dell'operazione sottesa alla loro emissione che è normalmente un'operazione individuale, a differenza delle obbligazioni che sottendono un'operazione di massa attraverso l'emissione di titoli in serie aventi tutti le medesime caratteristiche e fungibili gli uni con gli altri;

(7) Le istruzioni della Banca d'Italia (circolare 21 aprile 1999, n. 229) chiariscono (Titolo V, Capitolo 3, Sezione I) che i certificati di deposito ed i buoni fruttiferi costituiscono titoli individuali rappresentando una specifica operazione di prestito e quindi possono essere emessi su richiesta del singolo cliente anche se generalmente sono emessi a flusso continuo.

3) per la funzione che essi svolgono, che è quella di documentare un'operazione di deposito (irregolare) e non di prestito come le obbligazioni.

I certificati di deposito possono ritenersi veri e propri titoli di credito, considerati i caratteri dell'astrattezza, letteralità ed attitudine alla circolazione che essi posseggono (8).

Secondo un diverso orientamento sono invece considerati titoli impropri.

Le istruzioni di vigilanza della Banca d'Italia disciplinano dettagliatamente le caratteristiche dei certificati di deposito e dei buoni fruttiferi (Titolo V, Capitolo 3, Sezione III). In particolare si prevede che tali documenti, oltre ad indicare tutti gli estremi della banca emittente, debbono indicare il valore nominale del prestito e gli elementi necessari per la determinazione della remunerazione del prestito e le modalità del rimborso.

I certificati di deposito emessi ai sensi del T.U. bancario non costituiscono prodotti finanziari e pertanto non soggiacciono alla normativa del T.U. sulla finanza (in particolare all'obbligo di previa pubblicazione del prospetto informativo ed alle regole di condotta imposte agli intermediari mobiliari). L'art. 69-*bis*, comma 1, lett. c) T.U. bancario chiarisce che i certificati di deposito costituiscono depositi purché non siano rappresentati da valori mobiliari emessi in serie.

Essi godono poi della garanzia dei depositi (con conseguente esclusione dal *bail-in* nel limite della somma protetta di € 100.000 per depositante) e soggiacciono all'applicazione delle norme in tema di trasparenza bancaria.

Si prevede poi la possibilità per le banche di emettere altri titoli di raccolta del risparmio tra il pubblico, prescrivendone le caratteristiche fondamentali. Esiste quindi una certa libertà per le banche nell'emissione di titoli di raccolta del risparmio diversi dal quelli tipizzati

(8) Per un'ampia disamina dei certificati di deposito si vedano FAUCEGLIA, *I certificati di deposito nelle disciplina del testo unico delle leggi in materia bancaria e creditizia*, in *Banca, borsa, tit. cred.*, 1998, I, 459 ss. e, più recentemente, LENER, *La raccolta bancaria del risparmio attraverso certificati di deposito*, in *Società, banche e crisi d'impresa*, Milano, 2014, III, 2257 ss.; LENER, *Sui certificati bancari di deposito*, in *Banca, borsa, tit. cred.*, 2013, I, 351 ss.

dall'art. 12 del T.U. bancario. Laddove però l'emissione di questi titoli rappresenti una quota significativa delle passività della banca, questa dovrà provvedere a segnalare l'emissione alla filiale della Banca d'Italia competente per territorio.

4. I prestiti subordinati ed irredimibili.

Altri particolari strumenti di raccolta del risparmio tra il pubblico con obbligo di rimborso sono previsti dall'art. 12, comma 7 del T.U. bancario.

Tra questi assumono rilevanza i cosiddetti prestiti subordinati i quali presentano la particolarità che l'obbligo di restituzione è attenuato dall'esistenza di una *clausola di postergazione* in forza della quale — laddove prima della data prevista per la restituzione (non inferiore a 5 anni) si verifichi una causa di scioglimento della società o l'apertura di una procedura concorsuale — i finanziatori hanno diritto di ottenere il rimborso del prestito solo dopo la soddisfazione dei creditori della società finanziata e solo nei limiti od in proporzione ai singoli apporti.

La clausola di postergazione impedisce di ritenere che la restituzione del prestito sia in ogni caso dovuta e pertanto impedisce la piena applicabilità delle norme sul mutuo e rende il prestito subordinato un contratto aleatorio.

Diversi dai prestiti subordinati sono i **prestiti irredimibili** i quali, oltre a prevedere una *clausola di postergazione*, sono caratterizzati dalle seguenti peculiari pattuizioni:

a) si prevede anzitutto la possibilità per il soggetto finanziato di sospendere il pagamento degli interessi nel caso in cui venga a trovarsi in difficoltà finanziaria;

b) si prevede la possibilità da parte del sovvenuto di utilizzate l'importo del finanziamento a copertura di perdite, anche se non si verifichino le condizioni per la sua messa in liquidazione o per l'apertura di una procedura concorsuale;

c) la durata del rapporto è perpetua (per tutta la durata della società bancaria) (9).

Oltre ai prestiti subordinati ed irredimibili si prevede l'erogazione di prestiti rimborsabili solo previa autorizzazione della Banca d'Italia, categoria questa che assomiglia molto a quelle appena descritte, con la sola differenza che il rimborso è subordinato appunto ad un'autorizzazione dell'Autorità di vigilanza.

5. Il contratto pronti contro termine.

Si tratta di una particolare operazione finanziaria caratterizzata dalla vendita a pronti (cioè con regolazione immediata delle reciproche prestazioni) di una determinata quantità di titoli e dal *contemporaneo* riacquisto a termine (ossia con regolazione differita delle reciproche prestazioni), dalla medesima controparte, di un pari quantitativo di titoli della stessa specie e quantità ad un prezzo prestabilito.

In sostanza, mediante tale operazione, la banca vende ad un prezzo determinato (che riceve immediatamente dal cliente), una precisa quantità di titoli di una data specie e contestualmente si impegna a riacquistare titoli delle medesima specie e quantità ad una data prestabilita e ad un prezzo anch'esso predeterminato e più elevato.

L'operazione è a breve termine, avendo normalmente una durata ricompresa tra un minimo di un mese ed un massimo di un anno.

Volendo identificare la natura giuridica del contratto in esame, può certamente ritenersi che si tratti di un contratto atipico, che però non è caratterizzato da una causa unitaria (con due fasi distinte), ma è costituito dalla combinazione di due compravendite reciproche e contrarie, tra loro funzionalmente collegate (tant'è che vengono formati due distinti fissati bollati) (10).

Aspetto di particolare rilevanza (soprattutto ai fini fiscali) è quello del momento in cui si produrrebbero gli effetti traslativi della proprietà

(9) La differenza tra prestiti subordinati e prestiti irredimibili è evidenziata da G.B. Portale, *«Prestiti subordinati» e «prestiti irredimibili» (appunti)*, in *Banca, borsa, tit. cred.*, I, 1996, 3.

(10) Sulla teoria della doppia compravendita si vedano: Tagarelli, *Le operazioni di pronti contro termine: analisi dei profili tecnici, giuridici, contabili e fiscali*, in *Studi e informazioni*, 1994, 169; Bonfatti, *I contratti di pronti contro termine*, in AA.VV., *La banca e i nuovi contratti (nel quadro della seconda Direttiva CEE)*, a cura di De Nova,

dei titoli oggetto del contratto di pronti contro termine, sia con riferimento all'acquirente a pronti (di regola il cliente della banca) sia con riferimento all'acquirente a termine (di regola la banca).

Il problema che più frequentemente si è posto è quello di stabilire quale sia il bene oggetto di successione ereditaria nel caso in cui l'acquirente a pronti muoia prima che sia scaduto il termine per il riacquisto dei titoli da parte del venditore a pronti ed acquirente a termine. Se si ritiene che l'acquirente a pronti acquisti la proprietà dei titoli per effetto del solo consenso *ex* art. 1376 c.c. e mantenga tale diritto fino allo scadere del termine fissato per il riacquisto (che nel frattempo produrrebbe solo effetti obbligatori), allora non v'è dubbio che a cadere in successione debbano essere gli stessi titoli acquistati.

Se invece si ritiene che l'acquirente a pronti consegua la proprietà dei titoli, ma contestualmente la perda per effetto della vendita a termine (che produrrebbe effetti reali immediati, con conseguente nascita di un diritto di credito al pagamento del prezzo esigibile però solo allo scadere del termine pattuito), allora a cadere in successione sarà solo la somma di denaro corrispondente al prezzo di riacquisto e gli eredi non potranno pretendere dalla banca la consegna di tali somme se non dopo aver documentato l'avvenuta presentazione della dichiarazione di successione *ex* art. 48, comma 3 del D.Lgs. 346/1990.

Entrambe le soluzioni sono state sostenute: da un lato vi è chi ha assimilato l'operazione al riporto, ritenendo che l'acquirente a pronti acquisti la proprietà dei titoli per effetto di una prima vendita, mentre il compratore a termine concluderebbe una seconda vendita destinata a produrre effetti meramente obbligatori, essendo differito sia il trasferimento della proprietà che il pagamento del prezzo (11).

Milano, 1993; GIULIANI, *I titoli «sintetici» fra operazioni differenziali e realità del rapporto*, in *Giur. comm.*, 1992, II, 291.

(11) Cass., Sez. trib., 20 febbraio 2006, n. 3610, in *Obbligazioni e contratti*, 2006, 6, 572 e Cass., Sez. trib., 5 novembre 2001, n. 13663 secondo cui, in pendenza del termine, la proprietà dei titoli spetta all'acquirente a pronti; Trib. Grosseto, 19 febbraio 1996, in *Banca, borsa, tit. cred.*, 1998, II, 359; in dottrina GRECO, *Lezioni di diritto commerciale. I contratti di vendita, riporto, somministrazione e appalto*, Roma, 1958, 251 ss.; CORRADO, *I contratti di borsa*, Torino, 1960, 311; BIANCHI D'ESPINOSA, *I contratti di borsa. Il riporto*, in *Trattato di diritto commerciale*, diretto da Cicu e Messineo, Milano, 1969, 534.

Diversamente, un'altra teoria ha sostenuto che l'operazione di pronti contro termine sia costituita da due contratti ad effetti reali entrambi, l'uno ad esecuzione immediata e l'altro ad esecuzione differita, con la conseguenza che, poiché entrambi i contratti sono stipulati contestualmente, in pendenza del termine, i titoli appartengono già all'acquirente a termine, mentre l'acquirente a pronti è titolare solo di un diritto di credito al pagamento del prezzo di riacquisto ([12]).

Ancorché la struttura dell'operazione sia certamente quella di una doppia compravendita, non v'è dubbio che il contratto in esame svolga prevalentemente una funzione di natura finanziaria, considerato che ciò che le parti si propongono non è tanto di acquistare titoli, quanto quello di dar luogo ad un'operazione finanziaria unica che consenta all'acquirente a pronti di garantirsi la remunerazione di un capitale che va ad investire ed al venditore e compratore a termine (di regola la banca) di conseguire la disponibilità di fondi da impiegare per un periodo di tempo prefissato. Sotto questo profilo potrebbe anche sostenersi che le due fasi dell'operazione si fondono in un contratto finanziario unico.

Una simile funzione finanziaria porta certamente a svalutare l'elemento traslativo e quindi la sua assimilazione alla vendita, soprattutto quando lo scarso interesse delle parti per l'acquisto dei titoli è rivelato dalla loro mancata identificazione (ad esempio mediante l'indicazione dei numeri di serie degli strumenti finanziari trasferiti).

In questi casi la Cassazione ha correttamente precisato che la mancata specificazione *ex* art. 1378 c.c. dei titoli acquistati dal cliente in un'operazione di pronti contro termine, ne impedisce l'acquisto della proprietà in capo all'acquirente a pronti, il quale potrà vantare nei confronti della banca solo un diritto di credito avente ad oggetto una somma di denaro pari al corrispettivo pattuito per il riacquisto dei titoli ([13]). A prodursi sono quindi esclusivamente effetti obbligatori in

([12]) Brescia Morra, *Aspetti giuridici delle operazioni « pronti contro termine »*, in *Riv. Dir. comm.*, 1990, I, 784; l'opinione è condivisa anche dall'A.B.I. nella circolare n. 5220 del 29 marzo 1993 e dalla Banca d'Italia (provvedimenti 15 luglio 1992, 31 luglio 1992 e 1° agosto 1994).

([13]) Cass., Sez. I, 14 giugno 2000, n. 8107, in *Giust. civ.*, 2000, I, 2593 e ss. che si riferisce però ad un'operazione posta in essere prima dell'entrata in vigore della disciplina sulla dematerializzazione dei titoli di Stato attuata con D.Lgs. 213/1998.

capo alla banca, la quale sarà tenuta al trasferimento dei titoli previa loro specificazione. In caso di mancato trasferimento della proprietà dei titoli sorge in capo alla banca l'obbligazione di restituire le somme ricevute dal cliente con aggiunta dell'eventuale risarcimento del danno conseguente all'inadempimento all'obbligo di trasferimento dei titoli.

La specificazione dei titoli che formano oggetto dell'operazione in esame, a seguito dell'entrata in vigore della legge sulla dematerializzazione dei titoli di credito (D.Lgs. 24 giugno 1998, n. 213), potrebbe avvenire anche tramite forme di consegna e di trasferimento virtuali (14). In questi casi la Cassazione ha precisato che l'identificazione dei titoli di credito mediante indicazione della tipologia, della quantità e del prezzo fa sì che i titoli divengono di proprietà del cliente nel lasso di tempo intercorrente tra l'acquisto dalla banca e la rivendita a questa, soprattutto laddove essi vengono immessi nel dossier titoli del cliente stesso (15).

Alla luce delle precisazioni appena compiute non può assimilarsi il contratto di pronti contro termine al riporto (artt. 1548 e segg. c.c.), in quanto quest'ultimo è un contratto reale che si perfeziona con la consegna dei titoli, mentre abbiamo visto che nel contratto in esame la consegna e l'individuazione dei titoli possono anche mancare. Inoltre nel riporto il prezzo del ritrasferimento può essere aumentato ma anche diminuito rispetto a quello del trasferimento iniziale, mentre nel contratto di pronti contro termine il prezzo di ritrasferimento è sempre aumentato, essendo comprensivo degli interessi maturati dal cliente.

Al contempo pare che il contratto di pronti contro termine non possa neppure essere assimilato alla vendita a termine (art. 1531 e ss. c.c.), considerato che il cliente acquista immediatamente i titoli vendutigli dalla banca e quindi il termine viene apposto solo nella 2° fase dell'operazione.

La riforma del diritto societario (D.Lgs. 6/2003) porta elementi a favore della natura di contratto di liquidità del pronti contro termine,

(14) La dematerializzazione dei titoli e la loro gestione accentrata non esclude la necessità di una loro individuazione (Cass., 9 gennaio 1997, n. 108, in *Giust. civ.*, 1998, I, 240 e in *Banca, borsa, tit. cred.*, 1998, II, 301; Cass., 15 novembre 1995, n. 11834, in *Società*, 1996, 71).

(15) Cass., sez. trib., 5 novembre 2001, n. 13663, in *Il fisco*, 2002, 1058; Cass., sez. trib., 20 febbraio 2006, n. 3610, la quale attribuisce rilevanza alla presenza dei titoli nel dossier del cliente ed alla libera disponibilità dei medesimi.

vale a dire della sua natura solo obbligatoria e dell'esistenza di un semplice diritto di credito avente ad oggetto una somma di denaro a favore del compratore a pronti e venditore a termine. Tali elementi possono ravvisarsi negli artt. 2424-*bis*, comma 5, 2425-*bis* e 2427, comma 6-*ter* c.c., secondo cui nel bilancio del cessionario (compratore) va iscritto il credito pecuniario al pagamento della somma di denaro dovuta dal venditore a pronti e compratore a termine.

6. Il deposito bancario.

Il deposito bancario rappresenta il più tradizionale strumento di raccolta del risparmio tra il pubblico: di esso il legislatore non ha fornito la nozione, ma vi ha dedicato gli artt. 1834-1838 c.c. (l'art. 1837 c.c. è stato però abrogato dalla legge 8 marzo 1975, n. 39) che costituiscono una disciplina sufficientemente organica per poterlo considerare un contratto tipico ([16]).

Il deposito di denaro è un **contratto reale**, in quanto si perfeziona con la consegna di una somma, da cui sorge in capo al cliente depositante il diritto (di credito) alla riconsegna di un corrispondente quantità di moneta della medesima specie (da qui la definizione dell'operazione come *passiva* per la banca depositaria, in quanto quest'ultima assume la veste di debitrice delle somme ricevute) ([17]).

([16]) Cass., 20 gennaio 2012, n. 788, in *Banca, borsa, tit. cred.*, 2012, II, 605 ss. ritiene il deposito bancario un negozio complesso che, pur partecipando della natura sia del deposito che del mutuo, è dotato di una propria autonomia.

([17]) Il diritto di credito spettante al depositante è pignorabile nelle forme del pignoramento presso terzi. Esso era ritenuto pignorabile integralmente anche se le somme depositate derivassero da *stipendi, salari, pensioni* o altre indennità soggette a limiti di pignorabilità (quali quelli previsti dall'art. 545, comma 4 c.p.c. o dall'art. 72-*ter* del D.P.R. 29 settembre 1973, n. 602) in quanto si riteneva che, una volta che l'emolumento fosse confluito nel deposito bancario, esso perdesse la sua natura, con conseguente inapplicabilità delle limitazioni connesse alla sua provenienza (Cass., 9 ottobre 2012, n. 17178). Non si riteneva però pignorabile la quota del conto corrente bancario ancora indiviso del debitore se la massa ereditaria comprendeva anche altri beni, tenuto conto del fatto che quella quota di rapporto bancario potrebbe essere assegnata ad altro coerede in sede di divisione con conseguente sopravvenuta inesistenza del bene pignorato nel patrimonio del debitore (Cass., 19 marzo 2013, n. 6809).

Oggi l'art. 545, comma 8 c.p.c. (inserito dal D.L. 83/2015, convertito nella legge 132/2015), prevede che le somme dovute a titolo di stipendio, salario, altre indennità

La restituzione delle somme depositate può avvenire *a vista*, cioè a semplice richiesta del depositante (senza preavviso o con breve preavviso, che le istruzioni della Banca d'Italia indicano in appena 24 ore) oppure *a tempo* (nei cosiddetti depositi vincolati), cioè alla scadenza di un termine prefissato oppure dopo un lungo preavviso (termine e preavviso sono da considerarsi a favore di entrambe le parti *ex* art. 1184 c.c.).

I depositi a vista svolgono prevalentemente una funzione di custodia del denaro che resta nella pronta disponibilità del depositante, mentre i depositi vincolati svolgono una prevalente funzione di investimento, tant'è che la banca remunera l'impegno del depositante a non prelevare la somma per un dato tempo attraverso il riconoscimento di un tasso di interesse più alto.

In quanto contratto reale, alla consegna consegue un'obbligazione (restitutoria) solo a carico della banca e per questa ragione l'operazione viene considerata un contratto *unilaterale*.

È poi un contratto ad effetti reali, considerato che, come nel deposito irregolare, la banca riceve in consegna una data quantità di denaro che, in quanto bene fungibile, diviene di sua proprietà, mentre il cliente mantiene solo il diritto alla consegna di una somma equivalente.

Il deposito bancario può assumere tre forme diverse:

— il **deposito ordinario** o semplice, in cui la banca rilascia una ricevuta di cassa della somma depositata, la quale viene restituita in unica soluzione (alla scadenza pattuita oppure a vista o ancora senza scadenza, ma con preavviso), non avendo il depositante la possibilità di effettuare prelievi parziali, né di alimentare la provvista con successivi versamenti;

— il **deposito a risparmio** o fruttifero che si caratterizza per il

relative al rapporto di lavoro o di impiego, comprese quelle dovute a causa di licenziamento, nonché a titolo di pensione, di indennità che tengono luogo di pensione, o di assegni di quiescenza, nel caso di accredito su conto bancario o postale intestato al debitore, possono essere pignorate, per l'importo eccedente il triplo dell'assegno sociale, quando l'accredito ha luogo in data anteriore al pignoramento; quando l'accredito ha luogo alla data del pignoramento o successivamente, le predette somme possono essere pignorate nei limiti previsti dal terzo, quarto, quinto e settimo comma dell'art. 545 c.p.c., nonché dalle speciali disposizioni di legge.

rilascio di un libretto di deposito [18], un documento che la banca rilascia al depositante al momento dell'accensione del rapporto (in coincidenza con il primo versamento), ove vengono annotati i versamenti ed i prelevamenti e, ad ogni operazione, il saldo;

— il **deposito in conto corrente** nel quale i prelievi avvengono, oltre che per cassa, mediante loro annotazione sul libretto di risparmio, anche mediante emissione di assegni da parte del depositante, con la conseguenza che il saldo non è documentato solo dal libretto che si limita a comprovare i versamenti ed i prelevamenti per cassa.

La forma più utilizzata è certamente il deposito a risparmio (il deposito in conto corrente è praticamente in disuso, essendo sostituito dal conto corrente bancario), per il quale la prassi bancaria prevede 4 diversi tipi di libretto di risparmio:

1) **libretto nominativo**, il quale risulta intestato al nome di una persona fisica o giuridica che funge da depositante, permette al solo intestatario il prelievo della somma depositata e pertanto, poiché serve ad identificare l'avente diritto alla prestazione e non è destinato alla circolazione, viene tradizionalmente ritenuto *documento di legittimazione nominale* [19], cioè documento diretto ad identificare il creditore della prestazione *ex* art. 2002 c.c. (l'intestatario del libretto non può pretendere la restituzione delle somme depositate senza esibire il libretto);

2) **libretto al portatore** o pagabile al portatore, il quale non è intestato ad una persona determinata e dà al possessore il *diritto* al pagamento di quanto in esso annotato, con la conseguenza che la banca non incorre in responsabilità (salvo il caso di dolo o colpa grave) laddove effettui il pagamento al possessore che sia persona diversa dal depositante [20]; di tale libretto si suole affermare la natura di *titolo di*

[18] Il libretto di deposito va tenuto distinto dal certificato di deposito soprattutto per il fatto che solo nel primo caso possono effettuarsi prelievi e versamenti prima della scadenza.

[19] Cass., 2 febbraio 1989 n. 651, in *Banca borsa, tit. cred.*, 1990, II, 285.

[20] La banca che paga a persona diversa dal depositante incorre in responsabilità se non procede all'identificazione dell'esibitore del libretto e ad annotare gli estremi del documento che è servito per l'identificazione (Cass., 3 maggio 1999, n. 4389, in *Banca, borsa, tit. cred.*, 2000, II, 505 ss.; Trib. Milano, 15 settembre 1986, in *Banca, borsa, tit. cred.*, 1988, II, 257).

credito causale (21), essendo in esso presenti i requisiti di autonomia, letteralità e destinazione alla circolazione;

3) **libretto nominativo pagabile al portatore** il quale è intestato ad un dato soggetto, ma risulta pagabile anche a persona diversa dall'intestatario, purché portatore dello stesso libretto; quest'ultimo però non ha diritto alla prestazione, né la banca è obbligata a pagare di fronte alla semplice esibizione del libretto, potendo sempre esigere la prova della legittimazione (in questo consiste la diversità rispetto al libretto pagabile al portatore). Pertanto questo libretto, così come il libretto nominativo, ha natura di *documento di legittimazione* (22). Il titolare del credito rimane l'intestatario del libretto e la consegna del libretto a terza persona non costituisce mezzo per la trasmissione del credito, ma solo strumento per investire una terza persona del ruolo di persona indicata dal creditore per ricevere il pagamento *ex* art. 1188 c.c. (23);

4) **libretto al portatore ma con l'indicazione di un nome o in altro modo contrassegnato**, il quale ha la stessa natura (di titolo di credito (24) e le stesse caratteristiche di un libretto al portatore, in quanto l'intestazione ad una determinata persona o l'apposizione di un contrassegno serve solo ad identificare il documento e non il soggetto legittimato ad esigere la restituzione delle somme depositate, legittimazione che spetta al possessore.

In caso di smarrimento, sottrazione o distruzione del libretto di deposito a risparmio la legge 30 luglio 1951, n. 948 disciplina una dettagliata procedura di ammortamento che mira al rilascio di un duplicato del libretto stesso (25).

(21) Cass., 22 maggio 1998, n. 5131; Cass., 12 gennaio 1995, n. 336, in *Giust. civ.*, 1995, I, 1220; Cass., 14 novembre 1991, n. 12187, in *Giur. it.*, 1992, 1, 1, 1975.

(22) Cass., 18 giugno 1996, n. 5601; Cass., 2 febbraio 1898, n. 651, in *Giust. civ.*, 1989, I, 1366; *contra* però Cass., 12 gennaio 1995, n. 336, in *Giust. civ.*, 1995, I, 1220, che ritiene il libretto nominativo pagabile al portatore un titolo di credito al pari del libretto al portatore.

(23) Cass., 2 febbraio 1989, n. 651, in *Nuova Giur. civ. comm.*, 1989, I, 7, 84, con nota di De Poli; Cass. 24 febbraio 1986, n. 1111, in *Banca, borsa, tit. cred.*, 1987, II, 1.

(24) In questo senso Cass., 14 aprile 1992, n. 4542; Cass., 11 gennaio 1982, n. 5949 e da ultimo Trib. Trani, 11 gennaio 1996, in *Banca, borsa, tit. cred.*, 1997, II, 344. *Contra* App. Lecce, 21 marzo 1978, in *Banca borsa tit. cred.*, 1979, II, 345.

(25) Per il *libretto nominativo* è necessaria una denuncia allo stabilimento della banca emittente, la quale affigge avviso della perdita del libretto nei locali aperti al

Il libretto di risparmio serve per consentire l'attività di documentazione dei vari movimenti compiuti sulle somme depositate, tramite annotazioni effettuate dall'impiegato della banca addetto al servizio. Queste annotazioni sono incontestabili se provenienti da un impiegato che è o appare addetto al servizio di sportello (art. 1835 c.c.). L'incontestabilità vale sia per il cliente che per la banca, la quale non potrà eccepire la difformità tra il saldo risultante dalla propria scheda del conto e quello risultante dal libretto (26).

Le annotazioni riguardanti i versamenti effettuati possono essere considerate quali dichiarazioni di verità di natura confessoria, come tali impugnabili solo per errore di fatto o per violenza (27).

Particolare rilevanza ha l'ipotesi in cui, in un contratto di deposito bancario, più persone assumano la veste di depositanti. In questo caso il deposito potrà essere:

— semplice (o *a firma congiunta*), vale a dire con possibilità di prelievo da parte di ciascun depositante limitata solo alla propria quota di quanto depositato (ovviamente in mancanza di pattuizioni che deroghino all'art. 1314 c.c.) ovvero

— solidale (o *a firma disgiunta*), cioè con possibilità da parte del singolo depositante, quale creditore solidale, di prelevare anche l'intera somma depositata e con conseguente liberazione della banca verso tutti gli altri (art. 1292 c.c.).

pubblico e, in caso di mancata opposizione entro 90 giorni dall'affissione, rilascia il duplicato. Nei *libretti al portatore* invece, oltre alla denuncia alla filiale della banca emittente, occorre presentare un ricorso per ammortamento al Presidente del Tribunale nel cui circondario si trova lo stabilimento della banca emittente: il decreto di ammortamento va pubblicato sulla Gazzetta Ufficiale e, in caso di mancata opposizione contro lo stesso entro il termine fissato nel medesimo provvedimento (che deve essere ricompreso tra i 90 ed i 180 giorni dalla pubblicazione), la banca è autorizzata a pagare a favore del ricorrente o a rilasciare un duplicato.

(26) Si è precisato che l'efficacia dettata dall'art. 1835 c.c. si riferisce non solo alle annotazioni, ma anche alla circostanza della provenienza del libretto dalla banca al cui servizio appare addetto il funzionario che ha sottoscritto quelle annotazioni: così Cass., 16 aprile 1996 n. 3585, in *Banca, borsa, tit. cred.*, 1997, II, 237 che ha risolto a favore del depositante il caso scaturito dalla falsificazione di un libretto ad opera di un funzionario. Si è precisato che l'art. 1835 c.c. non è applicabile nel caso di rilascio di libretto di deposito in conto corrente (Cass., 17 febbraio 1966, n. 493, in *Foro it.*, 1966, I, 1944).

(27) Cass., 26 maggio 1954, n. 1692, in *Banca, borsa, tit. cred.*, 1955, II, 7.

Per stabilire se ricorre l'una o l'altra ipotesi occorre fare riferimento a quanto previsto nel contratto di deposito bancario cointestato.

Se nulla si prevede, dovrà farsi ricorso alle norme sulle obbligazioni solidali (artt. 1292 e ss. c.c.) e conseguentemente dovrà presumersi la parziarietà dell'obbligazione, vale a dire che ciascun creditore ha diritto di richiedere solo la propria parte del credito (come si desume *a contrariis* dall'art. 1294 c.c. e comunque dall'art. 1314 c.c.), secondo lo schema del deposito a firma congiunta. In tal caso le quote si presumono uguali, se non risulta diversamente (art. 1298, comma 2 c.c.) e l'intera somma potrà essere prelevata solamente da tutti i depositanti congiuntamente.

La distinzione tra deposito a firma congiunta e deposito a firma disgiunta rileva solo per i prelevamenti, in quanto i versamenti potranno essere liberamente e disgiuntamente effettuati da ciascun depositante, considerato che il versamento è atto di utile gestione a favore degli altri.

In caso di morte di uno dei depositanti le condizioni generali prevedono che gli eredi sono tenuti ad esercitare i diritti che spettavano al defunto (il ritiro della propria quota nel deposito a firma congiunta e dell'intero nel deposito a firma disgiunta) solo tutti insieme (28).

Per quanto concerne l'esecuzione del rapporto l'art. 1834, comma

(28) Si veda l'art. 9, comma 3 delle condizioni generali relative al rapporto banca-cliente, allegato A alla circolare ABI del 25 febbraio 2005 e, in precedenza, l'art. 13 delle N.U.B. in tema di deposito. Un'originale soluzione contraria è offerta da App. Catania, 25 ottobre 1999, in *Banca, borsa, tit. cred.*, 2001, II, 72 ss., secondo cui, in caso di morte di uno dei cointestatari di un deposito bancario a firme separate, il depositario superstite può effettuare prelievi soltanto nei limiti della propria quota. Tale soluzione deriva dalla configurazione del deposito a firme disgiunte come negozio che sottintende l'esistenza di un mandato a favore di ciascuno dei cointestatari e pertanto alla morte di uno di essi il mandato sarebbe destinato ad estinguersi, facendo venir meno la pattuizione relativa alla clausola « a firme separate ». In mancanza di accordi contrattuali troveranno applicazione le norme sulle obbligazioni solidali ed in particolare l'art. 1295 c.c. che stabilisce il principio della divisione tra gli eredi dell'obbligazione solidale e pertanto gli eredi potranno prelevare la somma corrispondente all'intera quota originariamente spettante al *de cuius* solo congiuntamente (cioè con la partecipazione di tutti), mentre ciascuno di essi potrà prelevare singolarmente solo la propria quota ereditaria. Ovviamente, se il deposito era a firma congiunta, gli eredi potranno ritirare *congiuntamente* solo la quota spettante al cointestatario defunto e *singolarmente* la propria quota ereditaria della parte spettante al *de cuius*, mentre se il deposito era a firma disgiunta gli eredi potranno ritirare congiuntamente l'intera somma depositata e

2 c.c. dispone che « *salvo patto contrario, i versamenti ed i prelevamenti si eseguono alla sede della banca presso la quale si è costituito il rapporto* » (in deroga a quanto dispone l'art. 1182, comma 3 c.c., secondo cui le obbligazioni aventi ad oggetto una somma liquida di denaro deve essere adempiuta al domicilio che il creditore ha al tempo della scadenza).

La sede cui si riferisce l'art. 1834, comma 2 c.c. è la succursale ove il rapporto si è costituito.

Il credito restitutorio del depositante verso la banca può formare oggetto di negoziazioni (cessioni, donazioni, costituzione di usufrutto e in pegno) e di vincoli (sequestri ed esecuzioni) che si costituiranno sul libretto di risparmio o sul credito stesso a seconda del tipo di deposito preso in considerazione.

Se infatti il deposito è accompagnato dall'emissione di un libretto al portatore (che, come già detto, ha natura di titolo di credito) il pegno si costituirà sul libretto stesso come bene mobile (art. 2786 c.c.), mediante la sua materiale consegna.

Se invece il pegno avesse ad oggetto un libretto nominativo, che abbiamo visto avere natura di documento di legittimazione, il vincolo si costituirebbe nelle forme del pegno *di crediti* (artt. 2800 ss. c.c.), mediante la redazione di un atto scritto da consegnare al creditore pignoratizio, la notificazione del pegno alla banca (ovvero mediante l'accettazione di quest'ultima) e l'annotazione del pegno sul libretto.

Stesso discorso vale in caso di sequestro o pignoramento.

Il deposito bancario si estingue per effetto del recesso di una delle parti, nel rispetto dell'eventuale termine di preavviso previsto, il che comporterà il ritiro integrale della somma versata e degli interessi, nonché la restituzione del libretto eventualmente emesso.

Il fallimento del depositante non produce l'automatico scioglimento del contratto (29).

Il diritto alla restituzione del denaro si prescrive in dieci anni ed il

singolarmente la propria quota ereditaria sull'intero. Sul problema si rimanda più ampiamente al Cap. XV, paragrafo 9.

(29) Trib. Catania, 10 aprile 1991, in *Banca, borsa, tit. cred.*, 1992, II, 83.

dies a quo decorre dal giorno in cui il depositante richiede la restituzione delle somme (30).

Nei depositi vincolati invece il termine di prescrizione decorre dal giorno della scadenza del vincolo (31) e dalla scadenza del periodo di preavviso nel caso in cui esso sia previsto.

Una volta maturata la prescrizione, le somme depositate non restano in proprietà della banca.

Infatti il D.P.R. 22 giugno 2007, n. 116 in materia di "depositi dormienti" (per tali intendendosi quelli con saldo superiore a 100 euro non movimentati da almeno 10 anni decorrenti dalla data della libera disponibilità delle somme o degli strumenti finanziari depositati (32) ha previsto che la banca (o altro intermediario autorizzato che sia depositario delle somme o degli strumenti finanziari), dopo aver inviato al titolare del rapporto un formale invito a disporre di quanto in deposito (33), in caso di omessa movimentazione, provveda ad estinguere il rapporto. Le somme ed i valori depositati vengono in tal caso devoluti

(30) Cass., 31 marzo 2021, n. 8998; Cass., 20 gennaio 2012, n. 788 cit.; Trib. Salerno, 2 febbraio 2016, n. 434, in *DeJure*, Giuffrè, 2018, secondo cui solo la richiesta di restituzione pone in essere quel comportamento che rende il credito esigibile e dal quale sorge il corrispondente obbligo della banca; Trib. Verona, 30 dicembre 2015, in *www.ilcaso.it*, Sez. Giur., 2016, 14332; Trib. Reggio Emilia, 14 ottobre 2008, in *Foro it.*, 2009, 9, 2564; Trib. Reggio Emilia, 1 ottobre 2008, in *Redazione Giuffrè*, 2008; Trib. Torino, 27 giugno 2005, n. 4252, in *Giust. civ.*, 2006, 11, 2551. L'orientamento trova ulteriore conferma nella disciplina sui depositi dormienti introdotta dalle legge 266/2005 (art. 1, comma 345) e dal D.P.R. 22 giugno 2007, n. 116. Contrario l'orientamento giurisprudenziale precedente, da ritenersi però ormai superato (Cass., 3 maggio 1999, n. 4389, in *Banca, borsa, tit. cred.*, 2000, II, 5050 ss.; Cass., 24 gennaio 1979, n. 535, 1981, II, 11; Cass., 21 marzo 1963, n. 689, *ivi*, 1963, 11, 12).

(31) Cass., 29 maggio 1942, n. 1463, in *Rep. Foro it.*, 1942, voce *Deposito* c. 396 n. 7.

(32) Con lettera 1 febbraio 2008, prot. 12848 il Ministro dell'Economia e delle finanze ha precisato che il conto resta dormiente anche se registra movimentazioni automatiche (ad esempio addebiti o accrediti periodici) ovvero se è movimentato da terzi (che ad esempio facciano pervenire un bonifico). Condizione per evitare di qualificare un conto come dormiente è quindi che sia il suo titolare a movimentarlo.

(33) L'invito va inviato tramite raccomandata con ricevuta di ritorno all'ultimo indirizzo comunicato dal titolare del rapporto o comunque conosciuto e deve riguardare l'effettuazione di disposizioni entro il termine di 180 giorni. Al 31 marzo di ogni anno ciascun intermediario comunica al Ministero dell'economia e delle finanze quali rapporti hanno maturato le condizioni per essere considerati dormienti; entro la stessa data l'elenco dei conti dormienti viene quindi pubblicato su un quotidiano a diffusione nazionale e sul sito del Ministero. Successivamente, entro il 31 maggio di ogni anno, gli

al fondo per le vittime dei crack finanziari (previsto dall'art. 1, comma 343 della legge 23 dicembre 2005, n. 266).

7. Il deposito di titoli in amministrazione.

Oltre al deposito di denaro le norme del codice civile prevedono il deposito di titoli in amministrazione (disciplinato dall'art. 1838 c.c.).

La prassi ha poi elaborato un'ulteriore forma di deposito di beni, titoli o valori: il deposito a semplice custodia.

Entrambe le figure in esame si differenziano sostanzialmente dal deposito di denaro sia perché hanno ad oggetto beni esattamente individuati che la banca si impegna a custodire ed a restituire in natura (mentre abbiamo visto che nel deposito di denaro la banca restituisce una somma corrispondente a quella consegnatale), sia perché si caratterizzano per una funzione di custodia molto più accentuata, alla quale si affiancano (nel deposito di titoli in amministrazione) obblighi di gestione dei beni depositati.

Siffatte differenze impediscono di ricondurre le due figure negoziali in esame allo stesso tipo del deposito di denaro.

Il **deposito a semplice custodia** assomiglia ad un ordinario contratto di deposito (le cui norme trovano quindi applicazione), con la particolarità però che la qualifica del depositario impone a quest'ultimo obblighi di diligenza commisurati alla figura del cosiddetto « buon banchiere » e ciò in forza del principio generale dettato dall'art. 1176, comma 2 c.c. Un simile obbligo di diligenza, se rapportato alla particolare natura dei beni custoditi, deve far ritenere che la banca abbia non solo obblighi di conservazione materiale dei beni depositati, ma anche doveri di conservazione economica, dovendo il depositario attivarsi perché il bene mantenga il suo valore e la sua capacità produttiva, ad esempio curando la percezione dei frutti e dei dividendi.

Si ritiene però ammissibile la clausola con cui viene limitata la responsabilità della banca depositaria, sempre salvo il divieto di limitare la responsabilità nei casi di dolo o colpa grave della banca (art.

intermediari provvedono a versare al fondo per le vittime dei crack finanziari le somme e gli strumenti finanziari depositati sui conti dormienti, mediante una procedura ad evidenza pubblica.

1229, comma 2 c.c.). Infatti il divieto di esonero della banca dall'osservanza dell'ordinaria diligenza nell'amministrazione dei titoli, sancito dall'art. 1838, comma 4 c.c., è ritenuto applicabile esclusivamente alla figura del deposito in amministrazione e non anche a quello del deposito a semplice custodia (34).

A fronte dell'attività di custodia prestata dalla banca, il cliente si obbliga a corrispondere un compenso sotto forma di commissioni e diritti di custodia, oltre al rimborso di tutte le spese che la banca dovesse affrontare.

Nel caso di deposito intestato a più persone, ciascuna di esse potrà ritirare i beni depositati se sia stata prevista la facoltà di operare disgiuntamente; altrimenti, nel caso di deposito a firme congiunte, occorrerà la presenza di tutti i depositanti.

Nel caso di morte o di sopraggiunta incapacità di agire di uno dei cointestatari le condizioni generali di contratto prevedono l'obbligo per gli eredi di disporre tutti insieme del deposito (35).

Diversamente dal deposito a semplice custodia, il **deposito di titoli in amministrazione** si caratterizza per l'assunzione da parte della banca non solo dell'obbligo di custodia, ma anche di quello di amministrare i titoli depositati (che possono essere sia titoli in serie, quali azioni, obbligazioni, titoli di Stato ecc., sia titoli individuali, quali cambiali, assegni, titoli di deposito ecc.).

In questo caso l'art. 1838 c.c. prevede espressamente che le obbligazioni assunte dalla banca comprendono l'esazione degli interessi e dei dividendi, la verifica dei sorteggi per l'attribuzione di premi o per il rimborso del capitale, la riscossione per conto del depositante e la tutela dei diritti inerenti ai titoli, accreditando al depositante i relativi proventi.

(34) Tra i tanti, Spinelli-Gentile, *Diritto bancario*, Padova, 1991, 347.

(35) Art. 9, comma 3 delle condizioni generali di contratto relative al rapporto banca-cliente, allegato A alla circolare ABI del 25 febbraio 2005 n. LG/000906. In mancanza di una regolamentazione contrattuale ciascun singolo erede del cointestatario deceduto potrà pretendere la restituzione di tutti i titoli depositati, stante l'indivisibilità dell'obbligazione restitutoria della banca che rende applicabile l'art. 1318 c.c. Nel caso invece di deposito cointestato con facoltà di operare solo congiuntamente, la banca potrà restituire i titoli ed i valori solo col concorso di tutti gli intestatari e pertanto, in caso di morte di uno di essi, con il concorso di tutti i superstiti e di tutti gli eredi.

L'art. 1838, comma 2 c.c. prevede che la banca debba chiedere in tempo utile al depositante le istruzioni per il compimento dell'atto di gestione, istruzioni che debbono poi essere eseguite sempre che il cliente abbia fornito i mezzi economici necessari.

Se il cliente non fornisse le istruzioni richieste, la banca però dovrebbe egualmente attivarsi per evitare danni al cliente: così l'art. 1838, comma 2, ult. parte c.c. prevede l'obbligo della banca di vendere i diritti di opzione per mezzo di un intermediario finanziario (dovendosi oggi estendere a tutti gli intermediari finanziari autorizzati i poteri propri degli agenti di cambio richiamati dalla norma).

Anche nel deposito di titoli in amministrazione la banca, nello svolgimento dell'attività di custodia ed in quella di gestione, è tenuta ad osservare la diligenza richiesta dalla particolare natura dell'attività professionale esercitata (secondo il criterio del buon banchiere *ex* art. 1176, comma 2 c.c.), ma in questo caso non potrà prevedersi, a pena di nullità, l'esonero dall'osservare l'ordinaria diligenza nell'amministrazione dei titoli (art. 1838, ult. comma c.c.).

Per il servizio di custodia ed amministrazione dei titoli, il cliente dovrà ovviamente corrispondere un compenso alla banca (diritti di custodia e commissioni per gli atti di gestione compiuti), oltre al rimborso delle spese sostenute.

Possiamo concludere evidenziando che il deposito di titoli in amministrazione unisce in un'unica figura negoziale complessa elementi tipici del deposito (le prestazioni di consegna, custodia e restituzione dei medesimi beni consegnati) e del mandato (l'attività di gestione dei titoli depositati). Torneranno quindi applicabili le norme dell'una e dell'altra figura negoziale a seconda degli aspetti che vengono in considerazione.

8. Le cambiali finanziarie.

Sotto il profilo funzionale, le cambiali finanziarie rappresentano uno strumento di « raccolta del risparmio tra il pubblico » ai sensi dell'art. 11 del T.U. bancario, oggi utilizzabile anche dalle banche ai sensi dell'art. 27, comma 18-*quater* del D.L. 19 maggio 2020, n. 34 converito dalla legge 17 luglio 2020, n. 77 (36).

Si tratta di una particolare categoria di titoli di credito introdotta e disciplinata da una serie di disposizioni legislative e regolamentari rappresentate nell'ordine: dal T.U. bancario, dalla legge 13 gennaio 1994 n. 43, ampiamente modificata da D.L. 22 giugno 2012, n. 83 convertito con modificazioni nella legge 7 agosto 2012, n. 134, dalla delibera del CICR 19 luglio 2005 (che ha abrogato la precedente delibera CICR 3 marzo 1994 ed il D.M. del Ministro del tesoro 7 ottobre 1994 che ne costituiva l'integrazione (37) e successive modifiche (in particolare nelle disposizioni applicative emanate ad aprile 2006 (38), nonché dal Provvedimento della Banca d'Italia dell'8 novembre 2016 recante le nuove disposizioni sulla raccolta del risparmio dei soggetti diversi dalle banche.

Sulla natura di titoli di credito delle cambiali finanziarie non possono sussistere dubbi, atteso che esse sono espressamente qualifi-

(36) La cambiale finanziaria trova un suo antenato nella cosiddetta « *accettazione bancaria* », disciplinata dall'art. 1 del D.L. 2 ottobre 1981 n. 546 convertito nella legge 1° dicembre 1981 n. 692. A differenza della cambiale finanziaria l'accettazione bancaria consiste in una cambiale tratta emessa all'ordine proprio su una banca che l'accetta e che viene girata dal traente a terzi finanziatori; pertanto il percettore dei fondi raccolti (traente) non coincide con il soggetto obbligato cartolarmente (banca trattaria ed accettante), come accade invece nelle cambiali finanziarie ove il beneficiario del prestito è anche obbligato cambiario (traente). Attraverso l'accettazione bancaria la banca concede un credito di firma che il cliente può « spendere » presso terzi (sull'argomento si vedano PELLIZZI, *Le accettazioni bancarie*, in *Banca, borsa, tit. cred.*, 1982, I, 993 ss.; MARTORANO, *Profili cartolari delle cambiali finanziarie*, in *Banca, borsa, tit. cred.*, 1996, I, 129 ss.). Altri antenati della cambiale finanziaria possono essere considerate le *polizze commerciali*, documenti (non aventi natura di titoli di credito) rilasciati da un'impresa beneficiaria di un finanziamento a favore dell'impresa erogante e contenenti l'espresso riconoscimento del debito e l'impegno ad effettuare il pagamento (di regola garantito dalla contestuale concessione di una garanzia bancaria a prima richiesta). Sull'argomento si vedano: CAPRIGLIONE, *Le polizze di credito commerciale*, in *Banca, borsa, tit. cred.*, 1989, I, 183 ss.; CANNIZZARO, *Le polizze di credito commerciale*, in *Impresa*, c.i., 1989, 1871 ss. Costituiscono invece veri e propri titoli di credito le cosiddette « *commercial papers* » sviluppatesi nel mercato statunitense. Si tratta di titoli emessi da primarie imprese nei confronti del pubblico dei risparmiatori a fronte della raccolta di fondi e suscettibili di circolazione autonoma (ASCARELLI, *Commercial papers*, in *Digesto, IV, Disc. priv.*, Sez. comm., III, Torino, 1988, 159).

(37) Pubblicato in *G.U.* 15 ottobre 1994 n. 242.

(38) Titolo IX, capitolo II, sezione IV, paragrafo 3.

cate come tali (e precisamente come titoli di credito all'ordine) dall'art. 1 della legge 43/1994. Nessun dubbio sembra sussistere inoltre sul fatto che si tratti di vere e proprie cambiali (art. 1, 2° comma legge 43/1995) o meglio di vaglia cambiari o pagherò, considerato che sono strutturate come promesse incondizionate di pagare una somma determinata di denaro (ciò si desume chiaramente dal richiamo all'art. 100 L. camb. — che disciplina appunto il vaglia cambiario — operato dallo stesso art. 2, 1° comma della legge 43/1994).

La natura cambiaria che contraddistingue questa tipologia di titoli rende quindi applicabile l'intera normativa riguardante il vaglia cambiario, contenuta nel R.D. 14 dicembre 1933 n. 1669.

Tuttavia, rispetto ai normali vaglia cambiari, le cambiali finanziarie presentano le seguenti caratteristiche:

a) sono titoli di credito all'ordine emessi in serie;

b) la loro circolazione può avvenire solo mediante girata « senza garanzia » o altra equivalente;

c) hanno una durata legalmente prevista e compresa fra 1 e 36 mesi;

d) hanno un taglio minimo unitario non inferiore ad € 50.000,00 (art. 5, comma 1 della delibera CICR 19 luglio 2005 e Sezione IV, paragrafo 5 del Provvedimento della Banca d'Italia dell'8 novembre 2016);

e) fiscalmente scontano l'imposta di bollo in misura inferiore rispetto alle comuni cambiali e, se emesse in forma dematerializzata, sono esenti da imposta di bollo, ferma restando l'esecutività del titolo (art. 1-*bis* della legge 43/1994 introdotto dal D.L. 83/2012 convertito nella legge 134/2012).

Inoltre, in aggiunta agli elementi di cui all'art. 100 della legge cambiaria, contengono l'indicazione:

— della denominazione « cambiale finanziaria » riportata sul titolo;

— dei proventi, ossia della remunerazione del capitale investito dall'investitore prenditore della cambiale finanziaria (indicati sul retro);

— della denominazione, oggetto e sede dell'impresa emittente e dell'ufficio del registro delle imprese presso il quale essa è iscritta;

— del capitale sociale dell'impresa emittente versato ed esistente al momento dell'emissione;

— dell'ammontare complessivo dell'emissione di cui la cambiale fa parte;

— dell'identità del garante e dell'ammontare della garanzia, qualora ne venga garantito il pagamento (39) (tale requisito è espressamente confermato dall'art. 5, comma 2 della delibera CICR 19 luglio 2005 che prescrive anche l'indicazione della garanzia sul registro relativo all'emissione).

La cambiale finanziaria costituisce uno strumento finanziario la cui emissione è giustificata dall'esistenza di un contratto normalmente qualificabile come di mutuo.

Questa identificazione del rapporto causale sottostante non esclude però l'astrattezza e la letteralità dei titoli in questione, allo stesso modo di quanto accade nelle obbligazioni (ove la causalità è solo apparente) ed il riferimento all'esistenza di un mutuo non esclude la separazione dal rapporto sottostante.

L'indicazione sul titolo dei proventi comporta una deroga a quanto disposto dagli artt. 5 e 102 L. camb., che consentono l'indicazione di un interesse prodotto dal debito cartolare solo per la cambiale a vista o a certo tempo vista. È evidente che, trattandosi di un elemento essenziale della cambiale finanziaria, tale limitazione non potrà trovare applicazione.

Caratteristica appare la necessità della girata senza garanzia: essa viene giustificata dall'esigenza di escludere qualsiasi garanzia del girante per l'eventuale inadempimento da parte dell'emittente (cfr. art. 19 L. camb.).

È questa una conseguenza della natura prettamente finanziaria del titolo in questione, la qual cosa esclude che il portatore (che è un mero investitore) possa essere chiamato a rispondere della solvibilità dell'emittente.

Le cambiali finanziarie sono emesse in serie (costituiscono cioè titoli di massa), per tagli predeterminati e legittimate all'emissione sono società di capitali, nonché società cooperative e mutue assicuratrici diverse dalle banche e dalle micro-imprese.

Le società e gli enti non aventi titoli rappresentativi del capitale negoziati in mercati regolamentati o non regolamentati possono emet-

(39) Righini, *La riforma del mercato finanziario*, in *Il corriere giuridico*, Milano, 1994, 527 ss.; Masi, *Primo approccio alle cambiali finanziarie*, in *Banca, borsa, tit. cred.*, 1994, I, 586; si veda anche l'elencazione contenuta nella circolare della Banca d'Italia del 2 dicembre 1994, citata nel testo.

tere cambiali finanziarie subordinatamente alla presenza di una serie di requisiti e precisamente, secondo quanto previsto all'art. 1, comma 2-*bis* della legge 43/1994:

a) l'emissione deve essere assistita da uno *sponsor*, vale a dire da una banca o da un'impresa di investimento, da una società di gestione del risparmio (SGR), da una società di gestione armonizzata (oggi società di gestione UE previste dall'art. 41-*bis* T.U. finanza come modificato dal D. Lgs. 3 agosto 2017, n. 129 ([40]), da una società di investimento a capitale variabile (SICAV), purché con succursale costituita nel territorio della Repubblica, che assiste l'emittente nella procedura di emissione dei titoli, lo supporta nella fase di collocamento dei titoli stessi e verifica che l'ammontare complessivo delle cambiali finanziarie emesse non superi determinate soglie patrimoniali (lo *sponsor* può mancare solo se emittente è una società diversa da una media o una piccola impresa);

b) lo *sponsor* deve mantenere nel proprio portafoglio, fino alla naturale scadenza, una quota dei titoli emessi, per percentuali diverse a seconda dell'ammontare complessivo dell'emissione (questo requisito non è necessario laddove l'emissione sia garantita per almeno il 25% da una banca o da un'impresa di investimento ovvero da un consorzio di garanzia collettiva dei fidi per le cambiali emesse da società aderenti al consorzio);

c) l'ultimo bilancio della società emittente deve essere certificato da un revisore contabile o da una società di revisione iscritta nel registro dei revisori contabili;

d) le cambiali finanziarie devono essere emesse e girate esclusivamente in favore di investitori professionali che non siano, direttamente o indirettamente, soci della società emittente.

L'art. 4 della legge 43/1995 ha equiparato le cambiali finanziarie ai valori mobiliari e pertanto la loro negoziazione è riservata ai cosiddetti soggetti abilitati, ossia alle imprese di investimento (SIM, imprese di investimento comunitarie ed extracomunitarie) ed alle banche.

L'art. 4 della delibera CICR 19 luglio 2005 prevede che l'emissione di cambiali finanziarie, unitamente all'emissione di obbligazioni, non

([40]) Si tratta delle società autorizzate ai sensi della direttiva 2009/65/CE in uno Stato dell'UE diverso dall'Italia, che esercitano l'attività di gestione di uno o più OICVM (Organismi di Investimento Collettivo in Valori Mobiliari), di cui tratteremo al Capitolo XVIII, paragrafo 5.

può superare il limite prescritto dall'art. 2412, comma 1 c.c. (doppio del capitale sociale, della riserva legale e delle riserve disponibili) se emittente è una società per azioni o in accomandita per azioni o società cooperativa. Restano però applicabili alle emissioni di tutti gli strumenti finanziari (e quindi anche delle cambiali finanziarie) le deroghe a tale limite previste dall'art. 2412 c.c. (41).

Se invece emittente è una società a responsabilità limitata o una società cooperativa cui si applicano le norme sulle società a responsabilità limitata, valgono le limitazioni previste rispettivamente dall'art. 2483 (in particolare l'emissione può avvenire solo a favore di soggetti vigilati i quali risponderanno della solvenza dell'emittente in caso di successivo trasferimento dei titoli) e dall'art. 2526 c.c. (obbligo di offerta di strumenti finanziari privi di diritti amministrativi solo ad investitori qualificati).

Abbiamo già esaminato, al Capitolo II, i limiti all'emissione, da parte degli intermediari finanziari, di strumenti finanziari di raccolta, nei quali rientrano anche le cambiali finanziarie.

(41) Le deroghe si riferiscono al caso della sottoscrizione degli strumenti finanziari emessi in eccedenza rispetto al limite di legge da parte di investitori professionali soggetti a vigilanza prudenziale; al caso di emissione garantita da ipoteca di I grado su immobili di proprietà dell'emittente ove il valore dell'emissione non superi i 2/3 del valore degli immobili ipotecati; al caso dell'emissione di strumenti finanziari da parte di emittenti quotati, sempre che detti strumenti finanziari siano destinati ad essere quotati; al caso di deroghe autorizzate dall'autorità governativa (che si identifica col CICR) in presenza di ragioni che interessano l'economia nazionale.

CAPITOLO XI

L'ATTIVITÀ BANCARIA DI EROGAZIONE DEL CREDITO

1. Il mutuo ordinario ed il problema degli interessi usurari.

Nell'esaminare le operazioni bancarie di erogazione del credito passiamo ad occuparci della categoria delle *operazioni attive*, così definite perché in esse la banca assume la veste di creditrice nei confronti della clientela, venendo a vantare un credito alla restituzione delle somme di denaro erogate.

Tra le più comuni operazioni appartenenti a questa categoria troviamo anzitutto il mutuo, disciplinato dagli artt. 1813-1822 c.c.

Si tratta di un'operazione che non è tipicamente bancaria, dato che viene comunemente utilizzata anche da soggetti diversi dalle banche, ma — velendo seguire la teoria che vuole qualificare bancari tutti quei contratti ai quali partecipa una banca — possiamo certamente ricondurla a pieno titolo tra i contratti bancari nel caso in cui la banca ne sia parte.

Il mutuo è definito dall'art. 1813 c.c. come quel contratto col quale una parte consegna all'altra una determinata quantità di denaro o di altre cose fungibili e l'altra si obbliga a restituire altrettante cose della stessa specie e qualità.

Oggetto del contratto, come si nota da questa definizione, possono essere tutte le cose fungibili, ma il mutuo, considerato come contratto bancario, avrà ovviamente ad oggetto denaro.

Elemento caratteristico del mutuo (che già abbiamo visto anche nel deposito bancario) è il passaggio di proprietà del denaro dal mutuante al mutuatario (art. 1814 c.c.).

Il mutuo è poi un contratto reale, vale dire un contratto che si perfeziona non con il semplice consenso manifestato tra le parti (art. 1376 c.c.), ma con la consegna materiale delle somme di denaro concesse a mutuo, consegna che dunque non rappresenta il momento esecutivo del rapporto, ma costituisce elemento per il perfezionamento del negozio. Dalla consegna del denaro sorge in capo al mutuatario l'obbligazione di restituire una quantità di denaro corrispondente a quella ricevuta (*tantundem*), oltre agli interessi. Gli interessi possono essere pattuiti in misura superiore al tasso legale, ma in tal caso la relativa pattuizione deve essere redatta per iscritto a pena di nullità (art. 1284, comma 2 c.c.) e deve contenere l'esatta determinazione del tasso applicato ovvero il rinvio ad elementi di determinazione estrinseci al contratto, purché obbiettivamente determinabili ([1]).

Esiste però una particolare configurazione del mutuo come contratto consensuale prevista dall'art. 1822 c.c. (promessa di mutuo), che viene normalmente qualificata come contratto preliminare di mutuo ([2]).

Un'ulteriore configurazione consensualistica del mutuo la ritroviamo nel T.U. bancario tra le norme sul mutuo fondiario (di cui diremo nel prossimo paragrafo). Infatti l'art. 39, comma 2 T.U. bancario, nel prevedere la possibilità che l'erogazione del contratto di mutuo fondiario segua la stipulazione del contratto, ammette implicitamente che questa particolare figura di finanziamento possa perfezionarsi col semplice consenso, senza bisogno della materiale consegna del denaro.

Inoltre si è elaborata in giurisprudenza una fattispecie negoziale consensuale del mutuo, onerosa ed atipica, definita « contratto di finanziamento » o « mutuo di scopo », in cui la consegna della somma di denaro rappresenta l'esecuzione dell'obbligazione principale gravante sul mutuante. Questa figura contrattuale assolve ad una funzione creditizia al fine di destinare una determinata somma alla realizzazione di una specifica finalità (ad esempio l'esecuzione di un'opera), con la conseguenza che lo scopo entra nello schema causale del contratto,

([1]) Non può quindi farsi riferimento alle condizione usualmente praticate dalla banca su piazza (Cass. 2 ottobre 2003, n. 14684) o al prime rate (Trib. Pescara, 23 marzo 2006, in *Banca, borsa, tit. cred.*, 2008, II, 223 ss.).

([2]) L'art. 1822 c.c. non consente tuttavia l'esecuzione in forma specifica *ex* art. 2932 c.c. (Cass., 18 giugno 1981, n. 3980, in *Giust. civ.*, 1982, I, 201).

determinandone la nullità nel caso in cui le parti si accordino fin dall'inizio per non rispettarne la destinazione. L'ente finanziatore potrà controllare l'effettiva destinazione della somma mutuata alla realizzazione della finalità pattuita, prevedendo l'erogazione di ratei di finanziamento al progredire dei vari stati di avanzamento lavori e potendo chiedere, in caso di mancata destinazione delle somme all'uso previsto, la risoluzione del contratto (3).

Questa configurazione consensualistica ha un'importanza fondamentale nei rapporti tra banche ed imprese perché consente a queste ultime di assicurarsi una disponibilità finanziaria in vista del compimento di particolari investimenti.

La restituzione del mutuo potrà avvenire o in unica soluzione ovvero ratealmente ed in quest'ultimo caso anche il mancato pagamento di una sola rata legittima il mutuante a richiedere la restituzione dell'intero, secondo la regola della decadenza dal beneficio del termine espressa dall'art. 1819 c.c.

La restituzione delle somme mutuate e degli interessi deve avvenire entro il termine che, se non concordato tra le parti (art. 1816 c.c.), deve essere fissato dal giudice (art. 1817 c.c.), considerato che la fissazione di un termine è elemento essenziale del contratto. Il termine si presume

(3) Più precisamente, la nullità (per mancanza di causa) consegue all'accordo originario delle parti volto a stabilire l'utilizzo della provvista per una finalità diversa da quella prevista dal contratto di mutuo; nel caso, invece, di mero inadempimento al programma di destinazione delle somme mutuate, non si ha nullità, ma solo la possibilità di risoluzione del contratto (Cass, 25 gennaio 2021, n. 1517, la quale chiarisce anche che lo scopo convenzionale pattuito tra le parti deve rispondere a uno specifico e diretto interesse del mutuante, il quale vincoli l'utilizzo delle somme erogate alla relativa destinazione; sulla nullità per mancanza di causa si vedano: Cass., 21 ottobre 2019, n. 26770; Cass., 19 ottobre 2017, n. 24699, con riferimento all'accordo di estinguere una pregressa esposizione del mutuatario verso la banca mutuante; Cass., 8 aprile 2009, n. 8564, in *Banca, borsa, tit. cred.*, 2010, 6, II, 672; sulla possibilità per il mutuante di risolvere il contratto di mutuo per mancato rispetto della destinazione si veda Cass., 18 giugno 2018, n. 15929, la quale chiarisce però che è irrilevante che la destinazione sia attuata prima o dopo l'erogazione del finanziamento). Sul mutuo di scopo in genere si vedano: Cass., 3 dicembre 2007, n. 25180, in *Riv. notariato*, 2009, 2, 442; in dottrina MAZZAMUTO, voce *Mutuo di scopo*, in *Enc. Giur. Treccani*, Roma, vol. XX, 1988; LUMINOSO, *I contratti tipici e atipici, Contratti di alienazione, di godimento di credito*, Milano, 1995, 741 e ss. Da sottolineare anche il fatto che nel mutuo di scopo la pattuizione di un tasso agevolato rappresenta una funzione essenziale del contratto (Cass., 18 giugno 1992, n. 7547).

pattuito nell'interesse di entrambe le parti, posto che il mutuatario ha interesse a restituire quanto ricevuto in maniera dilazionata, mentre il mutuante ha interesse alla maturazione degli interessi periodici (art. 1816 c.c.).

Abbiamo già visto, parlando di trasparenza, che è sempre esercitatile dal cliente *persona fisica* il recesso anticipato dai contratti di mutuo per l'acquisto o la ristrutturazione di unità immobiliari adibite ad abitazione ovvero allo svolgimento della propria attività economica o professionale, riguardo ai quali l'art. 120-*ter* del T.U. bancario, introdotto dal D.Lgs. 13 agosto 2010, n. 141, ha previsto anche la nullità di qualsiasi clausola contraria a questa facoltà di recesso.

La regola anzidetta era stata introdotta per i mutui contratti a decorrere dal 2 febbraio 2007 (D.L. 7/2007, convertito nella legge 40/2007). Per i mutui contratti anteriormente la misura massima dell'importo della penale dovuta per il caso di estinzione anticipata o parziale del mutuo è stata determinata mediante un accordo tra ABI e 12 associazioni dei consumatori rappresentative a livello nazionale, concluso in data 2 maggio 2007 (4).

La penale per l'estinzione anticipata o parziale dei mutui resta quella contrattualmente prevista per i contratti conclusi con un mutuatario che *non sia persona fisica* [per i mutui fondiari troverà applicazione la delibera CICR 9 febbraio 2000 (5) che prevede la libera determinazione di detta penale, purché essa sia prevista in maniera omnicomprensiva e chiaramente espressa in contratto, anche mediante uno o più esempi di applicazione della formula di calcolo].

Va poi ricordata la regola della cosiddetta ***portabilità*** **dei finanziamenti** (mutui o altri contratti di finanziamento), la quale comporta che il soggetto finanziato (purché persona fisica o micro impresa) possa sempre sostituire all'originario finanziatore (banca o intermediario finanziario) un nuovo finanziatore, senza spese ed oneri, usando il meccanismo della surrogazione per volontà del debitore di cui all'art. 1202 c.c., il quale

(4) L'accordo prevede per i mutui a tasso variabile e per quelli a tasso fisso stipulati prima del 2001 una penale massima dello 0,50%. Per i mutui a tasso fisso stipulati dopo il 2001 la soglia massima è dell'1,90% per la prima metà del periodo di ammortamento del mutuo, 1,50% per la seconda metà, 0,20% per il terz'ultimo anno e 0 per gli ultimi due anni.

(5) In *G.U.* 22 febbraio 2000, n. 43.

prevede che il mutuante che abbia erogato una somma di denaro finalizzata ad estinguere un precedente debito del mutuatario viene surrogato nei diritti del creditore soddisfatto, con effetti anche contro i terzi che hanno prestato garanzie per il debitore (art. 1204, comma 1 c.c.). In sostanza il soggetto finanziato rinegozia con un'altra banca le condizioni del finanziamento, estingue il rapporto precedente e ne costituisce uno nuovo assistito però dalle medesime garanzie e dai medesimi benefici fiscali. Oggi questa disciplina (originariamente introdotta dal D.L. 31 gennaio 2007, n. 7, convertito, con modificazioni, dalla legge 2 aprile 2007, n. 40), è stata inserita nell'art. 120-*quater* del T.U. bancario, che ha confermato la portabilità dei mutui (o di qualsiasi altro finanziamento, con la sola esclusione dei *leasing*), senza applicazione di penali od oneri di qualsiasi natura, neanche con riferimento alla stipulazione del nuovo mutuo destinato a sostituire quello precedente, con la precisazione che è nulla qualsiasi clausola contraria, anche se pattuita successivamente alla conclusione del mutuo (6).

Tornando alle caratteristiche del mutuo in generale, si tratta di un contratto naturalmente oneroso, essendo previsto che la restituzione del capitale si accompagni al pagamento degli interessi da parte del mutuatario.

A proposito del pagamento degli interessi, la legge 7 marzo 1996, n. 108 si è preoccupata di contrastare la pattuizione di **interessi usurari**, introducendo una soglia (variabile nel tempo) ricavabile dal cosiddetto *tasso effettivo globale medio* (7), un valore percentuale ricavato dalla me-

(6) Una diversa possibilità è stata prevista dal D.L. 27 maggio 2008, n. 93, convertito nella legge 24 luglio 2008, n. 126, che ha introdotto la cosiddetta "portabilità imposta", cioè la trasformazione (a decorrere dall'1 gennaio 2009) di un mutuo a tasso variabile (sempre se stipulato prima del 28 maggio 2008 e riferito all'acquisto, costruzione e ristrutturazione dell'abitazione principale) in un mutuo a tasso fisso, con un interesse calmierato (corrispondente al tasso medio rilevato nel 2006). La differenza tra il tasso variabile che sarebbe dovuto ed il tasso calmierato viene addebitato su un "conto di finanziamento accessorio" (sul quale sono addebitate anche le rate pregresse e non pagate), ma sul relativo debito viene a sua volta applicato un tasso fisso determinato sulla base di particolari parametri rilevati.

(7) Si tratta di un tasso *effettivo* e globale in quanto comprensivo di commissioni, (anche di massimo scoperto), spese e remunerazioni a vario titolo dovute per l'operazione di finanziamento, con la sola esclusione degli oneri fiscali; è poi un tasso *medio*, perché traduce in termini percentuali i tassi di interesse praticati per operazioni della stessa natura dalle banche e dagli altri intermediari finanziari.

dia dei tassi di interesse su base annua, di commissioni e altre remunerazioni praticate da banche ed intermediari finanziari che viene rilevato trimestralmente, per categorie omogenee di operazioni, con decreto del Ministro dell'economia e delle finanze, sentita la Banca d'Italia.

La pattuizione di tassi oltre la soglia così fissata (per la precisione se il tasso pattuito supera di ¼ e di ulteriori 4 punti percentuali il tasso effettivo globale medio o comunque se supera di 8 punti percentuali il predetto valore fissato amministrativamente (8) comporta automaticamente la qualificazione dell'interesse come usurario.

Si noti che, ai sensi dell'art. 644, comma 4 c.p., rientra nel concetto di interesse usurario qualsiasi remunerazione [ivi compresi gli **interessi moratori** (9)], spesa (ad eccezione di quelle per imposte e tasse) o commissione [ivi compresa la **commissione di massimo scoperto**, come precisato dall'art. 2-*bis*, comma 2 del D.L. 29 novembre 2008, n. 185, convertito con modificazioni nella legge 28 gennaio 2009, n. 2 (10)] collegata all'erogazione del credito (art. 644, comma 4 c.p.).

(8) Il criterio per la determinazione del cosiddetto tasso soglia è stato fissato dal D.L. 13 maggio 2011, n. 70 (cosiddetto "decreto sviluppo"), convertito nella legge 12 luglio 2011, n. 106.

(9) La Cassazione a Sezioni Unite ha chiarito che la disciplina antiusura si applica anche agli interessi moratori (Cass., Sez. Un., 18 settembre 2020, n. 19597). Le Sezioni Unite hanno anche precisato che la rilevazione dell'eventuale superamento del tasso soglia va fatta aggiungendo al TEGM lo *spread* previsto nelle rilevazioni statistiche di Banca d'Italia e riportate nei decreti ministeriali trimestrali, moltiplicando poi tale sommatoria (TEGM + *spread*) per il coefficiente in aumento previsto (oggi ¼) ed infine aggiungendo i punti percentuali previsti in misura fissa (oggi 4 punti percentuali).

A decorrere dal decreto ministeriale del 21 dicembre 2017 si è prevista, rispetto ai tassi percentuali corrispettivi, una maggiorazione media pari all'1,9% per i mutui ipotecari di durata ultraquinquennale, al 4,1% per le operazioni di *leasing* ed al 3,1% per gli altri prestiti. A seconda del tipo di operazione in esame, occorre quindi procedere ad *aggiungere* uno degli *spread* appena visti al TEGM *prima* di applicare la formula di legge per il calcolo del tasso soglia.

(10) Anche per il periodo precedente la precisazione introdotta con la normativa citata nel testo la Cassazione penale era giunta ad affermare che la commissione di massimo scoperto dovesse essere considerata ai fini del calcolo del tasso usurario (Cass., II Sez. pen., 26 marzo 2010, n. 12028, in *www.almaiura.it*).

Cass, Sez. Un., 20 giugno 2018, n. 16303 ha definitivamente chiarito che, per i rapporti in corso al momento dell'entrata in vigore dell'art. 2-*bis* del D.L. 185/2008, inserito dalla legge di conversione n. 2 del 2009, la commissione di massimo scoperto (CMS) va computata ai fini della verifica di usurarietà, ma ha indicato un criterio di calcolo che consiste in un doppio e distinto raffronto: il primo tra il TEG (cioè il tasso

Ove il tasso moratorio dovesse risultare usurario e come tale non applicabile, restano comunque dovuti gli interessi nella misura dei corrispettivi lecitamente convenuti ex art. 1224, comma 1 c.c., dovendosi la nullità ex art. 1815, comma 2 c.c. applicare solo al tipo di interessi illecitamente pattuiti.

La conseguenza della qualificazione di un interesse come usurario è che, oltre a potersi configurare il reato di usura (in caso di dolo), il mutuante non avrà diritto alla percezione di alcun interesse, essendo la relativa pattuizione colpita dalla nullità assoluta prevista dall'art. 1815, comma 2 c.c. (nel testo modificato dalla legge 108/1996).

Particolare importanza assume identificare il momento a cui fare riferimento per verificare quando il superamento della soglia di usura sia idoneo a produrre la gratuità del finanziamento.

L'art. 1, comma 1 del D.L. 29 dicembre 2000, n. 394, convertito con modificazioni nella legge 28 febbraio 2001, n. 24 (*Interpretazione*

di interesse concretamente applicato) ed il tasso soglia ed il secondo tra la commissione di massimo scoperto concretamente applicata e quella "soglia", calcolata quest'ultima aumentando della metà la percentuale della CMS media indicata nei decreti ministeriali emanati ai sensi dell'art. 2, comma 1, della legge n. 108/96. Compiuta questa doppia verifica, occorre *compensare* l'importo dell'eventuale eccedenza della CMS rispetto alla CMS soglia con il margine degli interessi che sia eventualmente residuato sotto soglia, da calcolarsi sottraendo il TEG al tasso soglia. Sussisterà usura solo qualora, a seguito di detta compensazione, dovesse sussistere ancora un importo residuale eccedente la CMS soglia. In precedenza la Cassazione civile sosteneva che non dovesse tenersene conto fino al 31 dicembre 2009, dato che l'art. 2-*bis* del D.L. 185/2008, convertito nella legge 2/2009, non è una norma di interpretazione autentica, bensì innovativa e con effetti decorrenti solo dal 1° gennaio 2010 (Cass., 22 giugno 2016, n. 12965 che precisa come, nella rilevazione dei tassi usurari, sia necessario utilizzare dati tra loro comparabili e quindi rispettare le istruzioni di Banca d'Italia che rilevano nella fissazione dei tassi soglia).

A rientrare nel calcolo degli interessi usurari è solo la "*remunerazione, a favore della banca, dipendente dall'effettiva durata dell'utilizzazione dei fondi da parte del cliente*" (come precisa l'art. 2-*bis*, comma 2 del D.L. 185/2008), per cui parrebbero risultare escluse dal computo tutte quelle commissioni o remunerazioni per la semplice messa a disposizione dei fondi. In realtà l'art. 644, comma 4 c.p. enuncia un criterio così ampio di determinazione del tasso usurario da indurre a ritenere computabile qualsiasi commissione collegata alla erogazione del credito. Non sono da considerare però le voci di costo solo eventuali, come le penali di estinzione anticipata di un mutuo (fra le tante Trib. Novara, 1 luglio 2020, n. 324, Trib. Lecce, 29 giugno 2020, n. 1510, Trib. Ravenna, 22 gennaio 2018, n. 48, tutte in *DeJure*, Giuffrè; Trib. Grosseto, 21 giugno 2018, *ivi*, che reputa computabile tale voce solo in caso di effettiva applicazione).

autentica della legge 7 marzo 1996, n. 108), ha precisato che, sia ai fini della configurabilità del reato di usura (art. 644 c.p.), sia per la nullità dei tassi usurari (art. 1815, comma 2 c.c.), il superamento del tasso soglia va considerato al momento in cui gli interessi sono ***promessi*** o comunque ***convenuti***, indipendentemente dal momento del loro pagamento.

Poiché la stessa norma precisa che la regola vale per i tassi pattuiti « *a qualsiasi titolo* », deve ritenersi che non potrà applicarsi l'art. 1815, comma 2 c.c. (il quale prevede che, in caso di interessi usurari, nulla sia dovuto) a nessuna operazione finanziaria (non solo ai mutui) conclusa prima dell'entrata in vigore della legge 108/1996, potendo quest'ultima disposizione trovare applicazione solo nel caso in cui l'interesse sia usurario nel momento in cui viene pattuito e non quando sia divenuto tale successivamente. La disposizione, essendo contenuta in una legge di interpretazione autentica, ha efficacia retroattiva e dunque si applica fin dall'entrata in vigore della legge 108/1996.

Se è il momento della pattuizione degli interessi ad assumere rilevanza, si è però anche chiarito che, ove la banca applichi in concreto un interesse moratorio sotto soglia rispetto a quello usurario pattuito, il cliente non potrà agire in giudizio per ottenere una sentenza che lo esoneri dal pagamento ex art. 1815, comma 2 c.c., essendo carente di interesse ad agire (Cass., Sez. Un., 18 settembre 2020, n. 19597).

I parametri di riferimento dell'usurarietà restano sempre quelli esistenti al momento della conclusione del contratto, in coerenza col principio della *usurarietà originaria*, sia pure adeguando tale principio alla natura degli interessi moratori che vengono concretamente in rilievo solo se e quando si verifica un inadempimento.

Chiarito quale sia il momento rilevante per l'applicazione della normativa anti usura, ci si è chiesti quale sorte debbano avere i tassi originariamente convenuti entro i limiti di legge, ma divenuti superiori alle soglie tempo per tempo rilevate durante il corso del rapporto.

In altre parole, si è posto il problema della rilevanza della cosiddetta **usura sopravvenuta**.

Dopo prolungati contrasti giurisprudenziali, le **Sezioni Unite** della Cassazione si sono pronunciate con la **sentenza 19 ottobre 2017**, **n. 24675**, negando rilevanza alla cosiddetta *usura sopravvenuta*, ossia escludendo che il tasso degli interessi, lecitamente pattuito *ab origine*, ma che in corso di rapporto finisca col superare la soglia di usura tempo per tempo rilevata, debba essere ricondotto al tasso soglia o al tasso legale, non essendo ipotizzabile alcuna ipotesi di nullità o di inefficacia neppure parziale della relativa clausola ex artt. 1339 e 1419, comma 2 c.c., né essendo ravvisabile alcuna violazione del principio di buona fede ai sensi dell'art. 1375 c.c. nell'esercitare un diritto scaturente da una clausola valida (11).

A comportare un problema di usura sopravvenuta possono essere anche le variazioni unilaterali in corso di rapporto delle condizioni economiche di un contratto di conto corrente bancario ai sensi dell'art. 118, comma 2 T.U. bancario, in quanto deve ritenersi il carattere contrattuale della procedura di modifica. La singola variazione potrebbe quindi rilevare come nuova pattuizione usuraria ex art. 1, comma 1 del D.L. 394/2000. Pertanto, ove essa preveda un aumento delle condizioni economiche tale da determinare un superamento del tasso soglia, troverà applicazione l'art. 1815, comma 2 c.c. dalla data di efficacia della variazione fino alla variazione successiva entro soglia (12).

(11) Le Sezioni Unite hanno precisato il seguente principio di diritto: "*allorché il tasso degli interessi concordato tra mutuante e mutuatario superi, nel corso dello svolgimento del rapporto, la soglia dell'usura come determinata in base alle disposizioni della legge n. 108 del 1996, non si verifica la nullità o l'inefficacia della clausola di determinazione del tasso degli interessi stipulata anteriormente all'entrata in vigore della predetta legge, o della clausola stipulata successivamente* ***per un tasso non eccedente tale soglia quale risultante al momento della stipula****; né la pretesa del mutuante di riscuotere gli interessi secondo il tasso validamente concordato può essere qualificata, per il solo fatto del sopraggiunto superamento di tale soglia, contraria al dovere di buona fede nell'esecuzione del contratto*".

(12) Trib. Padova, 9 Aprile 2019, in *www.ilcaso.it*, Sez. Giur., 21706, secondo cui, "*se per effetto dello ius variandi esercitato dalla banca il tasso sale sopra la soglia usuraria, si tratta in ogni caso di usura originaria, con le conseguenze di cui all'art. 1815 c.c.*"; conformi: Trib. Lecce, 12 maggio 2020, n. 1124, Trib. Udine, 20 luglio 2018, n. 931, Trib. Roma, 11 aprile 2018, tutte in *DeJure*, Giuffrè; Trib. Bari, ordinanza 13 aprile 2018, in *www.ilcaso.it.*, Sez. giur., 2018, 19819.

Ritiene la natura non contrattuale del meccanismo di variazione ex art. 118 T.U. bancario DOLMETTA, *Ius variandi bancario. Linee evolutive*, in AA.VV., *Ius variandi bancario* a cura di Dolmetta e Sciarrone Alibrandi, Milano, 2012; poi però l'Autore propende per l'equivalenza effettuale della struttura ex art. 118, comma 2 T.U. bancario rispetto a quella del patto di cui all'art. 2 legge n. 24/2011, con la conseguenza che la gratuità dell'operazione per il cliente è ritenuta soluzione predicabile solo a partire dal periodo successivo a quello in cui è stato esercitato il *ius variandi* da parte

2. Le operazioni di credito speciale: il mutuo fondiario.

Il T.U. bancario prevede, agli artt. 38 e ss., una serie di operazioni caratterizzate da particolari deroghe al sistema di diritto comune ed in particolare alla disciplina del contratto di mutuo appena esaminata ovvero caratterizzate dalla peculiare destinazione del finanziamento.

Il primo tipo di contratto di credito speciale che si incontra è il mutuo fondiario, il quale costituisce una forma speciale di mutuo ipotecario (ossia garantito da ipoteca).

Il mutuo fondiario è oggi previsto e disciplinato dagli artt. 38-41 del T.U. bancario e, in via di prima approssimazione, ricomprende qualsiasi finanziamento a medio o lungo termine (quindi con scadenza **superiore ai** 18 mesi ([13]) erogato da una banca e garantito da ipoteca di

della banca (DOLMETTA, *Sugli effetti civilistici dell'usura* sopravvenuta, in *www.ilcaso.it*, Articoli, 9 febbraio 2014, pag. 6, nota 8).

([13]) Che debba trattarsi di finanziamenti con scadenza superiore ai 18 mesi è confermato dalle seguenti argomentazioni:

a) anzitutto ragioni storiche, considerato che la precedente nozione di credito fondiario (contenuta nell'art. 4 della legge 6 giugno 1991, n. 175) prevedeva l'erogazione del credito fondiario mediante mutui (che erano previsti come di durata non inferiore a 5 anni) o mediante anticipazioni (che erano previsto come di durata superiore ai 18 mesi) e pertanto le operazioni di finanziamento fondiario erano caratterizzate per avere una durata temporale superiore ai 18 mesi (e, osserva correttamente SEPE, in *Comm. al T.U. delle leggi in materia bancaria e finanziaria*, diretto da Francesco Capriglione, Padova, 2012, I, *sub* art. 38, 436: "*Sembra quindi possibile ritenere che il legislatore delegato, nel richiamare la formula a medio e lungo termine non abbia inteso discostarsi da quella che era la sua accezione comune*");

b) l'identificazione del medio termine col periodo che va dai 18 mesi (compresi) in avanti era espressamente prevista solo per le operazioni di raccolta del risparmio tra il pubblico (si veda la delibera CICR del 28 gennaio 1963, pubblicata nel Boll. della Banca d'Italia — Vigilanza sulle aziende di credito n. 3, pag. 9, che menzionava appunto la raccolta a medio e lungo termine) e quindi tale nozione non è automaticamente estensibile alle operazioni di erogazione del credito;

c) l'art. 15 del D.P.R. 29 settembre 1973, n. 601, nel disciplinare le agevolazioni tributarie per il settore del credito riconosce l'esenzione dall'imposta di registro, dall'imposta di bollo, dalle imposte ipotecarie e catastali e dalle tasse sulle concessioni governative solo alle operazioni di finanziamento a medio e lungo termine, per tali intendendosi quelle con durata contrattuale superiore ai 18 mesi;

d) le istruzioni della Banca d'Italia (circolare 21 aprile 1999, n. 229 in *G.U.* n. 119 del 24 maggio 1999 — serie generale) al Titolo IV, Capitolo 7, Sezione I (abrogato dall'11° aggiornamento del 28 marzo 2006 per ragioni diverse dalla modifica della nozione, mai sostituita da altra), trattando dei finanziamenti alle imprese e dei limiti alla

primo grado su immobili ed il cui ammontare non superi una certa percentuale del valore dell'immobile ipotecato.

Alcune norme sul mutuo fondiario si applicano anche al **mutuo vitalizio ipotecario** disciplinato dalla legge 2 aprile 2015, n. 44 (già esaminato al Capitolo VIII, paragrafo 10), il quale tuttavia non rientra nella categoria qui in esame, essendo privo dei relativi requisiti.

La caratteristica più innovativa dell'attuale regime del credito fondiario consiste nel fatto che il T.U. bancario ha ricompreso in tale nozione sia le operazioni un tempo definite di credito fondiario vero e proprio (finanziamenti concessi su beni esistenti e non aventi una destinazione particolare) sia le operazioni di credito edilizio (finanziamenti finalizzati invece alla costruzione, ristrutturazione ed al recupero di beni immobili e dunque caratterizzati da una precisa destinazione ed erogati in base a stati di avanzamento lavori (14).

Come accennato, l'importo del finanziamento erogato non può eccedere una percentuale del valore del bene ipotecato o del costo delle opere da eseguire sullo stesso: secondo quanto dispone la delibera CICR 22 aprile 1995 (*Norme in materia di credito fondiario in attuazione dell'art. 38, comma 2 del T.U. bancario* (15) tale percentuale non può essere superiore all'80% (ossia l'importo del finanziamento non può superare l'80% del valore dei beni che vengono gravati da ipoteca di I grado).

La medesima delibera ha però precisato che la banca può elevare il limite del finanziamento fino al 100% del valore dell'immobile ipotecato, purché vengano prestate garanzie integrative (consistenti in

trasformazione delle scadenze, definivano le attività a medio termine come quelle con vita residua superiore ai 18 mesi e pari o inferiore a 5 anni e le attività a lungo termine come quelle con vita residua superiore a 5 anni, con ciò confermando una nozione ormai comunemente accolta.

(14) Anche prima dell'entrata in vigore del T.U. bancario il mutuo fondiario si caratterizzava per l'assenza di una particolare destinazione delle somme erogate e ciò lo differenziava dal mutuo edilizio o da altri « mutui di scopo » che tale destinazione richiedevano quale elemento essenziale per la validità del negozio (Cass., 11 gennaio 2001, n. 317 in *Fall.*, 2001, n. 11, 1214 ss. con specifico riferimento alla disciplina di cui al R.D. 646/1905, che però si afferma ripresa anche dal T.U. bancario; sulla natura di mutuo di scopo del credito edilizio si vedano Trib. Milano, 28 marzo 1991, in *Banca, borsa, tit. cred.*, 1992, II, 215, Cass., 10 giugno 1981, n. 3752 e Cass., 3 aprile 1971, n. 896).

(15) In *G.U.* 15 maggio 1995, n. 111.

fideiussioni bancarie o assicurative, in cessioni di crediti verso lo Stato o verso Enti pubblici o altre forme di garanzia espressamente previste dall'Autorità di vigilanza, come, ad esempio, il pegno di titoli di Stato).

Se di regola l'ipoteca a garanzia della restituzione del finanziamento deve essere di I grado, può qualificarsi credito fondiario anche quello garantito da ipoteca di grado ulteriore se l'importo erogato, sommato a quello precedente ancora da restituire e garantito da ipoteca di I grado, resti nei limiti di erogabilità appena visti (80% del valore dell'immobile elevabile al 100% in presenza di garanzie integrative).

Una questione particolarmente importante è quella della verifica della effettiva natura fondiaria del mutuo garantito da ipoteca perché, se si tratta di mutuo fondiario, l'operazione beneficia del trattamento privilegiato che stiamo per esaminare, anche in termini di esenzione da revocatoria; se invece il mutuo va considerato solo ordinario, allora la disciplina è quella generale anche ai fini della revocabilità.

L'opinione che ha acquisito maggiore seguito nella giurisprudenza più recente della Cassazione è quella secondo cui il mutuo fondiario erogato in violazione dei **limiti di finanziabilità** previsti dall'art. 38, comma 2 T.U. bancario e della delibera CICR 22 aprile 1995:

— è **nullo** per violazione di norme da ritenersi imperative in quanto finalizzate a prevenire l'assunzione di rischi eccessivi da parte del mutuatario (smobilizzando beni immobili di valore di gran lunga inferiore all'importo del finanziamento), con conseguente danno ai suoi creditori diversi dalla banca erogante e finalizzato a tutelare l'interesse pubblico alla corretta concorrenzialità ed alla regolarità del mercato del credito;

— questa nullità non può essere soltanto **parziale** ai sensi dell'art. 1419, comma 2 c.c., in quanto il vizio non incide su una parte soltanto del negozio, ma sulla totalità del suo oggetto e quindi su di un elemento essenziale perché il contratto possa qualificarsi come mutuo fondiario (l'importo del finanziamento, eccessivo rispetto al valore dell'immobile ipotecato);

— la predetta nullità non determina necessariamente la sanzione dell'inefficacia del rapporto di finanziamento, con conseguente obbligo per il mutuatario di restituire immediatamente la somma erogatagli (se così fosse, una nullità sancita a sua tutela si risolverebbe a suo danno), ma legittima la **conversione** del mutuo fondiario in mutuo ordinario ai sensi dell'art. 1424 c.c., con conseguente produzione degli effetti di tale (diverso) tipo;

— la conversione non può essere disposta d'ufficio, ma solo su **istanza** della parte interessata, proponibile nel primo momento utile conseguente alla rilevazione della nullità e sempre che il credito non sia stato erogato nella consapevolezza del fatto che il valore dell'immobile non raggiungesse la soglia richiesta dalla legge, ovvero al solo fine del conseguimento dei vantaggi connessi al tipo fondiario (16).

La tesi della nullità totale, non accolta dalla giurisprudenza meno recente (17), suscita qualche perplessità.

Infatti, nel nostro ordinamento non esiste un generale divieto per le banche di erogare mutui (o altri finanziamenti) ipotecari di importo

(16) Cass., 21 gennaio 2020, n. 1193; Cass., 28 maggio 2018, n. 13286; Cass., 9 maggio 2018, n. 11201; Cass., 6 marzo 2018, n. 6586; Cass., 31 luglio 2017, n. 19016, in *Il Corr. giur.*, 2018, n. 2, 161 ss.; Cass., 13 luglio 2017, n. 17352; App. Napoli, 7 dicembre 2017, n. 5073, in *DeJure*, Giuffrè, 2018; Trib. Mantova, 29 settembre 2015, in *www.ilcaso.it*, Sez. Giur., 2015, 14414; Trib. Venezia, 26 luglio 2012, in *Giur. it.*, 2013, 548 ss.; in dottrina SETTANNI-RUGGI, *Contratto di mutuo fondiario, superamento dei limiti di finanziabilità e nullità del negozio*, in *Banca, borsa, tit. cred.*, 2013, II, 399).

Reputa invece che possa darsi luogo ad una declaratoria di **nullità parziale** Cass. 1 settembre 1995, n. 9219, la quale ha precisato che la conversione del contratto di mutuo fondiario (nullo per il mancato rispetto dei limiti di finanziabilità) in mutuo ordinario può dar luogo ad una nullità limitata alla parte di finanziamento eccedente la soglia di finanziabilità prevista dalla legge, anche se la conversione sarebbe possibile solo previa superamento del giudizio di cui all'art. 1424 c.c., ove risulti che le parti avrebbero in ogni caso posto in essere il contenuto ridotto del contratto. I privilegi processuali e sostanziali riconosciuti dalla disciplina sul finanziamento fondiario varrebbero quindi per la parte di mutuo rientrante nei limiti di finanziabilità previsti dalla legge (Trib. Cagliari 4 aprile 2013, in *www.ilcaso.it*, 2013, I, 8806). In dottrina, sulla nullità parziale si veda FARINA, nel commento a Cass., 13 luglio 2017, n. 17352, in *I contratti*, 2018, n. 2, 172 ss.

(17) Escludono la nullità del mutuo fondiario erogato oltre i limiti di legge: Cass., 28 novembre 2013, n. 26672; Cass., 6 dicembre 2013, n. 27380, secondo cui la violazione dei limiti di finanziabilità può comportare solo l'applicazione delle sanzioni previste dall'ordinamento bancario a carico della banca o una sua responsabilità verso terzi per violazione di una regola di condotta; Cass., 24 novembre 2015, n. 22446; pongono un problema di esatta qualificazione del contratto e di disapplicazione della normativa speciale: Trib. Sassari, 31 ottobre 2019, in *Banca, borsa, tit. cred.*, 2020, II, 952 ss. con nota di CHIANALE ove ampi richiami giurisprudenziali e dottrinali; Cass., 28 giugno 2019, n. 17439, sia pure come *obiter dictum*, esclude che mutuo fondiario e mutuo ipotecario ordinario costituiscano due diversi tipi negoziali; Trib. Padova, 17 settembre 2015, in *www.ilcaso.it*, Sez. Giur., 2015, 13865, secondo cui l'art. 38 T.U. bancario non ha natura di norma imperativa ed inderogabile.

eccedente l'80% del valore dell'immobile ipotecato: tale limite va rispettato (unitamente ad altri requisiti) semplicemente per legittimare l'applicazione di quelle norme speciali che, nell'ambito delle disposizioni dedicate a "*particolari operazioni di credito*" (Titolo II, Capo VI del T.U. bancario), disciplinano il credito fondiario (artt. 38 e segg. T.U. bancario).

La mancanza di qualcuno di quei requisiti non invalida il contratto di finanziamento ipotecario, ma si limita ad impedire l'applicazione della normativa speciale (con i conseguenti privilegi sostanziali e processuali).

Pertanto il mutuo (o altro finanziamento) e la relativa garanzia ipotecaria restano perfettamente validi ed efficaci, ancorché assoggettati alla normativa generale, con esclusione della disciplina speciale.

In altre parole, l'inapplicabilità della disciplina speciale sui crediti fondiari non muta né il *tipo* contrattuale (che resta sempre un mutuo o altro finanziamento ipotecario tipico, come ad esempio un'apertura di credito ipotecaria) ([18]), né l'*oggetto* che resta sempre la concessione e/o l'erogazione di una somma di denaro da restituire ([19]).

La conclusione che pare desumibile da tale ragionamento è allora che il mancato rispetto della normativa speciale su particolari operazioni di credito renderà inapplicabile quest'ultima disciplina, ma non si vede perché debba comportare la nullità del mutuo (o finanziamento) originario ovvero la sua conversione, visto che non si avrebbe comunque passaggio da un tipo contrattuale ad un altro ([20]).

([18]) Come ben rilevato da QUAGLIERI, *Sulla nullità del mutuo fondiario per superamento dei limiti di finanziabilità*, in nota a Trib. Venezia, 26 luglio 2012, in *Giur. it.*, 2013, 548 ss.

([19]) Diverso sarà il *contenuto* del contratto, vale a dire il regolamento contrattuale derivante dalla legge, stante l'inapplicabilità dei privilegi sostanziali e processuali previsti dalla normativa speciale (sulla distinzione tra oggetto e contenuto del contratto si veda GALGANO, *Trattato di diritto civile*, Padova, 2015, II, 264 ss.).

([20]) La conversione comporta una trasformazione della causa (GALGANO, *Trattato di diritto civile*, cit., 434-435) che però resta sempre la medesima nel caso del mutuo ipotecario privo dei requisiti per essere considerato fondiario e quindi ritenuto di diritto comune. Lo stesso dicasi nel caso di un'apertura di credito garantita da ipoteca da considerare ordinaria anziché fondiaria. La causa resta inalterata non solo e non tanto perché permane quella di finanziamento che accomuna tutte le operazioni di prestito di cui all'art. 1, comma 2, lett. f), n. 2) del T.U. bancario, quanto piuttosto perché la causa del contratto di mutuo di diritto comune è identica a quella del

A nulla rileva che la normativa speciale sul credito fondiario sia da ritenere imperativa.

Infatti, la semplice violazione di norme inderogabili (quali quelle sui limiti di finanziabilità) non è necessariamente causa di nullità ai sensi dell'art. 1418, comma 1 c.c..

È vero che il superamento del limite di finanziabilità comporta la violazione di una norma recante un comando o un divieto qualificabile come assoluto, siccome posto a tutela di un interesse generale (ancorché inerente al settore del credito).

Tuttavia, occorre distinguere tra contratto illegale (nullo solo nei casi in cui la legge non prevede una conseguenza diversa) e contratto illecito (sempre nullo) (21).

La semplice illegalità non dà luogo a nullità quando non si ravvisi la violazione di un comando o di un divieto assoluto, ad esempio perché la norma violata (sia pure inderogabile) prevede già una sanzione diversa dalla nullità stessa, come appare nel caso in cui, in alternativa alla nullità totale, appare percorribile la strada della decadenza dai benefici previsti dalla normativa sul mutuo fondiario in caso di un suo utilizzo al di fuori dei presupposti di legge (22).

contratto di mutuo fondiario, il quale si connota solo per la presenza di particolari requisiti soggettivi ed oggettivi che però non ne modificano la funzione economico-sociale.

(21) Roppo, *Il contratto*, Milano, 2001, 742 ss., il quale distingue tra "*contratto illecito*" e "*contratto illegale*". Coerente con tale distinzione è la soluzione offerta dalla giurisprudenza nel caso di contrasto del contratto con la normativa penale: perché la violazione di una norma penale comporti contrarietà a norme imperative, occorre che il contratto sia vietato direttamente dalla norma penale, nel senso che la sua stipulazione integri reato, mentre non rileva il divieto che colpisca soltanto il comportamento materiale delle parti (Cass., 10 luglio 2008, n. 19030, in *Guida al diritto*, 2008, 47, 77; Cass., 25 settembre 2003, n. 14234, in *Contratti*, 2004, 145), così come non rileva che il contratto sia stato concluso in violazione di norme penali da parte di uno soltanto dei contraenti (Pirruccio, *La nullità del contratto tra causa illecita e motivo illecito*, in *Giur. merito*, 2005, 1, 203 ss.).

(22) Non ci sarebbe quindi nullità quando l'effettività della norma è assicurata con metodi differenti, come ad esempio la decadenza da benefici fiscali o creditizi (Gazzoni, *Manuale di diritto privato*, Napoli, 2006). In particolare, si è escluso che possa considerarsi nullo per illiceità della causa o per violazione di norme imperative il contratto contenente disposizioni in contrasto con la normativa fiscale, tenuto conto che le norme fiscali sono sì inderogabili, ma non proibitive (si veda l'ampia rassegna dottrinale e giurisprudenziale riportata da Paganini, *Nullità di clausole contrattuali per*

Tanto meno può invocarsi la nullità del mutuo fondiario perché contratto in violazione della regola della par *condicio creditorum*, la quale non può ritenersi espressione di una norma imperativa né principio di ordine pubblico, come ci apprestiamo a spiegare al prossimo paragrafo.

Da ultimo, va anche considerato che le norme in materia di limiti all'erogazione di un mutuo fondiario sono poste a tutela della solvibilità delle banche e quindi la ritenuta nullità del contratto di finanziamento con conseguente inefficacia dell'ipoteca iscritta a garanzia della sua restituzione si porrebbe in contrasto con tale finalità, tutelata dall'art. 5 del T.U. bancario.

Vediamo allora quali sono le peculiari **caratteristiche** del mutuo fondiario.

Una peculiarità dell'iscrizione ipotecaria relativa ad un'operazione di credito fondiario è costituita dal fatto che la stessa non è necessariamente iscritta per un importo predeterminato fisso (così come prevedrebbe l'art. 2809 c.c.), potendo iscriversi per un credito indicizzato, cioè per una somma destinata ad adeguarsi automaticamente in corrispondenza delle periodiche variazioni e maturazioni degli interessi convenzionali (la cui indicizzazione va indicata nella nota di iscrizione).

La variazione della somma originariamente iscritta è altresì possibile laddove l'erogazione del denaro avvenga in un momento successivo rispetto alla conclusione del contratto. In questo caso l'art. 39, comma 2 T.U. bancario prevede che l'intervenuta erogazione della somma

violazione di norme tributari, in *Giust. civ.*, 2013, 7-8, 1455B). Va ricordato che la previsione di rimedi diversi dalla nullità non deve essere necessariamente espressa, potendo essere desumibile dalle ragioni del divieto (GALGANO, *Trattato di diritto civile*, cit., 366).

In giurisprudenza si vedano: Cass., 5 aprile 2003, n. 5372, in *Giust. civ.*, 2003, I, 1759, la quale ha precisato che la nullità va esclusa quando la legge assicura l'effettività della norma imperativa con la previsione di rimedi diversi, quali la decadenza da benefici fiscali o creditizi; Cass., 9 giugno 2011, n. 12717, in *Guida al diritto*, 2011, n. 37, 56 ss. È costante l'insegnamento secondo cui, se la norma violata si limita a prevedere una sanzione per il comportamento trasgressivo, senza specificare niente in tema di nullità, occorrerà accertare, caso per caso, se la norma violata intendeva tutelare un interesse pubblico e generale e se, con tale proibizione, il legislatore intendeva vietare la stipulazione del contratto (Cass., 4 dicembre 1982 n. 6601, in *Giust. civ.*, 1983, I, 1172; Cass., 7 marzo 2001 n. 3272, *ivi*, 2001, I, 2109; Cass., 11 dicembre 1991, n. 13393, in *Giur. it.*, 1992, I, 1, 1748).

mutuata vada annotata a margine dell'iscrizione eseguita sulla base del contratto di finanziamento e che tale annotazione possa prevedere una variazione del tasso di interesse originariamente pattuito, facendo collocare nello stesso grado dell'ipoteca originaria gli interessi così come modificati.

Oltre a quelle di cui già si è detto, altre rilevanti novità introdotte dal T.U. bancario rispetto alla precedente disciplina in tema di mutui fondiari (oggi abrogata dall'art. 161 del T.U. bancario) sono:

a) l'ampliamento del novero degli strumenti contrattuali utilizzabili per l'erogazione dei finanziamenti, prima limitati ai mutui (di durata pari o superiore ai 5 anni) ed alle anticipazioni (di durata ricompresa tra i 18 mesi ed 1 giorno ed i 5 anni) ed oggi esteso alle più svariate forme tecniche, ivi comprese aperture di credito (23), *leasing* ecc.;

b) l'affermazione del principio della banca universale che consente a tutte le banche di erogare crediti fondiari (sempre che siano in possesso di un adeguato patrimonio ovvero operino attraverso la raccolta prevalentemente a medio termine, esclusa quella a vista);

c) l'eliminazione di qualsiasi collegamento tra provvista ed impieghi, caratterizzante invece il vecchio sistema delle cartelle fondiarie.

La qualificazione di una determinata operazione di finanziamento come mutuo fondiario comporta una serie di **vantaggi** sia per l'ente finanziatore che per il mutuatario.

Riguardo al primo si prevede anzitutto l'esenzione dalla revocatoria fallimentare dell'iscrizione ipotecaria, laddove essa sia avvenuta 10 o più giorni prima che la sentenza dichiarativa di fallimento sia

(23) Si è affermato che l'apertura di credito fondiario non dovrebbe essere regolata in conto corrente (Capriglione, *Commentario al T.U. delle leggi in materia bancaria e creditizia*, Padova, 1994, *sub* art. 38, con commento di Sepe, 205), ma, nella prassi bancaria, è usuale l'accensione di un collegato rapporto di conto corrente bancario su cui sono contabilizzati utilizzi e versamenti ed il cui ultimo estratto conto, opportunamente certificato *ex* art. 50 T.U. bancario, è necessario alla banca per ottenere ingiunzione di pagamento per il proprio credito (non potendo procedere a pignoramento solo sulla base del contratto di apertura di credito fondiario, sia pur munito della formula esecutiva, mancando il requisito della certezza del credito, data solo dall'effettivo utilizzo della provvista).

pubblicata, cioè depositata (art. 39, comma 4 T.U. bancario) ([24]); si prevede inoltre l'esenzione dall'azione revocatoria dei pagamenti effettuati dal mutuatario che sia poi fallito.

Ancora, anche dopo la dichiarazione di fallimento, la banca può iniziare o proseguire l'azione esecutiva (per la quale non è mai richiesta la notifica del titolo esecutivo) sui beni ipotecati per la riscossione di crediti fondiari (art. 41, comma 2 T.U. bancario) e ciò a differenza degli altri creditori per i quali vige il divieto di cui all'art. 51 L. fall. ([25]).

Al soggetto finanziato è invece riconosciuta la possibilità di estinguere anticipatamente il mutuo pagando un compenso omnicomprensivo che deve essere pattuito contrattualmente fin dall'inizio del rapporto (art. 40 T.U. bancario). La già menzionata delibera CICR 9 febbraio 2000 prevede la libera determinabilità della penale per l'estin-

([24]) Si è ritenuto che l'art. 67, ult. comma L. fall. (come modificato dal D.L. 35/2005, convertito nella legge 80/2005), nel prevedere l'inapplicabilità della norma alle operazioni di credito fondiario, avrebbe tacitamente abrogato l'art. 39, comma 4 T.U. bancario (Bonfatti-Censoni, *Manuale di diritto fallimentare*, Padova, 2009, 262), ma in realtà un coordinamento tra le due norme pare possibile, sia perché l'art. 67, ult. comma L. fall. fa comunque salve le disposizioni delle leggi speciali, tra le quali rientra anche l'art. 39 T.U. bancario, sia perché oggetto della revocatoria fallimentare richiamata dall'art. 39, comma 4 T.U. bancario non è l'operazione di credito fondiario in quanto tale, bensì solo l'atto costitutivo dell'ipoteca a garanzia di un finanziamento fondiario che è pur sempre un atto distinto (ancorché accessorio) rispetto al finanziamento fondiario e ben potrebbe concepirsi un'azione revocatoria fallimentare avente ad oggetto la solo costituzione della garanzia ipotecaria, ad esempio perché concessa da un terzo datore di ipoteca poi fallito (sull'ammissibilità di un'operazione di credito fondiario con la partecipazione di un terzo datore di ipoteca si veda Cass., 19 maggio 1977, n. 2068).

([25]) La facoltà dell'ente che abbia concesso un finanziamento fondiario di iniziare o proseguire la procedura esecutiva immobiliare anche in caso di fallimento del debitore costituisce un privilegio di carattere meramente processuale, previsto da una disposizione eccezionale che concerne solo la fase di liquidazione e non anche quella di accertamento del passivo. Conseguentemente l'istituto di credito fondiario ha l'onere di presentare domanda di ammissione allo stato passivo *ex* art. 52 L. fall., non potendosi ritenere sufficiente a sostituire la verifica fallimentare il potere del curatore di intervenire nella procedura esecutiva (Cass., 4 settembre 2009, n. 19217, in *Fall.*, 2009, 1264; Cass., 17 dicembre 2004, n. 23572, in *Fall.*, 2005, n. 10, 1143 ss.). La prova del credito può essere data dalla banca mediante la produzione in giudizio dell'atto pubblico notarile di erogazione e quietanza, senza bisogno di produrre anche l'estratto conto comprovante l'accredito della somma mutuata (Cass., 15 aprile 2019, n. 10507). Oggi l'art. 52, comma 3 L. fall. (introdotto dal D.Lgs. 12 settembre 2007, n. 169) prevede chiaramente che anche i crediti esentati dal divieto di azioni esecutive e cautelari sono assoggettati al concorso formale e quindi debbono essere previamente accertati dal giudice delegato.

zione anticipata, purché essa sia prevista in maniera omnicomprensiva e chiaramente espressa in contratto, anche mediante uno o più esempi di applicazione della formula di calcolo.

Inoltre, una volta che il mutuatario abbia pagato 1/5 del debito, ha diritto ad esigere la riduzione della somma per la quale è stata iscritta l'ipoteca, in misura proporzionalmente corrispondente alla parte di mutuo estinta.

Ancora, il mutuatario ha diritto alla cancellazione dell'ipoteca da uno o più immobili (liberazione o restrizione dell'ipoteca) quando il debito residuo è sufficientemente garantito dalle ipoteche iscritte sugli altri immobili, secondo quanto risulta da documenti o da apposita perizia.

Se l'ipoteca è stata iscritta su un edificio condominiale e vengono vendute singole frazioni dell'immobile, sia il debitore sia il terzo acquirente sia il promissario acquirente sia l'assegnatario di una porzione di detto edificio che sia suscettibile di accatastamento hanno diritto di ottenere il frazionamento del mutuo e dell'ipoteca, ottenendo così che la frazione di immobile venduta sia gravata da un'ipoteca non per l'intero importo del mutuo originario, ma solo per la parte di sua competenza.

Questo diritto al frazionamento è stato particolarmente tutelato dal D.Lgs. 20 giugno 2005, n. 122 il quale ha aggiunto all'art. 39 del T.U. bancario i commi 6-*bis*, 6-*ter* e 6-*quater* che prevedono che l'acquirente ha diritto al frazionamento del mutuo fondiario con ipoteca iscritta su tutto l'immobile, laddove abbia acquistato una porzione del bene che sia stata regolarmente accatastata. La banca deve provvedere al frazionamento dell'ipoteca entro 90 giorni dalla richiesta ed in caso di inadempienza l'acquirente può rivolgersi al Presidente del tribunale nella cui circoscrizione è ubicato l'immobile al fine di ottenere, mediante un apposito procedimento in camera di consiglio, la nomina di un notaio che provvederà all'atto di frazionamento senza bisogno della sottoscrizione delle parti. Il frazionamento viene quindi annotato a margine dell'iscrizione ipotecaria.

Il mutuatario è agevolato anche se inadempiente, considerato che, in caso di ritardato pagamento delle rate del mutuo, la banca può chiedere la risoluzione del contratto e la restituzione del finanziamento in unica soluzione solo se il tardivo pagamento si è verificato per almeno 7 volte anche non consecutive (art. 40, comma 2 T.U. bancario). Il pagamento si considera tardivo se avviene tra il 30° ed il 180° giorno dalla scadenza della rata.

Pertanto:

a) il pagamento intervenuto entro 30 gg. dalla scadenza non si considera neppure tardivo e non può mai legittimare la risoluzione del contratto, ma tutt'al più l'applicazione di un interesse moratorio superiore a quello convenzionale;

b) il pagamento intervenuto tra il 30° ed il 180° giorno legittima la banca a risolvere il contratto solo se si verifica per almeno 7 volte;

c) decorsi 180 gg. dalla scadenza anche di un'unica rata, il pagamento si considera omesso e la banca è legittimata a risolvere il contratto ed a chiedere la restituzione dell'intero importo residuo del mutuo, anche se l'omissione si sia verificata per la 1ª volta;

d) se il pagamento perviene dopo il decorso dei 180 gg. dalla scadenza, la banca può rifiutarlo se abbia già fatto valere l'inadempimento facendo pervenire al mutuatario una comunicazione con la quale abbia dichiarato di avvalersi di una clausola risolutiva espressa, se sia già decorso il termine assegnato al mutuatario in una diffida ad adempiere o se abbia promosso azione in giudizio per la risoluzione del contratto. In caso contrario riteniamo debba accettare il pagamento, da considerarsi tardivo, ma pervenuto nella persistente efficacia del contratto.

Non costituisce deroga a tale nozione di inadempimento il caso in cui il mutuatario sia un **consumatore** ed il mutuo fondiario rientri nella categoria dei **contratti di credito** relativi a **beni immobili residenziali** o finalizzati all'acquisto o alla conservazione del diritto di proprietà su un terreno o su un immobile edificato o progettato, con ipoteca iscritta su detti beni (artt. 120-*quinquies* e segg. T.U. bancario introdotti dal D.Lgs. 21 aprile 2016, n. 72).

In tal caso l'art. 120-*quinques*, comma 4 del T.U. bancario identifica l'inadempimento del mutuatario nel mancato pagamento di almeno **18 rate mensili** del piano di ammortamento, ma ciò al solo fine di consentire alla banca di procedere al soddisfacimento in autotutela delle proprie ragioni di credito, senza passare attraverso una procedura espropriativa, acquisendo direttamente la proprietà dell'immobile ipotecato o mettendolo in vendita o incassando il prezzo della vendita eseguita dal mutuatario.

Nulla esclude però che, prima del mancato pagamento di 18 rate mensili, ma dopo che si sia verificato l'inadempimento di cui all'art. 40, comma 2 T.U. bancario (mancato pagamento di una sola rata per oltre 180 giorni o ritardato pagamento di 7 rate), la banca possa procedere ad esecuzione forzata, come ben si desume dall'art. 120-quinquies, comma 6 del T.U. bancario che parla di possibilità di espropriazione immobiliare nei casi diversi da quelli in cui è possibile l'autotutela bancaria.

3. *Segue*: l'uso distorto del mutuo fondiario

Abbiamo esaminato i vantaggi del mutuo fondiario per il mutuante e per il mutuatario; occorre però fare attenzione agli abusi cui nella pratica può prestarsi la figura contrattuale in esame.

Ci riferiamo in particolare al problema del cosiddetto *uso distorto* del credito fondiario, vale a dire della stipulazione di un finanziamento così qualificato al solo fine di beneficiare dei particolari vantaggi che esso comporta, soprattutto per la banca mutuante.

Può ad esempio accadere che la banca eroghi un finanziamento ad un cliente, qualificandolo come fondiario, all'esclusivo scopo di trasformare un proprio preesistente credito non garantito (chirografario) in un credito ipotecario, così da ottenerne la piena soddisfazione nell'ambito della procedura fallimentare cui il debitore stia per essere sottoposto. In questo caso il consolidamento dell'ipoteca col decorso di soli 10 giorni consente di ottenere un privilegio sottratto ad ogni rischio di revocatoria fallimentare.

Ora, se astrattamente l'utilizzazione del credito fondiario per soddisfare esigenze di questo tipo appare possibile, considerato che la destinazione dei fondi mutuati non entra nel sinallagma contrattuale, la giurisprudenza e la dottrina hanno spesso censurato operazioni poste in essere solo per consentire al mutuante di ottenere particolari benefici a danno di terzi che risultino titolari di interessi meritevoli di tutela, ritenendo di trovarsi di fronte ad una forma di *abuso* dei diritti del mutuante.

Si sono così elaborate diverse teorie per porre rimedio all'uso distorto del mutuo fondiario.

a) **Teoria della simulazione**: secondo un primo indirizzo il contratto di credito fondiario sarebbe **simulato** e dissimulerebbe una garanzia ipotecaria per debito preesistente, in quanto le parti non vorrebbero creare una nuova disponibilità finanziaria a favore del debitore, ma vorrebbero più semplicemente creare una garanzia a cautela del debito pregresso (26). Le conseguenze di una simile ricostruzione, secondo la Suprema Corte, sono che

— il negozio di credito fondiario è nullo (*rectius* inefficace, in quanto simulato);

— l'iscrizione di ipoteca, costituente negozio dissimulato, è valida, ma soggetta a revocatoria fallimentare in caso di fallimento del debitore mutuatario in quanto garanzia non contestuale *ex* art. 67, comma 1, nn. 3 e 4 L. fall. (27);

— il pagamento del debito preesistente eseguito coi fondi erogati mediante l'operazione di credito fondiario è valido, ma assoggettabile a revocatoria fallimentare in quanto pagamento con mezzi anormali *ex* art. 67, comma 1, n. 2 L. fall. (28).

b) **Teoria del negozio indiretto**: un diverso orientamento qualifica l'operazione di mutuo fondiario destinato a coprire pregresse passività come negozio indiretto, nel senso che il contratto di mutuo si considera effettivamente voluto (e dunque non simulato), ma solo per conseguire il fine ulteriore di munire di prelazione ipotecaria un preesistente credito

(26) Cass., 24 ottobre 1967, n. 2621, in *Banca, borsa, tit. cred.*, 1968, II, 55; Cass., 5 febbraio 1982, n. 652, *ivi*, 1982, II, 143; Cass., 25 febbraio 1993, n. 2330 e Cass. 22 marzo 1994, n. 2742, *ivi*, 1994, II, 618.

(27) App. Bologna, 27 febbraio 1976, in *Giur. merito*, 1978, I, 845; Trib. Brescia, 20 settembre 1991 — inedita; Cass., 18 novembre 1992, n. 12342, in *Il Fall.*, 1993, 509, sia pure in riferimento ad un mutuo ipotecario, ma non fondiario o edilizio. Si veda però nel senso della nullità anche dell'iscrizione ipotecaria diretta a garantire un mutuo edilizio di ammontare superiore al limite di concedibilità Cass. 1° settembre 1995, n. 9219.

(28) Trib. Treviso, 8 aprile 1999, in *Dir. fall.*, 2000, 994 ss.; Trib. Catania, 29 febbraio 1992, in *Giur. comm.*, 1993, II, 277; Trib. Catania, 5 febbraio 1982, in *Dir. fall.*, 1982, II, 640.

Una particolare riflessione merita il problema della revocabilità della rimessa bancaria corrispondente all'accredito del mutuo fondiario su un c/c recante un saldo passivo o scoperto che viene così ridotto o azzerato.

Pare corretto ritenere che quell'accredito debba essere considerato unitariamente rispetto all'intera operazione di mutuo fondiario e quindi la nullità o la revoca di quest'ultima determinerà anche l'inefficacia dell'atto di erogazione accreditato sul c/c, con conseguente rinascita del credito chirografario originario da saldo del predetto c/c.

chirografario, senza effettiva erogazione di nuova liquidità (29). La conseguenza di siffatta ulteriore ricostruzione è che il contratto di mutuo è valido, ma deve essere revocato unitamente alla costituzione di ipoteca quale **operazione unitaria** diretta ad estinguere in modo anomalo pregresse passività (art. 67, comma 1, n. 2 L. fall.) ovvero quale garanzia per debito preesistente (art. 67, comma 1, nn. 3 e 4 L. fall.) e va revocato unitamente al conseguente pagamento del debito preesistente (30).

(29) Si precisa che un finanziamento ipotecario diretto *solo* a trasformare un pregresso credito chirografario della banca in un credito privilegiato va tenuto ben distinto da un'operazione di ristrutturazione del debito a breve termine del cliente per ottenere un prolungamento delle scadenze, una riduzione degli oneri finanziari ed una riduzione del rischio di recesso *ad nutum* dal rapporto. Ipotesi di ristrutturazione del debito traggono oggi piena legittimazione negli artt. 182-*bis*, 182-*quater* e 182-*quinquies* L. fall. e non possono dirsi caratterizzate da un motivo illecito consistente nella violazione della *par condicio creditorum*. In questi casi un finanziamento fondiario ben può essere utilizzato anche per estinguere pregresse passività chirografarie, a condizione che segua effettivamente l'erogazione di nuova liquidità funzionale a rimodulare la preesistente esposizione (così Cass., 13 aprile 2016, n. 7321; Cass., 15 marzo 2016, n. 5087; Cass., 29 febbraio 2016, n. 3955, soprattutto laddove parte della "nuova finanza" sia messa nella libera disponibilità del mutuatario; Cass., 12 settembre 2014, n. 19282, in *Giur. comm.*, 2015, II, 748 ss., con nota del sottoscritto: "*Valido il mutuo fondiario per estinguere debiti pregressi del mutuatario verso il mutuante*"; App. Bologna, 8 febbraio 2018, n. 382, in *www.giuremilia.it*; App. Bologna, 7 dicembre 2015, n. 2017, in *www.ilcaso.it*, Sez. Giur., 2016, 14077). Il giudice è però tenuto a verificare se una parte del finanziamento sia destinata ad una nuova sovvenzione invece che al solo consolidamento del passivo (Cass., 21 febbraio 2018, n. 4202) e laddove l'intera provvista sia stata destinata al rientro della pregressa esposizione, si verifica una mera operazione contabile, non inquadrabile nel mutuo ipotecario, la quale produce solo un prolungamento della scadenza, senza quindi alcun effetto novativo ex art. 1231 c.c. (Cass, 25 gennaio 2021, n. 1517; Cass., 8 aprile 2020, n. 7740 che parla di operazione a titolo gratuito non assistita da privilegio; Cass. 5 agosto 2019, n. 20896).

(30) Cass., 26 febbraio 2018, n. 4513, secondo cui va ammesso al passivo in chirografo il credito restitutorio del mutuo effettivamente erogato; Cass., 15 marzo 2016, n. 5087; Cass., 29 febbraio 2016, n. 3955, in *www.ilcaso*, Sez. giur., 2017, n. 17804; Cass., 9 giugno 2011, n. 12644; Cass.,1 ottobre 2007, n. 20622, in *Dir. fall.*, 2009, II, 181; Cass., 19 novembre 1997, n. 11495, in *Fall.*, 1998, 801 ss.; Cass., 22 novembre 1996, n. 10347, in *Dir. fall.*, 1997, II, 242 ss.; App. Bologna, 1° dicembre 1999, in *Giur. comm.*, 2001, II, 603 ss. la quale evidenzia il fatto che il mutuatario concretamente non acquisisca alcuna disponibilità delle somme mutuate che vengono destinate direttamente a coprire le passività pregresse. In dottrina si veda BOZZA, *Il credito fondiario nel nuovo T.U. bancario*, Padova, 1996, 86 e ss. che aderisce alla tesi del mutuo fondiario come pagamento con mezzi anormali di pregresse passività. Altri autori ritengono che il contratto di credito fondiario sia assoggettabile a revocatoria ordinaria, in quanto l'art. 39, comma 4 del T.U. bancario escluderebbe solo l'esperi-

c) **Teoria del negozio in frode alla legge**: parte della dottrina preferisce parlare di contratto di credito fondiario nullo per frode alla legge (art. 1344 c.c.), ritenendo che le parti non abbiano inteso porre in essere un negozio simulato (volendo effettivamente dar vita ad un finanziamento garantito da ipoteca), ma abbiano inteso conseguire un risultato vietato dalla legge (31). Tale impostazione ha trovato seguito in alcune sentenze sia della Suprema Corte che di Giudici di merito (32). La critica che si suole fare a questa opinione è che non si comprenderebbe quale sarebbe la norma imperativa o il principio di ordine pubblico che il contratto di credito fondiario (diretto ad estinguere precedenti passività chirografarie) andrebbe a violare. Non può infatti ritenersi espressione di una norma imperativa né principio di ordine pubblico la regola della *par condicio creditorum* (33).

d) Teoria della revocabilità del mutuo fondiario quale **novazione** costituente atto anomalo di pagamento *ex* art. 67, comma 1, n. 2) L. fall.

bilità della revocatoria fallimentare (TARDIVO, *Revocatoria ordinaria, simulazione*, in *Banca, borsa, tit., cred.*, 1995, II, 86 e ss.).

(31) PRESTI, in *Banca, borsa, tit. cred.*, 1994, II, 624 ss.; TRABATTONI, *Azione revocatoria fallimentare di ipoteca iscritta per debiti preesistenti e nuova disciplina del credito fondiario*, in *Informazioni legali ASSBANK*, 1994, 9, il quale sostiene che l'uso distorto del mutuo fondiario per coprire passività pregresse potrebbe integrare gli estremi del reato di bancarotta preferenziale previsto dall'art. 216, comma 3 L. fall.

(32) Cass., 1° settembre 1995, n. 9219; App. Milano, 25 maggio 1993, in *Banca, borsa, tit. cred.*, 1994, II, 618.

(33) Così Cass., Sez. Un., 25 ottobre 1993, n. 10603; Cass., 29 settembre 2020, n. 20552, secondo cui il mutuo fondiario utilizzato per ripianare una pregressa esposizione debitoria del mutuatario può formare oggetto di azione revocatoria ove lesivo dell'interesse dei creditori, ma non può considerarsi nullo per illiceità dei motivi; Cass. 31 ottobre 2014, n. 23158; Cass. 28 settembre 2016, n. 19196; Cass., 18 aprile 2013, n. 9482; Cass., 4 ottobre 2010, n. 20576; Cass., 24 ottobre 1983, n. 6239. Recentemente però Cass., 14 giugno 2019, n. 16081, in *Banca, borsa, tit. cred.*, 2019, II, 515 ss. ha ipotizzato che possa configurarsi la nullità di un mutuo ipotecario concesso per la copertura di debiti preesistenti, con alterazione dei rapporti tra creditori chirografari, laddove l'operazione non integri un tentativo di recupero dell'impresa in crisi, che si manifesti plausibile, ma si risolva nell'artificiale mantenimento in vita di un'impresa ormai decotta o comunque sprovvista della possibilità di onorare il debito contratto, in tal caso venendo in rilievo la possibile nullità dell'intera operazione per contrasto con gli artt. 217, n. 4 e 218 L. fall.

e conseguente **inopponibilità** al Fallimento dell'ipoteca una volta venuta meno l'efficacia del suo atto costitutivo ([34]).

e) **Teoria della revocabilità** *ex* art. 67, comma 2 L. fall.: da ultimo esiste una teoria che preferisce parlare di semplice revocabilità del contratto di erogazione del credito fondiario ovvero del pagamento del debito pregresso nel periodo sospetto e purché il curatore provi la conoscenza dello stato di insolvenza ([35]).

In ogni caso, la Suprema Corte ha chiarito che oggetto di censura (intesa come revocatoria, nullità o inefficacia) non può essere la sola garanzia ipotecaria, ma deve essere anche il contratto di mutuo fondiario: alla declaratoria d'inefficacia del negozio di finanziamento consegue infatti la caducazione della relativa, accessoria, garanzia ipotecaria e quindi la reviviscenza dell'originario credito chirografario estinto mediante l'utilizzo delle somme mutuate. In altre parole, a nulla servirebbe revocare la sola ipoteca e non anche il contratto di mutuo fondiario perché, una volta ammesso al passivo il credito derivante dal contratto di finanziamento, dovrebbe necessariamente riconoscersi la relativa ipoteca che del mutuo costituisce elemento essenziale e unitario ([36]).

La censurabilità dell'uso distorto del mutuo fondiario è stata portata alle sue estreme conseguenze, ritenendo che la sua concessione a favore di un imprenditore in stato di insolvenza integri gli estremi del reato di bancarotta preferenziale per simulazione di un titolo di prela-

([34]) Patti, *Revocabilità dell'uso distorto del credito fondiario*, in *Fall.*, 2006, n. 1, 75 ss.

([35]) App. Milano, 25 maggio 1993, in *Banca, borsa, tit. cred.*, 1994, II, 618; App. Brescia, 9 febbraio 1994, *ivi*, 1995, II, 198; Trib. Napoli, 12 maggio 2005, in *Fall.*, 2006, n. 1, 72 ss., secondo cui sarebbe ipotizzabile la revocabilità del pagamento effettuato con i fondi acquisiti dal fallito tramite il mutuo.

([36]) Cass., 19 novembre 1997, n. 11495; conforme anche Cass., 6 novembre 2006, n. 23669, in *Fall.*, 2007, 651 ss., secondo cui, una volta ammesso allo stato passivo il credito portato dal mutuo, non può essere revocata né dichiarata simulata l'ipoteca iscritta a garanzia di detto contratto, stante l'inscindibile rapporto di accessorietà tra mutuo e ipoteca e pertanto la revoca dovrebbe estendersi all'intera operazione costituita dal mutuo, dall'ipoteca e dall'accredito della provvista del mutuo sul c/c del mutuatario ad estinzione di una pregresso debito chirografario.

zione *ex* art. 216, comma 3 L. fall. e di esso debba rispondere a titolo di concorso il funzionario della banca erogante ([37]).

Questa opinione potrebbe contribuire ad avvalorare la tesi della nullità per frode alla legge del mutuo fondiario concluso in modo distorto.

Va da ultimo precisato che il problema dell'uso distorto del mutuo fondiario non si dovrebbe porre laddove l'ipoteca vada a garantire crediti che già erano muniti di precedente ipoteca: è il caso della banca che acconsenta all'estinzione di un mutuo fondiario o ipotecario gravato di interessi onerosi per stipularne un altro ad un saggio di interesse inferiore.

In questo caso appare evidente che il nuovo mutuo e la connessa garanzia ipotecaria non trasformano un precedente credito chirografario in credito garantito, perché il pregresso credito era già tutelato da ipoteca e dunque la banca creditrice non si avvantaggia di nulla a danno della massa.

Ciò salvo ovviamente che la banca in qualche modo non ottenga un miglioramento della propria posizione creditoria, ad esempio ottenendo ipoteca su di un diverso immobile di maggior valore rispetto a quello precedentemente ipotecato (il cui valore magari neppure copriva l'intero credito) ([38]).

4. Il credito alle opere pubbliche.

Per credito alle opere pubbliche si intendono quei finanziamenti destinati all'esecuzione di opere pubbliche o di pubblica utilità (art. 42 T.U. bancario).

([37]) Cass. pen., sez. V, 8 aprile 2004, n. 16688, in *Fall.*, 2005, n. 4, 465 e n. 7, 781; Cass., sez. V pen., 23 febbraio 2000, n. 2126, in *Diritto e pratica delle società*, 2000, 91 ss.; Trib. Ferrara, 9 gennaio 2002, in *Fall.*, 2002, n. 12, 1347 ss.

([38]) Recentemente però la Cassazione ha ritenuto revocabile ex art. 67, comma 1, n. 4) L. fall. un mutuo fondiario la cui provvista era stata destinata ad estinguere un precedente mutuo ipotecario ordinario, in quanto "la stipulazione del "mutuo fondiario" veniva propriamente assunta come mera forma, strutturalmente idonea a realizzare la funzione "fraudolenta" dell'operazione, quale quella di "rendere" contestuale un'ipoteca per un credito che era preesistente", ancorché già ipotecario (Cass., 10 febbraio 2020, n. 3024).

Trattasi quindi di **crediti di scopo**, ossia di finanziamenti destinati necessariamente alla realizzazione di un determinato obiettivo di pubblica utilità costituente una condizione di efficacia del finanziamento.

La destinazione a scopi di pubblica utilità si presume se il finanziamento è concesso ad enti pubblici, mentre deve essere espressamente prevista dalla legge o da provvedimenti della Pubblica Amministrazione se destinato a privati.

La restituzione di questa forma di finanziamento può essere garantita da ipoteca (nel qual caso si applica la disciplina del credito fondiario) oppure dal privilegio di cui all'art. 46 T.U. bancario (nel qual caso si applica invece la disciplina che esamineremo sul credito alle imprese).

In materia di finanziamento per la realizzazione di opere pubbliche o la gestione di servizi pubblici merita un accenno il cosiddetto *project financing* che costituisce una particolare forma di finanziamento senza oneri finanziari per la pubblica amministrazione. Si tratta di una complessa operazione di finanziamento di una particolare attività economica di pubblica utilità, promossa da un **promotore** e destinata ad essere realizzata (in forza dell'aggiudicazione di un'apposita concessione da parte di una pubblica amministrazione) da una **società di progetto** (che viene costituita per l'occasione al fine di concentrare su di essa il rischio dell'operazione e che diviene anche la destinataria del finanziamento). L'attività economica da realizzare è destinata a produrre dei flussi di cassa che consentiranno il rimborso del finanziamento, la copertura dei costi operativi e la remunerazione del promotore. Il progetto può essere finanziato da soggetti che mettono a disposizione capitale di rischio (divenendo azionisti della società di progetto) oppure capitale di debito (mediante erogazione alla società di progetto di prestiti in denaro o sottoscrizione di obbligazioni emesse dalla stessa). I finanziatori sono garantiti mediante riconoscimento del diritto di ricevere, con priorità rispetto ad ogni altro soggetto coinvolto nell'operazione, tutti gli indennizzi dovuti alla società di progetto in caso di risoluzione anticipata del rapporto concessorio e del privilegio generale sui beni mobili del concessionario ai sensi dell'art. 2745 e segg. c.c..

La disciplina del *project financing* è rinvenibile nell'art. 183 del D.Lgs. 18 aprile 2016, n. 50 (Codice degli appalti pubblici e dei contratti di concessione), come modificato dal D.Lgs. 19 aprile 2017, n. 56.

5. Il credito agrario e peschereccio.

Si tratta di forme di finanziamento speciali, destinate all'attività agricola, alla zootecnia ed alla pesca, nonché alle attività connesse e collaterali.

L'erogazione di queste forme di finanziamento spesso si accompagna all'emissione, da parte del soggetto finanziato, di una particolare cambiale: la cambiale agraria o la cambiale pesca, la quale è equiparata alla cambiale ordinaria, ma costituisce un titolo causale [39] in quanto deve recare le informazioni connesse alla particolare natura del finanziamento sotteso alla sua emissione ed in particolare:

— lo scopo del finanziamento;

— le garanzie del finanziamento;

— il luogo dell'iniziativa finanziaria.

Indipendentemente dall'emissione di cambiali pesca o agraria, la restituzione del finanziamento agrario o peschereccio a breve e medio termine è garantito da un **privilegio legale** (ossia riconosciuto direttamente dalla legge) sui seguenti beni del soggetto finanziato:

— frutti pendenti, prodotti finiti e in corso di lavorazione;

— bestiame, merci, scorte, materie prime, macchine, attrezzi e altri beni, comunque acquistati con il finanziamento concesso;

— crediti anche futuri derivanti dalla vendita dei beni dell'impresa agraria e peschereccia.

Scopo di questo privilegio legale è quello di consentire alla banca finanziatrice di soddisfarsi sui beni costituenti la garanzia senza bisogno di rivolgersi all'Autorità giurisdizionale, ma pur sempre con l'intervento di un commissionario o di un ufficiale giudiziario.

La legge prevede che il credito agrario o peschereccio può essere garantito anche da **privilegio convenzionale** il quale però grava su beni in gran parte coincidenti con quelli già oggetto di privilegio legale. Pertanto deve ritenersi che alla garanzia convenzionale si ricorra solo in caso di specifico accordo.

L'erogazione da parte di banche di crediti agrari e pescherecci può essere garantita anche da fideiussione rilasciata dall'ISMEA (Istituto di

(39) L'indicazione della causa del prestito è la naturale conseguenza della natura di mutuo di scopo del finanziamento agrario.

servizi per il mercato agricolo e alimentare), ente pubblico economico che ha incorporato l'apposita sezione speciale istituita presso il *Fondo interbancario di garanzia*, originariamente dotato di personalità giuridica che provvedeva al rilascio delle predette garanzie ed oggi soppresso (40). Il fondo interbancario di garanzia è quindi oggi passato sotto la gestione dell'ISMEA, è sottoposto al controllo della Banca d'Italia (cui l'art. 26 della legge 262/2005 ha attribuito le funzioni di vigilanza prima spettanti al Ministro dell'economia e delle finanze) ed è alimentato dai contributi delle banche.

Scopo di questo fondo è rilasciare garanzie a favore di quelle banche che abbiano erogato finanziamenti nel settore agricolo, al fine di coprire eventuali perdite, purché si tratti di perdite accertate a seguito di procedure esecutive che già abbiano dato esito negativo.

Le fideiussioni rilasciate dall'ISMEA possono essere assistite da garanzia dello Stato secondo criteri stabiliti con decreto del Ministro dell'economia e delle finanze (41).

Ove il credito agrario o peschereccio sia garantito da ipoteca, sono applicabili le norme del credito fondiario.

6. Il credito alle imprese ed i privilegi speciali.

Il credito alle imprese è costituito da finanziamenti a durata prolungata diversamente regolati in ragione dei settori di destinazione.

Tra i crediti aventi particolare destinazione il credito alle imprese si caratterizza per la previsione di una particolare garanzia costituita da un privilegio speciale di origine convenzionale per la cui costituzione occorrono due requisiti:

(40) Gli interventi finanziari a sostegno delle imprese agricole sono oggi disciplinati dal D.Lgs. 29 marzo 2004, n. 102 ed in particolare dall'art. 17. L'art. 10 del D.L. 35/2005, convertito nella legge 80/2005, ha soppresso il Fondo interbancario di garanzia ed ha introdotto la possibilità che le fideiussioni rilasciate dall'ISMEA siano assistite da garanzia dello Stato. Conseguentemente l'art. 1, comma 3 del D.Lgs. 29 dicembre 2006, n. 303 ha abrogato l'art. 45 del T.U. bancario, dedicato al fondo interbancario di garanzia per le operazioni di credito agrario.

(41) I criteri, le condizioni e le modalità per il rilascio delle garanzie statali sono disciplinati dal decreto del Ministro dell'economia e delle finanze 24 marzo 2006 (in *G.U.* 13 aprile 2006, n. 87), mentre i criteri e le modalità degli interventi finanziari dell'ISMEA sono definiti dal decreto del Ministero delle politiche agricole alimentari e forestali 12 ottobre 2017 (in *G.U.* 22 febbraio 2018, n. 44).

— che il finanziamento sia erogato da una banca;
— che si tratti di finanziamento a medio o lungo termine.

Tale privilegio, previsto dall'art. 46 T.U. bancario, ha ad oggetto i beni mobili destinati all'esercizio dell'impresa, non iscritti nei pubblici registri ed in particolare:

a) impianti e opere esistenti e futuri, concessioni e beni strumentali;

b) materie prime, prodotti in corso di lavorazione, scorte, prodotti finiti, frutti, bestiame e merci;

c) beni comunque acquistati con il finanziamento concesso;

d) crediti, anche futuri, derivanti dalla vendita dei beni indicati nelle lettere precedenti.

Si tratta di un privilegio convenzionale che presuppone un accordo da redigere per iscritto a pena di nullità e che deve contenere l'esatta descrizione dei beni e dei crediti sui quali viene a costituirsi la garanzia in esame, nonché tutti gli estremi soggettivi ed oggettivi del finanziamento (mutuante, mutuatario, soggetto che ha concesso il privilegio, importo finanziato e somma per la quale viene concessa la garanzia).

La forma scritta, richiesta a pena di nullità, mentre basta per rendere il privilegio vincolante fra le parti, non è sufficiente per renderlo opponibile ai terzi.

L'opponibilità nei confronti dei terzi si realizza solo se l'atto dal quale risulta il privilegio è trascritto nel registro indicato nell'art. 1524, comma 2 c.c., cioè in quel particolare registro tenuto nella cancelleria del Tribunale nella cui giurisdizione è collocato il bene mobile oggetto di privilegio speciale.

La trascrizione dell'atto dal quale il privilegio risulta deve effettuarsi presso più uffici: negli uffici del luogo ove ha sede l'impresa finanziata e ove ha sede o risiede il soggetto che ha concesso il privilegio.

La disciplina della costituzione e della opponibilità prevista dal T.U. bancario mette in luce la natura speciale del privilegio in questione; le sue caratteristiche di ipoteca mobiliare che non nasce per effetto della legge e della causa del credito, ma per effetto di un atto di autonomia privata, nei confronti del quale, tuttavia, la causa svolge il ruolo di giustificazione del potere privato.

Per questo motivo il privilegio non può essere assunto dalle banche a garanzia di un qualsiasi loro credito.

L'art. 46, comma 4 del T.U. bancario precisa qual è il grado del privilegio appena descritto: il grado del privilegio speciale su beni mobili è quello indicato nell'art. 2777, ult. comma c.c., il quale stabilisce che i crediti assistiti da privilegi previsti da leggi speciali (tra i quali rientra il privilegio in questione) devono ritenersi preferiti ad ogni altro credito e, come tali, posposti esclusivamente al privilegio per le spese di giustizia ed ai privilegi indicati nell'art. 2751-*bis* (retribuzioni, onorari, provvigioni spettanti ad agenti, crediti spettanti a coltivatori diretti, artigiani, cooperative di produzione e lavoro e agricole), ma prevalenti su tutti gli altri privilegi generali e speciali.

Il privilegio speciale su beni mobili, nonostante la sua vantaggiosa collocazione, non pregiudica gli altri titoli di prelazione di pari grado, con data certa anteriore a quella della sua trascrizione.

Favorevole è la disciplina del privilegio anche nei confronti dei terzi, come ben si desume dall'art. 46, comma 5 del T.U. bancario, secondo cui il privilegio speciale comprende un diritto di seguito: il privilegio su beni mobili si può esercitare anche se i beni sono stati venduti dopo il sorgere del privilegio, sempre che si sia provveduto alla pubblicità nel registro di cui all'art. 1524, comma 2 c.c.

Nel caso di impossibilità di esercizio del privilegio nei confronti del terzo acquirente, questo si trasferisce sul corrispettivo.

Il diritto di seguito concesso al privilegio speciale su beni mobili incontra un limite solo nell'art. 1153 c.c., in quanto, laddove l'acquisto del possesso sui beni mobili oggetto di privilegio sia connotato da buona fede al momento della consegna e sussista un titolo idoneo al trasferimento della proprietà, il terzo acquisterà la proprietà dei medesimi beni liberi da ogni altro vincolo.

In linea di principio l'onere di provare la mancanza di buona fede nel terzo spetterà alla banca finanziatrice.

Il D.L. 3 maggio 2016, n. 59 (*decreto banche*), convertito con modificazioni nella legge 30 giugno 2016, n. 119, introducendo l'art. 48-*bis* del T.U. bancario, ha previsto una particolare garanzia che può assistere il credito alle imprese: il **trasferimento della proprietà** o di altro diritto reale su di un bene immobile (purché non si tratti della casa di abitazione principale dell'imprenditore, del coniuge o dei suoi parenti o affini fino al 3° grado) in favore del creditore (che deve essere una banca o un intermediario finanziario autorizzato a concedere finanziamenti *ex* art. 106 T.U. bancario) o di una società dallo stesso controllata o al medesimo collegata. Si prevede che tale trasferimento sia **sospensivamente condizionato** all'inadempimento del debitore che si verifica quando quest'ultimo ometta **per oltre nove mesi** (42) il pagamento di almeno tre rate, anche non consecutive, nel caso di obbligo di rimborso a rate mensili o di una sola rata, quando il debitore è tenuto al rimborso rateale secondo termini di scadenza superiori al periodo mensile o del debito residuo quando non è prevista alcuna rateizzazione.

In caso di inadempimento, il creditore ha diritto di invocare l'avveramento della condizione sospensiva, con conseguente efficacia definitiva del trasferimento in proprietà del bene concesso in garanzia, purché al proprietario sia corrisposta l'eventuale differenza tra il valore attribuito al diritto reale da una stima giurata (a mezzo di un perito nominato dal Presidente del Tribunale del luogo in cui si trova l'immobile) e l'ammontare del debito inadempiuto e delle spese di trasferimento, onde evitare di incorrere nel divieto di cui all'art. 2744 c.c. per effetto di quello che può definirsi un vero e proprio **patto marciano** *ex lege*.

La condizione sospensiva si considera però avverata e gli effetti traslativi della proprietà al creditore si producono solo al momento della comunicazione al creditore del valore di stima o al momento del versamento al debitore della differenza dovuta per il patto marciano.

7. Il credito agevolato.

L'art. 47 del T.U. bancario regola le forme di incentivazione pubblica di finanziamenti e servizi caratterizzati da particolari agevolazioni.

L'erogazione di tali finanziamenti o la prestazione di detti servizi può passare attraverso la gestione di una banca ovvero di un intermediario finanziario.

(42) Il ritardo deve però essere di 12 mesi per potersi configurare inadempimento laddove il debitore abbia già pagato almeno l'85% del debito.

Anche in questo caso il più volte ricordato principio della despecializzazione consente oggi a tutte le banche di erogare crediti assistiti da incentivi pubblici (sempre che tali attività siano previste nello statuto), subordinatamente alla stipulazione di una **convenzione** con la Pubblica Amministrazione che eroga l'incentivo (perciò questi finanziamento si definiscono anche "convenzionati").

Tale convenzione ha la funzione di disciplinare i rapporti tra Pubblica Amministrazione e banca ed in particolare regola le caratteristiche del servizio offerto dalla banca, le modalità per determinarne la remunerazione e gli adempimenti connessi alle prestazioni effettuate, la durata dell'accordo e l'eventuale responsabilità in caso di gestione di fondi pubblici (43).

Il T.U. bancario rinuncia ad una disciplina del rapporto di incentivazione ed in particolare rinuncia a fissare regole per quanto concerne i compiti delle banche nelle attività istruttorie che precedono l'erogazione dell'incentivo e nell'attività di controllo sull'utilizzazione del credito agevolato.

La definizione di tali compiti è rimessa alle convenzioni di cui si è detto sopra.

La struttura dei contratti di erogazione dei fondi pubblici deve essere specifica: deve indicare i criteri e le modalità per superare i conflitti di interessi tra la gestione dei fondi e l'attività svolta per proprio conto dalle banche (ad esempio istituendo gestioni separate), i compensi e i rimborsi spettanti alle banche.

I contributi pubblici costituiscono la tecnica maggiormente utilizzata nel sistema del credito agevolato.

Le agevolazioni di questa categoria di credito possono consistere nelle seguenti forme:

— **agevolazioni a fondo perduto o in conto capitale**, in cui si ha la corresponsione di un contributo (senza obbligo di restituzione) a copertura di una parte delle spese ammesse al contributo e fino ad un importo massimo determinato;

(43) Poiché l'erogazione di finanziamenti agevolati o convenzionati costituisce attività di rilievo pubblicistico, ai reati commessi dai funzionari di banca nell'ambito di tali attività si applicano le norme sui reati contro la Pubblica Amministrazione [Trib. Milano, 15 gennaio 1998; Trib. Milano (G.U.P.) 21 gennaio 1998, in *Banca, borsa, tit. cred.*, 1999; II, 464 ss.].

— **agevolazione in conto interessi**, in cui si ha un abbattimento degli interessi applicati sui mutui contratti dall'imprenditore (ad esempio per l'acquisto di macchinari o attrezzature);

— **concessione di prestiti**, forma poco usata di erogazione di finanziamenti per coprire, ad esempio, le spese di avvio dell'attività;

— **erogazione di servizi reali**, ossia prestazione di servizi diretti all'informazione, all'orientamento, alla formazione, consulenza e predisposizione di piani di impresa, di regola erogati prima della costituzione di una nuova impresa;

— **credito di imposta**, che è un'agevolazione consistente nell'opportunità di godere di un bonus fiscale sul reddito prodotto nell'esercizio dell'impresa.

Nel caso in cui gli interventi di sostegno pubblico siano destinati allo sviluppo di attività produttive, l'art. 9, comma 5 del D.Lgs. 31 marzo 1998, n. 123 prevede che i crediti nascenti dai finanziamenti erogati sono preferiti a ogni altro titolo di prelazione da qualsiasi causa derivante, ad eccezione del privilegio per spese di giustizia e di quelli previsti dall'art. 2751-*bis* c.c., fatti salvi i diritti preesistenti dei terzi.

Il medesimo privilegio è stato riconosciuto anche al diritto di rivalsa dell'ente che abbia rilasciato una garanzia, quale forma di sostegno pubblico alla produzione, laddove la garanzia sia stata escussa (44).

(44) Cass., 27 novembre 2020, n. 27159 e Cass. 30 gennaio 2019, n. 2664 riguardanti finanziamenti garantiti da SACE s.p.a. La Suprema Corte chiarisce che, in caso di fallimento del soggetto finanziato, poiché la dichiarazione di fallimento rende impossibile il perseguimento dello scopo per il quale era stato erogato il finanziamento garantito, il garante pubblico può revocare l'agevolazione e la revoca risulta efficace ed opponibile alla massa anche se intervenuta dopo la dichiarazione di fallimento, considerato che essa ha natura di mero accertamento e non costitutiva.

L'esistenza di un tale privilegio ha fatto sorgere il problema se possa integrare gli estremi del reato di bancarotta preferenziale, anche a carico della banca, l'erogazione di finanziamenti garantiti dallo Stato ai sensi della normativa emanata in occasione dell'emergenza derivata dalla pandemia da COVID 19 (in particolare ai sensi degli artt. 1 e 13 del D.L. 8 aprile 2020, n. 23, convertito dalla legge 5 giugno 2020, n. 40), tenuto conto del fatto che la banca concedente finanziamenti coperti da una garanzia pubblica, in caso di fallimento dell'impresa beneficiaria, contribuisce a generare un credito privilegiato (il credito di regresso spettante al garante che abbia effettuato il pagamento), il quale va a prevalere sui crediti chirografari verso il soggetto finanziato, finendo coll'alterare la *par condicio creditorum*, soprattutto laddove la provvista fosse stata destinata a coprire pregresse passività chirografarie. Resta inteso che il privilegio

8. Il credito su pegno.

Si tratta di una forma particolare di finanziamento (richiamata dall'art. 48 del T.U. bancario) erogato dalle banche a fronte della costituzione di un pegno su particolari oggetti materiali (gioielli o altri beni mobili di valore, con esclusione dei titoli).

Un tempo riservato ai soli Monti di credito su pegno (o Monti di pietà), oggi tale attività può essere esercitata da qualsiasi banca, purché in possesso di una struttura organizzativa adeguata alla conservazione degli oggetti costituiti in pegno.

Non è quindi più necessaria, per l'esercizio di tale forma di credito, né l'autorizzazione (nulla osta) della Banca d'Italia né quella del Questore (ancora richiesti dall'art. 48 T.U. bancario prima che la norma venisse sostituita dall'art. 10 del D.Lgs. 342/1999).

Oggi, pertanto, unico adempimento nei confronti dell'Autorità di vigilanza è l'inoltro di una **comunicazione** alla Banca d'Italia riguardante l'esercizio del credito su pegno.

Elementi caratteristici del contratto di credito su pegno sono: l'esistenza di uno stretto collegamento funzionale tra erogazione del credito e costituzione del pegno; la durata di solito breve (da 3 a 6 mesi) del prestito; la destinazione del finanziamento (di regola di modesto importo) alla soddisfazione di bisogni di persone che non hanno facile accesso al credito bancario; la rapida erogazione del credito che viene garantito esclusivamente dal valore degli oggetti costituiti in pegno e non dalla solvibilità del sovvenuto.

L'erogazione del prestito si accompagna al rilascio di una polizza al portatore che serve ad identificare l'avente diritto alla restituzione dei beni costituiti in pegno e pertanto ha valore di documento di legittimazione, non destinato alla circolazione (che è anzi vietata).

La somma erogata non può eccedere i 4/5 del valore stimato degli oggetti costituiti in pegno se si tratta di preziosi ed i 2/3 del valore quando si tratta di oggetti diversi. In caso di mancata restituzione del prestito, i beni oppegnorati vengono venduti all'asta, ma, in mancanza di offerte sufficienti a soddisfare il credito della banca, gli stessi

assiste il credito di regresso del garante pubblico escusso, non il credito principale che resta chirografario.

vengono aggiudicati allo stimatore per una somma pari all'importo del prestito, degli interessi e delle spese.

La disciplina appena accennata delle operazioni di credito su pegno risale ancora a quelle disposizioni della legge 10 maggio 1938, n. 745 e del R.D. 25 maggio 1939, n. 1279 che non sono state abrogate dall'art. 161 del T.U. bancario.

La liberalizzazione dell'erogazione di crediti su pegno ha fatto sorgere il problema se tutte le banche che di fatto svolgono attività di questo tipo rientrino nelle categorie che l'art. 67, ult. comma L. fall. esonera dalla soggezione alla revocatoria fallimentare. La norma appena richiamata dispone infatti che: « *Le disposizioni di questo articolo non si applicano ... alle operazioni di credito su pegno...* ».

La giurisprudenza era giunta a precisare che l'ultimo comma dell'art. 67 L. fall. doveva trovare applicazione soltanto con riferimento a banche *espressamente* autorizzate a concedere prestiti su pegno e svolgenti attività in modo istituzionale, con apposita organizzazione (45). L'interpretazione era però riferita alla precedente formulazione dell'art. 67, ult. comma L. fall. che limitava l'esenzione agli istituti autorizzati a compiere tali operazioni. Oggi (a seguito della riforma delle revocatorie fallimentari introdotta con D.L. 35/2005, convertito nella legge 80/2005) l'esenzione è riferita all'attività in esame e non più ai soggetti che la svolgono.

(45) Cass., 18 novembre 1998, n. 11606, in *Banca borsa tit. cred.*, 2000, II, 99.

CAPITOLO XII

L'APERTURA DI CREDITO BANCARIA

1. Definizione e disciplina del contratto.

Anche l'apertura di credito bancaria costituisce un contratto tipico in quanto disciplinato in maniera organica dalle norme del codice civile (artt. 1842-1844 c.c.).

Vanno anche ricordate le condizioni generali di contratto relative agli affidamenti in conto corrente, allegate alla circolare ABI del 25 febbraio 2005, n. LG/000906 e quelle sul conto corrente bancario, allegate alla medesima circolare ABI (anche queste ultime possono trovare applicazione, considerato che l'apertura di credito è di regola inserita all'interno di un rapporto di conto corrente bancario).

Secondo quanto è possibile desumere dall'art. 1842 c.c., mediante il contratto di apertura di credito la banca (accreditante) si impegna a tenere a disposizione del cliente (accreditato o affidato) *una somma di denaro* per un dato periodo di tempo o a tempo indeterminato. L'accreditato sarà tenuto alla restituzione delle somme utilizzate solo alla cessazione del rapporto.

A fronte di questo impegno della banca il cliente si obbliga a riconoscerle un corrispettivo sotto forma di commissione.

Questa particolare operazione bancaria è quindi contraddistinta dal riconoscimento a favore del cliente di un affidamento che, in gergo bancario, viene anche definito *fido* o *castelletto*.

Tale affidamento non va però confuso col cosiddetto *castelletto di sconto o salvo buon fine* (o *fido per smobilizzo crediti*).

Il castelletto inteso come apertura di credito ha infatti ad oggetto una somma di denaro liquida che viene messa e tenuta a disposizione del cliente (per questo viene definito nel linguaggio bancario come apertura « per cassa »), mentre il *castelletto di sconto* rappresenta e delimita unicamente l'impegno della banca a scontare o anticipare a favore del cliente gli effetti e le ricevute bancarie che questo le presenterà, per l'importo massimo e per il tempo concordati (1). In quest'ultimo caso non c'è quindi la messa a disposizione del cliente di una somma di denaro che il cliente ha facoltà di utilizzare *incondizionatamente*, ma la disponibilità della somma è subordinata alla presentazione alla banca di fatture, ricevute bancarie o cambiali, cui si accompagna la cessione dei crediti indicati in detti documenti (nello sconto) ovvero il conferimento di un mandato all'incasso (nell'anticipazione salvo buon fine) a favore della stessa banca.

La somma disponibile da parte del cliente è così limitata all'importo indicato nei documenti scontati o anticipati. Inoltre l'obbligo restitutorio del cliente sorge nel caso in cui gli effetti scontati o anticipati rimangano insoluti e non — come nell'apertura di credito — solo al termine del rapporto.

La tecnica bancaria ha introdotto il concetto di *fido mobile o aperfoglio* che costituisce una particolare modalità di aumento del fido per cassa collegato alla presentazione di cosiddetti fogli commerciali (documenti quali fatture, ricevute bancarie, titoli di credito comprovanti un credito del cliente verso terzi). In questo caso, alla presentazione di tali documenti, la banca aumenta automaticamente il fido di un importo corrispondente al credito da essi rappresentato (l'incremento di fido prende il nome di aperfoglio): la banca dunque non accredita l'importo dei fogli commerciali, ma aumenta il fido che lascia a

(1) Cass., 11 maggio 2016, n. 9621, in *Guida al diritto*, 2016, 36, 77; Cass., 14 luglio 2010, n. 16561; Cass., 19 maggio 2010, n. 12306; Cass., 5 maggio 2000, n. 5634, in *Fall.*, 2001, la quale precisa che l'assenza della facoltà del cliente di disporre di una somma di denaro comporta che ogni utilizzo del castelletto determina sempre uno *scoperto* del conto e non una semplice situazione di passività; inoltre, al fine di stabilire il fido complessivamente messo a disposizione del cliente, non può sommarsi quello per cassa che gli sia stato riconosciuto con quello derivante dal cosiddetto castelletto di sconto. In senso conforme Cass., 21 gennaio 2000, n. 656; Cass., 20 maggio 1999, n. 2589, in *Dir. fall.*, 2000, II, 50; Cass., 11 settembre 1993, n. 9479, in *Fall.*, 1994, 249; Trib. Milano, 15 marzo 2005, in *Fall.*, 2006, 317 ss.

disposizione del cliente fino all'incasso degli stessi. Successivamente, una volta giunta a maturazione la carta commerciale, il pagamento che viene accreditato sul conto porta ad una riduzione del fido di un importo corrispondente alla rimessa, determinando così il fenomeno della mobilità del fido (2).

Ancora, l'apertura di credito definita e regolata dal codice civile non deve essere confusa con la cosiddetta apertura di credito *di firma* di cui abbiamo già detto a proposito delle attività ammesse al mutuo riconoscimento: neppure in questo caso la banca mette a disposizione del cliente una somma di denaro, ma rilascia garanzie fino a concorrenza di un determinato importo e per un dato tempo.

Accade frequentemente che il titolare di un conto corrente di corrispondenza operi allo scoperto sul proprio conto (ad esempio, emettendo assegni oltre la copertura che la banca paga egualmente). Questo tipo di operatività bancaria prende nome di « *elasticità di cassa* » o « *fido di fatto* » e consiste nell'utilizzazione, da parte del cliente, del credito bancario pur senza un esplicito accordo in tal senso.

Un simile comportamento, laddove ripetuto in maniera costante, in modo tale da generare in capo al cliente il legittimo affidamento sull'esistenza di un fido, è stato in passato ritenuto idoneo a produrre il perfezionamento, per fatti concludenti, di un'apertura di credito (3).

(2) Parla di fido mobile Trib. Brescia, 11 febbraio 2000, in *Fall.*, 2001, 95, il quale precisa l'aspetto dell'automaticità dell'aumento del fido di cassa alla presentazione della carta commerciale. Il fido mobile viene considerato una vera e propria apertura di credito anche se dubbi potrebbero sorgere in relazione al fatto che l'utilizzazione della disponibilità non è incondizionata, ma è possibile solo a fronte della presentazione di un portafoglio commerciale da parte dell'accreditato. La più recente giurisprudenza di merito è giunta però ad escludere che il fido mobile possa essere ricondotto nell'ambito di una incondizionata apertura di credito (Trib. Napoli, 27 febbraio 2004, in *Fall.*, 2004, n. 9, 1055; Trib. Napoli, 11 settembre 2003, in *Banca, borsa, tit. cred.*, 2004, 465 ss.), a meno che non siano presenti specifiche pattuizioni idonee ad inserire le modalità di affidamento nello schema causale dell'apertura di credito ed a strutturarle, in particolare, quali mere modalità di utilizzo dell'affidamento concesso (Trib. Milano, 8 gennaio 2008, in *Banca, borsa, tit. cred.*, 2009, 5, II, 601 ss.).

(3) Con riferimento a fattispecie risalenti a prima dell'entrata in vigore della legge 154/1992 sulla trasparenza bancaria si vedano: Cass., 24 giugno 2008, n. 17090; Cass., 9 marzo 1995, n. 2752, in *Corr. Giur.*, 1995, 558; Cass., 11 marzo 1992, n. 2915, in *Banca, borsa, tit. cred.*, 1993, II, 24. Era comunque ritenuta irrilevante l'annotazione dell'affidamento sul libro fidi o la delibera dei competenti organi della banca di

La possibilità di configurare un contratto di apertura di credito per fatti concludenti dovrebbe risultare oggi esclusa, avendo l'art. 117 del T.U. bancario previsto la forma scritta per tutti i contratti bancari a pena di nullità, sia pure relativa (4).

Il fido di fatto dovrà quindi qualificarsi come mera tolleranza dello scoperto di conto e pertanto la banca avrà diritto di richiedere immediatamente il pagamento di quanto anticipato al cliente, mentre la rimessa di denaro tesa ad azzerare o a ridurre lo scoperto di conto avrà natura solutoria, essendo diretta al pagamento di un debito liquido ed esigibile e non al ripristino di una disponibilità che non esiste.

2. La natura giuridica e le caratteristiche del contratto.

È importante evidenziare che l'utilizzazione da parte del cliente della disponibilità finanziaria costituita dalla banca è solo eventuale, considerato che l'art. 1843, comma 1 c.c. stabilisce chiaramente che « l'accreditato *può* utilizzare » il credito, il che significa che a ciò egli non è minimamente obbligato.

Occorre allora domandarsi quale sia il rapporto esistente tra la

concessione del fido, rimanendo tali condotte meri atti unilaterali della banca, interni alla stessa (Cass., 9 settembre 1978, n. 4092, in *Banca, borsa, tit. cred.*, 1979, II, 132; Cass., 5 dicembre 1992, n. 12947; Cass., 28 aprile 1995, n. 4718).

(4) App. Torino, 15 febbraio 2021, n. 184, in *www.ilcaso.it*, Sez. Giur., 2021, 4969, secondo cui l'esistenza di scoperti di conto, anche ripetuti e cospicui, non è univocamente interpretabile come conseguente ad un'apertura di credito a favore del cliente, ben potendo trattarsi di mera tolleranza da parte della banca. La prova dell'esistenza di un'apertura di credito deve pertanto ritenersi ammessa solo nei limiti di cui all'art. 2725 c.c. La Banca d'Italia, con le istruzioni del 29 luglio 2009 in tema di trasparenza bancaria, alla Sezione III, art. 2, ha previsto che la forma scritta non è obbligatoria per le operazioni ed i servizi effettuati in esecuzione di previsioni contenute in contratti redatti per iscritto, ma tale disposizione non pare applicabile ai contratti di apertura di credito accessori ad un rapporto di conto corrente bancario. La Suprema Corte, con la sentenza 9 luglio 2005, n. 14470, ha precisato che l'apertura di credito può ritenersi valida se si inserisce in un contratto di conto corrente scritto che abbia compiutamente disciplinato il fido, ma non se manchi l'ammontare dell'affidamento accordato. Ove poi il contratto di conto corrente bancario ("contratto madre") preveda la conclusione di un contratto di apertura di credito ("contratto figlio"), ma non indichi le condizioni economiche cui andrà assoggettato, il contratto di apertura di credito deve ritenersi nullo per difetto di forma e così pure le garanzie accessorie ad esso (Cass., 22 novembre 2017, n. 27836, in *Giur. it.*, 2018, 1580 ss.).

concessione della disponibilità accordata dalla banca e la successiva, eventuale, utilizzazione di tale disponibilità da parte dell'accreditato.

L'apertura di credito, a differenza del mutuo, non si perfeziona con la consegna del denaro (che — come già ripetuto — può anche mancare), bensì attraverso la semplice concessione della disponibilità del denaro.

Tale concessione permette all'accreditato di contare sull'utilizzabilità, in caso di bisogno, di risorse finanziarie liquide: pertanto la funzione del contratto si realizza già mediante la messa a disposizione del denaro senza bisogno della sua consegna materiale, il che esclude che l'apertura di credito sia assimilabile al mutuo che è invece un contratto reale.

L'apertura di credito costituisce quindi un contratto consensuale in quanto si perfeziona mediante l'accordo delle parti [5].

Si tratta di un contratto già di per sé definitivo e non di un contratto preliminare, essendo diretto a soddisfare direttamente l'interesse dell'accreditato, senza bisogno dei singoli atti di utilizzazione, i quali, comunque, non possono essere qualificati come altrettanti contratti definitivi posti in essere in adempimento di un preliminare, avendo natura di atti unilaterali assolutamente facoltativi.

Per le stesse ragioni l'apertura di credito non costituisce neppure una promessa di mutuo, dovendo quest'ultima qualificarsi come contratto preliminare.

L'apertura di credito è comunque un contratto con effetti obbligatori a carico della banca, tenuta a mantenere a disposizione del cliente la somma accreditata e ciò fino alla scadenza del termine prefissato o fino al recesso di una delle due parti.

I contratti di apertura di credito possono prevedere, in capo al cliente affidato, due tipi di obbligazioni: l'obbligazione di pagare gli interessi convenzionali sulle somme effettivamente utilizzate (oltre ovviamente a restituire le somme utilizzate al termine del rapporto) e l'obbligazione di pagare un corrispettivo omnicomprensivo a fronte della messa a disposizione delle somma (***commissione di affidamento***).

In caso di sconfinamento da parte del cliente (ossia laddove le somme utilizzate eccedano il limite dell'apertura di credito concessa o

(5) Così Cass., 15 maggio 1991, n. 5448, in *Il Fall.*, 1991, 1237.

anche nel caso in cui il cliente vada a debito in mancanza di un affidamento), il contratto può prevedere che la banca applichi un interesse maggiorato ed una ***commissione di istruttoria veloce***.

Oggi la disciplina delle commissioni di affidamento e delle commissioni di istruttoria veloce è contenuta nell'art. 117-*bis* T.U. bancario e nel decreto d'urgenza n. 644 del 30 giugno 2012 emanato dal Ministro dell'economia e delle finanze quale Presidente del CICR.

La sostanza della disciplina è che la remunerazione per un'apertura di credito può consistere solo in un interesse passivo ed in una commissione omnicomprensiva non superiore allo 0,50% a trimestre, da calcolare sulla somma messa a disposizione e per la durata dell'affidamento, con nullità di qualsiasi clausola che preveda ogni onere aggiuntivo che si ponga in rapporto di corrispettività con la messa a disposizione dei fondi.

È stata invece eliminata ogni commissione riferita all'effettivo utilizzo dei fondi (cosiddetta **commissione di massimo scoperto**), un corrispettivo originariamente previsto da clausole contrattuali frutto della prassi bancaria, che di regola veniva determinato in misura percentuale rispetto all'importo massimo utilizzato dal cliente nel periodo considerato. La giurisprudenza, ritenuta la validità in astratto di tale commissione sotto il profilo causale, ne ha però spesso ritenuto la nullità per eccessiva indeterminatezza ([6]).

La commissione di massimo scoperto era stata disciplinata dall'art. 2-*bis* del D.L. 29 novembre 2008, n. 185, convertito con modificazioni

([6]) Cass., 18 gennaio 2006, n. 870 ne offre una definizione, secondo la quale la commissione di massimo scoperto è "*la remunerazione accordata alla banca per la messa a disposizione dei fondi a favore del correntista indipendentemente dall'effettivo prelevamento della somma*". Ne ritengono la validità sotto il profilo causale in particolare Cass., 22 giugno 2016, n. 12965 e Trib. Milano, 4 ottobre 2014, in *La nuova giur. civ. comm.*, 2015, n. 4, 288 ss., con nota del sottoscritto che riporta ulteriori riferimenti sul problema in esame. Un riconoscimento della validità della CMS, salvo verificarne un'applicazione rispettosa della normativa anti usura, può ricavarsi anche da Cass., Sez. Un., 20 giugno 2018, n. 16303.

Frequentemente però le clausole che prevedono una commissione di massimo scoperto sono ritenute nulle per indeterminatezza dell'oggetto, ai sensi e per gli effetti degli artt. 1346 e 1418 c.c., ove non rechino indicati in modo chiaro il tasso, la base di calcolo, il criterio e la periodicità dell'addebito (App. Torino, 19 novembre 2018, n. 1977, in *DeJure*, Giuffrè; Trib. Milano, 17 Luglio 2019, in *www.ilcaso.it*, Sez. Giur., 23521, 2020; Trib. Nocera Inferiore, 27 agosto 2019, n. 1008, Trib. Cagliari, 30 gennaio 2017, n. 320, Trib. Lucca, 14 dicembre 2016, n. 2628, tutte in *DeJure*, Giuffrè).

nella legge 28 gennaio 2009, n. 2 che l'aveva vietata se applicata sui conti correnti non affidati, offrendo invece la possibilità di prevedere, sui conti affidati, un corrispettivo per la messa a disposizione dei fondi. I commi 1 e 3 dell'art. 2-*bis* del D.L. 185/2008 convertito nella legge 2/2009 (che prevedevano le commissioni applicate sui saldi a debito del cliente o sugli affidamenti) sono stati poi abrogati dall'art. 27, comma 4 del D.L. 24 gennaio 2012, n. 1, convertito con modificazioni nella legge 24 marzo 2012, n. 27.

Oggi quindi è possibile solo prevedere una commissione di affidamento, commisurata non più all'ammontare della somma utilizzata dal cliente, ma all'intera somma messagli a disposizione (a prescindere dalla parte di essa utilizzata). Essa deve risultare comprensiva di qualsiasi remunerazione per la banca e va calcolata in maniera proporzionale rispetto alla somma messa a disposizione e alla durata dell'affidamento, non potendo comunque eccedere la misura dello 0,50% per trimestre dell'importo dell'affidamento.

In caso di sconfinamento non è possibile applicare alcuna commissione percentuale sull'importo utilizzato, potendosi prevedere solo una commissione in misura fissa denominata appunto ***commissione di istruttoria veloce*** che deve essere commisurata ai costi sostenuti dall'intermediario sulla base di procedure interne che individuano i casi in cui è svolta un'istruttoria veloce.

Esistendo un rapporto di corrispettività tra le prestazioni cui le parti sono reciprocamente tenute, l'apertura di credito deve considerarsi un contratto a titolo oneroso e sinallagmatico.

Si tratta poi di un contratto ad esecuzione continuata perché le prestazioni cui le parti sono tenute si distribuiscono nel tempo in modo ininterrotto.

Una fondamentale distinzione è quella tra apertura di credito « semplice » e quella « in conto corrente ».

L'apertura di credito « semplice » è caratterizzata dal fatto che l'accreditato può utilizzare **una sola volta** la provvista messagli a disposizione e quindi non può ripristinare la disponibilità con successivi versamenti: l'utilizzo della provvista potrà comunque avvenire con più prelievi, fino ad esaurimento.

Nell'apertura di credito « in conto corrente » invece l'accreditato può utilizzare **più volte** il credito, anche dopo averlo esaurito, sempre che, con successivi versamenti, provveda a ripristinare la sua disponibilità: si parla in questo caso di elasticità del fido in quanto la somma a disposizione del cliente varia continuamente a seconda degli utilizzi e dei rientri. Il credito a disposizione del cliente corrisponderà, momento per momento, alla differenza tra il fido concesso e la somma algebrica dei prelievi e dei versamenti.

L'apertura di credito in conto corrente costituisce l'ipotesi ritenuta naturale dalla legge, posto che l'art. 1843 c.c. prescrive che, salvo che sia convenuto diversamente, il cliente può sempre ripristinare con successivi versamenti la propria disponibilità e pertanto l'apertura di credito semplice si configura solo in presenza di un esplicito accordo in tal senso.

Ulteriore distinzione è tra apertura di credito « allo scoperto », se non assistita da garanzie reali o personali (nel qual caso la banca confida esclusivamente sulla solvibilità dell'accreditato) e apertura di credito « garantita », ove la banca ottiene il rilascio di garanzie reali o personali a cautela del proprio credito di restituzione delle somme utilizzate.

3. L'utilizzazione del credito e le forme d'uso.

L'utilizzazione da parte dell'accreditato delle somme tenute a sua disposizione individua il momento in cui la banca perde la proprietà del denaro utilizzato ed in cui il cliente (o il terzo a favore del quale viene effettuato un pagamento) ne acquista la proprietà.

Ciò significa che, con la conclusione del contratto, il cliente acquista il **potere** di pretendere che, su sua **specifica richiesta**, la banca trasferisca in proprietà sua o di terzi in tutto o in parte le somme tenute a disposizione.

Tale potere può essere esercitato dall'accreditato in ogni momento, conformemente a quanto dispone l'art. 1183 c.c.. Per converso, la banca non può imporre all'accreditato di utilizzare le somme messegli a disposizione né costituendolo in mora (artt. 1206 ss. c.c.), né chiedendo al giudice la fissazione di un termine per l'adempimento (art. 1183, comma 2 c.c.), stante l'assoluta libertà del cliente anche di non utilizzare la provvista.

Altrettanta libertà esiste con riferimento al momento in cui l'accreditato può provvedere alla restituzione delle somme utilizzate per ripristinare la provvista: il relativo debito può essere estinto in qualsiasi momento dall'accreditato, per intero o parzialmente, senza che la banca possa rifiutare il pagamento parziale ai sensi dell'art. 1181 c.c..

A fronte della predetta disponibilità del credito, la banca sarà tenuta a consentirne l'utilizzazione nei modi e nella quantità voluti dall'accreditato, attraverso una specifica richiesta dello stesso da qualificarsi come atto unilaterale recettizio, efficace solo quando portato a conoscenza del destinatario *ex* art. 1334 c.c.

Prima di questa specifica richiesta il cliente non diviene però proprietario delle somme corrispondenti al fido (perché non utilizzate), né acquista un diritto di credito pecuniario. Infatti la banca non ha l'obbligo di **accantonare materialmente** la somma messa a disposizione, limitandosi ad accreditare tale somma, annotando la relativa operazione nei propri registri interni (in particolare nel cosiddetto libro fidi).

Da quanto appena detto si comprende la ragione per la quale non si ritiene possibile il pignoramento della somma messa a disposizione dell'accreditato tramite il fido: tale somma entra infatti nella disponibilità solo economica del cliente e non in quella giuridica, dato che egli, per divenirne titolare, deve compiere un ulteriore atto (unilaterale) di volontà (l'utilizzazione appunto).

Né è configurabile un credito pignorabile, posto che il diritto spettante al cliente non comporta la costituzione di un saldo attivo a suo favore, non essendo annotata alcuna somma a credito sul conto (7). All'utilizzazione della provvista poi corrisponde l'annotazione a debito (e non a credito) del relativo prelevamento.

Così specificato il contenuto del potere attribuito all'accreditato in un rapporto di apertura di credito, va ora precisato che, all'esercizio di tale potere, corrisponde l'obbligo della banca di dar corso alle richieste del cliente solo quando l'utilizzazione della disponibilità rientra entro determinate forme.

(7) Cass., 22 marzo 1994, n. 2742, in *Giur. it.*, 1995, I, 1, 52; Trib. Roma, 17 ottobre 2011, n. 20026 in *Juris Data*, 2013; Trib. Milano, 29 ottobre 1987, *ivi*, 1988, I, 2, 512; Pret. Monza, ord., 3 marzo 1989, in *Foro it.*, 1990, I, 1408; Trib. Arezzo, 13 gennaio 2020, n. 23, in *DeJure*, Giuffrè, ha chiarito che la banca è libera di consentire all'esecutato, in costanza di procedura esecutiva, di prelevare somme in forza di un fido in essere, ove il saldo del conto non sia positivo.

Secondo l'art. 1843 c.c. infatti l'accreditato può utilizzare il credito « nelle forme d'uso », salvo che sia convenuto diversamente.

Occorre allora individuare quali siano queste forme d'uso, posto che, fuori dai casi espressamente previsti in contratto, la banca potrà legittimamente rifiutare di dare esecuzione alla disposizione del cliente laddove essa non rientri nell'ambito di tale nozione.

La dottrina (8) ha giustamente rilevato che la norma in commento ha carattere suppletivo, andando a regolare il rapporto solo in mancanza di disciplina convenzionale. Ora, la disciplina convenzionale di regola prevede che il cliente utilizzi il credito concessogli nei modi previsti per il conto corrente di corrispondenza nell'ambito del quale si inserisce il rapporto di apertura di credito. A sua volta, nell'ambito del conto corrente, il cliente pone in essere atti di disposizione mediante « comunicazioni » o « ordini » ed inoltre, qualora al conto corrente si accompagni quel rapporto accessorio che prende il nome di *convenzione di cheque*, anche mediante « disposizioni per assegno ».

Un esempio di modalità di utilizzazione dell'apertura di credito è previsto all'art. 5 delle condizioni generali di contratto per gli affidamenti in conto corrente, allegate alla circolare ABI del 25 febbraio 2005, che regolamenta le modalità di utilizzo tramite presentazione di assegni, effetti, ricevute bancarie o titoli similari.

Al di fuori delle forme contrattuali convenzionali, non esistono usi né normativi né contrattuali che disciplinino l'aspetto dell'utilizzazione del credito.

Deve pertanto concludersi che le forme d'uso cui occorre riferirsi coincidono con la cosiddetta « prassi bancaria » (9).

Onde conferire maggior concretezza ad un concetto tanto astratto qual è quello di prassi bancaria, occorre però chiedersi in concreto quali tipologie di atti vi rientrino.

Così certamente nessun problema si pone nel ritenere ammessa la forma del prelevamento di denaro (essendo essa prevista dall'art. 1843, comma 2 c.c.) né per la disposizione mediante assegni circolari (che costituiscono una forma assimilabile al denaro, come potrebbe desu-

(8) MOLLE, *I contratti bancari*, Milano, 1981, 225.

(9) MOLLE, *op. cit.*, 229; FERRI, voce *Apertura di credito*, in *Enc. del dir.*, Milano, 1958, 605; SERRA, voce *Apertura di credito*, in *Digesto delle disc. priv.*, Sez. comm., Torino, 1987, 159.

mersi anche dall'art. 120, comma 1 T.U. bancario); parimente ammessa deve ritenersi la pretesa del cliente a che la banca esegua il pagamento a favore di terzi che venissero indicati ai sensi dell'art. 1188 c.c..

Maggiori problemi sorgono riguardo agli atti di disposizione coi quali l'accreditato richiede alla banca di assumere nuove obbligazioni verso terzi, ad esempio, mediante rilascio di una lettera di credito, di una fideiussione o di un avallo o accettando una cambiale tratta emessa dal cliente.

Pare evidente che l'assunzione di nuove obbligazioni non rientra nell'ambito del rapporto di apertura di credito per cassa in quanto oggetto di tale contratto è l'esecuzione di obbligazioni di **dare** e non di fare o di contrarre. L'assunzione di obbligazioni verso terzi forma oggetto di un diverso tipo di contratto: l'*apertura di credito di firma* di cui abbiamo già detto sottolineandone la natura di contratto atipico, ben diverso dalla figura negoziale in esame. Deve pertanto concludersi che la banca resta libera di aderire o meno alla richiesta del cliente accreditato, risultando necessaria un'esplicita manifestazione di volontà nell'ipotesi in cui decidesse di assumere una nuova obbligazione verso terzi. In questo caso, ove la banca fosse chiamata ad adempiere l'obbligazione assunta verso il terzo, essa avrebbe diritto alla restituzione delle somme pagate, che potrebbe addebitare sul conto dell'accreditato.

Laddove esistesse invece un rapporto di **apertura di credito di firma** sussisterebbe certamente l'*obbligo* della banca di assumere obbligazioni verso terzi, in quanto ciò costituirebbe proprio l'oggetto dell'atipico contratto in questione.

4. L'apertura di credito garantita.

L'art. 1844 c.c. regola il rapporto tra negozio di credito e negozio di garanzia nei casi in cui la banca abbia ottenuto una garanzia reale o personale a fronte della concessione di credito.

Vale anzitutto la regola della cosiddetta **permanenza** della garanzia fino alla fine del rapporto: se per l'apertura di credito — recita l'art. 1844 c.c. — è data una garanzia reale o personale, questa non si estingue prima della fine del rapporto per il solo fatto che l'accreditato cessa di essere debitore della banca.

La regola è la naturale conseguenza del fatto che, prima della fine del rapporto, l'accreditato può sempre utilizzare, fino ad esaurimento (nell'apertura di credito semplice), o riutilizzare in tutto o in parte (nell'apertura di credito in conto corrente) la provvista. La garanzia non può allora venir meno per il fatto che il cliente non sia ancora divenuto (per non aver mai utilizzato la somma concessa a credito) o abbia cessato di essere (per aver ripristinato la provvista) debitore verso la banca, almeno fino alla fine del rapporto. L'utilizzo della provvista determinerà l'insorgere di un nuovo debito che non sarebbe più garantito se fosse possibile ritirare la garanzia originariamente concessa.

Il principio appena espresso vale sia per le garanzie reali che per quelle personali: in entrambi i casi la garanzia non si estingue fino alla fine del rapporto.

Ciò non esclude però che il fideiussore possa avvalersi del diritto di recedere dal rapporto di garanzia: in questo caso il recesso produce l'effetto di cristallizzare il **limite massimo** di responsabilità del fideiussore, costituito dal saldo debitore del conto garantito al momento in cui la banca riceve la comunicazione di recesso del fideiussore, fermo restando però che i successivi versamenti che riducano temporaneamente il debito del cliente non sono idonei a ridurre la responsabilità del garante fino al momento della chiusura del rapporto (10). Solo in quest'ultimo momento, se il saldo passivo del conto sarà inferiore a quello esistente alla data del recesso, il fideiussore risponderà nei limiti del minor importo, conformemente al generale principio di accessorietà della garanzia fideiussoria, in forza del quale la fideiussione non può eccedere ciò che è dovuto dal debitore (art. 1941, comma 1 c.c.).

Viceversa, il fideiussore non risponderà degli addebiti successivi alla data del suo recesso, a meno che l'addebito non si riferisca ad un'operazione che, pur annotata successivamente al recesso, sia stata compiuta precedentemente: è il caso degli assegni con data di emissione anteriore al recesso, ma pervenuti alla banca, per l'addebito in conto, successivamente.

(10) Cass., 15 giugno 2012, n. 9848; Cass., 7 novembre 2003, n. 16705, in *Banca, borsa, tit. cred.*, 2004, II, 520; Cass., 2 luglio 1998, n. 6473 in *Banca, borsa, tit. cred.*, 1999, II, 657; Cass., 30 luglio 1998, n. 7512, *ivi*, 1999, II, 657; Cass., 15 marzo 1999, n. 2284, in *Giust. civ. Mass.*, 1999, 565; App. Brescia, 7 febbraio 2019, n. 246, in *DeJure*, Giuffrè.

Bisogna però tener presente che le condizioni generali di contratto solitamente inserite nei contratti di fideiussione prestata a favore di una banca a garanzia di un'apertura di credito, anche in caso di recesso del fideiussore, estendono la garanzia a quanto la banca abbia dovuto restituire a seguito del vittorioso esperimento di azioni di annullamento o inefficacia o, in caso di fallimento del cliente accreditato, a seguito del vittorioso esperimento di azioni revocatorie da parte del curatore (art. 2) (11).

Sempre riguardo all'apertura di credito garantita, l'art. 1844, comma 2 c.c. prevede che, qualora la garanzia sia divenuta insufficiente, la banca possa richiedere un supplemento della stessa (se reale) ovvero la sostituzione del garante (in caso di garanzia personale).

In caso di inottemperanza da parte dell'accreditato, la norma riconosce alla banca il diritto potestativo di:

a) ridurre il credito messo a disposizione del cliente di una somma proporzionale al diminuito valore della garanzia;

b) recedere dal contratto e quindi richiedere il rientro delle somme utilizzate.

L'insufficienza della garanzia di cui parla la disposizione in esame si riferisce a qualsiasi modificazione nel patrimonio del garante (in caso di garanzia personale) o a qualsiasi modificazione nell'entità o nel valore del bene costituito in garanzia (nel caso di garanzia reale), tale da generare un aumento del rischio di insoluto del credito restitutorio spettante alla banca rispetto a quello esistente al momento della costituzione della garanzia.

L'art. 1844, comma 2 c.c. trova quindi più ampia applicazione rispetto all'art. 1943, comma 2 c.c. che prevede l'obbligo di sostitu-

(11) Tale clausola è ritenuta valida dalla giurisprudenza (Cass., 23 marzo 2004, n. 5720; App. Bologna, sez. II, 1° aprile 2005, n. 422, inedita, secondo cui la clausola di reviviscenza della fideiussione non costituisce clausola vessatoria in quanto le clausole di limitazione della facoltà di opporre eccezioni di cui parla l'art. 1341, comma 2 c.c. sono solo quelle che pongono limiti processuali a tale facoltà e non quelle che pongono limiti di natura sostanziale; inoltre la sentenza afferma che il diritto della banca di escutere la fideiussione si prescrive in 10 anni decorrenti dal momento della restituzione delle somme al fallimento del debitore principale o quantomeno dal momento del passaggio in giudicato della sentenza di revoca). La reviviscenza della garanzia non è comunque possibile ove nulla preveda il contratto espressamente, considerato che il pagamento del debito principale garantito estingue definitivamente la garanzia accessoria (Cass., 20 dicembre 2002, n. 18156, in *Dir. Fall.*, 2004, II, 84 ss.).

zione del fideiussore solo nel caso in cui questo sia divenuto insolvente (dovendo l'insolvenza considerarsi evento più grave della semplice insufficienza della garanzia, che può derivare anche da una diminuzione della capacità finanziaria del garante).

Ancora, la norma in esame trova più ampia applicazione anche rispetto all'art. 2743 c.c. che prevede l'obbligo del garante di integrare o sostituire la garanzia al verificarsi di eventi attinenti alla *materialità* della cosa costituita in pegno (perimento o deterioramento), ma non al suo semplice svilimento economico.

Un ultimo aspetto rilevante in tema di garanzie prestate per un'apertura di credito è il problema se essa, rilasciata al momento della concessione del fido, debba considerarsi o meno contestuale al debito del cliente.

La soluzione appare di notevole rilevanza nell'ipotesi di fallimento del cliente: infatti la garanzia, se contestuale, potrebbe essere revocata solo ai sensi dell'art. 67, comma 2 L. fall. (se costituita entro i sei mesi anteriori alla dichiarazione di fallimento e sempre che il curatore riesca a dimostrare che il creditore conosceva lo stato di insolvenza dell'accreditato fallito al momento di ricevere la garanzia); invece, se costituita per un debito preesistente, potrebbe essere revocata ai sensi dell'art. 67, comma 1 n. 3 o n. 4 L. fall. [spettando in questo caso alla banca di fornire la prova di non conoscere lo stato di insolvenza dell'accreditato fallito nel momento in cui aveva ottenuto la garanzia (12)].

La giurisprudenza ha chiarito che, nell'ipotesi in cui la garanzia venga concessa alla banca in occasione di un **aumento del fido**, quando già esista un'esposizione debitoria del cliente, essa deve considerarsi prestata per un debito preesistente, anche se l'aumento del fido riguardi il medesimo rapporto di conto corrente.

Il concetto di contestualità va inteso infatti in senso sostanziale e causale e non in senso formale o semplicemente cronologico, per cui la garanzia copre globalmente tutti gli atti di utilizzazione della provvista

(12) La revocabilità potrà riguardare garanzie costituite entro i sei mesi o l'anno antecedente la dichiarazione di fallimento a seconda che la garanzia fosse stata prestata rispettivamente per un debito scaduto o non ancora scaduto.

e configura garanzia per debito preesistente quando detta utilizzazione sia già intervenuta (13).

Ben diversa sarà l'ipotesi in cui la garanzia sia prestata per un fido contestualmente concesso o per un fido che, pur essendo già stato concesso, non sia stato minimamente utilizzato dall'accreditato (non si abbia dunque saldo negativo), in quanto in queste ipotesi non si pone un problema di preesistenza del debito garantito che sorge solo con l'utilizzo della provvista e non prima. La garanzia sarà allora revocabile solo a norma dell'art. 67, comma 2 L. fall.

Identica soluzione vale anche nel caso in cui la banca riesca a fornire la prova (ritenuta però dalla giurisprudenza rigorosa) che la garanzia prestata per un aumento del fido si riferisce soltanto all'ulteriore somma accreditata e non al debito preesistente (14), sempre che però il debito preesistente non eccedesse il limite del fido originariamente concesso.

5. La fine del rapporto: la disciplina legale.

Ferme restando le cause di risoluzione previste dalla legge per i contratti in generale, nonché quelle derivanti dalla natura di contratto *intuitu personae* dell'apertura di credito (morte e sopravvenuta incapacità dell'accreditato, le cui qualità sono determinanti del consenso della banca), l'art. 1845 c.c. prevede due tipiche cause di estinzione del rapporto: la scadenza del termine ed il recesso.

La prima è tipica dei contratti di apertura di credito a tempo determinato, la seconda, pur possibile anche per questi (nei casi che vedremo), rappresenta la naturale causa di scioglimento del rapporto dei contratti a tempo indeterminato.

Nel caso del contratto di **apertura di credito a tempo determinato**, lo scadere del termine contrattualmente pattuito comporta lo scioglimento di diritto del rapporto e conseguentemente l'impossibilità per l'accreditato di continuare ad utilizzare il denaro che gli era stato messo

(13) Cass., 23 luglio 2007, n. 16216, in *Guida al diritto*, 2007, 43, 54; Cass., 19 maggio 2007, n. 10629; Cass., 9 maggio 2000, n. 5845, in *Fall.*, 2001, n. 5, 541 ss.

(14) Ancora Cass., 9 maggio 2000, n. 5845, cit.; Trib. Milano, 26 novembre 2003, in *Fall.*, 2004, 578.

a disposizione e l'obbligo di restituire immediatamente le somme utilizzate a causa della trasformazione dell'obbligazione dell'accreditato da debito a termine in debito liquido ed esigibile.

Prima della scadenza del termine è possibile che il rapporto si sciolga per **recesso** di una delle parti, ossia in forza di una dichiarazione unilaterale di volontà diretta a produrre l'estinzione del rapporto giuridico nel momento in cui essa viene ricevuta dalla parte destinataria di tale comunicazione che costituisce atto recettizio. Tale recesso è però possibile solo in casi eccezionali e precisamente — come dispone l'art. 1845, comma 1 c.c. — in presenza di una **giusta causa**. Ai sensi del comma 2 dello stesso art. 1845 c.c. « *il recesso sospende immediatamente l'utilizzazione del credito* », salvo il termine per il rientro.

Quali siano le ipotesi di giusta causa può essere previsto dallo stesso contratto oppure può derivare da eventi (imputabili ad una delle parti od oggettivi) che facciano venir meno il rapporto di fiducia tra le parti o alterino l'equilibrio economico del rapporto e non consentano una prosecuzione neppure temporanea del rapporto (quali fatti attinenti alla persona o al patrimonio dell'accreditato o sue inadempienze o improvvise variazioni delle condizioni di mercato).

Con riferimento all'apertura di credito **a tempo indeterminato** l'art. 1845, comma 3 c.c. dispone che « *ciascuna delle parti può recedere dal contratto mediante* **preavviso** *nel termine stabilito dal contratto, dagli usi o in mancanza in quello di quindici giorni* ».

Va anzitutto precisato che, in caso di scoperto di conto, per la restituzione di quanto utilizzato in eccedenza del fido non si pone un problema di scioglimento del rapporto perché tale situazione deriva da una mera tolleranza da parte della banca e non da un rapporto obbligatorio in forza del quale la banca sia tenuta a mantenere una disponibilità a favore del cliente. Pertanto, non si richiede né una dichiarazione di recesso né alcun preavviso, potendo la banca pretendere sempre e comunque l'immediato rientro di tale eccedenza ([15]).

Se, invece, l'accreditato resta nei limiti dell'affidamento, l'obbligo di **restituire** le somme utilizzate sorge solo a seguito di una comunicazione di recesso, produttiva di effetti solo allo scadere di un termine di

([15]) L'opinione è pacifica soprattutto in tema di revocatoria fallimentare delle rimesse bancarie: fra le tante Cass. 25 gennaio 1997, in *Fall.*, 1997, n. 778, 980.

preavviso la cui durata o è stabilita dalle parti o deriva dagli usi o, in mancanza, deve essere di 15 giorni.

Funzione del preavviso è quella di consentire al contratto di continuare a produrre i suoi effetti fino allo scadere del termine, con la conseguenza che, nel frattempo, l'accreditato potrà continuare ad utilizzare il credito.

L'obbligo del preavviso va però certamente escluso laddove, anche nel rapporto a tempo indeterminato, la decisione di recedere dal contratto sia derivata dalla presenza di una **giusta causa**, ossia nei casi in cui anche una sia pur breve prosecuzione del rapporto potrebbe rendere più difficile la restituzione delle somme utilizzate dal cliente. In questi casi potrà applicarsi in via analogica il disposto del comma 1 dell'art. 1845 c.c. (16) e dunque la banca potrà recedere con effetto immediato, facendo sorgere subito l'obbligo dell'accreditato di **restituire** le somme prelevate e provocando l'**immediata sospensione** dell'utilizzazione del credito.

Una volta che il rapporto di apertura di credito si sia estinto per recesso della banca, al cliente dovrà comunque essere riconosciuto un termine per la restituzione delle somme; tale termine è fissato dall'art. 1845, comma 2 c.c. in 15 giorni, salvo diversa pattuizione contrattuale (17).

Quello che abbiamo appena esposto costituisce il regime legale del recesso dall'apertura di credito, ossia la disciplina applicabile in mancanza di una diversa volontà delle parti, com'è reso evidente dall'inciso inizialmente contenuto al comma 1 dell'art. 1845 c.c. e dalla prevalenza

(16) App. Bologna, 19 giugno 1964, in *Banca, borsa, tit. cred.*, 1965, II, 407. In dottrina FIORETTA, *In tema di recesso dal contratto di apertura di credito a tempo indeterminato*, in *Riv. dir. comm.*, 1957, 281.

(17) La concessione di un termine per il rientro non è ritenuta necessaria laddove il ripianamento avvenga a mezzo di compensazione, non dovendo in questo caso il cliente procurarsi i fondi necessari ad estinguere la propria obbligazione (Cass. 16 novembre 2000, n. 14859, in *Dir. della banca e del mercato finanziario*, Padova, 2001, 549 ss.), fermo restando però l'obbligo della banca di risarcire il danno subito dal cliente laddove non appaia giustificato l'omesso o il ritardato invio di una comunicazione di recesso e compensazione (Cass., 28 settembre 2005, n. 18947; App. Milano, 20 luglio 1982, in *Banca, borsa, tit. cred.*, 1984, II, 325). Si noti che, laddove la banca si limiti ad invitare il correntista a regolarizzare la sua posizione senza specificare a quale, tra più rapporti contrattuali in essere, si riferisca, questo invito non equivale a revoca di alcun affidamento (Cass. 7 giugno 2013, n. 14455).

attribuita alla medesima volontà delle parti a proposito della durata del preavviso per rendere operante ed effettivo il recesso, secondo quanto dispone l'art. 1845, comma 3 c.c.

Questo duplice richiamo alla volontà delle parti (sia con riferimento all'apertura di credito a tempo determinato che a quella a tempo indeterminato) ci porta allora ad esaminare qual è la regolamentazione pattizia della fattispecie, soprattutto con riferimento a quanto dispongono le condizioni generali allegate alla circolare ABI del 25 febbraio 2005.

6. *Segue*: la disciplina convenzionale.

Le clausole inserite nei moduli contrattuali predisposti dalle banche derogano in maniera rilevante alla disciplina dell'art. 1845 c.c., prevedendo ben più ampie possibilità di recesso sia nel rapporto a tempo determinato che in quello a tempo indeterminato (art. 13 delle condizioni generali di contratto sul conto corrente bancario ed art. 4 delle condizioni generali di contratto sugli affidamenti in conto corrente, entrambe allegate alla circolare ABI del 25 febbraio 2005).

La disciplina convenzionale del recesso viene di regola uniformata nelle due forme di apertura di credito, prevedendosi, sia nel rapporto a tempo determinato che in quello a tempo indeterminato, la più ampia libertà per la banca di recedere dal rapporto, anche in **assenza di una giusta causa** e **senza preavviso**, con conseguente sospensione immediata dell'utilizzo del credito concesso.

Una volta sciolto il rapporto, il termine per la restituzione delle somme utilizzate viene lasciato dalle condizioni generali di contratto alla libera determinazione delle banche, le quali però solitamente assegnano termini ben inferiori a quello di 15 giorni che sarebbe prescritto dall'art. 1845, comma 2 c.c..

La facoltà della banca di recedere *ad nutum* (cioè anche senza motivo) è ritenuta legittima in considerazione del fatto che l'art. 1845 c.c., al comma 1, fa sempre salva l'esistenza di un patto contrario alla disciplina legale del recesso ([18]).

([18]) Cass., 21 febbraio 2003, n. 2642; Cass., 9 novembre 1994, n. 9307, in *Giust. civ.*, 1994, I, 383; Cass., 23 novembre 1993, n. 11566; Cass., 1° marzo 1973, n. 565, in

Unico temperamento a questo potere è costituito dalla riconosciuta natura vessatoria della clausola prevedente la facoltà di recesso della banca e dunque dalla necessità di una sua specifica sottoscrizione (19).

Anche l'abbreviazione (o addirittura la soppressione (20) del termine per la restituzione delle somme utilizzate è ritenuta legittima dalla giurisprudenza, considerando che si tratta di materia derogabile per volontà delle parti, attenendo allo svolgimento di un rapporto di natura patrimoniale (21).

Va però precisato che il diritto di **recesso incondizionato ed immediato** riconosciuto alle banche non può essere esercitato in maniera incontrollata.

Recentemente sono stati infatti precisati due limiti alla libertà della banca: un limite di creazione giurisprudenziale, consistente nel divieto della cosiddetta **revoca brutale** del fido ed un limite di creazione legislativa posto a favore dei **consumatori** dal Codice del consumo (D.Lgs. 6 settembre 2005, n. 206).

Sotto il primo profilo la giurisprudenza è giunta ad affermare che è contrario al principio di buona fede (art. 1375 c.c.) il recesso di una banca dal rapporto di apertura di credito ove in concreto assuma connotati del tutto imprevisti ed arbitrari in quanto contrastante con la ragionevole aspettativa di chi, in base all'assoluta normalità commerciale dei rapporti in atto, abbia fatto conto di poter disporre della provvista per un dato tempo (22). Ciò significa che in questi casi il

Banca, borsa, tit. cred., 1974, II, 423; Trib. Napoli, 8 luglio 1988, in *Banca, borsa, tit. cred.*, 1990, 496. In dottrina TETI, *La disciplina del recesso della banca dall'apertura di credito a tempo determinato nel codice civile del 1942: una storia di promesse legislative non mantenute, di modifiche legislative dell'ultima ora e di coordinamenti innovativi*, *ivi*, 1995, II, 164.

(19) Cass., 7 aprile 1994, n. 3291, in *Banca, borsa tit. cred.*, 1995, II, 143.

(20) Cass., 21 maggio 1997, n. 4538, in *Banca*, 1997, II, 648 ss.; Cass., 6 febbraio 1975, n. 439; Cass., 1 marzo 1973, n. 565.

(21) Così, testualmente, Cass. 9 novembre 1994, n. 9307, in *Banca, borsa, tit. cred.*, 1995, II, 521; conforme anche Cass., 21 maggio 1997, n. 4538, in *Banca, borsa, tit. cred.*, 1997, II, 648.

(22) Cass., 21 maggio 1997, n. 4538, in *Banca, borsa, tit. cred.*, 1997, II, 648 ed in *Foro it.*, 1997, I, 2479; App. Bari, 28 febbraio 2012, n. 173, in *www.giurisprudenzabarese.it*, 2013; ABF Milano, 28 ottobre 2011, n. 2320, in *www.ilcaso.it*, 2012, I, 6808; lo stesso principio vale anche in caso di drastica ed ingiustificata riduzione degli

recesso può ritenersi inefficace ed esporre la banca ad un'azione di danni da parte del cliente (23).

Anche nel caso in cui il cliente abbia alienato alcuni dei suoi beni, la banca deve motivare in modo adeguato il recesso dal rapporto, dimostrando l'insufficienza dei beni residui costituenti la garanzia dell'esposizione debitoria (24).

Il principio è stato poi esteso al recesso dall'apertura di credito a tempo determinato prima dello scadere del termine finale, anche se ciò avvenga invocando l'esistenza di una giusta causa espressamente prevista, laddove essa sia invocata in maniera contraria al principio di correttezza (ad esempio perché essa era conosciuta fin dall'inizio del rapporto o era trascorso un tempo eccessivo dalla conoscenza che la banca ne aveva avuto per poter ritenere menomato quel rapporto di fiducia posto a base del rapporto contrattuale) (25).

Passando ai limiti legali della facoltà di recesso della banca introdotti dal già esaminato D.Lgs. 6 settembre 2005, n. 206, l'art. 33, comma 3, lett. *a*), stabilisce che, se il contratto ha per oggetto la prestazione di servizi finanziari *a tempo indeterminato* a favore di un **consumatore**, il professionista può recedere dal rapporto senza preavviso solo qualora ricorra un **giustificato motivo**, dandone immediata comunicazione al cliente (dovendosi ritenere abusiva fino a prova contraria e dunque nulla qualsiasi clausola contraria che preveda un

affidamenti ad una cifra simbolica, come ben precisato da ABF Milano, 7 giugno 2013, n. 3105, in *www.arbitrobancariofinanziario.it*.

(23) Da notare che non è consentito il ricorso alla tutela d'urgenza *ex* art. 700 c.p.c. per costringere la banca che abbia comunicato la revoca delle linee di credito a ripristinare le disponibilità a favore del cliente, trattandosi di obbligo contrattuale consistente in un facere infungibile e quindi il ricorso *ex* art. 700 c.p.c. deve essere dichiarato inammissibile (Trib. Catania, 18 gennaio 2004, in *Giur. comm.*, 2005, II, 64 ss.). Ritengono invece ammissibile un ordine di dare esecuzione alle obbligazioni derivanti da un contratto di apertura di credito: Trib. Roma, 2 dicembre 2016, in *www.spagnoloassociati.it*; Trib. Verona, 24 dicembre 2012, in *www.ilcaso.it*; Trib. Modena, ordinanza 2 maggio 2020, in *www.giuremilia.it*, che ha ritenuto inefficace il recesso della banca durante il periodo della pandemia da COVID 19.

(24) Cass., 24 agosto 2016, n. 17291, che precisa come la banca debba dimostrare (in caso di giudizio, a mezzo di c.t.u.) che la vendita di alcuni cespiti prima della revoca mettesse a rischio il rientro, senza dover però comprovare una vera e propria insolvenza sopravvenuta del cliente.

(25) Cass., 14 luglio 2000, n. 9321, in *Guida al diritto*, 2000, n. 29, 42, ss.; Trib. Milano, 20 gennaio 2006, in *Banca, borsa, tit. cred.*, 2008, II, 267ss.

recesso *ad nutum* (26). In mancanza di giustificato motivo occorrerà un preavviso di almeno 2 mesi ai sensi dell'art. 125-*quater*, comma 2 T.U. bancario.

Le norme a tutela dei consumatori sono certamente destinate a prevalere sulla disposizione di cui all'art. 1845, comma 3 c.c. (che consente l'accordo sulla recedibilità *ad nutum*).

Per i contratti di apertura di credito **a tempo determinato** conclusi con un consumatore (non rientranti nella più elastica previsione dell'art. 33, comma 3 del Codice del consumo) il recesso della banca potrà avvenire solo al ricorrere di una **giusta causa**, come può desumersi dalla regola generale espressa dall'art. 33, comma 1 del Codice del consumo e dall'art. 1845, comma 1 c.c., da ritenersi inderogabile nel caso in cui l'accreditato rivesta la qualifica di consumatore (se la legge prevede infatti una inderogabile stabilità per i contratti a tempo indeterminato, a maggior ragione l'esigenza di stabilità deve essere tutelata nei contratti a tempo determinato, in cui il consumatore confida su una durata prestabilita del rapporto).

7. Apertura di credito e fallimento dell'accreditato.

Il rapporto di apertura di credito si scioglie automaticamente a seguito del fallimento dell'accreditato, considerato il carattere personale e fiduciario del contratto e considerato che l'apertura di credito quasi sempre si inserisce all'interno di un rapporto di conto corrente, che, come vedremo trattando di questo contratto bancario, si scioglie ai sensi dell'art. 78 L. fall. (27). Il rapporto prosegue invece ove sia disposto l'esercizio provvisorio dell'impresa fallita (art. 104, comma 8

(26) SIRENA, *La nuova disciplina delle clausole vessatorie nei contratti bancari di credito al consumo*, in *Banca, borsa, tit. cred.*, 1997, II, 354; TONELLO, *Commento ad art. 1469*-bis, *commi 4°, 5° e 6°*, in *Comm. al capo XIV*-bis *del codice civile: dei contratti del consumatore*, in *Le nuovi leggi civ. comm.*, 1997, 1031. La differenza tra ipotesi di giusta causa ed ipotesi di giustificato motivo riguarda non tanto i fatti che ne costituiscono il fondamento (potendo questi riguardare sia il comportamento contrattuale delle parti che circostanze oggettive), quanto piuttosto la diversa gravità di tali fatti (richiedendosi una maggiore gravità per la giusta causa).

(27) App. Venezia, 5 giugno 1970, in *Banca, borsa, tit. cred.*, 1971, II, 412; CICCONE, *L'apertura di credito*, in AA.VV., *La disciplina dei rapporti bancari*, a cura di Fabio Fiorucci, Padova, 2012, 29.

L. fall.). La soluzione non muterà una volta entrato in vigore il Codice della crisi d'impresa e dell'insolvenza (si vedano gli artt. 183 e 211).

Nella prassi, la banca provvede a revocare l'affidamento prima della dichiarazione di fallimento dell'accreditato, essendo facilmente configurabile anche una giusta causa di recesso *ex* art. 1845 c.c..

L'estinzione del rapporto (qualunque ne sia la causa) comporta che il debito dell'accreditato (avente ad oggetto la restituzione delle somme utilizzate) diviene liquido ed esigibile, mentre fino a quel momento tale debito è sì esistente, ma non escutibile dalla banca, tenuta a lasciare a disposizione del cliente la provvista.

È allora evidente che, dopo l'estinzione del rapporto di apertura di credito, qualsiasi pagamento da parte del cliente costituisce atto estintivo di un credito della banca liquido ed esigibile.

Pertanto, nell'ipotesi di fallimento del cliente, qualsiasi versamento di denaro successivo a tale estinzione dovrà considerarsi inefficace *ex* art. 44 L. fall. se eseguito **dopo** la dichiarazione di fallimento.

Le rimesse effettuate invece prima della dichiarazione di fallimento potrebbero essere ritenute inefficaci solo in caso di favorevole esperimento di un'azione revocatoria fallimentare da parte del curatore del fallimento del correntista.

I presupposti di tale azione variano però notevolmente a seconda che essa sia esercitata nell'ambito di un fallimento disciplinato dalla legge fallimentare preesistente o dalla riforma del diritto fallimentare del 2005/2006.

L'originaria disciplina in tema di revocatoria fallimentare prevedeva che le rimesse eseguite nell'anno anteriore alla dichiarazione di fallimento potessero essere assoggettate a revocatoria fallimentare *ex* art. 67, comma 2 L. fall. in quanto qualificabili come pagamenti di un debito liquido ed esigibile (debito rappresentato dal saldo passivo del conto revocato appunto). Il presupposto soggettivo di tale azione (tuttora esistente) era che il curatore provasse l'effettiva conoscenza, da parte della banca, dello stato di insolvenza del cliente al momento di ricevere ciascun versamento (prova peraltro agevolata dall'utilizzo di indici presuntivi quali l'esistenza di protesti, di pignoramenti, di notizie negative sulla stampa, di segnalazioni pregiudizievoli in centrale rischi, la revoca degli affidamenti bancari, ecc.).

Se il problema della oggettiva revocabilità non appariva di difficile soluzione per i versamenti di somme di denaro effettuati dall'accreditato (poi fallito) a copertura del debito risultante *dopo* l'estinzione del rapporto di apertura di credito, maggiori interrogativi ha sollevato in passato la questione della oggettiva revocabilità di quelle rimesse effettuate dal cliente *prima* dello scioglimento del rapporto di apertura di credito.

Pacifico era divenuto l'orientamento, avviato con la sentenza della Cassazione n. 5413 del 18 ottobre 1982 ([28]), secondo cui, al fine di stabilire la revocabilità dei versamenti operati su conto corrente bancario assistito da apertura di credito nell'anno anteriore alla dichiarazione di fallimento, occorreva distinguere tra rimesse confluite su un conto corrente con **saldo passivo** (cioè con saldo negativo entro il limite dell'affidamento) e rimesse operate invece su conto corrente **scoperto** (cioè con saldo negativo oltre il limite dell'affidamento).

Nel primo caso, l'esistenza di una situazione debitoria entro i limiti del fido e la regolazione in conto corrente del rapporto attribuiva a ciascun versamento la sola funzione di ripristinare la provvista messa a disposizione del cliente attraverso l'apertura di credito. L'esistenza di un obbligo della banca di tenere a disposizione detta provvista e di un contrapposto diritto del cliente all'utilizzo ripetuto del credito concesso impedisce infatti che il passivo maturato generi un credito liquido ed esigibile a favore della banca, la quale, al contrario, non può chiedere il rientro se non revocando il fido concesso.

Viceversa, nel caso di conto scoperto, il superamento del limite di disponibilità riconosciuto dalla banca, facendo sorgere in capo a quest'ultima un diritto liquido ed esigibile al rientro delle somme corrispondenti allo sconfinamento, comportava che tutti i versamenti

([28]) La sentenza si legge in *Foro it.*, 1982, I, 2771 con nota di Silvestri; in *Giust. civ.*, 1982, I, 2540, con nota di Majo; in *Il Fall.*, 1982, 1429, con nota di Danovi. In dottrina per un'ampia ed approfondita panoramica sulle varie opinioni dottrinali e giurisprudenziali in materia di revocatoria delle rimesse su conto corrente si veda Tedeschi, *Le procedure concorsuali*, a cura di Guido Uberto Tedeschi, *Il fallimento*, I, Torino, 1996, *sub* art. 67, 414 ss. ed in particolare 424 e 425; Arato, *Operazioni bancarie in conto corrente e revocatoria fallimentare delle rimesse*, in *Quad. Giur. Comm.*, Milano, rist. 1995.

diretti a riportare lo scoperto di conto entro i limiti del fido avessero natura di pagamenti del credito spettante alla banca (29).

Identica soluzione valeva ovviamente nell'ipotesi in cui il versamento confluisse su un conto privo di qualsiasi apertura di credito o riguardasse un rapporto di apertura di credito semplice, ove è esclusa la possibilità di riutilizzare le somme accreditate per più di una volta (in questi casi la revocatoria riguardava l'intera rimessa e non solo la parte di accredito corrispondente allo sconfinamento).

Il D.L. 14 marzo 2005, n. 35, convertito con modificazioni nella legge 14 maggio 2005, n. 80, ha introdotto una nuova disciplina della revocatoria fallimentare delle rimesse bancarie in conto corrente, recepita dalla riforma organica del diritto fallimentare (D.Lgs. 9 gennaio 2006, n. 5), la quale prevede:

a) una riduzione alla metà dei termini del **periodo sospetto** entro i quali debbono collocarsi gli atti revocabili (quindi **1 anno** o **6 mesi** a seconda dei casi per le ipotesi di revocabilità previste dalla vecchia versione dell'art. 67, L. fall.);

b) l'elencazione di una serie di **atti non revocabili** (a prescindere dall'esistenza di tutti gli altri presupposti di revocabilità), tra i quali le **rimesse** effettuate su un conto corrente bancario, a meno che non abbiano ridotto in maniera **consistente e durevole** l'esposizione debi-

(29) Tra le numerosissime sentenze che hanno aderito all'orientamento inaugurato da Cass., 18 ottobre 1982 n. 5143 si ricordano: Cass., 23 giugno 1994, n. 6031, in *Il Fall.*, 1995, 61; Cass., 29 luglio 1992, n. 9064, in *Il Fall.*, 1993, 144; Cass., 15 maggio 1991, n. 5448, in *Il Fall.*, 1991 e, da ultimo, Cass., 10 febbraio 2020, n. 3025. Un'autorevole opinione contraria a questo indirizzo giurisprudenziale è quella di TARZIA, *Il conto corrente bancario*, Milano, 2001, 237, il quale, partendo dalla concezione del conto corrente bancario quale contratto normativo contenente un patto di compensazione tra i reciproci addebiti ed accrediti, conclude che gli unici pagamenti revocabili sono i versamenti per cassa da parte del correntista, mentre invece ogni altro accredito che vada a compensarsi col debito restitutorio del correntista non è soggetto a revocatoria essendo riconducibile al meccanismo compensativo di cui all'art. 56 L. fall. che di per sé non è revocabile. Revocabile sarà semmai il patto di compensazione, ricorrendone i presupposti oppure i pagamenti eseguiti dal fallito a favore di terzi per il tramite del servizio di cassa della banca, ma in quest'ultimo caso legittimati passivi all'azione revocatoria sarebbero appunto i terzi e non la banca.

toria del fallito nei confronti della banca (art. 67, comma 3, lett. *b*, L. fall.) ([30]);

c) la **limitazione** della revocabilità alla sola differenza tra l'ammontare massimo raggiunto dalle pretese della banca nel periodo in cui è provata la conoscenza dello stato di insolvenza e l'ammontare residuo delle stesse al momento della dichiarazione di fallimento (art. 70, comma 3 L. fall.), con la conseguenza che non ha più rilevanza l'analisi delle singole rimesse, le quali dunque non debbono più essere specificate una per una da chi promuove l'azione ([31]).

([30]) La *consistenza* delle rimesse da revocare va valutata sia rispetto all'entità massima dell'esposizione debitoria dell'impresa fallita riferita al conto corrente in esame, sia rispetto all'entità media dei versamenti in entrata ed alle uscite dai conti (Trib. Milano, 27 marzo 2008, in *Fall.*, 2008, 10, 1213 ss., Trib. Firenze, 18 aprile 2016, in *www.ilcaso.it*, Sez. Giur., 2016, n. 14959, Trib. Modena, 9 aprile 2019, n. 555, in *DeJure*, Giuffrè, che individuano la consistenza della rimessa laddove l'accredito sia di importo almeno pari al 10% della differenza tra la massima esposizione debitoria raggiunta dal fallito nel periodo sospetto e quella riscontrata al momento dell'apertura del concorso), accertando che la rimessa abbia prodotto una riduzione del saldo in misura superiore alla media (Trib. Milano, 25 maggio 2009, in *www.ilcaso.it*, sez. I — Giurisprudenza, doc. 1764/2009; Trib. Torino, 21 febbraio 2014, in *Il fall.*, 2015, n. 6, 714 ss., contenente un utile dettaglio applicativo dei criteri di consistenza e durevolezza). La *durevolezza* delle rimesse va valutato in termini relativi, vale a dire con riferimento a quella che risulta la movimentazione media del conto nel periodo considerato (Trib. Milano, 27 marzo 2008 cit. ha reputato durevole, in un conto molto movimentato, una permanenza dell'accredito per 10 giorni). I due requisiti vanno valutati congiuntamente e sussistono in caso di riduzione progressiva dell'esposizione debitoria pur con versamenti di modesto importo (Trib. Cuneo, 6 novembre 2020, n. 620, in *www.ilcaso.it*, *Giur.*, 24895).

Si è anche precisato (Trib. Brescia, 29 aprile 2008, in *Fall.*, n. 1/2009, 101) che l'esenzione da revocatoria fallimentare di cui all'art. 67, comma 3, lett. *b*) L. fall. non è applicabile ai pagamenti effettuati dopo la chiusura del conto corrente per estinguere o ridurre l'esposizione debitoria verso la banca in quanto tali pagamenti non rientrano nel concetto di rimesse su conto corrente bancario, ma sono revocabili in quanto riferibili a debiti liquidi ed esigibili, sulla base della disposizione di cui all'art. 67, secondo comma L. fall. Ovviamente la soluzione dovrebbe essere identica nel caso in cui il c/c non sia stato revocato o chiuso, ma di fatto sia stato "congelato", cioè bloccato nella sua operatività ed operi solo al rientro (Trib. Milano 9 luglio 2004, in *Banca, Borsa e Titoli di credito*, 2005, II, 286; Trib. Milano, 5 marzo 2018, n. 2586, in *DeJure*, Giuffrè).

([31]) App. Trieste, 28 ottobre 2016, in *www.ilcaso.it*, Sez. giur., 17986; Trib. Mantova, 29 dicembre 2017, in *DeJure*, Giuffrè, 2018; *contra* Trib. Piacenza, 23 dicembre 2014, in *www.ilcaso.it*, Sez. Giur, 2015, 11910, secondo cui il criterio del limite differenziale di cui all'art. 70, comma 2 L. fall. non esclude la necessità di identificare ogni

Tale disciplina viene sostanzialmente ricalcata dagli artt. 166, comma 3, lett. b) e 171, comma 3 del CCII, con la sola differenza che ai fini della revocabilità non rileva più che le rimesse bancarie abbiano ridotto in maniera "*consistente*" l'esposizione debitoria.

Da ultimo, merita un cenno il problema della **concessione abusiva del credito**: si è ritenuto che la banca, laddove decida di concedere credito ad un soggetto pur conoscendone o dovendone conoscere lo stato di crisi, possa essere chiamata a rispondere dei danni subiti dagli altri creditori per essere stati indotti a concedere a loro volta credito e per essere stati danneggiati dalla ritardata dichiarazione di fallimento, conseguente agli affidamenti irragionevolmente concessi.

Originariamente si era ritenuto che il curatore del fallimento dell'imprenditore finanziato non fosse legittimato a chiedere il risarcimento di questo danno, spettando tale legittimazione solo ai singoli creditori successivi all'abusiva concessione che dimostrassero di essere stati direttamente danneggiati nello loro libertà a contrarre per aver fatto affidamento sulla solvibilità dell'imprenditore poi fallito in conseguenza del finanziamento concesso dalla banca (32).

singola rimessa consistente e durevole ritenuta revocabile. L'art. 70 L. fall., nel prevedere l'applicazione di un limite globale a tutti gli "*atti estintivi di posizioni passive derivanti da rapporti di conto corrente bancario*" revocabili, dovrebbe escludere la rilevanza della tradizionale distinzione tra rimesse confluite su un conto corrente scoperto e rimesse confluite su un conto corrente passivo (Cass., 9 gennaio 2019, n. 277; Bonfatti, *La disciplina dell'azione revocatoria fallimentare*, Milano, 2005; Farina, *Alla ricerca delle rimesse revocabili: spunti critici per una riflessione sul nuovo art. 67, terzo comma, lett.* b *l. fall.*, in *Fall.*, 2006, 229 ss.; Cavalli, *Revocatoria delle rimesse in conto corrente bancario*, in *Banca, borsa, tit. cred.*, 2006, I, 1 ss.; Benassi, *La rilevanza della distinzione tra conto scoperto e conto passivo nella nuova disciplina della revocatoria di rimesse in conto corrente bancario — Brevi note*, in *www.ilcaso.it*). L'art. 67, comma 3 lett. *b*), L. fall. disciplinerebbe l'*an* della revocatoria, mentre l'art. 70, comma 3 L. fall. il *quantum*, mediante una norma eccezionale che non si applica ai pagamenti diversi dalle rimesse in c/c bancario (Trib. Milano, 2 febbraio 2015, in *Il fall.*, 2015, n. 8-9, 977 ss.).

(32) Cass., Sez. Un., 28 marzo 2006, n. 7030. L'esclusione della legittimazione attiva del curatore si fonda sulla considerazione che la rappresentanza dei creditori è limitata alle *azioni c.d. di massa* finalizzate, cioè, alla ricostituzione del patrimonio del debitore nella sua funzione di garanzia generica ed avente carattere indistinto quanto ai possibili beneficiari del loro esito positivo (Cass., Sez. Un., 28 marzo 2006, n. 7029; Cass., Sez. Un., 28 marzo 2006, n. 7030; Cass., Sez. Un., 28 marzo 2006, n. 7031; Cass., 23 luglio 2010, n. 17284 e App. Milano, 20 marzo 2015, in *Riv. dottori commercialisti*, 2015, 2, 284).

Successivamente si è chiarito che l'abusiva concessione di credito, diretta a mantenere artificiosamente in vita un'impresa decotta, può provocare due tipologie diverse di danni, ognuna delle quali va riferita a distinte categorie di creditori:

1) un danno da *aggravamento del passivo* con minori possibilità di soddisfacimento per i **creditori anteriori** al finanziamento abusivo;

2) un danno da *lesione della libertà contrattuale* per i **creditori posteriori** al finanziamento abusivo, a causa dell'affidamento in essi suscitato sul fatto di trovarsi di fronte ad un'impresa economicamente sana.

L'azione risarcitoria relativa alla seconda tipologia di danni è effettivamente di competenza solo di quei creditori che lamentino e dimostrino la lesione della propria libertà contrattuale, intesa tale lesione sia come induzione a concedere nuovo credito sia come impedimento a recedere da rapporti in essere (33).

La prima categoria di danni invece attiene alla tutela della massa.

La giurisprudenza è così giunta a ritenere la legittimazione attiva del curatore quando esercita un'azione risarcitoria invocando come danno da risarcire la lesione del patrimonio dell'impresa fallita (**danno diretto** al patrimonio aziendale a seguito della prosecuzione dell'attività per aggravamento del dissesto).

Si riconosce infatti al soggetto finanziato un danno proprio nel caso di finanziamento abusivo a lui concesso: tale danno si concretizza nel capitale da restituire (a maggior ragione se impiegato per scopi estranei al superamento della crisi), negli interessi e nei costi/oneri del nuovo finanziamento (34).

(33) L'affidamento del creditore danneggiato deve però essere incolpevole: va quindi esclusa la responsabilità in concorso della banca quando gli amministratori della società danneggiata siano gli stessi della società finanziata ed abbiano falsificato i bilanci di quest'ultima in modo tale da occultarne lo stato di decozione. Il singolo creditore dovrà dimostrare sia il danno subito (lesione del credito erogato al soggetto abusivamente finanziato) sia il nesso causale rispetto all'attività di abusiva concessione del credito, sia la mancata conoscenza, non imputabile a colpa, dello stato di insolvenza del debitore (Cass., 14 maggio 2018, n. 11695, in *Giur. it.*, 2018, 1655 ss., che si riferisce ad un caso di finanziamento a società controllante di quella che si asseriva danneggiata).

(34) Si è talvolta escluso che possa sussistere responsabilità del finanziatore verso lo stesso cliente finanziato, dato che egli è compartecipe dell'illecito, avendolo a sua volta sollecitato con la richiesta di finanziamento (Trib. Monza, 8 febbraio 2011, in *Banca, borsa, tit. cred.*, 2012, 5, II, 690; in dottrina NIGRO, *La trasparenza delle*

In questo caso, dopo la dichiarazione di fallimento, unico soggetto legittimato all'azione di danni è il curatore, il quale subentra al fallito in tutti i rapporti patrimoniali e nelle relative azioni (artt. 42 e 43 L. fall.).

A maggior ragione sussiste la legittimazione attiva del curatore per abusiva concessione del credito nel caso in cui il fatto rientri nel reato di bancarotta, come quando si ponga in essere una bancarotta preferenziale punita dall'art. 216, comma 3 L. fall. (35) o si configuri un concorso del banchiere nella bancarotta impropria mediante operazioni dolose (art. 223, comma 2, n. 2 L. fall.) (36) o, ancora, nel caso in cui la responsabilità dell'amministratore che ricorre abusivamente al credito dissimulando il proprio stato di dissesto in violazione dell'art. 218 L. fall. concorra con quella della Banca la quale dia corso alla concessione del credito nella consapevolezza del fatto che le condizioni economiche del cliente sono tali da non giustificare il finanziamento, contribuendo così a far emergere in ritardo la situazione di dissesto del soggetto sovvenuto (37).

Vi può essere responsabilità della banca per concorso civilistico (art. 2055 c.c.) nella *mala gestio* dell'amministratore della società abusivamente finanziata anche nel caso in cui non sia accertato alcun reato a carico dello stesso amministratore (38)

Nei casi di *mala gestio* il curatore è legittimato ad agire, ai sensi dell'art. 146, comma 2 L. fall., in relazione all'art. 2393 c.c., anche nei confronti della Banca, quale responsabile solidale del danno cagionato

operazioni bancarie, in *Dir. banc. merc. fin.*, n. 1/2001, 19). Le opinioni più recenti sono però a favore della configurabilità di un danno in capo al finanziato (BALESTRA, *Crisi dell'impresa e abusiva concessione del credito*, in *Giur. comm.*, 2013, I, 109 ss.).

(35) Cass., Sez. Un., 23 gennaio 2017, n. 1641.

(36) È il caso dell'imprenditore che presenta per lo sconto presso diversi istituti bancari le medesime fatture (Cass. pen., sez. V, 14 settembre 2017, n. 50081). L'operazione diretta all'ottenimento di crediti per mascherare lo stato di insolvenza può anche essere concordata con il creditore a conoscenza delle condizioni dell'impresa (Cass. pen., sez. V, 30 giugno 2016, n. 46689).

(37) Cass., 20 aprile 2017, n. 9983, in *Banca, borsa, tit. cred.*, 2018, II, 162 ss.; Cass., 1 giugno 2010, n. 13412 con riferimento al caso in cui l'amministratore o il direttore di filiale dell'Istituto di credito e l'amministratore della società fallita siano condannati per concorso in bancarotta fraudolenta e ricorso abusivo al credito.

(38) Cass., 20 aprile 2017, n. 9983 cit. che si riferisce ad un caso in cui l'immeritevolezza del finanziamento era desumibile dal fatto che la società finanziata aveva perduto il capitale sociale.

alla società fallita, senza dare rilievo al fatto che non sia esercitata alcuna azione contro l'amministratore infedele.

Il **danno** al patrimonio dell'imprenditore fallito costituisce l'effetto dell'abusiva concessione del credito, ma anche di una *mala gestio* dell'amministratore in concorso con la banca. In presenza della impossibilità di una sua liquidazione analitica, esso può venire equitativamente determinato in misura corrispondente alla differenza tra il patrimonio netto alla data in cui sarebbe dovuto emergere lo stato di dissesto del soggetto finanziato (invece non emerso a causa dell'imprudente sostegno finanziario) ed il patrimonio netto accertato all'atto della dichiarazione di fallimento ([39]).

([39]) Sempre Cass., 20 aprile 2017, n. 9983, cit.

CAPITOLO XIII

L'ANTICIPAZIONE BANCARIA

1. Nozione e disciplina.

L'anticipazione bancaria costituisce un contratto tipico che trova un'espressa (anche se limitata) disciplina negli artt. 1846-1851 c.c. e nelle condizioni generali di contratto (in particolare sul servizio di incasso o di accettazione degli effetti, documenti ed assegni allegate alla circolare ABI del 25 febbraio 2005).

Si tratta di quel contratto bancario mediante il quale la banca anticipa ad un proprio cliente (anticipato) parte del valore di merci o titoli che vengono contestualmente consegnati in pegno alla banca stessa, con facoltà del cliente di ritirarli previo rimborso proporzionale delle somme anticipate, in modo tale da mantenere sempre costante il rapporto tra valore dei beni detenuti in garanzia ed il credito restitutorio.

L'anticipazione, quindi, costituisce un vero e proprio prestito, ove il denaro, a differenza di quanto abbiamo visto accadere per l'apertura di credito, diviene di proprietà del cliente e non è semplicemente messo a disposizione.

Dalla nozione appena enunciata si comprende come la figura negoziale in esame si caratterizza per la presenza di due elementi essenziali: anzitutto la necessaria concessione di una garanzia da parte del cliente anticipato, garanzia rappresentata da **pegno su titoli o merci** e quindi su beni mobili il cui valore è agevolmente stimabile e la cui materialità comporta una facile divisibilità. Di questi beni il cliente mantiene la disponibilità giuridica (non materiale perché il pegno comporta lo spossessamento del bene in capo al debitore), considerato che il sovvenuto in qualsiasi momento può ottenerne in tutto o in parte la restituzione, a condizione che provveda a rimborsare proporzionalmente le somme anticipate e quelle occorse per la custodia delle merci e dei titoli (art. 1849 c.c.).

L'altro elemento essenziale consiste nell'esistenza di un particolare rapporto che deve esistere tra il valore del bene oggetto della garanzia e la somma anticipata, rapporto che deve sempre rimanere inalterato rispetto a quello esistente al momento della nascita del vincolo (art. 1850 c.c.). Questo rapporto prende il nome di *scarto* e comporta, di regola, che il valore del bene si mantenga superiore alla somma anticipata per evidenti ragioni di cautela della banca. L'importanza che questo scarto si mantenga costante è tanto evidente che l'art. 1850 c.c. prevede che, laddove il valore della garanzia diminuisca durante il corso del rapporto e la diminuzione raggiunga o superi 1/10 del valore stimato al momento della conclusione del contratto, la banca può chiedere al cliente un supplemento della stessa, diffidando il cliente che, in mancanza, il contratto si intenderà risolto e si procederà alla vendita dei beni costituiti in pegno.

A seconda che i beni costituiti in pegno siano o meno individuati si distinguono:

— un'**anticipazione bancaria propria**, ove i titoli o le merci vengono individuati (art. 1846 c.c.) e l'individuazione comporta per la banca il divieto di disporne;

— un'**anticipazione bancaria impropria**, in cui i beni costituiti in pegno non vengono individuati ovvero vengono individuati, ma, per accordo tra le parti, possono formare oggetto di atti di disposizione da parte della banca (art. 1846, ult. parte c.c.);

— un'**anticipazione garantita da pegno irregolare** (art. 1851 c.c.) in cui, a garanzia di uno o più crediti, sono vincolati depositi di denaro, merci o titoli non individuati o riguardo ai quali si è conferita alla banca la facoltà di disporne.

Vedremo alla fine di questo capitolo quali sono le differenze tra le figure dell'anticipazione impropria e del pegno irregolare.

Quando ciò corrisponda alle cautele d'uso, i beni costituiti in garanzia devono essere assicurati, secondo quanto previsto dall'art. 1847 c.c. Si tratterà di un'assicurazione per conto altrui (art. 1891 c.c.), il cui premio è di regola a carico del cliente.

L'anticipazione bancaria è un contratto utilizzato anche dalle banche per approvvigionarsi di denaro presso la Banca d'Italia: si tratta della cosiddetta *anticipazione della banca centrale* o *anticipazione passiva*. In questo caso le banche ricorrono ad anticipazioni di denaro erogate dalla Banca d'Italia, concedendo in garanzia titoli e riconoscendo un tasso di interesse (chiamato *Lombard*), il quale dipende sia dal tipo di titolo concesso in garanzia, sia dalla scadenza (1).

La disciplina del pegno nell'anticipazione bancaria risente delle disposizioni sui contratti di garanzia finanziaria introdotte dal D.Lgs. 21 maggio 2004, n. 170 che ha recepito la direttiva 2002/47/CE del 6 giugno 2002 del Parlamento Europeo e del Consiglio.

Tale normativa si applica ai contratti riguardanti la concessione di garanzie finanziarie (garanzie aventi ad oggetto attività finanziarie, cioè contante, strumenti finanziari, crediti e altre attività accettate a garanzia di operazioni connesse al SEBC o ad un sistema di regolazione di ordini di trasferimento fra i partecipanti, con esclusione delle merci) volte a tutelare obbligazioni finanziarie (obbligazioni al pagamento di una somma di denaro ovvero alla consegna di strumenti finanziari), sempre che parti del contratto siano soggetti diversi da persone fisiche.

Pertanto, laddove il contratto di anticipazione bancaria abbia ad oggetto attività finanziarie e l'anticipato non sia una persona fisica, il contratto è assoggettato alla predetta normativa che comporta alcuni rilevanti privilegi e precisamente:

— la possibilità per la banca di escutere la garanzia anche se il debitore sia sottoposto a procedura concorsuale (facendo vendere l'attività finanziaria oggetto di garanzia o trattenendola direttamente se ciò sia previsto nel contratto e vi sia l'indicazione di criteri di valutazione dell'attività) (2);

(1) Si vedano gli artt. 34 e ss. dello statuto della Banca d'Italia (approvato con D.P.R. 12 dicembre 2006, n. 24334) ed in particolare l'art. 37.

(2) L'art. 4 del D.Lgs. 170/2004 consente l'escussione anche in caso di assoggettamento del debitore a concordato preventivo, in deroga al divieto di cui all'art. 168 L. fall. (Trib. Ravenna, decreto, 25 ottobre 2013, in *www.ilcaso.it*, Sez. giur., 2013, 9730; Trib. Prato, decreto, 23 settembre 2015, in *Fall.*, 2016, 1, 118), anche quando l'evento determinante l'escussione della garanzia si verifica dopo l'apertura di una procedura di insolvenza nei suoi confronti (Corte di Giustizia UE, sez. IV, 25 luglio 2018, in causa C-107/17, in *www.dirittobancario.it*, Giurisprudenza, 3 settembre 2018).

— l'esenzione da revocatoria fallimentare dell'atto costitutivo della garanzia, anche se essa sia stata costituita dopo l'apertura di una procedura concorsuale, sempre che il beneficiario dimostri che non aveva avuto notizia di detta procedura;

— la riconduzione delle garanzie costituite in forza di un patto di rotatività (accordo che prevede la sostituzione dell'oggetto della garanzia in corso di rapporto) alla data della garanzia originaria;

— il fatto che la garanzia prestata ad integrazione di una precedente, originariamente rilasciata contestualmente al debito garantito, viene considerata a sua volta come contestuale;

— l'attribuzione al beneficiario della garanzia del potere di disporre delle attività finanziarie costituite in garanzia se ciò sia previsto nel contratto di garanzia e comunque conformemente alle pattuizioni in esso contenute (in sostanza l'anticipazione bancaria garantita da attività finanziarie si può configurare come anticipazione bancaria impropria o come pegno irregolare).

2. La natura giuridica e le caratteristiche del contratto.

La finalità che il cliente si ripropone attraverso il contratto in esame è soprattutto quella di ottenere l'anticipata liquidazione del valore di beni acquistati in attesa di rivenderli, onde utilizzare il finanziamento ottenuto per il pagamento del prezzo d'acquisto. Questa finalità si attua attraverso un contratto *reale* in quanto si perfeziona con la consegna al cliente della somma di denaro anticipata e con la consegna alla banca dei beni costituiti in pegno (3).

La somma anticipata diviene poi di proprietà del cliente e questo si obbliga a restituirne una quantità corrispondente.

Si è ritenuto non necessaria neppure l'insinuazione allo stato passivo fallimentare ex art. 53 L. fall. (Trib. Brescia, 27 gennaio 2015 e Trib. Bergamo, 22 ottobre 2015, entrambe in *www.ilcaso.it*).

(3) MOLLE, *I contratti bancari*, Milano, 1981, 263 ritiene applicabili gli artt. 1813 e ss. c.c. per tutto quanto non espressamente disciplinato dagli artt. 1846 e ss. c.c., quantomeno in relazione agli aspetti riguardanti la fase dell'anticipazione del denaro a favore del cliente.

Sotto questi profili l'anticipazione bancaria presenta rilevanti analogie con il contratto di mutuo pignoratizio (4).

Tuttavia l'anticipato, a differenza del mutuatario (soggetto alla regola di cui all'art. 1816 c.c.), può restituire quando vuole la somma anticipata (art. 1849 c.c.).

Inoltre nel mutuo assistito da pegno vige il principio dell'indivisibilità del pegno (art. 2799 c.c.), mentre nell'anticipazione bancaria l'art. 1849 c.c. consente al debitore di estinguere anticipatamente e parzialmente la sua obbligazione e di ritirare, nella stessa proporzione, i beni costituiti in garanzia. Da ultimo, diverso è il trattamento della sopravvenuta diminuzione della garanzia in quanto, mentre l'art. 2743 c.c. legittima il creditore a richiedere un supplemento di garanzia solo in presenza di eventi che colpiscano il bene nella sua *materialità* (quali perimento o deterioramento) e rendano la garanzia *insufficiente* alla sicurezza del creditore, nell'anticipazione bancaria l'art. 1850 c.c. prevede che la reazione della banca creditrice possa intervenire a seguito della diminuzione di valore dei beni oggetto di garanzia da qualunque causa essa derivi (dunque anche per una semplice fluttuazione della quotazione di mercato) ed inoltre non è richiesto che la garanzia diventi insufficiente, bastando un decremento che raggiunga o superi la soglia del 10% del valore iniziale.

Più corretta ci pare allora la conclusione secondo cui, anche in questo caso, come già rilevato a proposito degli altri contratti bancari disciplinati dal codice civile, ci troviamo di fronte ad un contratto tipico che presenta sue caratteristiche autonome rispetto a quelle di altre figure contrattuali simili (5). Ciò non esclude ovviamente che, all'occorrenza, possano trovare applicazione analogica le norme in tema di mutuo.

Ancorché nel contratto di anticipazione bancaria coesistano l'elemento del finanziamento e quello della garanzia che si trovano tra loro strettamente collegati ed in rapporto di costante proporzionalità, esso resta un **negozio unico** ancorché **complesso**.

(4) Trib. Napoli, 6 luglio 1951, in *Banca, borsa, tit. cred.*, 1953, II, 522; App. Venezia, 11 maggio 1955, in *Banca, borsa, tit. cred.*, 1955, II, 322. Per un esame delle varie teorie sulla natura giuridica dell'anticipazione bancaria rinviamo a TETI-MARANO, *I contratti bancari*, Milano, 1999, 313 ss.

(5) In questo senso Trib. Biella, 15 ottobre 1974, in *Banca, borsa, tit. cred.*, 1974, II, 488; Trib. Venezia, 18 agosto 1953, in *Banca, borsa, tit. cred.*, 1953, II, 52.

L'anticipazione bancaria è poi un contratto a titolo oneroso, in quanto l'anticipato si obbliga a corrispondere alla banca gli interessi sul capitale anticipato, oltre ad un corrispettivo per la custodia dei beni costituiti in pegno ed oltre alle commissioni per il servizio reso (art. 1848 c.c.). È poi un contratto a prestazioni corrispettive, considerato il collegamento causale esistente tra le reciproche prestazioni delle parti. È infine considerato un contratto di durata (6), posta la necessaria permanenza, fino all'estinzione del rapporto, dell'originaria proporzione tra valore dei beni costituiti in pegno e somma anticipata.

La somma anticipata al cliente può essere erogata in unica soluzione, con la conseguenza che l'anticipato dovrà restituirla interamente alla scadenza predeterminata: si parla in questo caso di anticipazione bancaria *semplice*.

Si riconosce però anche il contratto di anticipazione bancaria *in conto corrente* (7) in cui la banca non consegna al cliente il denaro, ma si obbliga a tenerlo a sua disposizione, con facoltà per il cliente di prelevarne la quantità necessaria e di ripristinare la disponibilità con successivi versamenti, la qual cosa invece non potrebbe fare in un'anticipazione semplice, se non stipulando un nuovo contratto per ogni prelevamento successivo.

In sostanza, nella regolamentazione in conto corrente si assiste ad una connotazione consensualistica del contratto di anticipazione bancaria e ad uno sviluppo del rapporto secondo lo schema contabile delle rimesse e dei versamenti successivi.

Una simile configurazione presenta innegabili analogie con l'apertura di credito, anche se differenze sostanziali si notano considerando il fatto che nell'anticipazione bancaria è sempre possibile il ritiro dei beni dati in garanzia alle condizioni indicate dall'art. 1849 c.c., mentre ciò nell'apertura di credito non è consentito fino alla fine del rapporto

(6) MOLLE, *I contratti*, cit., 320; SPINELLI-GENTILE, *Diritto bancario*, Padova, 1991, 294.

(7) ALCARO, *« Soggetto » e « contratto » nell'attività bancaria*, Milano, 1981, 58-59; SANTORO, *Il conto corrente bancario. Artt. 1852-1857*, in *Comm. al Codice Civile* diretto da Schlesinger, Milano, 1992, 39. In giurisprudenza: Cass., 24 ottobre 1975, n. 3519, in *Banca, borsa, tit. cred.*, 1976, II, 289. Anche le N.U.B. in tema di anticipazione bancaria distinguevano l'anticipazione bancaria semplice da quella regolata in conto corrente.

(art. 1844 c.c.). Va però tenuto presente che nell'anticipazione bancaria in conto corrente, nel caso in cui il cliente decida di svincolare parte dei beni costituiti in pegno, non potrà più riutilizzare le somme corrispondenti al valore di quella parte di beni ritirati e pertanto la disponibilità si ridurrà in misura corrispondente.

Altra differenza è che, in caso di diminuzione della garanzia non reintegrata dal cliente, la banca provvede alla vendita dei beni costituiti in pegno (art. 1850 c.c.), mentre nell'apertura di credito la banca potrebbe anche ridurre il credito concesso (art. 1844, ult. comma c.c.).

Laddove la banca acconsenta ad una regolamentazione in conto corrente dell'operazione, non potranno più trovare applicazione quelle norme in tema di mutuo (altrimenti applicabili analogicamente) che presuppongono la natura reale del contratto, mentre potranno applicarsi quelle dedicate alla regolamentazione in conto corrente del rapporto (artt. 1852 e ss. c.c.).

L'anticipazione bancaria che abbiamo appena delineato non va confusa con l'**anticipazione salvo buon fine** che il cliente ottiene dalla banca previa consegna di effetti i quali però non vengono costituiti in pegno, ma semplicemente consegnati affinché la banca ne curi l'incasso presso i terzi debitori. Laddove i crediti indicati vengano poi riscossi dalla banca, quest'ultima porta in compensazione il proprio debito di retrocessione delle somme riscosse col credito avente ad oggetto la restituzione delle somme anticipate al cliente. La clausola salvo buon fine consente invece alla banca di pretendere immediatamente la restituzione delle somme anticipate nel caso di mancato pagamento da parte dei terzi debitori.

Normalmente operazioni di questo tipo configurano un semplice mandato all'incasso ove la consegna dei documenti (ricevute bancarie, fatture, cambiali ecc.) serve soltanto a comprovare l'esistenza del credito anticipato ed a consentirne l'incasso da parte della banca (8).

(8) L'anticipazione salvo buon fine su ricevute bancarie è stata però ricondotta non allo schema del mandato, ma ad un contratto atipico di finanziamento disciplinato dagli accordi delle parti e dalla prassi bancaria ove sia stabilito il carattere oneroso dell'utilizzazione da parte del cliente delle somme anticipate dalla banca prima della loro effettiva esazione presso il debitore (Cass., 23 novembre 1994, n. 7835, in *Giust. civ.*, 1995, I, 992).

3. L'oggetto della garanzia.

Come ben si desume dall'art. 1846 c.c., oggetto del pegno costituito a garanzia dell'anticipazione bancaria possono essere titoli o merci.

Per **merce** si intende un complesso di cose mobili, tra loro fungibili, aventi un prezzo di mercato (9). Trattandosi di beni soggetti a perdita di valore, le banche di regola accettano in garanzia oggetti di valore elevato rispetto al peso ed al volume, di prezzo sufficientemente stabile e facilmente stimabile. Deve quindi trattarsi di beni agevolmente negoziabili, non deperibili e conservabili presso la banca o i pubblici magazzini.

Oggetto di pegno possono poi essere **titoli rappresentativi della merce**, titoli di credito incorporanti il diritto alla consegna delle merci che sono in essi specificate, con la conseguenza che il possessore del documento consegue anche il possesso della merce e il potere di disporne mediante trasferimento del titolo.

Sono titoli rappresentativi di merce la polizza di carico, la lettera di trasporto, la fede di deposito e la nota di pegno. Sono stati considerati tali anche i certificati dell'UTIF (Ufficio tecnico per l'imposta di fabbricazione) (10).

Ai sensi dell'art. 2786 c.c., il pegno si costituisce con la consegna alla banca del documento costituente il titolo rappresentativo della merce.

Oggetto di pegno in un contratto di anticipazione bancaria sono poi tutti gli altri **titoli di credito**, documenti incorporanti un diritto di credito, i quali sono di più facile conservazione e valutazione rispetto alle merci.

Possono essere costituiti in pegno sia i titoli emessi in serie (aventi tutti le medesime caratteristiche e derivanti da un'operazione unitaria) che quelli individuali (cambiali, libretti di deposito, ecc.).

(9) La costituzione in pegno di alcune merci trova nella legge una disciplina speciale: è il caso della legge 24 luglio 1985, n. 401 che ha regolato la costituzione in pegno dei prosciutti a denominazione di origine tutelata. Essa prevede la possibilità di costituire in pegno questi prosciutti di qualità evitando lo spossessamento in capo al produttore, che rischierebbe di pregiudicarne la stagionatura o la conservazione in buono stato. Il pegno viene allora costituito dal creditore pignoratizio apponendo sulla coscia del prosciutto uno speciale contrassegno indelebile, con la contestuale annotazione su appositi registri vidimati annualmente (Gabrielli, *Il pegno anomalo*, Padova, 1990, 18).

(10) Cass., 9 ottobre 1968, n. 3171, in *Banca, borsa, tit. cred.*, 1969, II, 14.

Nella prima categoria di titoli rientrano le azioni ([11]), le obbligazioni, i buoni del tesoro ed in genere i titoli del debito pubblico, nonché le cambiali finanziarie che costituiscono sempre titoli all'ordine emessi in serie (si veda su quest'ultima categoria la trattazione contenuta al cap. X, paragrafo 6).

Come si desume dal D.Lgs. 170/2004 e dall'art. 1851 c.c., oggetto del pegno nell'anticipazione bancaria possono essere anche denaro contante e strumenti finanziari in genere.

Occorre chiedersi se gli strumenti finanziari possano formare oggetto di anticipazione bancaria e quindi di pegno, anche se dematerializzati secondo il regime introdotto dal D.Lgs. 24 giugno 1998, n. 213.

Di tale regime ci occuperemo trattando dei mercati finanziari (Cap. XVIII — paragrafo 6), ma fin da ora occorre chiedersi se questi titoli, non esistendo materialmente ma solo contabilmente, possano rientrare nella previsione dell'art. 1846 c.c.

La risposta positiva si impone in quanto la *ratio* della normativa in tema di dematerializzazione non è quella di creare una nuova categoria di titoli di credito, bensì quella di agevolare le operazioni finanziarie, lasciando inalterato il regime precedente, sia pure con gli opportuni adattamenti dettati dalla particolare natura acquisita dal titolo (il cui possesso sarà sostituito dalla scritturazione contabile) ([12]).

Inoltre, a seguito dell'entrata in vigore del T.U. sulla finanza (D.Lgs. 58/1998) e delle successive modifiche, dalla disciplina dei titoli dematerializzati immessi nel sistema di gestione accentrata, è desumibile la regola generale, secondo cui i vincoli sugli strumenti finanziari in gestione accentrata si costituiscono unicamente con le registrazioni in apposito conto tenuto dall'intermediario, il quale può accendere specifici conti destinati a consentire la costituzione di vincoli sull'insieme degli strumenti finanziari in essi registrati (art. 83-*octies* T.U. finanza).

([11]) Sia di società quotate che di società non quotate (MOLLE, *I contratti bancari*, cit., 322, nota 5), anche se parte della dottrina ha escluso che queste ultime possano costituire oggetto di anticipazione bancaria a causa della loro difficile valutazione (CALTABIANO, *L'accreditamento bancario*, in *Le operazioni bancarie*, a cura di Portale, Milano, 1978, 552; PORZIO, *Anticipazione bancaria*, in *Enc. giur. Treccani*, Roma, 1988, 2).

([12]) La relazione illustrativa al D.Lgs. 213/1998 stabilisce chiaramente che la soppressione del documento cartaceo non esclude che i contratti ed i diritti aventi ad oggetto titoli di credito continuino ad applicarsi ai titoli dematerializzati.

È quindi evidente che la costituzione del pegno avverrà sui diritti spettanti al depositante (e rappresentati da apposita certificazione *ex* art. 83-*quinquies*, comma 3 T.U. finanza), anche se tali diritti riguardano strumenti finanziari dematerializzati e si eseguirà con la registrazione in un apposito conto (distinto da quello dell'accreditato) tenuto dalla banca ai sensi dell'art. 83-*octies* T.U. finanza.

Sono stati invece ritenuti inidonei a formare oggetto di anticipazione bancaria le polizze assicurative ([13]), i certificati di origine o di conformità di autoveicoli ([14]), i buoni di consegna della merce ([15]).

4. L'estinzione del rapporto.

L'anticipazione bancaria dà origine ad un rapporto di regola a termine, cioè a tempo determinato e destinato ad estinguersi allo scadere del termine finale. A quel momento l'anticipato sarà tenuto a restituire la somma anticipata, oltre agli interessi corrispettivi, al compenso, alle spese di custodia dei beni costituiti in pegno, ai premi di assicurazione (qualora l'anticipato non abbia provveduto a versarli direttamente all'assicuratore) e ad ogni altro onere fiscale che resta a carico dell'anticipato.

La banca sarà invece tenuta a restituire le merci o i titoli costituiti in pegno.

Nell'anticipazione bancaria propria la banca, non avendo il potere di disporre dei beni, dovrà restituire gli stessi beni ricevuti in pegno che aveva l'obbligo di custodire ai sensi dell'art. 2790 c.c.

Nel caso in cui il cliente avesse concesso alla banca il potere di disposizione sui beni (anticipazione bancaria impropria) o laddove l'oggetto del pegno non fosse stato individuato, la banca (avendo acquistato la proprietà dei beni costituiti in pegno) sarà tenuta a

([13]) App. Palermo, 28 maggio 1958, in *Ass.*, 1959, II, 149; MOLLE, *op. cit.*, 323 ss.

([14]) Cass., 25 gennaio 1993, n. 851 in *Giur. it.*, 1993, I, 1, 1438 ed in *Banca, borsa, tit. cred.*, 1995, II, 30.

([15]) Cass., 10 novembre 1954, n. 4297 e Cass., 19 novembre 1954, in *Banca, borsa, tit. cred.*, 1955, II, 188 e 454, sulla base della motivazione che i buoni di consegna sono documenti di legittimazione idonei a consentire semplicemente l'identificazione della persona alla quale le merci debbono essere consegnate.

restituire solamente la parte eccedente l'ammontare dei crediti garantiti.

Oltre all'ipotesi in cui il rapporto di anticipazione bancaria propria giunga alla sua naturale scadenza, è possibile che esso si sciolga per inadempimento dell'anticipato quando, a seguito della diminuzione di valore della garanzia in misura pari o superiore al 10% del valore iniziale (o a quella diversa percentuale che le parti avessero pattuito), lo stesso non ottemperi all'invito rivoltogli dalla banca ai sensi dell'art. 1850 c.c. di provvedere ad un supplemento di garanzia.

In quest'ultimo caso il contratto verrà risolto di diritto e la banca, nell'anticipazione bancaria propria, potrà procedere alla vendita dei beni che avverrà all'incanto o a mezzo commissionario, secondo quanto dispone il richiamato art. 2797, commi 2 e 4 c.c., non potendo ritenere il bene e disporne a suo piacimento (16). Dopo la vendita la banca ha ovviamente diritto al pagamento immediato della parte di credito che non sia stata coperta mediante la procedura appena richiamata (art. 1850, ult. comma c.c.).

Nel caso di anticipazione bancaria impropria non sarà necessario seguire la procedura di cui all'art. 2797 c.c., considerato che la banca potrà trattenere i beni costituiti in pegno fino a concorrenza del proprio credito.

Altra causa di scioglimento del rapporto è costituita dal fallimento del cliente anticipato, come diremo tra poco.

5. Il pegno irregolare.

L'art. 1851 c.c. prevede il cosiddetto pegno irregolare a garanzia di anticipazione: si tratta dell'ipotesi in cui a garanzia di uno o più crediti siano vincolati depositi di denaro, merci o titoli non individuati o per i quali sia stata conferita alla banca la facoltà di disporre.

In entrambi i casi la banca diviene proprietaria dei beni costituiti in garanzia e può quindi disporne, essendo tenuta alla restituzione non degli stessi beni, ma di altrettanti dello stesso genere e qualità.

Al momento della scadenza del credito si attua una **compensazione** (legale) dovendo la banca restituire « solo la somma o la parte delle

(16) App. Milano, 7 luglio 1961, in *Banca, borsa, tit. cred.*, 1961, II, 377.

merci o dei titoli che eccedono l'ammontare dei crediti garantiti ». Ciò significa che la banca (salvo patto contrario) non potrà restituire al sovvenuto il *controvalore* dei beni costituiti in garanzia, bensì proprio beni della stessa specie e di una quantità pari alla predetta eccedenza determinata in relazione al valore delle merci o dei titoli al tempo della scadenza dei crediti.

La somiglianza tra l'ipotesi in esame e quella dell'anticipazione impropria appare evidente: le due figure hanno in comune l'elemento del passaggio in proprietà della banca dei beni vincolati e l'obbligo della banca di restituire solo la parte dei beni che eccede l'ammontare dei crediti garantiti.

Esse però differiscono tra loro perché il pegno irregolare può avere ad oggetto anche somme di denaro ([17]), oltre a beni o titoli; inoltre manca nel pegno irregolare l'elemento dello scarto tra il valore del bene e l'ammontare delle somme anticipate.

Ma soprattutto il pegno irregolare si distingue dall'anticipazione bancaria impropria perché nel primo la garanzia forma oggetto di un rapporto distinto (ancorché accessorio) rispetto a quello derivante dal negozio di prestito, potendo anche riguardare più crediti diversi, mentre nell'anticipazione bancaria la costituzione della garanzia è elemento costitutivo del tipo contrattuale ([18]).

Tali differenze (e soprattutto quest'ultima) inducono a ritenere che l'art. 1851 c.c. individua un **tipo contrattuale autonomo** (configurabile

([17]) Il pegno irregolare di depositi di denaro viene limitato ai soli casi di depositi giacenti presso la stessa banca anticipante, diversamente dovendosi configurare la fattispecie come un pegno di crediti (Cass., 13 aprile 1977, n. 1380, in *Giust. civ.*, 1977, I, 1392). Tuttavia si è precisato che il pegno del saldo di conto corrente bancario costituito a favore della banca depositaria si configura come pegno irregolare solo quando sia espressamente conferita alla banca la facoltà di disporre della relativa somma (Cass., 8 agosto 2016, n. 16618, in *Banca, borsa, tit. cred.*, 2019, II, 185 ss.), dovendosi altrimenti qualificare la garanzia come pegno regolare del credito del cliente alla riscossione del saldo ex artt. 2800 ss. c.c., con la conseguenza che la banca non può invocare la compensazione e l'incameramento della somma in AVERE costituisce pagamento revocabile in caso di fallimento del correntista.

([18]) Molle, *I contratti*, cit., 360.

anche al di fuori dei rapporti bancari), al quale non sono applicabili gli artt. 1849 e 1850 c.c. (19), applicabili invece all'anticipazione impropria.

L'effetto del trasferimento della proprietà dei beni in capo alla banca esonera la stessa, nel caso di inadempimento da parte del debitore, dal procedere alla vendita dei beni secondo la procedura prevista in tema di pegno. Infatti il credito della banca si estingue in virtù di un'operazione contabile costituente compensazione in senso tecnico, stante l'autonomia esistente tra rapporto di finanziamento e rapporto di garanzia (20).

Conseguentemente il creditore sarà tenuto a restituire l'eventuale eccedenza della somma o dei beni oggetto del pegno irregolare.

6. L'anticipazione bancaria ed il fallimento dell'anticipato.

Come già accennato è pacifico che, in caso di fallimento del cliente anticipato, il rapporto si sciolga se regolato in conto corrente (art. 78, comma 1 L. fall.), salvo che sia disposto l'esercizio provvisorio dell'impresa fallita, nel qual caso i rapporti contrattuali proseguono (art. 104, comma 8 L. fall.). La soluzione non muterà una volta entrato in vigore il Codice della crisi d'impresa e dell'insolvenza (si vedano gli artt. 183 e 211).

Una volta dichiarato il fallimento, potranno essere assoggettati a **revocatoria fallimentare** i versamenti compiuti dall'anticipato ove ne ricorrano i già visti presupposti.

(19) Così anche Serra, *Anticipazione bancaria*, in *Dig. Disc. Priv., Sez. comm.*, Torino, 1987, 135.

(20) Cass., Sez. Un., 14 maggio 2001, n. 202, in *Giur. it.*, 2002, 551 ss., superando un contrasto giurisprudenziale sul punto, ha chiarito che nel pegno irregolare opera il meccanismo della compensazione, considerando che le obbligazioni contrapposte (debito principale e debito restitutorio del *tantundem* da parte del creditore), pur derivando da un unico rapporto negoziale, non sono tra loro in posizione sinallagmatica (nello stesso senso Cass., 7 marzo 2018, n. 5481; Cass., 1 aprile 2011, n. 7563, ma, in senso contrario, Cass., 10 febbraio 2015, n. 2479 che nega ancora la compensazione e parla di operazione puramente contabile).

Il meccanismo della compensazione in senso tecnico non pare possa adattarsi altrettanto bene all'*anticipazione bancaria impropria* in quanto, una volta ritenuto che la figura negoziale in esame costituisca un *negozio unitario* ancorché complesso, verrebbe a mancare quell'autonomia dei rapporti costituenti la fonte delle poste da compensare che è richiesta per l'operatività della compensazione. Nell'anticipazione bancaria impropria sarebbe allora più corretto parlare di compensazione in senso contabile.

Prima della già esaminata riforma della revocatoria fallimentare potevano ritenersi oggettivamente revocabili i versamenti compiuti dall'anticipato in presenza di un rapporto di anticipazione bancaria semplice ove, non essendo prevista la possibilità di utilizzare nuovamente le somme anticipate, l'unica funzione delle rimesse doveva considerarsi quella solutoria. In presenza invece di un'anticipazione bancaria in conto corrente (assimilabile all'apertura di credito), la revocabilità dipendeva dalla consolidata distinzione tra natura solutoria o ripristinatoria della delle rimesse bancarie operate dall'anticipato fallito ([21]).

Dopo la riforma della revocatoria fallimentare, di cui si è già detto, il rimborso di un'anticipazione bancaria segue il regime delle revocabilità delle rimesse bancarie che abbiano ridotto in maniera consistente e durevole il saldo negativo del conto (per le anticipazioni regolate in conto corrente) o il regime dei pagamenti (per le anticipazioni bancarie semplici).

Va esente da revocatoria fallimentare il rientro dell'esposizione dell'anticipato che avvenga per effetto di compensazione in senso tecnico, come accade in presenza di pegno irregolare ([22]).

Il meccanismo compensativo non configura infatti un pagamento e pertanto la sua operatività non è soggetta a revocatoria fallimentare in

([21]) Un concreto criterio per individuare la natura solutoria o ripristinatoria di ogni singola rimessa era quello di verificare se l'accredito fosse eseguito prima della scadenza del rapporto o fosse accompagnato o meno dal ritiro (in tutto o in parte) dei beni costituiti in garanzia: laddove il cliente avesse provveduto al versamento dopo la scadenza o al ritiro delle merci o dei titoli oppegnorati utilizzando il potere riconosciutogli dall'art. 1848 c.c., si concludeva per la natura solutoria della rimessa (la quale si considerava quindi revocabile in presenza degli altri requisiti richiesti dalla legge) in quanto essa assumeva carattere definitivo (non potendo l'accreditato prelevare nuovamente le somme corrispondenti ai beni ritirati). Di regola si considerava invece ripristinatoria (e dunque non revocabile) quella rimessa, eseguita prima della scadenza del rapporto, cui non si accompagnasse il ritiro dei beni costituiti in garanzia, dovendosi ritenere che il cliente intendesse riutilizzare le somme anticipate e lasciare quindi pienamente operativa la garanzia.

([22]) Cass., 21 novembre 2014, n. 24865; Cass., 28 maggio 2008, n. 14067; Cass., 5 novembre 2004, n. 21237.

Se invece il pegno è regolare, l'incameramento della somma conseguente all'escussione del pegno è assoggettabile a revocatoria fallimentare (Cass., 7 marzo 2018, n. 5481; Cass., 8 agosto 2016, n. 16618; Trib. Milano, 29 gennaio 2019, n. 900 in *DeJure*, Giuffrè).

caso di fallimento del debitore costituente il pegno. Tale soluzione è condivisa anche da quella giurisprudenza orientata a ritenere che la realizzazione del pegno irregolare avvenga tramite un'operazione meramente contabile e non compensativa (23).

Altro problema si pone considerando se la banca sia tenuta o meno a presentare domanda di **ammissione allo stato passivo** in caso di fallimento dell'anticipato. La risposta deve essere positiva sia nel caso di anticipazione propria (dove certamente la banca è tenuta a seguire l'iter imposto dall'art. 53 L. fall.) che in quello di anticipazione impropria (in cui abbiamo visto che, non esistendo autonomia dei rapporti da cui derivano i crediti contrapposti, non può operare il meccanismo compensativo di cui all'art. 56 L. fall., analogamente a quanto vedremo accadere per le annotazioni effettuate nell'ambito del rapporto di conto corrente bancario) (24).

Nel caso di **pegno irregolare** la giurisprudenza più recente non ritiene onere della banca creditrice insinuare al passivo il proprio credito garantito (25).

Mi pare che la soluzione sia da condividere: la ragione che porta ad

(23) Cass., 6 dicembre 2006, n. 26154, in *Banca, borsa, tit. cred.*, 2008, 4, II, 469; Cass., 3 aprile 2003, n. 5111.

(24) Va però considerato che, se oggetto del pegno è un'attività finanziaria costituita a garanzia di obbligazioni finanziarie, il creditore pignoratizio può escutere la garanzia, provvedendo ad una semplice comunicazione agli organi della procedura, informandoli delle modalità di escussione adottate, di quanto ricavato e retrocedendo le somme eccedenti il credito (art. 4 del D.Lgs. 170/2004), con ciò derogandosi all'onere di previa insinuazione allo stato passivo e di autorizzazione alla vendita da parte del giudice delegato (art. 53 L. fall.).

(25) Cass., 6 febbraio 2018, n. 2818; Cass., 21 novembre 2014, n. 24865; Cass., Sez. Un., 14 maggio 2001, n. 202, in *Giur. it.*, 2002, 551 ss., secondo cui l'onere di ammissione al passivo non sussiste essendo il credito già estinto in forza del meccanismo compensativo che contraddistingue il pegno irregolare; nello stesso senso Cass., 6 dicembre 2006, n. 26154 e Trib. Torino, 4 giugno 2007, in *Giust. civ.*, 2008, 464. Escludono l'applicazione delle regole del concorso nell'esercizio della prelazione derivante dal pegno irregolare anche Cass., 24 maggio 2004, n. 10000, in *Giust. civ.*, 2005, 9, I, 2154, Cass., 3 aprile 2003, n. 5111 e Cass., 24 gennaio 1997, n. 745, le quali però precisano che l'estinzione del credito non avviene per effetto dell'operatività dell'istituto della compensazione, bensì per effetto di un'operazione meramente contabile. In dottrina MARANO, in TETI-MARANO, *I contratti bancari*, Milano, 1999, 633, 634, che sostiene non vi sia ragione di accertare il credito garantito da pegno irregolare della banca verso il debitore fallito, in quanto è semmai quest'ultimo a vantare un credito verso la prima per la restituzione della parte dei beni costituiti in pegno che ecceda

escludere la necessità della domanda di ammissione allo stato passivo è da ricercare nell'operatività del meccanismo della compensazione di cui all'art. 56 L. fall. che, nel caso di specie, trova applicazione considerando sia l'autonomia tra il rapporto di finanziamento e quello di garanzia ravvisabile nel pegno irregolare, sia l'anteriorità della fonte di entrambi i rapporti rispetto alla dichiarazione di fallimento.

Il credito della banca ed il debito restitutorio del *tantundem* dei beni costituiti in pegno irregolare si annullano per quantità corrispondenti a norma dell'art. 56 L. fall., disposizione questa che — secondo quanto chiarito dalle Sezioni Unite (26) — rappresenta una deroga al concorso dei creditori a favore dei soggetti che si trovino ad essere al contempo creditori e debitori del fallito.

quanto spettante alla banca. Sarà quindi il curatore a dover assumere l'iniziativa per dimostrare tale eccedenza, comportante un proprio credito verso la banca.

In precedenza si erano espresse in senso contrario: Cass., 28 agosto 1997, n. 8164, in *Foro it.*, 1997, I, 3163; Trib. Milano, 15 gennaio 1998, in *Giur. it.*, 1998, 1889.

(26) Cass., Sez. Un., 16 novembre 1999, n. 775, in *Giust. civ.*, 2000, I, 345, che ammette anche la compensazione giudiziale nel fallimento, perché operi la quale è necessario che i requisiti dell'art. 1243 c.c. (ed in particolare l'anteriorità della fonte dei crediti reciproci) ricorrano da ambedue i lati e sussistano al momento della sentenza pronunciata nella causa in cui la compensazione viene eccepita.

CAPITOLO XIV

LO SCONTO

1. Nozione e caratteristiche del contratto.

Secondo la definizione ricavabile dall'art. 1858 c.c., « *lo sconto è il contratto col quale la banca, previa deduzione dell'interesse, anticipa al cliente l'importo di un credito verso terzi non ancora scaduto mediante la cessione, salvo buon fine, del credito stesso* ».

L'esigenza che tale contratto soddisfa è quella di liquidità del cliente, attraverso lo smobilizzo di crediti non ancora esigibili e dunque lo sconto consente ad un imprenditore di ottenere moneta attuale utilizzando un bene futuro.

Assieme alle figure dell'anticipazione bancaria e dell'apertura di credito bancario lo sconto rientra in quell'ampia categoria che il T.U. bancario (all'art. 1, comma 2, lett. *f*, n. 2) definisce *prestiti*.

In sostanza, mediante questa operazione, la banca (*scontante*) anticipa ad un imprenditore (il cliente *scontatario*) una somma di denaro che è pari all'importo di un credito spettante allo stesso scontatario verso terzi, dedotto l'interesse sulla somma anticipata, ottenendo la contestuale cessione del medesimo credito. La somma anticipata (detta *somma scontata* o *netto ricavo*) è quindi di importo inferiore al valore nominale del credito ceduto (*somma a scontarsi*), posto che la banca deduce subito (da qui il termine di sconto) l'ammontare degli interessi che matureranno sulla somma a scontarsi nel periodo di tempo intercorrente tra la data dell'anticipazione e quella di scadenza dei crediti.

A fronte dell'esigenza di liquidità propria della clientela, le banche hanno interesse ad impiegare capitali a breve termine, lucrando anticipatamente, oltre alle provvigioni, lo sconto che costituisce appunto l'interesse trattenuto anticipatamente dalla somma corrisposta allo scontatario ed il cui ammontare viene rapportato al già visto *tasso BCE* o "*tasso refi*" (che sta per *refinancing*) che è il tasso fissato ed applicato dalla BCE nelle operazioni di rifinanziamento agli altri istituti di credito.

Il fatto che le banche possano riscontare i crediti che a loro volta hanno scontato alla clientela dimostra come la cessione dei crediti non avviene a scopo di garanzia, bensì **a fine di pagamento** del debito di restituzione, mediante il passaggio della titolarità del credito ceduto a favore della banca scontante (1).

Il trasferimento della titolarità del credito non costituisce dunque il corrispettivo del versamento della somma scontata, in quanto il rapporto di corrispettività esiste tra l'erogazione della somma scontata (che rappresenta l'oggetto di un prestito) ed il pagamento degli interessi prededotti e degli ulteriori compensi riconosciuti alla banca.

Questa **cessione a scopo di pagamento** è però salvo buon fine, cioè sottoposta alla **condizione risolutiva** del mancato pagamento da parte del debitore ceduto e pertanto, laddove il debitore ceduto paghi alla banca l'importo del credito ceduto, l'operazione dovrà considerarsi conclusa, mentre nell'ipotesi in cui tale pagamento non avvenga, tornerà esigibile il debito restitutorio dello scontatario e la banca avrà diritto di ottenere il pagamento di tali somme dal cliente stesso retrocedendogli il credito (2).

In pendenza della predetta condizione risolutiva l'esigenza di liquidità del cliente è comunque soddisfatta dal fatto che il cliente scontatario può disporre immediatamente della somma anticipatagli.

(1) Spinelli-Gentile, *Diritto bancario*, Padova, 1991, 223; Molle, *I contratti bancari*, Milano, 1981, 399; Ciccone, *Lo sconto bancario*, in AA.VV., *La disciplina dei rapporti bancari* a cura di Fabio Fiorucci, Padova, 2012, 120.

(2) Cass., 29 settembre 2002, n. 13823, in *Banca, borsa, tit. cred.*, 2005, II, 1; Cass., 17 ottobre 1989, n. 4170, in *Giur. it.*, 1990, I, 1, 774; Cass., 15 maggio 1990, n. 4163, in *Giur. Comm.*, 1990, I, 2571; Cass., 10 agosto 1990, n. 8128, in *Foro it.*, 1991, I, 128. Va precisato che la condizione risolutiva rappresentata dall'inadempimento del debitore ceduto si riferisce all'obbligo di restituzione dell'anticipazione e non alla cessione che continua a produrre effetti consentendo quindi alla banca di agire anche nei confronti del debitore ceduto.

2. La natura giuridica.

Partendo dalle considerazioni svolte nel paragrafo che precede in merito alla funzione della cessione dei crediti scontati, possiamo sin da ora precisare che lo sconto non costituisce un sottotipo del contratto di compravendita, non attuando uno scambio tra credito scontato e somma corrisposta al cliente scontatario (3).

Poiché infatti lo sconto importa la dazione di una somma di denaro con obbligo di restituzione, esso va piuttosto assimilato ad un contratto di mutuo (4), essenziale essendo il collegamento funzionale posto dalla legge tra il prestito e la cessione *pro solvendo* del credito scontato, la quale svolge una funzione sostitutiva dell'adempimento (dell'obbligo restitutorio del finanziamento) analogamente a quanto dispone l'art. 1198 c.c.

Ciò significa che l'interprete dovrà coprire le inevitabili lacune lasciate dalle poche norme disciplinanti la figura in esame facendo ricorso alla disciplina sul mutuo (5).

Tutto questo però non deve farci dimenticare che l'assimilazione al mutuo non significa che lo sconto coincida con quest'ultimo, posto che la sua avvenuta tipizzazione da parte del legislatore impone all'inter-

(3) La tesi dello sconto come sottotipo della compravendita ha però avuto autorevoli sostenitori fra i quali GALGANO, *Diritto civile e commerciale*, Padova, 1990, 231 ss.; PANZARINI, *Lo sconto dei crediti e dei titoli di credito*, Milano, 1984, 175 ss.

(4) MOLLE, *op. cit.*, 399; SPINELLI-GENTILE, *op. cit.*, 221 ss., in giurisprudenza Cass., 15 novembre 1976, n. 4223 cit.; Cass., 17 ottobre 1989, n. 4139 cit.; Cass. 15 maggio 1990, n. 4163 cit.; Cass., 16 luglio 1969, n. 2620, in *Giur. it.*, 1970, I, 1, 1103. Una variante alla teoria dell'assimilazione al mutuo è quella che fa rientrare lo sconto nei contratti di liquidità, una particolare categoria di negozi che si contraddistinguono per lo scambio di moneta attuale (la liquidità appunto, di cui la banca dispone) con moneta futura che verrà successivamente restituita in quantità superiore (FERRO LUZZI, *Lo sconto bancario*, in *Le operazioni bancarie*, a cura di G.B. PORTALE, II, Milano, 1978, 757 ss., MACCARONE, *I contratti bancari di liquidità*, in *Diritto della Banca e dei Mercati Finanziari*, 1987, I, 35 ss.). Non può invece essere condiviso un precedente della Corte di Cassazione (Cass. 21 gennaio 2000, n. 656, in *Il fall.*, 2000, 1388 ss., con nota contraria di TARZIA), secondo cui lo sconto bancario si concretizzerebbe in un mandato alla banca a riscuotere il titolo ed in un accredito del relativo importo in conto corrente, subordinato alla condizione sospensiva del salvo incasso, con la doppia conseguenza che l'importo dell'accredito in conto corrente non è disponibile se non dopo che il titolo è stato pagato.

(5) Così, testualmente, CAPALDO-CAVALLI, *Contratti bancari*, 2, Milano, 1993, 171.

prete di riconoscerne l'autonomia rispetto ad altri contratti disciplinati dal codice civile (6).

Le conseguenze pratiche dell'assimilazione della figura negoziale in esame ad un contratto di prestito sono costituite anzitutto dal fatto che l'importo oggetto di restituzione in caso di mancato buon fine della cessione è costituito dalla somma *a scontarsi* (7) (cioè dall'intero importo del credito portato allo sconto prima della deduzione dell'interesse da parte della banca) e non dalla somma *scontata* che dovrebbe essere restituita quale prezzo della cessione del credito se accedessimo alla tesi della compravendita.

La particolare disciplina del contratto di sconto e le ricordate analogie esistenti rispetto al contratto di mutuo fanno propendere per la sua **natura reale** (8).

Lo sconto va poi qualificato come **contratto a titolo oneroso ed a prestazioni corrispettive**, in quanto, in contropartita dell'anticipazione erogata dalla banca, lo scontatario è tenuto a corrispondere gli *interessi* sul capitale anticipato (i quali vengono dedotti anticipatamente sotto forma appunto di sconto). Inoltre, quale corrispettivo per il servizio di riscossione dei crediti ceduti reso dalla banca, il cliente deve corrispondere le *commissioni* e rimborsare tutte le *spese* sostenute dalla banca per l'incasso dei crediti o delle cambiali scontate o per oneri fiscali inerenti all'operazione.

Lo sconto può infine ritenersi un **contratto di durata**, considerato che la banca si impegna a lasciare a disposizione del cliente le somme scontate, almeno fino alla scadenza dei crediti ceduti.

(6) Cass., 17 ottobre 1989, n. 4170, in *Giur. it.*, I, 1, 774.

(7) ANGELONI, *Lo sconto*, in *Banca, borsa, tit. cred.*, 1964, I, 356.

(8) Per la natura reale del contratto di sconto bancario sono la maggioranza della dottrina (tra cui ricordiamo MOLLE, *I contratti bancari*, cit., 401; SPINELLI-GENTILE, *Diritto bancario*, cit., 224) e la giurisprudenza dominante (Cass., 30 maggio 1978, n. 2737, in *Banca, borsa, tit. cred.*, 1979, II, 1; Cass., 17 luglio 1985, n. 4210, *ivi*, 1986, II, 540; Cass., 10 agosto 1990, n. 8128, in *Foro it.*, 1991, I, 128; Cass., 9 maggio 1991, n. 5193), la quale precisa che lo sconto può essere regolato anche in conto corrente, in quanto la consegna della somma allo scontatario è realizzabile anche attraverso un semplice accreditamento a favore del sovvenuto, senza bisogno della materiale dazione della specie monetaria. Sulla natura consensuale dello sconto si vedano invece: Cass., 18 ottobre 1971, n. 2938; Cass., 6 dicembre 1969, n. 3897, in *Banca, borsa, tit. cred.*, 1970, II, 169.

Come ormai tutti i contratti bancari, è infine un contratto formale che richiede la redazione per iscritto a pena di nullità.

3. La cessione del credito nello sconto.

Come già accennato, ogni cessione di credito che accompagna un'operazione di sconto bancario avviene « *salvo buon fine* » (art. 1858 c.c.), vale a dire che l'efficacia estintiva del debito restitutorio dello scontatario — che costituisce la funzione tipica della cessione — è sottoposta alla **condizione (risolutiva)** del mancato pagamento da parte del debitore ceduto.

Lo scontatario quindi non cessa di essere obbligato alla restituzione della somma scontata e ciò fino al momento del pagamento da parte del debitore ceduto: semplicemente, fino a quel momento, il suo debito restitutorio risulterà **inesigibile**.

Nonostante l'apparente analogia tra la clausola salvo buon fine nello sconto e la garanzia di solvenza del debitore ceduto che può essere pattuita nella cessione ordinaria di crediti (art. 1267 c.c.), le differenze tra le due ipotesi appaiono notevoli: anzitutto, quando il cedente garantisce la solvenza del debitore ceduto, la garanzia cessa se la mancata realizzazione del credito per insolvenza del debitore è dipesa da negligenza del cessionario nell'iniziare o nel proseguire le istanze contro il debitore stesso (art. 1267, comma 2 c.c., richiamato anche dall'art. 1198 c.c. riguardo alla cessione in luogo dell'adempimento). Il cessionario pertanto ha l'onere o di escutere il debitore ceduto o di provarne l'insolvenza per giustificare la mancata escussione.

Diverso il caso della clausola salvo buon fine in un'operazione di sconto (cui si applica l'art. 1829 c.c.), ove la banca cessionaria non è tenuta a nessun onere di preventiva escussione del debitore ceduto. È sufficiente che la banca dimostri il **semplice inadempimento** del debitore ceduto, anche limitandosi alla sua costituzione in mora (9).

Ciò non esclude ovviamente che la banca possa agire liberamente anche contro il debitore ceduto, verso il quale ha azione diretta in forza

(9) Così PERLINGIERI, *La cessione dei crediti*, in *Comm. Scialoja Branca*, Bologna-Roma, 1982, *sub* art. 1267, 304; Cass., 29 settembre 2002, n. 13823, cit.; Cass., 10 agosto 1990, n. 8128, cit.

della cessione. L'esistenza della cessione del credito legittimerà però il debitore ceduto a sollevare verso la banca cessionaria tutte le eccezioni relative al proprio rapporto col cedente, tranne nel caso (che vedremo) di sconto cambiario, ove la banca acquista un diritto autonomo.

4. Lo sconto cambiario.

Lo sconto cambiario, previsto dall'art. 1859 c.c., ha per oggetto la cessione di crediti incorporati in titoli cambiari.

Possono formare oggetto di questa forma di sconto cambiali ed assegni bancari.

Naturalmente, affinché l'operazione mantenga le caratteristiche tipiche di un vero e proprio sconto, i titoli di credito debbono incorporare crediti verso terzi non ancora scaduti.

L'esistenza di un credito non ancora scaduto non è ravvisabile nell'assegno bancario, il quale costituisce un mezzo di pagamento e non di credito (l'assegno è infatti pagabile a vista, cioè in qualsiasi momento alla presentazione del titolo). Tuttavia la scontabilità di questo titolo è espressamente prevista in quanto l'esistenza di un termine per il pagamento della relativa provvista può desumersi dalla distanza tra luogo di emissione e luogo di pagamento, il che comporta necessariamente il passaggio di alcuni giorni prima dell'incasso, come nel caso di assegni fuori piazza o pagabili all'estero. In questi casi attraverso lo sconto il prenditore ottiene l'immediata disponibilità della somma portata dall'assegno (sia pure scontata), senza dover attendere che l'assegno giunga al trattario e venga pagato.

A fronte di questa possibilità teorica, va però precisato che il medesimo interesse del portatore dell'assegno viene più frequentemente soddisfatto mediante un mandato all'incasso conferito alla banca girataria per l'incasso.

Rispetto allo sconto ordinario lo sconto cambiario si differenzia in questo: la banca scontante acquista, oltre all'**azione causale** derivante dall'operazione di sconto, l'**azione cartolare** sia verso l'obbligato cartolare principale sia verso lo stesso scontatario, il quale resta obbligato di regresso per effetto della girata a favore della banca scontante.

Tale duplicazione di azioni è resa possibile dal fatto che allo sconto si accompagna il trasferimento della piena proprietà del titolo di credito (e conseguentemente del credito in esso incorporato) a favore della banca per effetto della girata apposta dallo scontatario (come comprova il disposto dell'art. 1859 c.c. il quale precisa che lo sconto avviene mediante girata).

Pertanto, qualora l'obbligato principale non adempia alla scadenza la propria prestazione, la banca scontante si troverà di fronte all'alternativa tra esercitare l'azione cartolare (vale a dire quella cambiaria *diretta* contro il debitore principale o quella *di regresso* contro il traente o il girante del titolo) ovvero l'azione *causale* contro il proprio cliente girante e scontatario.

Il riconoscimento alla banca anche dell'azione causale rafforza sensibilmente la sua posizione contrattuale, non più soggetta ai severi termini prescrizionali dell'azione cartolare di regresso verso lo scontatario o a quelli (meno severi ma pur sempre inferiori ai termini prescrizionali dell'azione causale) dell'azione cartolare diretta contro il debitore principale (10).

Per poter esercitare l'azione causale è però necessario che si verifichino le seguenti condizioni:

a) che la banca presenti il titolo all'obbligato principale e quest'ultimo ne rifiuti il pagamento;

b) che il rifiuto di pagamento sia attestato mediante protesto dei titoli non pagati (sempre che tale formalità sia necessaria per conservare al cliente le azioni cambiarie di regresso);

c) che la cambiale venga poi offerta in restituzione al soggetto richiesto del pagamento e depositata presso la cancelleria del giudice investito della causa ai sensi degli artt. 66 L. camb. e 58 L. ass. (per evitare che il soggetto che paga sia sottoposto al rischio di un ulteriore pagamento in forza del titolo).

(10) MOLLE, *I contratti*, cit., 409. Va ricordato che l'azione cambiaria contro l'accettante nella cambiale tratta o contro l'emittente nel vaglia cambiario (azione diretta) si prescrive in tre anni a decorrere dalla data della scadenza; quella contro i giranti ed i loro avallanti, o contro il traente nella cambiale tratta (azione di regresso) si prescrive in un anno dalla data del protesto o da quella della scadenza nel caso che la cambiale contenga la clausola senza spese. Diversamente l'azione causale è di regola soggetta all'ordinario termine di prescrizione decennale che inizia a decorrere solo dalla data di scadenza della cambiale scontata (Cass., 1° febbraio 1992, n. 1068, in *Banca, borsa, tit. cred.*, 1994, II, 27).

5. Le figure affini non costituenti sconto bancario.

La tecnica bancaria conosce alcune operazioni che qualifica spesso come sconto, ma che in realtà, pur presentando aspetti comuni alla figura negoziale in esame, non possono essere ricondotte nella fattispecie di cui agli artt. 1858-1860 c.c. per la mancanza di uno o più degli elementi essenziali che si sono visti.

Vediamo di esaminare le figure più diffuse.

a) **Lo sconto di carta finanziaria.** — Si parla di sconto di carta finanziaria quando il cliente emette una cambiale (pagherò o vaglia cambiario) all'ordine della banca, gliela consegna e la banca ne anticipa l'importo.

In questo caso, ancorché nella prassi bancaria si usi dire che l'anticipo concesso dalla banca costituisce uno « sconto » della cambiale, non siamo in presenza della fattispecie regolata dagli artt. 1858 ss. c.c.

Infatti caratteristica essenziale di un'operazione di sconto è l'esistenza della cessione *pro solvendo* di un credito verso terzi (indipendentemente dal fatto che la cessione si attui poi nelle forme del diritto comune o con quelle tipiche del diritto cambiario). Al contrario la caratteristica del cosiddetto « sconto di carta finanziaria » è data dall'assenza di un credito verso terzi (l'unico credito che viene in considerazione è quello della banca prenditrice del vaglia cambiario verso il cliente che ha ottenuto l'anticipo della somma portata dal titolo).

L'assenza di un credito verso terzi è dimostrata dal fatto che il documento utilizzato per l'operazione in esame presenta una sola firma (quella del debitore che però coincide con chi effettua l'operazione), mentre l'idoneità di un effetto ad essere ammesso allo sconto (la cosiddetta bancabilità) si fa derivare dalla presenza di almeno **due firme**: quella dell'emittente (che assume la veste di terzo debitore) e almeno quella di un girante (che funge da cedente il credito verso l'obbligato cambiario ed assume quindi la veste di scontatario).

L'emissione del titolo, oltre a non documentare alcun credito verso terzi debitori, non trae origine da un sottostante rapporto commerciale, limitandosi a formalizzare l'assunzione di un'obbligazione cambiaria del sovvenuto verso la banca a fronte della concessione da parte di quest'ultima di un normale prestito, la cui restituzione è agevolata dall'esistenza di un titolo esecutivo verso il debitore finanziato.

Tale operazione non costituisce dunque sconto in senso tecnico-giuridico ([11]) e va piuttosto ricondotta ad un semplice finanziamento, con precostituzione di un titolo esecutivo a favore della banca scontante.

È invece scontabile il pagherò emesso da terza persona e girato dal primo prenditore, perché la banca riceve una cambiale incorporante un credito verso un soggetto diverso dallo scontatario girante.

***b*) Lo sconto di ricevute bancarie e di fatture.** — La ricevuta bancaria consiste in un documento (oggi frequentemente utilizzato nei traffici commerciali), contenente una *quietanza* (da qui il nome di ricevuta), emesso dal creditore di una prestazione pecuniaria (in genere il pagamento di una fattura commerciale) e consegnato dal creditore stesso alla propria banca affinché ne curi l'incasso (da qui la qualificazione della ricevuta come bancaria). La banca incaricata dell'incasso, una volta ottenuto il pagamento della somma indicata nella ricevuta bancaria (normalmente a mezzo della banca del debitore), provvederà a consegnare il documento al debitore adempiente, il quale otterrà così quietanza dell'intervenuto pagamento.

In questa operazione la banca che riceve la ricevuta bancaria per curarne la riscossione assume la figura di mandataria per l'incasso ([12]).

Succede spesso nella prassi commerciale che il cliente, creditore dell'importo indicato nella ricevuta bancaria, se lo faccia anticipare in tutto o in parte dalla banca mandataria, con il patto che quest'ultima, una volta ricevuto il pagamento da parte del debitore, tratterrà quanto riscosso a saldo del proprio credito per la restituzione della somma anticipata.

Anche in questa ipotesi la consegna alla banca delle ricevute bancarie e l'anticipazione dell'importo ivi indicato non costituisce

([11]) App. Milano, 12 dicembre 1989, in *Banca, borsa, tit. cred.*, 1991, II, 383; App. Bologna, 26 febbraio 1985, *ivi*, 1987, II, 47. In dottrina MACCARONE, *I contratti bancari di liquidità*, in *Diritto della Banca e dei Mercati Finanziari*, 1987, 43; MOLLE, *op. cit.*, 412.

([12]) Ha precisato Cass., 6 aprile 1995, n. 4014, in *Banca, borsa, tit. cred.*, 1996, II, 391, che le ricevute bancarie costituiscono non il titolo originario del credito, ma solo uno strumento per l'esecuzione del rapporto tra la banca ed il creditore per la riscossione del credito verso terzi ed assumono la natura di quietanza solo dopo che la banca abbia in esse attestato l'avvenuto pagamento del debito.

sconto in senso tecnico non implicando necessariamente la cessione dei crediti quietanzati (13): la ricevuta bancaria infatti non è un titolo di credito, non incorporando alcun diritto, ma si limita a costituire lo strumento per l'esecuzione di un mandato all'incasso da parte della banca ed a comprovare un pagamento una volta intervenuto.

Altro elemento essenziale ed imprescindibile che manca nell'operazione in esame per poterla qualificare quale sconto è il fatto che la banca, di regola, non opera la detrazione anticipata dell'interesse, ma corrisponde al cliente l'intero importo della ricevuta, salvo addebitare una modesta somma a titolo di provvigione per il servizio reso ed il costo dell'operazione.

Ma anche qualora la banca deducesse preventivamente l'importo degli interessi non si potrebbe automaticamente affermare di essere in presenza di un'operazione di sconto, dovendosi sempre verificare se vi sia stata effettiva cessione di un credito verso terzi non ancora esigibile (14).

Analogamente alle ricevute bancarie, anche le **fatture** sono frequentemente presentate alla banca per essere anticipate: a seguito dell'anticipazione la banca provvede a comunicare al terzo debitore l'invito al pagamento della fattura, avendo interesse a riscuoterne l'importo. Il pagamento del terzo debitore confluisce infatti sul conto del cliente ove viene accreditato, ma l'accredito va a deconto della precedente annotazione a debito derivata dall'anticipazione effettuata a suo favore.

Anche in questo caso non può parlarsi di sconto in senso tecnico: la fattura non è infatti un titolo di credito né gode di una particolare valenza probatoria, essendo un documento proveniente dallo stesso creditore.

Analogamente all'anticipazione su ricevute bancarie, la banca riceve un mandato all'incasso del credito indicato nella fattura consegnatale dal cliente; poiché, a seguito dell'anticipazione dell'importo della fattura, la banca ha interesse a riscuotere il credito indicato in

(13) Cass., 5 luglio 2007, n. 15225; App. Milano, 29 dicembre 1998, in *Banca, borsa, tit. cred.*, 2000, II, 51 ss.; Trib. Torino, 17 maggio 1984, in *Giur. banc.*, 5, 145; Trib. Torino, 31 maggio 1984, in *Fall.*, 1986, 63; App. Torino, 27 maggio 1985, in *Fall.*, 1986, 860.

(14) Cass., 18 maggio 1996, n. 4614, in *Banca, borsa, tit. cred.*, 1997, II, 509.

fattura per rientrare del finanziamento erogato tramite l'anticipazione accordata, il mandato deve ritenersi *in rem propriam* (cioè rilasciato anche nell'interesse del mandatario).

Ciò premesso, nulla esclude che, nel caso concreto, la consegna delle ricevute bancarie o delle fatture possa configurare uno sconto, ma questo accade quando « *il credito sottostante venga trasmesso in virtù di specifica pattuizione intervenuta tra le parti* » ([15]).

***c*) Lo sconto di tratte non accettate.** — Anche l'ipotesi di cambiale tratta all'ordine dello stesso traente e da questo girata alla banca che provvede ad anticiparne l'importo non costituisce sconto in senso tecnico, laddove il titolo non sia stato accettato dal trattario ([16]).

In questo caso infatti il traente non cede un credito verso terzi né in via cambiaria (posto che il trattario diviene obbligato principale solo con l'accettazione ai sensi dell'art. 33 L. camb.), né in via extracartolare in quanto la semplice girata della tratta, se non accompagnata da un separato accordo in tal senso, non comporta cessione della provvista, fuori dei casi previsti dal R.D.L. 21 settembre 1933, n. 1345 ([17]).

Discorso analogo vale nell'ipotesi di tratta non accettata che venga però emessa su autorizzazione del trattario.

La tratta autorizzata ma non accettata comporta che il trattario autorizzante effettua una promessa di pagamento *ex* art. 1989 c.c. ([18]) a favore del traente.

Tale promessa è fonte di responsabilità extracartolare *ex* art. 1218 c.c. verso lo stesso traente, ma non verso la banca girataria, la quale

([15]) Ancora Cass., 18 maggio 1996, n. 4614, cit.; nello stesso senso App. Milano, 7 ottobre 1988, in *Banca, borsa, tit. cred.*, 1990, II, 475, ove uno sconto di ricevuta bancaria è stato considerato sconto del credito sottostante.

([16]) Cass., 29 agosto 1996, n. 7960, in *Giust. civ.*, 1997, I, 1369; Cass., 23 febbraio 1996, n. 1442; Cass. 23 ottobre 1990, n. 10280. Si noti che, ove il trattario abbia pagato la tratta non accettata dopo la dichiarazione del fallimento del traente, la curatela può esercitare l'azione causale per il recupero del credito nei confronti dello stesso trattario « solvens » (Cass. 22 giugno 1994, n. 5963).

([17]) Cass., 23 ottobre 1990, n. 10280, in *Sett. Giur.*, 1990, II, 167.

([18]) App. Milano, 8 dicembre 1956, in *Giust. civ. Mass.*, 1956, 116; Cass., 26 marzo 1969 n. 983, in *Banca, borsa, tit. cred.*, 1979, II, 26 parla di ricognizione di debito.

resta estranea alla convenzione tra traente e trattario e ciò anche nei casi in cui l'autorizzazione le fosse comunicata ([19]).

Anche in questo caso siamo fuori dall'ipotesi dello sconto, considerato che la banca non acquista (attraverso la girata a suo favore della tratta autorizzata) alcun diritto verso il trattario. Essa potrà sì presentare il titolo al trattario per l'accettazione o per il pagamento, ma, in caso di rifiuto dell'una o dell'altro, le uniche azioni che potrà svolgere saranno quella causale e quella cartolare di regresso contro il traente o il girante per la restituzione delle somme anticipate.

Anche in questo caso non si esclude che alla girata della tratta non accettata si accompagni l'espressa cessione del credito sostanziale o mediante atto separato o secondo le modalità stabilite per i crediti derivanti da forniture di merci dal comma 1 dell'art. 1 della legge speciale sullo sconto di tratta con cessione della provvista (R.D.L. 21 settembre 1933, n. 1345 di cui diremo fra poco) ([20]).

Diversamente dai casi sinora esaminati, costituisce vero e proprio sconto cambiario quello avente ad oggetto una **cambiale di favore**. Si definisce « di favore » o « di comodo » la cambiale emessa in assenza di un sottostante rapporto obbligatorio ed in forza di un accordo tra emittente e prenditore diretto alla messa in circolazione del titolo al solo scopo di creare un effetto che il beneficiario possa utilizzare per ottenere credito.

Alla base del rilascio di una cambiale con siffatta funzione sta la c.d. *convenzione di favore* ([21]), in forza della quale un soggetto (il favorente) acconsente ad assumere un'obbligazione cambiaria verso altro soggetto (il favorito), con il separato patto che il prenditore non pretenderà il pagamento oppure lo terrà indenne da ogni esborso che l'obbligato fosse tenuto ad effettuare.

In questo caso siamo in presenza di un vero e proprio sconto, perché ad essere ceduta è una cambiale munita delle due firme che la rendono bancabile ed alla banca non è opponibile la convenzione di favore, a meno che essa non ne fosse stata parte a sua volta o a meno

([19]) Cass., 8 aprile 1977, n. 1358, in *Banca, borsa, tit. cred.*, 1978, II, 25.

([20]) Cass., 21 gennaio 1970, n. 122, in *Giust. civ.*, 1970, I, 1935.

([21]) In ordine alla natura giuridica della convenzione di favore si veda SANTINI, *Il favore cambiario*, in *Banca, borsa, tit. cred.*, 1954, I, 1 ss.

che non si provi che essa, nell'acquistare i titoli, abbia agito scientemente a danno del debitore (art. 21 L. camb.) (22).

6. Lo sconto di tratte documentate.

L'operazione è prevista dall'art. 1860 c.c., il quale stabilisce che « *La banca che ha scontato tratte documentate ha sulla merce lo stesso privilegio del mandatario finché il titolo rappresentativo è in suo possesso* ».

L'operazione costituisce una particolare ipotesi di sconto attuata da un venditore di merce il quale sconta presso una banca la cambiale da lui tratta sul compratore ed affida alla banca stessa anche i documenti relativi alla merce venduta, perché li consegni al compratore-trattario all'atto dell'accettazione o del pagamento della cambiale tratta.

A seconda che la cambiale tratta debba essere presentata dalla banca per l'accettazione o per il pagamento si parla di clausola « dietro accettazione » (d/a) o « dietro pagamento » (d/p).

L'operazione ricomprende anzitutto uno sconto cambiario della cambiale da presentare al pagamento, considerato che il venditore-scontatario gira la tratta, contro anticipazione dell'importo portato dal titolo (e previa deduzione dello sconto).

Sussiste vero e proprio sconto anche riguardo alla tratta non ancora accettata, in quanto la girata si accompagna all'acquisto da parte della banca del credito commerciale sotteso ai documenti consegnati alla banca stessa. Ci pare che in questo caso lo sconto non debba qualificarsi come cambiario in quanto la tratta (non essendo stata ancora accettata) manca della doppia firma (che abbiamo visto essere necessaria per la sua bancabilità). Lo sconto ha dunque ad oggetto il credito commerciale sottostante all'operazione, la cui cessione è comprovata dalla consegna dei documenti e dalla girata del titolo (23).

(22) Cass., 28 giugno 2006, n. 14977, in *Banca, borsa, tit. cred.*, 2008, 5, II, 604; Cass., 29 novembre 1986, n. 7077, in *Banca, borsa, tit. cred.*, 1988, II, 304; Cass., 8 febbraio 1983, n. 1036, *ivi*, 1984, II, 11.

(23) Cass., 23 ottobre 1990, n. 10280 ha chiarito che la semplice girata di una tratta non accettata non costituisce di per sé cessione del credito sottostante al rapporto cambiario, ma può concorrere, con altri elementi, a fornire la prova di un negozio tra il traente e il giratario con il quale la cessione medesima sia pattuita. Sostiene MOLLE,

Allo sconto e quindi alla cessione del credito si accompagna poi il conferimento di un mandato senza rappresentanza (24) attraverso la consegna alla banca scontante dei documenti rappresentativi della merce venduta e degli ulteriori documenti accessori (principalmente il documento di assicurazione e quelli di certificazione delle qualità delle merci e dell'adempimento di speciali obblighi del venditore) affinché li consegni all'acquirente contro pagamento (se si è trattato di vendita d/p) o contro accettazione della tratta (se si è trattato invece di vendita d/a) (25). La banca diventa quindi proprietaria della tratta che viene scontata, ma non dei documenti rappresentativi della merce che le sono consegnati per consentirle l'adempimento di un mandato e che sono già di proprietà del compratore in virtù di un precedente contratto di compravendita.

L'incarico conferito dallo scontatario **obbliga** la banca a presentare la cambiale al trattario per l'accettazione o per il pagamento, laddove invece nello sconto cambiario la banca ha semplicemente l'onere di presentare il titolo al trattario al fine di poter agire in via di regresso contro il traente.

La contestuale presenza nell'operazione sia di uno sconto che di un mandato ha fatto sorgere il dubbio se essa costituisca un contratto unico oppure una pluralità di negozi tra loro collegati. Preferibile appare l'opinione secondo cui lo sconto di tratte documentate è un **contratto unico e complesso** (26).

Il conferimento di un mandato dello scontatario alla banca scontante giustifica il riconoscimento a quest'ultima del diritto di ritenzione

(*I contratti bancari*, cit., 289 e 294) che i documenti consegnati tengono il posto della seconda firma mancante sulla tratta che non sarebbe quindi richiesta.

(24) Proprio per l'interesse che la banca ha alla riscossione del credito spettante allo scontatario-mandante (interesse derivante dal fatto che la banca utilizza poi le somme riscosse per soddisfare un proprio credito) il mandato contenuto nello sconto di tratte documentate si considera mandato *in rem propriam* e quindi non può essere revocato dallo scontatario né si estingue per morte o fallimento di quest'ultimo (MOLLE, *I contratti bancari*, cit., 445; CAVALLI, *Lo sconto*, in CAPALDO-CAVALLI, *Contratti bancari, 2. Il credito documentario. Lo sconto*, Milano, 1993, 320).

(25) Operazione da non confondersi con quella in cui il venditore consegna alla banca la tratta e i documenti, dandole incarico di curare la riscossione del prezzo (o l'accettazione) contro consegna dei documenti: in questo caso si è al di fuori della figura dello sconto ed in presenza di un semplice mandato.

(26) Cass., 27 marzo 1979, n. 1768, in *Giur. comm.*, 1980, II, 527; Cass., 19 novembre 1964, n. 2762, in *Banca, borsa, tit. cred.*, 1965, II, 497.

sui beni oggetto dell'incarico secondo lo schema di cui agli artt. 2761 e 2756, comma 3 c.c.

7. Lo sconto di tratta con cessione della provvista.

Abbiamo visto come il traente di una cambiale tratta, fino a quando questa non sia accettata dal trattario ed in mancanza di un separato accordo di cessione del credito sottostante, non può porre in essere un'operazione di sconto in senso tecnico in quanto la banca non acquisterebbe alcun diritto verso il trattario medesimo.

Questa regola trova però un'eccezione in particolari operazioni commerciali caratterizzate dall'emissione, da parte del venditore di merce, di una tratta sul compratore della stessa merce, tratta che viene poi scontata in banca benché non accettata dal compratore-trattario. Ciò accade nel caso previsto dal R.D.L. 21 settembre 1933, n. 1345, intitolato *Cambiale tratta garantita mediante cessione di credito derivante da forniture*, convertito nella legge 15 gennaio 1934, n. 48, con cui si è ammesso e disciplinato l'inserimento nel testo della cambiale di una particolare **clausola** con la quale viene stabilita la **cessione della provvista**.

In sostanza, la cessione della provvista consiste nel trasferimento alla banca scontante del credito derivante dal rapporto contrattuale esistente tra traente e trattario, facendo risultare tale cessione dal contesto letterale del titolo (27).

Il credito causale deve derivare da un contratto di fornitura di merci e la cessione dello stesso, risultante dal corpo della cambiale tratta, deve fare preciso riferimento all'operazione commerciale sottostante mediante indicazione, a pena di nullità, del numero e della data della fattura. Ciò consente alla banca di poter verificare l'esistenza dei

(27) L'espressa previsione di una cessione ordinaria del credito sottostante nel corpo di una cambiale è la conseguenza del principio secondo cui la girata del titolo trasferisce il solo credito cartolare e non quello sottostante che deve circolare in forza di specifici negozi di cessione (Cass., 7 febbraio 1991, I, 631, in *Nuova giur. civ. comm.*, 1991, I, 631 e Cass., 16 marzo 1991, n. 2821, in *Giust. civ.*, 1991, I, 2319). Il R.D.L. 1345/ 1933 ha quindi confermato questa separatezza tra rapporto di provvista e rapporto cambiario, prevedendo, in via eccezionale, l'automatico trasferimento del credito di provvista al trasferimento del titolo. L'attribuzione alla banca di questa particolare azione causale contro il trattario costituisce una forma speciale di garanzia a favore della stessa banca scontante (Cass., 13 dicembre 1980, n. 6458, in *Giust. civ.*, 1981, I, 779).

diritti derivanti dalla cessione, a differenza di quanto accade nello sconto (improprio) di tratte non accettate, ove la banca si espone maggiormente al rischio che il credito verso il trattario non esista.

La legge prevede espressamente che questa particolare modalità di cessione del credito causale avviene attraverso una cambiale tratta dichiarata non accettabile ai sensi dell'art. 27, comma 2 L. camb. o comunque non accettata dal trattario (art. 1 del R.D.L. 1345/1933), in quanto, laddove la cessione avesse ad oggetto una cambiale già accettata dal trattario, si avrebbe un normale sconto cambiario con cessione dell'azione cartolare.

Diversamente, l'accettazione sopraggiunta dopo l'intervenuta cessione della provvista comporta l'assunzione da parte del trattario di una responsabilità cartolare diretta che assorbe quella extracartolare la quale diviene dunque inefficace (essendo detta accettazione considerata condizione risolutiva della cessione della provvista).

La specialità della disciplina in esame rispetto allo sconto cambiario presuppone la presenza di precise condizioni: oltre al tipo di contratto da cui deriva il credito da scontare (che abbiamo visto dover essere un contratto di fornitura o di somministrazione di merce, con esclusione dunque delle ipotesi di prestazione di servizi), la cessione può essere solo a favore di una banca (art. 1, comma 3 R.D.L. 1345/1933) ed inoltre la cessione deve avvenire nei limiti dell'importo della cambiale.

La mancanza di uno di questi requisiti rende invalida la clausola di cessione e quindi il semplice trasferimento del titolo non comporta cessione del credito sottostante a favore del prenditore, in mancanza di un'esplicita dichiarazione di volontà in tal senso (28). Resta però valido sia il negozio cambiario derivante dalla girata del traente scontatario alla banca scontante sia quello originario di cessione del credito nei rapporti tra cedente (cliente scontatario) e cessionario (banca scontante), mentre la successiva circolazione della cambiale tratta non potrà garantire i successivi possessori del titolo (29).

Ulteriore condizione per rendere la cessione della provvista efficace nei confronti del trattario è la notifica a quest'ultimo (art. 2 del R.D.L. 1345/1933): tale notifica non deve avvenire necessariamente a

(28) App. Palermo, 3 marzo 1969, in *Banca, borsa, tit. cred.*, 1970, II, 392.
(29) Cass., 22 febbraio 1982, n. 1097, in *Giust. civ.*, 1982, I, 1562.

mezzo di ufficiale giudiziario, chiarendo l'art. 2 che la stessa può avvenire anche mediante raccomandata con ricevuta di ritorno o mediante la presentazione della cambiale fatta personalmente al trattario e risultante dal protesto per mancata accettazione (30).

Una volta eseguita la comunicazione della cessione, il trattario è tenuto a pagare alla banca o ai successivi possessori della cambiale, potendo la cambiale circolare dopo la prima girata da farsi necessariamente alla banca scontante (si veda l'art. 2, comma 3 del R.D.L. 1345/1933 secondo cui « la cessione giova a tutti i successivi giranti »). Ogni successivo possessore sarà legittimato a far valere il credito causale cedutogli in base alla legge di circolazione del titolo, senza bisogno di ulteriori notifiche della cessione.

Ove il trattario non onori la cambiale portata allo sconto, il possessore del titolo potrà esperire sia l'azione cambiaria contro il traente e gli altri obbligati cambiari, sia l'azione causale nei confronti del trattario stesso (non potendo però in quest'ultimo caso utilizzare la tratta come titolo esecutivo).

L'art. 3, comma 2 del R.D.L. 1345/1933 prevede però che il possessore possa agire contro il trattario solo dopo aver elevato protesto per mancato pagamento e non prima che siano trascorsi cinque giorni da una formale richiesta di pagamento indirizzata al traente mediante un atto di precetto, una citazione (o anche un ricorso per ingiunzione di pagamento) ovvero la domanda di ammissione allo stato passivo nell'eventualità di un suo fallimento.

La preventiva richiesta che la legge in esame impone al creditore verso il traente costituisce condizione di procedibilità (31) dell'azione contro il trattario e mira a far sì che il possessore del titolo ottenga an-

(30) Al protesto per mancata accettazione è equiparato il protesto per mancato pagamento (Cass., 15 aprile 1957, n. 1278, in *Mass. Foro it.*, 1957, 1278; in dottrina MOLLE, *I contratti bancari*, cit., 463).

(31) La giurisprudenza qualifica unanimemente la proposizione della domanda contro il traente come condizione di procedibilità e quindi ritiene che essa possa sopravvenire anche in corso di causa (Cass., 13 dicembre 1980, n. 6458, in *Giust. civ.*, 1981, I, 779). Parte della dottrina la ritiene invece presupposto processuale e quindi ritiene che debba sussistere al momento della proposizione della domanda contro il trattario, pena l'inammissibilità della stessa (FIORENTINO, *Del conto corrente. Dei contratti bancari (artt. 1823-1860)*, in *Comm. del c.c. a cura di Scialoja-Branca*, II ed., Bologna-Roma, 1969, 200).

zitutto la restituzione delle somme anticipate in virtù dello sconto, prima di rivolgersi contro il debitore ceduto. Il termine di cinque giorni ha la funzione di consentire al trattario di accertare che il traente non abbia pagato.

L'azione contro il trattario consente comunque al possessore del titolo il contemporaneo esercizio dell'azione cambiaria contro il traente e contro gli altri obbligati (art. 3, comma 3 del R.D.L. 1345/1933).

In conformità alla natura di cessione ordinaria dello sconto di tratta con cessione della provvista ed alla mancanza nel diritto ceduto del carattere dell'autonomia propria dei crediti cambiari, il trattario potrà opporre alla banca (o agli altri possessori del titolo) tutte le eccezioni relative al rapporto causale.

8. Sconto e fallimento dello scontatario.

È controverso se la dichiarazione di fallimento dello scontatario comporti lo scioglimento del rapporto di sconto bancario o la sua prosecuzione, anche se l'opinione oggi prevalente è nel primo senso (32).

Tuttavia, anche ove si accedesse all'ipotesi dello scioglimento, vi è concordia nel ritenere che la banca è tenuta a rispettare la scadenza del proprio credito restitutorio verso lo scontatario (coincidente con la scadenza del credito ceduto e condizionato al mancato pagamento da parte del debitore ceduto). L'opinione trae fondamento nell'osservazione che l'apertura della procedura concorsuale non determina l'anticipata scadenza *ex* art. 1186 c.c. dell'obbligo dello scontatario che, come già visto, è condizionato al mancato pagamento da parte del debitore ceduto a favore della banca. Pertanto il credito della banca dovrà essere ammesso al passivo con riserva *ex* art. 55, ult. comma L. fall.

Indipendentemente dall'opinione circa lo scioglimento del contratto di sconto, è certo che la dichiarazione di fallimento dello

(32) La dottrina maggioritaria opta per lo scioglimento del contratto (MOLLE, *I contratti bancari*, cit., 407; PROVINCIALI, *Manuale di diritto fallimentare*, Milano, 1970, 1136 ss.). Altri autori ritengono invece che il contratto prosegua (CAVALLI, *Lo sconto*, in *Giurisprudenza Bancaria*, 1985-1987, Milano, 1993, 336; CORSI, *I contratti bancari nelle procedure concorsuali*, in *Fall.*, 1984, 336). Anche in questo caso però il rapporto prosegue se viene disposto l'esercizio provvisorio dell'impresa fallita (art. 104, comma 8 L. fall.).

scontatario non tocca gli effetti delle cessioni di crediti già perfezionatesi per operazioni di sconto precedenti. Pertanto la banca mantiene il diritto di riscuotere e trattenere le somme corrisposte dai debitori ceduti, anche se tali pagamenti intervengono dopo l'apertura della procedura concorsuale (33) o fossero confluiti prima del fallimento sul conto corrente dello scontatario (34).

Pertanto il curatore, per recuperare le somme che la banca abbia riscosso o andrà a riscuotere, non avrà altra strada che quella di agire per la revocatoria fallimentare del contratto di sconto bancario, in quanto, presupposto imprescindibile per ottenere la declaratoria di inefficacia dei pagamenti eseguiti dai debitori ceduti a favore del cessionario è rimuovere la **fonte** di tale regolamento di interessi (in caso contrario detti pagamenti restano atti solutori di crediti ormai entrati nel patrimonio della banca) (35).

Revocabile, ricorrendo i presupposti di cui all'art. 67 L. fall., sarà invece sia il rimborso operato dallo scontatario in caso di mancato pagamento da parte del debitore ceduto (integrando questo tutti gli estremi di un normale pagamento di un debito divenuto esigibile a seguito del mancato pagamento da parte del debitore ceduto) sia, nella fase di perfezionamento del contratto, l'accredito del netto ricavo

(33) In senso contrario si è espressa l'isolata Cass., 21 gennaio 2000, n. 656, secondo cui lo sconto bancario si concreta in un mandato alla banca a riscuotere il titolo ed in un accredito del relativo importo in conto corrente, subordinato alla condizione sospensiva del salvo incasso, con la doppia conseguenza che l'importo dell'accredito in conto corrente non è disponibile se non dopo che il titolo è stato pagato. L'affermazione di tale principio comporterebbe che la banca dovrebbe restituire tutto quanto incassato dopo la dichiarazione di fallimento dello scontatario anche se in riferimento ad operazioni di sconto perfezionatesi prima dell'apertura della procedura.

(34) Ricordiamo che il pagamento del terzo che sia obbligato direttamente verso la banca non è soggetto a revocatoria anche se confluisca sul conto corrente del soggetto poi fallito e vada a ripianare uno scoperto, considerato che la relativa rimessa non è riferibile al correntista fallito (Cass., 13 marzo 1997, n. 2256). Il principio è stato affermato anche in tema di pagamenti da parte del fideiussore a favore della banca garantita mediante accredito sul c/c del debitore fallito (Cass., Sez. Un., 12 agosto 2005, n. 16874).

(35) Cass., 15 novembre 2018, n. 29464; Cass., 16 marzo 1991, n. 2821, in *Dir. fall.*, 1992, 200; Trib. Bologna, 2 luglio 1991, in *Fall.*, 1992, 86; la cessione pro solvendo di un credito verso terzi effettuata nell'ambito di un contratto di sconto non costituisce però mezzo anormale di pagamento, posto che la cessione viene stipulata a scopo di garanzia, non già per estinguere un debito preesistente e scaduto ed è funzionalmente contestuale al sorgere del credito garantito (Cass. 19 ottobre 2007, n. 22014).

anticipato allo scontatario, ove esso vada ad estinguere pregresse passività del cliente (36), sempre che — secondo il novellato testo dell'art. 67 L. fall. — tale accredito abbia ridotto in maniera consistente e durevole l'esposizione debitoria del fallito nei confronti della banca.

Discorso diverso dalla revocatoria è però quello relativo all'opponibilità al fallimento dello scontatario delle operazioni di sconto e quindi delle cessioni di credito perfezionatesi prima del fallimento. Nel caso di sconto di crediti trovano infatti applicazione gli artt. 1264, 1265 e soprattutto l'art. 2914, n. 2 c.c., norme da cui si desume il principio secondo cui la cessione di credito, anche se consentita con scrittura privata avente data certa anteriore alla dichiarazione di fallimento, non è opponibile ai creditori concorrenti se non è stata notificata al debitore ceduto o da questi accettata con atto avente data certa anteriore alla dichiarazione di fallimento (37).

Poiché lo « sconto di tratta non accettata » non costituisce vero e proprio contratto di sconto e non dà di regola luogo ad una cessione del credito, non è mai opponibile al fallimento del traente il pagamento eseguito a favore della banca da parte del trattario non accettante. Il trattario sarà quindi tenuto a rinnovare il pagamento a favore della procedura (38).

(36) Cass., 20 maggio 1997, n. 4473, in *Foro it.*, 1997, I, 2089; Trib. Catania, 24 settembre 1991, in *Giur. comm.*, 1993, II, 445.

(37) Cass., 27 settembre 1999, n. 10668, in *Contratti (I)*, 2000, 357; Cass., 22 settembre 1990, n. 9650, in *Fall.*, 1991, 253.

(38) Cass., Sez. Un., 29 ottobre 1971, n. 3087, in *Banca, borsa, tit. cred.*, 1971, II, 511 contenente anche la precisazione che legittimato passivo nell'azione recuperatoria del curatore è il trattario. La giurisprudenza successiva ha pacificamente aderito a questo orientamento (fra le tante Cass., 22 giugno 1994, n. 5963, in *Fall.*, 1995, 155). Cass. 3 luglio 2008, n. 18222 ha precisato che, in caso di pagamento da parte del trattario a favore del traente dopo il suo fallimento, legittimato passivo è sia il trattario (anche se avesse ignorato la dichiarazione di fallimento) sia il traente per aver ricevuto un pagamento indebito *ex* art. 2033 c.c.

CAPITOLO XV

IL CONTO CORRENTE BANCARIO

1. Operazioni bancarie in conto corrente, conto corrente bancario e conto corrente ordinario. — 2. La natura giuridica e la struttura del conto corrente di corrispondenza. — 3. Il servizio di cassa. — 4. Il credito documentario. — 5. La disponibilità. — 6. La compensazione tra addebiti ed accrediti. — 7. La diligenza e la responsabilità della banca nello svolgimento del servizio di cassa. — 8. La sostituzione nell'esecuzione degli incarichi. — 9. La cointestazione del conto. — 10. Il conto corrente bancario nel fallimento.

1. Operazioni bancarie in conto corrente, conto corrente bancario e conto corrente ordinario.

Il codice civile dedica gli articoli dal 1852 al 1857 alle operazioni bancarie in conto corrente.

Abbiamo già visto che contratti quali il deposito bancario, l'apertura di credito e l'anticipazione bancaria possono essere regolati in conto corrente, come del resto previsto espressamente dall'art. 1852 c.c.. In questi casi troveranno applicazione l'intera disciplina dettata dagli artt. 1852-1857 c.c. e, per effetto del richiamo contenuto nell'art. 1857 c.c., le norme di cui agli artt. 1826, 1829 e 1832 c.c. dettate in materia di conto corrente ordinario.

Regolare in conto corrente una data operazione bancaria significa che il rapporto si sviluppa contabilmente attraverso un sistema scalare che prevede l'annotazione dei singoli atti posti in essere dalle parti in colonne contrapposte: una colonna, recante la voce AVERE, in cui vengono annotate le operazioni che comportano un credito a favore del cliente ed una colonna, recante la voce DARE, in cui vengono annotate le operazioni da cui nascono debiti a carico del cliente.

La particolarità della regolamentazione in conto corrente consiste nel fatto che le reciproche annotazioni a debito ed a credito del cliente vengono sommate algebricamente in modo tale che, in ogni momento, è possibile verificare il risultato di tale sommatoria attraverso il **saldo** che viene annotato in una **terza colonna** che completa il prospetto contabile tipico del conto corrente.

Il saldo è **positivo** se l'importo complessivo delle operazioni in AVERE supera quello delle operazioni in DARE, mentre è **negativo** in caso contrario (nel primo caso la differenza tra l'insieme delle operazioni attive e l'insieme delle operazioni passive fino a quel momento compiute avrà segno +, nel secondo caso segno —).

A questa regolazione contabile del contratto si accompagna una particolare disciplina del rapporto, prevista dagli artt. 1852 e segg. c.c., i quali stabiliscono che:

a) il correntista può disporre in ogni momento delle somme risultanti a suo credito, salva l'ipotesi che sia stato pattuito un termine di preavviso (art. 1852 c.c.);

b) in caso di pluralità di rapporti o di conti esistenti tra cliente e banca, ancorché in monete differenti, i saldi attivi e passivi si compensano reciprocamente, salvo diversa pattuizione (art. 1853 c.c.);

c) in caso di conto intestato a più persone i contitolari di regola debbono operare *congiuntamente*, a meno che non sia pattuita la facoltà di operare *disgiuntamente*, nel qual caso sono creditori e debitori solidali del saldo (art. 1854 c.c.) (1);

d) in caso di contratto a tempo indeterminato ciascuna delle parti può sempre recedere con preavviso (art. 1855 c.c.);

(1) Cass., 22 luglio 2004, n. 13663 ha chiarito che, nel caso di conto corrente cointestato, con facoltà di disposizione disgiunta, ognuno degli intestatari risponde in solido del saldo passivo, anche se frutto di operazioni disposte a propria insaputa. La sentenza, corretta nella soluzione concreta adottata, rischia però di indurre in errore perché, nell'enunciare il principio di diritto, afferma che gli intestatari sono considerati creditori o debitori in solido dei saldi del conto "*anche*" nell'ipotesi in cui alle persone alle quali il conto è intestato sia riconosciuta la facoltà di compiere operazioni separatamente. Dalla congiunzione "anche" utilizzata, sembrerebbe di capire che la stessa solidarietà sussisterebbe pure nel caso di conto corrente a firme congiunte. In realtà l'art. 1854 c.c. non prevede la solidarietà nel credito in caso di conto corrente a firme congiunte. In tale ipotesi deve allora ritenersi applicabile la disciplina ordinaria (artt. 1292 e 1294 c.c.), secondo cui la solidarietà attiva non è presunta (Cass. 11 giugno 2008, n. 15484). Pertanto ciascun cointestatario non può pretendere di ottenere la liquidazione del saldo del conto senza il consenso degli altri cointestatari e la banca non può ritenersi liberata nei confronti degli altri cointestatari ove dia corso ad una disposizione disgiunta.

e) il cliente può conferire particolari incarichi alla banca, la quale viene a rispondere della loro esecuzione secondo le regole del mandato (art. 1856 c.c.);

f) la banca ha diritto di annotare in conto (a debito del cliente) le commissioni e le spese derivanti dalle operazioni compiute (art. 1826, richiamato dall'art. 1857 c.c.);

g) in caso di annotazione in conto di crediti spettanti al cliente, l'accredito si intende fatto « salvo buon fine », ossia con facoltà della banca di stornare (cioè eliminare) la partita in caso di mancato pagamento del credito;

h) l'estratto conto inviato dalla banca al cliente si considera tacitamente approvato se non è contestato entro il termine pattuito, usuale o congruo, ferma restando la possibilità di contestare, entro 6 mesi dalla sua ricezione, gli errori di scritturazione e di calcolo (art. 1832 richiamato dall'art. 1859 c.c.).

La disciplina appena descritta costituisce semplicemente una particolare **modalità di contabilizzazione** e regolamentazione delle operazioni poste in essere nell'ambito di un determinato rapporto bancario che mantiene però i suoi connotati tipici (quale deposito bancario, apertura di credito ecc.). In altre parole il conto corrente in questo caso non costituisce una figura contrattuale a sé stante, ma si pone come modalità di esecuzione di taluni contratti bancari.

Diverso discorso vale invece per quel particolare contratto bancario denominato **conto corrente bancario** o conto corrente di corrispondenza (2), il quale ha una propria autonomia e costituisce dunque una figura negoziale a sé stante, nata dal frequentissimo utilizzo nella prassi.

Possiamo definire il contratto di conto corrente bancario come l'accordo con cui la banca si impegna nei confronti del cliente, sul presupposto dell'esistenza di una disponibilità presso di sé, a « *prestare un servizio, consistente in sostanza in un servizio di cassa, ossia nel*

(2) La denominazione *conto corrente di corrispondenza* deriva dal fatto che un tempo le banche usavano dare conferma scritta per lettera al correntista dell'esecuzione delle operazioni di addebito e dei versamenti eseguiti in contanti.

provvedere per conto del cliente correntista, su ordine diretto ed indiretto e con le sue disponibilità, ai pagamenti ed alle riscossioni » (3).

Si tratta di un contratto divenuto socialmente tipico per il frequente utilizzo e la dettagliata disciplina contenuta nelle condizioni generali di contratto, ma legalmente atipico, non trovando né una definizione né una compiuta regolamentazione nelle norme di diritto positivo.

Ciò non toglie che a tale contratto risultano applicabili le norme di cui agli artt. 1852 e ss. c.c., presentando rispetto a queste norme l'elemento comune della regolamentazione in conto corrente.

Ancora diverso rispetto al conto corrente bancario è il **conto corrente ordinario**, disciplinato agli artt. 1823 e ss. c.c. Questo presenta in comune rispetto al primo lo speciale modo di registrazione contabile delle operazioni (secondo lo schema anzidetto delle reciproche annotazioni in DARE ed in AVERE), ma se ne differenzia perché il relativo saldo non è disponibile fino alla chiusura del conto (art. 1823 c.c.), mentre nel conto corrente bancario il cliente può in qualsiasi momento disporre del saldo (art. 1852 c.c.) (4).

Ciò si spiega per il fatto che, nel conto corrente ordinario, i crediti reciproci sono destinati alla futura compensazione finale operante al momento della chiusura del conto, mentre nel conto corrente bancario prevale l'esigenza di consentire al cliente di avvalersi di un servizio di pagamento e di riscossione.

(3) La definizione è chiaramente delineata nella pur risalente Cass., 30 ottobre 1968, n. 3637; conforme è Cass., 21 dicembre 1971, n. 3701 e, da ultimo, Cass., 5 dicembre 2011, n. 25943 in *Giust. civ.*, 2012, 9, 1726; in dottrina, fra i numerosi contributi, si vedano SANTORO, *Il conto corrente di corrispondenza*, Milano, 1992, 41 ss.; SPINELLI-GENTILE, *Diritto bancario*, Padova, 1991, 298; FERRI, voce *Conto corrente di corrispondenza*, in *Enc. del dir.*, IX, Milano, 1961, 666; TARZIA, *Il contratto di conto corrente bancario*, Milano, 2001.

(4) Cass., 14 dicembre 1971, n. 3638, in *Foro it.*, 1973, I, 326. Le annotazioni o registrazioni di un conto corrente bancario, a differenza di quelle di un conto corrente ordinario, hanno un valore meramente contabile ed un'efficacia semplicemente dichiarativa: pertanto il saldo è costituito dal risultato contabile raggiunto attraverso la contrapposizione delle operazioni attive e passive, indipendentemente dal fatto che esse non siano state annotate (Cass., 20 febbraio 1998, n. 1846, in *Banca, borsa, tit. cred.*, 1999, II, 555 ss.).

2. La natura giuridica e la struttura del conto corrente di corrispondenza.

A differenza dei contratti bancari finora esaminati che trovano un'esplicita disciplina nelle norme del codice civile e dunque possono a ragione essere considerati contratti tipici ed autonomi, nel caso del conto corrente bancario l'atipicità cui si è già accennato ci induce ad interrogarci con maggiore attenzione su quale sia la sua natura giuridica. Ciò soprattutto allo scopo di individuare ed applicare le norme alle quali poter ricorrere nel caso di lacune lasciate dalla disciplina pattizia.

Abbiamo già ricordato che sono certamente applicabili al conto corrente bancario gli artt. 1852-1857 c.c..

Rimangono però aspetti che non sono disciplinati dalle norme appena richiamate ed occorre quindi verificare quali altre norme potrebbero essere applicate in relazione alla riconducibilità del contratto in esame ad altre figure negoziali tipiche.

Per comprendere la natura giuridica del contratto in esame occorre partire dalla considerazione che esso si compone di due momenti fondamentali: quello **gestorio** rappresentato dal conferimento di incarichi dal cliente alla banca e quello **costitutivo della provvista** necessaria per l'esecuzione di quegli incarichi.

Si pone quindi il problema di stabilire quale sia il rapporto tra questi due momenti, vale a dire se essi costituiscano fasi autonome cui corrispondono contratti distinti, ancorché funzionalmente collegati oppure se i due momenti si fondano in un unico negozio complesso. In entrambi occorre chiedersi quale dei due momenti anzidetti debba considerarsi prevalente.

La giurisprudenza della Corte di Cassazione è ormai giunta alla consolidata opinione che il contratto di conto corrente bancario costituisca un *contratto innominato misto, con prevalente funzione di mandato* (5). Prevale quindi una **concezione unitaria del contratto**, posto

(5) Cass., 23 gennaio 1979, n. 517, in *Banca, Borsa, tit. cred.*, 1980, II, 145; Cass., 6 dicembre 1974, n. 4043, in *Giust. civ.*, 1975, I, 360; Cass., 23 maggio 1986, n. 3447, in *Giur. it.*, 1988, 889; Cass., 1 febbraio 1982, n. 815, in *Banca, borsa, tit. cred.*, 1982, II, 124. Più recentemente Cass., 30 gennaio 2017, n. 2226 ha definito il conto corrente bancario un "*negozio giuridico atipico dominato dalle regole del mandato, in quanto la*

che il contratto misto si caratterizza per la presenza di una causa unica ancorché complessa.

Si ritengono comunque presenti nel contratto in esame anche elementi propri dei contratti di delegazione, di deposito o di altri contratti tipici identificabili con riferimento alle diverse operazioni bancarie poste in essere nella pratica (6).

La tesi del contratto innominato misto con prevalente funzione di mandato è accolta anche da autorevole dottrina (7), la quale precisa che il conto corrente svolgerebbe anche una funzione normativa, essendo diretto a regolamentare i futuri rapporti tra banca e cliente (8).

La considerazione del mandato quale figura negoziale prevalente nello schema causale dell'operazione bancaria in esame fa leva sul rilievo dell'impegno della banca a svolgere un servizio di cassa a favore del cliente. In questa prospettazione il rapporto costitutivo della provvista viene spesso visto come adempimento dell'obbligo del mandante (correntista) di somministrare i mezzi economici necessari al mandatario (banca) per l'esecuzione del mandato *ex* art. 1719 c.c.

Va però considerato che le somme confluite nel conto corrente restano nell'esclusiva disponibilità del cliente, il quale può prelevarle quando vuole ai sensi dell'art. 1853 c.c. Viceversa le somme erogate in esecuzione dell'obbligo di cui all'art. 1719 c.c. escono dalla disponibilità del mandante per passare in proprietà del mandatario e pertanto il primo non può più disporne liberamente una volta consegnate al mandatario.

banca assume l'incarico di compiere pagamenti o riscossioni di somme per conto del cliente e secondo le sue istruzioni, potendo altresì mettere a sua disposizione anche delle somme".

(6) Trib. Napoli, 10 settembre 1996, in *Banca, borsa, tit. cred.*, 1998, II, 344; frequente è il riferimento alla presenza di elementi propri anche del contratto dal quale deriva al cliente la disponibilità necessaria alla banca per eseguire gli incarichi conferitile (Trib. Verona, 3 aprile 1990, in *Giur. Merito*, 1991, 509, il quale precisa come il contratto di conto corrente bancario resti pur sempre un contratto unico riguardo al quale non può parlarsi di compensazione tra le variazioni contabili; Trib. Catania, 31 maggio 1989, in *Dir. fall.*, 1989, II, 1191).

(7) MOLLE, *I contratti bancari*, Milano, 1981, 413; CALTABIANO, *Il conto corrente bancario*, Milano, 1967, 71.

(8) La tesi del contratto normativo è sviluppata soprattutto da TARZIA, *Il contratto di conto corrente bancario*, Milano, 2001, 183 ss., il quale precisa che il contratto in esame è un contratto unico, a causa mista, ma con funzione di contratto quadro rispetto ai futuri rapporti che andranno ad instaurarsi tra banca e correntista.

Questa e altre differenze non escludono tuttavia l'applicazione in via principale degli artt. 1703 e ss. c.c., con la precisazione che tali norme regoleranno, all'interno del contratto, solamente la fase dell'assunzione e dell'esecuzione dell'incarico affidato dal correntista alla banca.

La parte del rapporto contrattuale relativa alla costituzione della provvista potrà invece essere regolata dalle norme sul deposito bancario o su altre figure contrattuali a ciò dirette (apertura di credito, delegazione di pagamento ecc.), come acutamente osservato dalla giurisprudenza di merito (9).

Nessuna incompatibilità sussiste tra le norme del mandato e quelle destinate a regolare il negozio costitutivo della provvista, posto che tali norme si riferiscono a due fasi del rapporto funzionalmente distinte, ma strettamente collegate. Un simile frazionamento delle discipline applicabili alle diverse fasi dell'operazione appare perfettamente coerente con la natura di contratto misto, in quanto la giurisprudenza ammette che esso, pur assoggettato alla disciplina dell'uno o dell'altro negozio i cui elementi si ritengono prevalenti, rimanga soggetto anche alle norme del contratto non prevalente a seconda dell'aspetto che occorra regolamentare, sempre che queste non siano incompatibili con quelle del contratto prevalente (10).

Chiarita la natura giuridica del contratto di conto corrente bancario, resta da precisare che esso costituisce un contratto consensuale, che dunque si perfeziona per effetto del semplice consenso legittimamente manifestato tra le parti.

Come ormai tutti contratti bancari, anche per il conto corrente bancario, è prevista la forma scritta a pena di nullità *ex* art. 117 T.U. bancario e l'obbligo per la banca di consegnare al cliente un esemplare del contratto concluso.

(9) Trib. Pescara, 23 giugno 2020, n. 675, in *DeJure*, Giuffrè; Trib. Napoli, 10 settembre 1996, cit.

(10) Cass., 2 dicembre 1997, n. 12199, in *Giur. it.*, 1998, 1808; Cass., Sez. Un., 31 ottobre 2008, n. 26298; Cass., 12 dicembre 2012, n. 22828; Cass., 17 ottobre 2019, n. 26485.

3. Il servizio di cassa.

Abbiamo visto che all'interno del conto corrente di corrispondenza assume importanza prevalente l'impegno della banca a provvedere, per conto del cliente, a pagamenti e riscossioni.

Tali attività rientrano nella nozione di **servizi di pagamento** di cui abbiamo già parlato a proposito delle attività finanziarie (tant'è vero che il conto corrente bancario può rientrare nella nozione di conto di pagamento nei limiti in cui sia utilizzato per la prestazione di servizi di pagamento, come precisa il provvedimento della Banca d'Italia del 30 luglio 2011, Sez. I, paragrafo 2, lett. *h*).

L'ampio concetto di attività connesse alla prestazione di servizi di pagamento fa ben comprendere la necessità che sia il cliente a precisarne volta per volta il contenuto a mezzo di specifici **ordini** impartiti alla banca, ordini che rappresentano atti unilaterali e recettizi, assimilabili alle istruzioni che il mandante impartisce al mandatario nel contratto di mandato.

Questi ordini possono assumere le forme più disparate: dalle operazioni per cassa, alla emissione di assegni bancari, ai bonifici o giroconti fino ad arrivare all'utilizzo delle carte di credito e del servizio bancomat.

In alcuni casi le modalità attraverso cui il cliente può impartire ordini alla banca possono formare oggetto di una separata convenzione: così costituisce accordo separato ed autonomo rispetto a quello di conto corrente (ancorché ad esso collegato) la cosiddetta *convenzione di cheque*, mediante la quale la banca autorizza il cliente ad emettere assegni bancari che si impegna a pagare (sempre che sussista la provvista sufficiente). L'autonomia di una simile convenzione fa sì che essa ben possa essere revocata dalla banca senza bisogno di revocare il rapporto di conto corrente (11).

Ancora, deve formare oggetto di convenzione separata quella particolare modalità di prelievo che può avvenire mediante la tessera

(11) CAVALLI, voce *Conto corrente bancario*, in *Enc. Giur. Treccani*, Roma, 1988, 3, il quale sottolinea come nella pratica esista uno stretto collegamento tra convezione di assegno e conto corrente, tale per cui non è dato vedere una separata stipulazione dell'una rispetto all'altro. Sul punto si veda anche MOLLE, *I titoli di credito bancari*, Milano, 1972, 168.

bancomat o quella modalità di utilizzo del conto corrente che prende il nome di cassa continua o, ancora, la carta di credito ([12]).

Di fronte agli ordini legittimamente impartiti dal cliente (utilizzando i poteri derivanti dal contratto di conto corrente o dalle separate convenzioni di cui si è detto), si ritiene che la banca sia tenuta ad eseguire quelli che rientrano nell'ambito delle consuete operazioni bancarie ([13]).

La conclusione appena espressa è stata confermata dalla giurisprudenza per i contratti di conto corrente conclusi con consumatori, ritenendo vessatoria, in quanto diretta ad escludere o limitare la responsabilità del professionista verso il consumatore, la clausola che attribuisca alla banca la facoltà di dare o meno esecuzione agli incarichi ricevuti ([14]).

Per quanto riguarda poi i limiti e l'ampiezza dell'obbligo della banca di provvedere a pagamenti e riscossioni per conto del cliente, si è fatto riferimento a quelle operazioni tipicamente rientranti nella prassi bancaria e per le quali sia predisposta l'organizzazione necessaria al loro compimento ([15]): prelevamenti per mezzo di assegni bancari, accredito delle rimesse o dei bonifici ad opera di terzi, pagamenti delle rate di imposta, delle bollette dei servizi telefonici o dell'energia elettrica, pagamento e riscossione di cambiali etc.

Diversamente, tutto ciò che esorbita dal servizio di cassa (cui la banca è obbligata), come ad esempio l'acquisto di titoli o azioni, deve

([12]) Sulle diverse forme di utilizzo della provvista in un rapporto di conto corrente si veda BELLI, *Servizi bancari*, in *Tratt. Rescigno*, 1985, 12, IV, Torino.

([13]) PORZIO, *Il conto corrente bancario*, in *Tratt. di dir. priv. diretto da Rescigno*. Torino, 1985, vol. 12, 866; CAVALLI, *op. loc. cit.*, 3; MOLLE, *Ancora sulla qualificazione del conto corrente bancario*, in *Banca, borsa, tit. cred.*, 1958, II, 392; FERRI, voce *Conto corrente di corrispondenza*, cit., 668.

([14]) Trib. Roma, 21 gennaio 2000, in *Banca, borsa, tit. cred.*, 2000, II, 207 ss. Il Protocollo di intesa sottoscritto il 24 maggio 2000 tra ABI ed Associazioni dei consumatori più rappresentative, relativo alle condizioni generali da applicare nei contratti di conto corrente, prevede, all'art. 3, che la banca sia tenuta ad eseguire gli incarichi ricevuti dal cliente, potendo opporre un rifiuto solo in caso di giustificato motivo e dandogliene tempestiva comunicazione. È però valida la clausola che attribuisce alla banca discrezionalità tecnica sulle modalità più appropriate per dare esecuzione agli incarichi ricevuti, in assenza di particolari istruzioni del correntista (App. Roma, 24 settembre 2002, in *Giur. romana*, 2003, 138).

([15]) CALTABIANO, *op. cit.*, 189.

formare oggetto di un distinto rapporto che si costituisce accanto a quello di conto corrente bancario ([16]) (così la negoziazione di strumenti finanziari avviene necessariamente in esecuzione di un contratto quadro per la prestazione di servizi di investimento).

È solo con riferimento alle operazioni che esorbitano dal servizio di cassa che diviene allora facoltativa l'esecuzione degli incarichi trasmessi dal cliente.

4. Il credito documentario.

Tra le varie operazioni che la banca può obbligarsi a compiere a favore del correntista assume importanza determinante, soprattutto nei rapporti internazionali, il credito documentario, che comporta l'intervento della banca nell'esecuzione di un contratto di compravendita avente ad oggetto beni rappresentati da documenti e di cui è parte (compratrice) il proprio cliente.

Si tratta di un'operazione prevista dall'art. 1530 c.c., ma che, nella prassi del commercio internazionale, viene disciplinata dagli usi mercantili ([17]).

Nel credito documentario la banca si interpone tra compratore e venditore nell'esecuzione del contratto di compravendita impegnandosi, per conto del proprio cliente (ordinante) che abbia precedentemente acquistato della merce rappresentata da documenti, a pagarne il prezzo al venditore (beneficiario), direttamente o per il tramite di un'altra banca corrispondente sita sulla piazza del venditore, dopo aver

([16]) Molle, *Considerazioni sul conto corrente bancario*, in *Banca, borsa e tit. cred.*, 1950, I, 106. Caltabiano, *op. cit.*, 191, ha precisato che l'art. 19, comma 1 delle N.U.B. secondo cui « è in facoltà dell'azienda di credito di assumere o meno gli incarichi del correntista » non si riferisce agli incarichi di pagamento, bensì a quelli di diversa natura, quali ad esempio la custodia e l'amministrazione dei titoli, l'incasso di cedole etc.

([17]) Frequente è l'applicazione delle norme e degli usi uniformi della Camera di commercio internazionale relativi ai crediti documentari che, secondo la Cassazione, non sono usi giuridici o normativi, ma costituiscono clausole d'uso, integrative della volontà dei contraenti, sicché la loro violazione e falsa applicazione non è denunciabile in sede di legittimità (Cass., 31 maggio 2016, n. 11263, in *www.ilcaso.it*, Sez. Giur., 2016, 15189, la quale compie anche un'approfondita disamina del contenuto del contratto e degli obblighi di diligenza della banca mandataria nel verificare la conformità dei documenti alle condizioni del credito; Cass., 8 marzo 1996, n. 1842; Cass., 14 ottobre 2009, n. 21833, in *Dir. comm. internaz.*, 2010, 2, 397).

verificato la corrispondenza dei documenti alla merce acquistata e la loro regolarità formale.

Nell'assumere questo impegno la banca può obbligarsi solo nei confronti del proprio cliente e non del venditore (in questo caso si parla di **credito revocabile**) oppure può obbligarsi anche nei confronti del venditore, assumendo un'obbligazione autonoma rispetto a quella esistente verso l'ordinante (in tal caso si parla di **credito irrevocabile**).

In quest'ultima ipotesi (prevista dall'art. 1530, comma 2 c.c.) l'obbligazione assunta direttamente verso il beneficiario non risente né delle vicende inerenti all'ordine conferito alla banca (inquadrabile nell'ambito del mandato) né di quelle relative al rapporto fondamentale (derivante dalla compravendita), per cui l'evoluzione di tali rapporti non influisce sull'obbligazione gravante sulla banca ([18]). In altre parole la banca, attraverso il credito irrevocabile, assume un'obbligazione autonoma, astratta (analogamente a quanto vedremo accadere nel cosiddetto contratto autonomo di garanzia, con il quale la figura in esame presenta evidenti analogie) e letterale, in quanto dipendente solo dal contesto della comunicazione di assunzione dell'obbligazione (*lettera di conferma*).

La banca che si sia obbligata nei confronti del venditore (cosiddetta *opening bank*) potrebbe non avere una succursale sulla piazza ove lo stesso venditore ha sede: in tale caso essa può servirsi di un'altra banca corrispondente, che funge da sua sostituta. Ciò accade soprattutto nei pagamenti da eseguirsi su piazze straniere, ove la banca sostituta (corrispondente) può limitarsi a comunicare al beneficiario l'esistenza di un'apertura di credito irrevocabile accesa a proprio favore dalla banca accreditante, provvedendo semplicemente al ritiro dei documenti rappresentativi della merce ed al pagamento del prezzo (*advising bank*) oppure può obbligarsi a sua volta nei confronti del venditore beneficiario, confermando — come si usa dire nella prassi del commercio internazionale — il credito a favore del beneficiario (*confirming bank*) ([19]).

([18]) Trib. Mantova, 7 marzo 1996, in *Dir. maritt.*, 1998, 140.

([19]) Nel caso in cui la banca si limiti a comunicare al beneficiario di tenere a sua disposizione la somma corrispondente al prezzo delle merci da consegnare tramite i relativi documenti, essa inoltrerà una *lettera di accreditamento*, mentre, laddove assuma direttamente un'obbligazione verso il venditore, invierà una *lettera di conferma*.

L'operazione di credito documentario ricomprende l'esistenza di tre distinti rapporti [20]:

1) il rapporto tra compratore e venditore, costituito da un normale contratto di compravendita, la cui particolarità consiste nel fatto che elemento essenziale di tale negozio è che il pagamento del prezzo deve avvenire necessariamente tramite banca, previa consegna dei titoli rappresentativi della merce e pertanto solo in caso di rifiuto della banca incaricata di ritirare i documenti e di provvedere al pagamento del prezzo il venditore potrà rivolgersi al compratore direttamente [21];

2) il rapporto tra compratore e banca, inquadrabile nell'ambito del mandato senza rappresentanza e del servizio di cassa tipico del rapporto di conto corrente di corrispondenza, ove la banca si impegna ad eseguire il pagamento del prezzo utilizzando o un'apertura di credito concessa al cliente o somme depositate presso di sé o, ancora, somme anticipate all'ordinante secondo lo schema dell'art. 1720 c.c.;

3) il rapporto tra venditore e banca che assume contenuto obbligatorio solo nel caso in cui la banca incaricata (*opening bank*) si obblighi direttamente verso il beneficiario ad eseguire il pagamento del prezzo attraverso il cosiddetto credito irrevocabile. All'obbligazione ed al rapporto facente capo alla banca incaricata possono aggiungersi l'obbligazione ed il conseguente rapporto tra venditore e banca corrispondente nel caso in cui quest'ultima abbia confermato il credito assumendo la qualificazione di *confirming bank*. In questa eventualità il beneficiario potrà contare sulla responsabilità solidale di entrambe le banche e rivolgersi indifferentemente all'una o all'altra.

5. La disponibilità.

L'esecuzione degli ordini impartiti dal correntista nell'ambito di un rapporto di conto corrente bancario è subordinata all'esistenza della

(20) Cass., 28 novembre 1996, n. 10569.

(21) L'opinione ormai pacifica è che la vendita con pagamento contro documenti a mezzo di banca, prevista dall'art. 1530 c.c., costituisca delegazione cumulativa passiva titolata, che comporta un vincolo di solidarietà tra delegante e delegato, in cui la conferma della banca delegata attribuisce al debito principale il carattere di sussidiarietà rispetto all'altro debito del delegato (Cass., 15 gennaio 1999, n. 372, in *Contratti*, 1999, 659, con nota di De Meo).

disponibilità di fondi a favore del correntista che siano sufficienti a coprire gli esborsi che la banca è chiamata ad effettuare: in mancanza di tale disponibilità l'ordine impartito dal cliente non vincola la banca (22).

Questa disponibilità può derivare da rapporti di vario genere: un tradizionale deposito di denaro, la concessione di un'apertura di credito, l'anticipazione su crediti scontati o su merci o l'anticipazione salvo buon fine della cosiddetta carta commerciale, un giroconto ecc.

Ancora, la disponibilità a favore del correntista può derivare dall'accredito in conto di **assegni** (bancari, o circolari) o altri titoli negoziabili da parte del correntista.

In quest'ultimo caso occorre tener presente che la disponibilità a favore del correntista dell'importo portato da ogni titolo negoziato ed accreditato non è immediata, ma detto importo (come dispone l'art. 4, comma 2 delle condizioni generali di contratto per i conti correnti di corrispondenza allegate alla circolare ABI 25 febbraio 2005) « *è accreditato con riserva di verifica e* **salvo buon fine** *ed è disponibile appena decorsi i termini indicati nel modulo allegato* ».

La disposizione riprende quanto stabilito per il conto corrente ordinario dall'art. 1829 c.c., richiamato dall'art. 1857 in tema di operazioni bancarie in conto corrente, secondo cui l'annotazione in conto di un credito verso un terzo si presume fatto con la clausola « salvo incasso », a meno che non risulti una diversa volontà delle parti (consistente nel riconoscere al correntista la disponibilità immediata dell'accredito) (23).

Ben diversa è però la natura della clausola « salvo incasso » nel conto corrente ordinario rispetto al conto corrente bancario: infatti

(22) Caltabiano, *op. cit.*, 142-143, n. 12. In giurisprudenza si vedano: Cass., 5 dicembre 2011, n. 25943, in *Giust. civ.*, 2012, 9, 2086 e Cass., 10 febbraio 1982, n. 815, secondo la quale non è escluso però che la banca possa discrezionalmente dar corso ad ordini di pagamento allo scoperto, utilizzando fondi propri.

(23) Non comporta immediata disponibilità dell'accredito il cosiddetto « benefondi », ossia la conferma dell'esistenza dei fondi sul conto del traente l'assegno, a meno che l'assegno non sia tratto sulla stessa banca accreditante o su una sua succursale (sul benefondi in generale si veda Cass., 10 marzo 2000, n. 2742, in *Banca, borsa, tit. cred.*, 2001, II, 409 ss.). La concessione al correntista della disponibilità anticipata dell'importo di un assegno non ancora incassato va qualificata come concessione di credito al correntista.

mentre nel **conto corrente ordinario** essa funziona come **condizione risolutiva** del credito incluso nel conto, nel **conto corrente bancario** la stessa clausola ha natura di **condizione sospensiva** ([24]).

La distinzione trova la propria ragione nel fatto che, nel caso del conto corrente ordinario, il titolo (ed il credito incorporato) è **trasferito in proprietà** dell'altro correntista e dunque, in ipotesi di mancato pagamento, lo storno del relativo accredito presuppone la risoluzione del predetto trasferimento (appunto attraverso l'applicazione di una condizione risolutiva), analogamente a quanto abbiamo visto accadere per lo sconto bancario.

Diversamente, nell'ipotesi di conto corrente bancario, i titoli vengono consegnati alla banca per l'incasso e conseguentemente la banca non ne acquista la proprietà, ma riceve un **mandato a riscuotere** il credito incorporato in tali documenti, provvedendo ad annotare a credito del cliente il relativo importo. Tale importo però non entra in proprietà del correntista se non dopo che la banca lo abbia effettivamente riscosso dal debitore. Ove la banca ne conceda la disponibilità anticipata, essa eroga un finanziamento (sotto forma di anticipazione) al cliente a fronte del ricevimento dell'incarico di riscuotere un credito verso terzi, ma questo finanziamento diviene **definitivamente** disponibile solo al verificarsi di una condizione rappresentata dal pagamento da parte del debitore.

Pertanto, in caso di mancato pagamento, non si avrà la risoluzione degli effetti di un trasferimento (che non c'è mai stato), ma semplicemente la definitiva inefficacia del finanziamento concesso e dunque la cancellazione delle relativa annotazione a credito ([25]).

Per concludere, non è escluso che la banca possa dar corso agli ordini ricevuti dal correntista anche in mancanza della disponibilità di cui si è detto.

([24]) Cass., 27 novembre 2003, n. 18118, in *Giust. civ.*, 2004, I, 2621; Trib. Milano, 14 gennaio 1988, in *Banca, borsa, tit. cred.*, 1989, II, 486.

([25]) Cass., 8 marzo 1999, n. 1946. Analogamente Cass., 18 ottobre 1994, n. 8485 e Cass., 13 maggio 1991, n. 5325, in *Banca borsa tit. cred.* 1993, II, 273; Cass., 25 ottobre 1977, n. 4563, in *Giust. civ.*, 1978, I, 245, la quale precisa che al correntista non è consentita l'emissione di assegni fino a quando l'importo del credito non sia stato incassato dalla banca. Contrario TARZIA, *Il conto corrente bancario*, cit., 126, secondo cui l'art. 1829 c.c. troverebbe applicazione solo nell'ipotesi in cui il correntista abbia ceduto alla banca il suo credito verso un terzo.

Una simile eventualità è però lasciata nella piena discrezionalità della banca ed in nessun caso l'esecuzione di operazioni allo scoperto comporta concessione di apertura di credito o aumento del limite del fido già in essere.

6. La compensazione tra addebiti ed accrediti.

L'art. 1853 c.c. disciplina il regime della compensazione tra i saldi di più rapporti o tra i diversi conti stabilendo che, salvo patto contrario, i saldi attivi si compensano reciprocamente.

Deve subito precisarsi che la **compensazione** di cui parla la norma appena citata (da intendersi come compensazione legale) opera solo quando tra la banca ed il correntista esistono **più rapporti o più conti**.

Diversamente, nel caso in cui esista un **unico conto**, gli annullamenti per quantità corrispondenti dei successivi versamenti e prelevamenti (che costituiscono il meccanismo contabile caratterizzante il conto corrente bancario) non costituiscono una vera e propria *compensazione*, ma semplicemente un **conguaglio contabile**, ossia una modificazione quantitativa del saldo volta per volta risultante dalle contrapposte annotazioni.

Infatti il presupposto della compensazione in senso tecnico è la reciproca **autonomia** dei contrapposti rapporti di credito e debito, mentre le variazioni del saldo derivanti da versamenti o prelevamenti operati sullo stesso conto corrente bancario non hanno origine da due distinti rapporti giuridici, ma da un unico rapporto bilaterale.

Nell'ambito di questo rapporto unitario gli accrediti e gli addebiti annotati sul conto corrente non corrispondono a debiti o crediti in senso giuridico, ma costituiscono atti d'esecuzione dell'unico rapporto di conto corrente bancario e pertanto rappresentano mere variazioni quantitative del saldo [26].

(26) Così Cass., 21 gennaio 2000, n. 656; Cass., 12 aprile 1984 n. 2353, in *Foro it.*, 1984, I, 2796; Cass., 9 giugno 1983, n. 3951, in *Foro it.*, 1983, I, 3064; Cass., 27 gennaio 1975, n. 317, in *Giur. comm.*, 1975, II, 634; Cass., 10 ottobre 1975, n. 3236, in *Dir. fall.*, 1976, II, 52; Cass., 11 dicembre 1978, n. 5836, in *Banca, borsa, tit. cred.*, 1980, II, 270; Trib. Verona, 3 aprile 1990, in *Giur. Merito*, 1991, 509. In dottrina: MOLLE, *I contratti bancari*, in *Tratt. Dir. civ. comm.* Cicu Messineo, Milano, 1966, 415, 416. Si ha però compensazione in senso tecnico se la rimessa trae origine dall'adempimento della

La soluzione appare condivisibile considerando la **natura unitaria** del negozio in esame (secondo l'opinione che riteniamo preferibile rispetto a quella del collegamento di più contratti). L'unitarietà della causa del contratto esclude quindi che possa configurarsi l'esistenza di distinti rapporti tra i quali possa operare il meccanismo della compensazione.

Questo meccanismo non pare possa operare neppure nella fase esecutiva del rapporto, in quanto le attività poste in essere dalla banca in esecuzione di specifici ordini del correntista derivano dal contratto originario, mentre gli ordini non sono altro che atti esecutivi di un unico rapporto giuridico, così come le istruzioni impartite dal mandante sono atti esecutivi (e non negozi separati) del contratto di mandato.

La soluzione adottata assume una notevole rilevanza nel caso in cui il correntista sia assoggettato a fallimento: se infatti la banca potesse invocare la compensazione, eviterebbe la revocatoria fallimentare di tutti gli accrediti semplicemente portandoli in compensazione con gli addebiti ricompresi nel periodo sospetto, invocando l'art. 56 L. fall. il cui meccanismo è sottratto all'azione recuperatoria della curatela (27). Ad essere revocato potrebbe essere tutt'al più l'accordo costituente la fonte del meccanismo compensativo, vale dire — seguendo questa impostazione — il patto di compensazione insito nel conto corrente bancario.

Il fallimento, per contro, avrà tutto l'interesse ad escludere l'operatività del meccanismo compensativo all'interno di un unico rapporto di conto corrente bancario al fine di sottoporre a revocatoria fallimentare le rimesse confluite sul conto corrente nel periodo sospetto e di

banca ad una propria obbligazione verso il correntista, nascente da un rapporto diverso dal conto corrente bancario (Cass., 10 ottobre 2011, n. 20753, la quale ha escluso la revocabilità della rimessa in quanto l'effetto solutorio non era conseguenza dell'annotazione, ma si situava, *ex* art. 1243 c.c., nel momento della coesistenza del debito del cliente per il saldo del conto e del suo credito verso la banca per il diverso rapporto). La compensazione tra saldi di rapporti diversi va attuata mediante annotazione su un conto del saldo di un altro conto (Cass., 23 gennaio 2020, n. 1445; Cass., 22 giugno 2016, n. 12953, in *Guida al diritto*, 2016, 40, 62 che però fa salva una manifestazione di volontà di segno contrario del cliente).

(27) Cass., 10 ottobre 2011, n. 20753; Cass., 17 luglio 1997, n. 6558, in *Giust. civ.*, 1998, I, 1128 ed in *Fall.*, 1998, 50.

soddisfare poi in moneta fallimentare (vale a dire nella percentuale prevista per gli altri creditori) il credito della banca depurato dei rientri.

7. La diligenza e la responsabilità della banca nello svolgimento del servizio di cassa.

Conformemente alla già ricordata prevalente funzione di mandato del conto corrente bancario, l'attività della banca è soggetta alla regola espressa dall'art. 1856 c.c., secondo cui la banca risponde secondo le regole del mandato per l'esecuzione d'incarichi ricevuti dal correntista o da altro cliente. L'art. 1856 c.c. rinvia quindi alla disciplina dettata per il contratto di mandato ed in particolare alle norme contenute negli artt. 1710-1718 disciplinanti le obbligazioni del mandatario.

Da questo complesso di norme e dalla regola generale secondo cui, nell'adempimento delle obbligazioni inerenti all'esercizio di un'attività professionale (qual è quella bancaria), la diligenza richiesta va commisurata al tipo di attività esercitata (art. 1176, comma 2 c.c.), si è desunto l'obbligo della banca di agire con la diligenza del cosiddetto « *buon banchiere* » (28), cioè con un elevato grado di professionalità, certamente superiore a quello dell'uomo medio ed adeguato alla particolare natura dell'attività esercitata. Si noti che la diligenza del buon banchiere non coincide con il grado di professionalità richiesto al banchiere medio, considerato che, a seconda delle diverse situazioni, alla banca può essere richiesto uno sforzo di attenzione e di perizia superiori alla media del settore. Ciò al fine di preservare l'interesse del

(28) Cass., 2 agosto 1991, n. 8517, in *Foro it.*, 1992, I, 3356 la quale ha precisato che la banca non deve fermarsi al contenuto formale dell'incarico ricevuto, pur non essendo tenuta anche al controllo sulla convenienza dell'operazione per il cliente; Cass., 20 febbraio 1988, n. 1764, in *Giust. civ.*, 1988, I, 1498 che ha ritenuto la responsabilità della banca nei confronti del cliente per aver eseguito un ordine di bonifico (risultato poi falsificato) giunto a mezzo telefax, pur in presenza di controllo di conformità della firma allo *specimen*, non avendo la banca eseguito ulteriori controlli che sarebbero stati consigliabili per la particolare situazione. Tra gli obblighi posti dalla giurisprudenza in capo alla banca quale mandataria vi è anche quello di elevare il protesto, in caso di mancato pagamento dell'assegno, ovviamente nel caso che obbligati di regresso vi siano. In caso non esistano obbligati di regresso si è affermata la sufficienza della restituzione del titolo: Cass., 16 novembre 1967, n. 2759, in *Foro it.*, 1968, I, 443.

cliente al miglior svolgimento del rapporto, attraverso una serie di attività che la giurisprudenza ha caso per caso individuato.

Tra i principali obblighi di attivazione in capo alla banca vi è l'**obbligo di informazione**, ricavabile dall'art. 1710, comma 2 c.c., secondo cui la banca *è tenuta* a rendere note al mandante (leggasi il correntista) « *le* **circostanze sopravvenute** *che possono determinare la revoca o la modificazione del mandato* ».

La giurisprudenza ha fornito un'interpretazione estensiva nell'individuazione delle possibili circostanze sopravvenute, fino a considerare anche quelle **preesistenti** alla conclusione del mandato, ma a quel tempo **ignote**, la cui conoscenza sia in seguito sopravvenuta; ha affermato inoltre che l'obbligo d'informazione esiste anche rispetto a quelle circostanze già conosciute dal mandatario prima del conferimento del mandato o assunte contestualmente alla conclusione dello stesso (29).

Strettamente collegato a questo obbligo di informazione è quello di **adeguamento** dell'incarico ricevuto alla situazione contingente.

L'art. 1711 c.c., comma 2 c.c. prevede infatti che il mandatario (e quindi anche la banca che tale qualità assume) « *può* **discostarsi** *dalle istruzioni ricevute, qualora circostanze ignote al mandante e tali che non possano essergli comunicate in tempo, facciano ragionevolmente ritenere che lo stesso mandante avrebbe dato la sua approvazione* ». Anche in questo caso l'interpretazione più corretta della norma deve essere di tipo estensivo, considerato che la banca assume il potere-dovere di discostarsi dalle istruzioni ricevute in tutti quei casi in cui ciò sia consigliato dall'emergere di circostanze che rendono certo o molto probabile che il mandante avrebbe approvato tale scostamento se avesse conosciuto il mutamento della situazione.

Così ad esempio, in un caso rimasto famoso come il cosiddetto « venerdì nero della lira », la Cassazione, uniformandosi a precedenti pronunce dei giudici di merito, ha affermato la responsabilità di una banca che, a fronte dell'incarico conferitole da una società per l'acqui-

(29) Oltre alle sentenze sul « venerdì nero » (di cui subito nel testo), si veda già Cass., 24 febbraio 1987, n. 1929, in *Giur. it.*, 1989, I, 1, 640; App. Milano, 23 aprile 1993, in *Foro it.*, 1994, 476, secondo cui nel termine circostanze sopravvenute bisogna considerare « *tutti gli eventi che in qualunque modo anche solo potenzialmente possono indurre il mandante ad un riesame della convenienza dell'affare, sì da indurlo a revocare o modificare il mandato* ».

sto di dollari, aveva dato corso al mandato ricevuto benché il giorno dell'esecuzione dell'operazione (19 luglio 1985) il dollaro fosse improvvisamente passato dalla quotazione di lire 1.840 a quella di lire 2.200, con un aumento del 19,57% da un giorno all'altro.

Nonostante l'oscillazione del dollaro presentasse caratteri del tutto anomali, la banca diede egualmente esecuzione all'incarico, determinando conseguenze particolarmente gravose in capo alla società mandante e violando l'art. 1710 c.c. (30).

La banca non è però tenuta a deviare dalle originarie istruzioni se ciò comporta un aggravio eccessivo nell'esecuzione del mandato.

Ancora, la banca non può discostarsi dalle istruzioni ricevute, in presenza di un mandato rigido, a meno che non sussistano ragioni di urgenza (31).

Sussiste poi in capo alla banca un **obbligo di comunicazione** dell'avvenuta **esecuzione dell'incarico** o della sopravvenuta impossibilità di eseguirlo, ricavabile dall'art. 1712 c.c..

Quest'obbligo di comunicazione è periodicamente assolto mediante l'invio dell'estratto conto, che avviene ad ogni chiusura del conto (per chiusura del conto si intende non la cessazione del rapporto di conto corrente bancario, ma semplicemente il momento contabile in cui si cristallizza la somma algebrica di tutte le partite in dare ed in avere annotate fino ad allora e degli interessi maturati che potranno poi essere capitalizzati secondo la già vista disciplina dell'anatocismo bancario).

Un altro caso in cui viene in considerazione la particolare diligenza professionale richiesta alla banca nell'esecuzione degli incarichi si ha

(30) Cass., 5 maggio 1998, n. 4486, in *Giust. civ.*, 1999, I, 1147. Posizione analoga assume la giurisprudenza di merito in relazione ad altri casi simili verificatisi sempre in occasione del venerdì nero della lira: Trib. Venezia, 29 gennaio 1988, in *Banca, borsa, tit. cred.*, 1988, II, 505, con nota di Alessi; Trib. Milano, 16 febbraio 1989, in *Giur. it.*, 1989, I, 2, 628 e Trib. Roma, 1 marzo 88, in *Giust. civ.*, 1988, I, 1305 e 2106, con nota di Cicconi; App. Roma, 3 giugno 1991, in *Banca, borsa, tit. cred.*, 1991, II, 310, con nota di Luminoso; Trib. Milano, 16 febbraio 1989, in *Giur. it.*, 1989, II, 628 e App. Milano, 23 aprile 1993, in *Foro it.*, 1994, 476. Per altri riferimenti vedi Candian, *Il venerdì nero della lira: la posizione dei mandatari alla prova dei fatti*, in *Riv. dir. civ.*, 1988, II, 387 ss.; Luminoso, *Impossibilità di comunicare con il mandante e obblighi dei mandatari*, in *Giur. comm.*, 1997, I, 229 ss.

(31) Cass., 7 agosto 2009, n. 18107.

quando la banca trattaria provvede al pagamento di un **assegno bancario falsificato** nella firma di traenza o alterato, andando così a provocare un danno al proprio correntista che si vede addebitare sul conto l'importo di un titolo che egli non ha emesso o non ha emesso per quell'importo.

In questi casi la giurisprudenza si è ormai orientata a ritenere che la banca risponde (contrattualmente) del danno subito dal cliente, a meno che non riesca a fornire la prova che la falsificazione non era facilmente riconoscibile in base alle conoscenze del soggetto professionale di diligenza media, non essendo ad esempio la firma macroscopicamente difforme rispetto a quella depositata al momento dell'accensione del rapporto (cosiddetto *specimen*) (32). Va peraltro precisato che, in presenza di circostanze anomale nell'esecuzione di incarichi, la banca può essere chiamata a rispondere dei danni subiti dal cliente in

(32) Cass., 2 luglio 2014, n. 15145 secondo cui: "*l'ente è responsabile a fronte non della mera alterazione del titolo, ma solo allorché essa sia rilevabile ictu oculi in base alle conoscenze del soggetto professionale di diligenza media, che non possiede, al momento della presentazione del titolo, particolari attrezzature strumentali o chimiche per rilevare la falsificazione, né è tenuto a mostrare le qualità di un esperto grafologo*"; nello stesso senso Cass., 19 giugno 2018, n. 16178; Trib. Bologna, 13 febbraio 2018, n. 459, in *DeJure*, Giuffrè; Cass., 4 ottobre 2011, n. 20292; Cass., 19 settembre 2003, n. 13887, in *Giust. civ.*, 2004, I, 3015 secondo cui la prova della falsificazione grava sul correntista che agisce in giudizio, dopodiché incombe sulla banca l'onere di provare la propria diligenza (Cass., 12 ottobre 2001, n. 12471, in *Dir. banca e mercato fin.*, 2002, 455). Un particolare dovere di diligenza è stato imposto alla banca nel caso deciso da Cass. 15 aprile 1992, n. 4571, dove la banca è stata ritenuta responsabile per aver rimborsato una seconda volta titoli obbligazionari che, dopo il primo rimborso, erano stati rubati e negoziati (la sentenza si legge in *La nuova giur. civ. comm.*, 1993, 324-330, con nota del sottoscritto: «*La responsabilità del banchiere nell'ambito della negoziazione e del rimborso di titoli obbligazionari*»). Alla responsabilità (contrattuale) della banca trattaria può affiancarsi la responsabilità (extracontrattuale) della banca girataria per l'incasso se non verifica l'autenticità della firma di colui che gira l'assegno per l'incasso (Cass., Sez. Un., 26 giugno 2007, n. 14712, in *Banca borsa tit. cred.*, 2008, 5, 567; la esclude in caso di diligente identificazione dell'apparente legittimo prenditore Cass, 12 febbraio 2021, n. 3649) o se non rileva la falsificazione di un titolo visibilmente alterato (App. Milano, 26 marzo 2005, *ivi*, 2007, II, 189; Cass., 22 settembre 2005, n. 18642, in *Giur. it.*, 2006, 4, 749; Cass., 9 febbraio 1999, n. 1087) o se abbia spedito per posta ordinaria l'assegno poi trafugato e falsificato (Cass., Sez. Un., 26 maggio 2020, n. 9769, in *La nuova giur. civ. comm.*, 2020, 1082). Si noti che la responsabilità della banca sussiste anche se il cliente non abbia contestato l'estratto contenente l'addebito dell'assegno falsificato (Cass., 7 settembre 1984, n. 4788).

conseguenza di un'operazione illecita anche laddove la falsificazione della sua sottoscrizione non fosse facilmente riscontrabile ([33]).

8. La sostituzione nell'esecuzione degli incarichi.

Il conto corrente bancario è frequentemente utilizzato, soprattutto dagli imprenditori, per eseguire incassi, pagamenti o altri servizi su piazze (in Italia o a all'estero) ove la banca non ha una propria succursale (si pensi al credito documentario ove la banca venga chiamata a pagare il prezzo della merce acquistata presso il domicilio del venditore che abbia sede all'estero).

La frequenza di questa fattispecie è dimostrata dalla particolare attenzione riconosciutale sia dal codice civile che dalle condizioni generali di contratto sui conti correnti di corrispondenza.

L'art. 1856, comma 2 c.c. prevede che « *se l'incarico deve eseguirsi su una piazza dove non esistono filiali della banca, questa può incaricare dell'esecuzione un'altra banca o un suo corrispondente* ».

Precisa l'art. 3, comma 3 delle condizioni generali di contratto relative ai rapporti banca-cliente, allegate alla circolare ABI del 25 febbraio 2005, che il corrispondente sostituto può anche non essere bancario.

Il regolamento convenzionale può anche ampliare i casi in cui l'art. 1856 c.c. consente alla banca di farsi sostituire nell'esecuzione degli incarichi conferitile dal correntista, estendendoli anche ad ipotesi diverse dalla mancanza di succursali sulla piazza dove deve eseguire l'ordine.

Trova però applicazione l'art. 1717 c.c., il quale chiarisce che, se la sostituzione può avvenire liberamente rispetto all'art. 1856 c.c., ben diverse sono le conseguenze in termini di responsabilità della banca a seconda dei presupposti della sostituzione.

Infatti l'art. 1717 c.c. prevede che il mandatario non risponde dell'operato del sostituto, ma solo delle istruzioni impartite e della scelta del sostituto (*culpa in eligendo*) — sempre che questa non derivi da indicazione del mandante — nei seguenti casi:

a) quando il correntista abbia dato **espressa autorizzazione** alla sostituzione;

([33]) Trib. Roma, 20 marzo 2006, in *Banca, borsa, tit. cred.*, 2008, II, 237 ss.

b) quando, pur in difetto d'espressa autorizzazione, la sostituzione si renda **necessaria** per la natura dell'incarico ([34]).

In mancanza di una di queste due condizioni (autorizzazione espressa o necessità) la sostituzione non è vietata, ma la banca mandataria risponderà dell'operato del sostituto.

Deve comunque ritenersi che il sostituto non agisca in virtù di un sub mandato, ma di una sostituzione nell'esecuzione del mandato, con la conseguenza che il cliente mandante potrà agire direttamente nei confronti del sostituto in caso di inadempimento, diversamente da quanto accade in caso di sub mandato dove il mandante ha azione solo nei confronti del mandatario ([35]).

9. La cointestazione del conto.

Si parla di conto corrente cointestato quando la titolarità di un unico conto appartiene ad una pluralità di soggetti.

L'ipotesi è disciplinata dall'art. 1854 c.c. il quale, pur dettato in tema di operazioni bancarie in conto corrente, è pacificamente applicabile anche al contratto di conto corrente bancario. Dispone tale norma che « *nel caso in cui il conto sia intestato a più persone, con facoltà per le medesime di compiere operazioni anche separatamente, gli intestatari sono considerati creditori o debitori in solido dei saldi del conto* ».

La disposizione disciplina il rapporto banca/clienti e regola la *legittimazione* di ciascun cointestatario ad operare sul conto e la *responsabilità* di ciascuno di essi. Essa introduce la regola secondo cui,

([34]) La sostituzione deve però essere rivolta ad un operatore particolarmente qualificato e di sicuro affidamento, come un'altra banca o un usuale corrispondente della banca mandataria. In assenza di questi presupposti la banca mandataria risponderebbe dell'operato del sostituto (Cass., 4 aprile 1980, n. 2221). Va evidenziato ancora che la giurisprudenza ritiene la banca responsabile non solo quando abbia scelto un corrispondente non qualificato, ma anche quando abbia tardato nell'inviare le istruzione al sostituto o a comunicare al cliente l'avvenuta esecuzione dell'incarico (Cass., 27 settembre 1993, n. 9584, in *Giust. civ.*, 1994, I, 76). Per un'ipotesi di mancata levata del protesto da parte della banca sostituita si veda Cass., 13 maggio 1991, n. 5325, in *Banca, borsa, tit. cred.*, 1993, II, 273.

([35]) Parla però di sub-mandato Cass., 5 agosto 2004, n. 15000, secondo cui la banca prima mandataria che si sia avvalsa dell'opera di un'altra banca, può esercitare direttamente verso il terzo i diritti di credito derivanti dall'esecuzione del mandato *ex* art. 1705 c.c.

affinché i cointestatari possano operare disgiuntamente, occorre una **specifica pattuizione** in tal senso.

In mancanza di una clausola di questo tipo, vale la regola generale secondo cui i cointestatari potranno operare solo congiuntamente e pertanto ogni operazione potrà essere compiuta solo col consenso unanime di tutti gli intestatari del conto.

La pattuizione cui si riferisce l'art. 1854 c.c. è richiamata anche dall'art. 9 delle condizioni generali relative al rapporto banca-cliente, allegato A alla circolare ABI del 25 febbraio 2005, con la precisazione che la banca è liberata anche nei confronti degli altri cointestatari quando uno di essi si avvale della facoltà di disporre disgiuntamente del conto.

La norma convenzionale è chiaramente diretta ad incentivare l'inserimento nel contratto in esame della cosiddetta « firma disgiunta » (ossia della facoltà dei cointestatari di operare separatamente sul conto) al fine di agevolare l'esecuzione degli obblighi contrattuali e di assicurare la liberazione della banca verso tutti i titolari del conto. In mancanza di una simile pattuizione (ossia in caso di conto cointestato a firme congiunte) la banca verrebbe a rispondere verso gli altri cointestatari degli atti di disposizione compiuti da uno solo, senza il necessario consenso degli altri (36).

Lo stesso art. 9 delle richiamate condizioni generali di contratto prevede poi che, se il conto corrente matura un **saldo passivo**, di esso rispondono in solido tutti i cointestatari.

La disposizione mira chiaramente ad agevolare il pagamento alla banca dell'eventuale saldo passivo del conto.

In sostanza, la disciplina appena esaminata introduce un regime di solidarietà sia dal lato attivo che da quello passivo, con la conseguenza che ciascun cointestatario potrà prelevare l'intera somma disponibile e

(36) Trib. Milano, 5 dicembre 1985, in *Banca, borsa, tit. cred.*, 1987, II, 232 che ha riconosciuto a ciascun cointestatario (diverso da quello che ebbe ad operare il prelievo) il diritto al risarcimento del danno corrispondente alla quota a lui spettante ed alla banca il diritto di rivalersi nei confronti del cointestatario che aveva proceduto al prelievo illegittimo. Ogni cointestatario resta però responsabile in via esclusiva degli atti al medesimo riconducibili, come ad esempio della emissione di assegno bancario in mancanza di provvista, con la conseguenza che il protesto potrà essere elevato solo a carico del cointestatario che abbia tratto l'assegno e non degli altri cointestatari del conto (Trib. Napoli, 17 maggio 2011, in *Banca, borsa, tit. cred.*, 2012, II, 797).

sarà debitore verso la banca dell'intero (eventuale) saldo passivo, senza la necessità che alla singola operazione abbiano partecipato tutti i cointestatari (37). Tra la solidarietà attiva e quella passiva si assiste però a questa differenza: la prima sussiste solo se espressamente prevista con apposita pattuizione; la seconda (la solidarietà passiva) esiste sempre in ipotesi di conto corrente cointestato recante un saldo passivo.

Esiste quindi, nella regolazione uniforme bancaria, perfetta uniformità rispetto alla disciplina ordinaria delle obbligazioni solidali: in entrambi i casi la solidarietà attiva costituisce un'eccezione da convenire espressamente, mentre la solidarietà passiva costituisce la regola e sussiste (salva l'esistenza di uno speciale patto contrario) anche in presenza di un conto a firme congiunte.

La disciplina appena delineata non investe il **rapporto interno** tra i correntisti cointestatari, vale a dire l'effettiva *titolarità* della quota spettante a ciascuno di essi sul credito o sul debito risultante dal conto: questo aspetto va regolamentato facendo ricorso all'art. 1298, comma 2 c.c., ai sensi del quale le parti di ciascuno dei debitori e creditori solidali si presumono uguali, a meno che la parte interessata non dimostri che la quota spettante ad uno dei contitolari è maggiore di quella presunta (38).

(37) Tutti i cointestatari diverranno ugualmente condebitori solidali nel caso in cui la banca provveda a stornare un precedente accreditamento avvenuto erroneamente, laddove ciò comporti un saldo negativo (così Cass., 24 maggio 1991, n. 5876, in *Giust. civ.*, 1991, I, 2970). Così, quando la banca accrediti sul conto un titolo (che abbiamo visto essere accreditato alla condizione del « salvo incasso » di cui all'art. 1829 c.c.) e questo non venga poi onorato, la banca provvede ad eliminare la partita dal conto e se lo storno della partita rende passivo il saldo del relativo debito sono tenuti a rispondere tutti gli intestatari del conto (Cass., 6 dicembre 1969, n. 3897, in *Foro it.*, 1970, I, 1165).

La facoltà di disposizione disgiunta non vale però in caso di cointestazione del conto che funga da provvista per operazioni di investimento, le quali sono disciplinate esclusivamente dal contratto quadro, sicché, ove questo sia stato sottoscritto soltanto da uno dei cointestatari, gli atti di disposizione della provvista effettuati dall'altro sotto forma di ordini di investimento non sono efficaci (Cass., 31 maggio 2017, n. 13764).

(38) Cass., 27 luglio 2020, n. 15966; Cass., 6 novembre 2012, n. 19115; Cass., 18 agosto 1993, n. 8758; Cass., 26 ottobre 1981, n. 5584; Cass., 9 luglio 1989, n. 3241, in *Banca, borsa, tit. cred.*, 1991, II, 1 che riconosce la titolarità in capo al marito di un accredito su un conto corrente cointestato dell'indennità di buonuscita riconosciutagli a seguito del suo collocamento a riposo. Esclude l'operatività della presunzione di pari titolarità Cass., 3 settembre 2019, n. 21963 (in *La nuova giur. civ. comm.*, 2020, I, 525

In caso di morte o di sopravvenuta incapacità di agire di uno dei cointestatari nessun problema particolare si pone nel caso di conto a firme congiunte, considerato che gli atti di disposizione continueranno a dover essere compiuti da tutti i cointestatari e da tutti gli eredi o i loro legali rappresentanti.

Maggiori problemi sussistono invece se il conto è a firme disgiunte, ipotesi questa disciplinata dall'art. 9 delle condizioni generali relative al rapporto banca-cliente, allegato A alla circolare ABI del 25 febbraio 2005 come segue: la morte di uno dei cointestatari del conto non priva gli altri contitolari del diritto di continuare a disporre separatamente del saldo, tranne nel caso in cui uno di questi o uno degli eredi di quello defunto o il legale rappresentante del cointestatario interdetto o inabilitato abbia proposto opposizione (anche a mezzo di lettera raccomandata) all'esercizio del diritto in forma separata. In tal caso l'operazione potrà essere compiuta solo con la partecipazione di tutti i cointestatari, degli eredi e del legale rappresentante.

Gli eredi del cointestatario defunto sono in ogni caso tenuti ad esercitare i diritti connessi al rapporto di conto corrente *tutti insieme* (39).

ss. con nota contraria di VACCARO) quando un conto corrente bancario originariamente intestato ad una sola persona venga cointestato anche ad altre, rilevando che la cointestazione è atto unilaterale idoneo a trasferire la sola legittimazione ad operare e non anche la titolarità del credito verso la banca, a meno che non si fornisca prova della sua cessione.

La presunzione di pari titolarità, salvo prova contraria, del saldo di un conto corrente bancario vale anche nel caso di pignoramento o sequestro del saldo a carico di uno solo dei cointestatari: oggetto di pignoramento non potrà quindi essere l'intero saldo, ma solo la quota ideale attribuibile al cointestatario debitore (Cass., 26 ottobre 1981, n. 5584, in *Banca, borsa, tit. cred.*, 1982, II, 29; Trib. Benevento, 11 settembre 2020, n. 1184, in *DeJure.*, Giuffrè) e così pure in caso di sequestro conservativo civile (Trib. Vigevano, 9 marzo 1983, in *Banca, borsa, tit. cred.*, 1984, II, 256) o penale (Cass. pen., 4 marzo 2020, n. 25427, in *Guida al diritto*, 2020, 38, 35 in tema di sequestro preventivo finalizzato alla confisca; Cass. pen., 11 dicembre 2019, n.19766, in *Diritto & Giustizia*, 2020, 2 luglio; Cass. pen., 30 ottobre 1997, in *Rep. Foro it.*, 1998 che ha dichiarato illegittimo il vincolo apposto sull'intero ammontare del deposito). Nello stesso senso in dottrina TARZIA, *Il contratto di conto corrente bancario*, Milano, 2001, 107; MOLLE, *I contratti bancari*, Milano, 1966, 119-120.

(39) Sulle problematiche connesse alla cointestazione del conto si veda MINERVINI, *In tema di conto corrente bancario cointestato e di morte del cointestatario*, in *Banca, borsa, tit. cred.*, 2017, I, 746 ss.; RUBINO DE RITIS, *La cointestazione del conto corrente*

Per concludere, va precisato che, sia nel conto corrente a firme disgiunte sia in quello a firme congiunte, ciascuno dei cointestatari può liberamente effettuare versamenti, in quanto in questo caso non viene posto in essere nessun atto di disposizione di cui la banca possa essere chiamata a rispondere o di cui gli altri contitolari possano dolersi.

10. Il conto corrente bancario nel fallimento.

La dichiarazione di fallimento del correntista comporta automaticamente lo scioglimento del contratto di conto corrente bancario, come espressamente previsto dall'art. 78, comma 1 L. fall., salvo che sia disposto l'esercizio provvisorio dell'impresa fallita, nel qual caso il rapporto prosegue, sempre che il curatore non intenda sospenderne l'esecuzione o scioglierlo (art. 104 fall.). Lo scioglimento automatico in caso di liquidazione giudiziale (corrispondente al fallimento) di una delle parti è previsto anche dall'art. 183 del Codice della crisi e dell'insolvenza approvato con D.Lgs. 12 gennaio 2019, n. 14, salvo il caso di esercizio provvisorio previsto all'art. 211.

Lo scioglimento del contratto comporta il medesimo effetto anche per la convenzione di assegno, con la conseguenza che non saranno più pagabili i titoli portati all'incasso dopo la dichiarazione di fallimento, anche se emessi prima, stante anche il divieto di atti di disposizione del patrimonio del fallito cui agli artt. 42 e 44 L. fall. (dovendosi considerare rilevante il momento dell'incasso dell'assegno e non quello della sua emissione [40]).

bancario, Torino, 2008; SPARANO, *Il conto cointestato*, in *Banca, borsa, tit. cred.*, 1996, I, 87.

Si noti però che Cass., 14 ottobre 2005, n. 1997, in un caso di deposito bancario cointestato a firme congiunte, ha stabilito che il giudice, una volta accertata la necessità di disposizioni congiunte ed il difetto dell'assenso di taluno dei cointestatari del conto, non debba fermarsi a tale rilievo, ma debba riconoscere il diritto di credito del cointestatario richiedente alla restituzione della propria quota della somma depositata "non già in forza della mera legittimazione disgiunta al prelievo..., bensì in quanto titolare esclusivo della corrispondente quota del credito di deposito" (pag. 11 della motivazione).

[40] Cass., 28 gennaio 1977, n. 423, in *Giur. comm.*, 1979, II, 31; Trib. Santa Maria Capua Vetere, 27 giugno 2003, in *Giur. napoletana*, 2004, 377; Trib. Cagliari, 26 aprile 1994, in *Riv. giur. sarda*, 1995, 417.

Da ultimo sarebbero soggetti a scioglimento anche i contratti eventualmente collegati al conto corrente bancario destinati a fornire la disponibilità da impiegare (deposito o apertura di credito) (41).

Lo scioglimento del rapporto determina l'inefficacia *ex* art. 44 L. fall. di tutti gli atti posti in essere dopo la dichiarazione di fallimento e precisamente:

a) delle rimesse affluite sul conto, integrando esse pagamenti di debiti liquidi ed esigibili che dovranno essere restituiti dalla banca indipendentemente dal fatto che essa fosse a conoscenza dell'intervenuto fallimento (42);

b) dei pagamenti effettuati dalla banca a favore di terzi dopo la dichiarazione di fallimento (43).

La dichiarazione di fallimento del correntista non gli impedisce l'avvio di una nuova attività imprenditoriale (44), avvalendosi di un nuovo rapporto di conto corrente bancario.

In questo caso il curatore potrà pretendere, *ex* art. 42, comma 2 L. fall., il versamento del **saldo attivo** del conto corrente, dedotti gli

(41) Tarzia, *op. cit.*, 210.

(42) Cass., 2 marzo 1993, n. 2572, in *Il Fall.*, 1993, n. 824, la quale precisa che la banca è tenuta a restituire alla curatela le somme confluite sul conto corrente intestato al fallito, senza poter dedurre l'ammontare dei pagamenti che essa, su ordine del fallito, abbia eseguito a favore di terzi, prelevando le somme dal conto. Nello stesso senso Cass. 6 dicembre 1974, n. 4043. Si veda anche Cass., 25 luglio 1972, n. 2545, in *Foro it.*, 1973, I, 2211 per il caso di giroconto annotato dopo il fallimento del beneficiario: la Corte ha dichiarato la non compensabilità del debito della banca con quello del cliente (fallito) per scoperto di conto corrente.

(43) I pagamenti eseguiti dalla banca per conto di un correntista fallito utilizzando fondi appartenenti a quest'ultimo debbono essere restituiti al curatore, a prescindere dalla conoscenza dell'avvenuta dichiarazione di fallimento (Cass., 7 agosto 1993, n. 8567; Cass., 20 gennaio 1988, n. 407; App. Milano, 16 ottobre 2002, in *Fall.*, 2003, 857; App. Palermo, 20 aprile 1988, in *Il Fall.*, 1988, 1103). In caso di pagamento a mezzo di assegni bancari, ciò che rileva ai fini di stabilire l'anteriorità o la posteriorità del pagamento rispetto alla dichiarazione di fallimento è la data in cui l'assegno viene pagato dal trattario e quindi addebitato in conto, a prescindere dalla data di emissione o di consegna del titolo (Trib. Milano, 29 marzo 2007, in *Fall.*, 2007, 10, 1237; Trib. Santa Maria Capua Vetere, 17 maggio 2005, in *Giur. it.*, 2006, 4, 718; Trib. Padova, 14 giugno 2001, in *Giur. merito*, 2001; App. Catania, 22 gennaio 1980, in *Banca, borsa, tit. cred.*, 1982, II, 68).

(44) Si veda l'approfondimento di Barcellona, *Il conto corrente del fallito: tra disciplina dell'inefficacia e disciplina dei beni sopravvenuti*, in *Banca, borsa, tit. cred.*, 1997, I, 730.

addebiti derivanti dalle spese inerenti alla produzione del reddito d'impresa [45].

Per quanto concerne le problematiche connesse alla revocatoria delle rimesse bancarie affluite sul conto corrente bancario prima della dichiarazione di fallimento, rimandiamo a quanto già trattato al paragrafo 10 del Capitolo XII a proposito dell'apertura di credito.

Il contratto di conto corrente bancario non si scioglie invece per morte del correntista, proseguendo il rapporto con gli eredi, salvo loro diritto di recesso ex art. 120-*bis* T.U. bancario [46].

(45) Cass., Sez. Un., 10 dicembre 1993, n. 12159, in *La Nuova giur. civ. comm.*, 1994, 643-650, con nota del sottoscritto, *Nuova attività d'impresa del fallito ed appropriabilità da parte della procedura dei risultati versati su un conto corrente*; conformi Cass., 10 giugno 1998, n. 5738 in *Fall.*, 1999, 770; Cass., 21 marzo 1989, n. 1417, in *Foro it.*, 1989, I, 1062. In argomento si veda anche Lo Cascio, *La sorte del conto corrente bancario intrattenuto dall'imprenditore dopo il suo fallimento*, in *Giust. civ.*, 1989, I, 1608.

(46) ABF, coll. coord., 2 ottobre 2019, n. 24360, in *I contratti*, 2020, n. 1, 88 segg., il quale esclude che il conto corrente bancario sia caratterizzato dall'*intuitus personae*, per cui si esclude l'applicabilità dell'art. 1722, comma 1, n. 4 c.c. Lo scioglimento del rapporto viene di regola escluso anche in caso di morte di uno dei cointestatari (Cass., 3 giugno 2014, n. 12385; Cass., 29 ottobre 2002, n. 15321; ABF Roma, 1 dicembre 2017, n. 15951 e ABF Milano, 17 settembre 2019, n. 21593, entrambe in *www.arbitrobancariofinanziario .it/decisioni*).

CAPITOLO XVI

IL SERVIZIO DELLE CASSETTE DI SICUREZZA

1. Il contenuto del contratto.

Abbiamo già visto che, tra le attività ammesse al mutuo riconoscimento, l'art. 1, comma 2, lett. *f*), n. 14 del T.U. bancario prevede anche il servizio delle cassette di sicurezza.

Si tratta di un'**attività connessa** all'attività bancaria, legittimata dall'art. 10, comma 3 T.U. bancario, la quale esula dall'attività di intermediazione nella circolazione del denaro finora esaminata e si colloca al di fuori della tradizionale distinzione tra operazioni bancarie attive o passive tra le quali abbiamo ripartito le figure negoziali fino ad ora trattate.

A differenza degli altri contratti bancari, riguardo ai quali si discute se possano essere conclusi anche da soggetti non bancari, il servizio delle cassette di sicurezza può certamente essere prestato da qualsiasi intermediario finanziario o società di investimento.

Non si tratta quindi di un contratto tipicamente bancario, ma di un servizio che le banche offrono perché è ricercato dalla clientela già acquisita e perché ha la capacità di attirarne di nuova.

Ciò non toglie che il contratto in esame sia stato egualmente inserito tra le norme del codice civile dedicate ai contratti bancari, in quanto viene considerato requisito essenziale per lo svolgimento di questa attività la professionalità che le banche sono in grado di offrire nell'apprestamento delle strutture idonee al suo svolgimento e nello svolgimento dei servizi accessori (1).

(1) Cass., 7 maggio 1992, n. 5421, in *Foro it.*, 1993, I, 879.

La disciplina delle cassette di sicurezza è inserita negli artt. 1839-1841 c.c.

L'art. 1839 c.c. disciplina la responsabilità della banca, ma consente di comprendere qual è il contenuto fondamentale del servizio offerto.

Dalla formulazione dell'art. 1839 c.c. si ricava che il legislatore ha inteso riconoscere come essenziali alla figura in esame tre prestazioni fondamentali a carico della banca: la messa a disposizione del cliente di **locali idonei** a contenere le cassette di sicurezza, la **custodia** degli stessi e la preservazione dell'**integrità della cassetta**.

Il legislatore non disciplina il profilo della concessione in godimento della cassetta che è invece preso in considerazione dalle condizioni generali normalmente inserite nel testo contrattuale anche per regolare i limiti di valore delle cose introdotte nella cassetta di sicurezza, la facoltà della banca di verificare, per ragioni di sicurezza e col concorso dell'utente, il contenuto della cassetta, nonché le modalità di apertura della cassetta stessa mediante l'utilizzo delle due distinte chiavi di cui diremo.

Tantomeno quindi il legislatore disciplina il contenuto della cassetta e quindi occorre fin da subito precisare che l'attività di custodia incombente sulla banca non ha ad oggetto detto contenuto (che la banca non conosce e che potrebbe variare in qualsiasi momento o addirittura mancare, non essendo il cliente obbligato ad utilizzare la cassetta), bensì solo i **locali** (dovendo la banca organizzare il servizio in modo tale da impedire intrusioni da parte di soggetti non autorizzati o da impedire eventi che possano danneggiare le cassette) e le stesse **cassette** (di cui la banca deve preservare l'integrità esteriore).

Le condizioni generali di contratto non smentiscono siffatta identificazione dell'oggetto del contratto in esame, in quanto i limiti di valore degli oggetti introdotti nella cassetta non comprovano l'obbligo della banca di custodire gli oggetti della cassetta stessa, ma — come vedremo al paragrafo 4 — costituiscono limitazioni della responsabilità della banca.

Dall'insieme delle norme codicistiche e convenzionali è possibile trarre una prima definizione del contratto relativo al servizio di cassette di sicurezza come l'accordo attraverso il quale la banca si obbliga verso il cliente (cassettista), dietro pagamento di un canone, a mettere a disposizione del cliente stesso locali idonei all'espletamento di tale servizio ed a provvedere alla custodia dei medesimi ed all'integrità della cassetta.

Nella pratica un servizio di questo tipo è offerto da quelle banche che dispongano di idonei locali (camere corazzate), all'interno dei quali sono collocati degli scomparti numerati (le vere e proprie cassette), muniti di sportello (con serratura) che non può essere aperto se non mediante due differenti chiavi, una detenuta dal cliente e l'altra dalla banca. Le cassette possono contenere al loro interno scatole asportabili (forzieri) che il cliente può prelevare per svolgere con riservatezza le operazioni di prelievo o di deposito dei valori, sempre all'interno dei locali della banca.

Un'altra esigenza importante che il cliente intende soddisfare, oltre alla sicurezza dei propri valori, è quindi quella della segretezza del contenuto della cassetta. La segretezza è garantita dal fatto che la banca non sa quali beni il cliente ripone, limitandosi a consentirgli l'apertura della cassetta con la seconda chiave, permettendogli uno svolgimento in piena autonomia delle operazioni sui valori (prelievo, deposito, controllo etc.).

Nella pratica il cassettista riceve, al momento della conclusione del contratto, un tesserino contrassegnato dal numero della cassetta, il quale non ha natura di titolo di credito, perché non costituisce in capo al possessore il diritto di aprire la cassetta (lasciando libera la banca di richiedere all'esibitore diversa prova della sua titolarità), ma di documento di legittimazione in quanto serve ad identificare l'avente diritto all'apertura della cassetta.

Il cassettista riceve inoltre una chiave in unico esemplare, necessaria ma non sufficiente per aprire la cassetta.

2. Natura giuridica e caratteristiche del contratto.

La ricerca della natura giuridica del contratto in esame si presenta particolarmente importante, considerato che le poche norme codicistiche non consentono di disciplinarne tutti i possibili aspetti.

A queste norme si aggiunge la disciplina convenzionale ed uniforme che, come in tutti i contratti bancari, assume notevole rilevanza, ma non sempre appare sufficiente.

Una volta individuate le prestazioni cui la banca si obbliga nell'espletamento del servizio di cassette di sicurezza, siamo in grado di escludere anzitutto che esso abbia natura di deposito (o di deposito chiuso ove il depositario riceve un involucro chiuso il cui contenuto, vi sia o meno, è a lui sconosciuto).

La tesi va esclusa considerando che i beni contenuti nella cassetta non passano nella disponibilità della banca alla quale il cliente non consegna alcunché (2).

Inoltre va ricordato che nel servizio di cassette di sicurezza il cliente è sempre libero di compiere operazioni sul contenuto della cassetta, il che nel deposito chiuso non accade, posto che il depositante può solo ritirare la cosa depositata ma non alterarne il contenuto originario.

La concessione in godimento dei locali ove sono ubicate le cassette ha allora indotto parte della dottrina a qualificare il contratto in esame come locazione di immobile (3).

La tesi ha avuto un seguito anche nella giurisprudenza della Corte di Cassazione, a partire dalla nota sentenza n. 2981 del 27 luglio 1976 (4), pronunciata a seguito del contenzioso derivato dall'alluvione dell'Arno del 1966 che coinvolse i caveaux di molte banche fiorentine danneggiando gli oggetti contenuti nelle cassette di sicurezza ivi ubicate: la Suprema Corte ha precisato che il servizio bancario di cassette di sicurezza ha natura locatizia e nel suo ambito la custodia non costituisce una prestazione qualificante il contratto, ma un semplice *dovere accessorio di protezione*.

La tesi della locazione è stata seguita anche dalla giurisprudenza successiva sia della Suprema Corte (5) che di merito (6), con la precisazione che la messa a disposizione del cliente di locali idonei

(2) La mancanza di disponibilità dei beni inseriti nella cassetta in capo alla banca spiega anche perché deve ritenersi che il pignoramento (o il sequestro) del contenuto della cassetta vada eseguito a danno del cassettista nelle forme del pignoramento presso il debitore e non del pignoramento presso terzi (MOLLE, *I contratti bancari*, Milano, 1981, 829).

(3) FERRI, voce *Cassette di sicurezza*, in *Enc. del dir.*, vol. VI, Milano, 1960, 459 ss.

(4) Pubblicata in *Foro it.*, 1976, I, 2090.

(5) Cass., 24 gennaio 1997, n. 750, in *Contratti* (I), 1997, 255 ed in *Danno e resp.*, 1997, 461; Cass., 7 maggio 1992, n. 5421, in *Giur. it.*, 1993, I, 1, 369, in *Foro it.*, 1993, I, 879 ed in *Banca, borsa, tit. cred.*, 1993, II, 362.

all'espletamento del servizio delle cassette di sicurezza si affianca all'obbligazione di provvedere alla custodia dei medesimi ed all'integrità della cassetta nell'ambito di un contratto di locazione di cose concorrente con una *locatio operis*, ma sempre senza alcun riferimento agli oggetti immessi nella cassetta (che non costituiscono oggetto della custodia).

La natura locatizia del servizio bancario delle cassette di sicurezza sembra oggi trovare un'implicita conferma nell'art. 1, comma 2, lett. *f*), n. 14 del T.U. bancario, laddove si parla di « *locazione di cassette di sicurezza* », anche se l'espressione usata sembra concentrare l'oggetto della concessione in godimento sul forziere più che sui locali ove sono ubicate le cassette.

Va però evidenziato che le obbligazioni assunte dalla banca nella prestazione di siffatto servizio e le relative responsabilità (siccome evidenziate dall'art. 1839 c.c.) vanno ben al di là di quelle di un mero locatore: la banca non si limita a concedere in godimento determinati beni, ma si impegna a svolgere un'**attività di custodia**, la quale, anche se la si vuole definire accessoria rispetto al contenuto principale del contratto, è di gran lunga più impegnativa di quella diretta a garantire il pacifico godimento della cosa locata ai sensi dell'art. 1575, n. 3 c.c. L'attività della banca non si limita a questa garanzia di pacifico godimento, ma si estende alla prestazione di un servizio di continuativa vigilanza dei locali (certamente non dovuta da un normale locatore) e ad una necessaria **collaborazione** con il cassettista ogni qual volta quest'ultimo deve accedere alla cassetta (dovendo la banca fornire la seconda chiave di cui si è detto).

Pur non negandosi che all'occorrenza possa farsi ricorso all'applicazione analogica di singole norme dettate per il contratto di locazione (se ed in quanto compatibili), appare allora più corretto concludere che, a seguito dell'entrata in vigore del codice civile (contenente un'esplicita ed autonoma disciplina della fattispecie in esame), il con-

(6) Trib. Roma, 27 maggio 1994, in *Giur. it.*, 1995, I, 2, 437; Trib. Milano, 14 settembre 1989, in *Banca, borsa, tit. cred.*, 1991, II, 504, secondo cui il contratto (tipico) avente ad oggetto il servizio delle cassette di sicurezza si configura come un contratto di locazione di cosa in quanto la banca mette a disposizione del cliente, contro pagamento del corrispettivo convenuto, un contenitore (cassetta), di cui egli può disporre in modo esclusivo, per collocarvi gli oggetti che intende custodire.

tratto de quo è venuto a qualificarsi come **tipico, unitario** ed avente una funzione autonoma rispetto ad altre figure negoziali nominate (7).

Si tratta poi di un contratto consensuale in quanto si perfeziona per effetto del semplice consenso legittimamente manifestato tra le parti, considerato che il cliente non consegna alcunché alla banca (come abbiamo visto parlando delle differenze col deposito), rimanendo altresì libero di non utilizzare per nulla la cassetta.

Ulteriori caratteri distintivi della figura negoziale in esame sono la durata (in quanto l'obbligazione della banca si protrae nel tempo) e l'onerosità, poiché l'utente è tenuto al pagamento di un corrispettivo (definito nella prassi canone) per la messa a disposizione del cliente della cassetta, nonché per l'attività di custodia.

È un contratto di ordinaria amministrazione, in quanto non comporta privazione o disposizione di beni.

È infine contratto per il quale è richiesta la forma scritta *ad substantiam*.

3. La responsabilità della banca nel servizio di cassette di sicurezza.

Abbiamo già visto che sostanzialmente il contratto relativo allo svolgimento del servizio bancario delle cassette di sicurezza comporta per la banca due obbligazioni fondamentali:

— la concessione in **godimento di una cassetta** di cui la banca deve garantire l'integrità esteriore;

— la **custodia dei locali** ove è riposta la cassetta ed il mantenimento di tali ambienti in una situazione di sicurezza da eventi (naturali o umani) che possano danneggiare i valori contenuti nelle cassette di sicurezza.

Così individuati gli elementi essenziali del contratto, si tratta ora di verificare in quali casi può sorgere una responsabilità della banca per l'accadimento di eventi che danneggino il contenuto della cassetta.

(7) MOLLE, *I contratti bancari*, cit., 693 ss. ed in particolare 798 ss.; SCORDINO, *I contratti bancari*, Napoli, 1965, 459; VITTUCCI, nota a Trib. Roma, 8 luglio 1987, in *Dir. banca e merc. finaz.*, 1988, I, 249; PATRUNO, *Brevi riflessioni, anche de iure condendo, sulla responsabilità della banca nel servizio di cassette di sicurezza*, in *Giust. civ.*, I, 2000, 3281 ss. Altri autori ritengono che la tipicità sia soltanto formale e che le poche norme che ne disciplinano il contenuto non ne escludono l'atipicità (CERRAI, voce *Cassette di sicurezza*, in *Digesto disc. priv.*, *sez. comm.*, III, Torino, 1988, 8; PAPANTI-PELLETTIER, *Cassette di sicurezza*, in *Enc. del dir.*, Aggiornamento, II, Milano, 1998, 189).

A questo proposito va precisato che l'apprestamento ed il mantenimento di locali oggettivamente idonei non sono sufficienti: la banca è infatti tenuta anche a porre in essere tutte quelle attività di salvaguardia della sicurezza dei locali e dell'integrità delle cassette di sicurezza, con esclusione però di qualsiasi attività di tutela del contenuto di cui essa non acquista mai la detenzione.

La violazione di queste obbligazioni genera una responsabilità di natura contrattuale verso il cliente cassettista che obbliga la banca a risarcire i danni derivanti da tale inadempimento, con conseguente ripartizione dell'onere della prova secondo il criterio dettato dall'art. 1218 c.c.

Nel caso del servizio di cassette di sicurezza però la prova liberatoria che la banca deve dare per andare esente dalla predetta responsabilità non si limita alla dimostrazione che l'adempimento è divenuto impossibile per causa ad essa non imputabile, pretendendo l'art. 1839 c.c. la prova (sempre a carico della banca) del **caso fortuito** (8).

Il concetto di caso fortuito richiede anzitutto la presenza di un **fatto positivo** e, una volta dimostrata l'esistenza di questo fatto, si deve dare l'ulteriore dimostrazione della sua **imprevedibilità** o, se prevedibile, della sua **inevitabilità** (9). In mancanza di questa prova liberatoria, la banca risponde anche se ha usato la massima diligenza richiedibile da un operatore qualificato del settore.

L'inevitabilità e l'imprevedibilità di un evento vanno valutate alla stregua della diligenza richiedibile alla banca nel caso concreto (10), la quale — come già visto trattando del conto corrente — non è quella dell'uomo medio (richiamata dall'art. 1176, comma 1 c.c.), bensì quella che può richiedersi nell'adempimento di obbligazioni inerenti all'esercizio di un'attività professionale particolarmente qualificata ai sensi dell'art. 1176, comma 2 c.c. Si richiede cioè alla banca la professionalità

(8) In caso di danni a carico del cassettista la giurisprudenza prevede quindi una presunzione di responsabilità della banca. Pertanto, non grava sull'utente l'onere di dimostrare l'inadeguatezza delle difese esistenti, dovendo egli limitarsi alla dimostrazione del danno subito e della sua entità, ma grava sulla banca l'onere di dimostrare il caso fortuito (Cass., 27 agosto 1997, n. 8065: nel caso esaminato dalla sentenza si era escluso che il furto potesse costituire caso fortuito stante la sua prevedibilità).

(9) Cass., 27 dicembre 2011, n. 28835, in *Giust. civ.*, 2012, 7-8, I, 1739; Cass., 27 luglio 1976, n. 2981, in *Giust. civ.*, 1976, I, 1756.

(10) Bianca, *Diritto civile*, 5, Milano, 1994, 662.

del cosiddetto *bonus argentarius*, ossia un **massimo grado** di diligenza nella predisposizione di mezzi idonei a prevenire eventi che rientrano nei rischi tipici dell'attività bancaria.

Utilizzando questo criterio, la giurisprudenza ha avuto occasione di occuparsi di eventi particolari per verificare se essi rientrassero o meno nella nozione di caso fortuito.

Famoso è rimasto il già ricordato caso della disastrosa alluvione dell'Arno nel 1966, quando l'acqua fuoriuscita dal fiume penetrò nei *caveaux* sotterranei di alcune banche fiorentine danneggiando il contenuto delle cassette di sicurezza ivi ubicate.

La Cassazione mandò esenti da responsabilità le banche, stabilendo che « *nel predisporre i locali ed i mezzi idonei all'espletamento del servizio, la banca si deve ispirare al criterio della* **normale prevedibilità** *dei fatti, con esclusione degli eventi straordinari ed eccezionali, riconducibili alla vis cui resisti non potest, tale risultando l'alluvione dell'Arno del 1966* » (11).

In quel caso l'eccezionalità storica di un evento di tale intensità aveva fatto ritenere alla Suprema Corte che, anche avendo riguardo alla particolare diligenza dovuta dalla banca, quell'accadimento non fosse prevedibile.

Ciò non significa ovviamente che, in termini assoluti, le alluvioni costituiscano sempre eventi non prevedibili e non evitabili dalle banche; al contrario, in presenza di fenomeni naturali di proporzioni minori, laddove la banca abbia scelto un'ubicazione non opportuna per la collocazione delle proprie cassette di sicurezza, essa sarà chiamata a rispondere dei danni che la penetrazione dell'acqua possa provocare ai clienti.

Minori incertezze sussistono in relazione al **furto**, il quale è sempre stato considerato un evento rientrante nel rischio tipico che la banca si assume con lo svolgimento del servizio, considerato che il cliente si rivolge al servizio bancario delle cassette di sicurezza proprio perché intende mettere al sicuro i propri valori anzitutto contro il pericolo di furti.

Da ciò deriva che, di regola, sarà difficile il ricorso alla prova liberatoria da parte delle banche in quanto il furto può considerarsi un

(11) Cass., 27 luglio 1976 n. 2981, in *Foro it.*, 1976, I, 2090.

evento che le banche sono in grado di prevedere ed evitare grazie alla struttura professionale che possono offrire alla clientela (12).

Anche nel caso di furto non può tuttavia escludersi che in alcuni casi (certamente rari), magari per la tecnica particolarmente innovativa e sofisticata utilizzata dai ladri, la banca possa andare esente da responsabilità ove dimostri l'astratta adeguatezza dei sistemi di sicurezza adottati e l'imprevedibilità dei metodi impiegati dagli autori del furto (13). Egualmente ammessa potrebbe essere la prova della inevitabilità dell'evento, laddove il furto avvenga con violenza (rapina), così da porre nel nulla le misure di sicurezza tecnologicamente avanzate.

Al di là però di queste affermazioni di principio i casi giurisprudenziali in cui la banca viene esentata da responsabilità per furti sono praticamente inesistenti (14).

Come abbiamo detto la responsabilità della banca nei confronti del proprio cliente ha natura contrattuale; ciò anche nell'ipotesi in cui l'evento dannoso si sia verificato a causa dell'infedele vigilanza dell'istituto di ciò incaricato: in questo caso la banca risponderà della partecipazione delle guardie giurate alla commissione del furto in forza dell'art. 1228 c.c. (responsabilità per fatto degli ausiliari) che prevede la

(12) L'orientamento è ormai pacifico: Cass., 17 dicembre 2011, n. 28835, in *Giust. civ.*, 2011, 12, 1859 ed *ivi*, 2012, 7-8, 1739; Cass., 27 agosto 1997, n. 8065; Cass., 7 maggio 1992, n. 5421, in *Foro it.*, 1993, I, 879; Trib. Torino, 1 agosto 2019, n. 3824 e App. Reggio Calabria, 21 gennaio 2019, n. 40, entrambe in *DeJure*, Giuffrè.

(13) Trib. Roma, 25 maggio 1994, in *Danno e resp.*, 1996, 238.

(14) Trib. Roma, 12 giugno 1995, in *Danno e resp.*, 1996, 237 che ha affermato la responsabilità della banca per colpa grave in quanto i dispositivi di chiusura erano stati disattivati, senza effrazione, mediante la duplicazione delle chiavi e dei dispositivi di comando ritenuti non adeguatamente custoditi dal personale di servizio; analogamente App. Roma, 28 febbraio 1995, in *Giur. merito*, 1995, 932 che ha ritenuto la responsabilità della banca per scarso controllo dei locali e carenza nella prevenzione di infedeltà dei dipendenti; Trib. Milano, 14 settembre 1989, in *Banca, borsa, tit. cred.*, 1991, II, 504, secondo cui sussiste responsabilità della banca per il furto nelle cassette di sicurezza, perpetrato a seguito di rottura del muro del « caveau » nel quale esse erano custodite; Trib. Roma, 27 gennaio 1982, in *Banca, borsa, tit. cred.*, 1984, II, 99, che ha escluso il caso fortuito in un furto praticato con strumenti di scasso di carattere speciale attraverso un foro nel pavimento dei locali adibiti al servizio delle cassette di sicurezza, stante l'assenza dell'impianto di allarme e l'esistenza di un servizio di vigilanza solo esterno.

responsabilità del debitore per i fatti dolosi e colposi dei terzi, della cui opera si avvalga nell'adempimento dell'obbligazione ([15]).

Il cliente danneggiato potrà comunque agire anche in via extracontrattuale nei confronti dell'istituto di vigilanza, responsabile per il fatto illecito dei propri dipendenti che si siano resi complici del furto (art. 2049 c.c.). Si tratta di una responsabilità che concorre con quella della banca ([16]). Ovviamente l'istituto di vigilanza risponderà in via contrattuale verso la banca dei danni cagionati dai propri dipendenti.

4. I limiti di responsabilità della banca.

Non v'è dubbio che, alla luce della disciplina appena esaminata e soprattutto della rigorosa applicazione giurisprudenziale che si è venuta affermando, il servizio delle cassette di sicurezza comporta l'assunzione da parte della banca di un rilevante rischio d'impresa (aggravato ulteriormente dal valore spesso notevole di ciò che può essere inserito nelle cassette) a fronte della percezione di un canone contenuto.

Le banche riescono a limitare questo rischio mediante la stipulazione di apposite polizze assicurative, ma anche questo rimedio comporta ovviamente dei costi (sotto forma di premi assicurativi) che difficilmente possono essere scaricati sul cliente.

Se la banca quindi tenderà a ridurre (o trasferire) il rischio di responsabilità per perdita o deterioramento dei valori contenuti nelle cassette di sicurezza, il cliente è mosso invece da opposte esigenze e si rivolgerà al servizio in questione soprattutto per custodire beni di rilevante valore.

A questo conflitto di interessi avevano cercato di porre rimedio le N.U.B. in tema di servizio bancario di cassette di sicurezza le quali avevano introdotto dei limiti di valore riferiti ai beni inseriti nella cassetta di sicurezza e lo stesso fanno oggi le condizioni generali normalmente inserite nel contratto prestampato sottoscritto dal cliente.

Il problema è stabilire se una simile clausola svolga la funzione di precisare l'**oggetto** del contratto oppure abbia per effetto una **limita-**

([15]) Trib. Milano, 14 settembre 1989, in *Foro it.*, 1990, I, 1038.

([16]) In questi termini Trib. Milano, 4 giugno 1990, in *Banca, borsa, tit. cred.*, 1991, II, 765, il quale ha precisato che il furto perpetrato con la complicità degli addetti alla sorveglianza non costituisce evento imprevedibile.

zione della responsabilità della banca in caso di inadempimento alle proprie obbligazioni.

La differenza è assai rilevante: come clausola di determinazione dell'oggetto del contratto non è soggetta a particolari limitazioni, mentre, come clausola riguardante la responsabilità della banca, è sottoposta al trattamento previsto per le clausole vessatorie dall'art. 1341, comma 2 c.c. ([17]) (e quindi deve essere specificamente approvata per iscritto a pena di inefficacia), ma soprattutto è soggetta alla causa di nullità prevista dall'art. 1229 c.c. se diretta ad escludere la responsabilità della banca in caso di dolo o colpa grave ovvero per un fatto del debitore o dei suoi ausiliari che costituisca violazione di obblighi derivanti da norme di ordine pubblico.

La questione nel corso degli anni ha subito un'interessante evoluzione che alla fine ha portato la giurisprudenza a concludere che, in qualsiasi forma venga espressa, una clausola tesa ad impedire l'inserimento nella cassetta di sicurezza di beni di valore eccedente un dato importo funge necessariamente da clausola limitativa della responsabilità derivante alla banca dalla perdita di tali valori ([18]).

Pertanto tali clausole devono considerarsi nulle *ex* art. 1229 c.c. in quanto dirette a far salva tale limitazione anche nelle ipotesi in cui sussiste un inadempimento imputabile a dolo o colpa grave. Il ragionamento che porta ad escludere che tali clausole limitative possano attenere al contenuto del contratto è il seguente:

— la banca, concedendo l'uso di una cassetta di sicurezza, si impegna ad assicurare l'idoneità e la custodia dei locali e l'integrità della cassetta, ma non entra in relazione giuridica col contenuto della cassetta il quale resta nell'esclusiva disponibilità del cliente;

— ne consegue che il valore delle cose riposte nella cassetta non incide minimamente sul contenuto degli obblighi assunti dalla banca i quali non riguardano detti beni ed operano anche se la cassetta sia lasciata vuota;

([17]) Trib. Roma, 18 maggio 1999, in *Giust. civ.*, 2000, I, 3277 ss.

([18]) Cass., 22 dicembre 2011, n. 28314, in *Giust. civ.*, 2012, 6, 1477; Cass. 25 novembre 2008, n. 28067; Cass. 10 settembre 1999, n. 9640, in *Giust. it.*, 2000, I, 3277 ss.; Cass. 23 febbraio 1995, n. 2067, in *Banca, borsa, tit. cred.*, 1995, II, 446; Cass., 4 febbraio 1995, n. 1339 e già prima Cass., Sez. Un. 1° luglio 1994, n. 6225, in *Banca, borsa, tit. cred.*, 1995, II, 446.

— va concluso allora che le clausole limitative del valore delle cose inseribili in cassetta hanno esclusivamente la funzione di limitare l'eventuale responsabilità che in capo alla banca possa sorgere dall'inadempimento agli obblighi assunti con il servizio in esame (che, come già ripetuto, non riguardano il contenuto della cassetta) (19).

Resta da chiedersi quale sia la conseguenza di questa nullità.

La giurisprudenza di merito, rilevando il ricorrere di un'ipotesi di nullità parziale *ex* art. 1419 c.c., ha ritenuto che alla clausola limitativa della responsabilità si sostituisca d'ufficio la norma che prevede l'integrale responsabilità della banca (20).

Ciò però varrà nella sola ipotesi in cui possa dirsi accertata una condotta dolosa o gravemente colposa della banca ovvero derivante da violazione di norme di ordine pubblico da parte della banca o dei suoi ausiliari (21).

In caso invece di colpa lieve, resterà valida la limitazione di responsabilità, certamente legittima *ex* art. 1229 c.c., purché la relativa clausola sia stata approvata specificamente per iscritto *ex* art. 1341, comma 2 c.c.

Ciò a meno che il cassettista non assuma la veste di consumatore, nel quale caso sono ritenute abusive (ai sensi dell'art. 33 del Codice del consumo) e quindi nulle le clausole che realizzino l'effetto di limitare la responsabilità della banca al massimale assicurativo dichiarato dal

(19) Il ragionamento è chiaramente esposto da Cass., sez. I, 10 settembre 1999, n. 9640, in *Giust. civ.*, 2000, I, 3277 ss. Anche nel caso in cui si preveda l'obbligo del cliente di dichiarare il valore dei beni inseriti nella cassetta di sicurezza al fine di consentire alla banca la stipulazione di polizza assicurativa adeguata ai valori dichiarati e si preveda una variazione del canone in relazione al massimale dichiarato appare egualmente una limitazione convenzionale dei danni e della responsabilità della banca, considerando che è comunque estraneo allo schema legale tipico qualsiasi collegamento tra il corrispettivo ed il rischio assunto dalla banca (Trib. Roma, 21 gennaio 2000, in *Banca, borsa, tit. cred.*, 2000, II, 207 ss.).

(20) Trib. Roma, 18 maggio 1999, cit.

(21) Cass., 22 dicembre 2011, n. 28314 cit. Non spetta al cliente provare il dolo o la colpa grave in capo alla banca, ma sarà quest'ultima a dover fornire la prova del caso fortuito idoneo ad escludere detti stati soggettivi, secondo la regola della presunzione di responsabilità *ex* art. 1218 c.c. (Cass., 5 aprile 2005, n. 7081; così anche Cass., 27 dicembre 2011, n. 28835, cit., secondo cui incombe sulla banca l'onere di dimostrare che l'inadempimento dell'obbligazione di custodia è ascrivibile ad impossibilità della prestazione ad essa non imputabile per avere tempestivamente predisposto impianti rispondenti alle più recenti prescrizioni in tema di sicurezza raccomandate nel settore).

cliente, considerato che esse determinano a carico del consumatore un significativo squilibrio dei diritti e degli obblighi contrattuali (22).

Una volta affermata la responsabilità della banca per i danni derivati al cliente dalla perdita o dal deterioramento dei valori inseriti nella cassetta di sicurezza, resta l'ulteriore problema della **prova** di questi danni, vale a dire di quali fossero i beni inseriti nella cassetta e di quale ne fosse il valore.

Il problema non è di scarso rilievo, soprattutto considerato che il servizio bancario delle cassette di sicurezza, come abbiamo già visto, si caratterizza per la segretezza, onde solo il cassettista è di regola presente quando deposita o preleva il contenuto della cassetta.

Sul punto l'onere della prova incombe sul cliente che potrà sempre allegare la testimonianza relativa al contenuto della cassetta o al trasferimento di determinati beni, già custoditi altrove, verso la cassetta di sicurezza (23). La tendenza è comunque quella di non pretendere dal cassettista una prova diretta e piena del contenuto della cassetta, ritenendosi sufficiente il ricorso a presunzioni quali la denuncia di furto contenente l'esatta descrizione dei beni, la condizione economica e la moralità del cassettista.

Una volta fornita anche in via presuntiva la prova del danno, l'entità dello stesso potrà essere valutata in via equitativa, secondo quanto previsto dall'art. 1226 c.c.

5. La disciplina del rapporto.

Il codice civile disciplina la fase di esecuzione del rapporto concentrandosi sulla fase di apertura della cassetta.

(22) Cass., 21 maggio 2008, n. 13051; App. Roma, 24 settembre 2002, in *Temi romana*, 2003, 138; Trib. Roma, 21 gennaio 2000, cit.; Cass., 4 aprile 2001, n. 4946, in *Danno e resp.*, 2001, 915. Le sentenze indicate fanno ancora riferimento agli artt. 1469-*bis* e ss. c.c. oggi sostituiti dagli artt. 33 ss. del Codice del consumo. Nello stesso senso Papanti-Pelletier, voce *Cassette di sicurezza*, in *Enc. del dir.*, Aggiornamento, II, Milano, 1998, 196.

(23) Ritengono ammissibile la prova testimoniale, anche dei familiari, sul contenuto della cassetta: Cass., 4 giugno 2012, n. 8945 e Cass., 10 settembre 1999, n. 9640 cit.; si veda anche Cass., 13 maggio 1982, n. 3000, in *Banca, borsa, tit. cred.*, 1984, II, 32; App. Torino, 10 novembre 2020, n. 1105, in *DeJure*, Giuffrè.

Sul punto l'art. 1840, comma 1 c.c. dispone che « *Se la cassetta è intestata a più persone, l'apertura di essa è consentita singolarmente a ciascuno degli intestatari, salvo diversa pattuizione* ».

I cointestatari sono quindi creditori solidali verso la banca delle prestazioni necessarie all'apertura della cassetta e l'adempimento della banca verso uno di essi la libera verso tutti contitolari, conformemente alla regola generale espressa dall'art. 1292 c.c.. In questo caso i beni custoditi nella cassetta si presumono (salvo prova contraria) in comproprietà di tutti i contitolari ed in quote uguali.

Lo schema introdotto dalla norma opera quindi in senso inverso rispetto a quanto abbiamo visto per il conto corrente bancario all'art. 1854 c.c. il quale prevede che, se più sono gli intestatari del conto, ciascuno di essi può compiere separatamente le operazioni solo se ciò sia espressamente previsto.

Nel caso delle cassette di sicurezza invece la facoltà di operare disgiuntamente da parte di ciascun cassettista intestatario del rapporto è riconosciuta indipendentemente da qualsiasi pattuizione.

Può poi verificarsi l'ipotesi in cui unico sia l'intestatario della cassetta, ma questi abbia delegato altri all'uso della cassetta: se più sono i **delegati**, salvo diversa pattuizione (che preveda l'uso congiunto della delega), varrà sempre la regola che ciascun delegato si considererà legittimato ad operare in via disgiuntiva.

La banca, se riceve comunicazione della **morte** dell'intestatario o di uno degli intestatari, può consentire l'apertura della cassetta solo con l'accordo di tutti i superstiti o secondo le modalità stabilite dall'autorità giudiziaria (art. 1840, comma 2 c.c.). La notizia dell'intervenuto decesso di uno degli intestatari può essere acquisita dalla banca in qualsiasi maniera, ma, se proveniente da fonti informali, dovrà essere adeguatamente verificata, per evitare di incorrere in responsabilità.

In caso di **fallimento** dell'utente, il contratto non si scioglie ed il diritto all'apertura della cassetta si trasmette al curatore fallimentare.

L'art. 1841 c.c. prevede poi una procedura particolare per consentire alla banca la liberazione (anche coattiva) della cassetta alla scadenza del contratto: la norma prevede infatti che la banca possa ottenere dal Tribunale competente l'autorizzazione all'apertura forzata della cassetta, dopo aver inviato all'intestatario un'intimazione scritta con invito a provvedere e dopo che siano decorsi inutilmente sei mesi dalla data di ricevimento della predetta intimazione.

La procedura prevede quindi la nomina di un notaio che sovraintende alle operazioni di apertura, nel rispetto di tutte le disposizioni date dal Tribunale e necessarie per la conservazione degli oggetti rinvenuti nella cassetta ovvero per provvedere alla loro vendita, laddove essa si rendesse necessaria per soddisfare il credito della banca per canoni e spese.

CAPITOLO XVII

LE GARANZIE BANCARIE

1. Premessa. — 2. La fideiussione *omnibus*. — 3. Il pegno a favore della banca. — 4. La cessione di crediti a scopo di garanzia. — 5. Il mandato irrevocabile all'incasso. — 6. Le lettere di *patronage*. — 7. Il contratto autonomo di garanzia e la fideiussione a prima richiesta o senza eccezioni.

1. Premessa.

Diversamente da quanto abbiamo visto per i contratti bancari (con la sola eccezione del conto corrente bancario che costituisce un contratto atipico), le garanzie bancarie non sono raggruppate e disciplinate in maniera uniforme all'interno del codice civile.

Tra le norme sui contratti bancari ne troviamo alcune che si occupano delle garanzie dirette ad assistere alcune particolari operazioni bancarie: così l'art. 1844 c.c. per l'apertura di credito o l'art. 1850 c.c. per l'anticipazione bancaria, ove la costituzione in pegno delle merci o dei titoli di cui la banca anticipa il valore costituisce un elemento essenziale dell'operazione.

Si tratta però di norme che disciplinano particolari vicende del rapporto bancario e pertanto esse non offrono certo un quadro completo della disciplina delle garanzie usualmente utilizzate dalle banche.

Per ritrovarne una disciplina organica dobbiamo allora ricorrere alle norme che, in varie parti del codice civile, offrono una regolamentazione completa di ogni specie di garanzia (le norme sul pegno, quelle sul contratto di fideiussione ecc.).

A questa disciplina tipica si affianca la regolamentazione pattizia (di diritto interno o di diritto internazionale) che crea e disciplina figure atipiche di garanzie, quali — come vedremo — il contratto autonomo di garanzia o le lettere di patronage.

Si tratta in ogni caso di figure contrattuali (sia le garanzie tipiche che quelle atipiche) che non presuppongono una banca come parte, ma che, laddove vedano la banca quale soggetto garantito o quale garante, assumono una peculiare configurazione, soprattutto convenzionale, dettata principalmente dalla necessità di soddisfare esigenze proprie del settore creditizio.

A seconda che la banca assuma la veste di garante o di soggetto garantito, le garanzie bancarie possono dividersi in garanzie **attive** (in cui la banca assume la veste di creditrice della prestazione di garanzia) ed in garanzie **passive** (in cui la banca assume la veste di debitrice di una prestazione di garanzia).

Le garanzie passive possono poi essere prestate dalla banca occasionalmente ovvero in virtù di un rapporto continuativo nell'ambito del quale la stessa si impegni a garantire il proprio cliente verso terzi in una serie indeterminata di operazioni, fino ad un importo determinato e per un tempo prestabilito, come accade nella già esaminata ipotesi del *credito di firma*.

Premesse queste brevi considerazioni di carattere generale, vediamo ora di esaminare le più ricorrenti ipotesi di garanzie bancarie, tralasciando l'ipoteca, di cui ci siamo già occupati trattando del credito fondiario, considerato che questa forma di garanzie presenta aspetti particolari proprio nell'ambito di quell'operazione creditizia.

Prima però di iniziare l'esame della varie forme di garanzia tipiche ed atipiche, va ricordato il D.Lgs. 21 maggio 2004, n. 170, il quale ha disciplinato i già ricordati (al capitolo 13) contratti di garanzia finanziaria, con tale termine intendendosi i contratti di pegno, cessione di crediti e trasferimenti di attività finanziarie con funzioni di garanzia di obbligazioni finanziarie (obbligazioni aventi ad oggetto il pagamento di una somma di denaro, la consegna di strumenti finanziari).

Vanno altresì richiamate diverse forme di garanzie, di recente introdotte dal legislatore (il pegno non possessorio, cui accenneremo al prossimo paragrafo 3; il trasferimento di immobile sospensivamente condizionato all'inadempimento, previsto all'art. 48-*bis* T.U. bancario, esaminato al Cap. XI, paragrafo 6; il credito ai consumatori garantito da ipoteca su beni immobili residenziali ed il prestito vitalizio ipotecario, esaminati al Cap. VIII, paragrafi 8 e 10), le quali sono accomunate da elementi di rilevante novità e nello specifico:

- l'introduzione di procedure di diretta realizzazione della garanzia da parte del creditore, senza necessità del ricorso all'Autorità giudiziaria (*degiurisdizionalizzazione*), ma con garanzia di indipendenza nella stima tramite un perito nominato di comune accordo o ad opera del giudice competente;

• obbligo di adeguata *pubblicità alle vendite* del bene oggetto di garanzia;

• previsione di un meccanismo equilibratore riconducibile al *patto marciano*, dovendo il creditore che realizza il proprio credito in autotutela corrispondere al debitore l'eventuale differenza tra il valore del bene concessogli in garanzia e l'importo del credito.

2. La fideiussione *omnibus*.

La particolarità dei rapporti bancari e soprattutto la continua variabilità dell'esposizione debitoria dei clienti in caso di contratti regolati in conto corrente, ha portato la prassi bancaria ad inventare una peculiare forma di fideiussione che consentisse di garantire **tutte le obbligazioni**, presenti e future, assunte dal cliente verso la banca in dipendenza di ogni possibile rapporto intrattenuto con la stessa.

La creazione di un modello singolare di garanzia personale soddisfa l'esigenza del cliente (di regola imprenditore) di evitare di fornire una nuova garanzia (mediante conclusione di un apposito contratto) ogni volta che ha necessità di usufruire di nuovo credito e consente quindi al debitore principale di ottenere disponibilità finanziarie con maggior rapidità ed a condizioni prefissate.

Questo particolare modello di garanzia ha preso il nome di *fideiussione omnibus*, così chiamata perché con essa il fideiussore garantisce l'adempimento di tutte le obbligazioni che un soggetto, di norma imprenditore, assume o assumerà nei confronti della banca, in dipendenza di rapporti bancari di qualunque natura che verranno intrattenuti tra il debitore principale e la banca.

Il fideiussore pertanto garantisce debiti futuri non individuati al momento della conclusione del contratto (1).

(1) GALGANO, *Le garanzie personali*, in *Trattato di diritto civile e commerciale* a cura di F. Galgano, Padova, 1990, 422-423, il quale precisa che rispetto all'atto del rilascio della garanzia è futuro sia il sorgere del credito, sia il contratto che ne costituirà la fonte.

Prima dell'entrata in vigore della legge sulla trasparenza bancaria (legge 154/1992) era assai dibattuta la questione circa la validità della fideiussione *omnibus* con riferimento alla determinabilità dell'oggetto del contratto (art. 1346 c.c.) (2), considerato che l'oggetto dell'obbligazione di garanzia (le operazioni costituenti la fonte dei debiti del cliente garantito ovvero l'entità di tali debiti) non era determinato al momento del rilascio della fideiussione, né era determinabile dal fideiussore, il quale non sapeva e non poteva conoscere quali sarebbero state le obbligazioni che il cliente garantito avrebbe assunto verso la banca.

L'orientamento divenuto prevalente (3) era però nel senso che la fideiussione omnibus prevedesse un'obbligazione a carico del garante, se non determinata *ab origine*, quanto meno determinabile *per relationem*, ossia con riferimento al contenuto dei rapporti garantiti che sarebbero sorti nel corso del tempo e pertanto questo orientamento riteneva valida la clausola d'assunzione di garanzia per tutte le obbligazioni già sorte o che dovessero sorgere a carico del debitore principale.

L'indeterminabilità dell'impegno del garante veniva esclusa per l'impossibilità da parte della banca di comportarsi arbitrariamente nella concessione di nuovi crediti al cliente garantito, dovendo la stessa conformarsi alle rigide regole imposte dal sistema bancario per l'erogazione del credito (4). Inoltre veniva ritenuto determinante, al fine di consentire in qualsiasi momento al fideiussore di avere l'esatta misura della propria esposizione debitoria, l'onere che le NUB ponevano a suo carico di tenersi al corrente delle condizioni patrimoniali del debitore e, in particolare, di informarsi presso lo stesso dello svolgimento dei suoi rapporti con l'Azienda di credito.

Con l'entrata in vigore della legge 154/1992 una delle principali novità introdotte è stata quella di risolvere la dibattuta questione circa

(2) BIANCA, *Diritto civile. La responsabilità*, Milano, 1994, 484.

(3) Tra le tante Cass., 25 novembre 1995, n. 12213; Cass., 6 dicembre 1994, n. 10448; Cass., 19 marzo 1993, n. 3291, in *Corr. Giuridico*, 1993, 692; Cass., 25 agosto 1992, n. 9839, in *Foro it.*, 1993, I, c. 2712. La giurisprudenza di merito pareva prevalentemente orientata per la nullità della fideiussione *omnibus*: tra le tante App. Milano, 27 ottobre 1992, in *Banca, borsa, tit. cred.*, 1993, II, 417, con nota di DOLMETTA; App. Milano, 27 maggio 1988, in *Giust. civ.*, 1988, I, 2976, con nota adesiva di COSTANZA, *Fideiussione omnibus: validità o invalidità?*

(4) Così VIALE, *Le garanzie bancarie*, in *Tratt. dir. comm. e dir. pubbl. dell'econ.*, diretto da GALGANO, Tomo XVIII, Padova, 1994, 19.

la validità delle fideiussioni *omnibus*, prevedendo l'art. 10 della citata legge la modifica dell'artt. 1938 c.c. che oggi impone la previsione dell'**importo massimo garantito** in caso di fideiussione prestata per una obbligazione condizionale o futura (la fideiussione *omnibus* è dunque perfettamente valida, sempre che preveda l'importo massimo garantito dal fideiussore).

Lo stesso art. 10 della legge 154/1992 ha inoltre modificato l'art. 1956 c.c. **vietando la preventiva rinuncia** del fideiussore alla liberazione dalla garanzia nel caso in cui la banca decida — senza speciale autorizzazione del fideiussore stesso — di concedere nuovo credito al cliente garantito, pur sapendo che le sue condizioni patrimoniali sono peggiorate a tal punto da rendere notevolmente più difficile l'adempimento delle obbligazioni assunte (5).

L'intervento legislativo, espressione di un principio inderogabile di ordine pubblico, sancisce dunque, la **nullità** delle fideiussioni rilasciate per importo illimitato e degli atti di rinuncia preventiva alla speciale autorizzazione prescritta dall'art. 1956 c.c..

Va precisato che l'importo massimo garantito è ovviamente comprensivo di capitale ed interessi, nel senso che l'obbligazione fideiussoria cessa non appena è stato raggiunto il tetto massimo della garanzia, anche se tale tetto venga raggiunto per il cumulo degli interessi. Resta però inteso che, in caso di inadempimento del fideiussore, il creditore ben potrà costituirlo in mora applicando i conseguenti interessi moratori, anche oltre il limite garantito (6).

La nuova disciplina sulla fideiussione *omnibus*, la cui efficacia è stata fatta decorrere dal 120° giorno successivo alla data di entrata in vigore della legge 154/1992 (art. 11, comma 4), è immediatamente

(5) Prima che intervenisse la disciplina sulla trasparenza (legge 154/1992) a modificare gli artt. 1938 e 1956 c.c., la giurisprudenza era giunta ad utilizzare l'*exceptio doli* per dichiarare l'inefficacia di una fideiussione *omnibus* ove la banca aveva « abusato » (violando il principio di buona fede) della possibilità di derogare al regime (dispositivo) dettato dall'art. 1956 c.c., concedendo credito « in modo anomalo e fraudolento » al debitore garantito contando sulla solvibilità del garante (così Cass., 18 marzo 1991, n. 2890, in *Dir. fall.*, 1991, II, 236; negli stessi termini, da ultimo, Cass., 25 gennaio 1995, n. 888, in *La sett. giur.*, 1995, 703 e Cass., 16 dicembre 1994, n. 10448, *ivi*, 339).

(6) Cass., 16 gennaio 1985, n. 103, in *Foro it.*, 1985, I, 1074.

applicabile anche ai rapporti pregressi, ma limitatamente alla regolamentazione degli **effetti ancora in corso**.

Ne consegue che le fideiussioni illimitate prestate prima dell'acquisto di efficacia dell'art. 10 della legge 154/1992 (9 luglio 1992) garantiscono solo le obbligazioni già sorte a quella data, ma non quelle che venissero ad esistenza successivamente (7).

Restano invece disciplinati dalla legge anteriore i diritti già sorti nel vigore della legge precedente, gli effetti già esauritisi e la disciplina dei requisiti di validità del titolo costitutivo (8). Va pertanto esclusa la retroattività della disciplina in esame, posto che l'art. 10 della legge 154/1992 non contiene norme di interpretazione autentica (9).

3. Il pegno a favore della banca.

Nell'ipotesi in cui il soggetto garantito sia una banca, anche il pegno assume connotati del tutto particolari. La prassi bancaria ha elaborato alcune tipologie particolari di pegno che esaminiamo brevemente.

a) **Il pegno *omnibus*.** — Con tale termine si intende sia il pegno costituito a garanzia di tutte le **esposizioni debitorie future** (quindi indeterminato con riferimento al debito garantito) sia quello avente ad oggetto una serie indeterminata di **beni** a garanzia di un credito specifico (10).

Una simile estensione del pegno solleva fondati dubbi in relazione al disposto dell'art. 2787, comma 3 c.c., il quale — al fine di evitare collusioni tra il debitore ed il creditore garantito — dispone che quando il credito garantito eccede la somma di lire cinquemila, « la

(7) Cass., 20 gennaio 2017, n. 1580; Cass., 9 agosto 2001, n. 10981, in *Guida al diritto*, 2001, n. 34, 32 ss.; Cass., 29 ottobre 1998, n. 10808.

(8) Cass., 19 marzo 1993, n. 3291, in *Il Corr. Giur.*, 1993, 692.

(9) C. Cost., 27 giugno 1997, n. 204, in *Foro it.*, 1997, I, 2034 che ha dichiarato infondata la questione di legittimità costituzionale dell'art. 1938 c.c. Analogamente Cass., 29 agosto 1995, n. 9099; Cass., 28 luglio 1997, n. 7052; tra i giudici di merito: Trib. Cagliari, 19 marzo 1998, in *Riv. Giur. Sarda*, 1999, 469; Trib. Napoli, 8 marzo 1994, in *Giur. Merito*, 1994, 605; Trib. Rovigo, 31 luglio 1993, *ivi*, 1994, 884.

(10) Sull'argomento si veda SALINAS, *Il pegno « omnibus »*, in *Banca, borsa, tit. cred.*, 1997, I, 603 ss.

prelazione non ha luogo se il pegno non risulta da **scrittura con data certa** (11), la quale contenga *sufficiente indicazione del* **credito** *e della* **cosa** ».

Il problema non si pone laddove il pegno sia costituito a garanzia di crediti futuri della banca che però derivino da rapporto già esistente, in quanto in questo caso si ritiene applicabile il disposto dell'art. 2852 c.c. che ammette la possibilità che l'ipoteca garantisca crediti non ancora sorti, qualora questi siano dipendenti da un rapporto già esistente (12).

Più problematico è invece il pegno costituito a garanzia — analogamente a quanto dicevamo a proposito della fideiussione *omnibus* — di debiti futuri che non sono individuati all'atto della conclusione del contratto e con riferimento ai contratti che ne costituiranno la fonte (13).

Nonostante qualche voce favorevole alla validità del pegno *omnibus* (14), l'orientamento prevalente nella giurisprudenza di merito (15) e

(11) La necessità della forma scritta *ad substantiam* è oggi confermata dall'art. 117 del T.U. bancario che troverà applicazione anche nel caso di pegno a favore di una banca, certamente qualificabile come contratto bancario. Va precisato che il requisito della data certa può essere dalla banca assolto anche tramite semplice timbro postale (Trib. Torino,2 luglio 1991, in *Dir. fall.*, 1992, II, 806).

(12) Cass., 7 novembre 1996, n. 9727, in *Fall.*, 1997, 613. Analogamente Cass., 24 giugno 1995, n. 7163, in *Banca, borsa, tit. cred.*, 1996, II, 501.

(13) Galgano, *Le garanzie personali*, cit., 422-423; Bianca, *Diritto civile*, 7, *Le garanzie reali. La prescrizione,* Milano, 2012, 1557 che reputa la nullità del *pegno omnibus* in quanto contrario al principio di specialità ex art. 2787, comma 3 c.c. e con la regola della determinatezza o determinabilità dell'oggetto sociale. Per l'ammissibilità invece della clausola *omnibus* sulla base dell'art. 1844 c.c. Marano, *Pegno bancario e fallimento*, in *Banca, borsa e tit. cred.*, 2000, 117 ss.

(14) App. Torino, 18 aprile 1994, in *Giust. civ.*, 1995, I, 1084, secondo cui la validità del pegno *omnibus* si desume dall'art. 1844 c.c. che prevede espressamente la costituzione di pegno a garanzia di crediti non ancora scaduti; Trib. Milano, 17 febbraio 1992, in *Giur. it.*, 1993, I, 2, 81.

(15) Trib. Milano, 30 luglio 2019, n. 7694, in *Fall.*, 2020, n. 3, 391 ss. ed in *Nuova giur. civ. comm.*, 2020, 1, 47 ss.; Trib. Torino, 2 luglio 1991, in *Dir. fall.*, 1992, II, 806 ss.; Trib. Torino, 21 novembre 1994, in *Dir. Banca e mercato fin.*, 1995, 580; Trib. Torino, 2 febbraio 1996, in *Banca, borsa, tit. cred.*, 1996, II, 501; Trib. Torino 8 marzo 1995, in *Giur. it.*, 1995, I, 2, 816; Trib. Udine, 25 febbraio 1989, in *Dir. fall.*, 1989, I, 916; App. Milano, 31 gennaio 1986, in *Banca, borsa, tit. cred.*, 1987, II, 439 ss.; Trib. Asti, 26 maggio 2000, n. 307 — inedita — precisa come l'art. 2787, comma 3 c.c. debba essere interpretato restrittivamente, nel senso che la sufficiente indicazione del credito

di legittimità (16) ritiene che esso manchi del requisito della sufficiente indicazione del credito garantito prescritto dall'art. 2787, comma 3 c.c. Non si esclude a priori che l'individuazione del credito garantito possa avvenire attraverso il ricorso a dati esterni all'atto di costituzione del pegno, ma si richiede che il contratto di garanzia contenga un elemento di collegamento che permetta la sicura individuazione dei crediti garantiti.

Così è divenuta frequente l'affermazione che non è sufficiente l'indicazione che credito garantito sia quello derivante dal rapporto di conto corrente in corso tra le parti (per l'estrema variabilità delle operazioni che vi rientrano e quindi dell'esposizione debitoria del correntista), né l'annotazione sul libro fidi tenuto dalla banca (che resta atto interno alla banca) (17).

Si discute su quale sia la conseguenza della mancata sufficiente indicazione del credito garantito: se cioè la violazione dell'art. 2787, comma 3 c.c. dia luogo ad una nullità del contratto costitutivo del pegno ovvero se comporti più semplicemente l'inefficacia della prelazione, cioè del diritto del creditore pignoratizio di soddisfarsi sul bene pignorato con precedenza rispetto agli altri creditori.

L'opinione prevalente accoglie quest'ultima soluzione e dunque va ritenuto che la prelazione non abbia luogo ed il pegno conservi la sua validità (18): ciò significa che la banca potrà procedere alla vendita dei beni costituiti in pegno ai sensi degli artt. 2796 e segg. c.c., ma non

deve essere contenuta nella stessa scrittura costitutiva del pegno e non può essere desumibile *aliunde*.

(16) Cass., 24 giugno 1995, n. 7163; Cass., 7 novembre 1996, n. 9727, in *Fall.*, 1997, 613 e in *Corr. giur.*, 1997, 157, e, da ultimo, Cass., 11 agosto 1998, n. 7871, in *Giur. it.*, 1999, 996.

(17) Cass., 19 marzo 2004, n. 5561; è però ritenuto elemento sufficientemente preciso il richiamo al credito garantito spettante alla banca per la concessione di un'apertura di credito indicata nel suo importo (Cass. 2 ottobre 2007, n. 20699).

(18) Cass. 7 giugno 1999, n. 5562, in *Fall.*, 2000, 741 ss.; Cass. 24 giugno 1995, n. 7163 cit.; Trib. Roma 14 ottobre 1998, in *Banca, borsa, tit. cred.*, 2000, II, 606; contraria sembrerebbe Cass. 11 agosto 1998, n. 7871 che propende per la nullità parziale. Nel senso invece della radicale nullità della clausola *omnibus* GORLA-ZANELLI, *Del pegno, delle ipoteche*, in *Commentario Scialoja-Branca*, a cura di F. Galgano, art. 2784-2899, *Foro it.*, Bologna, 1992, 24, nt. 2 e Trib. Milano, 30 luglio 2019, n. 7694, cit. che reputa affetta da nullità l'intera convenzione di pegno cui acceda una clausola cosiddetta *omnibus*, difettando in tal caso la stessa causa dell'atto costitutivo della prelazione.

potrà soddisfarsi sul ricavato di tale vendita, che dovrà mettere a disposizione degli altri creditori (o del curatore in caso di fallimento del debitore garantito).

Oltre all'estensione del pegno a crediti futuri si pone il problema della validità della clausola che assoggetta a pegno tutti i titoli o i valori di pertinenza del correntista che siano detenuti dalla banca per qualsiasi ragione o pervengano ad essa successivamente alla costituzione della garanzia. Come già detto, l'art. 2787, comma 3 c.c. richiede infatti la sufficiente indicazione anche della **cosa oggetto di garanzia**, al chiaro scopo di evitare che il creditore pignoratizio, colludendo col debitore ai danni dei creditori, ottenga la sostituzione del bene originariamente costituito in pegno con un altro di maggior valore od ottenga di aggiungervi altri beni.

Anche in questo caso la clausola che non consente di individuare i beni costituiti in pegno si pone in contrasto con l'art. 2787, comma 3 c.c. e quindi la prelazione non opera.

È però ritenuto valido il pegno avente ad oggetto titoli di credito al portatore, laddove gli stessi siano individuati con riferimento alla natura dei titoli ed all'importo del credito incorporato ([19]).

Oggi un argomento a favore del pegno *omnibus* potrebbe desumersi dalla disciplina del pegno non possessorio che si sta per esaminare, in cui si prevede la possibilità di costituire in pegno beni mobili esistenti o futuri, determinati o determinabili, a garanzia di crediti presenti o futuri, a loro volta determinati o determinabili.

Diversamente dalle ipotesi appena esaminate (insufficiente indicazione del credito garantito o della cosa costituita in pegno), l'art. 2794, comma 2 c.c. prevede l'ipotesi in cui, dopo la costituzione di un originario pegno perfettamente valido ed efficace, il creditore pignoratizio assuma nuove ragioni di credito verso il debitore garantito non previste dall'originario atto costitutivo del pegno. In questo caso il creditore può esercitare il **diritto di ritenzione** sul bene costituito in pegno, a condizione che il nuovo credito (**sorto dopo** la costituzione del pegno) sia **scaduto** prima che sia pagato il debito anteriore. Infatti, una volta pagato l'originario debito garantito, il creditore è tenuto

([19]) Cass. 19 marzo 2004, n. 5561, cit.

all'immediata restituzione del bene costituito in pegno ai sensi dell'art. 2794, comma 1, c.c..

b) **Il pegno rotativo.** — Si parla di pegno rotativo quando l'oggetto del vincolo di garanzia è suscettibile di sostituzione nel corso del rapporto: ciò accade soprattutto quando ad essere costituiti in pegno sono beni suscettibili di consumazione (ad esempio generi alimentari) ovvero titoli destinati a scadere prima del credito garantito (nel qual caso verranno sostituiti da altri titoli della stessa specie, acquistati col ricavato della liquidazione di quelli precedenti).

Il problema è stabilire se siffatto meccanismo rispetti l'art. 2787, comma 3 c.c. con riferimento alla sufficiente indicazione del credito garantito, ma soprattutto se la sostituzione dell'oggetto del pegno durante il corso del rapporto rappresenti la costituzione di una *nuova garanzia* ovvero si identifichi sempre con la *garanzia originaria.*

Quest'ultimo problema assume rilevanza determinante per le banche soprattutto in caso di fallimento del soggetto che abbia concesso il pegno (debitore garantito o terzo datore): se infatti si ritiene che l'atto di rotazione costituisce una *nuova garanzia*, questa andrà a fronte del debito coperto dalla garanzia originaria e quindi sarà revocabile *ex* art. 67, comma 1, n. 3 o n. 4 L. fall. come garanzia per un debito preesistente; diversamente, se si riconduce l'atto di sostituzione alla *garanzia originaria*, esso potrà essere revocato solo alle stesse condizioni alle quali sarebbe revocabile il pegno iniziale e pertanto, ove quest'ultimo fosse stato costituito per debito contestualmente creato (come sarà quasi sempre), solo secondo i più ristretti presupposti di cui all'art. 67, comma 2 L. fall.

La giurisprudenza, dopo un iniziale orientamento teso a considerare come nuovo contratto costitutivo di pegno la sostituzione dei titoli originari scaduti con nuovi titoli ([20]), sembra essersi assestata sul principio secondo cui il pegno rotativo è valido e la sostituzione dei beni originariamente costituiti in pegno non comporta effetti novativi, ma è riconducibile all'atto originario di costituzione purché:

— la sostituzione sia stata originariamente **prevista** dai contraenti con atto scritto munito di **data certa** (c.d. *clausola rotativa*);

([20]) Si veda App. Roma, 30 ottobre 1995, n. 3134, in *Riv. dir. comm.*, 3-4, 1996,152.

— la sostituzione risulti da atto, anche privo di data certa, recante specifica indicazione dei **beni sostituiti** e specifico riferimento all'**accordo originario** contenente la clausola rotativa;

— i beni nuovi abbiano lo stesso **valore** di quelli sostituiti (21).

In sostanza si ritiene che il cosiddetto « patto di rotatività » dia luogo ad una fattispecie a formazione progressiva, perfettamente valida, che trae origine dall'accordo originario delle parti, si perfeziona con la sostituzione dell'oggetto del pegno senza necessità di ulteriori stipulazioni e quindi nella continuità del rapporto originario, i cui effetti risalgono alla consegna dei beni originariamente dati in pegno (22).

Il pegno rotativo ha trovato anche un esplicito riconoscimento nella disciplina relativa alla dematerializzazione degli strumenti finanziari prevista dall'art. 83-*octies*, comma 2 del T.U. sulla finanza e nell'art. 57 del provvedimento congiunto Banca d'Italia e CONSOB del 13 agosto 2018, recante disciplina delle controparti centrali, dei depositari centrali e dell'attività di gestione accentrata, il quale, al comma 1, ultimo capoverso, prevede testualmente (in merito alla costituzione di vincoli su di un insieme di strumenti finanziari registrati in un apposito conto): "*Per gli strumenti finanziari registrati in conto in sostituzione o integrazione di altri strumenti finanziari registrati nel medesimo conto, a parità di valore, la data di costituzione del vincolo è identica a quella degli strumenti finanziari sostituiti o integrati*" (23).

(21) Cass., 22 dicembre 2015, n. 25796, in *Banca, borsa, tit. cred.*, 2016, II, 413 ss., che ha ritenuto valida la rotazione del pegno su titoli di credito, anche se il controvalore dei titoli scaduti e sostituiti fosse transitato temporaneamente sul conto corrente del debitore, dovendosi ritenere che il pegno si ricostituisca immediatamente sui nuovi titoli acquistati con quei fondi; Cass., 1 ottobre 2012, n. 1666; Cass., 11 novembre 2003, n. 16914. Trib. Trento, 3 luglio 2018, in *DeJure*, Giuffrè, ha però precisato che, ove la convenzione non preveda l'invariabilità del valore dei beni costituiti in pegno, i beni sostitutivi possono anche avere valore superiore a quelli originari.

(22) Cass., 27 settembre 1999, n. 10685, in *Fall.*, 2000, 775 ss.; Cass., 11 novembre 2003, n. 16914, in *I Contratti*, 2004, n. 4, 361 ss.

(23) Il provvedimento congiunto Consob-Banca d'Italia del 13 agosto 2018 è pubblicato in G.U. n. 201 del 30 agosto 2018 e in CONSOB Bollettino quindicinale n. 8.2. di agosto 2018. Analoga disposizione era già presente nell'art. 38 del regolamento congiunto CONSOB e Banca d'Italia del 22 febbraio 2008 (in *G.U.* n. 54 del 4 marzo 2008), poi abrogato dal provvedimento 13 agosto 2018. Che tale normativa abbia

Detta disciplina prevede quindi una forma di pegno rotativo riferito al valore dell'insieme degli strumenti finanziari registrati in appositi conti destinati proprio a consentirne la costituzione in modo cumulativo, chiarendo che la sostituzione degli strumenti finanziari assoggettati a tale vincolo, se di valore corrispondente a quelli sostituiti, è ricondotta alla data di costituzione della garanzia originaria, la quale si trasferisce sui nuovi strumenti finanziari senza soluzione di continuità.

Un altro riconoscimento del pegno rotativo è contenuto nel ricordato D.Lgs. 21 maggio 2004, n. 170 il quale, all'art. 5, lo ha espressamente previsto nei contratti aventi ad oggetto la costituzione di garanzie finanziarie, precisando che:

— le garanzie costituite in forza di patto di rotatività sono ricondotte alla data della garanzia originaria;

— la garanzia prestata ad integrazione di una precedente, contestuale al debito garantito, si considera contestuale anch'essa.

Parla espressamente di *pegno rotativo* anche il recente D.L. 17 marzo 2020, n. 18 (c.d. *Decreto Cura Italia*), convertito con modifiche dalla legge 24 aprile 2020, n. 27, che ha introdotto, all'art. 78, comma 2-*duodocies*, la possibilità di assoggettare appunto a pegno rotativo "*I prodotti agricoli e alimentari a denominazione d'origine protetta o a indicazione geografica protetta, inclusi i prodotti vitivinicoli e le bevande spiritose*", attraverso l'individuazione "*anche per mezzo di documenti, dei beni oggetto di pegno e di quelli sui quali il pegno si trasferisce nonché mediante l'annotazione in appositi registri*". A questo pegno si applicano gli artt. 2786 ss. c.c. sul pegno mobiliare in quanto compatibili (comma 2-*quaterdecies*).

Non sono previsti requisiti di forma per il contratto di concessione del nuovo pegno. La prelazione sembra sorgere soltanto con la "*registrazione della costituzione*" (art. 78, comma 2-*terdecies*), come avviene per il pegno non possessorio; ne segue che non è necessaria la scrittura con data certa di cui all'art. 2787 c.c. Sembra altresì possibile applicare, in caso di inadempimento del debito garantito, l'escussione semplificata concessa dall'art. 44, comma 4 T.U. bancario al creditore garantito

confermato la possibilità di costituire garanzie di tipo rotativo è ben rilevato da Annunziata, *La disciplina del mercato mobiliare*, Torino, 2010, 325.

dal privilegio del credito agrario, secondo cui, su istanza del creditore, il giudice, assunte sommarie informazioni, dispone l'apprensione e la vendita dei beni secondo l'art. 1515 c.c.

Ulteriore riconoscimento lo si ritrova nel pegno non possessorio che ci apprestiamo ad esaminare.

c) **Il pegno non possessorio** — Si tratta di una garanzia che supera l'indisponibilità per il debitore dell'oggetto del pegno derivante dallo spossessamento che caratterizza la disciplina del codice civile. Scopo della nuova disciplina, introdotta dall'art. 1 del D.L. 3 maggio 2016, n. 59 (c.d. *decreto banche*), convertito con modificazioni nella legge 30 giugno 2016, n. 119, è agevolare i processi produttivi dell'impresa ed il funzionamento del mercato dei capitali.

Gli elementi essenziali di tale nuova forma di garanzia sono:

1) la garanzia può essere costituita a cautela di *crediti* verso imprenditori iscritti nel registro delle imprese relativi all'esercizio dell'impresa del debitore garantito, i quali possono essere presenti o futuri, determinati o determinabili, ma con specificazione dell'*importo massimo garantito* (art. 1, comma 1 del D.L. 59/2016);

2) la garanzia può avere ad *oggetto* solo *beni mobili* (anche immateriali) non registrati destinati all'esercizio dell'impresa, i quali possono essere esistenti o futuri, determinati o determinabili, anche mediante riferimento a una o più categorie merceologiche o a un valore complessivo oppure può avere ad oggetto *crediti* sempre se derivanti da o inerenti all'esercizio dell'impresa;

3) la garanzia si costituisce mediante *contratto scritto* (a pena di nullità), recante indicazione del creditore, del debitore e dell'eventuale terzo concedente il pegno, descrizione del bene dato in garanzia, del credito garantito ed indicazione dell'importo massimo garantito, nonché mediante adempimento di una *formalità pubblicitaria* (avente valore non dichiarativo, ma costitutivo, almeno nei confronti dei terzi) consistente nell'iscrizione del contratto costitutivo del pegno nell'apposito registro dei pegni non possessori (24).

(24) Ai sensi dell'art. 1, comma 4 del D.L. 59/2016: « *Il pegno non possessorio si costituisce esclusivamente con la iscrizione in un registro informatizzato costituito presso l'Agenzia delle Entrate e denominato « registro dei pegni non possessori* ». Si prevede

Ove non sia diversamente disposto nel contratto, il debitore o il terzo concedente il pegno è autorizzato a *trasformare* o *alienare* i beni gravati da pegno, nel rispetto della loro destinazione economica, o comunque a disporne. In tal caso il pegno si trasferisce, rispettivamente, al prodotto risultante dalla trasformazione, al corrispettivo della cessione del bene gravato o al bene sostitutivo acquistato con tale corrispettivo, senza che ciò comporti costituzione di una nuova garanzia.

In caso di inadempimento del debitore garantito, il creditore può procedere (previa avviso scritto al debitore o al datore della garanzia) alla vendita dei beni o dei crediti oggetto del pegno non possessorio, trattenendo il corrispettivo a soddisfacimento del credito, può escutere direttamente i crediti oggetto di pegno o può procedere a locare il bene oggetto del pegno imputando (a determinate condizioni) i canoni a soddisfacimento del proprio credito, il tutto sempre fino a concorrenza della somma garantita.

L'art. 1, comma 7 del D.L. 59/2016 prevede poi una più incisiva possibilità di escussione a disposizione del creditore, consistente nella diretta appropriazione dei beni oggetto del pegno fino a concorrenza della somma garantita, purché il contratto preveda tale possibilità ed indichi anticipatamente i criteri e le modalità di valutazione del bene oggetto di pegno e dell'obbligazione garantita.

La procedura di apprensione prevede una serie di cautele a tutela del debitore o di altri creditori (vendita tramite procedure competitive non tipizzate, assicurando la pubblicità sul portale delle vendite pubbliche di cui all'art. 490 c.p.c., stima del bene da parte di un esperto nominato di comune accordo tra le parti o, in mancanza, designato dal giudice e informazione al datore della garanzia).

***d*) Il pegno di titoli accentrati.** — Nel capitolo dedicato ai mercati finanziari parleremo dettagliatamente della gestione accentrata di strumenti finanziari, ma fin da ora occorre anticipare che tale sistema prevede la possibilità di depositare, presso società appositamente autorizzate dalla CONSOB, titoli dematerializzati (ossia non più costituiti da documenti cartacei, ma rappresentati da scritturazioni contabili).

inoltre che « *dalla data dell'iscrizione il pegno prende grado ed è opponibile ai terzi e nelle procedure concorsuali* ».

Il principale vantaggio di questo sistema consiste, in sostanza, nella possibilità di trasferire i titoli depositati senza necessità di una loro consegna materiale, ma esclusivamente sulla base di annotazioni contabili effettuate sui conti aperti presso depositari centrali di titoli (persone giuridiche che gestiscono un sistema di negoziazione di titoli ai sensi del regolamento UE 909/2014, le quali, in estrema sintesi, si rendono sub-depositarie dei titoli della clientela depositati dagli intermediari).

Oggi il sistema di gestione accentrata di strumenti finanziari è disciplinato dagli artt. 82 e segg. del D.Lgs. 24 febbraio 1998, n. 58 (T.U. sulla finanza) e dal già citato provvedimento congiunto Banca d'Italia e CONSOB del 13 agosto 2018.

Tali norme prevedono che ai titolari di strumenti finanziari immessi nel sistema è riservato l'esercizio di tutti i diritti in essi incorporati e la legittimazione all'esercizio di tali diritti deriva dall'esibizione di certificazioni rilasciate in conformità alle proprie scritture dagli intermediari finanziari depositari, recanti l'indicazione del diritto sociale esercitabile e con esclusione di qualsiasi altro diritto (art. 83-*quinquies*, comma 3). In particolare i vincoli sugli strumenti finanziari accentrati si costituiscono unicamente con le registrazioni in apposito conto tenuto dall'intermediario (art. 83-*octies*) ([25]).

([25]) Prima dell'entrata in vigore del T.U. sulla finanza la Suprema Corte (Cass., 27 agosto 1996, n. 7859, in *Riv. dir. priv.*, 1997) aveva ritenuto di escludere il privilegio della banca in caso di costituzione in pegno a suo favore di titoli del debito pubblico affidati in gestione centralizzata alla Banca d'Italia (nel cosiddetto sistema Conto Accentrato Titoli di Stato), affermando che tale gestione trova il suo fondamento in un contratto di deposito intercorso tra l'istituto di emissione e le singole banche aderenti, da qualificarsi come *deposito alla rinfusa* (art. 1787 c.c.). Ciò farebbe perdere ai titoli la propria individualità all'atto del deposito, con la conseguenza che i singoli depositanti non potrebbero mantenere la proprietà separata degli stessi, ma diventerebbero titolari di una quota di comproprietà sulla massa comune (tant'è che la Banca d'Italia non è tenuta a restituire gli stessi titoli ricevuti in deposito, ma titoli della stessa specie e quantità). Sulla base di tali considerazioni la S.C. è giunta alla conclusione che *i titoli oggetto di un deposito siffatto non possono essere costituiti in pegno, difettando, rispetto ad essi, il requisito della prima identificazione, imposto dall'art. 2787 c.c.*

Di diverso avviso erano state alcune pronunce della giurisprudenza di merito (tra cui Trib. Reggio Emilia, 27 giugno 1998, in *Dir. fall.*, 1998, II, 979) che invece avevano ammesso la possibilità di costituire in pegno titoli depositati in gestione accentrata, rilevando che la mancata individuazione dei titoli non esclude che il depositante ne resti

Ciò significa che la costituzione del pegno avviene esclusivamente per il tramite di registrazioni contabili, riferendosi a strumenti finanziari che hanno perduto la cartolarità e l'individualità per essere stati depositati presso la società di gestione nella forma del deposito alla rinfusa *ex* art. 1787 c.c. (una forma di deposito ove i beni depositati diventano tra loro fungibili ed ove il depositario è tenuto a restituire beni della stessa specie, quantità e qualità).

L'art. 2 del D.Lgs. 21 maggio 2004, n. 170 ha previsto che la prova scritta della costituzione di una garanzia finanziaria su strumenti finanziari dematerializzati, necessaria per l'applicazione della normativa in tema di garanzie finanziarie, deve consentire l'individuazione della data di costituzione e delle attività finanziarie costituite in garanzia, elementi questi integrati dalla registrazione degli strumenti finanziari sui conti degli intermediari ai sensi degli articoli 82 e segg. del T.U. sulla finanza e dall'annotazione del contante sui conti di pertinenza.

4. La cessione di crediti a scopo di garanzia.

Attraverso la cessione di credito a scopo di garanzia la banca ottiene da un proprio cliente, al quale ha già concesso o concede uno o più finanziamenti, la cessione *pro solvendo* a proprio favore di un credito di cui lo stesso cliente è titolare verso terzi, con espressa dichiarazione che il credito è ceduto *in garanzia* della restituzione delle somme oggetto di finanziamento (oltre che di quelle che venissero erogate successivamente).

Ove il debitore ceduto (al quale la banca avrà previamente comunicato l'intervenuta cessione) provveda al **pagamento** a favore della banca (normalmente mediante accredito diretto sul c/c intestato al debitore-cedente), questa tratterrà l'importo incassato imputandolo a deconto del proprio credito, fino a concorrenza del capitale, degli interessi e delle spese eventualmente sostenute per l'incasso.

Poiché il pagamento a favore della banca da parte del debitore ceduto o del debitore cedente funge da **condizione risolutiva** della cessione a scopo di garanzia (posto che la garanzia non ha più ragione

proprietario e che ne possa subire lo spossessamento mediante la loro costituzione in pegno, anche se i titoli restano presso la Banca d'Italia.

d'essere se viene estinto il credito garantito), una volta soddisfatta integralmente, la banca provvederà a retrocedere al cedente l'eventuale eccedenza di quanto riscosso rispetto al proprio credito (normalmente mediante accredito sul conto dello stesso cedente) (26).

Viceversa, in caso di **mancato pagamento** da parte del debitore ceduto, la banca potrà scegliere se agire contro il debitore ceduto o contro il cedente o contro entrambi per il recupero di quanto dovutole, senza dover preventivamente escutere il debitore ceduto. Ciò differenzia la cessione in garanzia dall'ordinaria cessione di credito *pro solvendo* (artt. 1267 e 2255 c.c.) dove l'azione del cessionario verso il cedente per mancata realizzazione del credito è condizionata alla dimostrazione, da parte del cessionario, dell'adempimento dell'onere di cui all'art. 1267 c.c., vale a dire della richiesta di pagamento al debitore ceduto o quantomeno della totale inutilità delle istanze di pagamento, attesa la notoria insolvenza del debitore nel momento della cessione (27).

La cessione di credito a scopo di garanzia può oggi considerarsi una garanzia bancaria socialmente (o convenzionalmente) tipica, secondo lo schema contrattuale disciplinato ora da una serie di norme predisposte dall'ABI.

Occorre osservare che, nella cessione di credito a scopo di garanzia, la titolarità del credito passa — in forza dell'atto di cessione — immediatamente alla banca e ciò differenzia quest'ipotesi sia dal pegno di crediti sia dal mandato irrevocabile all'incasso ove viene trasferito al creditore pignoratizio o mandatario il solo **diritto a riscuotere** il credito.

(26) Una volta estinto il debito garantito, il credito torna *automaticamente* nella titolarità del cedente (App. Milano, 31 ottobre 1989, in *Banca, borsa, tit. cred.*, 1991, II, 42), senza bisogno di alcuna attività negoziale come ben chiarito da Cass., 2 aprile 2001, n. 479, la quale precisa efficacemente: "*La cessione del credito, avendo causa variabile, può avere anche funzione esclusiva di garanzia, comportando in tal caso il medesimo effetto, tipico della cessione ordinaria, immediatamente traslativo del diritto al cessionario, nel senso che il credito ceduto entra nel patrimonio del cessionario e diventa un credito proprio di quest'ultimo, il quale è legittimato pertanto ad azionare sia il credito originario sia quello che gli è stato ceduto in garanzia, sempre che persista l'obbligazione del debitore garantito; ove, invece, si verifichi l'estinzione, totale o parziale, dell'obbligazione garantita, il credito ceduto a scopo di garanzia, nella stessa quantità, si ritrasferisce automaticamente nella sfera giuridica del cedente, con un meccanismo analogo a quello della condizione risolutiva, senza quindi che occorra, da parte del cessionario, un'attività negoziale diretta a tal fine*". Così pure Cass., 28 maggio 2020, n. 10092.

(27) Cass., 28 maggio 2020, n. 10092; Cass., 24 febbraio 2000, n. 2110.

Il trasferimento del credito lo rende quindi impignorabile da parte dei creditori del cedente ed il perfezionamento delle formalità che si sono viste al Capitolo VI, paragrafo 1 rende la cessione opponibile ai creditori del cedente o alle procedure concorsuali alle quali egli possa venire assoggettato.

I maggiori problemi cui la cessione di credito a scopo di garanzia ha dato luogo sono riconducibili all'ipotesi di fallimento del cedente.

Si è soliti sostenere che alla Curatela sono opponibili le sole cessioni di credito che siano state **notificate** al debitore ceduto o da questi **accettate**, con **atto di data certa**, anteriormente alla dichiarazione di fallimento, ritenendo applicabili gli artt. 1265 e 2914, n. 2 c.c. al fallimento del cedente che crea appunto un concorso coattivo di tutti i creditori sul patrimonio di questo e quindi anche sui di lui crediti ([28]).

Si è precisato che la data certa dell'accettazione può risultare anche dal **pagamento** da parte del debitore ceduto al cessionario che sia pacificamente avvenuto prima della dichiarazione di fallimento del cedente ([29]) o, in caso di cessione di crediti di impresa a favore di una società di *factoring*, dalle contabili bancarie inerenti al bonifico disposto dal *factor* a favore del cedente, sempre che sussista corrispondenza tra importo del bonifico ed il valore nominale di ciascun credito ceduto, desumibile anche dal libro giornale del cessionario ([30]).

Ciò appare coerente con quanto previsto dall'art. 5, comma 1, lett. *c*) della legge 52/1991, che prevede il pagamento totale o parziale del credito ceduto (munito di data certa) quale nuovo criterio di opponibilità della cessione dei crediti di impresa rispetto ai terzi e quindi anche nei confronti del fallimento del cedente.

Sotto diverso profilo si discute sulla natura solutoria oppure di garanzia della cessione di crediti, la quale è di per sé fattispecie *neutra* rispetto alla funzione che le parti volta per volta le assegnano, potendo dunque acquistare funzione solutoria come di garanzia.

([28]) Cass., 22 giugno 2018, n. 16566, in *Guida al diritto*, 2018, 39, 58, la quale precisa che la notifica al debitore ceduto non deve avvenire necessariamente a mezzo di ufficiale giudiziario (così anche Cass., 29 settembre 1999, n. 10788, in *Foro it.*, 2000, I, 825 che ammette la notifica della cessione a mezzo telex).

([29]) Cass., 22 giugno 2018, n. 16566, cit. secondo cui "*La certezza della data può desumersi anche dall'avvenuto pagamento spontaneo, da parte del medesimo debitore, nelle mani del cessionario*".

([30]) Trib. Milano, 11 agosto 2004, in *Banca, borsa, tit. cred.*, 2006, 4,528.

La regola generale è che, se la cessione viene effettuata **contestualmente** (31) al sorgere del debito garantito, debba presumersi che essa abbia una funzione di garanzia del finanziamento. Pertanto, in caso di fallimento del cedente, l'operazione è ritenuta assoggettabile al regime revocatorio previsto dall'art. 67, comma 2 L. fall. e quindi la cessione potrà essere revocata solo se l'operazione sia stata conclusa entro i **sei mesi** anteriori alla dichiarazione di fallimento, previa dimostrazione da parte del curatore della conoscenza dello stato di insolvenza in capo al cessionario (32).

Viceversa si ritiene che la cessione conclusa **dopo** il sorgere del credito o a debito scaduto abbia funzione solutoria e non di garanzia e costituisca mezzo anomalo di pagamento come tale revocabile *ex* art. 67, comma 1, n. 2 L. fall.

Non revocabili autonomamente sono invece i pagamenti eseguiti dai debitori ceduti a favore del cessionario, senza la preventiva revoca del negozio di cessione che costituisce presupposto indispensabile della revoca dei consequenziali accrediti (33).

Occorre da ultimo valutare se, al di là del *nomen juris* utilizzato dalle parti, l'operazione concretamente posta in essere integri effetti-

(31) Si noti che la contestualità non deve essere intesa in senso cronologico e materiale, potendo sussistere anche se garanzia e credito garantito siano sorti in tempi diversi, ma siano riferibili ad un momento genetico unico dal punto di vista logico (Cass., 10 giugno 2011, n. 12736; Cass., 6 dicembre 2006, n. 26154). Non può dunque essere attribuita rilevanza ad eventuali discrasie temporali dovute ai tempi tecnici necessari per la realizzazione della garanzia stessa, ma è necessario fare riferimento al momento in cui entrambe le operazioni sono state volute (Cass., 9 maggio 2000, n. 5845; Cass., 17 luglio 1997, n. 6558, in *Fall.*, 1998, 50 ed in *Giust. civ.*, 1998, I, 1128; nello stesso senso Cass., 5 giugno 1978, n. 2798).

(32) Cass., 3 febbraio 2010, n. 2517; Cass., 31 agosto 2005, n. 17590, in *Fall.*, 2006, 538 ss.; Cass., 3 febbraio 1987, n. 950; Cass., 17 maggio 1982, n. 3047, in *Il Fall.*, 1982, 1325; Cass., 14 luglio 1975, n. 3780. In dottrina Azzolina, *Il fallimento e le altre procedure concorsuali*, Torino, 1961, II, 1347; Provinciali-Ragusa Maggiore, *Istituzioni di diritto fallimentare*, Padova, 1988, 333. Questo orientamento trova conferma nell'art. 67, comma 2 L. fall., il quale assoggetta a revocatoria fallimentare, come atti normali, le garanzie contestuali alla nascita del debito garantito (anche se altrui), dovendosi quindi escludere una loro assoggettabilità al regime revocatorio come atti anormali (Bonfatti, in *Il nuovo diritto fallimentare*, Comm. diretto da Alberto Jorio e da Massimo Fabiani, Bologna, 2006, 943).

(33) Cass., 8 luglio 2004, n. 12558; Cass., 23 luglio 1997, n. 6882, in *Foro it.*, 1998, I, 1228.

vamente gli estremi di una vera e propria cessione di credito o non piuttosto quelli di un semplice mandato all'incasso.

Vanno a tal proposito considerate le concrete modalità attraverso le quali l'operazione si svolge.

Potrebbe contribuire ad escludere la qualificazione del rapporto come mandato all'incasso il fatto che non sia previsto alcun obbligo di rendiconto in capo alla banca ([34]).

5. Il mandato irrevocabile all'incasso.

Attraverso il mandato irrevocabile all'incasso un soggetto incarica la banca di riscuotere uno o più dei propri crediti verso terzi, attribuendole espressamente la facoltà di trattenere quanto riscosso a deconto di propri debiti verso la banca stessa, derivanti da finanziamenti già erogati o da erogare contestualmente all'operazione o in futuro.

Si tratta in sostanza di un mandato che, ai sensi dell'art. 1723 c.c., viene conferito anche nell'interesse del mandatario (cosiddetto mandato *in rem propriam*), posto che la banca, in forza della **clausola di compensazione** di cui si è detto, ha tutto l'interesse ad incassare somme di competenza del cliente finanziato per rientrare del proprio credito. Pertanto il mandato viene espressamente qualificato come irrevocabile e la relativa esecuzione produce effetti estintivi sia sul rapporto tra essa stessa banca ed il proprio debitore, sia sul rapporto tra il cliente mandante ed il terzo.

Questa particolare funzione, derivante dal cosiddetto *pactum de compensando*, ossia dalla riconosciuta facoltà alla banca di trattenere quanto riscosso a compensazione del proprio avere, attribuisce all'operazione in esame un evidente carattere di garanzia (ancorché atipica) ([35]).

([34]) In questi termini Trib. Milano, 25 giugno 1987, in *Banca, borsa, tit. cred.*, 1988, II, 646. Tuttavia Trib. Milano, 4 febbraio 2020, n. 937 (in *DeJure*, Giuffrè) ha ritenuto che la banca sia tenuta ad un obbligo di rendiconto nel caso di cessione a suo favore di crediti in garanzia in presenza di un accordo di retrocessione delle somme pagate dal debitore ceduto una volta assolta la funzione di garanzia.

([35]) Esula invece dalla funzione di garanzia il conferimento di un mandato al c.d. « dopo incasso », nel quale la banca non eroga credito al mandante, ma riceve (ed

La facoltà di compensazione attribuita alla banca mandataria non comporta però che quest'ultima divenga titolare del credito da incassare: a differenza di quanto abbiamo visto accadere nella cessione del credito, nel mandato all'incasso il credito resta nella titolarità del mandante (36).

Ciò comporta che il credito può essere pignorato dai creditori del mandante e che il debitore può pagare direttamente al proprio creditore (mandante).

Anche in questo caso i problemi più rilevanti si pongono in caso di fallimento del mandante.

Anzitutto ci si chiede quale sia la sorte del contratto: l'art. 78 L. fall. dispone che il mandato si scioglie a seguito della dichiarazione di fallimento del solo mandatario e pertanto il fallimento del mandante rende applicabile l'art. 72 L. fall. che legittima il curatore a sciogliersi dal rapporto (salvo che non decida di subentrarvi). La natura di mandato *in rem propriam* ha però indotto la giurisprudenza a ritenere ad esso applicabile l'art. 1723, comma 2 c.c. e quindi a concludere che questa forma di mandato sopravviva al fallimento del mandante (37).

assume) il mandato solo per lucrare la relativa commissione, limitandosi a trasferire al cliente le somme dovutegli dopo averle incassate.

(36) Cass., 5 marzo 2019, n. 6382; Cass. Cass., 22 settembre 1990, n. 9650, in *Giust. civ.*, 1991, I, 1518 ss.

(37) Cass., 16 giugno 2011, n. 13243, in *Giust. civ.*, 2011, 11, 2591; Cass., 17 febbraio 2010, n. 3810; Cass. 13 settembre 2007, n. 19165; Cass., 18 dicembre 1984, n. 6625, in *Giur. comm.*, 1985, II, 584; App. Roma, 28 febbraio 2000, in *Dir. fall.*, 2000, II, 367; Trib. Roma 20 maggio 1994, in *Gius.*, 1994, 15, 74; *contra* Trib. Udine 13 maggio 1996, in *Giur. merito*, 1997, 511; Trib. Palermo, 7 giugno 1989, in *Dir. fall.*, 1989, II, 1184. Tale orientamento si è consolidato con riferimento all'art. 78 L. fall. nel testo precedente la riforma introdotta con D.Lgs. 5/2006, il quale prevedeva l'automatico scioglimento del contratto di mandato sia in caso di fallimento del mandante sia in caso di fallimento del mandatario. Oggi l'art. 78 L. fall., come modificato dalla riforma della legge fallimentare, prevede l'automatico scioglimento del contratto di mandato solo in caso di fallimento del mandatario, mentre, in caso di fallimento del mandante, trova applicazione l'art. 72 L. fall., vale a dire che il contratto resta sospeso ed il curatore ha facoltà di scegliere se proseguire il rapporto o sciogliersi da esso. La tesi della sopravvivenza del mandato potrebbe però rimanere valida per escludere la facoltà del curatore del fallimento del mandante di sciogliersi dal contratto, analogamente all'orientamento che reputa inammissibile la revoca per giusta causa, da parte del curatore, del mandato *in rem propriam* conferito alla banca (Cass., 6 luglio 2009, n. 15797 e Cass., 4 novembre 1992, n. 11966; *contra* però Cass., 20 agosto 1993, n. 8806

La sopravvivenza del mandato *in rem propriam* comporta che la banca mandataria possa provvedere alla riscossione dei crediti di competenza del mandante fallito anche **dopo** la dichiarazione di fallimento. A tale diritto non consegue però il potere della banca di trattenere le somme riscosse a compensazione di propri crediti verso il mandante e pertanto tali somme dovranno essere restituite al curatore (38).

La ragione di ciò è da ricercare nell'art. 56 L. fall., il quale condiziona la compensazione all'anteriorità al fallimento di entrambi i fatti genetici delle obbligazioni contrapposte, mentre, nel caso in esame, il debito restitutorio della banca sorge *dopo* la dichiarazione di fallimento per effetto dell'intervenuta riscossione e sussiste quindi nei confronti della massa fallimentare e non verso il fallito (39).

Diversamente, qualora il mandato abbia avuto esecuzione **prima**

e Cass., 1° febbraio 1983, n. 857, in *Fall.*, 1983, 833). La dottrina formatasi prima della riforma della legge fallimentare era in prevalenza orientata a favore dello scioglimento del mandato *in rem propriam* (TEDESCHI, *Manuale di diritto fallimentare*, Padova, 2001, 386; BONSIGNORI, *Il fallimento*, in *Tratt. dir. comm.*, a cura di Galgano, IX, Padova, 1986, 421; PROVINCIALI, *Trattato di diritto fallimentare*, Milano, 1974, II, 1273 ss.; ZANARONE, *Effetti del fallimento sui rapporti giuridici preesistenti*, in *Comm. Scialoja Branca*, Bologna-Roma, 1979, *sub* art. 78, 290 ss.), mentre, dopo la riforma, reputa che il fallimento del mandante comporti in ogni caso (quindi anche nel caso del mandato *in rem propriam*) la sospensione del contratto e l'attribuzione al curatore della facoltà di scegliere tra subentro e scioglimento (CENSONI, *Gli effetti del fallimento sui rapporti giuridici preesistenti*, in *Dir. fall.*, 2006, I, 1166; DIMUNDO, *Gli effetti del fallimento sui rapporti giuridici preesistenti*, in SCHIANO DI PEPE, *Il diritto fallimentare riformato*, Padova, 2007, 277).

(38) Cass., 19 gennaio 2006, n. 1060, in *Banca, borsa, tit. cred.*, 2007, II, 553 ss.; Cass., 20 agosto 1993, n. 8806, in *Fall.*, 1994, 142; Cass., 18 dicembre 1990, n. 11988, *ivi*, 1991, 267 e Cass., 19 novembre 1987, n. 8505, *ivi*, 1988, 203; App. Milano, 25 giugno 2003, in *Banca, borsa tit. cred.*, 2005, II, 277 ss.

(39) Cass., 25 settembre 2017, n. 22277 che applica il principio al caso di ammissione del debitore al concordato preventivo; Cass., Sez. Un., 2 novembre 1999, n. 755, in *Contratti (I)*, 2000, 344; Cass. 7 maggio 2009, n. 10548; Cass., 18 dicembre 1990, n. 11988, in *Fall.*, 1991, 467. Sussiste però il diritto della banca a trattenere le somme incassate in esecuzione del mandato nel caso in cui il mandante sia stato ammesso alla procedura di concordato preventivo, considerato che tale procedura non determina lo scioglimento *ex* art. 169-*bis* L. fall. del **patto di compensazione** contenuto all'interno del contratto di anticipazione (Cass. 15 giugno 2020, n. 11524, la quale precisa peraltro che, una volta che le somme incassate siano confluite sul conto corrente utilizzato per la concessione delle anticipazioni al cliente, si realizza una c.d. compensazione impropria tra i reciproci debiti e crediti della banca con il cliente, il che rende

della dichiarazione di fallimento, la banca può trattenere le somme riscosse e potrà compensare il proprio credito con il debito di restituzione delle somme incassate (40).

Per concludere, resta da esaminare il problema della revocabilità del contratto di mandato da parte del curatore del fallimento del mandante.

La giurisprudenza ha precisato che la particolare caratterizzazione del mandato irrevocabile all'incasso finisce col rendere prevalente, rispetto alla funzione di garanzia, la finalità solutoria dell'operazione. In altre parole il conferimento di questo particolare mandato, diretto a consentire irrevocabilmente alla banca di riscuotere crediti appartenenti al proprio cliente allo scopo di ottenere (mediante il meccanismo compensativo di cui abbiamo parlato) l'estinzione di pregresse passività del mandante medesimo, finisce col costituire mezzo anomalo di pagamento, come tale assoggettabile a revocatoria fallimentare *ex* art. 67, comma 1, n. 2 L. fall. se conferito entro l'anno anteriore alla dichiarazione di fallimento (41).

Indipendentemente dalla revocabilità del contratto di mandato, è stata anche sostenuta l'autonoma revocabilità *ex* art. 67, comma 2 L. fall. degli atti solutori conseguenti all'esecuzione del mandato (42).

6. Le lettere di *patronage*.

La lettera di *patronage* consiste in un documento, redatto appunto sotto forma di lettera, sottoscritto ed inviato di regola ad una banca da un soggetto (detto *patronnant* o mittente) il quale intende agevolare la concessione o il mantenimento da parte del destinatario di un'apertura

irrilevante che l'attività di incasso della banca sia svolta in epoca successiva all'apertura della procedura di concordato preventivo).

(40) Cass., 19 novembre 1987, n. 8505.

(41) Cass., 15 luglio 2010, n. 16608, in *Guida al diritto*, 2010, 41, 64; Cass., 19 gennaio 2006, n. 1060, cit.; Cass., 13 aprile 2000, n. 4754. Nello stesso senso anche Cass., 4 novembre 1998, n. 11057, in *Fall.*, 1999, n. 11, 1196 ss.; Cass., 25 luglio 1987, n. 6467, in *Fallimento*, 1987, 1246. Il periodo sospetto di cui all'art. 67, comma 1, n. 2) L. fall. è stato ridotto ad un anno dal D.L. 35/2005 convertito nella legge 80/2005.

(42) Cass., 5 marzo 2019, n. 6382; Cass., 27 aprile 2011, n. 9387; Cass., 23 luglio 1997, n. 6882, in *Fall.*, 1998, 273 e in *Foro it.*, 1998, I, 1228. In dottrina: TEDESCHI, *Manuale di diritto fallimentare*, Padova, 2001, 386.

di credito o di un'altra forma di finanziamento a favore di un terzo (il patrocinato), al quale il *patronnant* è legato da un rapporto di partecipazione societaria (43).

Non si tratta di una vera e propria garanzia in quanto la dichiarazione del *patronnant* non contiene un obbligo di dare che si affianchi all'obbligazione principale, ma contiene l'impegno a facilitare l'adempimento del debitore, in misura maggiore o minore a seconda del tenore della dichiarazione stessa e quindi si limita a rafforzare nel creditore la convinzione che il patrocinato farà fronte ai propri impegni (44).

Deve quindi certamente escludersi che le lettere di *patronage*, qualsiasi ne sia il tenore, siano fideiussioni, considerato anche che, ai sensi dell'art. 1937 c.c., la volontà di prestare fideiussione deve essere espressa, mentre una tale volontà manca del tutto in capo al mittente.

Il *patronnant* in sostanza si limita a rilasciare una dichiarazione che rassicura il creditore in virtù dei particolari rapporti di collegamento giuridico e/o economico con il soggetto patrocinato.

Ciò accade di frequente all'interno dei gruppi di società, ove le varie società hanno ciascuna un'autonoma personalità, ma sono collegate per la tutela di interessi economici comuni. La società capogruppo o controllante, pur avendo interesse ad agevolare la concessione di finanziamenti a favore di altre società controllate, può ritenere non opportuno il rilascio di fideiussioni (che dovrebbero essere indicate nella nota integrativa *ex* art. 2427, comma 1, n. 9 c.c.) e preferire

(43) Sull'argomento si veda anzitutto lo studio di MAZZONI, *Le lettere di* patronage, Milano, 1986; si vedano anche ATTI, *Il « patronage » e i gruppi di società: le fattispecie e il valore giuridico*, in *Contratto e impresa*, 1985, 883; ID., *La responsabilità del « patron » è dunque extracontrattuale*, *ivi*, 1986, 41 ss.; più recentemente ZUCCHELLI, *Le lettere di patronage: una ricostruzione*, in *Le società*, 2018, n. 8-9, 955 ss.; VANONI, *Interpretazione e qualificazione delle lettere di patronage, conferme e sviluppi in alcune recenti sentenze*, in *Banca, borsa, tit. cred.*, 1997, IV, II, 410, in nota a Trib. Milano, 22 giugno 1995, *ivi*, 397.

(44) Cass., 3 aprile 2001, n. 4888, in *Giur. it.*, 2001, I, 2254 ss. Sulla differenza tra lettera di *patronage*, fideiussione e promessa del fatto del terzo si veda Cass., 9 dicembre 2019, n. 32026.

l'emissione di una lettere di *patronage* (la cui annotazione in bilancio potrebbe essere esclusa) (45).

Il contenuto e quindi le obbligazioni assunte dal *patronnant* possono variare notevolmente caso per caso, anche se nella pratica se ne distinguono sostanzialmente due tipi:

a) le **lettere deboli** o **di comunicazione** con le quali il *patronnant* si limita ad informare il creditore dell'esistenza di un rapporto di controllo societario e di un'influenza esercitata sulla patrocinata, impegnandosi a rendere edotto il finanziatore di eventuali mutamenti di tali rapporti (46);

b) le **lettere forti**, con cui il *patronnant* assume nei confronti del beneficiario della dichiarazione una o più obbligazioni (di fare, di non fare o di dare) volte sostanzialmente a trasferire su se stesso il rischio dell'insolvenza della società finanziata.

A seconda del contenuto di tali dichiarazioni mutano anche le responsabilità del patrocinante: le lettere deboli, avendo un contenuto meramente informativo, non comportano l'assunzione di alcuna obbligazione di adempimento del debito principale; potrà tutt'al più sorgere una responsabilità laddove le comunicazioni inoltrate al beneficiario non corrispondano a verità ovvero quando il patrocinatore tenga un comportamento contrario al contenuto della dichiarazione (ad esempio ometta di informare il beneficiario delle variazioni intervenute nella partecipazione esistente nella società debitrice).

Questo tipo di responsabilità è riconducibile nell'alveo della responsabilità extracontrattuale *ex* art. 2043 c.c. o precontrattuale *ex* artt.

(45) Di Meo, *La lettera di patronage nell'economia dell'azienda*, Padova, 1984, 76. L'art. 2427, comma 1, n. 9) c.c. prevede che in nota integrativa vada indicato, tra le altre annotazioni, "*l'importo complessivo degli impegni, delle garanzie e delle passività potenziali non risultanti dallo stato patrimoniale.....*", il che comporta che, laddove la lettera di patronage contenga un preciso impegno economico in capo alla società (come accade nella lettere di patronage forti di cui subito nel testo), essa vada oggi comunque indicata in nota integrativa. Potrà invece omettersi l'indicazione di una lettera di patronage debole.

(46) Un esempio di lettera di *patronage* debole è quella contenente la dichiarazione con cui il patronnant si impegna a mantenere il patrocinato in una situazione tale da far fronte a tutti gli impegni (si veda Trib. Torino, 25 marzo 1999, in *Giur. it.*, 1999, I, 2346). Per una ampia disamina dei possibili contenuti delle lettere di patronage e delle conseguenti responsabilità in capo al *patronnant* si veda Zucchelli, *Le lettere di patronage: una ricostruzione*, in *Le società*, 2018, n. 8-9, 955 ss.

1337 e 1338 c.c. in quanto il patrocinatore, dopo aver creato un particolare affidamento in capo al finanziatore sul buon esito dell'operazione finanziaria in essere o in via di perfezionamento, viola gli obblighi di veridicità e di informazione dallo stesso assunti (47).

Le lettere forti invece, essendo contraddistinte dall'assunzione di un'obbligazione da parte del dichiarante nei confronti del destinatario, vengono inquadrate nell'ambito del contratto con obbligazioni del solo proponente *ex* art. 1333 c.c. (48).

In casi circoscritti queste dichiarazioni possono essere considerate quali promesse che il dichiarante fa del fatto o dell'obbligazione di un terzo (art. 1381 c.c.), suscettibili di obbligare il dichiarante al pagamento di un indennizzo se il terzo non esegue il fatto o non si impegna (49): in ordine a tale qualificazione occorre però osservare che in genere la volontà del dichiarante rifugge dall'intenzione di assumere un impegno la cui violazione è direttamente sanzionabile (50), circostanza che appare ricavabile anche dal fatto che — diversamente — ben più lineare e probabilmente efficace sarebbe stato il rilascio di una fideiussione.

(47) Cass., 27 settembre 1995, n. 10235, in *Giur. it.*, 1996, I, 1, 738; Trib. Torino, 11 aprile 2000, in *Giur. it.*, 2001, I, 1, 1445 ss.; in dottrina collocano la responsabilità del patronnant nell'ambito della responsabilità extracontrattuale *ex* art. 2043 c.c. per induzione a contrarre GALGANO, *La società per azioni*, in *Tratt. Galgano*, Padova, 1988, 212 ss.; SEGNI, voce *Lettera di patronage*, in *Enc. giur. Treccani*, XVIII, Roma, 1990, 2. La responsabilità precontrattuale è collocata tradizionalmente nell'ambito della responsabilità aquiliana (Cass, 29 luglio 2011, n. 16735; Cass., 30 agosto 1995, n. 9157; Cass., 11 maggio 1990, n. 4051), ma Cass., 12 luglio 2016, n. 14188, con ampia e convincente motivazione, ha optato per la sua natura contrattuale. Il danno risarcibile è diverso a seconda della scelta, posto che la responsabilità precontrattuale consente il risarcimento del solo danno contrattuale negativo (spese inutilmente sostenute e perdita di chance), mentre la responsabilità aquiliana consente il risarcimento anche del danno contrattuale positivo (mancato guadagno).

(48) Cass., 3 aprile 2001, n. 4888, in *Giur. it.*, 2001, I, 2254 ss.; Cass., 27 settembre 1995, n. 10235, cit.; App. Roma, 15 giugno 1998, in *Foro it.*, 1999, I, 3050; Trib. Milano 22 giugno 1995, in *Giur. it.*, 1996, I, 2, 258.

(49) In questi termini Trib. Milano, 10 maggio 1979, in *Banca, borsa, tit. cred.*, 1981, I, 88, che ha deciso una vicenda nella quale una società aveva emesso una comunicazione con la quale si impegnava a mantenere la società affidata sempre in grado di far fronte ai propri impegni, nonché, in caso di insolvenza della società controllata, di rimborsare personalmente la banca.

(50) A proposito Trib. Milano, 30 maggio 1983, in *Banca, borsa, tit. cred.* 1984, II, 333 con nota di MAZZONI, *Lettere di* patronage, *mandato di credito e promessa del fatto del terzo.*

Altre volte si è ritenuto che il comportamento del *patronnant* contrario al contenuto della dichiarazione si traduca in vero e proprio inadempimento alla promessa del fatto proprio (di fare o di dare) ([51]).

All'insorgere di una responsabilità in capo al *patronnant* consegue l'obbligo di quest'ultimo di risarcire i danni subiti dal beneficiario della dichiarazione, ma solo nei limiti in cui possa dimostrarsi l'esistenza di un nesso di causalità tra la dichiarazione ed il finanziamento erogato o mantenuto. Spesso infatti la giurisprudenza esclude la risarcibilità di danni riguardo ai quali le banche non riescono a dimostrare che l'intervento del *patronnant* ha rivestito un'efficacia causale primaria e determinante sulla decisione di costituire o mantenere il fido basato sull'affidamento provocato dalla lettera.

Così, ad esempio, deve escludersi la risarcibilità del danno derivato alla banca dalla mancata restituzione di un finanziamento laddove il patrocinatore abbia omesso di comunicare la cessione della propria partecipazione nella società finanziata, quando tale finanziamento sia stato erogato prima della predetta cessione e non possa dunque ritenersi collegato da un nesso causale all'omessa informazione da parte della controllante.

7. Il contratto autonomo di garanzia e la fideiussione a prima richiesta o senza eccezioni.

Secondo la definizione ricavabile dalle norme della Camera di Commercio Internazionale per le garanzie bancarie e prima richie-

([51]) Così il caso deciso da Cass., 25 settembre 2012, n. 16259, in cui una società controllante aveva rilasciato una lettera di *patronage* destinata alla banca creditrice della società controllata, impegnandosi a "*sviluppare il piano di risanamento economico e di sviluppo produttivo della società*" controllata, assicurando che ogni rapporto intrattenuto dalla banca con quest'ultima "*sarà costantemente improntato sulla base della massima correttezza e faremo in modo che la stessa possa regolarmente adempiere gli impegni assunti nei vostri confronti*"; la Suprema Corte ha quindi ritenuto che la società controllante avesse assunto una *garanzia atipica con obbligazione di risultato*, affermandone la responsabilità *ex* art. 1218 c.c. per i danni subiti dalla banca, non avendo fornito la prova che l'inadempimento della controllata fosse stato determinato da impossibilità della prestazione derivante da causa non imputabile alla *patronnant*.

sta [52], per garanzia a prima richiesta (*demand guarantie*) si intende l'impegno del garante, nei confronti di un beneficiario, ad effettuare un pagamento a seguito della presentazione di una richiesta, vale a dire del documento firmato dal beneficiario con il quale esso richiede al garante il pagamento a valere sulla garanzia (accompagnato da eventuali altri documenti previsti nel testo della garanzia). Caratteristica essenziale di questa tipologia di garanzia è che essa non è soggetta ad azioni od eccezioni derivanti da un qualsiasi rapporto che non sia quello fra garante e beneficiario [53].

Dalla definizione appena enunciata si comprende in maniera evidente che, attraverso il contratto autonomo di garanzia, un soggetto, su incarico di un ordinante (legato da un rapporto contrattuale al destinatario della garanzia), si impegna nei confronti di un beneficiario (lo stesso creditore dell'ordinante) a pagargli una somma di denaro dietro presentazione di una richiesta (contenente l'affermazione dell'inadempimento o del non esatto adempimento del debitore) che di regola deve essere accompagnata da documenti conformi a quelli contrattualmente previsti, senza possibilità per il garante di evitare il pagamento mediante qualsiasi riferimento al rapporto garantito e nonostante l'opposizione che al pagamento possa sollevare il debitore ordinante.

Lo schema appena delineato prevede la presenza di un triplice rapporto:

a) un **rapporto debitore/creditore** che normalmente sorge in forza di un contratto di compravendita o di somministrazione o di appalto tra soggetti aventi sede in paesi diversi;

b) il **rapporto debitore-ordinante/garante** che si inquadra nello schema del mandato, in forza del quale il garante si impegna al rilascio

(52) *Uniform Rules for Demand Guarantees* - pubblicazione 758 della Camera di Commercio Internazionale (ICC), approvate nella riunione di Bruxelles del 24 novembre 2009 dalla Commissione di tecnica e pratica bancaria e nella riunione del 25 novembre 2009 dalla Commissione di diritto e pratica del commercio internazionale ed entrate in vigore il 1° luglio 2010. Sull'argomento di vedano: Santilli, *La revisione delle Norme Uniformi della Camera di Commercio Internazionale per le Garanzie a Prima Richiesta*, in *Giur. it.*, 2012, 1716 ss. e Di Meo, *Le nuove norme sulle garanzie a richiesta (le URDG 758) della Camera di Commercio Internazionale*, in *C. impr. Europa*, 2010, 870 ss.

(53) Per una disamina della casistica relativa alle eccezioni sollevabili si veda: Bonelli, *Le garanzie bancarie a prima domanda*, Milano, 1991, 78 ss.

della garanzia dietro pagamento di un corrispettivo; in caso di escussione della garanzia, il garante si rivarrà nei confronti del proprio mandante (secondo le regole espresse dagli artt. 1719 e 1720 c.c.);

c) il **rapporto garante/beneficiario-creditore** che dà luogo al vero e proprio contratto autonomo di garanzia, mediante il quale il garante si impegna al pagamento di una data somma di denaro a favore del beneficiario a fronte di semplice richiesta scritta di quest'ultimo e senza possibilità di sollevare eccezioni in relazione al rapporto ordinante/beneficiario.

Frequentemente, nella prassi del commercio internazionale, si assiste alla presenza di due garanti identificati in due banche appartenenti a paesi diversi (una al paese ove ha sede il debitore ordinante, l'altra al paese ove ha sede il creditore beneficiario). Si assiste cioè alla configurazione di un'**operazione quadrangolare** così strutturata: l'ordinante conferisce mandato ad una banca del proprio Stato di appartenenza di prestare una garanzia a favore di un determinato beneficiario. La banca, a sua volta, non si obbliga direttamente nei confronti del beneficiario, ma rilascia una garanzia a favore di un'altra banca che ha la sede o una succursale nello stesso Stato del creditore beneficiario. Sarà poi la seconda banca a garantire direttamente il beneficiario, preferendo quest'ultimo avere un interlocutore nazionale.

Si attuano quindi due concorrenti rapporti di garanzia: uno tra banca e beneficiario (soggetti entrambi appartenenti allo stesso ordinamento giuridico) ed un secondo tra le due banche (definito **controgaranzia**).

Così come delineato, il contratto autonomo di garanzia appare sostanzialmente diverso dalla fideiussione disciplinata dal codice civile, la quale è caratterizzata dal principio dell'accessorietà dell'obbligazione del fideiussore rispetto a quella del debitore principale (come ben si desume dagli artt. 1939, 1941 e 1945 c.c.).

Nel nostro ordinamento non esiste né una nozione né una disciplina della figura negoziale in esame: essa è frutto di una elaborazione dottrinale e giurisprudenziale derivata dalla contrattualistica internazionale alla quale si è sentita l'esigenza adeguarsi al fine di non tagliare fuori il nostro Paese dai traffici internazionali. Così la Cassazione ammette pacificamente il concetto di contratto autonomo di garanzia, nel quale il garante non ha la possibilità di opporre « *eccezioni attinenti alla validità, all'efficacia e, in genere, alle vicende del rapporto di base, nonostante le eventuali opposizioni al pagamento formulate in relazione ad esse dal debitore mandante o l'esistenza di contestazioni al riguardo* » (54).

Si sono però via via precisati ed ampliati i casi in cui è consentito al garante di sollevare eccezioni riferite al rapporto principale: così in caso di **inesistenza** del contratto garantito, di **nullità** dello stesso per contrarietà a norme imperative per illiceità della causa o anche di **nullità parziale**, di **esecuzione fraudolenta** o abusiva della garanzia, comprensiva anche del caso di già intervenuto adempimento dell'obbligazione principale o di sua estinzione per altra causa (55).

Rimangono però sostanziali differenze rispetto allo schema legale della fideiussione, le quali fanno del contratto autonomo di garanzia un contratto atipico (56), ove gli interessi perseguiti dalle parti e ritenuti

(54) Così Cass., 6 ottobre 1989, n. 4006, in *Giur. comm.*, 1991, II, 5 ss. la quale costituisce un punto fermo verso un definitivo inquadramento dei connotati essenziali del contratto autonomo di garanzia; nello stesso senso Cass., 11 febbraio 1998, n. 1420, in *Studium iuris*, 1998, 681.

(55) Cass., 11 dicembre 2018, n. 31956, secondo cui, ove il debitore principale venga liberato (mediante una novazione soggettiva o altra vicenda sopravvenuta), il garante può sollevare nei confronti del creditore l'eccezione di estinzione della garanzia; Cass., 10 gennaio 2018, n. 371 ha stabilito che: "*Nel contratto autonomo di garanzia, il garante è legittimato a proporre eccezioni fondate sulla nullità anche parziale del contratto base per contrarietà a norme imperative. Ne consegue che può essere sollevata nei confronti della banca l'eccezione di nullità della clausola anatocistica atteso che la soluzione contraria consentirebbe al creditore di ottenere, per il tramite del garante, un risultato che l'ordinamento vieta*"; ma in senso contrario, sull'addebito di interessi ultralegali, si veda Cass., 25 agosto 2017, n. 20397; Cass., 7 marzo 2002, n. 3326 aveva precisato che l'opponibilità delle eccezioni relative al rapporto fra debitore principale e creditore è limitata al caso in cui il contratto tra essi intercorso sia nullo per illiceità della causa o contrarietà a norme imperative (così anche Cass., 3 marzo 2009, n. 5044). Sulle possibili eccezioni sollevabili dal garante si vedano anche Trib. Roma, 21 febbraio 2018, n. 3928 e Trib. Ancona, 19 marzo 2019, n. 539, in *DeJure*, Giuffrè, che ammette eccezioni del garante fondate sull'inesistenza del rapporto garantito, sulla nullità del rapporto base per contrarietà a norme imperative o per illiceità della causa.

(56) Per un'approfondita disamina delle differenze tra contratto autonomo di garanzia e fideiussione si vedano Cass., Sez. Un., 18 febbraio 2010, n. 3947, in *Banca, borsa e tit. cred.*, 2010, II, 257, con nota di Barillà; si veda anche la nota di NAPPI, *Un tentativo (non convincente) di "definitivamente chiarire" la differenza tra fideiussione e Garantievertrag*, ivi, 2010, II, 425 ss. Cass., 23 aprile 1993, n. 4899, in *Giust. civ.*, 1993, I, 1293 ss., afferma che il contratto autonomo di garanzia è « legislativamente atipico, benché socialmente tipizzato con varia terminologia dalla prassi del commercio inter-

meritevoli di tutela vengono identificati nell'utilità del trasferimento sul garante del **rischio** della mancata realizzazione del risultato pratico che il beneficiario intende perseguire col contratto stipulato con l'ordinante.

In sostanza, il beneficiario non ricerca un soggetto che possa garantirgli l'adempimento della **stessa prestazione** cui si è obbligato il proprio debitore, ma un soggetto che assuma un'obbligazione autonoma rispetto a quella del rapporto principale ed avente ad oggetto una **prestazione di tipo indennitario**, diretta cioè ad indennizzarlo del mancato raggiungimento del risultato pratico che si era prefisso. Così, mentre fideiussione ed obbligazione garantita hanno ad oggetto prestazioni di regola omogenee, il contratto autonomo di garanzia garantisce anche l'adempimento di prestazione di fare o di dare cose infungibili.

In altre parole il beneficiario mira ad ottenere lo stesso risultato pratico che conseguirebbe attraverso il rilascio di una cauzione, ma col vantaggio, per il debitore, di non dover immobilizzare una somma di denaro per tutta la durata del rapporto obbligatorio principale.

Quanto al problema dell'identificazione della causa, la deroga al principio di accessorietà fa riflettere sul fatto che il nostro ordinamento non tollera negozi privi di causa, sancendone la nullità (art. 1325, n. 2 c.c.).

Va però precisato che la causa del contratto autonomo di garanzia deve individuarsi nella **complessa operazione** che viene posta in essere e che coinvolge non solo il rapporto di garanzia, ma anche il rapporto di base, il quale viene a fornire una giustificazione economico-giuridica al rilascio della garanzia. Si parla quindi di un negozio il cui fondamento deve essere individuato in un diverso negozio collegato al primo, secondo lo schema della causa esterna ([57]).

nazionale »; recentemente anche Cass., 22 novembre 2019, n. 30509. In dottrina si veda LAUDISA, *Garanzia autonoma e tutela giurisdizionale*, in *Quaderni di giur. comm.*, 1993, 6 ss.

([57]) Così in dottrina PORTALE, *Fideiussione e Garantievertrag nella prassi bancaria*, in *Le operazioni bancarie*, a cura di Portale, Milano, 1978, II, 1040, 1045 e ss., 104 ss.; ID., *Nuovi sviluppi del contratto autonomo di garanzia*, in *Banca, borsa, tit. cred.*, 1985, I, 109, ss., 169 ss. e nota 15. In giurisprudenza: Trib. Milano, 4 marzo 1988, in *Banca, borsa, tit. cred.*, 1987, II, 56; App. Milano, 4 marzo 1988, *ivi*, 1988, II, 608.

Causa del contratto diviene quindi la copertura del rischio di inadempimento o di non esatto adempimento da parte del debitore ([58]).

È spesso difficile distinguere il contratto autonomo di garanzia dalla fideiussione accompagnata dalla clausola « a prima richiesta » o « senza eccezioni » o altra analoga.

Tali clausole comportano l'obbligo da parte del garante di adempiere la propria obbligazione semplicemente sulla base di una richiesta scritta proveniente dal beneficiario, con la conseguenza che il garante potrà limitarsi a richiedere la restituzione di quanto avesse indebitamente pagato (clausola *solve et repete*) ([59]).

Le differenze tra i due istituti sono però rilevanti: la fideiussione con clausola *solve et repete* dà origine ad un'obbligazione che resta accessoria rispetto a quella principale (con conseguente opponibilità delle eccezioni relative a quest'ultimo rapporto), tant'è che in caso di indebita escussione della garanzia, la ripetizione dell'indebito viene indirizzata al beneficiario percettore, mentre nel caso del contratto autonomo di garanzia avviene nei confronti dell'ordinante ([60]).

L'orientamento più recentemente affermatosi è nel senso che la clausola « a prima richiesta » e quella « senza eccezioni » costituiscono *di per sé* un indice sicuramente rivelatore dell'autonomia della garanzia in quanto costituiscono clausole incompatibili col carattere accessorio della fideiussione, a meno che il contenuto del contratto non riveli

([58]) Fondamentale in questo senso Cass., 6 ottobre 1989, n. 4006, cit. la quale precisa che: « ...*non si tratta neppure di un negozio astratto, posto che la sua causa consiste appunto nella copertura del rischio connesso all'oggettivo inadempimento del rapporto di base, il quale evento giustifica l'attribuzione patrimoniale al beneficiario (in questa ottica in dottrina si parla di funzione lato sensu indennitaria)* »; conformi: Cass., 18 novembre 1992, n. 12341, *ivi*, 1993, I, 1535; Cass., Sez. Un., 1° giugno 1992, n. 6607; Cass., 25 febbraio 1994, n. 422, in *Banca, borsa, tit. cred.*, 1995, II, 422; Cass., Sez. Un., 15 aprile 1994, n. 3519, in *Giur. comm.*, 1994, II, 2181.

([59]) Cass., 19 marzo 1993, n. 3291, in *Giust. civ.*, 1994, I, 1387.

([60]) Per un'approfondita disamina delle differenze tra clausola a prima richiesta e clausola *solve et repete* si veda: Mastropaolo, *Il Contratto autonomo di garanzia*, Torino, 1989; in giurisprudenza si vedano: Cass., 27 settembre 2016, n. 18995 e Cass., 27 giugno 2007, n. 14853 sull'esperibilità dell'azione di ripetizione del garante autonomo nei soli confronti del debitore e Cass., 1 luglio 1995, n. 7345 sull'esperibilità invece dell'azione di ripetizione verso il beneficiario del pagamento nel caso di fideiussione a prima richiesta.

un'evidente discrasia rispetto alla natura autonoma della garan zia (61).

La clausola "a semplice richiesta" potrebbe però accedere anche ad un vero e proprio contratto di fideiussione e dovrebbe in tal caso identificarsi con la clausola *solve et repete* (62).

Ovviamente irrilevante è il *nomen iuris* attribuito dalle parti al contratto, cosicché anche l'eventuale qualificazione espressa che le parti abbiano dato al contratto come fideiussione sarà irrilevante e non escluderà la possibilità di qualificare il negozio come contratto autonomo di garanzia (63).

Potrebbe ricondursi al contratto autonomo di garanzia anche la fideiussione contenente la cosiddetta **clausola di sopravvivenza**, la quale si trova abitualmente inserita nelle fideiussione prestate a favore delle banche in forza di quanto dispongono le condizioni generali di contratto. Attraverso tale clausola si prevede che, nell'ipotesi in cui le obbligazioni garantite siano dichiarate invalide, la fideiussione s'intende estesa a garantire l'obbligo di restituzione delle somme comunque erogate.

Una simile clausola, derogatoria dell'art. 1939 c.c., è però ritenuta incompatibile con il negozio tipico di fideiussione, attesa la natura

(61) Cass., 21 gennaio 2020, n. 1186; Cass., 19 febbraio 2019, n. 4717; Cass., 31 luglio 2015, n. 16213, in *I contratti*, 2016, n. 2, 135 ss.; Cass., Sez. Un., 27 settembre 2011, n. 19736, in *Giust. civ.*, 2012, 1, 60; Cass., Sez. Un., 18 febbraio 2010, n. 3947 cit.; Cass., 14 dicembre 2007, n. 26262; Cass. 27 giugno 2007, n. 14853; Cass., 6 aprile 1998, n. 3552, in *Giur. it.*, 1999, I, 502; Trib. Roma, 15 febbraio 2018, n. 3505, in *DeJure*, Giuffrè; Trib. Roma, ord., 27 marzo 1996 e Trib. Napoli, 13 febbraio 1997, in *Banca, borsa, tit. cred.*, 1998, II, 456.

(62) Cass., 9 agosto 2016, n. 16825, secondo cui la clausola di pagamento "a prima richiesta" non ha rilievo decisivo per la qualificazione di un negozio come "contratto autonomo di garanzia" o come "fideiussione", potendo tali espressioni riferirsi sia a forme di garanzia svincolate dal rapporto garantito (e quindi autonome), sia a garanzie, come quelle fideiussorie, caratterizzate da un vincolo di accessorietà, più o meno accentuato, nei riguardi dell'obbligazione garantita, sia, infine, a clausole il cui inserimento nel contratto di garanzia è finalizzato, nella comune intenzione dei contraenti, a una deroga parziale della disciplina dettata dal citato art. 1957 c.c.; Cass., 1° luglio 1995, n. 7345, in *Giur. it.*, 1996, I, 620.

(63) Trib. Bologna, 27 settembre 1984, in *Banca, borsa, tit. cred.*, 1986, II, 339.

accessoria di quest'ultimo, che non può considerarsi quindi valido se l'obbligazione principale è nulla (64).

La nullità della fideiussione contenente una simile clausola potrebbe però comportarne la conversione in un negozio autonomo di garanzia *ex* art. 1424 c.c., atteso che le parti certamente, inserendo la clausola in esame, intesero mantenere la piena autonomia tra obbligazione di garanzia e obbligazione principale, analogamente a quanto accade nel contratto autonomo di garanzia e non trovando tale soluzione ostacoli nella conversione di un contratto tipico in uno atipico (65).

Sotto l'aspetto processuale l'autonomia della garanzia non esclude che il garante possa far valere in giudizio l'inesigibilità della prestazione di garanzia in presenza di una causa di **forza maggiore** che impedisca l'adempimento o in presenza di un'**impossibilità sopravvenuta** (66). Il rifiuto da parte del garante al pagamento può ritenersi legittimo solo

(64) Cass., 23 aprile 1992, n. 4899, in *Giust. civ.*, 1993, I, 1293; in precedenza si erano espresse a favore della validità della clausola di sopravvivenza: Cass., 31 agosto 1984, n. 4738, in *Banca, borsa, tit. cred.*, 1985, II, 16 e App. Milano, 23 febbraio 1982, in *Giur. comm.*, 1983, II, 625.

(65) È stato infatti ritenuto che la clausola con la quale il fideiussore rinunci ad eccepire nei confronti del creditore l'eventuale invalidità dell'obbligazione principale (c.d. clausola di sopravvivenza) vale a qualificare il contratto cui acceda quale forma atipica di garanzia, svincolata dal rapporto fondamentale (Trib. Nocera Superiore 15 giugno 1999, in *Corr. giur.*, 2000, 940).

(66) L'emergenza indotta dalla pandemia da COVID 19 ha visto l'introduzione di una norma che consente al giudice di valutare la possibilità di escludere la responsabilità del debitore in caso di oggettivo inadempimento, dovuto però alla necessità di rispettare le misure di contenimento (art. 3, comma 6-*bis* del D.L. 23 febbraio 2020, n. 6, convertito con modificazioni dalla legge 5 marzo 2020, n. 13, introdotto dall'art. 91, comma 1 del D.L. 17 marzo 2020, n. 18, convertito con modificazioni dalla legge 24 aprile 2020, n. 27). Si è però esclusa l'applicabilità di tale norma all'escussione di una fideiussione bancaria «a prima richiesta» (Trib. Bologna, ordinanza 11 maggio 2020, in *www.foroitaliano.it*).

In passato invece, in occasione dell'embargo dell'Irak conseguente all'invasione del Kuwait, si è affermata l'impossibilità di adempiere delle obbligazioni che le imprese italiane avevano assunto nei confronti di imprese irakene (tra le tante: Trib. Genova, 9 dicembre 1992, in *Banca, borsa, tit. cred.*, 1993, II, 182 e in *Giur. comm.*, 1993, II, 757; Trib. Padova, 14 maggio 1993 (ord.) e Trib. Padova, 1° ottobre 1993 (ord.), *ivi*, 1994, II, 163).

nel caso in cui la prestazione di garanzia risulti *prima facie* non dovuta e quindi emerga l'esecuzione fraudolenta o abusiva della garanzia (67).

Un particolare caso di inesigibilità di garanzie autonome fu introdotto dal D.L. 30 maggio 1994, n. 324 (convertito nella legge 27 luglio 1994, n. 472), il quale prevedeva, all'art. 2, comma 2, l'estinzione di tutte le garanzie e le controgaranzie connesse a transazioni rese inesigibili dall'embargo deliberato dall'ONU nei confronti della Libia e degli Stati dell'ex Jugoslavia (68).

(67) Cass., 24 aprile 2008, n. 10652, in *Banca, borsa, tit. cred.*, 2009, II, 411 ss., secondo cui la dimostrazione della fraudolenta escussione della garanzia deve risultare da prova liquida ed incontestabile (*exceptio doli*). Sull'*excepio doli* si veda Cass. 16 gennaio 2019, n. 1006.

(68) Per un primo intervento giurisprudenziale operato a seguito della legge 472/1994 si veda: Trib. Livorno 4 giugno 1996, in *Dir. comm. int.*, 1997, 191.

CAPITOLO XVIII

IL MERCATO MOBILIARE

1. La disciplina dell'intermediazione mobiliare. — 2. La nozione di mercato mobiliare. — 3. I servizi di investimento e gli intermediari abilitati. — 4. Le regole di comportamento degli intermediari e la responsabilità nello svolgimento di servizi ed attività di investimento. — 5. La gestione collettiva ed individuale del risparmio. — 6. La dematerializzazione e la gestione accentrata degli strumenti finanziari. — 7. I contratti su strumenti finanziari. — 8. I contratti derivati. — 9. Le offerte al pubblico di prodotti finanziari e le offerte pubbliche di acquisto.

1. La disciplina dell'intermediazione mobiliare.

Per intermediazione mobiliare o finanziaria possiamo intendere, in via di prima approssimazione, un'attività di interposizione tra coloro che offrono e coloro che domandano prodotti finanziari, per tali intendendosi qualsiasi forma di investimento di natura finanziaria, implicante cioè per l'investitore un rischio di perdita del capitale investito.

Tale attività è riservata a soggetti abilitati a svolgere professionalmente servizi di investimento in virtù di una specifica autorizzazione rilasciata dalla Autorità di vigilanza competente.

A partire dal 1° luglio 1998 la disciplina del mercato mobiliare e dell'attività di intermediazione finanziaria è soggetta alla normativa dettata dal **D.Lgs. 24 febbraio 1998, n. 58**, contenente il Testo Unico delle disposizioni in materia di intermediazione finanziaria (più brevemente T.U. sulla finanza).

La materia ha subito negli ultimi anni molte e rilevanti modifiche per effetto dell'evoluzione della normativa comunitaria, culminata nel recepimento della direttiva 2004/39/CE del Parlamento europeo e del Consiglio del 21 aprile 2004 (cosiddetta direttiva MIFID — *Market in Financial Instruments Directive*), attuata in Italia dal D.Lgs. 17 settembre 2007, n. 164.

La direttiva MIFID in materia di mercati finanziari introduce rilevanti novità, sia per quanto riguarda gli intermediari che i mercati, tra le quali vanno evidenziate:

— una diversa impostazione della materia contrattuale e degli obblighi di informazione e trasparenza gravanti sugli intermediari nell'intento di migliorare il regime di protezione degli investitori;

— la consulenza in materia di investimenti (1) viene ricondotta tra i servizi di investimento principali (da attività accessoria che era), il cui esercizio richiede una preventiva autorizzazione (2), anche se non viene richiesta la forma scritta per i contratti che l'hanno ad oggetto;

— l'allargamento delle attività rientranti nell'ambito dei servizi di investimento, tra i quali vengono ricompresi la gestione di sistemi multilaterali di negoziazione e, quale servizio accessorio, l'attività di analisi e ricerca finanziaria;

— l'eliminazione dell'obbligo di concentrazione degli scambi sui mercati regolamentati e l'introduzione di mercati alternativi gestiti da

(1) Per *consulenza in materia di investimenti* si intende la prestazione di raccomandazioni personalizzate a un cliente, dietro sua richiesta o per iniziativa del prestatore del servizio, riguardo a una o più operazioni relative a strumenti finanziari. La personalizzazione consiste nell'adattare le raccomandazioni alle caratteristiche dell'investitore e del suo portafoglio e presuppone quindi l'insieme di due servizi: un servizio accessorio di valutazione e selezione di strumenti finanziari, raffrontando le loro caratteristiche e la loro rischiosità con le specifiche esigenze di un determinato investitore ed il trasferimento di queste valutazioni al cliente al fine di orientarne la scelta verso un preciso investimento ritenuto adeguato. Non costituisce però consulenza riservata:

— la diffusione al pubblico di raccomandazioni o le raccomandazioni destinate a canali di distribuzione, stante la mancanza del requisito della personalizzazione (si vedano i considerando 79 e 83 della direttiva 2006/73/CE di secondo livello);

— la consulenza generica, cioè le raccomandazioni che, anche se personalizzate, non riguardano specifici strumenti finanziari, ma solo tipi di strumenti finanziari, come accade nella cosiddetta *asset allocation* (considerando 81 e 82 della direttiva 2006/73/CE);

— la consulenza strumentale che consiste in un mero supporto informativo messo a disposizione dell'investitore da parte dell'intermediario nell'esecuzione di servizi di investimento e che quindi si colloca nell'ambito delle mere informative fornite alla clientela a supporto della prestazione di un altro servizio di investimento (così Rinaldi, *Il decreto MIFID e i regolamenti attuativi: principali cambiamenti*, in *Le società*, n. 1, 2008, 19-20).

(2) Si veda l'Allegato I alla direttiva 2004/39/CE, il quale, alla Sezione A, ricomprende tra i servizi e le attività di investimento la "Consulenza in materia di investimenti".

singoli intermediari abilitati, quali i sistemi multilaterali di negoziazione e gli internalizzatori sistematici;

— l'introduzione di nuove regole per l'ammissione degli operatori ad operare sui mercati e per l'ammissione degli strumenti finanziari alle negoziazioni sui mercati regolamentati.

Successivamente, è entrata in vigore la direttiva 2014/65/UE del Parlamento europeo e del Consiglio del 15 maggio 2014 (**MIFID 2**), recepita in Italia dal D.Lgs. 3 agosto 2017, n. 129 ed integrata col regolamento UE n. 600/2014 del Parlamento Europeo e del Consiglio del 15 maggio 2014 (MIFIR o *Markets in financial instruments regulation*).

Quest'ultima ha abrogato la direttiva MIFID e si propone di garantire maggiore trasparenza nel funzionamento dei mercati finanziari, con particolare riferimento a costi, rischi, indipendenza di chi presta attività di consulenza in materia di servizi di investimento, documentazione descrittiva dei prodotti finanziari e maggiori poteri alle Autorità di controllo.

In attuazione della direttiva MIFID 2, la CONSOB ha emanato il nuovo *regolamento sugli intermediari* con **delibera n. 20307 del 15 febbraio 2018**, entrato in vigore il 20 febbraio 2018, il quale contiene importanti specificazione in ordine all'autorizzazione, all'operatività ed alle regole di condotta delle imprese di investimento operanti in Italia.

In attuazione della MIFID 2 è stato anche emanato il nuovo *regolamento sui mercati finanziari* approvato con **delibera CONSOB n. 20249 del 28 dicembre 2017** ed è stato aggiornato il *regolamento sugli emittenti* (delibera CONSOB n. 11971 del 14 maggio 1999) con **delibera n. 20250 del 28 dicembre 2017.**

Resta in vigore il *regolamento congiunto* CONSOB e Banca d'Italia del 29 ottobre 2007 su organizzazione interna degli intermediari e conflitti di interesse, aggiornato con la richiamata **delibera CONSOB n. 20307 del 15 febbraio 2018**.

La disciplina in esame è attualmente in fase di evoluzione anche a seguito dell'emanazione della direttiva delegata n. 2017/593 della Commissione del 7 aprile 2016, la quale ha introdotto la cosiddetta *product governance*, una serie di norme finalizzate ad imporre agli intermediari un assetto organizzativo e regole di comportamento tali da tutelare l'investitore nella fase di creazione, offerta e distribuzione dei prodotti finanziari.

La direttiva aggiunge alla disciplina della trasparenza ed alle tradizionali regole di comportamento, applicabili al rapporto intermediario-investitore in fase di distribuzione, la necessità che gli intermediari si dotino di una *organizzazione interna*, da sottoporre a periodica revisione, che consenta di identificare a monte il mercato di riferimento (*target market*) di clienti finali che abbiano esigenze, caratteristiche e obiettivi compatibili coi prodotti finanziari da distribuire ed a cui pertanto tali prodotti potranno essere destinati.

Si prevede che, oltre a definire il *target market*, i produttori specifichino una strategia di distribuzione che sia coerente con il mercato di riferimento individuato.

La nuova normativa mira quindi ad individuare, prima della fase di distribuzione, le reali esigenze della clientela a cui vengono destinati determinati prodotti finanziari da parte dell'intermediario ideatore (*Manufacturer*) o distributore (*Distributor*) degli stessi.

2. La nozione di mercato mobiliare.

Dobbiamo ora cercare di comprendere che cosa sia il mercato mobiliare per poi passare ad esaminarne brevemente il funzionamento.

Il mercato mobiliare può definirsi come il luogo di incontro tra domanda ed offerta di prodotti finanziari e di svolgimento di attività relative a prodotti finanziari. Esso funziona sulla base di regole di organizzazione precostituite che facilitano l'incontro tra domanda ed offerta, danno certezza alle negoziazioni, rendendole più trasparenti e sicure ed accrescono la liquidità dei prodotti finanziari negoziati. Il mercato mobiliare costituisce uno dei tre segmenti in cui si articola il mercato finanziario: gli altri due sono rappresentati dal mercato bancario, dove si negoziano servizi bancari e finanziari e dal mercato assicurativo dove si scambiano coperture di rischi contro premi.

Costituisce un mercato mobiliare la **borsa valori** che può definirsi il mercato regolamentato ove hanno luogo la negoziazione e la quotazione ufficiale degli strumenti finanziari. In sostanza si tratta di un mercato dove operatori qualificati ed autorizzati si occupano di far incontrare domanda ed offerta di strumenti finanziari, i quali trovano qui una quotazione ufficiale che dipende dal rapporto tra domanda ed offerta rilevata momento per momento.

Per **mercato regolamentato** si intende un mercato mobiliare che funziona sulla base di regole non discrezionali, gestito da una società di gestione, autorizzato e funzionante regolarmente sulla base di un **programma** relativo alla sua organizzazione ed alla sua gestione, elaborato dalla società di gestione in conformità ai criteri generali emanati dalla CONSOB con proprio regolamento ([3]) (art. 64-*quater* T.U. sulla finanza). Le **società di gestione del mercato** sono costituite nella forma di società per azioni anche senza scopo di lucro, debbono essere autorizzate dalla CONSOB ai sensi degli artt. 64 e segg. del T.U. sulla finanza sulla base del possesso dei requisiti ivi previsti.

I mercati regolamentati godono del beneficio del mutuo riconoscimento nell'ambito dell'Unione europea, il che significa che ogni impresa di investimento comunitaria ha diritto di accedere a ciascuno dei mercati regolamentati esistenti all'interno dell'Unione Europea e che ogni mercato regolamentato comunitario ha la possibilità di espandere la propria attività al di fuori dei confini nazionali senza dover sottostare a particolari autorizzazioni nei paesi ospitanti.

In sostanza, ciò che caratterizza un mercato regolamentato è il fatto di essere autorizzato e funzionare secondo le regole contenute in un regolamento approvato dalla società di gestione del mercato conforme alla disciplina dell'Unione europea ed idoneo ad assicurare la sua trasparenza, l'ordinato svolgimento delle negoziazioni e la tutela degli investitori. Tali regole riguardano sia il gestore del mercato che il sistema stesso, anche se l'autorizzazione in Italia è unica per entrambi.

La direttiva 2004/39/CE aveva previsto che lo scambio di strumenti finanziari quotati potesse avvenire anche al di fuori di mercati regolamentati e presso sistemi alternativi consistenti:

— nei **sistemi multilaterali per la negoziazione** (definiti anche MTF ossia *Multilateral trading facilities)*, cioè sistemi [soggetti a comu-

([3]) Il regolamento CONSOB contenente le norme di attuazione del T.U. sulla finanza in materia di mercati è stato approvato con delibera n. 20249 del 28 dicembre 2017 e successive modifiche.

nicazione preventiva (4) aperti ad una pluralità di partecipanti, gestiti da un'impresa di investimento o da un gestore del mercato e che consentono l'incontro tra domanda ed offerta di strumenti finanziari in base a regole non discrezionali, in modo da dare luogo a contratti (art. 1, comma 5-*octies* del T.U. sulla finanza]. Sostanzialmente tale sistema di negoziazione viene predisposto da un intermediario il quale ne detta le regole di funzionamento, organizzandolo senza che l'intermediario diventi parte dei contratti di investimento che vengono ivi perfezionati, in modo tale da garantire la trasparenza delle negoziazioni;

— **sistema degli internalizzatori sistematici**, ossia un sistema di vendita di strumenti finanziari presenti nel portafoglio dello stesso intermediario che dunque li negozia col cliente per conto proprio ed unisce all'attività di negoziazione per proprio conto l'attività di esecuzione di ordini di investimento da parte del cliente. In questo caso il sistema coincide col soggetto (intermediario) che, in modo organizzato, frequente e sistematico, negozia strumenti finanziari propri al di fuori di un sistema esterno (sia esso un mercato regolamentato o un sistema multilaterale di negoziazione). L'internalizzatore è quindi **controparte** del cliente, senza che tale attività richieda una specifica autorizzazione aggiuntiva, essendo sufficiente l'autorizzazione all'esecuzione delle due attività di investimento di cui essa si compone.

La direttiva 2014/65/UE ha modificato la disciplina degli internalizzatori sistematici, i quali escono dal novero delle sedi di negoziazione (*trading venue*), non essendo ricompresi nella relativa definizione contenuta all'art. 1, comma 5-*octies*, lett. *c*) del T.U. sulla finanza. Sede di negoziazione può essere solo un mercato esterno agli intermediari che vi operano.

La MIFID 2 ha poi introdotto due nuovi tipi di piattaforme di negoziazione:

1) i mercati di crescita per le piccole medie imprese (PMI);

2) i sistemi organizzati di negoziazione (OTF — *Organised Trading Facility*).

I primi rientrano nella categoria dei sistemi multilaterali per la negoziazione (MTF), ma in essi vengono trattati soltanto titoli emessi

(4) La comunicazione preventiva alla CONSOB è prevista dall'art. 31 del regolamento CONSOB n. 20249 del 28 dicembre 2017.

da PMI (5). Si introduce quindi un mercato che offre nuove opportunità di sviluppo alle piccole imprese o alle *start up* innovative, anche se i titoli ivi negoziati possono comportare rischi maggiori rispetto ai titoli emessi da grandi aziende o da enti governativi.

Il secondo *trading venue* è stato introdotto dalla MIFID 2 per colmare un vuoto normativo lasciato dalla MIFID 1: quest'ultima direttiva aveva infatti regolato solo le negoziazioni basate su "*norme non discrezionali*", il che significava che i partecipanti conoscevano con precisione i meccanismi di funzionamento e di formazione dei prezzi dei titoli negoziati. Restavano esclusi quei sistemi in cui il gestore decideva discrezionalmente quali regole applicare ad ogni utente.

Negli OTF si introduce un sistema multilaterale diverso da un mercato regolamentato o da un sistema multilaterale di negoziazione che consente l'interazione tra interessi multipli di acquisto e di vendita di terzi relativi a obbligazioni, strumenti finanziari strutturati, quote di emissioni e strumenti derivati, in modo da dare luogo a contratti.

Anche in questi mercati però, "qualora applicabili", devono essere previsti "i requisiti di trasparenza pre-negoziazione e l'obbligo di esecuzione alle condizioni migliori" (considerando 9 della MIFIR); essi gestiscono una sede di negoziazione che, pur potendo contemplare al proprio interno — al contrario delle altre *trading venues* — una certa discrezionalità, permette l'incontro delle proposte di acquisto/vendita su base non discriminatoria.

Chiarito ciò, risulta più agevole comprendere la nuova definizione che di internalizzatore sistematico dà l'art. 4, punto 20 della direttiva MIFID 2 che lo definisce come un'*impresa di investimento che in modo organizzato, frequente, sistematico e sostanziale negozia per conto proprio eseguendo gli ordini del cliente al di fuori di un mercato regolamentato,*

(5) La nozione di piccola-media impresa la si ricava dall'art. 2, paragrafo 1, lett. *f*) del regolamento (UE) 2017/1129 e comprende:

— le società che, in base al loro più recente bilancio annuale o consolidato, soddisfino almeno due dei tre criteri seguenti, vale a dire un numero medio di dipendenti nel corso dell'esercizio inferiore a 250, un totale dello stato patrimoniale non superiore a 43.000.000 di euro e un fatturato netto annuale non superiore a 50.000.000 di euro oppure

— un'impresa che abbia una capitalizzazione di borsa media inferiore a 200.000.000 di euro sulla base delle quotazioni di fine anno dei tre precedenti anni civili (art. 4, paragrafo 1, punto 13 della direttiva 2014/65/UE).

di un sistema multilaterale di negoziazione o di un sistema organizzato di negoziazione senza gestire un sistema multilaterale.

La stessa norma precisa poi quando ricorrano gli elementi determinanti per la qualifica in esame, cioè cosa debba intendersi per "*modo frequente e sistematico*" (numero di negoziazioni fuori listino su strumenti finanziari) e per "*modo sostanziale*" (dimensioni delle negoziazioni OTC in relazione al totale delle negoziazioni).

Tornando ai mercati regolamentati, rilevano:

- i mercati regolamentati italiani autorizzati, iscritti in un elenco tenuto dalla CONSOB ai sensi dell'art. 64-*quater*, commi 1 e 2 del T.U. sulla finanza;
- i mercati regolamentati riconosciuti ai sensi dell'ordinamento comunitario i quali sono iscritti in un apposito elenco tenuto dall'E-SMA (art. 56 della Direttiva 2014/65/UE).

Tra i primi assumono particolare rilevanza quelli gestiti da **Borsa Italiana s.p.a.**, tra i quali il Mercato Telematico Azionario ("MTA") ed il Mercato telematico delle obbligazioni ("MOT").

L'ingresso di determinati strumenti finanziari alla quotazione ufficiale di borsa deve essere autorizzato dal gestore sulla base di una serie di requisiti, richiesti sia per le società emittenti che per i titoli stessi. La società di gestione del mercato svolge quindi una funzione di vigilanza sul mercato stesso, potendo disporre non solo l'ammissione e l'esclusione degli strumenti finanziari e degli operatori dalle negoziazioni, ma anche la loro sospensione (artt. 66 ss. T.U. sulla finanza).

Ogni gestore di un mercato regolamentato comunica immediatamente alla CONSOB le proprie decisioni di ammissione, esclusione e sospensione degli operatori dalle negoziazioni e l'Autorità di vigilanza mantiene un potere di intervento (di revoca o di impulso di provvedimenti) per assicurare la trasparenza, l'ordinato svolgimento delle negoziazioni e la tutela degli investitori (art. 67-*bis* T.U. sulla finanza).

La CONSOB, nello svolgimento dei propri poteri di vigilanza, può poi provvedere direttamente alla sospensione o all'esclusione di uno strumento finanziario dalle negoziazioni o richiedere che vi provveda il gestore di una sede di negoziazione (art. 66-*quater* T.U. sulla finanza).

A seconda della tipologia degli strumenti finanziari che vengono negoziati, distinguiamo:

a) un **mercato primario**, ove vengono negoziati strumenti finanziari di nuova emissione e quindi non ancora oggetto di precedenti negoziazioni (6), il quale svolge una funzione di finanziamento per gli emittenti;

b) un **mercato secondario**, ove vengono invece negoziati strumenti finanziari già emessi e negoziati precedentemente, il quale svolge per questo una funzione di liquidità, consentendo ai titolari di strumenti finanziari già negoziati di poterli vendere, confidando sulle regolari contrattazioni che li caratterizzano.

3. I servizi di investimento e gli intermediari abilitati.

Per servizi o attività (7) di investimento si intende una serie di attività negoziali elencate all'art. 1, comma 5 del T.U. sulla finanza, laddove abbiano ad **oggetto** strumenti finanziari.

Prima allora di verificare in cosa consistano queste singole attività negoziali, occorre chiarire il concetto di **strumenti finanziari**.

Il comma 2 dell'art. 1 del T.U. sulla finanza rimanda all'Allegato 1, Sezione C per la delimitazione del concetto di **strumenti finanziari** che comprende:

a) i valori mobiliari;

b) gli strumenti del mercato monetario;

c) le quote di un organismo di investimento collettivo del risparmio (OICR);

d) contratti di opzione, contratti finanziari a termine standardizzati (« future »), contratti a termine ("forward"), contratti derivati caratterizzati da un'attività sottostante di natura finanziaria (8) o diversa da un'attività finanziaria (9);

e) strumenti finanziari derivati per il trasferimento del rischio di credito;

(6) Il mercato primario è soggetto a particolari controlli (art. 129 T.U. bancario; art. 94 T.U. sulla finanza) che sono invece assenti nel mercato secondario.

(7) Dall'art. 4, cifra 1, paragrafo 1 della MIFID 2 si comprende che i "*servizi*" di investimento sono svolti nell'interesse di un terzo, mentre le "*attività*" di investimento sono svolte dall'intermediario per proprio conto e nel proprio interesse.

(8) Tassi di interesse, valute, quotazione di strumenti finanziari, indici di borsa ecc.

(9) Merci, tariffe, variazioni climatiche ecc.

f) contratti finanziari differenziali;

g) quote di emissioni che consistono di qualsiasi unità riconosciuta conforme ai requisiti della direttiva 2003/87/CE.

I **valori mobiliari** costituiscono la sottocategoria più comune degli strumenti finanziari, la quale comprende (art. 1, comma 1-*bis* T.U. sulla finanza) tutti quei valori che possono essere negoziati nel mercato dei capitali, quali ad esempio:

a) azioni di società, altri titoli equivalenti e ricevute di deposito azionario (10);

b) obbligazioni e altri titoli di debito, comprese le ricevute di deposito relative a tali titoli;

c) qualsiasi altro valore mobiliare che permetta di acquisire o di vendere i valori mobiliari indicati alle lettere *a)* e *b)* o che comporti un regolamento a pronti determinato con riferimento a valori mobiliari, valute, tassi di interesse o rendimenti, merci o altri indici o misure.

In altre parole, il concetto di valore mobiliare implica un'idoneità alla circolazione ed un'agevole liquidabilità dell'investimento.

Concetto più ampio della nozione di strumenti finanziari è quello di "**prodotti finanziari**" definiti dall'art. 1, comma 1, lett. *u)* T.U. sulla finanza come "*gli strumenti finanziari e ogni altra forma di investimento di natura finanziaria*", esclusi i depositi bancari o postali non rappresentati da strumenti finanziari. Si tratta quindi di un genere che ricomprende la specie degli strumenti finanziari e riveste particolare importanza in quanto determinati istituti del diritto dei mercati finanziari (ad esempio quello relativo della sollecitazione del pubblico risparmio) fanno esplicito riferimento a tale concetto.

Nel genere dei prodotti finanziari può essere ricompreso qualsiasi titolo (anche non integrante le caratteristiche di un titolo di credito) che abbia la funzione di impiego del risparmio effettuato in vista di un reddito, ossia di un ritorno economico e comportante un rischio

(10) Per "ricevute di deposito" si intendono titoli negoziabili sul mercato dei capitali, rappresentanti la proprietà dei titoli di un emittente non domiciliato, ammissibili alla negoziazione in un mercato regolamentato e negoziati indipendentemente dai titoli dell'emittente non domiciliato.

collegato al trasferimento di risorse a favore di un emittente ed all'incertezza della restituzione di tali risorse ([11]).

Così definito l'oggetto delle attività in esame, siamo in grado di precisare che, per *servizi ed attività di investimento*, dobbiamo intendere, secondo la definizione offertaci dall'art. 1, comma 5 del T.U. sulla finanza, le attività di negoziazione per conto proprio, esecuzione di ordini per conto dei clienti, collocamento, gestione di portafogli, nonché l'attività di ricezione e trasmissione di ordini, la consulenza in materia di investimenti, la gestione di sistemi multilaterali di negoziazione e la gestione di sistemi organizzati di negoziazione, sempre se aventi ad oggetto strumenti finanziari.

Con il termine **negoziazione per conto proprio** si suole indicare l'attività di compravendita di strumenti finanziari che l'intermediario svolge sul mercato secondario in base agli ordini di acquisto o di vendita ricevuti dalla propria clientela: la negoziazione avviene in *contropartita diretta*, ossia l'intermediario acquista sul mercato per

([11]) Non costituisce investimento di natura finanziaria e dunque non rientra nella nozione di prodotto finanziario l'acquisto di diamanti tramite l'intermediazione di una banca, come precisato dalla CONSOB con comunicazione del 6 maggio 2013, chiarendo come tale attività non debba formare oggetto di prospetto informativo (così anche l'Arbitro per le Controversie Finanziarie che, con provvedimento del 1° agosto 2018, Prot. n. 0286785, inedito, ha dichiarato l'inammissibilità di un ricorso in materia). Ad escludere la natura finanziaria dell'investimento sta la considerazione che non basta che vi sia accrescimento della disponibilità patrimoniale dell'acquirente, ma è necessario che l'atteso incremento di valore del capitale impiegato ed il rischio ad esso correlato siano elementi intrinseci dell'operazione. Nel caso di acquisto di diamanti ad escludere la natura finanziaria dell'operazione sono il fatto che si verifica il trasferimento di un pieno diritto di proprietà in capo all'acquirente, senza che vi sia emissione di un certificato rappresentativo di tale diritto, la mancata previsione di un patto di riacquisto da parte della società venditrice ed il fatto che l'unico rendimento previsto a favore dell'acquirente è il valore del bene acquistato al momento della sua rivendita, mentre non esiste altro rendimento collegato o ulteriore rispetto a tale valore, il che fa dell'operazione una normale transazione di tipo commerciale. Alla commercializzazione dei diamanti attraverso il canale bancario non si applicano neppure le tutele di trasparenza previste per la clientela dal Testo unico bancario. Ciò non toglie che tale attività soggiaccia agli obblighi di trasparenza e correttezza previsti dal codice del consumo, come chiarito con provvedimento dell'Autorità Garante della Concorrenza e del Mercato n. 26757 del 20 settembre 2017, con il quale l'Autorità ha sanzionato alcune banche e società venditrici di diamanti per aver venduto diamanti da investimento con "*modalità di offerte giudicate ingannevoli ed omissive*" integranti pratiche commerciali scorrette.

rivendere al proprio cliente o acquista dal cliente per rivendere sul mercato, impegna quindi posizioni proprie e l'operazione va ad incidere sul proprio patrimonio. Tale attività comprende la funzione di ***dealer***, vale a dire di commerciante in capo all'intermediario che lucra lo scarto tra prezzo di acquisto e prezzo di vendita. Essa comprende anche il ruolo di ***market maker*** che ricopre l'intermediario quando si propone, nelle sedi di negoziazione e/o al di fuori delle stesse, come disposto ad acquistare o vendere alla clientela, in maniera continuativa, strumenti finanziari di cui lui stesso definisce il prezzo. In tutti questi casi l'intermediario si obbliga a fare da controparte contrattuale del proprio cliente nella compravendita di strumenti finanziari.

L'esecuzione di ordini per conto della clientela comporta la conclusione di accordi di acquisto o di vendita di uno o più strumenti finanziari per conto dei clienti, compresa la conclusione di accordi per la sottoscrizione o la compravendita di strumenti finanziari emessi da un'impresa di investimento o da una banca al momento della loro emissione.

L'attività di **collocamento** si sostanzia nell'offerta in vendita o in sottoscrizione a terzi di strumenti finanziari da parte dell'intermediario, sulla base di un preventivo accordo con l'emittente. Se gli strumenti finanziari vengono collocati presso il pubblico senza che l'intermediario offra alcuna garanzia all'emittente o al proprietario sul buon fine dell'operazione, si parla di *mero collocamento*. Se invece l'intermediario acquista gli strumenti finanziari dall'emittente prima di collocarli sul mercato, si parla di *collocamento con preventiva sottoscrizione* o *acquisto a fermo*. Nel collocamento *con assunzione di garanzia* invece l'intermediario si impegna ad acquistare tutti i titoli che al termine dell'offerta risultassero non collocati.

Nella **gestione di portafoglio** su base individuale e per conto terzi, il cliente affida all'intermediario il compito di effettuare, per suo conto, attività di investimento e disinvestimento del patrimonio affidatogli, nell'intento di ottenerne un incremento di valore. Tale attività è caratterizzata da un mandato che il cliente conferisce al gestore per movimentare *discrezionalmente* il proprio portafoglio di investimento, seppure con le specificazioni stabilite dall'art. 38 del regolamento

CONSOB 20307/2018 per i clienti al dettaglio ed entro i limiti stabiliti caso per caso dallo stesso cliente (12).

L'attività di **ricezione e trasmissione di ordini** è un servizio strettamente connesso alla negoziazione, poiché in essa l'intermediario raccoglie gli ordini di acquisto o di vendita di strumenti finanziari dalla propria clientela e li trasmette sul mercato per la loro materiale esecuzione, senza obbligarsi in proprio e quindi non impegnando il proprio patrimonio come nella negoziazione per conto proprio. L'intermediario si limita quindi a mettere in contatto due o più investitori, rendendo così possibile la conclusione di un'operazione fra loro, secondo lo schema della mediazione. In questa attività rientra l'attività tipica del ***broker*** ovvero dell'intermediario puro o agente, il quale si obbliga verso il proprio cliente a cercare sul mercato un altro intermediario che, agendo sempre per conto di un investitore, sia interessato a concludere la compravendita.

(12) Nell'attività di gestione di portafogli individuali deve essere indicato per iscritto, nel contratto quadro, il grado di rischio di ciascuna linea di gestione patrimoniale (Cass. 12 aprile 2016, n. 8089, in *www.ilcaso.it*, Sez. giur., 2016, 14873; nello stesso senso Cass., 1 dicembre 2016, n. 24545, in *Banca, borsa, tit. cred.*, 2018, n.2, II, 196 ss., secondo cui va preventivamente indicato il grado di rischio di ciascuna linea di gestione patrimoniale, la cui mancanza, tuttavia, può essere integrata dal cd. "benchmark", il quale, configurandosi come un parametro oggettivo di riferimento coerente con i rischi connessi alle singole gestioni, cui commisurare i relativi risultati, concorre a definire, sia pur indirettamente, mediante una selezione di indici e l'esemplificazione di tipologie d'investimento, il massimo grado di rischio al quale l'investitore ha inteso contrattualmente esporsi). In caso di andamento negativo degli investimenti, spetta all'investitore dimostrare la negligente condotta dell'intermediario nella scelta degli strumenti finanziari da inserire nella gestione patrimoniale (Trib. Milano, 21 ottobre 2004, in *Giur. comm.*, 2005, II, 616), fermo restando che l'inosservanza di una strategia di investimento coerente con il grado di propensione al rischio del cliente ed un eccessivo scostamento del rendimento della gestione rispetto all'indicatore finanziario prescelto (*benchmark*) determina una responsabilità contrattuale dell'intermediario (Trib. Biella, 5 aprile 2007, in *Banca, borsa, tit. cred.*, 2009, II, 63 ss.; Cass., 3 gennaio 2017, n. 24 ha confermato che sussiste inadempimento ove la Banca o l'intermediario attui una gestione incoerente con i rischi contrattualmente assunti e sinteticamente rappresentati dal *benchmark* da intendersi come "*parametro oggettivo di riferimento coerente con i rischi a essa* (la gestione n.d.r.) *connessi al quale commisurare i risultati della gestione*", il che comporta che, se anche esso non impone al gestore di acquistare titoli nelle proporzioni indicate, "*in ogni caso costituisce un modo per valutare la razionalità e la adeguatezza dell'attività dell'intermediario, giacché a ogni benchmark è associato un rischio, misurato statisticamente dalla volatilità che caratterizza il parametro prescelto a riferimento*").

Vi sono poi l'attività di **consulenza**, nonché l'attività di gestione di **sistemi multilaterali di negoziazione** e di **sistemi organizzati di negoziazione**, di cui abbiamo già detto sopra.

L'esercizio professionale nei confronti del pubblico di tali attività è riservata solo a determinati soggetti debitamente autorizzati: si tratta di **banche** ed **imprese di investimento**, sia italiane (le SIM), sia comunitarie, sia extracomunitarie (artt. 18 e 19 del T.U. sulla finanza).

SIM ed imprese di investimento extracomunitarie diverse dalle banche sono iscritte in un albo tenuto dalla CONSOB, mentre le imprese di investimento comunitarie sono iscritte in un apposito elenco allegato al predetto albo (art. 20 T.U. sulla finanza).

La consulenza può essere svolta anche dalle persone fisiche e dalle società per azioni o a responsabilità limitata in possesso dei requisiti patrimoniali e di indipendenza stabiliti dal Ministro dell'economia e delle finanze, che non detengano somme di denaro o strumenti finanziari di pertinenza dei clienti, purché iscritte nell'apposito albo unico dei consulenti finanziari tenuto da un Organismo di vigilanza, dotato di personalità giuridica di diritto privato (anche se svolge una funzione pubblica), di autonomia statutaria ed organizzativa, costituito da rappresentati delle associazioni di categoria dei soggetti da iscrivere e soggetto alla vigilanza della CONSOB ([13]).

Con l'entrata a regime della MIFID 2 si è consolidata la distinzione tra consulenza finanziaria indipendente e dipendente, a seconda che il

([13]) L'art. 18-*ter* del T.U. sulla finanza prevede le società di consulenza finanziaria le quali debbono essere iscritte in un'apposita sezione dell'albo unico dei consulenti finanziari di cui all'art. 31, comma 4 del T.U. sulla finanza. Sulla disciplina dei consulenti finanziari si vedano gli artt. 138 ss. del regolamento CONSOB n. 20307 del 15 febbraio 2018.

L'albo unico dei consulenti finanziari ricomprende:

— i consulenti finanziari abilitati all'offerta fuori sede (persone fisiche che esercitano professionalmente l'offerta fuori sede come dipendenti, agenti o mandatari, ricompresi nella più ampia categoria degli *agenti collegati* di cui all'art. 1, comma 5-*septies*.2 del T.U. sulla finanza, costituita da quei soggetti che operano per una sola impresa di investimento nel promuovere servizi di investimento e/o servizi accessori, nel ricevere e trasmettere le istruzioni o gli ordini dei clienti, nel collocare strumenti finanziari o nel prestare consulenza ai clienti o potenziali clienti), i quali hanno sostituito i promotori finanziari previsti prima della MIFID 2;

— i consulenti finanziari autonomi (persone fisiche);

— le società di consulenza.

Ognuna delle predette categorie è iscritta in una sezione distinta.

consulente operi o meno nell'esclusivo interesse del cliente-investitore e venga o meno remunerato solo da quest'ultimo (gli obblighi dei consulenti finanziari autonomi sono indicati dagli artt. 162 ss. del regolamento CONSOB 20307/2018).

Il rilascio dell'autorizzazione alle **SIM** è di competenza della **CONSOB** e presuppone il possesso dei requisiti indicati all'art. 19 del T.U. sulla finanza che ricordano quelli richiesti per l'autorizzazione all'esercizio dell'attività bancaria.

Il rilascio dell'autorizzazione all'esercizio di servizi di investimento da parte di **banche**, **intermediari finanziari** di cui all'art. 106 T.U. bancario e **Società di Gestione del Risparmio** è invece di competenza della **Banca d'Italia**, la quale autorizza anche la costituzione di **SICAV** e **SICAF**, di cui parleremo al paragrafo 5.

I soggetti autorizzati possono prestare anche **servizi accessori** ed attività connesse e strumentali, elencati dall'Allegato I, Sezione B del T.U. sulla finanza (richiamato dall'art. 1, comma 6), tra i quali ricordiamo l'attività di custodia ed amministrazione di strumenti finanziari, la concessione di finanziamenti agli investitori per consentire loro di effettuare un'operazione di investimento nella quale intervenga il soggetto finanziatore, la consulenza alle imprese, i servizi di cambio legati all'attività di investimento e la ricerca in materia di investimenti.

Lo svolgimento di servizi di investimento è consentito anche a soggetti diversi da banche ed imprese di investimento, ma limitatamente ad alcune attività di intermediazione ed in particolare:

— le **società di gestione del risparmio** (SGR) ([14]) possono svolgere il servizio di gestione su base individuale di portafogli di investimento per conto terzi, il servizio di consulenza in materia di investimenti e l'attività di gestione collettiva del risparmio (artt. 18, comma 2 e 33 T.U. sulla finanza) ([15]);

([14]) Le SGR (società di gestione del risparmio) sono società per azioni, con sede legale e direzione generale in Italia, autorizzate a prestare il servizio di gestione collettiva del risparmio (art. 1, comma 1, lett. *o*, T.U. sulla finanza), di cui parleremo al paragrafo 5.

([15]) Va però precisato che l'attività di gestione collettiva del risparmio non costituisce servizio di investimento, non essendo ricompresa nell'elencazione di cui all'art. 1, comma 5 del T.U. sulla finanza (AA.VV., *Manuale di diritto dei mercati finanziari*, a cura di Amorosino e Rabitti Bedogni, Milano, 2004, 81).

— gli **intermediari finanziari** di cui agli artt. 106 e segg. del T.U. bancario possono svolgere il servizio di negoziazione per conto proprio e di esecuzione di ordini per conto dei clienti di contratti derivati, nonché il servizio di collocamento di strumenti finanziari in genere ovvero quello di assunzione di garanzie nei confronti dell'emittente (art. 18, comma 3 T.U. sulla finanza);

— gli **agenti di cambio** (16), iscritti nel relativo ruolo unico nazionale, possono svolgere l'attività di esecuzione di ordini per conto dei clienti (non di negoziazione per conto proprio se non per investimento del patrimonio personale), di collocamento senza preventiva sottoscrizione o acquisto a fermo e senza assunzione di garanzia nei confronti dell'emittente, l'attività di gestione su base individuale del portafoglio di investimento per conto terzi, l'attività di ricezione e trasmissione di ordini nonché di mediazione e l'attività di consulenza (art. 201, comma 7 T.U. sulla finanza);

— le **società fiduciarie** (iscritte in una sezione speciale dell'albo delle SIM tenuto dalla CONSOB) possono svolgere l'attività di gestione di portafogli per conto terzi, mediante intestazione fiduciaria del patrimonio in gestione (art. 199 T.U. sulla finanza) (17);

(16) Il ruolo degli agenti di cambio è destinato a scomparire, non potendo essere banditi concorsi per la nomina di nuove figure di quel tipo (art. 201, comma 3 T.U. finanza).

(17) L'attività delle società fiduciarie può essere di due tipi: attività di gestione su base individuale di patrimoni di terzi mediante la loro intestazione fiduciaria (le cosiddette *fiduciarie dinamiche* già previste dall'art. 60, comma 4 D.Lgs. 23 luglio 1996, n. 415) oppure attività di semplice amministrazione e custodia di valori mobiliari loro affidati, senza alcuna gestione (le cosiddette *fiduciarie statiche* di cui alla legge 23 novembre 1939, n. 1966). La differenza formale tra queste due categorie di fiduciarie è che le fiduciarie dinamiche dovevano essere iscritte nell'apposita sezione dell'albo delle SIM *ex* art. 3 della legge n. 1/1991 ed hanno poi assunto la denominazione di SIM *ex* art. 60, comma 4 del D.Lgs. 415/1996, mentre le fiduciarie statiche non hanno tale iscrizione, non operando (e non potendo operare) alcuna gestione di patrimoni. Entrambe le fiduciarie sono destinate a sopravvivere fino all'entrata in vigore della riforma organica di tali enti (art. 199 T.U. sulla finanza). Le fiduciarie statiche però debbono essere iscritte, previa autorizzazione della Banca d'Italia, in una sezione separata dell'albo di cui all'art. 106 del T.U. bancario se sono controllate, direttamente o indirettamente, da una banca o da un intermediario finanziario o se hanno adottato la forma di s.p.a. con capitale sociale versato almeno doppio a quello minimo previsto per legge. L'iscrizione non consente lo svolgimento di attività di concessione di finanziamenti e determina l'assoggettamento alla vigilanza della Banca d'Italia (oltre

— la società **Poste Italiane s.p.a.**, che, a seguito del D.P.R. 14 marzo 2001, n. [144 poi integrato con il D.P.R. 28 novembre 2002, n. 298 ([18])], può svolgere attività di bancoposta che comprende:

- la raccolta del risparmio presso il pubblico
- i servizi di pagamento (compresa l'emissione di carte prepagate);
- i servizi di intermediazione in cambi;
- la promozione ed il collocamento presso il pubblico di finanziamenti concessi da banche ed intermediari finanziari;
- i servizi accessori di cui all'art. 12 del D.M. 144/2001 (negoziazione per conto terzi, collocamento, ricezione e trasmissione di ordini e mediazione);

— le **società di gestione dei mercati regolamentati** le quali, oltre a organizzare e gestire mercati regolamentati, possono svolgere quelle attività di investimento che consistono nel gestire un *sistema multilaterale di negoziazione* o un *sistema organizzato di negoziazione* (art. 64 T.U. sulla finanza);

— le **società di gestione del portale** per la raccolta on line di capitali per le piccole e medie imprese e per le imprese sociali ed iscritte nell'apposito registro tenuto dalla CONSOB, di cui all'art. 50-*quinquies*, comma 2 T.U. sulla finanza.

Nel regolare lo svolgimento dei servizi finanziari, il T.U. sulla finanza si preoccupa di tutelare la sicurezza degli investitori contro gli abusi che potrebbero provenire dagli operatori, attraverso una serie di presidi quali:

I) la **vigilanza** sugli operatori;

II) la **separazione patrimoniale** ovvero la distinzione tra il patrimonio degli intermediari e gli strumenti finanziari o le somme di

che del Ministro per lo sviluppo economico) ed agli obblighi antiriciclaggio (di identificazione e di registrazione nel registro unico informatico dei titolari effettivi dei rapporti, vale a dire dei fiducianti). La mancanza dei requisiti che consentono l'iscrizione nella predetta sezione separata dell'albo degli intermediari finanziari comporta la revoca dell'autorizzazione ad operare rilasciata dal Ministro per lo sviluppo economico ai sensi dell'art. 2 della legge 1966/1939.

([18]) Banca d'Italia ha precisato le regole di vigilanza a cui è assoggettata l'attività finanziaria di Poste Italiane s.p.a. nel proprio provvedimento del 9 aprile 2004 (in *G.U.* 28 aprile 2004, n. 99).

denaro appartenenti ai singoli clienti, ancorché detenuti dagli intermediari medesimi (art. 22) ([19]);

III) l'imposizione di **obblighi di trasparenza e correttezza** degli intermediari verso i clienti e l'obbligo di **adeguata informazione** sui rischi connessi alle varie forme di investimento (art. 21);

IV) la previsione, in caso di **crisi** degli intermediari, di procedure concorsuali speciali disciplinate sul modello del T.U. bancario e graduate a seconda della gravità della situazione.

Caratteristica comune a tutti gli operatori abilitati è quella di essere assoggettati alla vigilanza di organi pubblici non solo nella fase di autorizzazione allo svolgimento dei servizi finanziari, ma anche nella fase della loro operatività.

Gli Organi di Vigilanza operanti sul mercato finanziario sono: la **CONSOB** che vigila sulla **trasparenza** e **correttezza** dei comportamenti e la **Banca d'Italia** che vigila sul **contenimento del rischio** e sulla **stabilità patrimoniale** (art. 5 T.U. sulla finanza), interviene in materia di deposito e sub-deposito di strumenti finanziari e di regole applicabili agli Organismi di investimento collettivo del risparmio.

Così come si è detto a proposito delle Autorità creditizie, anche l'attività di vigilanza della CONSOB è coperta dal **segreto d'ufficio**: infatti l'art. 4, comma 10 del T.U. sulla finanza prescrive l'obbligo di segretezza su tutte le notizie, le informazioni ed i dati acquisiti attraverso l'attività di vigilanza, tranne che le informazioni siano richieste

([19]) Tale separazione opera sia tra i patrimoni dei singoli investitori (separazione reciproca dei patrimoni dei singoli clienti) sia tra il patrimonio di ciascun investitore e quello dell'intermediario (principio della doppia separazione). Ciò comporta:

— il divieto di azioni esecutive sui beni di proprietà dei risparmiatori da parte dei creditori dell'intermediario;

— la limitazione al patrimonio di proprietà del singolo cliente delle azioni promosse dai creditori di quest'ultimo;

— il divieto di compensazione tra le disponibilità liquide o gli strumenti finanziari di competenza dei clienti e depositati dall'intermediario presso terzi ed i debiti assunti dall'intermediario verso i terzi depositari o sub depositari;

— il divieto di utilizzazione delle disponibilità liquide e degli strumenti finanziari del cliente da parte dell'intermediario nell'interesse proprio o di terzi.

Il principio della separazione patrimoniale serve anzitutto ad impedire che, in caso di assoggettamento a procedure concorsuali dell'intermediario che abbia la titolarità e la gestione di strumenti finanziari e/o di somme appartenenti ai singoli investitori, queste vengano assoggettate a liquidazione concorsuale, potendo essere rivendicate dai medesimi investitori sottraendole così al concorso con gli altri creditori.

dal Ministro dell'economia e delle finanze o, nei casi previsti dalla legge, nell'ambito di indagini relative a fatti costituenti reato ([20]).

Nello svolgimento dei loro compiti gli Organi di vigilanza sono affiancati dal collegio sindacale di ciascuna società quotata, il quale deve informare senza indugio la CONSOB di tutto ciò che possa costituire un'irregolarità nella gestione o una violazione di norme ([21]).

Analogo compito spetta anche alle società di revisione alle quali debbono essere obbligatoriamente sottoposti i bilanci degli intermediari abilitati al fine di verificarne la conformità alla contabilità aziendale. Tali società devono segnalare agli organi di vigilanza ed all'organo di controllo i fatti pregiudizievoli per la continuità dell'impresa o quelli che comportano un giudizio negativo o l'impossibilità di esprimere un giudizio sulla gestione delle società quotate ([22]).

([20]) La Corte Costituzionale, con la sentenza 3 novembre 2000, n. 460 (in *Foro it.*, 2001, I, 3055 ss.), ha precisato che il segreto d'ufficio non impedisce al diretto interessato di avere notizia degli atti di ispezione relativi ad un procedimento disciplinare avviato nei suoi confronti.

([21]) La legge 28 dicembre 2005, n. 262 ha notevolmente aumentato i compiti ed i poteri di controllo dell'organo di vigilanza (collegio sindacale, consiglio di sorveglianza e comitato per il controllo sulla gestione a seconda del sistema di governo prescelto dalla società) e le relative responsabilità. In particolare, i novellati artt. 151, 151-*bis* e 151-*ter* del T.U. sulla finanza, nella versione introdotta dalla citata legge 262/2005, hanno previsto che l'organo di controllo o il suo singolo componente possano procedere ad atti di ispezione e controllo, chiedere informazioni anche con riferimento alle società controllate (rivolgendosi direttamente ai suoi organi di amministrazione e controllo) sull'andamento delle operazioni sociali o di determinati affari. Viene poi riconosciuto all'organo di controllo il potere di deliberare l'azione di responsabilità nei confronti degli amministratori (e ciò anche nelle società non quotate, considerato che tale potere è stato riconosciuto dal novellato art. 2393 c.c. applicabile a tutte le società per azioni).

([22]) Anche sul fronte del controllo contabile la legge 262/2005 ha notevolmente accentuato compiti e responsabilità delle società di revisione, cercando di garantirne maggiormente l'indipendenza e l'idoneità tecnica, mediante il loro assoggettamento alla vigilanza ed al potere sanzionatorio della CONSOB, la quale può vietare il conferimento dell'incarico ad una società di revisione o revocarlo, stabilisce con apposito regolamento i criteri generali per la determinazione dei corrispettivi per l'incarico di revisore, può stabilire i principi ed i criteri da adottare per la revisione contabile, può chiedere alle società di revisione la trasmissione di dati e notizie, eseguire ispezioni e assumere notizie da soci, amministratori, membri dell'organo di controllo e dirigenti della società di revisione, determinare con regolamento l'ammontare della garanzia o della polizza assicurativa della responsabilità professionale di cui le società di revisione sono tenute a munirsi per ottenere l'iscrizione nel Registro dei revisori legali oggi

Viene poi prevista la figura del dirigente preposto alla redazione dei documenti contabili societari, che assume la responsabilità della veridicità degli atti e delle comunicazioni della società quotata previste dalla legge e diffuse al mercato. Spetta a detto dirigente predisporre adeguate procedure amministrative e contabili per la redazione del bilancio di esercizio e del bilancio consolidato (art. 154-*bis* T.U. sulla finanza come introdotto dalla legge 262/2005).

4. Le regole di comportamento degli intermediari e la responsabilità nello svolgimento di servizi ed attività di investimento.

Nello svolgimento dei servizi di investimento che si sono visti, ogni intermediario ha l'obbligo di agire sempre con la *diligenza* dell'operatore qualificato (art. 21, lett. *a*, T.U. sulla finanza ed art. 1176, comma 2 c.c.), acquisendo un'adeguata conoscenza degli strumenti finanziari offerti ed obbligandosi a far conseguire al cliente il miglior risultato possibile in relazione al livello di rischio prescelto ([23]).

Gli obblighi degli intermediari si concretizzano in alcune fondamentali regole di condotta:

— la *know your customer rule* (art. 21, comma 1, lett. *b* T.U. sulla finanza ed artt. 40 e segg. del regolamento CONSOB 20307/2018), secondo cui l'intermediario è obbligato, prima di stipulare il contratto di investimento, ad acquisire tutte le informazioni necessarie a comprendere la conoscenza e l'esperienza del cliente in materia di inve-

tenuto dal Ministro dell'economia e delle finanze. Sempre a tutela dell'indipendenza delle società di revisione, la legge 262/2005 prevede che ad esse sia inibito di fornire alla società sottoposta a controllo contabile o ad altre società del gruppo servizi estranei all'attività di revisione e viene previsto un limite temporale alla durata del mandato.

([23]) L'osservanza delle stesse regole di comportamento è imposta anche nella distribuzione di prodotti assicurativi e di investimento assicurativi, come precisato dal Regolamento Delegato (UE) 2017/2359 della Commissione che specifica alcune disposizioni di carattere generale contenute nella Direttiva UE 2016/97 in materia di distribuzione assicurativa ("Direttiva IDD") e dall'art. 25-*ter* del T.U. sulla finanza introdotto dal D.Lgs. 21 maggio 2018, n. 68. A seguito del recepimento della Direttiva (UE) n. 2016/97, è stata emanata la delibera CONSOB del 29 luglio 2020, n. 21466, che ha modificato il regolamento intermediari del 15 febbraio 2018, n. 20307, introducendo particolari regole di condotta ed obblighi informativi a cui si devono attenere gli intermediari vigilati nella distribuzione di prodotti di investimento assicurativi (*Insurance-Based Investment Product* - IBIP).

stimenti, la sua propensione al rischio, fornendo una descrizione generale della natura e dei rischi degli strumenti finanziari, tenendo conto, in particolare, della classificazione del cliente come cliente al dettaglio, cliente professionale o controparte qualificata, specificando le caratteristiche del tipo di strumento finanziario interessato, il funzionamento ed i risultati dello stesso in varie condizioni di mercato, sia positive che negative, ed i rischi propri di tale tipo di strumento, in modo sufficientemente dettagliato da consentire al cliente di adottare decisioni di investimento informate (art. 48 del regolamento delegato UE 2017/565 richiamato dall'art. 37, comma 2 del regolamento CONSOB 20307/2018);

— la *know your merchandise rule* (art. 21, commi 2-*bis* e 2-*ter* del T.U. sulla finanza ed artt. 63 ss. del regolamento CONSOB 20307/2018), secondo cui gli intermediari hanno anzitutto l'obbligo di conoscere le esigenze del mercato di riferimento (*target market*) quando *realizzano* strumenti finanziari per la vendita alla clientela e comunque l'obbligo di conoscere gli strumenti finanziari *offerti* o *raccomandati* per valutarne la compatibilità con le esigenze della clientela, sempre tenendo conto del mercato di riferimento;

— la *suitability rule* (artt. 40 e segg. del regolamento CONSOB 20307/2018), secondo cui gli intermediari debbono segnalare la non adeguatezza o la non appropriatezza dell'operazione richiesta dal cliente;

— la *best execution rule* (espressa dall'art. 47 del regolamento CONSOB 20307/2018), secondo cui gli intermediari debbono eseguire le operazioni richieste in modo tale da conseguire il miglior risultato possibile per i loro clienti, avendo riguardo al prezzo, ai costi, alla rapidità e alla probabilità di esecuzione e di regolamento, alle dimensioni, alla natura dell'ordine o a qualsiasi altra considerazione pertinente ai fini della sua esecuzione.

Gli intermediari hanno poi l'obbligo di adottare ogni misura idonea ad identificare, prevenire o gestire i *conflitti di interesse* che potrebbero insorgere nella prestazione dei servizi di investimento o accessori o derivare dalla percezione di incentivi (*inducements*) da parte dell'intermediario e comunque l'obbligo di evitare danni ai clienti, informandoli della natura e delle fonti del conflitto e delle misure adottate per mitigare i rischi connessi laddove non sia evitato il rischio di nocumento (art. 21, commi 1-*bis* e 1-*ter* T.U. sulla finanza, artt. 27, comma 1, 33 ss. del regolamento delegato UE 2017/565 ed artt. 65, 92 ss., 115 ss. del Regolamento CONSOB 20307/2018) (24).

Inoltre gli intermediari, ove concludano **fuori sede** un contratto di investimento, debbono inserire nel modulo negoziale l'avvertenza che il cliente ha diritto di recedere entro 7 giorni dalla data di sottoscrizione (durante i quali gli effetti del contratto restano sospesi) e ciò a pena di nullità relativa del contratto (art. 30, commi 6 e 7 T.U. finanza (25).

Tutti i doveri informativi appena esaminati sussistono anche in caso di prestazione di servizi di investimento per **via telematica** (26).

(24) Era dibattuto in dottrina se, in presenza di un conflitto di interessi tra intermediario e cliente, l'intermediario avesse l'obbligo di astenersi dall'operare senza un espresso consenso del cliente. Oggi le nuove disposizioni di attuazione della direttiva MIFID 2 (citate nel testo) prevedono solo un obbligo di dettagliata e trasparente informazione sull'esistenza della situazione di conflitto di interessi. È chiaro che, ove l'esecuzione dell'operazione desse luogo ad un danno certo a carico del cliente, l'intermediario avrebbe l'obbligo di astenersi non tanto in forza delle disposizioni in materia di conflitto di interessi, quanto piuttosto in adempimento dei più generali doveri di diligenza professionale e di miglior realizzazione dell'interesse del cliente.

(25) Cass., Sez. Un., 3 giugno 2013, n. 13905 ha chiarito che la disciplina sull'offerta fuori sede si applica non solo nel caso di vendita di strumenti finanziari nell'ambito di un servizio di collocamento o di gestione di portafogli individuali a cui letteralmente si riferisce la norma, ma anche nell'ambito di un servizio di investimento diverso. Conferma questo indirizzo Cass. 1 giugno 2016, n. 11401, la quale precisa però che il principio non si applica alla stipulazione del c.d. contratto-quadro, che di per sè non implica l'acquisto di strumenti finanziari ed è perciò sicuramente estranea alla nozione di "collocamento", sia pur latamente intesa. Cass., 27 ottobre 2020, n. 23569 ha precisato che la sede idonea ad escludere il diritto di recesso dell'investitore è solo la sede legale dell'intermediario o una sua unità locale, costituita da una stabile organizzazione di mezzi e di persone, aperta al pubblico, dotata di autonomia tecnica e decisionale, che presta in via continuativa servizi e attività di investimento.

L'art. 56-*quater* della legge 9 agosto 2013, n. 98, di conversione del D.L. 21 giugno 2013, n. 69, ha previsto esplicitamente l'estensione del *ius poenitendi* ai servizi di negoziazione per conto proprio di strumenti finanziari, per tutti i contratti conclusi fuori sede a decorrere dal 1° settembre 2013, modificando in tal senso l'art. 30, comma 6 del T.U. sulla finanza.

(26) La comunicazione CONSOB n. DI 30396 del 21 aprile 2000 ha precisato che la normativa in esame si applichi integralmente anche ai servizi via internet. La giurisprudenza è giunta alla stessa conclusione (Trib. Milano, 3 giugno 2010, in *I contratti*, 2010, n. 8-9, 823; App. Milano, 28 aprile 2010, in *www.ilcaso.it*, I, 2010, 2260; Trib. Forlì, 20 gennaio 2010, *ivi*, I, 2010, 2262), precisando altresì che costituisce strumento idoneo a fornire al cliente le avvertenze richieste su natura, caratteristiche e rischiosità degli investimenti la presenza di *links* sulla schermata relativa al titolo oggetto dell'investimento, ma l'intermediario deve dimostrare che i *links* siano attivati, in modo tale da

Una particolare attenzione agli obblighi di informazione è stata prevista anche dal D.Lgs. 19 agosto 2005, n. 190 (di attuazione della direttiva 2002/65/CE, oggi confluito nel Codice del consumo approvato con D.Lgs. 206/2005, agli artt. 67-*bis* e ss.) sulla prestazione di **servizi di investimento a distanza** a favore di consumatori. In particolare gli artt. 67-*quater* e ss. del codice del consumo prevedono l'obbligo di dettagliate informazioni imposto al fornitore di servizi di investimento a distanza prima del perfezionamento del contratto ed a favore del consumatore investitore circa i dati riferiti al fornitore, alle condizioni del servizio finanziario offerto, al contratto a distanza da concludere ed alle forme di tutela del consumatore (ricorsi, reclami, fondi di garanzia ecc.).

Le regole di condotta imposte agli intermediari hanno un contenuto differente a seconda della **classificazione dei clienti** con i quali l'intermediario viene in contatto ed a seconda del **tipo** di servizio di investimento.

***a*) La classificazione della clientela.** — L'attuale normativa distingue tre categorie di clienti:

— **clienti professionali**, verso i quali gli intermediari hanno minori obblighi di informazione e trasparenza;

— **controparti qualificate**, che costituiscono una sottocategoria meno ampia dei clienti professionali;

— **clienti al dettaglio**, nei cui confronti esiste la massima tutela in termini di trasparenza e informazione.

Vediamo di individuare le caratteristiche di ciascuna di queste categorie.

*****

I **clienti professionali** sono identificati come investitori che soddisfano i criteri indicati nell'Allegato II della direttiva MIFID 2 e nell'Allegato n. 3 del regolamento CONSOB 20307/2018: si tratta di

consentire all'investitore di ottenere un collegamento diretto ai siti che forniscono le informazioni specifiche, senza dover ricorrere ad altri operatori o ad altri servizi non accessibili direttamente dal sito dedicato agli investimenti (Trib. Mantova, 26 giugno 2008, in *www.ilcaso.it*, I, 2009, 1921). L'art. 127 del regolamento CONSOB 20307/2018 prevede espressamente l'applicazione delle regole di condotta ivi previste alla promozione ed al collocamento, mediante tecniche di comunicazione a distanza, di prodotti finanziari nonché di servizi e attività d'investimento prestati da altri intermediari.

quei clienti che possiedono l'*esperienza*, le *conoscenze* e la *competenza* necessarie per prendere consapevolmente le proprie decisioni in materia di investimenti e per valutare correttamente i rischi che assumono.

I clienti professionali possono essere **privati o pubblici**.

I **clienti professionali privati** si suddividono in clienti professionali ***di diritto*** e clienti professionali ***a richiesta***.

Sono **clienti professionali privati *di diritto*** i seguenti soggetti:

1) i soggetti che sono tenuti ad essere *autorizzati* o *regolamentati* per operare nei mercati finanziari, siano essi italiani o esteri e precisamente:

a) le banche;

b) le imprese di investimento;

c) altri istituti finanziari autorizzati o regolamentati;

d) le imprese di assicurazione;

e) gli organismi di investimento collettivo e le società di gestione di tali organismi;

f) i fondi pensione e le società di gestione di tali fondi;

g) i negoziatori per conto proprio di merci e strumenti derivati su merci;

h) i soggetti che svolgono esclusivamente la negoziazione per conto proprio su mercati di strumenti finanziari e che aderiscono indirettamente al servizio di liquidazione, nonché al sistema di compensazione e garanzia (*locals*);

i) altri investitori istituzionali;

j) gli agenti di cambio;

2) le *imprese di grandi dimensioni* che raggiungono, a livello di singola società, almeno due dei seguenti requisiti dimensionali:

a) totale di bilancio: € 20.000.000,

b) fatturato netto: € 40.000.000,

c) fondi propri: € 2.000.000;

3) gli *investitori istituzionali* la cui attività principale è investire in strumenti finanziari, compresi gli enti dediti alla cartolarizzazione di attivi o altre operazioni finanziarie.

L'Allegato 3 al regolamento intermediari prevede che i clienti professionali di diritto possano chiedere all'intermediario di essere trattati come clienti al dettaglio, ma occorre il consenso dell'intermediario perché il cliente possa ricevere la maggior tutela propria dei clienti al dettaglio. Se cliente professionale è un'impresa, essa va comunque informata, prima di qualunque prestazione di servizi, del trattamento riservatole come cliente professionale e della possibilità che ha di richiedere il trattamento come cliente al dettaglio.

Sono **clienti professionali privati *su richiesta*** coloro che facciano espressa richiesta di essere considerati come tali, purché siano rispettati precisi **criteri** e **procedure** che sono elencati sempre nell'allegato 3 del regolamento intermediari.

In particolare, per poter inquadrare come professionale un cliente che richieda tale qualifica, devono essere soddisfatti **almeno due** dei seguenti requisiti:

1) il cliente abbia effettuato operazioni di dimensioni significative sul mercato in questione con una frequenza media di *10 operazioni al trimestre* nei quattro trimestri precedenti;

2) il valore del portafoglio di strumenti finanziari del cliente, inclusi i depositi in contante, deve *superare* € *500.000*;

3) il cliente lavora o ha lavorato nel settore finanziario per almeno *un anno* in una posizione professionale che presupponga la conoscenza delle operazioni o dei servizi previsti.

In caso di persone giuridiche, la valutazione di cui sopra è condotta con riguardo alla persona autorizzata ad effettuare operazioni per loro conto e/o alla persona giuridica medesima.

La procedura necessaria perché sia efficace la classificazione come cliente professionale a richiesta è la seguente:

— i clienti devono comunicare **per iscritto** all'intermediario che desiderano essere trattati come clienti professionali, a titolo generale o rispetto ad un particolare servizio od operazione di investimento o tipo di operazione o di prodotto;

— l'intermediario deve **avvertire** i clienti, in una **comunicazione scritta** e chiara, di quali sono le protezioni e i diritti di indennizzo che potrebbero perdere;

— i clienti devono **dichiarare per iscritto**, in un documento separato dal contratto, di essere a conoscenza delle conseguenze derivanti dalla perdita di tali protezioni.

La categoria dei **clienti professionali pubblici** è individuata con decreto del Ministro dell'economia e delle finanze, sentite la Banca d'Italia e la CONSOB, secondo quanto previsto dall'art. 6, comma 2-*sexies* del T.U. sulla finanza ([27]).

*****

Controparti qualificate sono, secondo quanto previsto dall'art. 61 del regolamento intermediari 20307/2018 e dall'art. 6, comma 2-*quater*, lett. *d)* T.U. sulla finanza, i clienti a cui sono prestati servizi di *negoziazione per conto proprio*, *esecuzione di ordini*, *ricezione e trasmissione di ordini* che appartengano ad una delle seguenti categorie:

1) soggetti autorizzati o regolamentati, cioè imprese di investimento, banche, imprese di assicurazione, OICR, gestori, fondi pensione, intermediari finanziari iscritti negli elenchi previsti dagli artt. 106 e segg. del T.U. bancario, società di cui all'art. 18 del T.U. bancario, istituti di moneta elettronica, fondazioni bancarie, oltre a Governi nazionali e loro corrispondenti uffici, banche centrali ed organizzazioni sovranazionali a carattere pubblico;

2) soggetti, diversi da quelli già indicati al numero che precede, tenuti ad essere autorizzati o regolamentati per operare nei mercati finanziari, siano essi italiani o esteri (negoziatori per conto proprio di merci e strumenti derivati su merci; soggetti che svolgono esclusivamente la negoziazione per conto proprio su mercati di strumenti finanziari e che aderiscono indirettamente al servizio di liquidazione, nonché al sistema di compensazione e garanzia; altri investitori istituzionali; agenti di cambio);

3) imprese di grandi dimensioni che presentano almeno 2 dei 3 requisiti già visti per le grandi imprese che rientrano nell'ambito dei clienti professionali;

4) imprese riconosciute come controparti qualificate dalla legislazione di uno Stato membro, se soddisfano soglie quantitative e requisiti adeguati e prefissati (art. 30, paragrafo 3 della direttiva 2014/65/UE,

([27]) Il decreto del Ministro dell'economia e delle finanze 11 novembre 2011, n. 236 (in G.U. n. 56 del 7 marzo 2012) classifica come clienti professionali pubblici il Governo della Repubblica e la Banca d'Italia e — ma solo su loro specifica richiesta — le Regioni, le Province autonome di Trento e Bolzano, i soggetti di cui all'art. 2 del decreto legislativo 18 agosto 2000, n. 267 (comuni, province, città metropolitane, comunità montane, comunità isolane e unioni di comuni), nonché gli enti pubblici nazionali e regionali, a condizione che i richiedenti soddisfino congiuntamente i requisiti elencati all'art. 3 del medesimo decreto ministeriale.

richiamata dall'art. 61, comma 2 del Regolamento CONSOB sugli intermediari).

Laddove il cliente rientri in una delle categorie sopra indicate sub 2), 3) o 4), l'intermediario deve ottenere la conferma esplicita, in via generale o in relazione alle singole operazioni, che esso accetti di essere trattato come controparte qualificata.

Una controparte qualificata può richiedere, in via generale o per ogni singola operazione, di essere trattato come un cliente professionale ovvero come un cliente al dettaglio. Le modalità e gli effetti di tale richiesta sono disciplinati dall'art. 71 del regolamento delegato (UE) 2017/565.

*****

I **clienti al dettaglio**, per i quali vi è la massima protezione, sono tutti coloro che non rientrano in nessuna delle due precedenti categorie (28).

*****

***b*) Le regole di comportamento per ogni tipo di servizio di investimento.** — Gli intermediari devono adottare per iscritto misure interne appropriate per classificare i clienti. Spetta ai clienti professionali informare il prestatore del servizio di eventuali cambiamenti che potrebbero influenzare la loro attuale classificazione. Se tuttavia l'intermediario constata che il cliente non soddisfa più le condizioni necessarie per ottenere il trattamento riservato ai clienti professionali deve adottare provvedimenti appropriati.

A seconda del tipo di servizio o attività di investimento di cui

(28) I clienti al dettaglio possono chiedere di essere classificati come clienti professionali su richiesta, alle condizioni e nel rispetto della procedura che si è vista nel testo. Non pare invece possibile che essi possano chiedere ed ottenere di essere trattati come controparti qualificate, non rientrando in nessuna delle categorie corrispondenti e non essendo tale richiesta prevista da nessuna disposizione, dato che l'art. 61, ult. comma del regolamento intermediari (delibera CONSOB 20307/2018) si limita a prevedere la richiesta di passaggio da controparte qualificata a cliente al dettaglio, ma non viceversa, mentre l'Allegato 3 al regolamento intermediari prevede, al punto II, solo il passaggio da cliente al dettaglio a cliente professionale. Infatti, già l'art. 50 della direttiva 2006/73/CE escludeva che i clienti al dettaglio potessero chiedere ed ottenere di essere trattati come controparti qualificate.

trattasi o a seconda della tipologia di clientela, l'intermediario è tenuto ad obblighi di trasparenza diversificati e precisamente:

a) ad obblighi di valutare l'**adeguatezza** del servizio rispetto all'investitore in caso di prestazione di servizi di *consulenza* o di *gestione di portafogli individuali* (artt. 40 e 41 del regolamento CONSOB 20307/2018);

b) ad obblighi di valutare l'**appropriatezza** del servizio rispetto all'investitore in caso di prestazione di altri servizi di investimento (art. 42 del regolamento CONSOB 20307/2018);

c) a **nessun obbligo** di valutare adeguatezza ed appropriatezza nel caso di mera esecuzione e/o ricezione e trasmissione di ordini di investimento (*execution only*), sempre però che ricorrano tutte le condizioni previste all'art. 43 del regolamento CONSOB 20307/2018, vale a dire:

— l'ordine riguardi **strumenti finanziari non complessi** (azioni quotate, obbligazioni e altri titoli di debito, quote di OICR armonizzati, strumenti del mercato monetario);

— il servizio sia prestato ad **iniziativa** del cliente;

— l'intermediario informi il cliente che è esclusa ogni valutazione dell'operazione e quindi anche la relativa tutela;

— siano rispettate le disposizioni in materia di **conflitto di interessi**.

La valutazione dell'**adeguatezza** del servizio rispetto all'investitore presuppone che l'intermediario acquisisca informazioni in merito:

— alle conoscenze ed esperienze del cliente o potenziale cliente in materia di investimenti riguardo allo specifico tipo di investimento da perfezionare;

— alla situazione finanziaria del cliente;

— agli obiettivi di investimento.

Acquisiti questi dati, l'operazione potrà essere ritenuta adeguata solo se corrisponde agli obiettivi di investimento del cliente, sia di natura tale che il cliente sia finanziariamente in grado di sopportare qualsiasi rischio connesso all'investimento, compatibilmente ai suoi obiettivi e comporti rischi coerenti con il livello di esperienza e conoscenza del cliente.

La valutazione di **appropriatezza** comporta invece che i servizi di investimento (diversi dalla consulenza e della gestione di portafogli) siano giudicati idonei laddove possa ritenersi, sulla base di informazioni riguardanti solo la sua conoscenza ed esperienza, che il cliente abbia compreso i rischi conseguenti al prodotto da acquistare.

La valutazione in termini di **inadeguatezza** comporta che l'intermediario abbia l'obbligo di **astenersi** dal prestare il servizio [e quindi di non raccomandare strumenti finanziari inadeguati in fase di consulenza, di non dare esecuzione alla negoziazione di strumenti finanziari che abbiano formato oggetto di consulenza (29) e di non prestare servizio di gestione di portafoglio individuale].

Diversamente, la valutazione in termini di **non appropriatezza** comporta più semplicemente che l'intermediario debba solo **segnalare** al cliente tale valutazione (art. 42 del regolamento intermediari).

***c*) Il contenuto delle regole di condotta e le conseguenze della loro violazione.** — Il contenuto dei doveri di condotta, oltre che al tipo di servizio di investimento prestato, è collegato alla **diversa classificazione** dei clienti e precisamente:

1) con i **clienti professionali** gli intermediari hanno minori obblighi di informazione e trasparenza, essendo esclusa nei loro confronti l'applicazione di tutte quelle norme di trasparenza contenute nel regolamento intermediari che si riferiscono espressamente solo ai

(29) L'obbligo di astensione si può desumere anche dall'art. 167, comma 9 del regolamento CONSOB sugli intermediari (20307/2018). La CONSOB, nell'orientamento espresso nell'ottobre del 2007 pubblicato in occasione della emanazione del regolamento intermediari 16190/2007, ha precisato che se l'attività concretamente posta in essere da un intermediario (di collocamento, ricezione e trasmissione di ordini o di esecuzione di ordini o negoziazione in conto proprio) sfoci nel presentare un dato strumento finanziario come adatto ad un dato cliente, essa integri consulenza in materia di investimenti. Ciò impone all'intermediario di adottare tutte le misure contrattuali, organizzative, procedurali e di controllo che rendano effettiva la tutela del cliente e quindi di acquisire tutti i dati necessari a compiere una valutazione in termini di adeguatezza dell'investimento richiesto (si veda la nota 3 alla comunicazione CONSOB n. D.I.N/8080252 del 28 agosto 2008 inviata alla Assorisparmiatori che si può leggere sul sito *www.consob.it* o sul sito *www.dirittobancario.it*). La sempre maggiore centralità dell'attività di consulenza è bene evidenziata da Perrone, *Servizi di investimento e regole di comportamento dalla trasparenza alla fiducia*, in *Banca, borsa, tit. cred.*, 2015, n. 1, I, 31 ss., il quale riconduce al servizio di consulenza anche il semplice consiglio *spot* sul singolo strumento finanziario.

clienti al dettaglio ([30]), ferma restando invece l'applicazione anche ai clienti professionali di tutte quelle disposizioni destinati ai clienti genericamente indicati, anche se è possibile pattuire deroghe agli obblighi informativi dell'intermediario ([31]); essi poi non possono usufruire delle *procedure di conciliazione ed arbitrato* per la risoluzione delle controversie tra investitori e imprese di investimento (di cui abbiano detto al Capitolo VIII, paragrafo 11);

2) con le **controparti qualificate** l'art. 61, comma 4 del regolamento CONSOB 20307/2018 richiama le regole di trasparenza, correttezza, rendiconto (artt. 36, 51, comma 3 e 60), produzione e

([30]) Fermo restando l'obbligo di correttezza nelle informazioni prestate dall'intermediario (art. 24, comma 1 della direttiva 2014/65/UE), è ad esempio prevista per i soli clienti al dettaglio la specificazione del *contenuto dei contratti di investimento* (art. 37, comma 3 regolamento intermediari); la specificazione del *contenuto del contratto di gestione del portafoglio* (art. 38 regolamento intermediari); il rilascio, su supporto durevole, della *dichiarazione di adeguatezza* di un contratto di consulenza (art. 41, comma 1 regolamento intermediari); ancora, ai clienti professionali non si applicano le tutele previste nei casi di offerta fuori sede di servizi di investimento ed in particolare ad essi non spetta il diritto di recesso, riconosciuto invece ai clienti al dettaglio (art. 32 ss. T.U. sulla finanza).

([31]) Sono ad esempio applicati anche ai clienti professionali: l'obbligo di *forma scritta* per i contratti di investimento ed in particolare per l'accordo di base che stabilisce i diritti e gli obblighi essenziali delle parti, nonché del contratto di consulenza in materia di investimenti contenente la valutazione periodica dell'idoneità degli strumenti finanziari e dei servizi raccomandati (art. 58 del regolamento delegato (UE) 2017/565); l'art. 36 del regolamento intermediari sulla chiarezza della descrizione dei *rischi degli strumenti finanziari* trattati e delle *attività promozionali*; gli obblighi di informazione su tutti i costi e gli oneri dei contratti di investimento (art. 24, paragrafo 4 della direttiva 2014/65/UE). Nei rapporti coi clienti professionali è possibile che l'intermediario concordi di limitare l'informazione sui requisiti dettagliati indicati nel regolamento delegato (UE) 2017/565, fatti salvi gli obblighi stabiliti dall'art. 24, paragrafo 4 della direttiva 2014/65 e fermo restando l'obbligo di indicare tutti i costi e gli oneri quando sono prestati servizi di consulenza, gestione di portafogli oppure quando lo strumento finanziario negoziato incorpora un derivato (considerando 74 ed art. 50 del regolamento delegato (UE) 2017/65).

Le norme su *adeguatezza o appropriatezza* delle operazioni di investimento richieste sono applicabili in misura attenuata o semplificata, potendo gli intermediari presumere che, per quanto riguarda gli strumenti, le operazioni e i servizi per i quali il cliente è classificato nella categoria dei clienti professionali, egli abbia il livello necessario di esperienze e di conoscenze per ritenere adeguati o appropriati i servizi di investimento prestati a suo favore. Si applicano ai clienti professionali anche le norme in tema di conflitto di interessi (artt. 23 ss. del regolamento congiunto CONSOB e Banca d'Italia del 29 ottobre 2007).

distribuzione di strumenti finanziari (Libro III, Titolo VIII), *compliance* (libro IV) comunque applicabili, fermi restando l'obbligo degli intermediari di fornire a tali clienti informazioni sempre corrette, chiare e non fuorvianti, secondo le regole di cui agli artt. 44-52 del regolamento delegato (UE) 2017/565 (32);

3) con i **clienti al dettaglio**, esiste la massima tutela in termini di trasparenza e informazione.

La violazione delle regole di condotta appena esaminate, secondo l'orientamento ormai consolidatosi, ponendosi nella fase delle trattative o dell'esecuzione del contratto, può determinare la **risoluzione** per inadempimento del contratto e la **responsabilità** dell'intermediario, con il conseguente obbligo di risarcimento dei danni subiti dal cliente (33).

La Corte di Cassazione a Sezioni Unite ha precisato che la violazione dei doveri di informazione del cliente e di correttezza e trasparenza previste dalla normativa in tema di mercati finanziari "*può dar luogo a responsabilità precontrattuale, con conseguente obbligo di risarcimento dei danni, ove tali violazioni avvengano nella fase precedente o coincidente con la stipulazione del contratto di intermediazione destinato a regolare i futuri rapporti tra le parti; può invece dar luogo a responsabilità contrattuale, ed eventualmente condurre alla risoluzione del predetto contratto, ove si tratti di violazione riguardante le operazioni di investimento e disinvestimento compiute in esecuzione del contratto di intermediazione finanziaria in questione*" (34).

(32) L'evoluzione normativa sugli obblighi di corretta informazione anche a favore di controparti qualificate è coerente con il punto di approdo a cui è pervenuta la Cassazione, la quale ha chiarito che, a prescindere dalla classificazione della clientela e dal profilo di rischio assegnato, nella prestazione di servizi di investimento la norma dell'art. 21 T.U. sulla finanza impone all'intermediario di fornire all'investitore un'informazione *adeguata in concreto*, tale cioè da rappresentare la *specifica rischiosità* dell'operazione di investimento (Cass., 28 Febbraio 2018, n. 4727).

(33) Cass., Sez. Un., 19 dicembre 2007, n. 26725; Cass., 29 settembre 2005, n. 19024, in *Danno e responsabilità*, 2006, 25 ss.; Trib. Taranto, 27 ottobre 2004, n. 2273 in *www.dirittobancario.it*; Trib. Genova, 2 agosto 2005 e Trib. Milano, 25 luglio 2005, in *I contratti*, 2005, 1225 ss.; Trib. Roma, 31 marzo 2005, in *Foro it.*, 2005, I, 609; Trib. Genova, 15 marzo 2005, in *I contratti*, 2005, 609; Trib. Roma, ord., 22 dicembre 2004, in *Foro it.*, 2005, 2540.

(34) Cass., Sez. Un., 19 dicembre 2007, n. 6725 e Cass., 29 settembre 2005, n. 19024 cit.; nello stesso senso Cass., 22 maggio 2020, n. 9468, in *Guida al diritto*, 2020, 38, 54.

In ipotesi di responsabilità contrattuale [nel cui ambito si è alle volte ricondotta anche la responsabilità precontrattuale (35)], il cliente che agisca in giudizio dovrà:

a) allegare l'inadempimento dell'intermediario (36);

b) provare il danno subito (37);

c) provare il nesso di causale tra l'inadempimento dedotto ed il danno provato, salvo che l'intermediario non abbia violato un obbligo di astensione, nel qual caso il nesso causale si considererà *in re ipsa*;

d) agire entro il termine di prescrizione ordinario decennale.

La responsabilità dell'intermediario potrà poi essere soggetta ad attenuazione in caso di concorso colposo del cliente nella causazione del danno *ex* art. 1227, comma 1 c.c..

5. La gestione collettiva ed individuale del risparmio.

Discorso a parte merita l'attività di **gestione collettiva del risparmio**: si tratta del servizio di gestione di un patrimonio e dei relativi

(35) Cass., 12 luglio 2016, n. 14188 che parla di responsabilità contrattuale da *contatto sociale qualificato*, ossia connotato da uno "scopo" che, per il suo tramite, le parti intendano perseguire. L'opinione pare condivisibile, soprattutto se le trattative abbiano condotto alla conclusione del contratto di investimento, come nel caso esaminato da Trib. Milano, 11 settembre 2018, n. 8963, in *DeJure*, Giuffrè, che ha confermato la natura contrattuale della responsabilità precontrattuale. La giurisprudenza continua però a non essere unanime, soprattutto quando si verifichi un'ipotesi di ingiustificata rottura delle trattative (optano per la natura aquiliana Cass., 14 marzo 2017, n. 6587 e Trib. Potenza, 9 maggio 2018, n. 461, in *DeJure*, Giuffrè, 2018). Pare aderire alla tesi della natura extra contrattuale Cass., Sez. Un., 18 dicembre 2020, n. 29107, in tema di prestazione di servizi di investimento.

(36) Spetterà poi all'intermediario provare di aver agito con la diligenza richiesta dalla normativa di settore secondo quanto precisato dall'art. 23, comma 6 del T.U. finanza, ma anche secondo quanto già precisato dalla generale disciplina in tema di responsabilità contrattuale da Cass. Sez. Un., 30 novembre 2001, n. 13533.

(37) In caso di responsabilità precontrattuale, l'entità del danno dovrebbe essere limitata al solo risarcimento della lesione del cosiddetto interesse contrattuale negativo, ossia delle spese inutilmente sostenute o della perdita di occasioni di guadagno alternative. Tuttavia la Cassazione, nel caso di responsabilità precontrattuale derivante da operazioni di investimento, ha precisato che il danno derivante dalla violazione della normativa in materia di investimenti, vada ragguagliato al "minor vantaggio" o al "maggior aggravio economico" subito dal cliente, che in sostanza si identifica con la perdita, totale o parziale, del capitale investito (Cass., sez. I, 29 settembre 2005, n. 19024, in *Danno e responsabilità*, 2006, 1, 25 e ss. e seguito anche da Cass., Sez. Un., 19 dicembre 2007, n. 26724).

rischi svolto da un Organismo di investimento collettivo del risparmio (OICR), il quale può essere costituito come fondo comune di investimento (un patrimonio segregato regolato da uno schema contrattuale a cui aderiscono gli investitori) o come società per azioni (SICAV o SICAF), di cui gli investitori diventano soci.

Il patrimonio da gestire viene raccolto tra una pluralità di investitori, che apportano denaro, mediante l'emissione e l'offerta di quote (per i fondi comuni di investimento) o di azioni se si prevede che gli investitori divengano soci della società che lo gestisce (SICAV o SICAF, società di investimento di cui di cui si dirà tra breve).

Il patrimonio così raccolto viene gestito in monte (cioè cumulativamente, senza differenziazione dei singoli apporti che lo compongono e da un unico intermediario abilitato) nell'interesse degli investitori, ma in autonomia dai medesimi ed investito in strumenti finanziari, crediti, partecipazioni o altri beni mobili o immobili, in base a una politica di investimento predeterminata.

L'attività di gestione collettiva del risparmio è riservata a due categorie distinte di OICR e precisamente:

1) **OICVM** (Organismi di investimento collettivo in valori mobiliari) assoggettati alla direttiva 2009/65/CE del Parlamento Europeo e del Consiglio del 13 luglio 2009 (UCITS IV — *Undertakings for Collective Investment in Transferable Securities*) ([38]) che possono assumere la forma di *fondi comuni di investimento di tipo aperto* o di *SICAV*, investono in valori mobiliari (titoli di massa destinati ad essere negoziati su un mercato regolamentato e dunque connotati da una continua liquidità) e si caratterizzano per la libertà di commercializzazione delle relative quote o azioni all'interno dell'UE, oltre che per il fatto di garantire agli investitori il diritto di chiedere il rimborso della propria partecipazione in via continuativa (caratteristica propria degli OICR aperti);

2) **OICR alternativi** o **GEFIA** (Gestori di fondi di investimento alternativi) che in Italia possono assumere la forma di *fondi comuni di investimento* o di *SICAV* o di *SICAF*, operano nell'ambito delle regole della direttiva 2011/61/UE del Parlamento Europeo e del Consiglio del

([38]) La direttiva UCITS IV è stata recepita in Italia dal D.Lgs. 16 aprile 2012, n. 47.

15 maggio 2011 (AIFM — *Alternative Investment Fund Managers*) ([39]), gestendo e commercializzando fondi di investimento alternativi (FIA), sia aperti che chiusi ([40]), cioè, in sostanza, tutti i fondi di investimento diversi dagli OICVM e non conformi alla Direttiva UCITS IV (*hedge funds*, fondi di *private equity*, fondi immobiliari, di infrastrutture, di materie prime, di *venture capital* e ogni altri fondo tipicamente riservato ad investitori istituzionali), con una maggiore libertà di investimento quanto all'oggetto ed ai limiti di concentrazione dei rischi.

L'attività di gestione collettiva del risparmio, per entrambe le categorie appena viste, è riservata a società specializzate e previamente autorizzate: le società di gestione del risparmio (SGR, che gestiscono i fondi comuni di investimento, i quali, non essendo soggetti autonomi di diritto, ma patrimoni segregati, necessitano di un gestore), le SICAV e le SICAF (che gestiscono direttamente il proprio patrimonio), le società di gestione UE che gestiscono OICVM italiani, i GEFIA UE ed i GEFIA non UE che gestiscono un FIA italiano (art. 32-*quater* T.U. sulla finanza).

Come già detto in precedenza, il potere autorizzatorio, sia per le SGR (art. 34 T.U. finanza), sia per le SICAV e le SICAF (art. 35-*bis* T.U. finanza), spetta non alla CONSOB (come per gli intermediari di cui all'art 18 del T.U sulla finanza), ma alla Banca d'Italia, sentita la CONSOB.

Una volta autorizzate, le SGR (art. 35 T.U. finanza), le SICAV e le SICAF (art. 35-*ter* T.U. finanza) vengono iscritte in un apposito **albo** tenuto dalla Banca d'Italia. L'albo delle SGR e delle SICAV è articolato

([39]) La direttiva AIFM è stata recepita in Italia dal D.Lgs. 4 marzo 2014 n. 44.

([40]) I FIA aperti possono essere costituiti (come i fondi armonizzati UCITS) da fondi comuni di investimento aperti e da SICAV (società di investimento a capitale variabile), mentre i FIA chiusi possono essere costituiti da fondi comuni di investimento chiusi o da SICAF (società di investimento a capitale fisso) e si caratterizzano per le forti limitazioni alla libertà di disinvestimento, ovvero nel diritto al rimborso, non consentendo una libertà di ingresso in via continuativa all'investitore. Il D.L. 30 aprile 2019, n. 34, convertito dalla legge 28 giugno 2019, n. 58, all'art. 27, ha introdotto, tra i FIA italiani, le cosiddette società di investimento semplici (SIS), costituite in forma di SICAF, con capitale sociale minimo corrispondente a quello previsto per le normali s.p.a., le quali gestiscono direttamente il proprio patrimonio (non eccedente i 25 milioni di euro), investendolo in piccole e medie imprese non quotate in fase di avvio dell'attività.

in **due sezioni** distinte a seconda che l'intermediario operi come OICVM o come FIA.

Venendo all'esame dei singoli OICR, i **fondi comuni di investimento** sono disciplinati dagli artt. 36 e 37 del T.U. sulla finanza, dal Regolamento sulla gestione collettiva del risparmio emanato dalla Banca d'Italia con provvedimento del 19 gennaio 2015 e successive modificazioni e dal regolamento del Ministro dell'economia e delle finanze 5 marzo 2015, n. 30.

Si tratta di patrimoni autonomi, privi di autonoma soggettività giuridica (41), suddivisi in quote di pertinenza di una pluralità di partecipanti (coloro che contribuiscono alla loro formazione mediante il versamento di somme di denaro), ognuno dei quali è istituito e gestito da un gestore. A seconda che i partecipanti abbiano diritto di chiedere in qualsiasi tempo il rimborso delle quote secondo le modalità previste dallo schema di funzionamento del fondo o possano richiedere tale rimborso solo a scadenze predeterminate, si distinguono i **fondi aperti** (ove il capitale ed il numero delle quote sono variabili) e i **fondi chiusi** (ove il capitale ed il numero delle quote sono prestabiliti al momento della costituzione).

Essi sono strutturati mediante la partecipazione di tre soggetti: la **società di gestione del risparmio**, la **banca depositaria** e l'insieme dei **partecipanti**. A questi soggetti può eventualmente aggiungersi la **società promotrice** che potrebbe provvedere a costituire il fondo e raccogliere le prime sottoscrizioni.

In sostanza, i partecipanti investono denaro liquido il quale va a costituire, unitamente ai capitali versati dagli altri sottoscrittori, un patrimonio autonomo (il fondo comune appunto) che viene suddiviso in quote di egual valore (rappresentate da certificati); tale valore è pari al rapporto tempo per tempo esistente tra il totale delle attività nette del fondo ed il numero delle quote in circolazione.

(41) Cass., sez. trib., 30 dicembre 2020, n. 29888, secondo cui il fondo comune di investimento non può considerarsi né un autonomo soggetto di diritto, né una semplice comunione ordinaria tra gli investitori, ma costituisce un patrimonio separato nella titolarità formale della società di gestione, la quale, per questo motivo, è tenuta ad eseguire tutti gli adempimenti fiscali formali e sostanziali, tra cui il pagamento dell'ICI dovuta in relazione ai beni immobili conferiti nel fondo.

Questo patrimonio comune viene amministrato dalla società di gestione che è legata da un rapporto contrattuale (42) agli investitori ed investe le disponibilità liquide in strumenti finanziari, crediti, beni mobili o immobili in conformità alla destinazione prevista dal regolamento del fondo, redatto e deliberato dalla stessa società di gestione, nel rispetto dei criteri generali determinati dalla Banca d'Italia, sentita la CONSOB (art. 36, comma 2 T.U. sulla finanza). Tale regolamento deve conformarsi al contenuto prescritto dall'art. 39 T.U. sulla finanza ed ai criteri generali determinati con proprio regolamento dal Ministro dell'economia e delle finanze, sentita la Banca d'Italia e la CONSOB con riferimento all'oggetto degli investimenti, alle categorie degli investitori cui destinare l'offerta, alle modalità di partecipazione ed all'eventuale durata. Il regolamento del fondo va approvato dalla Banca d'Italia.

I beni e gli strumenti così acquistati sono depositati presso un **depositario** autorizzato dalla Banca d'Italia, che può essere una banca italiana, una succursale italiana di una banca UE o di una banca di un paese terzo, una SIM o una succursale italiana di un'impresa di investimento UE o di un'impresa di un paese terzo diversa da una banca (art. 47, commi 2 e 3 T.U. sulla finanza). Il depositario ha particolari obblighi di custodia degli attivi del fondo e di sorveglianza sulle attività di gestione (previsti dagli artt. 48 e 49 T.U. finanza), cui si accompagnano obblighi di segnalazione a CONSOB e Banca d'Italia di eventuali irregolarità nella gestione del fondo in capo ad amministratori e sindaci del depositario stesso (art. 47, ult. comma T.U. sulla finanza) (43).

(42) Il rapporto tra i singoli partecipanti e la società di gestione è un rapporto contrattuale individuale e non un rapporto collettivo in quanto ogni partecipante ha un rapporto personale e diretto con la società di gestione, mentre non ha alcun rapporto con gli altri partecipanti. Questo rapporto è assoggettato alle regole del mandato sotto il profilo della responsabilità della società di gestione (art. 36, comma 3 T.U. sulla finanza), ma si tratta di un rapporto derivante da un contratto che può definirsi tipico e non riconducibile al mandato (Costi-Enriques, *Il mercato mobiliare*, Torino, 2008, 198).

(43) La direttiva 2014/61/UE ha previsto che, per ogni FIA, il gestore è tenuto a nominare un solo depositario, mediante contratto e scegliendolo tra le seguenti categorie:

1. enti creditizi;
2. imprese di investimento;
3. ogni altra categoria di istituto soggetto a regolamentazione prudenziale e a vigilanza continua.

Gli attivi del fondo comune costituiscono un **patrimonio separato** sia da quello della società di gestione, sia da quello personale di ciascun partecipante, sia ancora da quello oggetto di altri fondi comuni, sia da ciascun comparto del medesimo fondo, cosicché esso non può venire aggredito dai creditori della SGR o del depositario, mentre i creditori dei singoli partecipanti possono aggredire solo la quota di pertinenza del singolo partecipante debitore (art. 36, comma 4 T.U. sulla finanza).

Altra forma di gestione collettiva del risparmio è quella che avviene tramite le **SICAV** (società di investimento a capitale variabile) e le **SICAF** (società di investimento a capitale fisso) disciplinate dagli artt. 35-*bis* e ss. T.U. sulla finanza.

Le SICAV sono società per azioni il cui oggetto sociale esclusivo consiste nell'offerta al pubblico delle proprie azioni. Il capitale sociale di queste società non è determinato in misura fissa perché il suo ammontare varia in relazione al quantitativo di azioni che vengono sottoscritte dai risparmiatori cui sono offerte. Pertanto la SICAV può continuamente emettere nuove azioni o rimborsare azioni già in circolazione senza necessità di alcuna delibera di modifica dell'atto costitutivo. L'unico limite a tali emissioni o rimborsi è costituito dallo statuto che regola i rapporti tra soci e società (a differenza del fondo comune dove i rapporti tra investitori e società di gestione sono disciplinati dal regolamento del fondo). Nello statuto sono in particolare previste le periodicità con cui possono essere emesse o rimborsate le azioni.

Nelle SICAV dunque il risparmiatore diventa anche socio della società che gestisce i risparmi investiti e pertanto, attraverso l'esercizio del diritto di voto, può influire sulla gestione della società e sulla politica di investimento. Diversi sono però i poteri attribuiti ai soci a

La direttiva 2014/61/UE ha poi attribuito al depositario particolari responsabilità nella custodia degli attivi del fondo, nonché funzioni di monitoraggio dei flussi di cassa e di sorveglianza su determinate operazioni.

Analoghe responsabilità sono state attribuite al depositario di fondi comuni di investimento OICVM dalla direttiva 2014/01/UE del Parlamento Europeo e del Consiglio del 23 luglio 2014 che ha modificato l'art. 24 della direttiva 2009/65/UE.

In attuazione della normativa comunitaria sono stati introdotti nel T.U. sulla finanza gli artt. 47 ss.

seconda del tipo di azioni sottoscritte: infatti, se l'investitore sceglie di acquistare azioni nominative, egli avrà diritto a tanti voti quante sono le azioni possedute, come nelle assemblee delle normali s.p.a.; invece, se le azioni sono richieste al portatore, il possessore avrà diritto ad un unico voto indipendentemente dal numero di azioni possedute.

Alle SICAV non si applicano numerose norme del codice civile sulle azioni di società per azioni, essendo esse incompatibili col particolare funzionamento di queste società (44).

L'esistenza di un (sia pur limitato) potere gestionale costituisce elemento di rilevante differenziazione rispetto ai fondi comuni di investimento aperti, ove i risparmiatori non hanno alcun potere di influire sull'amministrazione della società di gestione cui affidano semplicemente i propri risparmi (anche se non bisogna dimenticare che anche nelle SICAV la gestione resta pur sempre « collettiva », cioè effettuata a rischio e nell'interesse di una collettività di investitori).

Nelle SICAV il capitale sociale deve essere interamente versato e non sono ammessi conferimenti in natura.

Il valore di ciascuna azione è dato dal rapporto tra valore complessivo netto del patrimonio, dedotte le passività e numero delle azioni in circolazione.

La gestione finanziaria del capitale sociale è svolta dalla SICAV, la quale può delegarla solo ad una società di gestione del risparmio sulla base di un'apposita convenzione.

Analoghe alle SICAV sono le **SICAF** (società di investimento a capitale fisso), la quali costituiscono un OICR chiuso in forma di società per azioni a capitale fisso, con sede legale e direzione generale in Italia, avente per oggetto esclusivo l'investimento collettivo del patrimonio raccolto mediante l'offerta di proprie azioni e di altri strumenti finanziari partecipativi.

La chiusura della SICAF fa sì che il capitale sociale resti sempre fisso.

(44) Il D.Lgs. 37/2004 ha escluso l'applicazione delle norme del codice civile riguardanti la possibilità di creare particolari categorie di azioni con diritti speciali, le azioni destinate ai dipendenti, i diritti degli azionisti su utili e quota di liquidazione, il pegno, usufrutto o sequestro su azioni di nuova emissione, le azioni di godimento, le indicazione del valore nominale delle azioni e del versamento parziale eseguito su ciascuna azione, i limiti alla circolazione delle azioni, la responsabilità dell'acquirente di azioni non interamente liberate.

Passando alla già accennata attività di **gestione di patrimoni individuali**, essa è posta in essere in forza di un contratto oggi divenuto tipico (45) e consente al risparmiatore di dare all'intermediario istruzioni vincolanti e di orientare il grado di rischio del servizio di gestione definendo i limiti entro cui devono essere effettuate le scelte di gestione (art. 24 T.U. sulla finanza).

Ciò differenzia questo tipo di servizio di investimento dalla gestione collettiva del risparmio, ove la discrezionalità del gestore è notevolmente più accentuata; nella gestione individuale tale discrezionalità appare altamente vincolata dalle istruzioni del cliente. Conseguentemente saranno più frequenti i casi di responsabilità del gestore per inadempimento alle obbligazioni di diligenza nascenti dal contratto in esame, laddove questi non abbia rispettato le istruzioni provenienti dall'investitore o abbia compiuto investimenti in strumenti finanziari non autorizzati (46).

Oggi la responsabilità del gestore risulta aggravata dalla previsione di un particolare obbligo di imparzialità che si concretizza nel divieto per l'intermediario di accettare o trattenere onorari, commissioni o altri benefici monetari o non monetari pagati o forniti da terzi, ad eccezione dei benefici non monetari di entità minima che possono migliorare la qualità del servizio offerto ai clienti e che, per la loro portata e natura, non possono essere considerati tali da pregiudicare il rispetto del dovere di agire nel migliore interesse dei clienti. Tali benefici non monetari di entità minima devono essere chiaramente comunicati ai clienti (art. 24, comma 1-*bis* T.U. sulla finanza, introdotto dal D.Lgs. 3 agosto 2017, n. 129).

(45) Costi, *Il mercato mobiliare*, Torino, 2000, 136, il quale, in considerazione della tipicità del contratto avente ad oggetto la gestione di patrimoni individuali, sostiene l'inutilità di una sua qualificazione in termini di mandato o di contratto d'opera. La disciplina del contratto in esame è peraltro costituita non solo dalle (poche) norme del T.U. sulla finanza, ma anche dai regolamenti CONSOB che specificano le caratteristiche della gestione, precisando quali operazioni non possono essere compiute dal gestore senza la previa autorizzazione scritta dell'investitore.

(46) Come nel caso deciso da Trib. Biella, 24 gennaio 2001, in *Giur. it.*, 2001, I, 2332 ss., ove la banca è stata ritenuta responsabile per aver compiuto investimenti in strumenti finanziari negoziati in mercati non regolamentati, senza la necessaria autorizzazione del cliente che non era stato neppure preventivamente informato. Si veda nello stesso senso anche Trib. Ravenna, 3 giugno 2013, n. 831 — inedita.

L'attività di gestione di patrimoni individuali è riservata a SIM, imprese di investimento UE, banche italiane e comunitarie, SGR e società di gestione UE (art. 18, comma 1 T.U. sulla finanza) ed agli agenti di cambio (art. 201, comma 7 T.U. sulla finanza).

6. La dematerializzazione e la gestione accentrata degli strumenti finanziari.

Gli strumenti finanziari sono soggetti al principio della dematerializzazione introdotto dall'art. 10 della legge 17 dicembre 1997, n. 433 e successivamente precisato dall'art. 28 del D.Lgs. 24 giugno 1998, n. 213 (Disposizioni per l'introduzione dell'Euro nell'ordinamento nazionale) il quale ha espressamente stabilito che « *gli strumenti finanziari negoziati o destinati alla negoziazione sui mercati regolamentati non possono essere rappresentati da titoli* ».

Il fenomeno della dematerializzazione comporta che i titoli ed i diritti in essi incorporati possono essere rappresentati unicamente da registrazioni contabili, cioè esistere solo in forma scritturale (47).

La dematerializzazione è obbligatoria per i valori mobiliari regolati dalla legge italiana e ammessi alla negoziazione o negoziati in una sede di negoziazione italiana o di altro paese dell'Unione europea con il consenso dell'emittente (art. 83-*bis* T.U. sulla finanza), ma può essere estesa anche ad altri strumenti finanziari al fine di agevolarne la circolazione, nei casi previsti dalla CONSOB col regolamento (previsto dall'art. 83-*bis*, comma 2 T.U. sulla finanza) contenente la disciplina della gestione accentrata (48).

(47) L'affermazione del principio della dematerializzazione ha fatto ritenere che gli strumenti finanziari negoziati sui mercati regolamentati non possano essere considerati titoli di credito soggetti ai principi del codice civile: così G. Oppo, *Tramonto dei titoli di credito di massa ed esplosione dei titoli di legittimazione*, in *Riv. dir. civ.*, 1998, I, 647. Si è però ben precisato che la dematerializzazione ha in realtà individuato una nuova materialità, rappresentata dal carattere scritturale della registrazione degli strumenti nel sistema di gestione accentrata (M. Cian, *Titoli dematerializzati e circolazione cartolare*, Milano, 2001, 21).

(48) Oggi Regolamento CONSOB/Banca d'Italia 13 agosto 2018, recante la disciplina delle controparti centrali, dei depositari centrali e dell'attività di gestione accentrata, il cui art. 34 elenca le tipologie di strumenti finanziari per i quali è obbligatoria la dematerializzazione (in sostanza tutti quegli strumenti finanziari desti-

Gli emittenti hanno comunque facoltà di scegliere il regime di dematerializzazione su base volontaria per quegli strumenti finanziari che non rientrano nell'obbligo di legge.

La dematerializzazione comporta che, necessariamente, il trasferimento degli strumenti finanziari non possa che avvenire tramite intermediari finanziari ed in un regime di **gestione accentrata**, il quale comporta che gli intermediari finanziari che negoziano strumenti finanziari in nome e per conto dei clienti-investitori ricevono in deposito tali titoli [attraverso l'apertura di un conto titoli (49) intestato al cliente, sul quale vengono registrate le scritturazioni contabili comprovanti le negoziazioni] ed a loro volta li sub-depositano presso un depositario centrale di titoli.

L'art. 83-*quater* del T.U. sulla finanza prevede quindi che il trasferimento degli strumenti finanziari in regime di *gestione accentrata dematerializzata*, nonché l'esercizio dei relativi diritti patrimoniali possono effettuarsi solo tramite intermediari aderenti al depositario centrale.

Ciò significa che deve necessariamente esistere un modello piramidale dove il vertice della piramide è occupato dalla società di gestione accentrata alla quale aderiscono esclusivamente gli intermediari.

I depositari centrali sono persone giuridiche autorizzate e vigilate (da CONSOB e Banca d'Italia *ex* art. 79-*undecies* ss. T.U. sulla finanza), le quali gestiscono un sistema di regolamento titoli (*Securities Settlement System*), svolgendo servizi di registrazione contabile iniziale e di movimentazione dei conti titoli a livello centralizzato per dare evidenza alle diverse operazioni su strumenti finanziari.

In estrema sintesi, ciascun depositario centrale accende singoli conti destinati a registrare i movimenti degli strumenti finanziari disposti tramite lo stesso intermediario depositario e, a sua volta, subdepositante degli strumenti finanziari della clientela. Le movimentazioni avvengono per conto della clientela a cui sono riconducibili gli strumenti finanziari, i quali costituiscono un patrimonio separato da

nati alla negoziazione in *trading venues* o diffusi tra il pubblico, rimanendo escluse dall'obbligo solo quelle società con un accesso molto limitato al mercato dei capitali).

(49) Per conto titoli si intende un conto sul quale i titoli possono essere accreditati o addebitati.

quello del depositario centrale e da quello dell'intermediario depositante (art. 83-*quater*, comma 3 T.U. sulla finanza).

In questo modo il depositario centrale diviene sub-depositario degli strumenti finanziari, fermo restando che la titolarità di tali strumenti e l'esercizio dei diritti in essi incorporati rimangono in capo agli investitori coi quali il depositario centrale non ha rapporti (intrattenuti solo dall'intermediario depositante). La legittimazione all'esercizio dei diritti degli investitore è attestata dall'esibizione di certificazioni o da comunicazioni all'emittente, rilasciate o effettuate dagli intermediari, in conformità alla proprie scritture contabili, in favore del soggetto a cui spetta il diritto e recanti l'indicazione del diritto sociale esercitabile (art. 83-*quinquies* T.U. sulla finanza).

Il sistema di gestione accentrata opera non solo per gli strumenti finanziari dematerializzati, ma anche per quelli rappresentati da documenti, secondo la disciplina di cui agli artt. 85 ss. T.U. sulla finanza.

La forma di sub deposito presso un depositario centrale viene qualificata come *deposito alla rinfusa* (trattasi comunque sempre di un deposito regolare che non determina quindi il trasferimento della proprietà dei titoli a favore del depositario centrale), essendo caratterizzato dal fatto che i beni depositati perdono la loro individualità, divenendo tra loro fungibili. Conseguentemente il depositario centrale esegue le operazioni disposte dal depositante utilizzando indifferentemente una quantità di beni corrispondente a quella che appartiene al depositante e rimane obbligato a restituire beni della stessa specie, quantità e qualità.

Così i depositari centrali eseguono le operazioni di compra-vendita ordinate dagli intermediari depositanti per conto del cliente, accreditando o addebitando il conto titoli acceso a nome di ciascun intermediario.

Al fine di razionalizzare il settore dei depositari centrali di titoli (CSD — *Central Securities Depository*), a livello europeo, è stato emanato il Regolamento (UE) n. 909/2014 del Parlamento europeo e del Consiglio del 23 luglio 2014 (CSDR — *Central Securities Depositories Regulation*), con il duplice obiettivo di creare in Europa un mercato unico dei servizi di gestione accentrata e di regolamento dei titoli e di favorire un'attenuazione dei rischi di regolamento delle transazioni in strumenti finanziari.

Per adeguare la normativa nazionale al predetto regolamento sono stati emanati il D. Lgs. 12 agosto 2016, n. 176, che ha modificato gli artt. 82 ss. del T.U. sulla finanza e quindi il già richiamato provvedimento Consob-Banca d'Italia del 13 agosto 2018 ("*Disciplina delle controparti centrali, dei depositari centrali e dell'attività di gestione accentrata*").

Diverso dalla gestione accentrata è la cosiddetta *distributed ledger technology*, un sistema (utilizzato ad esempio per l'emissione e la circolazione delle criptovalute o *bitcoin*) in cui si ha la rappresentazione digitale di un valore, la quale viene trasferita, archiviata e negoziata elettronicamente, tramite un registro (*ledger*) condiviso, basato sulla crittografia, che opera attraverso una catena o rete di blocchi legati tra loro in ordine lineare e cronologico (*blockchain*).

L'informazione circa i passaggi di proprietà viene condivisa fra tutti i nodi della catena che sono terminali operativi tra loro coordinati.

Non esiste un'entità centrale che verifichi la validità dei passaggi di titolarità (da qui la diversità rispetto al sistema di gestione accentrata), in quanto la sicurezza delle operazioni viene garantita dalla immodificabilità delle registrazioni una volta effettuate, il che impedisce future manipolazioni delle operazioni tracciate (50).

7. I contratti su strumenti finanziari.

I contratti aventi ad oggetti strumenti finanziari debbono essere redatti per iscritto a pena di nullità ai sensi dell'art. 23 del T.U. sulla finanza. Trattasi di una nullità relativa che può essere fatta valere solo dal cliente o rilevata d'ufficio.

In particolare, l'obbligo di forma scritta è prescritto per l'**accordo di base o quadro** che stabilisce i diritti e gli obblighi essenziali dell'intermediario e del cliente (art. 58 del regolamento delegato (UE) 2017/565) (51).

(50) Su tale sistema si veda LA SALA, *L'applicazione della Distributed Ledger Technology all'emissione di strumenti finanziari di debito*, in *Le società*, 2019, n. 6, 715 ss.

(51) In caso di nullità del contratto quadro per difetto di forma, ove il cliente abbia selezionato gli ordini per i quali richiede la restituzione delle somme investite, la domanda non potrà essere accolta se gli investimenti non contestati abbiano prodotto

Per il servizio di consulenza non è richiesta la forma scritta a pena di nullità, a meno che il servizio preveda lo svolgimento di una valutazione periodica dell'adeguatezza degli strumenti finanziari o dei servizi raccomandati (art. 37, comma 1 del regolamento CONSOB 20307 del 15 febbraio 2018) o a meno che il servizio di consulenza sia prestato a clienti al dettaglio da consulenti autonomi oppure da società di consulenza finanziaria (art. 166 del medesimo regolamento).

I contratti di investimento con clienti al dettaglio debbono poi precisare le modalità ed i contenuti dell'eventuale prestazione della consulenza in materia di investimenti in connessione con lo svolgimento di altro servizio di investimento (art. 37, comma 2 lett. *g* del regolamento CONSOB n. 20307 del 15 febbraio 2018).

Il cliente ha diritto alla consegna di una copia del contratto, anche se la mancata osservanza di questa disposizione non ne produce la nullità.

È sorta questione se la nullità del contratto per difetto di forma riguardi solo il contratto quadro (quello definito come "*contratto base*" dall'art. 58 del regolamento delegato UE 2017/565, che disciplina le modalità di svolgimento del rapporto con l'impresa di investimento per l'esecuzione di futuri ordini di negoziazione di strumenti finanziari) ovvero anche i singoli ordini di investimento che il cliente conferisce all'intermediario.

Oggi la normativa sul punto è costituita sempre dal regolamento CONSOB adottato con delibera n. 20307 del 15 febbraio 2018. Tale regolamento prevede che, nel contratto di investimento (contratto quadro o base), devono essere specificate le modalità attraverso cui l'investitore può impartire ordini ed istruzioni (art. 37, comma 2, lett. *c*) e pertanto, laddove si preveda la possibilità di impartire ordini verbali di negoziazione, non si applica l'obbligo di forma di cui all'art. 23 del T.U. sulla finanza.

Ove il contratto quadro (sia che gli si attribuisca natura di mandato sia che lo si voglia qualificare quale contratto normativo) non preveda

risultati positivi pari o superiori al pregiudizio derivato dagli investimenti contestati, mentre, in caso contrario, potrà ottenere la restituzione della sola differenza tra il rendimento degli investimenti colpiti dalla nullità selettiva e quello degli altri investimenti non impugnati (Cass., Sez. Un., 4 novembre 2019, n. 28314, la quale precisa che la preclusione si fonda sul principio di buona fede oggettiva ed opera in forza di un'eccezione che non costituisce eccezione in senso stretto, ma mera allegazione che l'intermediario ha comunque l'onere di introdurre tempestivamente).

tale possibilità, dovendo ciascun ordine qualificarsi come contratto di investimento a se stante (soprattutto considerato che è in forza di quello che l'investitore dispone l'investimento) ([52]), appare preferibile ritenere necessaria la forma scritta per entrambi i negozi ([53]).

A maggior ragione, ove il contratto quadro preveda la forma scritta dei singoli ordini, questa deve ritenersi richiamata per la validità degli stessi anche ai sensi dell'art. 1352 c.c. ([54]).

([52]) Cass., 23 maggio 2017, n. 12937, secondo cui non vi sono dubbi sulla "*natura propriamente negoziale di ciascuno dei singoli ordini di investimento — tra loro distinti e autonomi —, come correnti tra investitore e intermediario*", tanto che il singolo ordine di investimento ben può essere oggetto di azione di risoluzione per inadempimento alle regole di condotta dell'intermediario (nello stesso senso Cass., 16 aprile 2018, n. 9382). In effetti, l'ordine di investimento origina uno di quei contratti che sono oggetto della cosiddetta "*prestazione di servizi o di attività di investimento*", descritti all'art. 1, comma 5 del T.U. sulla finanza. Non può quindi esservi dubbio sul fatto che al contratto quadro seguano "*differenti contratti di acquisto posti in essere in esecuzione e con le modalità previste*" (TROIANO, *Violazione delle regole di condotta degli intermediari nello svolgimento dei servizi di investimento e tutela giurisdizionale*, in *Mondo banc.*, 2005, n. 5, 34). La soluzione reputo debba prescindere dalla qualificazione come mandato o come contratto normativo del contratto quadro, scelta peraltro che pare inappagante (si vedano le osservazioni di DE MARINIS, *L'invalidità formale nei contratti di investimento*, in *Banca, borsa, tit. cred.*, 2013, 1, II, 37 ss., che espone le diverse teorie a favore dell'una e dell'altra tesi; analogamente DELLA VEDOVA, *Sulla forma degli ordini di borsa*, in *Riv. dir. civ.*, 2010, II, 163 ss. che sottolinea come di mandato non possa parlarsi laddove non sia pattuito un obbligo dell'intermediario di dare esecuzione agli ordini di investimento del cliente) e che potrebbe essere sostituita dalla qualificazione del contratto quadro come contratto innominato misto, analogamente a quanto accade per il conto corrente di corrispondenza.

([53]) L'orientamento oggi prevalente in dottrina e giurisprudenza è però che l'obbligo della forma scritta è prescritto solo per il contratto quadro e non anche per i singoli ordini di borsa (Cass., Sez. Un., 4 novembre 2019, n. 28314; Cass., 12 marzo 2018, n. 5890; Cass., 8 febbraio 2018, n. 3087; Cass., 2 agosto 2016, n. 16053; Cass., 29 febbraio 2016, n. 3950; Cass. 22 dicembre 2011, n. 28432, in *Banca, borsa, tit. cred.*, 2013, 1, II, 31). L'opinione è stata espressa anche dalla CONSOB nella comunicazione n. DIN/5055217 del 3 agosto 2005. In assenza di un contratto quadro scritto, sono però nulle le operazioni di investimento eseguite, senza che sia possibile la ratifica tacita (Cass., 22 marzo 2013, n. 7283, in *www.ilcaso.it*, 2013, I, 9172).

([54]) Cass. 12 marzo 2018, n. 5890; Cass. 8 febbraio 2018, n. 3087; Cass., 30 novembre 2017, n. 28816; in dottrina SANGIOVANNI, *Contratto di negoziazione, forma convenzionale e nullità per inosservanza di forma*, in *Contr.*, 2007, 779 ss.; ID., *Il contratto di intermediazione finanziaria*, in *Obbl. e contr.*, 2011, 770 ss.; BRUTTI, *Nullità dell'ordine di intermediazione per difetto di forma convenzionale*, in *Società*, 2009, 481 ss. L'obbligo di registrare su nastro magnetico o altro supporto equivalente gli ordini di investimento impartiti telefonicamente dal cliente non costituisce però imposizione di un requisito di forma, neppure *ad probationem* (Cass., 29 agosto 2018, n. 21360). Se il contratto quadro

8. I contratti derivati.

La lettura dell'art. 1, commi 1-*bis*, 2, 2-*bis*, 2-*ter* e dell'Allegato I, Sez. C) del T.U. sulla finanza consente di ricavare la nozione e l'elencazione dei contratti derivati, i quali rientrano nella categoria degli strumenti finanziari.

Negli strumenti finanziari derivati il prezzo del contratto è determinato (cioè deriva) da **variazioni di prezzo** di attività reali o finanziarie sottostanti (che possono essere strumenti finanziari, valute, tassi di interesse, indici ufficiali, merci, rischi di credito o altri valori). In altre parole, nessuno dei due contraenti conosce, nel momento in cui va a concludere un contratto derivato, quale sarà il sacrificio economico che l'operazione gli comporterà, in quanto il prezzo pattuito dipende da elementi esterni al contratto che possono variare dal momento della conclusione al momento fissato come termine finale del rapporto (55).

Normalmente la conclusione di un contratto derivato non richiede un investimento iniziale o richiede un investimento iniziale minore del suo valore e l'esecuzione avviene di solito, anziché mediante trasferimento dei valori sottostanti, attraverso il semplice pagamento di un **differenziale** in contanti, che rappresenta il saldo attivo dell'operazione a favore di una o dell'altra parte al momento della scadenza.

Questi contratti possono avere o una **finalità speculativa** (*trading*), laddove il contraente miri a guadagnare sperando che il prezzo del bene oggetto del contratto muti in senso a lui favorevole ed alla fine egli ottenga la liquidazione del maggior valore (56), o una funzione di

contiene la pattuizione relativa alle modalità con cui debbono essere impartiti i singoli ordini di investimento, tale clausola, da ricondurre all'art. 1352 c.c., costituisce elemento essenziale e soggiace all'obbligo di forma scritta e può essere revocata o modificata solo nelle medesima forma (Cass., ordinanza 14 giugno 2019, n. 16106).

(55) Sui contratti derivati in generale si possono consultare: CASSANO-CHIODI, *I contratti derivati*, Milano, 2018; CAPUTO NASETTI, *I contratti derivati finanziari*, Milano, 2011; GIRINO, *I contratti derivati*, Milano, 2010.

(56) La finalità speculativa è espressamente prevista come lecita dal T.U. sulla finanza, prevedendo l'art. 23, comma 5 l'inapplicabilità dell'art. 1933 c.c. sul giuoco e la scommessa (per cui l'investitore che conclude un contratto derivato solo per finalità speculative ha sempre azione in giudizio per il pagamento di quanto dovutogli). La presenza di una connotazione speculativa a dispetto della finalità di copertura prospettata dall'intermediario nella negoziazione di un contratto derivato (ed in particolare di un contratto di *interest rate swap*) può determinare la nullità del contratto per

copertura dei rischi di oscillazione del prezzo di mercato di determinate attività sottostanti (*hedging*) o, ancora, una finalità di **arbitraggio** per conseguire un profitto privo di rischio attraverso transazioni combinate sul derivato e sul sottostante tali da cogliere eventuali differenze di valorizzazione.

I contratti derivati possono essere negoziati su mercati regolamentati, nel quale caso hanno caratteristiche standard, definite dalle autorità di mercato che ne disciplinano gli elementi essenziali oppure possono essere conclusi fuori dai mercati regolamentati, nel qual caso hanno caratteristiche che vengono fissate in sede di trattativa tra le parti.

Nella negoziazione dei contratti derivati fuori dai mercati regolamentati (*over the counter* o *OTC*), sono previsti particolari obblighi di comportamento in capo alle parti, oggi dettagliatamente disciplinati dal Regolamento (UE) n. 648/2012 del Parlamento Europeo e del Consiglio del 4 luglio 2012 e dal regolamento delegato (UE) n. 149/2013 della Commissione del 19 dicembre 2012, contenente le norme tecniche di regolamentazione di tali operazioni.

Volendo tentare una schematizzazione delle diverse tipologie di contratti derivati, possiamo distinguere le seguenti categorie.

I contratti a termine. Sono accordi tra due soggetti per la consegna di una determinata quantità di un certo sottostante (attività finanziarie o merci) ad un prezzo (prezzo di consegna) e ad una data (data di scadenza o *maturity date*) prefissati. Il rischio del contratto è rappresentato dal deprezzamento o dall'apprezzamento del sottostante durante la pendenza del termine.

Le principali tipologie di contratti a termine sono i **contratti forward**, che si caratterizzano per il fatto di essere negoziati fuori dai mercati regolamentati ed i ***futures***, negoziati sui mercati regolamentati e quindi standardizzati per oggetto, dimensione, scadenza e regole di negoziazione. Di regola, attraverso la stipulazione di un contratto *future* le parti non intendono ottenere la consegna fisica del bene previsto in

immeritevolezza degli interessi perseguiti *ex* art. 1322 c.c. ovvero per la mancanza di causa in concreto (Cass., Sez. Un., 12 maggio 2020, n. 8770; Cass., 31 luglio 2017, n. 19013 che richiama la Determinazione CONSOB del 26 febbraio 1999, DI/99013791, la quale descrive quali debbano essere gli elementi di raccordo tra swap ed operazione sottostante al fine di poter sostenere la funzione di copertura del primo rispetto al rischio sotteso alla seconda).

contratto (strumento finanziario, valuta, merci ecc.), ma semplicemente lucrare la differenza di prezzo del bene sottostante, differenza cioè tra il prezzo di quel bene fissato convenzionalmente al momento della conclusione del contratto ed il prezzo dello stesso bene alla scadenza del negozio.

Gli swap. Si tratta di contratti di scambio (*swap* è termine inglese che si traduce appunto con "scambio" o "baratto") a pronti (cioè con pagamento immediato del corrispettivo) e a termine (cioè con pagamento differito nel tempo) su tassi di interesse o su valute, merci, indici azionari, anche quando il pagamento avvenga attraverso la liquidazione di un differenziale in contanti alla scadenza pattuita (*netting*) a favore di una o dell'altra parte. In sostanza due parti convengono di scambiarsi, in una o più date prefissate, somme di denaro calcolate applicando due diversi parametri (in termini di tassi di interesse o di cambio) ad un identico ammontare di riferimento (nozionale), con il pagamento alla scadenza concordata di un importo di base netta, in forza di compensazione.

L'operazione è utilizzata da chi vuole coprire il rischio di una variazione imprevista dell'andamento di un contratto sottostante.

Così, chi contrae un mutuo a tasso variabile, potrà avere interesse a coprirsi dal rischio di aumento del suo tasso di interesse di riferimento (come ad esempio l'euribor), negoziando un *interest rate swap* in cui si prevede l'incasso di un differenziale in caso di aumento di quel parametro oltre una data soglia.

Contratti di opzione. Si intende per contratto di opzione negoziabile (o *option*) il contratto derivato standardizzato che attribuisce ad una delle controparti, dietro pagamento di un corrispettivo detto premio, la facoltà di acquistare o di vendere determinate attività finanziarie ad un certo prezzo (*strike price*) ed entro un dato termine o alla scadenza di esso.

L'impostazione è quella dell'art. 1331 c.c., ma le parti possono anche prevedere un esito del contratto diverso dall'esercizio del relativo diritto di opzione, consistente semplicemente nel pagamento di una somma di denaro calcolata come la differenza tra il valore dell'asset al momento in cui l'opzione viene esercitata e quello convenzionalmente stabilito dalle parti.

L'attribuzione della facoltà di acquistare prende il nome di *option call*, quella di vendere viene definita *option put*.

Forme particolari di opzioni possono essere considerati il **warrant** ed il **covered warrant** i quali, pur caratterizzati da rilevanti differenze tra loro, costituiscono strumenti finanziari che conferiscono al detentore la facoltà di acquistare o vendere un certo quantitativo di azioni o di altre attività finanziarie ad un prezzo e ad una scadenza prestabiliti.

Entrambi sono sostanzialmente opzioni cartolarizzate (a differenza dell'opzione che è un contratto), emesse cioè sotto forma di titolo destinato alla circolazione.

9. Le offerte al pubblico di prodotti finanziari e le offerte pubbliche di acquisto.

Il Testo Unico sulla finanza disciplina anche l'offerta al pubblico di prodotti finanziari al fine di garantire la trasparenza delle offerte di prodotti finanziari destinati al pubblico degli investitori. Per offerta al pubblico di prodotti finanziari si intende "*ogni comunicazione rivolta a persone, in qualsiasi forma e con qualsiasi mezzo, che presenti sufficienti informazioni sulle condizioni dell'offerta e dei prodotti finanziari offerti così da mettere un investitore in grado di decidere di acquistare o di sottoscrivere tali prodotti finanziari, incluso il collocamento tramite soggetti abilitati*" (art. 1, comma 1, lett. *t* T.U. sulla finanza).

In tale attività rientra quindi qualsiasi offerta, invito a offrire o messaggio promozionale (ma non semplicemente un messaggio pubblicitario che è disciplinato specificamente dall'art. 101 T.U. finanza), in qualsiasi forma rivolto al **pubblico** e contenente **condizioni standardizzate**, finalizzato alla *vendita* o alla *sottoscrizione* di **prodotti finanziari**, ivi compresi gli strumenti finanziari emessi da banche e società di assicurazione.

Gli obblighi di trasparenza sono realizzati attraverso la pubblicazione di un prospetto informativo contenente tutte le informazioni inerenti alla situazione patrimoniale, economica e finanziaria ed all'evoluzione dell'attività dell'emittente strumenti finanziari destinati al pubblico, nonché alle caratteristiche di tali strumenti. La pubblicazione può avvenire solo dopo che l'emittente abbia comunicato il prospetto alla CONSOB e questa lo abbia approvato in maniera esplicita, non essendo ammissibile un silenzio assenso (art. 20 Regolamento UE 2017/1129).

L'offerta pubblica di titoli è disciplinata dal Regolamento (UE) 2017/1129 del Parlamento europeo e del Consiglio del 14 giugno 2017 (c.d. **Regolamento Prospetto**), dal Regolamento Delegato (UE) 2019/980 del 14 marzo 2019 (c.d. **Regolamento Delegato**), contenenti una disciplina uniforme a livello europeo su contenuto, formato, controllo ed approvazione del prospetto da pubblicare per l'offerta pubblica o l'ammissione alla negoziazione di titoli in un mercato regolamentato, oltre che dagli artt. 94 e segg. T.U. finanza, con le modifiche introdotte dal D.Lgs. 2 febbraio 2021, n. 17 di adeguamento della normativa nazionale a quella eurounitaria.

Non sussiste obbligo di preventiva pubblicazione di un prospetto informativo laddove ricorra uno dei numerosi casi di inapplicabilità della disciplina in esame previsti dall'art. 1, paragrafo 4 del Regolamento (UE) 2017/1129, dall'art. 100 del T.U. sulla finanza o laddove i prodotti finanziari siano offerti in acquisto o in vendita in un mercato regolamentato ovvero, alle condizioni stabilite dalla CONSOB, presso un sistema multilaterale di negoziazione o presso un internalizzatore sistematico (art. 205 T.U. sulla finanza).

La pubblicazione del prospetto informativo, nel caso in cui contenga informazioni o dati falsi o incompleti, è idoneo a generare una responsabilità sia a carico degli Organi di vigilanza sia a carico di coloro che sollecitano il pubblico risparmio. Si configura cioè la cosiddetta responsabilità da prospetto che può assumere la configurazione di una **responsabilità penale** (57) e di una **responsabilità civile** del sollecitante nei confronti degli investitori, la quale ha natura precontrattuale ai sensi dell'art. 1337 c.c. (58) ovvero di una **responsabilità dell'organo di**

(57) La legge 262/2005 ha introdotto, all'art. 173-*bis* T.U. finanza, il reato di falso in prospetto a carico di colui che, allo scopo di conseguire per sé o per altri un ingiusto profitto, espone false informazioni od occulta dati o notizie in un prospetto, con l'intenzione di ingannare i destinatari ed in modo idoneo da indurli in errore.

(58) Per un primo inquadramento della responsabilità da prospetto si vedano: Trib. Milano, 11 gennaio 1988, in *Giur. comm.*, 1988, II, 585, in *Banca, borsa, tit. cred.*, 1988, II, 532 ed in *Giur. it.*, 1988, I, 2, 796; App. Milano, 2 febbraio 1990, in *Banca, borsa, tit. cred.*, 1990, II, 734 ss. ed in *Giur. comm.*, 1990, II, 755 ss., le quali la qualificano come responsabilità precontrattuale e quest'ultima come responsabilità contrattuale.

controllo in caso di omessa segnalazione di dati non veritieri contenuti nel prospetto informativo e facilmente rilevabili (59).

L'art. 94, commi da 5 a 8 del T.U. finanza, fonda una responsabilità per *colpa presunta* in capo ai soggetti coinvolti nella redazione e pubblicazione di un prospetto informativo non veritiero o incompleto (emittente, offerente ed eventuale garante dell'emissione) ed in capo all'intermediario responsabile del collocamento, ciascuno in relazione alla propria competenza. Pertanto all'investitore danneggiato basta provare l'esistenza di informazioni false o incomplete e dimostrare il danno subito (investimento, disinvestimento, mancato investimento o mancato disinvestimento), spettando invece ai soggetti responsabili del prospetto l'onere di dimostrare aver adottato ogni diligenza allo scopo di verificare che le informazioni contenute nel prospetto fossero conformi ai fatti e non presentassero omissioni tali da alterarne il senso.

La natura di questa responsabilità (inquadrabile come responsabilità da false informazioni) è ritenuta extra contrattuale e l'art. 94, ult. comma T.U. sulla finanza assoggetta la relativa azione a prescrizione quinquennale (60).

Altro istituto dettagliatamente disciplinato dal T.U. sulla finanza al fine di garantire la trasparenza dei mercati finanziari è poi quello delle **offerte pubbliche di acquisto e scambio**.

Col termine offerta pubblica di acquisto (OPA) ed offerta pubblica di scambio (OPS) si intende ogni offerta, invito ad offrire o messaggio promozionale in qualsiasi forma effettuato finalizzato all'*acquisto* ed allo *scambio* di prodotti finanziari e rivolto ad un numero di soggetti superiore a quello fissato con apposito regolamento della CONSOB, nonché di ammontare superiore al valore stabilito sempre dal medesimo regolamento.

(59) Cass., 17 novembre 2016, n. 23418, in *Foro it.*, 2016, 12, I, 3771; Cass., 3 marzo 2001, n. 3132, in *Guida al Diritto*, 2001, n. 12, 50 ss. sulla responsabilità per omessa rilevazione della falsità di un prospetto informativo ritenuta facilmente verificabile; Cass., 25 febbraio 2009, n. 4587 che ravvisa però un concorso di colpa dell'investitore che abbia ignorato le notizie di stampa diffuse in ordine alla particolare rischiosità dell'investimento.

(60) Cass., Sez. Un., 8 aprile 2011, n. 8034, in *Banca, borsa, tit. cred.*, 2011, 6, 698; in dottrina BRUNO, *La (nuova?) responsabilità da prospetto*, in *Banca, borsa, tit. cred.*, 2008, I, 785 ss. Sulla natura aquiliana della responsabilità in esame anche Cass., 14 giugno 2018, n. 15707, la quale precisa come non sia configurabile, al momento dell'emissione del prospetto, un contatto sociale con i futuri eventuali investitori.

Finalità della disciplina è, come già accennato, quella di consentire agli investitori destinatari dell'offerta di pervenire ad un fondato giudizio sull'offerta pubblica.

La regolamentazione delle OPA e delle OPS è oggi contenuta negli artt. 102 e segg. del T.U. sulla finanza.

Con regolamento n. 11971 del 14 maggio 1999 la CONSOB ha poi disciplinato le modalità di presentazione dell'offerta, prevedendo che chi intende procedere ad un'offerta pubblica deve darne preventiva comunicazione alla CONSOB, al mercato ed all'emittente, indicando gli elementi essenziali di tale offerta e le finalità dell'operazione.

L'offerta pubblica va pubblicizzata mediante un apposito documento (*documento di offerta*) contenente tutte le informazioni necessarie per consentire ai destinatari di pervenire ad un fondato giudizio sulla stessa.

Il documento di offerta può essere pubblicato solo dopo che la CONSOB abbia espresso la sua **approvazione**.

L'offerta, una volta pubblicata, è irrevocabile e sono nulle le clausole contrarie.

Le offerte pubbliche devono recare un trattamento paritario riguardo a tutti i destinatari, a parità di condizioni.

Una volta pubblicata l'offerta sono ammesse **offerte concorrenti**, senza limitazione dei rilanci, ma solo fino ad un termine massimo. Si tratta delle cosiddette OPA o OPS concorrenti, dirette a tutelare l'interesse dei soci della società oggetto di scalata alla massimizzazione del valore dei propri titoli.

Inoltre, una volta pubblicata l'offerta, è fatto divieto alla società i cui titoli formano oggetto della proposta di acquisto (società bersaglio) di porre in essere atti od operazioni suscettibili di contrastare gli obiettivi dell'offerta (c.d. *passivity rule*). Tale divieto trova un'eccezione nel caso in cui l'operazione di difesa diretta a contrastare un'OPA ritenuta ostile sia deliberata dall'assemblea.

CAPITOLO XIX

I TITOLI DI CREDITO

1. I titoli di credito in generale.

Se dovessimo dare una definizione di titolo di credito dovremmo dire che esso è rappresentato da un **documento** (*chartula*), incorporante un diritto di credito (diritto ad una prestazione altrui).

Il documento è quindi strettamente connesso ad un credito, tanto da rendere assolutamente dipendenti la posizione creditoria e la posizione reale. Questa dipendenza tra diritto di credito e documento comporta che dalla proprietà di quest'ultimo deriva la titolarità del credito. Pertanto chiunque diviene proprietario del documento diventa automaticamente titolare del credito che nel documento stesso è menzionato.

La conseguenza di questa intima connessione tra proprietà del documento e titolarità del credito è che il credito è destinato a circolare con le stesse regole e quindi con la stessa facilità, rapidità e con gli stessi effetti che caratterizzano la circolazione dei beni mobili.

Ciò significa che il trasferimento della titolarità del credito incorporato nel documento non avviene secondo le regole della cessione dei crediti (artt. 1260 e ss.) o della cessione del contratto (artt. 1406 ss. c.c.), bensì secondo le più semplici regole del trasferimento dei beni mobili (il titolo di credito, in quanto documento, è un bene mobile *ex* art. 812, comma 3 c.c.) e dunque resta assoggettato alla regola "*possesso vale titolo*" espressa dagli artt. 1153 e 1155 c.c.

Quindi l'acquirente può divenire titolare di un diritto di credito cedutogli da chi non ne era titolare per il sol fatto di avere acquistato in buona fede il documento incorporante il credito (art. 1994 c.c.), così come l'acquirente di un bene mobile ne può diventare proprietario anche in caso di acquisto *a non domino* (cioè da chi non era proprietario del bene venduto), laddove abbia conseguito il possesso del bene in buona fede e sussista un titolo idoneo al trasferimento della proprietà, ai sensi degli artt. 1153 e 1155 cc..

Ciò comporta un duplice vantaggio rispetto all'ordinaria cessione dei crediti o del contratto:

— un vantaggio formale, secondo cui non è necessaria alcuna notifica od accettazione da parte del debitore o del contraente ceduto (ordinariamente richiesti dagli artt. 1264 e 1406 c.c.) per rendere opponibile la cessione al debitore o al contraente ceduto;

— un vantaggio sostanziale, escludendosi l'applicabilità del principio, valevole in caso di cessione del credito o del contratto, secondo cui il debitore può sempre opporre al cessionario tutte le eccezioni che avrebbe potuto opporre al cedente, in conseguenza del fatto che nessuno può trasferire maggiori diritti di quelli che egli stesso abbia.

Pressoché identiche alle condizioni ed agli effetti del trasferimento dei beni mobili sono le condizioni e gli effetti del trasferimento della **titolarità** del credito incorporato nel documento.

Così colui il quale acquista il possesso di un titolo di credito acquista la **proprietà** del documento ed al contempo la **titolarità** del credito sottostante anche se il dante causa non era proprietario del titolo né era titolare del credito, a condizione che:

— il possesso del documento sia stato acquistato in **buona fede**, ossia ignorando appunto che il precedente possessore non era proprietario del documento e titolare del credito;

— il possesso sia acquistato nel **rispetto delle regole** di circolazione proprie di ciascuna tipologia di titoli di credito.

Questo fenomeno è reso possibile grazie al fatto che sia l'acquisto della proprietà del documento sia l'acquisto della titolarità del credito incorporato nel documento stesso avvengono **a titolo originario**, cioè prescindendo dalla qualità di proprietario in capo al dante causa: ciò esclude la possibilità di sollevare eccezioni relative alle cessioni a titolo derivativo che presuppongono, per la loro validità, la qualità di effettivo proprietario in capo al dante causa.

L'acquisto a titolo originario del credito resta tale a prescindere dal modo di acquisto del documento (e quindi anche se a titolo derivativo), considerato che il portatore del titolo di credito acquista il credito automaticamente, non in base ad una vicenda traslativa dello stesso, ma come semplice riflesso dell'essere stato investito nella proprietà del documento.

Conseguenze di questo rapporto di stretta connessione tra diritto di credito e documento sono la letteralità e l'autonomia del credito cartolare.

Letteralità significa che la lettera del titolo segna il contenuto ed i limiti della pretesa azionabile dal portatore, nel senso che il possessore di un titolo di credito potrà esercitare solo il diritto risultante dal documento e potrà esercitarlo solo nei termini espressamente indicati.

Autonomia significa invece che la posizione creditoria di ciascun portatore del titolo è indipendente da quella dei precedenti portatori sia sotto il profilo della titolarità che sotto il profilo del contenuto del diritto menzionato nel titolo. L'astrattezza è appunto la conseguenza dell'acquisto a titolo originario del diritto di credito in capo a chi acquista la proprietà del documento incorporante il credito, anche laddove il documento venga acquistato a titolo derivativo ([1]).

Per questa ragione, di regola, il debitore non è ammesso a sollevare eccezioni relative al rapporto tra il portatore ed i precedenti possessori e ciò appunto perché è irrilevante come il possessore abbia acquistato il credito, essendone divenuto titolare a titolo originario (art. 1993 c.c.).

Abbiamo finora spiegato come, nei titoli di credito, esista una coincidenza tra acquisto della proprietà del documento ed acquisto della titolarità del credito in esso incorporato.

Dobbiamo adesso compiere un ulteriore passo avanti.

La titolarità del credito **si presume** in capo a chi si dimostra possessore del titolo di credito nel rispetto delle regole di circolazione del titolo stesso (che tra poco esamineremo): questa presunzione prende il nome di **legittimazione**, la quale non è altro che la trasposizione ai titoli di credito della regola generale della presunzione di buona fede di cui parla l'art. 1147, comma 3 c.c.

([1]) MARTORANO, *Titoli di credito e titoli cambiari*, Napoli, 1979, 28 ss.

La presunzione di coincidenza tra legittimazione e titolarità effettiva ammette però la prova contraria, così come è ammessa la prova contraria della presunzione di buona fede.

La **prova contraria** all'esistenza della legittimazione consiste nella dimostrazione, da parte del debitore, che il possessore, pur essendo legittimato in base alle regole di circolazione del titolo di credito, non è tuttavia titolare del credito per aver acquistato il titolo in mala fede da chi non ne era titolare. Tale prova coincide, in sostanza, con la prova della mala fede, sempre possibile per vincere la presunzione di cui all'art. 1147, comma 3 c.c. e quindi per escludere gli effetti di cui all'art. 1153 c.c.

In sostanza la legittimazione si fonda sull'acquisto del possesso nel rispetto delle regole di circolazione del titolo di credito, mentre la titolarità si fonda sull'acquisto della proprietà quantomeno a titolo originario.

Il debitore resta comunque liberato se adempie nelle mani di chi si dimostri legittimato, pur non essendo effettivo titolare del credito, sempre che adempia senza dolo (ossia non conoscendo l'assenza di titolarità in capo al possessore) o senza colpa grave (ossia non potendo venire a conoscenza di questa assenza di titolarità con un minimo di diligenza), come prevede l'art. 1992, comma 2 c.c. (il diritto a siffatta liberazione prende il nome di **legittimazione passiva**).

Il **trasferimento** dei titoli di credito presuppone il concorso di due elementi essenziali:

a) il **consenso** tra dante causa ed avente causa che, ai sensi dell'art. 1376 c.c., è di per sé idoneo a consentire il trasferimento della proprietà del titolo e quindi della titolarità del credito in esso incorporato, dovendo il contratto così concluso considerarsi *consensuale ad effetti reali* (2);

b) il **trasferimento del possesso** del titolo di credito nel rispetto della legge di circolazione prevista in relazione alla sua particolare

(2) È questa ormai l'opinione prevalente (Cass., 20 gennaio 2017, n. 1588; Cass., 24 giugno 2008, n. 17088; Cass., 5 settembre 1995, n. 9314; Cass., 17 gennaio 1986, n. 272; Cass., 7 gennaio 1981, n. 116, in *Banca, borsa tit. cred.*, 1981, II, 276; Trib. Milano, ordinanza 5 giugno 2013, in *www.ilcaso.it*: Trib. Milano, 19 maggio 1987, in *Banca, borsa, tit. cred.*, 1989, II, 376; Cass. 116/1981). Un diverso orientamento ritiene invece il contratto traslativo di titoli di credito consensuale ed effetti obbligatori, essendo necessario il trasferimento del possesso per perfezionare la fattispecie traslativa (Cass.

natura (possesso qualificato), che costituisce elemento necessario per attribuire la legittimazione in capo al possessore ed attiene alla fase esecutiva del contratto di trasferimento.

Se, come abbiamo già visto, al possessore qualificato ed in buona fede di un titolo di credito non saranno opponibili le eccezioni relative ai pregressi rapporti con i precedenti possessori (art. 1993 c.c.), resteranno però a lui opponibili:

a) le **eccezioni a questo personali** (quale quella di aver acquistato il titolo in mala fede);

b) le **eccezioni reali**, cioè quelle opponibili a qualsiasi possessore successivo, a prescindere da un acquisto in buona fede del titolo stesso secondo la sua legge di circolazione e precisamente

— le eccezioni di **forma** (come la mancanza di elementi essenziali del titolo, ad esempio la mancata dicitura di cambiale in una cambiale),

— le eccezioni che escludono la provenienza del titolo dal debitore (come l'eccezione di **falsità della firma**),

— le eccezioni relative alla valida provenienza del titolo dal debitore (come quella di **incapacità** del debitore o di **difetto di rappresentanza** dell'emittente),

— le eccezioni relative alla mancanza delle **condizioni** per l'esercizio dell'azione (come l'eccezione di prescrizione del diritto);

c) le eccezioni fondate sul **contesto letterale** del titolo sollevabili solo in riferimento ai cosiddetti titoli astratti.

Per il resto le eccezioni relative ai precedenti possessori del titolo saranno opponibili solo se il possessore, nell'acquistare il titolo, abbia agito *intenzionalmente* a danno del debitore, cioè abbia utilizzato i vantaggi derivanti dall'applicazione delle regole che abbiamo visto sul trasferimento della legittimazione all'esercizio del diritto incorporato nel titolo di credito allo scopo di danneggiare il debitore (come nel caso della **girata di comodo**, cioè fatta al solo scopo di beneficiare del regime dei titoli di credito o nel caso di **operazione speculativa**, cioè di acquisto del titolo ad un prezzo inferiore al suo valore nominale per speculare sulla riscossione dell'intero valore).

28 aprile 1981, n. 2558, in *Giur. it.*, 1982, I, 1, 564; Cass. 18 settembre 1970, n. 1549; Trib. Milano, 17 settembre 1987, in *Società*, 1988, 52).

I titoli di credito possono distinguersi in titoli astratti e titoli causali.

I **titoli astratti** sono quelli che non recano menzione della causa da cui nasce il credito incorporato nel titolo di credito e quindi della causa che ha dato luogo all'emissione del titolo (senza che possa ritenersi derogato il principio espresso dall'art. 1325, n. 2 c.c.). I prenditori successivi al primo non risentono delle eccezioni relative al rapporto obbligatorio che ha dato causa all'emissione del titolo, in conseguenza della già vista legge di circolazione dei titoli di credito. La dichiarazione cartolare è una dichiarazione unilaterale solo processualmente astratta, in nulla diversa dalla promessa di pagamento regolata dall'art. 1988 c.c. ([3]). Conseguenza dell'astrattezza della causa sarà che, sotto il profilo della legittimazione attiva, il portatore potrà esercitare solo i diritti risultanti dal contesto letterale del titolo, senza poter fare riferimento ad elementi o circostanze non risultanti dal titolo stesso. Sotto il profilo della legittimazione passiva, il debitore potrà opporre al possessore solo eccezioni fondate sul contesto letterale del titolo.

I **titoli causali** sono invece quelli che fanno menzione del rapporto sottostante che ha dato luogo all'emissione (titoli del debito pubblico, obbligazioni, azioni, titoli rappresentativi delle merci, ecc.). L'espressa menzione della causa dell'emissione fa sì che il debitore possa opporre a tutti i successivi prenditori le eccezioni relative al rapporto causale. Non si applica quindi il principio della letteralità, nel senso che, oltre alle eccezioni risultanti dal contesto letterale del titolo, il debitore potrà opporre tutte le eccezioni fondate sul rapporto fondamentale.

Va da ultimo ricordato che non sono titoli di credito i cosiddetti documenti di legittimazione ed i titoli impropri (art. 2002 c.c.).

I **documenti di legittimazione** sono diversi dai titoli di credito perché non sono destinati alla circolazione e servono solo ad identificare l'avente diritto alla prestazione. Essi svolgono una funzione giuridicamente rilevante solo riguardo alla legittimazione passiva, nel senso che il debitore è liberato se, ai sensi dell'art. 1992, comma 2 c.c., adempie senza dolo o colpa grave nelle mani di chi si dimostra possessore del documento di legittimazione. Tuttavia tali documenti non hanno nessuna giuridica rilevanza sotto il profilo della legittimazione attiva, nel senso che il pos-

([3]) GALGANO, *L'imprenditore*, Bologna, 2001, 282.

sessore non può pretendere la prestazione se il debitore esige la prova dell'effettiva titolarità del diritto in capo al possessore. Non esiste quindi quella presunzione di coincidenza tra possesso legittimo e titolarità del credito che esiste nei titoli di credito (4).

I **titoli impropri** sono invece documenti destinati, come i titoli di credito, alla circolazione, ma non sono titoli di credito perché l'acquirente acquista il credito rappresentato nel documento a titolo derivativo e non originario. Infatti i titoli impropri servono a consentire il trasferimento del diritto senza l'osservanza delle forme proprie della cessione ordinaria del credito, nel senso che la cessione è opponibile al debitore ceduto senza necessità della notifica a questo e per effetto del solo trasferimento materiale del titolo. Tuttavia l'acquirente è sempre soggetto alle medesime eccezioni cui è soggetto il cedente in quanto il trasferimento non avviene a titolo originario, bensì a titolo derivativo.

Una volta compresi tutti gli elementi caratteristici dei titoli di credito siamo in grado di fornirne una definizione giuridica che ne ricomprenda tutte le caratteristiche.

Così per titolo di credito possiamo intendere un *documento, contenente un impegno obbligatorio verso un soggetto individuato in base alla qualità di proprietario del documento stesso ed idoneo ad attribuire un diritto letterale ed autonomo, esercitabile in base al possesso del titolo conseguito in conformità alla sua legge di circolazione* (5).

La disciplina dei titoli di credito in generale è contenuta agli artt. 1992 e ss. c.c.

(4) GALGANO, *L'imprenditore*, Bologna, 2000, 279; contrario a questo orientamento è MARTORANO, *op. cit.*, 93 ss. il quale sostiene invece che i documenti di legittimazione attribuiscono al possessore il diritto a pretendere la prestazione in essi indicata, senza possibilità per il debitore di richiedere prove ulteriori rispetto al possesso del documento. Distingue i *contrassegni di legittimazione* dai *documenti di legittimazione* LIBONATI, *Titoli impropri e documenti di legittimazione*, in *Novissimo Digesto Italiano*, XIX, Torino, 1973, 363 ss., il quale ritiene che i contrassegni di legittimazione non impedirebbero al debitore di pretendere la prova da parte del possessore del suo diritto, mentre i documenti di legittimazione sarebbero necessari ed anche sufficienti per pretendere la prestazione in essi indicata, essendo irrilevante la personalità del creditore.

(5) MARTORANO, *op. cit.*, 64.

2. La circolazione dei titoli di credito.

Le regole di circolazione dei titoli di credito sono diverse a seconda della loro tipologia.

Infatti i **titoli al portatore** circolano sulla base del semplice trasferimento del possesso del titolo stesso, ossia mediante consegna materiale degli stessi al successivo prenditore.

Il possessore acquista quindi la legittimazione ricevendo semplicemente la consegna del titolo e sulla base della semplice **presentazione** al debitore del titolo (art. 2003 c.c.).

I **titoli all'ordine** circolano invece con modalità da documentarsi sul titolo stesso, ossia mediante **girata**, la quale trasferisce tutti i diritti inerenti al titolo ed il successivo prenditore acquista la legittimazione sulla base di una **serie continua di girate** (art. 2008 c.c.). Il trasferimento del titolo senza girata produce gli effetti di una cessione ordinaria del credito (art. 2015 c.c.).

La girata consiste in un **ordine**, necessariamente scritto sul titolo e sottoscritto dal girante, rivolto dal girante, che trasmette il titolo a favore di un terzo (giratario), al debitore (emittente del titolo) di eseguire la prestazione indicata sul titolo a favore del giratario. La girata può essere in bianco, ossia senza indicazione del giratario ovvero piena, cioè con il nome del giratario.

Alla girata in bianco è equiparata la girata al portatore.

La girata non può essere parziale o sottoposta a condizione.

Il girante non risponde dell'adempimento dovuto dall'emittente a meno che tale responsabilità non sia prevista da una disposizione di legge o contrattuale.

La girata può essere in pieno, nel qual caso trasferisce tutti i diritti oppure per procura o per l'incasso, nel qual caso il giratario può esercitare i diritti inerenti al titolo, ma non può ulteriormente girarlo se non per procura.

I titoli all'ordine di regola non sono emessi in serie, ma per operazioni singole come nel caso dell'assegno o della cambiale.

Nei **titoli nominativi** il trasferimento deve sempre risultare sia sul titolo che sul registro dell'emittente e ciò può avvenire in tre modi diversi:

1) mediante girata piena (con indicazione del giratario) apposta sul titolo ed autenticata da notaio o da un agente di cambio e successiva

annotazione del trasferimento sul registro dell'emittente che serve a rendere il trasferimento opponibile all'emittente stesso (art. 2023 c.c.);

2) mediante annotazione del nome dell'acquirente sul registro dell'emittente e sul titolo (art. 2022 c.c.);

3) mediante rilascio da parte dell'emittente di un nuovo titolo intestato all'acquirente e successiva annotazione del rilascio nel registro dell'emittente (art. 2022 c.c.).

Anche la legittimazione del possessore all'esercizio del diritto incorporato nel titolo deve risultare sia dal titolo che dal registro dell'emittente ed infatti deriva dall'intestazione a suo favore contenuta nel titolo e nel registro dell'emittente (art. 2021 c.c.).

3. L'ammortamento dei titoli di credito.

In caso di sottrazione, smarrimento o distruzione la legge prevede una procedura diretta ad attribuire la legittimazione al possessore del titolo che abbia perduto detto possesso. Si tratta di una procedura che varia a seconda che si tratti di titoli all'ordine o nominativi ovvero di titoli al portatore.

Nei titoli all'ordine o nominativi è prevista l'emissione, su richiesta del possessore che abbia perduto il possesso del titolo, di un decreto di ammortamento emesso dal Presidente del tribunale; tale decreto deve essere notificato al debitore e pubblicato sulla Gazzetta Ufficiale.

Dal momento della notifica al debitore, quest'ultimo non può provvedere al pagamento a favore del possessore, pena la sua mancata liberazione nei confronti di chi abbia ottenuto il decreto di ammortamento.

Decorsi 30 giorni dalla pubblicazione del decreto di ammortamento sulla Gazzetta Ufficiale, senza che sia fatta opposizione da parte del possessore, il titolo potrà essere pagato a favore di chi abbia richiesto l'ammortamento.

Per i titoli al portatore è prevista solo una procedura di denuncia all'emittente che è diversa seconda che si verifichi sottrazione o smarrimento ovvero distruzione del titolo.

In caso di sottrazione o smarrimento occorre una denuncia all'emittente e, dal momento della denuncia, l'emittente non sarà liberato se pagherà a favore del possessore pur sapendo che esisteva un vizio del possesso del presentatore.

Il denunciante avrà diritto alla prestazione una volta decorso il termine di prescrizione del titolo.

In caso di distruzione di un titolo al portatore, il possessore che dimostri l'avvenuta distruzione, avrà diritto di chiedere all'emittente il rilascio di un duplicato o di un titolo equivalente.

4. La cambiale.

Cambiale e assegno sono entrambi *titoli all'ordine* ed *astratti*, ma ben diversa è la funzione dell'una e dell'altro: la cambiale è uno strumento di credito (cioè serve essenzialmente quale mezzo di dilazione di un pagamento) e per questo motivo può essere emessa come pagabile, oltre che a vista, ad una prestabilita scadenza; l'assegno assolve invece sempre alla funzione di strumento di pagamento (cioè serve come mezzo sostitutivo del denaro) e per questa ragione è sempre pagabile a vista.

Nell'esaminare la disciplina della cambiale, dobbiamo riferirci al R.D. 14 dicembre 1933, n. 1669 (cosiddetta legge cambiaria) che distingue due tipi di cambiali: la **cambiale tratta** (detta anche cambiale o tratta) ed il pagherò cambiario (detto anche **vaglia cambiario**).

La cambiale tratta ha la struttura della delegazione di pagamento (art. 1269 c.c.): un soggetto (traente) ordina ad un altro soggetto (trattario) di pagare una somma di denaro ad un terzo (prenditore); il trattario non è obbligato a pagare, ma può accettare la cambiale, obbligandosi così in proprio ed assumendo la qualifica di obbligato principale.

Il vaglia cambiario contiene, anziché un ordine, la promessa di pagamento che un soggetto (emittente) fa ad un altro (prenditore), assumendo così direttamente la veste di obbligato principale. I soggetti del rapporto cambiario in questo caso sono solo due e non tre come nella cambiale tratta (traente, trattario, prenditore).

Perché un titolo possa valere quale cambiale, occorre la presenza dei requisiti formali indicati agli artt. 1 e 2 L. camb. e precisamente:

1) la **denominazione** di cambiale o di vaglia cambiario (o pagherò cambiario) a seconda del tipo di cambiale emessa;

2) l'**ordine** (nella tratta) o la **promessa** (nel pagherò) incondizionata di pagare una somma di denaro, che va scritta in lettere ed in cifre,

fermo restando che, in caso di differenza, prevale l'importo in lettere (art. 6 L. camb. il quale precisa anche che, se sulla cambiale la somma da pagare è scritta più volte in lettere o in cifre, la cambiale, in caso di discordanza, vale per la somma minore);

3) il **nome, il luogo e la data di nascita o il codice fiscale** del trattario nella cambiale tratta e dell'emittente nel pagherò cambiario;

4) la **scadenza**, in mancanza della quale il titolo si considera pagabile a vista, ma, se indicata, deve rientrare — a pena di nullità — in uno dei quattro tipi seguenti (artt. 38 ss. L. camb.):

a) *a vista* cioè alla presentazione, possibile immediatamente, a meno che il traente o l'emittente non abbia previsto un termine prima del quale la presentazione non sia possibile e comunque da farsi entro un anno dalla data di emissione (o dal termine dilatorio appostovi), salvo abbreviazione o prolungamento del termine da parte del traente o abbreviazione da parte dei giranti;

b) *a certo tempo vista* cioè pagabile decorso un certo periodo di tempo dall'accettazione o dal protesto;

c) *a certo tempo data* cioè pagabile solo una volta decorso, dalla data di emissione, il termine di giorni o di mesi indicato nel titolo;

d) *a giorno fisso* pagabile nel giorno indicato sul titolo;

5) il **luogo del pagamento**, in mancanza del quale si considera luogo di pagamento quello indicato a fianco del nome del trattario nella tratta e quello indicato a fianco del nome dell'emittente nel pagherò;

6) il **beneficiario del pagamento**;

7) la **data ed il luogo di emissione**, ma, in mancanza, come luogo di emissione si considera quello indicato di fianco al nome del traente nella tratta (art. 2, comma 4 L. camb.) e di fianco al nome dell'emittente nel pagherò (art. 101, comma 3 L. camb.);

8) la **sottoscrizione** del traente o, nel pagherò, dell'emittente, in proprio o quale rappresentante di altro soggetto [6].

[6] Nell'agire in qualità di rappresentante di altro soggetto va espressamente speso il nome del rappresentato nello stesso titolo, considerata appunto la letteralità che contraddistingue la cambiale. In mancanza della spendita del nome o qualora il rappresentante sia privo dei relativi poteri, la cambiale vincolerà solo lui (art. 11 L. camb.). Anche il nome della ditta va espressamente indicato se l'emittente o il traente agisce quale titolare di una ditta individuale (Cass. 25 gennaio 2001, n. 1058).

La cambiale può essere emessa per una somma indicata in linea capitale: la previsione di ulteriori interessi è possibile solo nella cambiale a vista o a certo tempo vista, con apposita clausola che indichi specificamente il tasso di interesse applicato (art. 5 L. camb.).

Al momento dell'emissione della cambiale alcuni dei requisiti formali di cui sopra possono mancare, il che accade nella **cambiale in bianco** nella quale traente o emittente da una parte e prenditore dall'altra si accordano (mediante il cosiddetto patto di riempimento) sulle modalità di completamento del titolo.

La cambiale in bianco può egualmente circolare, ma vi è il rischio che, in caso di riempimento in violazione degli accordi, la non conformità del riempimento non potrà poi essere opposta dal debitore al portatore del titolo se questi non è in mala fede o in colpa grave (art. 14 L. camb.). Il portatore decade dal diritto di riempire la cambiale dopo tre anni dal giorno dell'emissione del titolo; ma ancora una volta la decadenza non è opponibile al portatore di buona fede, cui il titolo sia pervenuto già completo.

Dalla cambiale in bianco si distingue la **cambiale incompleta**, la quale è mancante di elementi essenziali non per accordo tra le parti del rapporto cambiario, ma per mero errore. La giurisprudenza considera nulla la cambiale incompleta (7).

Una volta esaminata la struttura della cambiale, occorre adesso procedere all'esame del rapporto giuridico che ne fonda l'emissione, considerato che, ancorché il titolo in esame sia un titolo astratto (che dunque non menziona i rapporti giuridici sottostanti), esso è di regola emesso sulla base di un rapporto sottostante.

In particolare la cambiale tratta è emessa sulla base di due distinti rapporti: il cosiddetto **rapporto di provvista**, intercorrente fra il traente ed il trattario, in forza del quale il primo è creditore del secondo ed il cosiddetto **rapporto di valuta**, intercorrente fra il traente ed il prenditore del titolo, in forza del quale il primo è debitore del secondo.

Come ricordavamo all'inizio del paragrafo, la struttura è quella della delegazione di pagamento (art. 1269 c.c.): il creditore (traente) in forza del rapporto di provvista ordina al proprio debitore (trattario) di

(7) Trib. Catania, 29 giugno 1993, in *Banca, borsa, tit. cred.*, 1994, II, 552; Cass. 22 ottobre 1979, n. 5482 che distingue tra cambiale in bianco e cambiale incompleta.

pagare al proprio creditore (prenditore) che è tale in forza del rapporto di valuta.

L'ordine non comporta l'obbligo del debitore di pagare al terzo (art. 1269, comma 2° c.c.), in quanto tale obbligo sorgerà solo se e solo quando il trattario formalizzerà la propria **accettazione** della tratta, a seguito della richiesta che potrà avanzare qualsiasi successivo portatore del titolo (artt. 26 ss. L. camb.).

Il pagherò cambiario invece è emesso sulla base di un unico rapporto obbligatorio sussistente tra emittente e primo prenditore, in forza del quale il primo è debitore del secondo.

Il rapporto sottostante potrebbe però anche mancare, come accade nella cambiale di favore (di cui abbiamo già parlato a proposito dello sconto cambiario), dove l'emissione del titolo è giustificata solo da un accordo tra emittente e prenditore diretto alla messa in circolazione del titolo al solo scopo di creare un effetto che il beneficiario possa utilizzare per ottenere credito.

La circolazione della cambiale, in quanto titolo all'ordine, avviene mediante **girata** e consegna del titolo. La girata della cambiale però ha una particolarità rispetto alla disciplina generale dei titoli di credito: infatti la regola generale è che il girante non risponda dell'adempimento dovuto dall'emittente, mentre tale responsabilità è espressamente prevista dalla legge cambiaria e pertanto il girante diventa obbligato di regresso verso tutti i successivi giratari, il che significa che è responsabile per la mancata accettazione del trattario o per il mancato pagamento (artt. 15 ss., 49 ss. L. camb.).

La girata può anche essere fatta a favore del trattario o dell'emittente, che può a sua volta ancora girare il titolo (art. 15, comma 3 L. camb.), senza che la riunione nella stessa persona delle qualità di debitore e di creditore determini estinzione dell'obbligazione per confusione.

Il pagamento della cambiale (e quindi l'obbligazione cambiaria del traente, del trattario, dell'emittente o dei giranti) può essere garantito da un'ulteriore obbligazione cartolare, risultante dal titolo che prende il nome di **avallo** (artt. 35 ss. L. camb.).

Esso risulta apposto normalmente sulla faccia anteriore del titolo, con una semplice firma che si aggiungerà a quella del traente o dell'emittente (o del trattario che abbia accettato apponendo la propria firma sulla parte anteriore del titolo *ex* art. 30 L. camb.).

L'avallo può risultare anche apposto sul retro, precisando però che si firma per avallo o in garanzia.

L'avallante diventa obbligato nello stesso modo dell'avallato, cioè del soggetto a cui favore ha prestato la garanzia: trattasi di un'obbligazione autonoma di garanzia, nel senso che la sua validità non dipende dalla validità dell'obbligazione dell'avallato.

L'unica eccezione che l'avallante potrà sollevare sarà l'esistenza di un vizio di forma dell'obbligazione dell'avallato (art. 37, comma 2 L. camb.). L'avallo si differenzia quindi dalla comune fideiussione per la mancanza di accessorietà rispetto all'obbligazione garantita e si avvicina di più al già esaminato contratto autonomo di garanzia ([8]).

L'autonomia dell'obbligazione dell'avallato è del resto la naturale conseguenza della natura cartolare della stessa da cui consegue la rilevabilità delle sole eccezioni desumibili dal contesto del titolo.

Venendo ora al **pagamento** della cambiale, il portatore dovrà anzitutto rivolgersi all'**obbligato principale**, vale a dire al trattario che abbia accettato in caso di tratta o all'emittente in caso di pagherò.

Poiché abbiamo visto che l'avallante risponde allo stesso modo dell'avallato, laddove sia presente una firma di avallo nell'interesse dei predetti soggetti, il portatore potrà rivolgersi come obbligato principale anche allo stesso avallante.

In caso di mancato pagamento da parte dell'obbligato principale, il portatore potrà rivolgersi agli **obbligati in via di regresso**: traente, giranti e loro avallanti, tutti obbligati in solido verso il portatore, che potrà agire indifferentemente verso l'uno o gli altri, esercitando la cosiddetta azione di regresso.

In caso di pagamento l'obbligato di regresso avrà a sua volta azione di regresso verso i precedenti firmatari entro il termine di **sei mesi** e potrà pretendere il rimborso della somma sborsata, gli interessi dal pagamento e le spese sostenute.

([8]) Anche se la giurisprudenza ha affermato che l'istituto dell'avallo, al di là del suo carattere di astrattezza, è riconducibile alla figura negoziale della fideiussione la cui disciplina trova quindi applicazione in quanto compatibile (Cass. 7 maggio 1998, n. 4618; Cass, 27 ottobre 2016, n. 21736; Cass, 19 novembre 2007, n. 23922, in *Banca borsa tit. cred.*, 2009, 5, 539, la quale reputa applicabile all'avallo l'art. 1955 c.c. in tema di fideiussione).

Il pagamento libera il debitore se fatto nelle mani di chi si dimostri possessore del titolo sulla base di una serie continua di girate. Il debitore ha l'onere di accertare la regolare continuità delle girate, ma non l'autenticità delle firme dei giranti. La cambiale è sempre pagabile in moneta avente corso legale nel luogo del pagamento, anche se sul titolo è indicata una somma in moneta estera (artt. 43 ss. L. camb.).

Il mancato pagamento o, nella tratta, la mancata accettazione del trattario, debbono essere constatati mediante un atto solenne: il **protesto**, un accertamento compiuto da un notaio o da un ufficiale giudiziario, che l'obbligato principale non ha pagato (protesto per mancato pagamento) o che il trattario non ha accettato la cambiale (protesto per mancata accettazione).

Può essere scritto sulla cambiale oppure su un atto separato, ma con indicazione sulla cambiale. La funzione del protesto si collega alla sopra menzionata responsabilità cambiaria di regresso: il portatore del titolo non ha bisogno di levare protesto per agire esecutivamente nei confronti del debitore principale inadempiente; il protesto è, invece, necessario per agire nei confronti degli obbligati di regresso. Ma anche a questi effetti il protesto è superfluo se sulla cambiale è apposta la clausola "senza spese" o "senza protesto".

Il protesto per mancato pagamento può essere levato entro i termini prescritti dall'art. 39 L. camb. se la cambiale è a vista (entro un anno dalla data di emissione) e dall'art. 43 L. camb. se la cambiale prevede altre scadenze (il secondo giorno feriale dopo la scadenza).

Il protesto per mancata accettazione da parte del trattario va elevato entro il giorno fissato nel titolo (artt. 68 ss. L. camb.).

Il possessore del titolo, non pagato alla scadenza, può agire giudizialmente o nei confronti dell'obbligato principale, **entro tre anni dalla scadenza** (azione cambiaria diretta), o nei confronti degli obbligati di regresso, **entro un anno dal protesto** o, se la cambiale è "senza spese", entro un anno dalla scadenza (azione cambiaria di regresso).

Il portatore del titolo può sempre esercitare l'azione causale, cioè quella fondata sul rapporto sottostante all'emissione o alla girata del titolo (cosiddetto rapporto di provvista), che non si estingue per effetto della emissione o della trasmissione del titolo, salvo che non sia stata pattuita la novazione.

Per esercitare l'azione causale è però necessario avere elevato protesto per mancata accettazione o per mancato pagamento al fine di consentire al debitore le eventuali azioni di regresso ed occorre offrire al debitore la restituzione della cambiale depositandola in cancelleria (art. 66 L. camb.), per proteggere il debitore contro il rischio di una successiva negoziazione del titolo e di un doppio pagamento.

Il portatore della cambiale, che per qualunque motivo abbia perduto la possibilità di esercitare le azioni cambiarie e non abbia azione causale (ad esempio, perché ha omesso di elevare protesto in termini), può agire contro gli obbligati, principali o di regresso, con l'azione di arricchimento, che è applicazione della generale azione di arricchimento e mira a indennizzare il portatore del titolo nei limiti in cui il traente o l'accettante o il girante si siano arricchiti ingiustamente a suo danno (art. 67 L. camb.).

5. L'assegno bancario e l'assegno circolare.

Anche l'assegno bancario è disciplinato da una legge speciale (R.D. 21 dicembre 1933, n. 1736, cosiddetta legge sull'assegno).

A questa si aggiunge la disciplina sanzionatoria degli assegni bancari (legge 15 dicembre 1990, n. 386) che esamineremo al prossimo paragrafo.

Come della cambiale, anche dell'assegno esistono due tipologie: l'**assegno bancario** (o *chéque*) che ha la medesima struttura della cambiale tratta, ma con la fondamentale differenza che non può essere accettato dal trattario (art. 4 L. ass.) e l'**assegno circolare** che ha invece la struttura del pagherò cambiario.

Quando parliamo di assegno bancario intendiamo sempre un titolo tratto su una banca (art. 3 L. ass.) mentre, quando parliamo di assegno circolare, intendiamo sempre un titolo emesso da una banca (art. 82 L. ass.).

Il nostro ordinamento conosce un'altra figura di assegno, l'**assegno postale** oggi disciplinato dal D.P.R. 14 marzo 2001, n. 144 (regolamento sui servizi di bancoposta) che a sua volta ne prevede due versioni:

— l'*assegno postale ordinario*, che ha la struttura dell'assegno bancario, con la differenza che è tratto su un conto corrente postale e quindi trattaria è la società Poste Italiane s.p.a.;

— l'*assegno postale vidimato* che ha sempre la struttura dell'assegno bancario, ma, oltre a poter essere tratto su Poste Italiane s.p.a. anche da chi non è correntista, è a copertura garantita, nel senso che la vidimazione da parte di Poste Italiane s.p.a. garantisce l'avvenuta acquisizione dei fondi corrispondenti all'importo dell'assegno prima della sua emissione e che i fondi non saranno ritirati dal traente entro il termine di pagabilità (2 mesi dalla vidimazione).

All'assegno postale sono applicabili le norme sull'assegno bancario in quanto compatibili ed in particolare la disciplina sanzionatoria di cui alla legge 386/1990.

L'assegno, a differenza della cambiale per la quale sono previste varie scadenze, essendo uno strumento di pagamento, è sempre pagabile a vista, anche se post-datato (9) o emesso senza data con accordo di spendibilità differita nel tempo o a titolo di garanzia (10).

È poi soggetto ad un'imposta di bollo più bassa della cambiale, ma il suo uso come strumento di credito (ad esempio mediante post

(9) Cass. 30 maggio 1996, n. 5039; Cass., 12 dicembre 2014, n. 26161. In questo senso anche le istruzioni della Banca d'Italia (si veda il 6° aggiornamento del 3 gennaio 2002 alla circolare 21 aprile 1999, n. 229, al titolo IV, capitolo 11, sezione V, paragrafo 1.4). La post-datazione non determina di per sè la nullità dell'assegno bancario, ma comporta soltanto la nullità del relativo patto. L'assegno post datato non può tuttavia valere come titolo esecutivo, dovendosi considerare con bollo irregolare, a nulla rilevando la successiva regolarizzazione (Cass., 3 marzo 2010, n. 5069). Coerentemente, si è ritenuto che l'assegno post-datato, costituendo mezzo di pagamento equivalente al denaro, non perde le sue caratteristiche di titolo di credito e pertanto gli atti estintivi di debiti effettuati con assegni post-datati non costituiscono mezzi anormali di pagamento e non sono assoggettati all'azione revocatoria fallimentare prevista dall'art. 67, comma 1, n. 2, L. fall. (Cass., 15 febbraio 2016, n. 2916; Cass., 11 febbraio 2011, n. 3471).

(10) Si considerano nulle tutte quelle clausole incompatibili con la funzione di mezzo di pagamento dell'assegno bancario, come quella che prevede la consegna di un assegno a titolo di garanzia (Cass., 24 maggio 2016, n. 10710) o di assegno post datato o privo di data, riguardo al quale il legale rappresentante dell'ente traente che abbia cessato la carica al momento della messa all'incasso del titolo non è ammesso a provare che l'emissione era antecedente, dovendo egli rispondere dell'illecito di emissione di assegno senza autorizzazione (art. 1 della legge 386/90) a titolo di dolo eventuale (Cass., ordinanza 5 marzo 2021 n. 6198; Cass., 20 giugno 2007, n. 14322 la quale riguardava l'analoga fattispecie in cui il c/c su cui era tratto l'assegno era stato chiuso dopo la consegna di un titolo senza data; nello stesso senso Trib. Roma, 14 novembre 2012, n. 22139, in *Foro it.*, 2013, I, 365).

datazione) è sanzionato dall'ordinamento per evasione dell'imposta di bollo ([11]).

Strutturalmente l'assegno bancario è l'ordine incondizionato che una persona (traente) dà ad una banca (trattario) di pagare una somma ad un terzo prenditore.

L'assegno bancario può essere tratto anche all'ordine dello stesso traente (art. 6 L. ass.).

Per valere come assegno deve contenere la denominazione di assegno bancario, l'ordine incondizionato di pagare una somma determinata, il nome della banca trattaria, la data ([12]) e il luogo di emissione, la sottoscrizione del traente (art. 1 L. ass.) ([13]).

L'assegno bancario deve essere presentato per il pagamento entro 8 giorni dall'emissione, se il titolo è pagabile nello stesso comune in cui fu emesso (il comune di emissione è quello risultante come luogo di emissione, anche se non veritiero). Se l'assegno è pagabile in un comune diverso, la presentazione deve avvenire entro 15 giorni (art. 32 l. ass.). Dallo spirare del termine di presentazione decorre il termine di 6 mesi di prescrizione dell'azione di regresso del portatore contro giranti, traente e altri obbligati (art. 75 L. ass.).

Poiché l'assegno bancario non può essere accettato, non esiste

([11]) Cass. 18 dicembre 1997, n. 12806 ha però precisato che all'assegno bancario irregolare non si applicano le sanzioni proprie delle trasgressioni relative alla cambiale (pena pecuniaria da 20 a 50 volte l'imposta non corrisposta *ex* art. 25, comma 3 del D.P.R. 26 ottobre 1972, n. 642), bensì la sanzione più lieve prevista dall'art. 25, comma 1 del D.P.R. 642/1972 (da 2 a 10 volte l'imposta evasa). La sentenza si riferiva però ad un assegno privo di data. Cass. 18 luglio 1996, n. 6469 ha invece precisato che l'assegno bancario che assolve di fatto la funzione di una cambiale è soggetto alle sanzioni dovute per le trasgressioni riguardanti le cambiali.

([12]) L'assegno privo dell'indicazione della data è un titolo radicalmente nullo e può valere solo come promessa di pagamento, potendo presumersi *juris tantum* l'esistenza del rapporto sottostante; pertanto la consegna al creditore di un assegno senza data di emissione non costituisce un valido mezzo di pagamento (Cass., 16 giugno 2006, n. 13949; Cass. 14 novembre 2001, n. 14158). Né esso può costituire titolo esecutivo, neppure ove venga completato successivamente alla sua consegna (Cass., 7 febbraio 2000, n. 1337; Trib. Cagliari, 11 aprile 1990, in *Banca, borsa, tit. cred.*, 1992, II, 721).

([13]) Ove ad emettere o a girare l'assegno sia una ditta occorre che sia chiaramente leggibile il nome del legale rappresentante, anche se non deve necessariamente esservi l'indicazione della carica ricoperta (Cass. 28 giugno 1988, n. 4367).

azione cambiaria diretta del portatore verso il trattario (14), ma esistono solo azioni di regresso verso il traente, i giranti e gli avallanti e conseguentemente non esiste la possibilità di un protesto per mancata accettazione.

La presentazione entro i suddetti termini è elemento essenziale per poter ottenere il protesto dell'assegno per mancato pagamento e quindi per esercitare l'azione di regresso verso i giranti e gli avallanti (art. 45 L. ass.). L'azione di regresso verso il traente non richiede invece né il protesto, né la tempestiva presentazione (art. 45, comma 2 L. ass.).

Si può emettere un assegno bancario ad una duplice condizione (art. 3 L. ass.):

a) che l'emittente abbia, presso la banca trattaria, fondi disponibili per una somma corrispondente all'importo dell'assegno bancario emesso (fondi che potranno essere materialmente depositati o essere disponibili per effetto di un'apertura di credito o di altro rapporto di creazione di una provvista);

b) che l'emittente abbia, per convenzione intercorsa con la banca (*convenzione di cheque*), il diritto di disporre della provvista mediante emissione di assegni bancari.

Come la cambiale anche l'assegno bancario viene emesso sulla base di un duplice rapporto: un rapporto bancario fra traente e banca trattaria, in forza del quale il cliente ha la disponibilità di denaro e che si definisce **rapporto di provvista**; un rapporto tra traente e prenditore dell'assegno o tra prenditori successivi che prende il nome di **rapporto di valuta**, in forza del quale chi emette o trasferisce (per girata) l'assegno è debitore del prenditore.

Nell'assegno bancario **girata**, **avallo** e **protesto** sono disciplinati da norme sostanzialmente corrispondenti a quelle della cambiale.

Rispetto alla cambiale, l'assegno bancario prevede però forme agevolate sia per la presentazione che per il protesto, potendo tali formalità avvenire anche in via telematica, secondo le modalità fissate dal decreto

(14) È importante precisare che la banca è obbligata al pagamento dell'assegno solo verso il proprio correntista che abbia emesso il titolo a favore del terzo presentatore; la banca non è invece direttamente obbligata nei confronti di quest'ultimo. In altre parole, il possessore dell'assegno non ha, di fronte al rifiuto di pagamento da parte della banca, alcuna azione contro di questa.

del Ministero dell'economia e delle finanze n. 205 del 3 ottobre 2014 ([15]) e dal regolamento della Banca d'Italia del 22 marzo 2016 ([16]), recante regole tecniche in materia di presentazione al pagamento in forma elettronica di assegni bancari, circolari, postali e vaglia postali, nonché di protesto o constatazione equivalente in forma elettronica ([17]).

La legge sull'assegno prevede una serie di clausole tese a limitare la circolazione del titolo:

a) **assegno sbarrato**, in cui il traente o uno dei successivi portatori ha tracciato sul titolo due sbarre parallele, con la conseguenza che la banca pagherà solo se l'assegno le verrà presentato da un banchiere o da un proprio cliente (sbarramento generale); se fra le sbarre è indicato un banchiere (sbarramento speciale), l'assegno potrà essere pagato solo alla banca indicata o ad una da questa incaricata o, se è indicata la stessa banca trattaria, ad un proprio cliente ([18]) (artt. 40 e 41 L. ass.);

b) assegno con la clausola "*da accreditare*", comportante che l'assegno non è pagabile in contanti, ma solo per accredito sul conto corrente del presentatore del titolo (art. 42 L. ass.);

c) assegno con la clausola "*non trasferibile*" [obbligatoria per assegni di importo pari o superiore ad € 2.000,00 ai sensi dell'art. 49, commi 1 e 3-*bis* del D.Lgs. 21 novembre 2007, n. 231, come modificato da ultimo dall'art. 18, comma 1, lett. a) del D.L. 26 ottobre 2019, n. 124, convertito con modificazioni dalla legge 19 dicembre 2019, n.

([15]) In G.U. n. 54 del 6 marzo 2015.

([16]) "*Regolamento ex art. 8, comma 7, lett. e), del decreto-legge 13 maggio 2011, n. 70, convertito dalla legge 12 luglio 2011, n. 106*", in G.U. n. 100 del 30 aprile 2016.

([17]) L'art. 31, comma 3 L. ass., come modificato dall'art. 8, comma 7, lett. e) del D.L. 13 maggio 2011, n. 70, convertito dalla legge 12 luglio 2011, n. 106, prevede che "*l'assegno bancario può essere presentato al pagamento ... in forma sia cartacea che elettronica*". La possibilità di presentazione degli assegni in forma elettronica ha fatto venir meno le tempistiche e le modalità di accertamento del pagamento dei titoli e di decorrenza dei termini di preavviso per la revoca di sistema, portando all'abrogazione dell'art. 6 del regolamento della Banca d'Italia del 29 gennaio 2002, come modificato il 16 marzo 2005 (che disciplinava appunto i rapporti interbancari tra banca negoziatrice e banca trattaria) ad opera del provvedimento della Banca d'Italia del 31 luglio 2018 (in G.U. — Serie generale n. 202 del 31 agosto 2018).

([18]) Per cliente, nell'accezione accolta dall'art. 41 L. ass., deve intendersi la persona già nota al banchiere in virtù di pregressi e reiterati rapporti bancari, dovendosi ritenere quindi insufficiente la pura e semplice apertura di un conto corrente bancario poco tempo prima la presentazione all'incasso dell'assegno (Cass. 22 settembre 2005, n. 18642, in *Giur. it.*, 2006, I, 749 ss.).

157 ([19])], comportante che il titolo non può essere girato se non ad un banchiere e solo per l'incasso, con la conseguenza che il pagamento può avvenire solo a favore del prenditore o del banchiere giratario per l'incasso e, in caso di pagamento a soggetto diverso, la banca che vi ha provveduto è obbligata a ripetere il pagamento a favore del prenditore (art. 43 L. ass.) ([20]);

d) assegno con la clausola "*assegno turistico*", comportante che l'assegno non sarà pagato se il prenditore non lo sottoscrive due volte, quando lo riceve e quando lo riscuote (art. 44 L. ass.), al fine di consentire alla banca il controllo della conformità delle due firme (*traveller's check*).

L'**assegno circolare** è un titolo di credito cambiario all'ordine emesso da una banca e contenente la promessa incondizionata di pagare a vista una somma determinata (artt. 82 e ss. L. ass.).

Può essere emesso solo da una banca a ciò autorizzata, la quale a sua volta deve avere presso la Banca d'Italia un deposito cauzionale a garanzia di tutti gli assegni che emette.

L'emissione dell'assegno circolare è possibile solo se chi la richiede abbia, presso la banca emittente, somme disponibili corrispondenti all'importo del titolo richiesto (disponibilità che potrà derivare dall'esistenza di un deposito, anche costituito in occasione della richiesta di emissione, da un contratto di apertura di credito o da altro rapporto idoneo a conferire al cliente detta disponibilità).

In questo caso la banca è obbligata in proprio al pagamento nelle mani del possessore (anche nell'ipotesi, poco probabile, in cui non avesse fatto precostituire i fondi a copertura dell'assegno).

L'assegno circolare può essere trasferito a successivi portatori (sempre se di importo inferiore alla soglia del divieto di trasferimento del denaro contante), mediante girata ed ogni girante risponde quale ob-

([19]) A decorrere dal 1° gennaio 2022, la soglia da cui scatta il divieto di trasferimento di denaro contante è ridotta a 1.000 euro.

([20]) La banca girataria per l'incasso risponde del pagamento dell'assegno bancario o circolare non trasferibile, se effettuato ad un soggetto diverso dal prenditore, anche se colui che riceve il pagamento abbia posto la propria firma con la clausola "*per conoscenza e garanzia*", sostituendosi al beneficiario legittimato nell'incasso (Cass. 6 ottobre 2005, n. 19512, in *Giur. it.*, 2006, I, 750 ss.). La responsabilità della banca negoziatrice è contrattuale *ex* artt. 1173, 1175 e 1375 c.c., derivando da contatto qualificato (Cass., Sez. Un., 21 maggio 2018, n. 12477 e Cass., 16 settembre 2020, n. 25873).

bligato in via di regresso. Per poter esercitare l'azione di regresso però il portatore deve presentare il titolo per il pagamento entro 30 giorni dall'emissione (la brevità del termine è stabilita per evitare che gli assegni circolari facciano concorrenza alla moneta).

L'azione diretta contro la banca emittente è soggetta invece ad un termine di prescrizione di 3 anni dall'emissione (art. 84 L. ass.).

La disciplina dell'assegno circolare è ricavata mediante rinvio a gran parte delle norme sulla cambiale, in quanto compatibili con la particolare natura di strumento di pagamento del titolo in esame (così, con riferimento alla girata, al pagamento, al protesto, al regresso, alla prescrizione, alle sottoscrizioni) ed in parte alle norme sull'assegno bancario (in particolare per quanto concerne le clausole limitative della circolazione).

6. La revoca di sistema.

Il D.Lgs. 30 dicembre 1999 n. 507, nel riformare la legge 15 dicembre 1990, n. 386, ha depenalizzato i reati di emissione di assegni bancari e postali senza autorizzazione (art. 1 legge 386/1990) o senza provvista (art. 2 legge 386/1990) che oggi costituiscono illeciti amministrativi e non più penali.

Va precisato che l'emissione di assegni **senza provvista** è sanzionata in presenza dei seguenti due presupposti:

— che l'assegno sia *presentato in tempo utile* per il protesto anche se poi il protesto non venga elevato;

— che l'assegno *non sia stato pagato* entro il termine di 60 gg. decorrenti dalla scadenza del termine di presentazione del titolo.

L'emissione di assegno senza autorizzazione o senza provvista viene punita con la sanzione amministrativa pecuniaria (irrogata dal prefetto della provincia in cui si trova la succursale che ha in essere il rapporto di c/c sul quale è stato tratto l'assegno e su segnalazione di quest'ultima).

Alla sanzione pecuniaria si accompagna la sanzione amministrativa accessoria del **divieto di emettere assegni** (*interdizione amministrativa o prefettizia* perché irrogata dal prefetto (21) e, nei casi più gravi, dell'in-

(21) Le sanzioni amministrative accessorie di cui agli artt. 5 e 5-*bis* della legge 386/1990 sono obbligatoriamente comminate dal prefetto con l'ordinanza-ingiunzione di cui all'art. 8-*bis* della stessa legge 386/1990.

terdizione dall'esercizio di un'attività imprenditoriale o professionale, dell'interdizione dall'esercizio di uffici direttivi presso una persona giuridica e dell'incapacità di contrarre con la pubblica amministrazione.

La sanzione accessoria del divieto di emettere assegni va sempre disposta in caso di emissione di assegni senza autorizzazione, mentre va disposta in caso di emissione di assegni senza provvista solo laddove il traente abbia emesso uno o più assegni in tempi ravvicinati per importo superiore ad € 2.582,28 (art. 5 legge 386/1990).

Nei casi in cui viene disposta l'applicazione della sanzione accessoria del divieto di emettere assegni, la durata del divieto non può essere inferiore a 2 anni né superiore a 5 (art. 5-*bis* legge 386/1990).

La trasgressione all'interdizione amministrativa o prefettizia comporta l'applicazione di una sanzione penale, la pubblicazione della sentenza di condanna ed il divieto di emettere assegni per un periodo non inferiore a due anni e non superiore a cinque (art. 7 della legge 386/1990).

Onde dare ulteriore effettività all'applicazione delle sanzioni amministrative di cui si è detto ed evitare che il traente possa concludere nuove convenzioni di assegno con banche diverse che ignorino le precedenti violazioni e revoche (22), l'art. 36 del D.Lgs. 507/1999 ha previsto l'istituzione di un archivio informatizzato (CAI — Centrale d'Allarme Interbancaria), presso la Banca d'Italia, contenente le informazioni rilevanti riguardo ad assegni bancari e postali e carte di pagamento irregolari (23).

In questo archivio informatico viene obbligatoriamente iscritto il nome del traente nelle seguenti ipotesi:

— in caso di mancato pagamento di assegno bancario emesso **senza autorizzazione** (o in caso di conto estinto) ai sensi dell'art. 1 della legge 386/1999, ipotesi in cui l'iscrizione alla CAI va effettuata entro **20 gg.** dalla data di presentazione del titolo per il pagamento;

— in caso di mancato pagamento di **assegno senza provvista**, sempre se presentato in tempo utile per il protesto, indipendentemente

(22) Si veda in questo senso RAZZANTE, *La nuova disciplina sanzionatoria degli assegni senza provvista e senza autorizzazione*, in *Giur. it.*, 2002, IV, 2209 ss.

(23) La CAI è stata attuata dopo che la Banca d'Italia ne ha disciplinato le modalità di funzionamento con proprio regolamento 29 gennaio 2002 (pubblicato in *G.U.* n. 27 dell'1 febbraio 2002) e successive modifiche ed è attiva dal 2 luglio 2002. La CAI contiene segnalazioni riferite ad assegni, carte di pagamento e sanzioni applicate.

poi dal fatto che sia stato protestato (art. 2 della legge 386/1990), ipotesi in cui l'iscrizione alla CAI va effettuata una volta decorso il termine di **60 giorni** decorrente dalla data di presentazione del titolo, senza che il traente abbia fornito alla banca trattaria prova dell'avvenuto pagamento tardivo.

Infatti entro il predetto termine di 60 giorni il traente può effettuare il cosiddetto **pagamento tardivo** consistente nel pagamento:

— dell'importo dell'assegno;
— di una penale aggiuntiva pari al 10% dell'importo dell'assegno;
— degli interessi legali dalla data di presentazione al saldo;
— delle spese di protesto.

Le **modalità** per l'esecuzione del pagamento tardivo sono, alternativamente ma tassativamente, le seguenti:

— **pagamento a mani del portatore del titolo** che deve rilasciare quietanza con firma autenticata da notaio, segretario comunale o altro funzionario incaricato dal sindaco;

— pagamento mediante costituzione, presso la banca trattaria, di un **deposito vincolato** a favore del beneficiario dell'assegno, la cui attestazione va consegnata al pubblico ufficiale che abbia elevato il protesto;

— **pagamento a mani del pubblico ufficiale** incaricato che abbia proceduto alla levata del protesto.

La segnalazione per mancato pagamento di *assegno senza provvista* deve necessariamente essere preceduta da un **preavviso di revoca** del trattario, il quale comunica che, alla scadenza di sessanta giorni dal termine di presentazione del titolo senza che questo sia stato pagato, il nominativo del traente sarà iscritto nell'archivio con contestuale revoca di ogni autorizzazione ad emettere assegni. Alla scadenza del medesimo termine di sessanta giorni ed in assenza di pagamento, il traente dovrà inoltre restituire tutti i moduli di assegno in suo possesso alle banche ed agli uffici postali che li abbiano rilasciati.

La comunicazione — che generalmente deve avvenire mediante telegramma o lettera raccomandata con ricevuta di ritorno — è effettuata entro il decimo giorno dalla presentazione al pagamento del titolo e va inviata al domicilio eletto dal cliente al momento della conclusione della convenzione di assegno.

L'iscrizione del nominativo del traente nell'archivio informatico può avere luogo solo dopo che siano decorsi almeno dieci giorni dalla data di ricevimento della comunicazione. L'eventuale omissione del preavviso di revoca rende responsabile il trattario, il quale sarà obbligato a pagare gli assegni emessi dal traente dopo che sia decorso il termine entro il quale doveva essere effettuata la comunicazione e fino al giorno successivo alla medesima, anche se manca o è insufficiente la provvista (tale responsabilità è però limitata ad € 10.329,14 per assegno).

Come precisato dal decreto del Ministro della Giustizia del 7 novembre 2001, n. 458 (24), l'iscrizione alla CAI deve riguardare il **traente** dell'assegno e precisamente:

— **il firmatario** di assegno senza autorizzazione o senza provvista tratto su c/c cointestato con firme disgiunte o congiunte se firmato appunto da un solo cointestatario;

— **tutti i firmatari** se l'assegno è tratto su c/c cointestato con firme congiunte e sia stato firmato appunto da più cointestatari;

— la **società** o l'**ente collettivo** in caso di assegno tratto dal legale rappresentante in suo nome [non va invece iscritto il nome del legale rappresentante personalmente (25)];

— il **legale rappresentante** di una società o ente personalmente laddove lo stesso abbia emesso l'assegno senza i necessari poteri (o perché revocato o perché abbia ecceduto i limiti dei propri poteri di rappresentanza).

Se però l'assegno bancario viene tratto con un nome illeggibile, diverso da quello del traente, la banca non può pregiudicare il traente e quindi dovrà levare il protesto a carico di **traente inesistente**, dichiarando che a quel nome non esiste alcun conto presso di essa (26).

Lo scopo della CAI è quello di elevare il grado di affidabilità degli strumenti di pagamento mediante la rilevazione delle informazioni

(24) Pubblicato in *G.U.* n. 3 del 4 novembre 2002.

(25) Cass. 6 maggio 2008, n. 11049 ha però precisato che il protesto di un assegno emesso senza provvista da parte di una società può essere elevato anche con l'indicazione del nome del legale rappresentante dell'ente, il quale quindi non ha diritto a richiedere alcun risarcimento del danno subito per la pubblicazione del suo nome sull'elenco dei protesti che non è previsto in caso di emissione di assegni a nome della società amministrata, ma neppure è vietata.

(26) Trib. Bologna, 19 febbraio 2004, in *La guida al diritto*, 2004, 18, 71.

relative alle **revoche** dell'autorizzazione ad emettere assegni, che in passato venivano gestite unicamente dalle banche trattarie (senza che l'una sapesse delle revoche riguardanti un'altra), nonché relative alle carte di pagamento ed agli assegni sottratti e/o smarriti.

Gli **effetti** dell'iscrizione alla CAI sono che colui che risulti iscritto non potrà emettere assegni bancari o postali su qualsiasi conto corrente bancario o postale prima che sia decorso il periodo di **6 mesi** dall'avvenuta iscrizione. Tutte le banche o gli uffici postale non potranno concludere convenzioni di assegno né rilasciare carnet di assegni né pagare assegni emessi successivamente all'iscrizione.

Questi effetti conseguono automaticamente all'iscrizione alla CAI e costituiscono quella che viene definita come "revoca di sistema".

Poiché tali effetti sono applicati direttamente dalla banca trattaria, essi costituiscono la conseguenza della cosiddetta "*interdizione bancaria*", che si distingue dall'interdizione amministrativa o prefettizia in quanto quest'ultima consegue ad un provvedimento prefettizio di irrogazione di sanzioni amministrative, mentre la prima consegue automaticamente all'iscrizione alla CAI.

L'archivio CAI è strutturato mediante una **sezione centrale** situata presso la Banca d'Italia e da **sezioni remote** situate presso gli enti segnalanti e le prefetture-uffici territoriali del governo (secondo la denominazione assunta a seguito del D.Lgs. 21 gennaio 2004, n. 29) che hanno il compito di irrogare le sanzioni amministrative.

Il soggetto interessato — anche tramite persona delegata — ha diritto di accedere all'archivio per ottenere notizia dell'esistenza e del contenuto di informazioni che lo riguardano nonché per richiedere la loro eventuale rettifica, nell'ipotesi in cui siano venuti a mancare i presupposti della segnalazione.

Ai sensi dell'art. 10-*bis* della legge n. 386/1990 anche alle banche, agli intermediari finanziari ed agli uffici postali è consentito l'accesso alle informazioni contenute nell'archivio per le finalità previste dalla legge e per quelle connesse alla verifica della corretta utilizzazione degli assegni e delle carte di pagamento. Anche l'autorità giudiziaria ha accesso diretto alle informazioni contenute nell'archivio, per lo svolgimento delle proprie funzioni.

L'accesso alle informazioni può avvenire tramite il sistema bancario, le poste italiane o l'ente titolare.

La Banca d'Italia, o comunque l'ente responsabile, dispone la cancellazione e la rettifica dei dati dell'archivio solo su iniziativa dell'ente che ha originato la relativa segnalazione, ovvero in attuazione di provvedimenti dell'autorità giudiziaria (27) o del Garante per la protezione dei dati personali. Pertanto il soggetto segnalato potrà chiedere la rettifica della segnalazione, sempre che difettino i presupposti che ne giustifichino la persistenza, all'ente segnalante, il quale comunicherà alla Banca d'Italia la necessità di provvedere alla rettifica.

Nell'ipotesi in cui la banca trattaria ometta o ritardi l'iscrizione nell'archivio, ovvero autorizzi il rilascio di moduli di assegni in favore di persona il cui nominativo risulti soggetto ad iscrizione, essa sarà obbligata, in solido con il traente, a pagare gli assegni emessi dallo stesso traente nel periodo in cui avrebbe dovuto operare la revoca, anche se manca o è insufficiente la provvista (questa responsabilità è limita all'importo di € 10.329,14 per ogni assegno emesso).

Pertanto, all'atto della richiesta del carnet di assegni, deve sempre essere obbligatoriamente effettuata un'apposita ricerca nell'archivio CAI per verificare se il soggetto richiedente sia stato segnalato e come tale impedito all'emissione degli assegni.

L'art. 125 del R.D. 21 dicembre 1933, n. 1736 (legge assegni) dispone ora che il dipendente responsabile che consegna moduli di assegno bancario o postale a persona interdetta, in base ai dati dell'archivio, dall'emissione di assegni o soggetta a revoca delle autorizzazioni, è punito, salvo che il fatto costituisca più grave reato, con la reclusione fino ad un anno. Per contro, l'art. 124 della stessa L. ass. stabilisce che il richiedente, all'atto del rilascio di moduli di assegno bancario o postale, deve dichiarare al trattario di non essere in alcun modo interdetto dall'emissione di assegni. Nel caso in cui dichiari il falso è punito, qualora vengano rilasciati uno o più moduli di assegno, con la reclusione da sei mesi a due anni.

Non è ammesso per l'assegno bancario il ricorso alla procedura di cancellazione dei protesti prevista per le cambiali dall'art. 4 della legge

(27) La Banca d'Italia ha legittimazione passiva nei giudizi promossi dall'interessato per la cancellazione o la rettifica dei dati iscritti alla CAI (Cass., 8 aprile 2016, n. 6927).

12 febbraio 1955, n. 77, così come modificata dalla legge 18 agosto 2000, n. 273 (28).

(28) La procedura prevede, per le cambiali, una particolare istanza da inoltrare al Presidente della Camera di Commercio da parte del soggetto protestato che abbia provveduto a pagare il titolo, comprovando tale pagamento mediante produzione dell'atto di protesto e del titolo quietanzato. Tale procedura non è estensibile agli assegni, stante la loro natura di strumenti di pagamento che giustifica la diversa disciplina (C. Cost., ord., 2 marzo 2004, n. 84, in *Giur. cost.*, 2004, 2). È però possibile ricorrere, sia per la cambiale che per l'assegno, alla procedura di riabilitazione prevista dall'art. 17 della legge 7 marzo 1996, n. 108 per effetto della quale il protesto si considera come mai avvenuto, a condizione che il debitore abbia adempiuto all'obbligazione derivante dal titolo, che non vi siano altri protesti e che sia decorso un anno dal protesto subito.

INDICE ANALITICO-ALFABETICO

(I numeri indicano le pagine)